■2025年度中学受験用

中央大学附属横浜中学校

3年間(+3年間HP掲載)スーパー過去問

●収録内容一覧

入試問題と解説・解答の収録内容

2024年度　１回	算数・社会・理科・国語
2024年度　２回	算数・社会・理科・国語
2023年度　１回	算数・社会・理科・国語
2023年度　２回	算数・社会・理科・国語
2022年度　１回	算数・社会・理科・国語
2022年度　２回	算数・社会・理科・国語
2021～2019年度(HP掲載) 「カコ過去問」 (ユーザー名) koe (パスワード) w8ga5a1o 	問題・解答用紙・解説解答DL **◇著作権の都合により国語と一部の問題を削除しております。** ◇一部解答のみ(解説なし)となります。 ◇９月下旬までに全校アップロード予定です。 ◇掲載期限以降は予告なく削除される場合があります。

～本書ご利用上の注意～　以下の点について，あらかじめご了承ください。

★別冊解答用紙は巻末にございます。本書に収録している試験の実物解答用紙は，弊社サイトの各校商品情報ページより，一部または全部をダウンロードできます。
★編集の都合上，学校実施のすべての試験を掲載していない場合がございます。
★当問題集のバックナンバーは，弊社には在庫がございません(ネット書店などに一部在庫あり)。

合格を勝ち取るための『スーパー過去問』の使い方

本書に掲載されている過去問をご覧になって，「難しそう」と感じたかもしれません。でも，多くの受験生が同じように感じているはずです。なぜなら，中学入試で出題される問題は，小学校で習う内容よりも高度なものが多く，たくさんの知識や解き方のコツを身につけることも必要だからです。ですから，初めて本書に取り組むさいには，点数を気にしすぎないようにしましょう。本番でしっかり点数を取れることが大事なのです。

過去問で重要なのは「まちがえること」です。自分の弱点を知るために，過去問に取り組むのです。当然，まちがえた問題をそのままにしておいては意味がありません。

本書には，長年にわたって中学入試にたずさわっているスタッフによるていねいな解説がついています。まちがえた問題はしっかりと解説を読み，できるようになるまで何度も解き直しをしてください。理解できていないと感じた分野については，参考書や資料集などを活用し，改めて整理しておきましょう。

このページも参考にしてみましょう！

◆どの年度から解こうかな　「入試問題と解説・解答の収録内容一覧」

本書のはじめには収録内容が掲載されていますので，収録年度や収録されている入試回などを確認できます。

※著作権上の都合によって掲載できない問題が収録されている場合は，最新年度の問題の前に，ピンク色の紙を差しこんでご案内しています。

◆学校の情報を知ろう‼「学校紹介ページ」

このページのあとに，各学校の基本情報などを掲載しています。問題を解くのに疲れたら息ぬきに読んで，志望校合格への気持ちを新たにし，再び過去問に挑戦してみるのもよいでしょう。なお，最新の情報につきましては，学校のホームページなどでご確認ください。

◆入試に向けてどんな対策をしよう？「出題傾向＆対策」

「学校紹介ページ」に続いて，「出題傾向＆対策」ページがあります。過去にどのような分野の問題が出題され，どのように対策すればよいかをアドバイスしていますので，参考にしてください。

◇別冊「入試問題解答用紙編」

本書の巻末には，ぬき取って使える別冊の解答用紙が収録してあります。解答用紙が非公表の場合などを除き，（注）が記載されたページの指定倍率にしたがって拡大コピーをとれば，実際の入試問題とほぼ同じ解答欄の大きさで，何度でも過去問に取り組むことができます。このように，入試本番に近い条件で練習できるのも，本書の強みです。また，データが公表されている学校は別冊の１ページ目に過去の「入試結果表」を掲載しています。合格に必要な得点の目安として活用してください。

本書がみなさんの志望校合格の助けとなることを，心より願っています。

株式会社　声の教育社　編集部

中央大学附属横浜中学校

所在地	〒224-8515 神奈川県横浜市都筑区牛久保東1-14-1
電　話	045-592-0801
ホームページ	https://www.yokohama-js.chuo-u.ac.jp/
交通案内	横浜市営地下鉄ブルーライン・グリーンライン「センター北駅」出口２より徒歩７分

くわしい情報はホームページへ

トピックス

★2016年に中高とも全学年で男女共学となりました。
★閑静な住宅地の中に立地しているため，車でのご来校はご遠慮ください。

創立年 明治41年 / 男女共学 / 高校募集あり

応募状況

年度	募集数	応募数	受験数	合格数	倍率
2024	① 80名	男 152名	140名	51名	2.7倍
		女 264名	249名	107名	2.3倍
	② 80名	男 450名	397名	167名	2.4倍
		女 452名	379名	104名	3.6倍
2023	① 80名	男 170名	154名	58名	2.7倍
		女 234名	225名	89名	2.5倍
	② 80名	男 483名	406名	154名	2.6倍
		女 497名	390名	137名	2.8倍
2022	① 80名	男 207名	193名	65名	3.0倍
		女 309名	299名	82名	3.6倍
	② 80名	男 351名	403名	136名	3.0倍
		女 371名	449名	160名	2.8倍

入試情報（参考：昨年度）

・試験日時：
第１回　2024年２月１日　８:20集合（８:50開始）
第２回　2024年２月２日　14:40集合（15:10開始）
・試験科目：国語・算数（各50分，150点満点）
社会・理科（各35分，100点満点）
・合格発表：
第１回　2024年２月１日　22:00～５日17:00（HP）
第２回　2024年２月３日　６:00～５日17:00（HP）
・入学手続：
各回共通　2024年２月５日　23:59まで
※上記日時までに，入学金をお支払い下さい。

学校説明会等日程（※予定）

学校説明会【要予約】
８月24日　10:00～12:00　※全学年対象
12月７日　14:30～16:30　※全学年対象
※説明会の後，校内見学ができます。各回とも内容は同じです。どちらか一方にお申し込みください。

学園祭（紅央祭）
９月７日・８日
※一般公開の実施については未定です。詳細は学校HPでご確認ください。

2024年春の主な他大学合格実績

＜国公立大学＞
東京大，京都大，東京工業大，一橋大，東北大，北海道大，千葉大，東京外国語大，横浜国立大，電気通信大，東京都立大，横浜市立大

＜私立大学＞
慶應義塾大，早稲田大，上智大，東京理科大，明治大，青山学院大，立教大，法政大，東京慈恵会医科大，順天堂大，昭和大

＜中央大学への進学＞
2023年度卒業生308名のうち，216名が内部推薦により中央大学に進学しました。

＜他大学併願受験制度＞
国公立大学および，私立大学のうち中央大学に設置されていない学部は，中央大学への推薦資格を留保したまま，併願受験することができます。

編集部注―本書の内容は2024年6月現在のものであり，変更されている場合があります。正確な情報は，学校のホームページ等で必ずご確認ください。

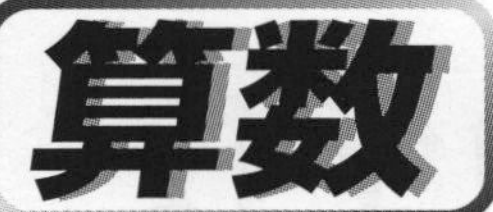

算数　出題傾向＆対策

◆基本データ（2024年度１回）

試験時間／満点	50分／150点
問　題　構　成	・大問数…４題 　計算・応用小問１題(10問) 　／応用問題３題 ・小問数…19問
解　答　形　式	応用問題は，答えだけでなく考え方や式を書くものも出題されている。
実際の問題用紙	Ａ４サイズ，小冊子形式
実際の解答用紙	Ａ３サイズ

◆出題傾向と内容

▶過去３年の出題率トップ３
１位：四則計算・逆算14％　２位：体積・表面積８％　３位：角度・面積・長さなど７％
▶今年の出題率トップ３
１位：四則計算・逆算21％　２位：角度・面積・長さ14％　３位：数列など７％

はば広い分野の問題が出題されていて，柔軟な思考力が要求されますが，全体的には，若干の応用問題が見られるものの，ほとんどの問題は，基本を確実にマスターしていればじゅうぶん合格点に到達できるものになっています。

１題めは計算・応用小問で，四則計算，逆算，計算のくふうなどに続いて，場合の数，割合や比の基本的な計算，特殊算，速さ，複合図形の角度や面積の問題などが出されます。

２題め以降は応用問題で，数の性質，割合と比，速さ，平面図形，立体図形などの図形の問題がはば広く取り上げられています。

◆対策～合格点を取るには？～

まず，計算練習を毎日続けて，計算力を身につけましょう。計算をノートにきちんと書き，答え合わせのときに，どんなところでミスしやすいかを発見するように努めること。

数の性質，割合と比では，はじめに教科書にある重要事項を整理し，類題を数多くこなして，基本的なパターンを身につけましょう。

図形では，基本公式をひと通り理解して，求積問題を重点的に学習しましょう。

特殊算については，参考書などにある「○○算」の基本を学習し，公式をスムーズに活用できるようになりましょう。

分野＼年度		2024		2023		2022	
		1回	2回	1回	2回	1回	2回
計算	四則計算・逆算	●	●	◎	◎	◎	◎
	計算のくふう				○	○	○
	単位の計算						
和と差	和差算・分配算	○			◎		
	消去算						
	つるかめ算		○				○
	平均とのべ						
	過不足算・差集め算		○				
	集まり						
	年齢算						
割合と比	割合と比						○
	正比例と反比例						
	還元算・相当算			○		○	
	比の性質	○	○	○	○		
	倍数算						
	売買損益			○			
	濃度				○	○	○
	仕事算						
	ニュートン算						
速さ	速さ						
	旅人算		○				○
	通過算		○				○
	流水算					○	
	時計算			○			○
	速さと比	○	○	○	◎	○	○
図形	角度・面積・長さ	◎	◎		○	○	◎
	辺の比と面積の比・相似			◎	○	○	○
	体積・表面積	○		◎	○	◎	○
	水の深さと体積		○				
	展開図						
	構成・分割	○	○		○	○	
	図形・点の移動					○	○
表とグラフ							
数の性質	約数と倍数						
	N進数					○	
	約束記号・文字式						
	整数・小数・分数の性質	○		○		○	○
規則性	植木算				○		
	周期算			○	○		
	数列	◎					
	方陣算						
	図形と規則			○			
場合の数		○	○			◎	
調べ・推理・条件の整理					○	○	○
その他							

※　○印はその分野の問題が１題，◎印は２題，●印は３題以上出題されたことをしめします。

社会　出題傾向＆対策

◆基本データ（2024年度１回）

試験時間／満点	35分／100点
問題構成	・大問数…３題 ・小問数…31問
解答形式	記号選択と適語の記入（漢字指定あり）がほとんどだが，記述問題も出されている。
実際の問題用紙	Ａ４サイズ，小冊子形式
実際の解答用紙	Ａ３サイズ

分野＼年度		2024		2023		2022	
		1回	2回	1回	2回	1回	2回
日本の地理	地図の見方				○	○	
	国土・自然・気候	○	○	○	○	○	
	資源		○	○		○	
	農林水産業	○	○	○	○	○	○
	工業	○	○	○	○	○	○
	交通・通信・貿易		○	○			
	人口・生活・文化		○	○	○		○
	各地方の特色	○	○		○	○	○
	地理総合	★	★	★	★	★	★
世界の地理				○	○		○
日本の歴史 時代	原始～古代	○	○	○	○	○	○
	中世～近世	○	○	○	○	○	○
	近代～現代	○	○	○	○	○	○
日本の歴史 テーマ	政治・法律史						
	産業・経済史						
	文化・宗教史						
	外交・戦争史		★				
	歴史総合	★		★	★	★	★
世界の歴史							
政治	憲法	○	○	○		★	
	国会・内閣・裁判所	○	○		○	○	○
	地方自治	○		○		○	
	経済		○		○	○	○
	生活と福祉	○					
	国際関係・国際政治	○		○	○	○	○
	政治総合	★	★	★	★		★
環境問題		○					○
時事問題					○		
世界遺産			○				
複数分野総合							

※　原始～古代…平安時代以前，中世～近世…鎌倉時代～江戸時代，近代～現代…明治時代以降
※　★印は大問の中心となる分野をしめします。

◆出題傾向と内容

地理分野，歴史分野，政治分野（時事問題をふくむ）から各１題出題されています。それぞれが各分野のはば広いことがらを問う総合問題形式になっていることが多く，細かく専門的なことがらを問うものはあまり見られません。また，地理分野や政治分野では，地図，表，グラフ，写真などが多く用いられているのも特ちょう的です。

●地理…日本の国土と自然（地形の特色），各地の気候，各地の農林水産業や工業の特色，都道府県所在地，交通網の発達などが出題されています。

●歴史…特定の時代に限定することなく，歴史上の人物やそれに関連するできごとについて問うものがほとんどです。できごとを年代順に並べかえさせる問題なども出されています。

●政治…日本国憲法と三権のしくみ，選挙制度，地方自治，日本の経済，国際関係（国際機関の略称を答えさせる問題），為替相場などが問われています。

◆対策～合格点を取るには？～

全分野に共通することとして，形式面では，①基礎的知識としての数字（地理では，国土の面積，歴史では，重要なできごとが起こった年，政治では，重要事項を規定した憲法の条文の番号など）にかかわる問題，②地名，人名，憲法上の用語などを漢字で書く問題，③基本的な資料の空所を補充させる問題などに慣れておくことが必要です。内容面では，基本的事項はもちろんのこと，時事とからめたものや，日本と諸外国との関係まで視野を広げ，整理しておきましょう。

地理分野については，ふだんから地図に親しんでおき，学習した地名は必ず地図で確認し，白地図の上におもな平野，山脈，火山帯，川，都市などをかきこめるようにしておきましょう。

歴史分野については，歴史の流れを大まかにとらえる姿勢が大切です。そのためには，つねに年表を見ながら勉強する態度を，日ごろから身につけておくべきです。重要な事件が起こった年の前後の流れを理解するなど，単純に暗記するだけでなく，くふうして覚えていきましょう。

政治分野については，日本国憲法が中心になります。主権，戦争の放棄，基本的人権，三権分立などの各事項を教科書で理解するほか，憲法の条文を確認しておくとよいでしょう。

出題傾向＆対策

◆基本データ(2024年度１回)

試験時間／満点	35分／100点
問題構成	・大問数…４題 ・小問数…28問
解答形式	記号選択と適語(または数値)の記入が中心。グラフの完成も見られる。
実際の問題用紙	Ａ４サイズ，小冊子形式
実際の解答用紙	Ａ３サイズ

◆出題傾向と内容

本校の理科は，実験・観察・観測をもとにした問題が多く，また，すべての分野からバランスよく出題される傾向にあります。出題内容を全体的に見ると，内容的にはどれも基本的なことがらを問うものがほとんどです。落ち着いて解けば正解が得られるはずですが，各実験・観察に対する正しい理解や思考力を必要とするものが多いので，生半可な知識のつめこみでは対応できないと考えられます。

●生命…魚類と生態系，光合成と呼吸，そう類の実験について，ヒトのからだのつくりとはたらきなどが出題されています。

●物質…気体の性質，燃焼，水溶液の性質，溶解度などが取り上げられています。

●エネルギー…電気，てこのつり合い，浮力と密度，斜面を下る運動，光の進み方などが取り上げられています。

●地球…太陽と月の動き，公転と星座，地震，気温・地温・湿度，台風と風のふき方などが出されています。

分野 ＼ 年度		2024		2023		2022	
		1回	2回	1回	2回	1回	2回
生命	植物	★	○	○			
	動物			○	★		
	人体		★			★	
	生物と環境		○		○		
	季節と生物						★
	生命総合			★			
物質	物質のすがた						
	気体の性質	★		○			
	水溶液の性質					★	
	ものの溶け方						
	金属の性質		○				
	ものの燃え方			○			
	物質総合		★	★			★
エネルギー	てこ・滑車・輪軸	★					
	ばねののび方						
	ふりこ・物体の運動						★
	浮力と密度・圧力			★	★		
	光の進み方				★		
	ものの温まり方						
	音の伝わり方						
	電気回路		★			★	
	磁石・電磁石						
	エネルギー総合						
地球	地球・月・太陽系			★			★
	星と星座						
	風・雲と天候		★		★	★	
	気温・地温・湿度					○	
	流水のはたらき・地層と岩石	★					
	火山・地震						
	地球総合						
実験器具							
観察							
環境問題							
時事問題							
複数分野総合							

※　★印は大問の中心となる分野をしめします。

◆対策～合格点を取るには？～

さまざまな題材をもとにつくられており，多くは実験・観察の結果を総合的にはあくしたうえで，筋道を立てて考えていく必要がある問題です。基礎知識はもちろんのこと，それらを使いこなす応用力もためされます。「生命」「物質」「エネルギー」「地球」の各分野からバランスよく出題されているので，かたよりのない学習が必要です。

なによりもまず，教科書を中心とした学習によって，基本的なことがらを確実に身につけることが大切ですが，教科書の学習以外に必要とされる知識も少なくありません。そのためには，身近な自然現象に日ごろから目を向けることです。また，テレビの科学番組，新聞・雑誌の科学に関する記事，読書などを通じて多くのことを知ることも大切です。科学に目を向けるふだんの心がけが，はば広い知識を身につけることにつながります。

基礎的な知識がある程度身についたら，標準的な問題集を解き，知識を活用する力を養いましょう。そのさい，わからない問題があってもすぐに解説・解答にたよらず，じっくりと自分で考えること。この積み重ねが考える力をのばすコツです。

国語 出題傾向＆対策

◆基本データ(2024年度1回)

試験時間／満点	50分／150点
問　題　構　成	・大問数…２題 　文章読解題２題 ・小問数…18問
解　答　形　式	記号選択が大半をしめているが，書きぬきや20～70字程度で書かせる記述問題なども出題されている。
実際の問題用紙	Ａ４サイズ，小冊子形式
実際の解答用紙	Ａ３サイズ

◆出題傾向と内容

▶近年の出典情報(著者名)
説明文：村山　綾　松村圭一郎　金田一春彦
小　説：原田ひ香　荻原　浩　砥上裕將

●**読解問題**…長文読解で取り上げられる文章は，説明文・論説文と，小説・物語文です。説明文・論説文では，接続語や指示語の理解，語句や文脈の理解，品詞・用法の識別，文章全体についての問題などが出されています。小説・物語文の設問内容は，登場人物や筆者の心情の読み取り，理由を説明する問題，言いかえの表現などです。全体的に，文章の内容は素直で標準的なものですが，文章量が多いため，文章を正確にすばやく読み取る力が必要です。

●**知識問題**…漢字の読みと書き取り，熟語の構成，漢字の成り立ち，四字熟語，慣用句・ことわざなどはば広く出題されます。

◆対策～合格点を取るには？～

本校の国語は，読解力を中心にことばの知識や漢字力もあわせ見る問題ということができますが，そのなかでも大きなウェートをしめるのは，長文の読解力です。したがって，読解の演習のさいには，以下の点に気をつけるとよいでしょう。①「それ」や「これ」などの指示語は何を指しているのかをつねに考える。②段落や場面の構成を考える。③筆者の主張や登場人物の性格，心情の変化などに注意する。④読めない漢字，意味のわからないことばが出てきたら，すぐに辞典で調べ，ノートにまとめる。

また，知識問題は，漢字・語句(四字熟語，慣用句，ことわざなど)の問題集を一冊仕上げるとよいでしょう。

分野 ＼ 年度			2024		2023		2022	
			1回	2回	1回	2回	1回	2回
読	文章の種類	説明文・論説文	★	★	★	★	★	★
		小説・物語・伝記	★	★	★	★	★	★
		随筆・紀行・日記						
		会話・戯曲						
		詩						
		短歌・俳句						
解	内容の分類	主題・要旨	○	○	○	○	○	○
		内容理解	○	○	○	○	○	○
		文脈・段落構成				○		○
		指示語・接続語	○	○	○	○	○	○
		その他	○	○	○	○	○	○
知	漢字	漢字の読み	○	○	○	○	○	○
		漢字の書き取り	○	○	○	○	○	○
		部首・画数・筆順						
	語句	語句の意味	○	○	○	○		○
		かなづかい						
		熟語			○			○
		慣用句・ことわざ	○	○		○	○	
	文法	文の組み立て				○		
		品詞・用法						
		敬語						
識	形式・技法							
	文学作品の知識							
	その他							
	知識総合							
表現	作文							
	短文記述							
	その他							
放送問題								

※　★印は大問の中心となる分野をしめします。

2025年度 中学受験用

中央大学附属横浜中学校

３年間スーパー過去問

をご購入の皆様へ

お詫び

本書、中央大学附属横浜中学校の入試問題につきまして、誠に申し訳ございませんが、以下の問題は著作権上の都合により掲載することができません。設問と解説、解答は掲載してございますので、ご必要とされる方は原典をご参照くださいますよう、お願い申し上げます。

記

2023年度　〈第２回試験〉国語　一　の　1　の問題文

以上

株式会社　声の教育社　編集部

2024 年度

中央大学附属横浜中学校

【算　数】〈第１回試験〉（50分）〈満点：150点〉

（注意事項　計算機，定規，分度器，コンパス等は一切使用してはいけません。）

1　次の□にあてはまる数を求めなさい。解答用紙には答えだけを記入しなさい。

(1)　$(0.5+0.25+0.125)\times(0.2+0.04+0.008)=\square$

(2)　$\left(1-\frac{1}{30}\right)\times\left(3\frac{1}{2}-2.3\right)\div\left(1.2+2\frac{2}{3}\right)=\square$

(3)　$1\div\left\{1-1\div(1+1\div\square)\right\}=2024$

(4)　兄は□個のあめを買い，そのうちの５分の１を弟にあげたところ，兄のあめは弟のあめより12個だけ多くなりました。

(5)　100円玉と50円玉と10円玉が合わせて260円分あります。このうち，100円玉だけをすべて10円玉に両替すると，硬貨（こうか）の合計枚数がはじめの２倍になりました。はじめの硬貨は全部で□枚です。

(6)　花子さんは家から一定の速さで学校まで向かう予定でしたが，道のりの$\frac{2}{5}$を進んだところで，速さをそれまでの$1\frac{1}{4}$倍に変えたところ，予定よりも３分早く学校に着きました。実際に花子さんが家から学校までかかった時間は□分です。

(7)　１分ごとに１回分裂（ぶんれつ）する２種類の細胞ＡとＢがあります。細胞Ａは１個のＡと１個のＢに分裂し，細胞Ｂは３個のＡに分裂します。はじめ，細胞Ａが１個あるとき，５分後にＡは□個になります。

(8)　下の式のように99から始めて１ずつ小さくなる数を順に足していきます。その和が初めて2024になるのは最後の数が□のときです。

$$99+98+97+\cdots+\square=2024$$

(9)　右の図で，AB＝ACであり，三角形DEFが正三角形であるとき，角xの大きさは□度です。

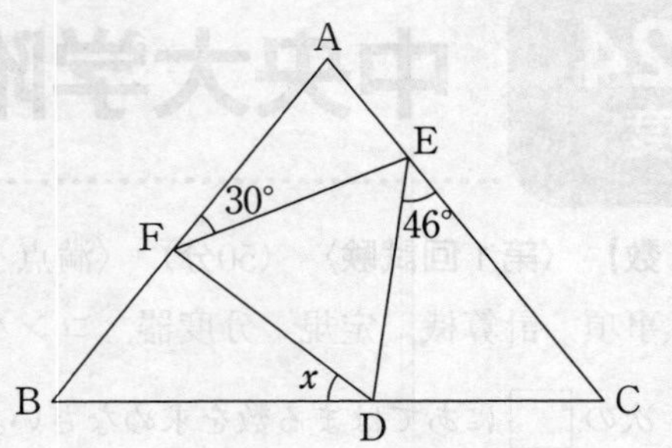

(10)　図のように直角三角形の板に，それぞれの頂点を中心とする半径７cmの円板が取りつけられています。この３つの円板のまわりに，たるまないようにひもをかけるとき，かげのついた部分の面積は□cm²です。ただし，円周率は$\frac{22}{7}$とします。

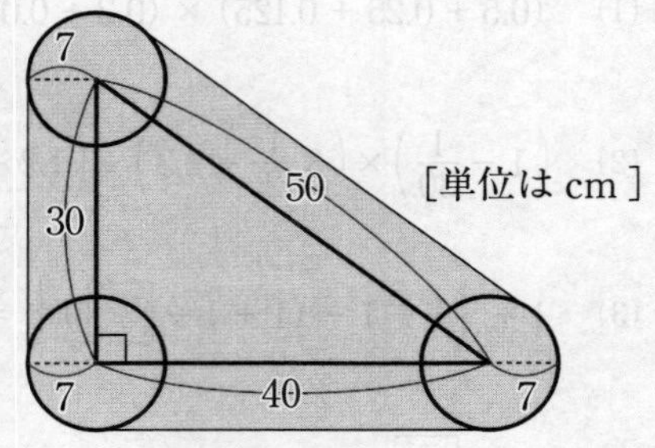

2　重さがちがう２つの容器Ａ，Ｂがあり，ＡとＢにはそれぞれ水が入っています。水をふくめた容器Ａ，Ｂの重さの比は２：３です。

このとき，次の問いに答えなさい。

(1)　容器Ｂから水を50ｇだけ容器Ａに移すと，水をふくめた２つの容器の重さが同じになりました。水をふくめた容器Ａ，Ｂの重さは合わせて何ｇですか。

(2)　(1)のあと，容器Ａの水を全て容器Ｂに移すと，水をふくめた容器Ｂと容器Ａの重さの差は460ｇになりました。容器Ａの重さは何ｇですか。

(3)　(2)のあと，容器Ｂの水を全て容器Ａに移すと，水をふくめた容器Ａと容器Ｂの重さの差は450ｇになりました。はじめに容器Ａ，Ｂに入っていた水の重さの比を，もっとも簡単な整数の比で答えなさい。

3 １辺の長さが１cm の立方体の６つの面に同じ大きさの立方体をはりつけて図のような立体を作りました。

このとき，次の問いに答えなさい。

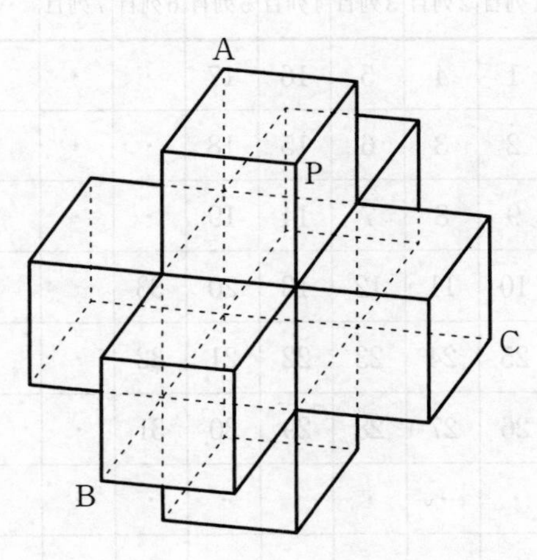

⑴　この立体の表面積は何 cm^2 ですか。

⑵　３つの頂点Ａ，Ｂ，Ｃを通る平面でこの立体を２つに切ります。頂点Ｐをふくむ方の立体について，次の問いに答えなさい。

①　立体の表面積から切り口の面積を引くと何 cm^2 ですか。

②　体積は何 cm^3 ですか。

4　1，2，3，4，… が表のように並んでいます。たとえば，１行３列目の数は５で，３行１列目の数は９です。このとき，次の問いに答えなさい。

	1列目	2列目	3列目	4列目	5列目	6列目	7列目	…
1行目	1	4	5	16	17	・	・	
2行目	2	3	6	15	18	・	・	
3行目	9	8	7	14	19	・	・	
4行目	10	11	12	13	20	33	・	
5行目	25	24	23	22	21	32	・	
6行目	26	27	28	29	30	31	・	
7行目	・	・	・	・	・	・	・	
⋮								

(1)　１行８列目の数は何ですか。

(2)　９行１列目の数は何ですか。

(3)　450 は何行何列目の数ですか。

(4)　２行目の１列目から 20 列目までの 20 個の数のうち，３の倍数は何個ですか。

【社　会】〈第１回試験〉（35分）〈満点：100点〉

1　次のＡ～Ｃの文は日本のいずれかの都道府県について述べた文です。Ａ～Ｃの文を読んで，あとの問いに答えなさい。

Ａ　日本最大の工業出荷額をあげる工業地帯があり，①自動車工業を中心とする輸送機械の生産がさかんである。この工業地帯には②大小さまざまな工場があり，③自動車組み立て工場では非常に多種の部品を使うため，数多くの関連工場が集まっている。④南東に位置する半島では花きの栽培(さいばい)がさかんである。また，森林も広がっており，⑤林業もさかんである。

Ｂ　首都圏に位置するため近郊農業がさかんである。臨海地域では⑥石油化学工業などの重化学工業が発達している。⑦北部を流れる川は県境になっており，その下流に位置する⑧漁港は，いわしやさばを中心に日本有数の水あげ量をほこる。

Ｃ　冬の気温は低くなるが，夏にすずしい気候や広大な⑨農地を利用し，畑作などの農業がさかんである。小麦・じゃがいも・てんさいの都道府県別の生産高は１位である。良い漁場にも恵(めぐ)まれているが，冬に［　⑩　］が流れ着き海がとざされるため，漁ができない日がある。

問１　下線部①について，自動車の開発には，環境を大切に守りながらくらしを発展させていく「持続可能な社会」といった考え方が求められています。その考え方にもとづいた自動車の開発として最も適切なものを，次の１～４から１つ選び，番号で答えなさい。

１．目的地まで自動的に運転できる装置を積んだ自動車
２．ガソリンのかわりに電気を使う自動車
３．高速で走行できるエンジンを積んだ自動車
４．事故が起きても頑丈(がんじょう)で安全な自動車

問２　下線部②について，次のグラフは日本の工場の数，働く人の数，生産額のいずれかについて，大工場（働く人が300人以上）と中小工場（働く人が300人未満）の割合を示したものです。ア～ウの組み合わせとして正しいものを，あとの１～６から１つ選び，番号で答えなさい。

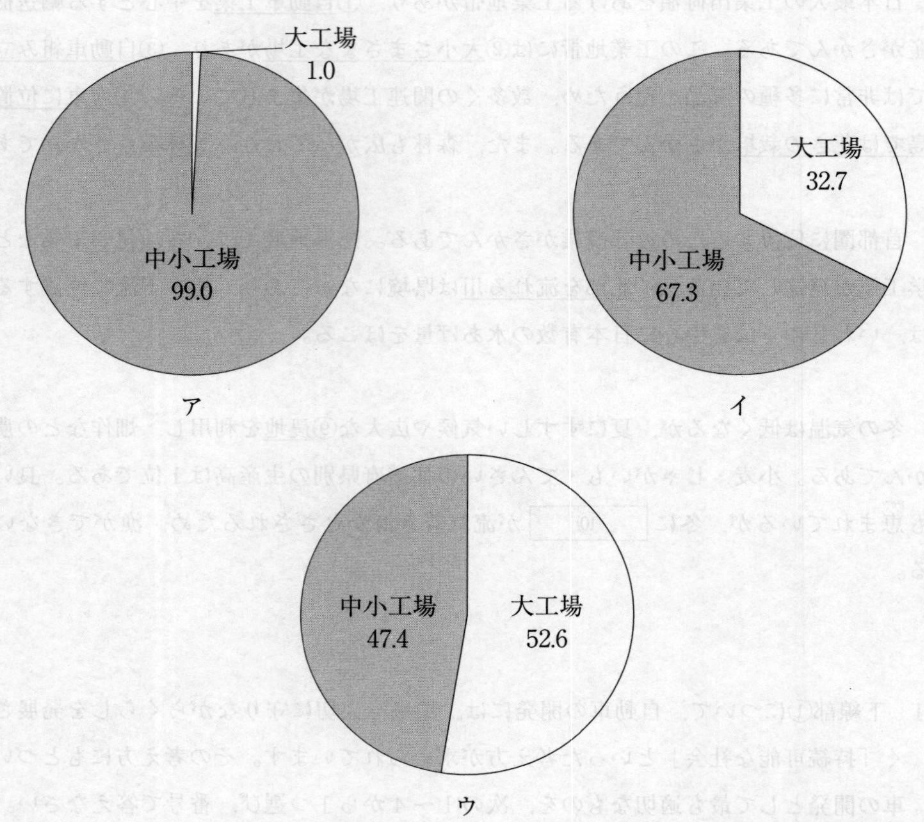

※データは2019年，単位は％　（『日本国勢図会 2022/23』より作成）

１．ア…工場の数　　イ…働く人の数　　ウ…生産額
２．ア…工場の数　　イ…生産額　　ウ…働く人の数
３．ア…生産額　　イ…工場の数　　ウ…働く人の数
４．ア…生産額　　イ…働く人の数　　ウ…工場の数
５．ア…働く人の数　　イ…生産額　　ウ…工場の数
６．ア…働く人の数　　イ…工場の数　　ウ…生産額

問３　下線部③について，次の１～４は自動車をつくる工程を示したものです。自動車をつくる手順を順に並べて答えなさい。

１．溶接作業により車体の形を仕上げる。
２．ラインにより組み立て作業をおこなう。
３．車体に塗装をする。
４．プレス機を利用して，車体のドアやボンネットをつくる。

問４　下線部④について，菊は日照時間が短くなると開花するという性質を持っています。その性質を利用したこの地域の菊の一般的な栽培方法について正しいものを，次の１～４から１つ選び，番号で答えなさい。

１．この地域の寒い気候を利用して春に種をまき，開花時期を早めている。
２．丘の斜面に菊を植えることで日照時間を長くし，開花時期を早めている。
３．１日の大半を暗室で育て，開花時期を遅らせている。
４．菊に夜間も人工的な光をあて，開花時期を遅らせている。

問５　下線部⑤について，林業で働く人の数が減っていることが問題となっています。この問題を解決するために，国や都道府県がすすめている取り組みとして正しいものを，次の１～５からすべて選び，番号で答えなさい。

１．人工林の約半分を占めている広葉樹林を伐採し，生育の早い針葉樹林を植える事業をおこなう。
２．林業に興味ある都市部の人々を森林が多い地域に招き，林業体験や地元の人たちとの交流をしてもらう。
３．林業を始めたい人のために，森林管理や木造設計などの知識や技術を教える学校を増やす。
４．国内の木材不足を解消するため，輸入木材を増やし，木造建築をたくさん建造できるようにする。
５．高齢者で林業にたずさわっている人を早く引退させる制度をつくり，若者が林業に就きやすいようにする。

問６　下線部⑥について，次の１～４は，主なＩＣ工場，製鉄所，石油化学コンビナート，セメント工場のいずれかの分布を示したものです。このうち，ＩＣ工場の分布を示したものとして正しいものを，次の１～４から１つ選び，番号で答えなさい。

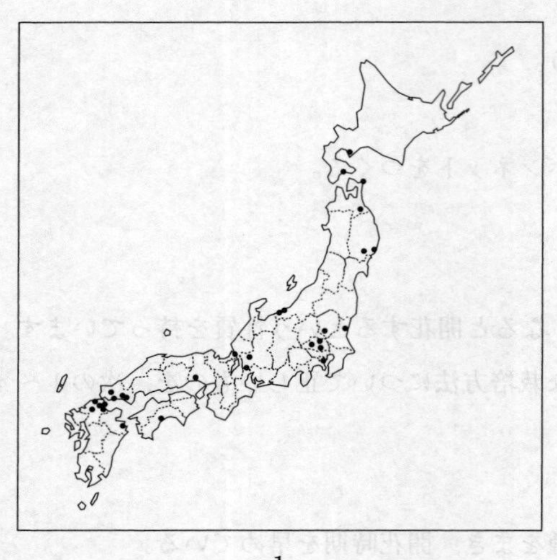

1

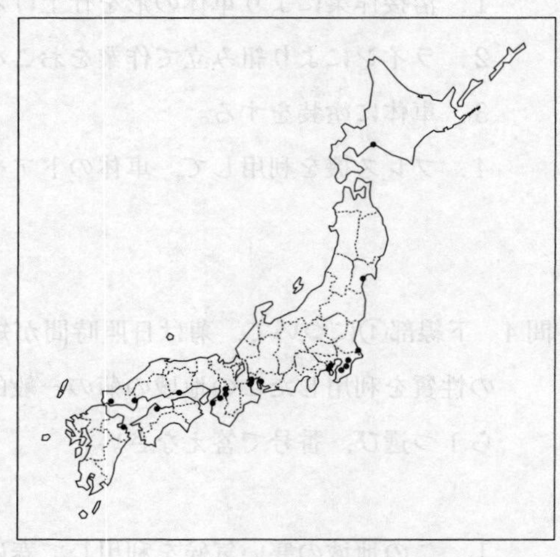

2

3

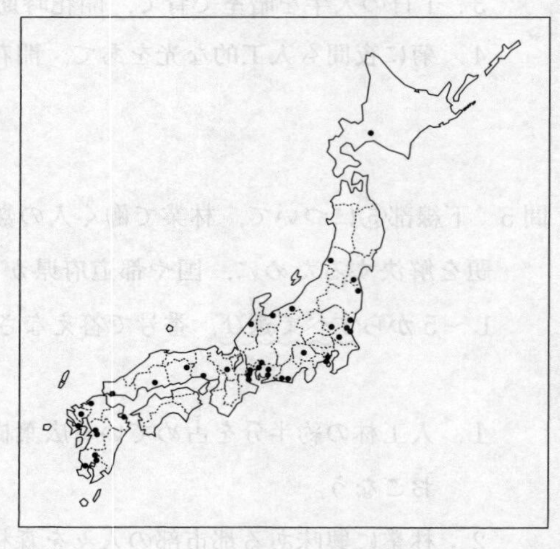

4

（『新詳地理資料 COMPLETE2022』より）

問７　下線部⑦について，次の問いに答えなさい。

⑴　下線部⑦の川の名前を漢字で答えなさい。

⑵　下線部⑦の川の水は農業用水・工業用水・発電などに利用され，首都圏の経済活動を支えていますが，これらの利用方法以外で大きな割合を占めているものを答えなさい。

問８　下線部⑧について，漁港に水あげされた魚は市場に運ばれ，魚を買いたい人たちが値段を競い合い，最も高い値段をつけた人に売られます。このような売買方法の名称を答えなさい。

問９　下線部⑨について，Ｃでは米や小麦などの作物がたくさん生産されていますが，Ｃの農地の約４割は，田や小麦畑といったものではありません。それではＣの農地の約４割は何のために，どのように利用されているのでしょうか。次のグラフを参考にして答えなさい。

2019年の農業産出額の構成

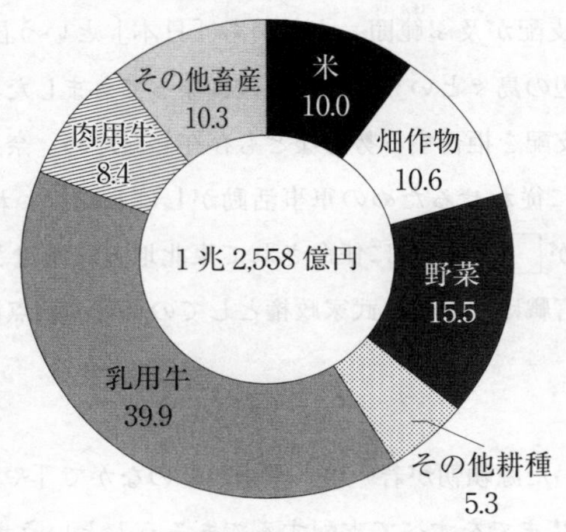

※単位は％　（Ｃの都道府県のホームページより作成）

問10　[⑩]に入る語句を漢字で答えなさい。

問11　Ａ～Ｃの文で示された都道府県をそれぞれ漢字で答えなさい。

2 私たちは日本列島に住み，そこに形成された日本という国で生活しています。そして北海道・本州・四国・九州・南西諸島とその周辺の島々からなる「日本」に関して，これを当たり前のこととして認識しています。しかしこの当たり前の認識は，いつから当たり前になったのでしょうか。このことに関する次の文章を読んで，あとの問いに答えなさい。

A　日本列島に初めて人々が住み始めたのは，①今から数万年前の旧石器時代のことであるといわれています。このことは，群馬県で発見された岩宿遺跡などで，この時代の人々が使用していたと見られる石器が出土していることからも分かります。やがて縄文時代になると，日本列島に住みついた人々は独自の文化を発達させていきました。巨大な建物の跡や一般的なものよりはるかに大きな竪穴住居の跡が発見されたことで知られる，青森県の［　1　］遺跡などは，特に有名な縄文時代の遺跡です。しかし，この時代の日本列島にはまだ国家などは存在せず，また列島全体で「日本」という一つの領域であるというような意識も，人々の間にはなかったと考えられます。

B　７世紀半ばから始まる大化の改新をきっかけに，日本列島でも本格的な国家を建設していこうという動きが強まりました。こうしたなかで，中央政府である朝廷は律令を制定し，公地公民制によって全国の人々を把握しようと努め，さらに②人々にさまざまな税や負担を求めたり，③本格的な都を建設したりするなど，国家を運営していくための仕組みを整えました。そして朝廷の支配が及ぶ範囲，すなわち「日本」という国家の領域も，ほぼ本州・四国・九州とその近辺の島々ということが明確になってきました。しかし，九州地方南部や東北地方には朝廷の支配を拒否する勢力なども存在したため，奈良時代から平安時代初期にかけて，彼らを朝廷に従わせるための軍事活動がしばしば行われました。桓武天皇のときには，坂上田村麻呂が［　2　］に任命されて東北地方に派遣されています。ちなみにこの［　2　］という官職は，のちに武家政権としての幕府の頂点に立つ者に受け継がれる官職になっていきます。

C　④鎌倉幕府を開いた源頼朝が若い頃，家来が夢のなかで「やがて頼朝は奥州の外が浜＊から西国の鬼界が島＊＊までをすべて支配するであろう」という趣旨の神のお告げを受けたという話があります。この夢が本当のことであったかは分かりませんが，ただこの話は当時の人々が「日本」の範囲をどのように考えていたのかが分かるものとして注目されます。その後，室町幕府の３代将軍［　3　］は，明の皇帝から「日本国王」の称号を受けていますが，この段階での「日本」の範囲も，基本的に同様であったと考えられます。一方この頃になると，現在の北海道にあたる蝦夷が島では，本州から移り住む人々が現れるようになり，そうした人々とそれ以前から住んでいた［　4　］の人々とが衝突する事件も，起こるようになりました。また南西諸島では，沖縄島を中心に琉球王国が成立し，日本と中国の双方と交流しながら，大いに繁栄しました。現在の那覇市にあった［ 5 ］城は，琉球国王の居城として有名です。

＊津軽半島の辺り　＊＊九州南方の島々

D　織田信長によって始められた全国統一事業は，その死後は豊臣秀吉によって引き継がれ，最終的に蝦夷が島南部の松前氏から九州南部の島津氏までの各地の大名を従わせる形で，⑤豊臣政権は全国を統一しました。江戸時代に入ると，島津氏は琉球王国に攻め込んで事実上支配下に置き，松前氏も徐々に蝦夷が島で支配を拡大していきました。また江戸幕府は，⑥各地の大名に対して参勤交代を義務づけるなど，強固な全国支配の仕組みをつくりました。さらにいわゆる鎖国政策が進められた結果，長崎への貿易船の来航が認められていた中国・［ 6 ］，江戸に定期的に使節を派遣していた朝鮮・琉球を除き，外国との交流は持たないこととなり，日本の内と外との間での人々の往来は，厳しく制限されるようになります。

E　明治時代の日本は，戊辰戦争や西南戦争など国内での対立・内戦も経験しながら，徐々に欧米諸国にならった近代国家となるための改革を進めました。そして中央政府のもとに日本全国をまとめ，政治を行っていく仕組みをつくっていきました。またそうしたなかで，日本と外国との国境を画定し，国家としての日本の主権がおよぶ領域を明確にする必要も生じ，ロシアとの領土に関する条約の締結や琉球王国の最終的な日本への統合が行われました。⑦この結果，それまで必ずしも明確ではなかった日本の北や南の国境線が明確になりました。しかし，この国境線はその後に日本が経験する対外戦争のなかで，やがて変わっていくことになります。

F　第二次世界大戦の終結後，［ 7 ］首相のもとで結ばれたサンフランシスコ平和条約によって，日本は近代の対外戦争で獲得した海外植民地・利権などをすべて失いました。この結果，日本の領域は北海道・本州・四国・九州を中心とした，ほぼ明治時代初期における日本の範囲に戻る形となりました。しかし日本の周辺の国々はこの条約に参加しておらず，またこの条約で日本が放棄した領土に含まれるのかどうか不明確な地域も残されました。そのため戦後の日本では，⑧周辺の国々との間で国交を回復・樹立することや領土問題を解決することが大きな課題となりました。そして領土問題については，今なお未解決のまま残されているものもあります。

問1 文中の［ 1 ］～［ 7 ］にあてはまる語句を答えなさい。

問2 下線部①について，旧石器時代の日本列島や人々の状況（じょうきょう）に関して述べた文として誤（あやま）っているものを，次の1～4から1つ選び，番号で答えなさい。

1．この頃に日本列島に住み始めた人々の子孫はそのまま日本列島に定着し，彼（かれ）らはやがて縄文人となっていった。

2．この頃の気候は現在よりも寒冷であったことから，海水面が下がって日本列島がアジア大陸と陸続きであった時期もある。

3．この頃の日本列島における人々の生活の痕跡（こんせき）を示す重要な遺跡として，列島各地に多数の貝塚が存在している。

4．この頃はナウマンゾウやマンモスなど大型動物が生息しており，人々は獲物（えもの）となるこうした動物を追って日本列島にやってきた。

問3 下線部②について，当時の朝廷が人々に求めた税や負担に関して述べた文として正しいものを，次の1～4から1つ選び，番号で答えなさい。

1．主に成人男性に対して，それぞれの地方で土木工事や雑用などに従事することが求められ，これを雑徭といった。

2．男性のみに与えられる口分田は，戸籍に基づいて割り当てられ，そこで収穫（しゅうかく）した稲は租として納めることが求められた。

3．兵士となった人々のなかには，都を警備する防人や九州を警備する衛士として，故郷から離（はな）れた場所に送られる者もいた。

4．都で働く代わりに麻布を納める調や各地の特産物を納める庸は，人々が自ら都まで運ばなければならず，重い負担であった。

問4 下線部③について，ここでいう本格的な都とは，藤原京や平城京のような都のことです。これらは，なぜそれまでの都とは異なる本格的な都といわれるのでしょうか。これらの都が建設された際に念頭に置かれた中国の都市や，これらの都の構造といった観点から，説明しなさい。

問５　下線部④について，鎌倉幕府に関して述べた文として誤っているものを，次の１～４から１つ選び，番号で答えなさい。

１．御家人同士で土地をめぐる争いが起こり，どちらかが幕府に訴(うった)えると，幕府が裁判を行って問題の解決を図った。

２．国ごとに治安維持(いじ)などを行う地頭や，荘園などの土地ごとに現地を管理する守護が置かれ，いずれも御家人が任命された。

３．承久の乱が幕府側の勝利で終わったのち，朝廷の監視(かんし)や西日本の御家人の統率のために，六波羅探題が設置された。

４．源頼朝の死後に幕府の実権を握(にぎ)った北条氏は，執権という地位に就任して，代々受け継いでいくようになった。

問６　下線部⑤について，豊臣政権や豊臣秀吉に関して述べた文として誤っているものを，次の１～４から１つ選び，番号で答えなさい。

１．太閤検地や刀狩を行ったことは，争いが絶えなかったそれまでの社会の状況を大きく変えるきっかけとなった。

２．朝廷から関白や太政大臣に任命されることで，朝廷の権威(けんい)も利用しながら全国の大名を従わせていった。

３．本能寺の変後，いち早く明智光秀を討ったことで，織田信長の事実上の後継者(こうけいしゃ)となるきっかけをつかんだ。

４．明を征服(せいふく)しようとして文永・弘安の役を引き起こし，多くの大名を動員して大軍で朝鮮半島に攻め込んだ。

問７　下線部⑥について，参勤交代が義務づけられると，大名本人と大名の妻子は，それぞれどのような生活を強いられることになったのでしょうか。説明しなさい。

問８　下線部⑦について，このことに関連するものとして，『蛍の光』という歌があります。この『蛍の光』は，元々は『オールド・ラング・サイン』というスコットランド民謡(みんよう)の曲に日本語の歌詞をつけたものであり，学校の音楽の授業などで扱うべき唱歌として，1882（明治15）年に発行された『小学唱歌集』初編に収録されました。現在でも１番と２番の歌詞が卒業式で歌われたり，店舗(てんぽ)の閉店時間に曲が流されたりすることで，よく知られています。しかし３番と４番の歌詞は，現在ではまず歌われることはありません。また４番については，のちに２回ほど歌詞の変更(へんこう)が行われています。

唱歌『蛍の光』（作詞：稲垣千頴，原曲：スコットランド民謡）

１．蛍(ほたる)の光(ひかり)窓(まど)の雪(ゆき)　書(ふみ)読(よ)む月日(つきひ)重(かさ)ねつつ
いつしか年(とし)もすぎの戸(と)を　あけてぞ今朝(けさ)は別(わか)れ行(ゆ)く

２．止(と)まるも行(ゆ)くも限(かぎ)りとて　互(かたみ)に思(おも)う千万(ちよろず)の
心(こころ)のはしを一言(ひとこと)に　幸(さき)くとばかり歌(うた)うなり

３．筑紫(つくし)の極(きわ)み陸(みち)の奥(おく)　海山(うみやま)遠(とお)く隔(へだ)つとも
その真心(まごころ)は隔(へだ)てなく　一(ひと)つに尽(つ)くせ国(くに)のため

４．千島(ちしま)の奥(おく)も沖縄(おきなわ)も　八洲(やしま)の内(うち)のまもりなり
至(いた)らん国(くに)に勲(いさお)しく　つとめよ我(わ)が背(せ)恙(つつが)なく

（３番および４番の歌詞のおおよその意味）

３．筑紫 * や陸の奥 ** は　海や山で遠く隔てられていても人々の真心は変わりないのであり　心を一つに国のために尽くしてください

４．千島列島の奥も沖縄も　八洲 *** の領域内になる場所である
派遣される地で勇気を持って　我が親しい人よ無事に任務についてください

* 九州地方　** 東北地方　*** 日本の国のこと

※　漢字表記・仮名遣(づか)いなどは分かりやすく改めている（以下も同様）。

歌詞変更Ａ

４．千島(ちしま)の果(は)ても台湾(たいわん)も　八洲(やしま)の内(うち)のまもりなり 至(いた)らん国(くに)に勲(いさお)しく　つとめよ我(わ)が背(せ)恙(つつが)なく

歌詞変更Ｂ

４．台湾(たいわん)の果(は)ても樺太(からふと)も　八洲(やしま)の内(うち)のまもりなり 至(いた)らん国(くに)に勲(いさお)しく　つとめよ我(わ)が背(せ)恙(つつが)なく

(1)　歌詞変更Ａおよび歌詞変更Ｂのきっかけとなった出来事は何でしょうか。その組み合わせとして適当なものを，次の１～６から１つ選び，番号で答えなさい。

	歌詞変更Ａ	歌詞変更Ｂ
1	日露戦争	日清戦争
2	日露戦争	日中戦争
3	日清戦争	日露戦争
4	日清戦争	日中戦争
5	日中戦争	日露戦争
6	日中戦争	日清戦争

(2)　『蛍の光』の３番・４番の歌詞を唱歌として採用することによって，当時の政府は国民に対してどのような意識を持たせようとしていたと考えられますか。歌詞の内容・変遷(へんせん)を踏(ふ)まえ，Ｅの本文も参考にして，説明しなさい。

問９　下線部⑧について，第二次世界大戦後における日本と周辺の国々との関係や領土問題に関して述べた文として誤っているものを，次の１～４から１つ選び，番号で答えなさい。

１．戦後になってから韓国に占領された竹島は，日韓基本条約によって韓国との国交が樹立されると，多額の経済援助（えんじょ）と引き換（か）えに日本に返還（へんかん）された。

２．大戦末期にアメリカに占領された沖縄は，戦後も長くアメリカによる統治の下に置かれたが，のちに沖縄返還協定によって日本に返還された。

３．大戦末期にソビエト連邦に占領された北方領土は，日ソ共同宣言によってソビエト連邦との国交が回復したのちも，返還されることなく現在に至っている。

４．日中共同声明によって中国との国交は回復し，のちに日中平和友好条約も結ばれたが，中国は尖閣諸島を自らの領土であると主張して現在に至っている。

3　牛久保君のクラスでは，これまでの日本国憲法や政治，国際社会に関する学習のまとめとして，2023年の気になるニュースを班ごとに調べ，検討テーマを決めて後日発表することになりました。次の各班の発表準備メモに関連した各問いに答えなさい。

発表準備メモ

１班：①少子化に関するニュース

１月，岸田首相が年頭記者会見で「異次元の少子化対策」に取り組むことを発表しました。

(検討テーマ)

・少子化がこのまま進行するとどのような問題が起こるのか？

・同時に進行する高齢化（こうれいか）にともなう問題にはどのようなことがあるのか？

２班：②日本の国際協力に関するニュース

４月，日本政府は，政府開発援助（えんじょ）の指針を定めた「開発協力大綱（たいこう）」の改定案をまとめました。

(検討テーマ)

・日本の国際協力は，政府開発援助の他にどのようなものがあるのか？

・日本の国際協力は，諸外国で本当に役に立っているのか？

３班：③一票の格差に関するニュース

１月，一票の格差が最大で2.08倍だった2021年10月の衆議院の④選挙について，最高裁大法廷で合憲とする判断が出されました。

(検討テーマ)

・一票の格差とはどのようなことか，それがなぜ問題なのか？

・一票の格差を解消するために，どのような方法が考えられるのか？

４班：⑤憲法改正に関するニュース

５月，日本国憲法の施行から76年となる憲法記念日に，憲法を改正する必要があるかどうかに関する世論調査が行われました。

(検討テーマ)

・憲法改正は必要なのか？

・憲法改正により日本の⑥平和主義はどのように変化するのか？

５班：地方自治に関するニュース

８月，神奈川県真鶴町の町長が選挙人名簿を町長選挙で不正利用した問題で，真鶴町選挙管理委員会は，町長の⑦解職請求の賛否を問う住民投票を行うと発表しました。

(検討テーマ)

・住民が，地方自治体の長や議会の議員の解職を請求できる根拠はどこにあるのか？

・地方分権の推進のためにどのような取り組みがなされているのだろうか？

６班：国会に関するニュース

６月，通常国会は150日間の会期を終えて閉会しました。この国会では，性的少数者への理解を促し，⑧法の下の平等を実現するための法律が成立しました。

(検討テーマ)

・⑨国会に対して国民はどのような意思表示ができるのか？

・多様性理解を深める取り組みと，その課題にはどのようなものがあるのか？

７班：サミットに関するニュース

５月，広島で⑩Ｇ７サミットが開催されました。世界経済の問題やウクライナ問題，⑪地球環境問題など複合的危機への対応などについて話し合われました。

(検討テーマ)

・世界の地域連携はＧ７サミット以外にどのようなものがあるのか？

・政治のしくみが違う国々がどのように協力していくことができるのか？

問１　下線部①に関連して，次に示す表１と表２から読み取れることについて説明した下のＡとＢの文について，その正誤の組み合わせとして正しいものを，あとの１～４から１つ選び，番号で答えなさい。

表１　合計特殊(とくしゅ)出生率*の推移

年	合計特殊出生率
1950	3.65
1960	2.00
1970	2.13
1980	1.75
1990	1.54
2000	1.36
2010	1.39
2020	1.34

*合計特殊出生率　…　15歳(さい)から49歳までの女性の年齢別出生率を合計したもの

※厚生労働省「令和２年（2020）人口動態統計月報年計（概数(がいすう)）の概況(がいきょう)」より作成

表２　都道府県別高齢化率**（2021年）

	総人口（千人）	65歳以上人口（千人）	高齢化率（%）
北海道	5,183	1,686	32.5
岩手県	1,196	409	34.2
秋田県	945	360	38.1
東京都	14,010	3,202	22.9
富山県	1,025	337	32.8
愛知県	7,517	1,918	25.5
大阪府	8,806	2,442	27.7
島根県	665	229	34.5
徳島県	712	247	34.7
沖縄県	1,468	339	23.1

**高齢化率　…　総人口に占(し)める65歳以上人口の割合

※内閣府「令和４年版高齢社会白書（全体版）」より作成

Ａ　合計特殊出生率は2020年まで一貫(いっかん)して低下し続け，2020年には過去最低を記録している。

Ｂ　三大都市圏(けん)以外の都道府県の高齢化率はすべて30%を超(こ)えている。

１．Ａ　正　　Ｂ　正　　　２．Ａ　正　　Ｂ　誤

３．Ａ　誤　　Ｂ　正　　　４．Ａ　誤　　Ｂ　誤

問２　下線部②に関連して，政府開発援助をはじめとした国際協力について説明した文として正しいものを，次の１～４から１つ選び，番号で答えなさい。

１．ＮＧＯは，必ず各国政府の資金援助を受けて活動しなければならない。

２．ＰＫＯに参加することは平和憲法に違反(いはん)するので，日本はＰＫＯ活動にはこれまで一度も参加したことがない。

３．ＵＮＩＣＥＦは，主に世界中の子どもたちの命と健康を守るために活動している。

４．ＷＴＯは，すべての人々の健康を増進し保護するため，たがいに他の国々と協力する目的で設立された。

問３　下線部③に関連して，次の文の[　　]に当てはまる数値として適当なものを，あとの１～５から１つ選び，番号で答えなさい。

Ａ市では，有権者数10,000人から１人の議員が選出され，Ｂ市では，有権者20,000人から５人の議員が選出される場合，Ａ市とＢ市における一票の格差は，[　　]である。

１．１倍　　２．1.5倍　　３．２倍　　４．2.5倍　　５．３倍

問４　下線部④に関連して，選挙区制について説明した文として正しいものを，次の１～４から１つ選び，番号で答えなさい。

１．小選挙区制は，１つの選挙区から１名だけの候補者が当選するしくみで，最も民意が反映されやすい選挙制度である。

２．小選挙区制は，１つの選挙区から１名だけの候補者が当選するしくみで，死票が最も少ない選挙制度である。

３．大選挙区制とは，１つの選挙区から２名以上の候補者が当選するしくみで，選挙費用は比較的(ひかくてき)安く済む選挙制度である。

４．大選挙区制とは，１つの選挙区から２名以上の候補者が当選するしくみで，少数政党でも当選しやすい選挙制度である。

問５　下線部⑤に関連して，日本国憲法第 96 条の憲法改正の規定について，与えられた条件に従って，次の（　ア　）～（　ウ　）に当てはまる数の正しい組み合わせを，あとの１～４から１つ選び，番号で答えなさい。

（条件）衆議院 465 名，参議院 248 名，国民投票における投票総数 9,000 万票

この憲法の改正は，衆議院（　ア　）名および参議院（　イ　）名以上の賛成で，国会が，これを発議し，国民に提案してその承認を受けなければならない。この承認には，特別の国民投票において，（　ウ　）票以上の賛成を必要とする。

１．（ア）　155　　（イ）　83　　（ウ）　30,000,001

２．（ア）　233　　（イ）　124　　（ウ）　45,000,000

３．（ア）　310　　（イ）　166　　（ウ）　45,000,001

４．（ア）　349　　（イ）　186　　（ウ）　60,000,000

問６　下線部⑥に関連して，日本国憲法第９条の条文中の（　ア　）～（　エ　）に当てはまる語句の正しい組み合わせを，あとの１～４から１つ選び，番号で答えなさい。

第９条 ①　日本国民は，（　ア　）を基調とする国際平和を誠実に希求し，国権の発動たる戦争と，（　イ　）は，国際紛争（ふんそう）を解決する手段としては，永久にこれを放棄（ほうき）する。 ②　前項（ぜんこう）の目的を達するため，（　ウ　）その他の戦力は，これを保持しない。国の（　エ　）は，これを認めない。

１．（ア）正義と秩序（ちつじょ）　（イ）武力による威嚇又（いかくまた）は武力の行使
　　（ウ）陸海空軍　（エ）交戦権

２．（ア）正義と公正　（イ）武力による攻撃（こうげき）又は武力の保持
　　（ウ）警察予備隊　（エ）自衛権

３．（ア）信義と秩序　（イ）戦力による威嚇又は戦力の実行
　　（ウ）自衛隊　（エ）自衛権

４．（ア）信義と公正　（イ）戦力による攻撃又は戦力の行使
　　（ウ）陸海空軍　（エ）交戦権

問７　下線部⑦に関連して，住民による地方公共団体の首長や議会の議員の解職請求のことを何といいますか，カタカナ４字で答えなさい。

問８　下線部⑧に関連して，６年生の在籍数 30 人のクラス（男子 10 人，女子 20 人）で，クラス委員２名を選ぶ選挙が行われた場合を考えます。次の１～４の中から投票権において平等な取り扱いといえるものをすべて選び，番号で答えなさい。

１．クラス全員に一人１票の投票権を与えた。
２．クラス全員に一人２票の投票権を与えた。
３．男子児童には一人２票，女子児童には一人１票の投票権を与えた。
４．男子児童には一人１票，女子児童には一人２票の投票権を与えた。

問９　下線部⑨に関連して，国民が国会などの三権に対してできる意思表示について，次の（ア）～（ウ）の正誤の組み合わせとして正しいものを，あとの１～５から１つ選び，番号で答えなさい。

（ア）　国民は，内閣総理大臣の弾劾を請求することができる。
（イ）　国民は，選挙で国会議員を選出することができる。
（ウ）　国民は，最高裁判所の裁判官の国民審査を行うことができる。

１．（ア）　正　　（イ）　正　　（ウ）　正
２．（ア）　誤　　（イ）　正　　（ウ）　誤
３．（ア）　誤　　（イ）　誤　　（ウ）　誤
４．（ア）　誤　　（イ）　正　　（ウ）　正
５．（ア）　正　　（イ）　誤　　（ウ）　誤

問 10　下線部⑩に関連して，Ｇ７サミットの参加メンバーは７つの国と１つの組織です。これに含まれる国や組織の組み合わせとして正しいものを，次の１～４から１つ選び，番号で答えなさい。

１．イギリス，ドイツ，イタリア，ＥＵ
２．中国，インド，韓国，ＡＵ
３．ロシア，ブラジル，フランス，ＮＡＴＯ
４．ドイツ，南アフリカ，韓国，ＡＳＥＡＮ

問 11　下線部⑪に関連して，地球環境問題の解決に有効ではないと思われる取り組みを，次の１～４から１つ選び，番号で答えなさい。

１．照明の点灯時間を短くしたり，省エネ照明器具に買い替（か）える。
２．レジ袋（ぶくろ）は使わずにエコバッグを持参する。
３．スーパーなどの買い物で，できるだけ価格の安い外国産のものを選ぶ。
４．ペットボトル飲料ではなく，水筒（すいとう）などを持参する。

【理　科】〈第１回試験〉（35分）〈満点：100点〉
（注意事項　計算機，定規，分度器，コンパス等は一切使用してはいけません。）

1　次の会話文は，一郎(いちろう)さんと花子(はなこ)さんが，先生と一緒(いっしょ)に，てこやかっ車について考えているものです。次の会話文を読み，あとの各問いに答えなさい。ただし，てこやかっ車は軽くてなめらかに回転するため，つり合っているときは，支点に対して右に回そうとするはたらきと左に回そうとするはたらきは同じであるものとします。また，糸の重さやてこの重さは考えません。なお，花子さんも一郎さんも，この紙面の奥行(おくゆき)の方向には力をかけていません。力の大きさはg(グラム)で表されているばねはかりで測定するものとします。答えが小数になる場合は小数第１位を四捨五入して整数で答えなさい。

花子：てこの原理を用いると，小さな力でもものを持ち上げることができます。今日は，てこの原理を確認する実験をしたいと思います。

一郎：丈夫(じょうぶ)な支えに支点Ｏをつけて，てこを作りました（**図１**）。てこはとても軽くて丈夫な素材で作りました。早速実験してみましょう。

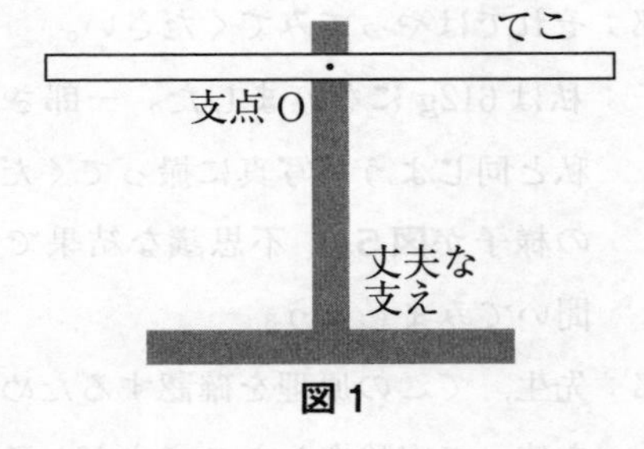

図１

花子：**図２**のように，600gのおもりを支点Ｏから左に20cmはなれた作用点Ａにとりつけます。次に，支点の右側に力点を置きます。このときの力点の位置と力の大きさの関係を調べたいと思います。

一郎：実験する前に，力点の位置を支点から10cm，20cm，…などとずらしていったときに，どのような力の大きさで引くとつり合うかを予測しましょう。力の大きさは力点にとりつけるおもりの重さで表すこととすると，この関係は［　(X)　］のようなグラフになることが予想されます。実際に実験しましょう。

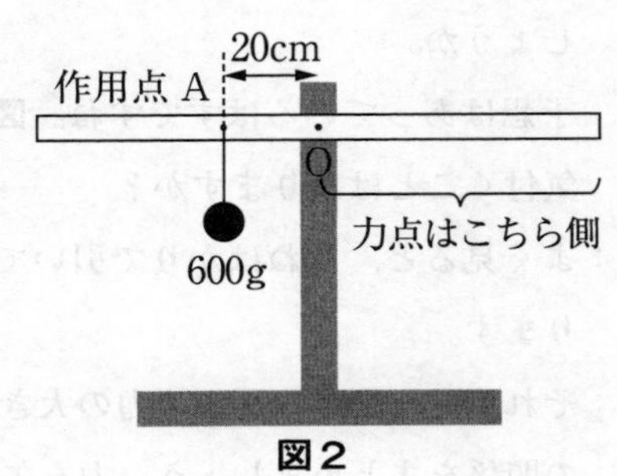

図２

花子：まず，支点から力点の側に20cmのところに600gのおもりをつけたら，つり合いました。他の場所でも，いくつかの力点に計算した通りのおもりをつけて実験をしたところ，ほぼ予想通りの結果が得られました。一郎さんもやってみてください。

一郎：わかりました。私はおもりをつけるのではなく，実際に力をかけてみたいと思います。力は手で引っぱるだけだと何gの大きさで引っぱっているかわかりませんから，ばねはかりで引っぱって力の大きさを確認してみたいと思います。

花子：例えば，右から20cmのところをばねはかりで引いてみてください。先ほどと同様に，ばねはかりが600gを示すはずです。

一郎：あれっ？ 600gになりません。ばねはかりは636gを示しています。花子さん，この様子を正面から力点にはたらく力の角度が正しくわかるようにカメラ位置を調整して，写真に撮(と)ってください（この写真の様子が**図３**）。

花子：写真を撮りました。一郎さん，もう一度やってみてください。

一郎：今度は，690gになりました。**図３**と違(ちが)う値です。
花子さん，この様子も写真に撮ってもらえますか（この写真の様子が**図４**）。

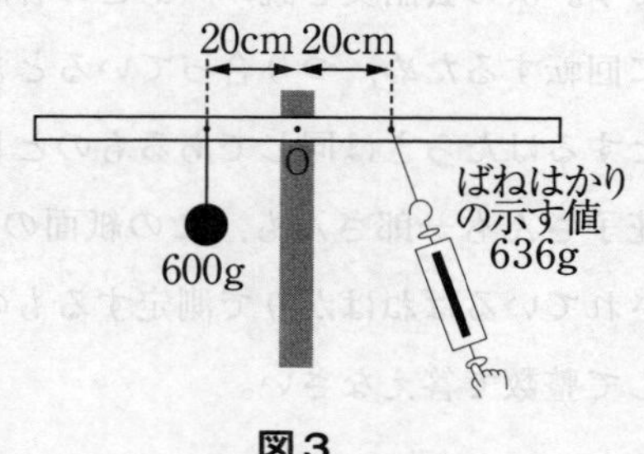

図３

花子：先ほどと同じように撮りました。不思議ですね。どうして，このようになるのでしょうか。今度は私がやってみます。

一郎：それではやってみてください。

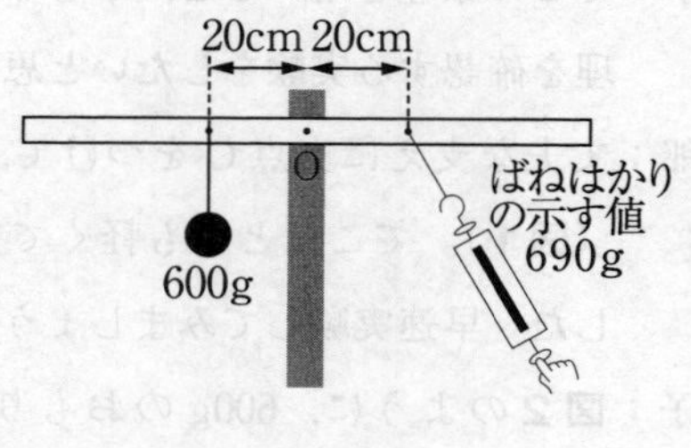

図４

花子：私は612gになりました。一郎さん，この様子を私と同じように写真に撮ってください（この写真の様子が**図５**）。不思議な結果ですので，先生に聞いてみましょう。

一郎：先生，てこの原理を確認するために，ばねはかりを使って実験をしたのですが，予想と異なってしまいました。どうしてこのようなことになるのでしょうか。

先生：予想はあっているはずですね。**図３～図５**で何か気付くことはありますか？

一郎：よく見ると，ばねはかりで引いている方向が異なります。

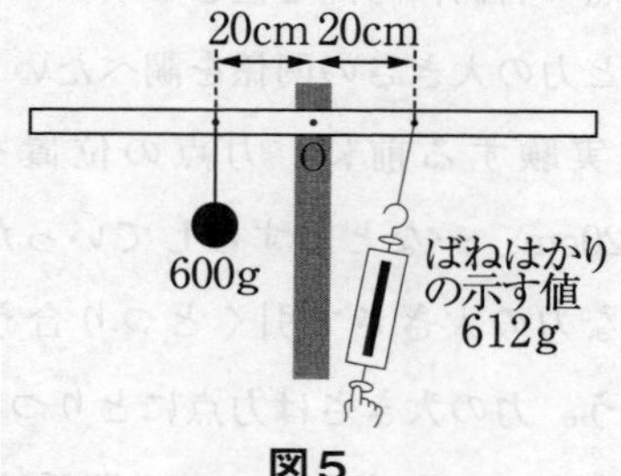

図５

先生：それでは，**図３～図５**の力の大きさと引いている方向の角度を測定して，力の大きさと向きの関係をまとめましょう。力を矢印で表すこととして，力点を矢印の根元，力の大きさを矢印の長さ，力の向きを矢印の向きとして書き直すと，**図６**のようになりますね。矢印の長さは100gの大きさを1cmの長さとして書いています。さらに，**図６**の３つの矢印の根元をまとめて，一か所にまとめて書いてみましょう。矢印の先端(せんたん)を点線で結んでみてください。

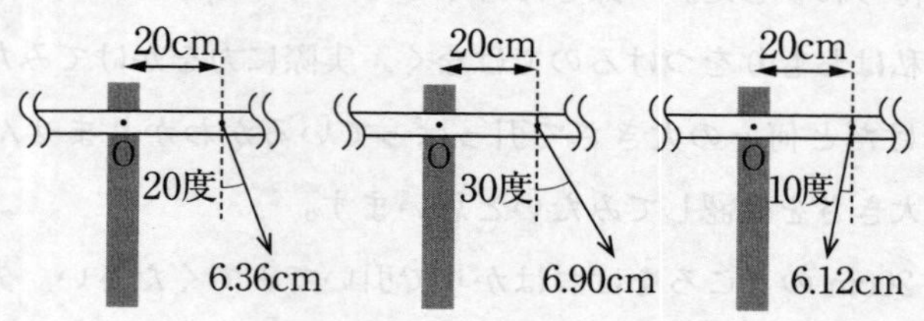

図６
（ただし，力の方向は縦方向からの角度を測っている）

花子：**図７**のようになりました。

あっ。**図７**を見てみると，点線が一直線で真横を向いています。矢印の長さは違うのに，［(Y)］なっていますね。

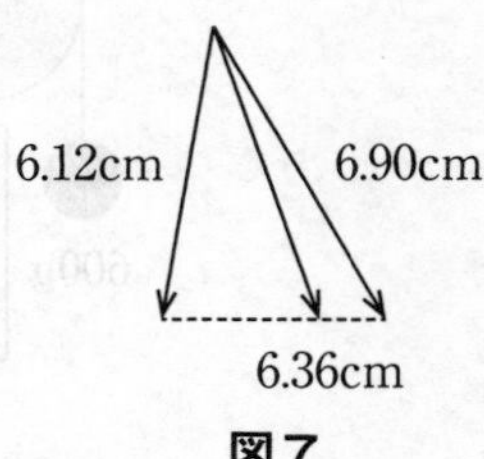

図７

一郎：おもりは下向きに引っぱっていると考えることができるので，予想した通りの600gで引くためには角度が０度になるように，真下方向に引けばよいのですね。

先生：そうですね。今回の実験から，引く方向によって必要な力の大きさが変化することがわかります。

一郎：それでは，45度の方向に引いたらどうなるのでしょうか？計算できるような気がします。

先生：**図８**のように縦の長さを１とした三角形を書いたときに，斜辺(しゃへん)と角度の関係を調べると，次の**表**のようにまとめることができました。この値を使えば計算することができますね。ここでは60度までの値を載(の)せました。

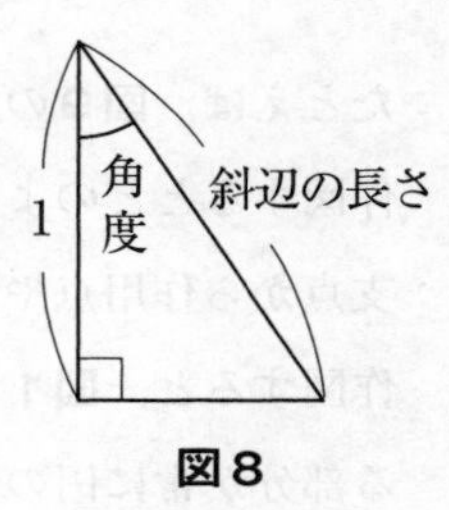

図８

表　三角形の高さと斜辺の長さの比

角度	5度	10度	15度	20度	25度	30度	35度	40度	45度	50度	55度	60度
斜辺	1.004	1.02	1.04	1.06	1.1	1.15	1.22	1.31	1.41	1.56	1.74	2

一郎：45度方向に引っぱって，つり合わせるための力の大きさを計算したところ［(1)］gになりました。花子さん，実際にやってみてください。

花子：予想の通りになりました。やはり，引く方向はとても大切なのですね。

ところで，今までてこの勉強をしていても，引く方向を考えたことはありませんでした。なぜ，**図２**のような図の力点にもおもりをつけるときでは，このようなことを考えなくてもうまくいっていたのでしょうか。

先生：それは，［(Z)］，です。

花子：そうですね。それなら向きを考えなくてもよいですね。

一郎：てこの原理では，力のはたらく方向が大切ということでしたが，かっ車や輪軸(りんじく)はどうなるのでしょうか。かっ車や輪軸も力を伝える原理はてこと同じですが，定かっ車や輪軸は力の向きを変える役割があります。

図９のように定かっ車を使って600gのおもりをつり合わせるのに必要な力の大きさは［(2)］gですし，**図１０**のように半径の大きさが1:2の輪軸を用いて600gのおもりをつり合わせるのに必要な力の大きさは［(3)］gです。

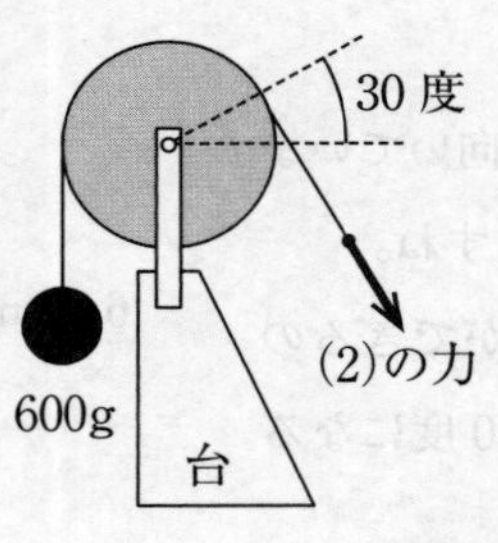

図９

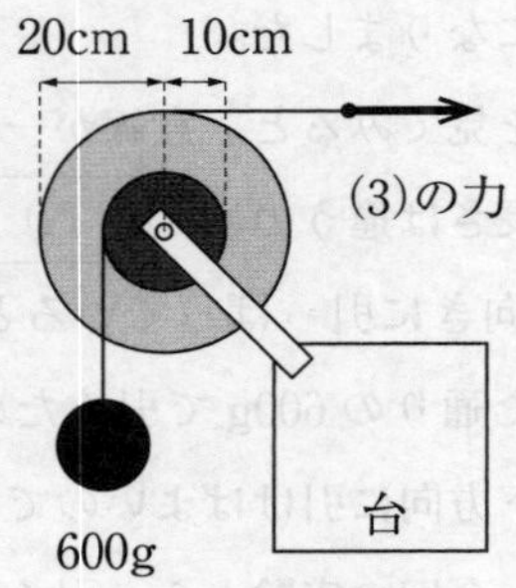

図１０

先生：たとえば，**図９**の定かっ車にはたらく力のうち，糸がかっ車から離（はな）れる場所にはたらく力を作図するとどのようになるでしょうか。

花子：支点から作用点や，支点から力点へ点線を結び，力を矢印で作図すると，**図１１**のようになりました。かっ車は糸が接する部分が常に円の形をしていますね。だから，**図１１**の２か所の角度は両方とも垂直になりますね。

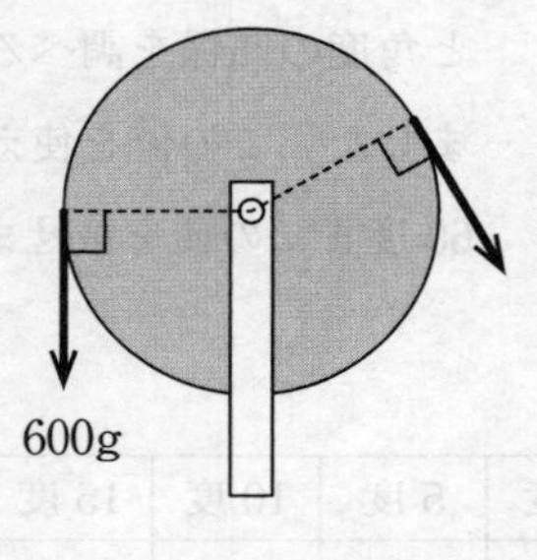

図１１

一郎：ということは，支点から見た力点や作用点の方向と力の方向が垂直であれば，今まで通りのてこの原理が使え，支点から見た力点の方向と力の方向が垂直でなければ，**表**を参考に角度によるずれを考えなければいけない，ということですね。

先生：その通りです。てこの原理における，力の向きと力がかかっている点の関係に気付くことができて良かったですね。今日の学びをまとめましょう。

一郎：わかりました。このあと，花子さんとまとめたいと思います。先生，ありがとうございました。

花子：先生，ありがとうございました。一郎さん，それでは，まとめましょう。

先生：どういたしまして。

(ア) 文中のグラフ [(X)] にあてはまるグラフを，横軸を支点から力点までの距離(きょり)，縦軸を力の大きさ（力点にとりつけるおもりの重さ）で表すとき，支点から力点までの距離が10cmから60cmまでの範囲(はんい)で書いたときのグラフはどのようになりますか。グラフを解答用紙に書きなさい。ただし，グラフを書く際は，**10cm，30cm，40cm，60cmの４点**については黒丸「・」を記すこと。また，グラフは直線なのか曲線なのか区別できるように書くこと。

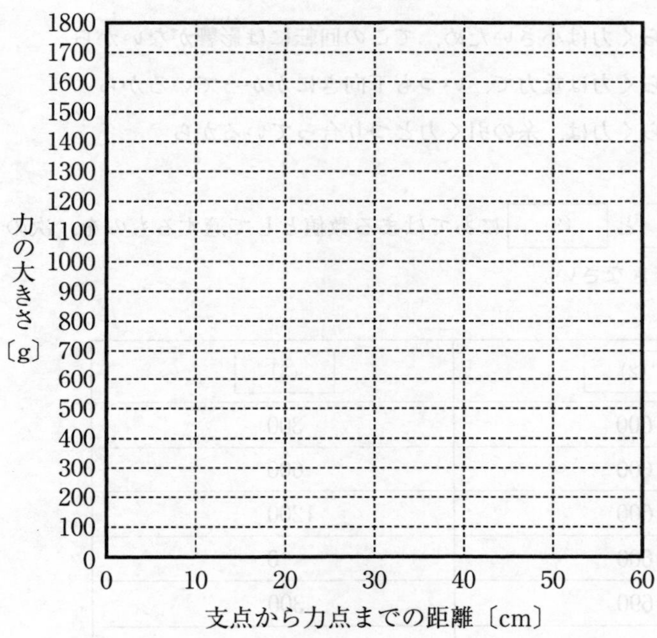

(イ) 文中の [(Y)] にあてはまる文として最も適するものを，あとの１～４の中から１つ選び，番号を書きなさい。ただし，選択肢の言葉については，**図１２**を参考にしなさい。

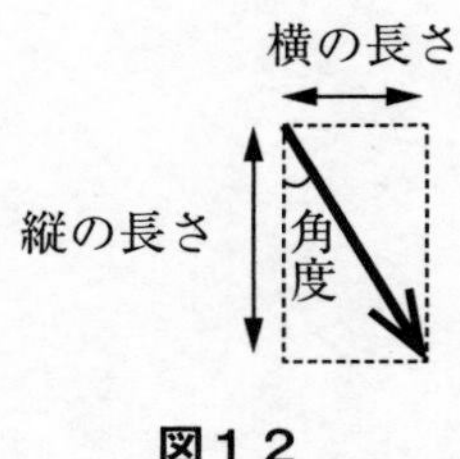

図１２

1. 横の長さが等しく
2. 縦の長さが等しく
3. 矢印の長さと角度の大きさが比例の関係に
4. 矢印の長さと角度の大きさが反比例の関係に

(ウ) 文中の (1) にあてはまる数値を計算しなさい。

(エ) 文中の (Z) にあてはまる理由として最も適するものを，次の１～４の中から１つ選び，番号を書きなさい。

1. おもりにはたらく力は常に十分に大きいから
2. おもりにはたらく力は小さいため，てこの回転には影響(えいきょう)がないから
3. おもりにはたらく力は重力で，いつも下向きにかかっているから
4. おもりにはたらく力は，糸の引く力とつり合っているから

(オ) 文中の (2) と (3) にあてはまる数値として適するものを，次の１～８の中から１つ選び，番号を書きなさい。

	(2)	(3)
1	600	300
2	600	600
3	600	1200
4	600	0
5	690	300
6	690	600
7	690	1200
8	690	0

(カ)　**図１３**のように，支点Ｏから左に20cmと40cmのところにそれぞれ600gのおもりをつけ，支点Ｏから右に30cmの点に25度の角度で大きさ220gの力で引きながら，さらに力点Ｄに50度の角度で力をかけて，てこをつり合わせることを考えます。力点Ｄを引くのに必要な力の大きさを答えなさい。

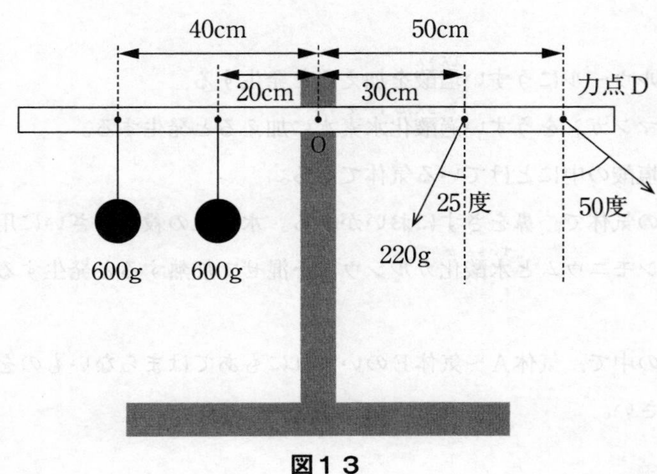

図１３

表　三角形の高さと斜辺の長さの比

角度	5度	10度	15度	20度	25度	30度	35度	40度	45度	50度	55度	60度
斜辺	1.004	1.02	1.04	1.06	1.1	1.15	1.22	1.31	1.41	1.56	1.74	2

2 次の文を読み，あとの各問いに答えなさい。特に指示のない限り，答えが小数になる場合は小数第1位を四捨五入して整数で答えなさい。

次に示す気体A～気体Eは「①窒素　②酸素　③アンモニア　④塩化水素　⑤塩素　⑥水素」のどれかです。

気体A：スチールウールにうすい塩酸を加えると発生する。
気体B：二酸化マンガンをうすい過酸化水素水に加えると発生する。
気体C：うすい塩酸の中にとけている気体である。
気体D：黄緑色の気体で，鼻をさすにおいがある。水道水の殺きんざいに用いられている。
気体E：塩化アンモニウムと水酸化カルシウムを混ぜて加熱すると発生する。

(ア)　①～⑥の気体の中で，気体A～気体Eのいずれにもあてはまらないものを1つ選び，①～⑥の番号を書きなさい。

すべての物質は，原子とよばれる小さな粒が結びついてできています。原子について次のようにまとめることができます。

（その1）　原子には，水素原子，酸素原子などさまざまな種類があります。また，原子は，種類によって，それぞれ重さが異なっています。原子は，こわれたり，新たに生じたり，種類が変わったりすることはありません。

（その2）　どの種類の原子でも，原子1個の重さはとても小さく，日常的に使える数字ではありません。そのため，「私たちが日常的に使える数字で表すにはどうしたらよいか。」ということが研究されていった結果，次のようなことが明らかになりました。「私たちが日常的に使う数字で原子の重さを表すには，原子を6000垓[注)]個集めればよい。」

注：数字の大きさの表し方として，万の次は億，億の次は兆になります。これを万→億→兆と表すことにすると，万→億→兆→京→垓　となります。

（その３） 原子を6000垓個集めた重さのことを原子量(げんしりょう)といいます。原子の種類・原子の表し方・原子量をまとめると，次の**表１**のようになります。

表１

原子の種類	原子の表し方	原子6000垓個の重さ（原子量）〔g〕
水素原子	㋜	1
窒素原子	㋠	14
酸素原子	㋚	16
塩素原子	㋓	35.5

(イ) ある袋の中に集められている窒素原子は4.2gでした。窒素原子は何垓個ありますか。次の１～６の中から，最も適するものを１つ選び，番号を書きなさい。

1. 600垓　2. 1200垓　3. 1800垓　4. 2400垓　5. 3000垓　6. 3600垓

①～⑥の気体は，実際には原子がいくつか結びついた分子という状態で存在しています。どの種類の原子が何個結びついているかによって，それぞれ分子の種類は決まっています。たとえば，１個の窒素分子は，必ず窒素原子が２個結びついてできています。窒素原子が３個結びついている窒素分子や，窒素原子１個だけの状態の窒素分子は存在しません。そして，気体の窒素とは，非常にたくさんの窒素分子が空間に広がっている状態をいいます。

次に，原子と分子の数え方について考えてみましょう。たとえば，窒素分子が５個集まっている状態は，下の**図１**のようになります。

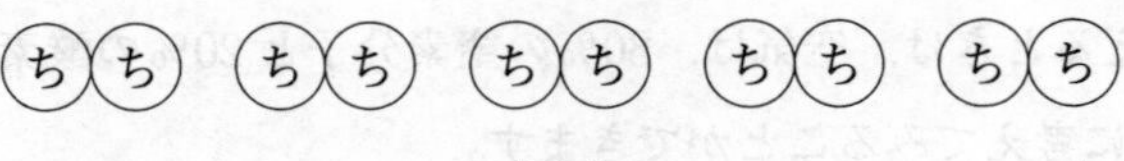

図１

図１には(ち)が10個あります。１個の窒素分子には，２個の窒素原子が結びついていますから，窒素分子が５個の場合，窒素原子は５×２＝10個あることになります。同様に，窒素分子が6000垓個ある場合，窒素原子の数は6000垓×２個ですが，この問題では，この6000垓×２個を12000垓個と表すことにします。6000垓個の窒素原子は14〔g〕ですから，6000垓個の窒素分子の重さは14×２＝28〔g〕になります。6000垓個の分子の重さのことを分子量といいます。これらの内容をまとめると**表２**になります。

表２

気体の名前	分子の構造（原子の結びつき方）	表し方	分子6000垓個の重さ（分子量）〔g〕
①窒素	２個の窒素原子が結びついて１個の窒素分子になる。	(ち)(ち)	28
②酸素	２個の酸素原子が結びついて１個の酸素分子になる。	(さ)(さ)	（　A　）
③アンモニア	１個の窒素原子と３個の水素原子が結びついて，１個のアンモニア分子になる。	(す)(ち)(す)(す)	17
④塩化水素	１個の水素原子と１個の塩素原子が結びついて，１個の塩化水素分子になる。	(す)(え)	36.5
⑤塩素	２個の塩素原子が結びついて１個の塩素分子になる。	(え)(え)	71
⑥水素	２個の水素原子が結びついて１個の水素分子になる。	(す)(す)	2

(ウ)　**表２**の（　A　）にあてはまる数値を整数で答えなさい。

(エ)　水上置換法(すいじょうちかん)で集めるのに適している**表２**の気体を，①～⑥の中から**すべて**選び，番号を書きなさい。

空気は，およそ80％の窒素分子と20％の酸素分子が混ざり合っています。二酸化炭素や水蒸気(すいじょうき)など，そのほかの種類の気体も存在しますが，窒素や酸素に比べると，分子の数がとても少ないので，空気の重さ〔g〕を考えるときは，空気は，80％の窒素分子と20％の酸素分子が混ざり合っているものとして，次のように考えてみることができます。

空気中の分子を6000垓個集めたとき，80％にあたる4800垓個は窒素分子，20％にあたる1200垓個は酸素分子である。空気中の分子6000垓個の重さを，空気の重さ〔g〕とみなすことができる。

したがって，空気の重さ〔g〕は，次の式で求めることができます。

$$\frac{(\text{窒素の分子量〔g〕})\times 80 \quad + \quad (\text{酸素の分子量〔g〕})\times 20}{100}$$

㈲ 空気の重さ〔g〕を小数第１位まで答えなさい。ただし，答えが割り切れない場合は，小数第２位を四捨五入して答えなさい。

㈹ ある気体の重さが空気より軽いか，重いかは，その気体の分子量が，㈲で求めた空気の重さ〔g〕よりも小さいか，大きいかで知ることができます。気体の分子量が空気の重さ〔g〕より大きい場合，その気体は空気より重い気体です。空気より重い気体で，なおかつ水にとけやすい気体は下方置換法で集めます。①～⑥の気体の中で，下方置換法で集める気体を**すべて**選び，番号を書きなさい。

水素が集まっている試験管に炎を近づけると，“ポン”と音を立てます。これは，水素が空気中の酸素と反応して水になったもので，２個の水素分子と１個の酸素分子が反応して，２個の水分子に変化したことを表しています。これを図で示したものが**図２**です。

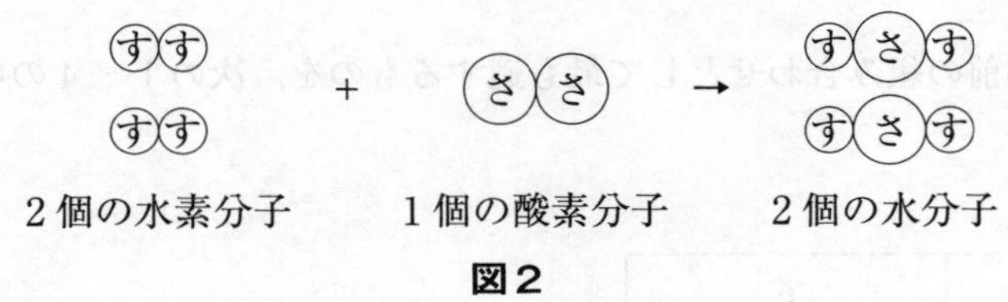

図２

１個の水分子は，２個の水素原子と１個の酸素原子が結びついてできています。そのため，6000 垓個の水分子の中には，水素原子が 12000 垓個，酸素原子が 6000 垓個含まれることになります。したがって，6000 垓個の水分子の重さは（　２　）gになります。

㈷ （２）にあてはまる数値を整数で答えなさい。

㈹ 3.6〔g〕の水分子ができたとき，反応に使われた気体の酸素分子は何gですか。小数第１位まで答えなさい。ただし，答えが割り切れない場合は，小数第２位を四捨五入して答えなさい。

3 植物のたねと発芽について，あとの各問いに答えなさい。

図１はインゲンマメ，**図２**はイネのたねの断面を表しています。eは，a～dを合わせたものです。

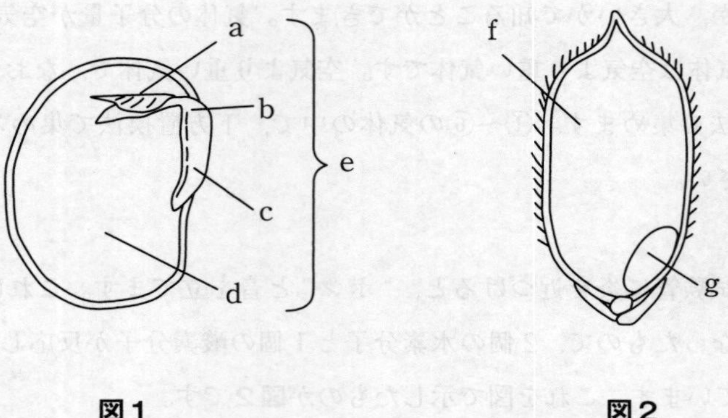

図１　　**図２**

(ア) **図１**のaとeの名前の組み合わせとして最も適するものを，次の１～４の中から１つ選び，番号を書きなさい。

	a	e
1	幼芽	はい
2	幼芽	はいにゅう
3	子葉	はい
4	子葉	はいにゅう

(イ) それぞれのたねについて，発芽の過程において，最初にたねの皮をやぶってのびてくる部分の組み合わせとして最も適するものを次の１～８の中から１つ選び，番号を書きなさい。

1. a・f　2. b・f　3. c・f　4. d・f
5. a・g　6. b・g　7. c・g　8. d・g

(ウ) たねの発芽に必要な条件として最も適するものを，次の１～６の中から１つ選び，番号を書きなさい。

1. 水・空気・光　2. 水・空気・適度な温度　3. 空気・肥料・光
4. 空気・適度な温度・肥料　5. 温度・光・肥料　6. 適度な温度・空気・光

インゲンマメのたねを用いて＜実験１＞を行いました。その結果を＜結果１＞にまとめました。

＜実験１＞

①インゲンマメのたねを２個（Ｘ・Ｙ）準備した。

②一方のたねＸは，**図３**のように発芽する前の状態で，たねを半分に切り**図１**のｄの部分にヨウ素液をつけ，数分後に観察した。もう一方のたねＹは，**図４**のように発芽させた後の状態で，ｄの部分にヨウ素液をつけ，数分後に観察した。

＜結果１＞

図３のたねＸは青紫色になったが，**図４**のたねＹはほとんど青紫色にならなかった。

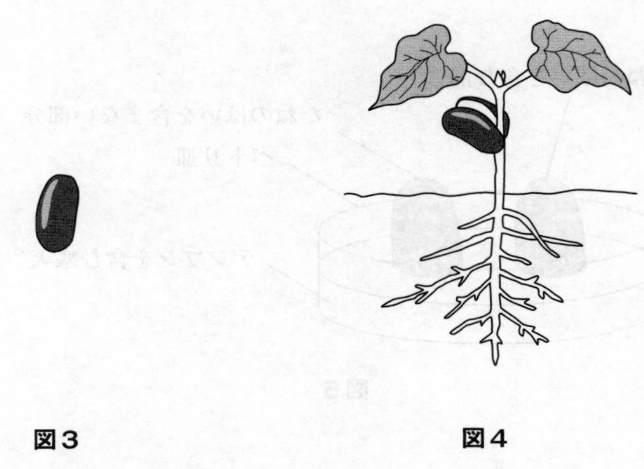

図３　　**図４**

(エ)　＜結果１＞から考えられることとして最も適するものを次の１～４の中から１つ選び，番号を書きなさい。

1. 発芽前のｄの部分にはデンプンが含まれているが，発芽の過程で，ｄの部分のデンプンが成長のために消費された。
2. 発芽前のｄの部分にはデンプンが含まれているが，発芽の過程で，ｄの部分のデンプンが光合成によって分解された。
3. 発芽前のｄの部分にはデンプンが含まれていないが，発芽の過程で，光合成でつくられたデンプンがｄの部分にためられた。
4. 発芽前のｄの部分にはデンプンが含まれていないが，発芽の過程で，根から吸い上げられたデンプンがｄの部分にためられた。

イネのなかまであるマカラスムギのたねを用いて＜実験２＞を行いました。その結果を＜結果２＞にまとめました。

＜実験２＞

①マカラスムギのたねを用意し，「たねのはいを含む部分」と「たねのはいを含まない部分」に二等分する。

②**図５**に示すように，ペトリ皿内のデンプンを含む寒天上に，たねの切断面が下になるようにして，「たねのはいを含む部分」と「たねのはいを含まない部分」を乗せ，ふたをかぶせて室温で３日間静置する。

③３日後，たねを取り除き，「たねのはいを含む部分」が置いてあったところと「たねのはいを含まない部分」が置いてあったところの寒天に，霧吹きでヨウ素液を吹きかける。

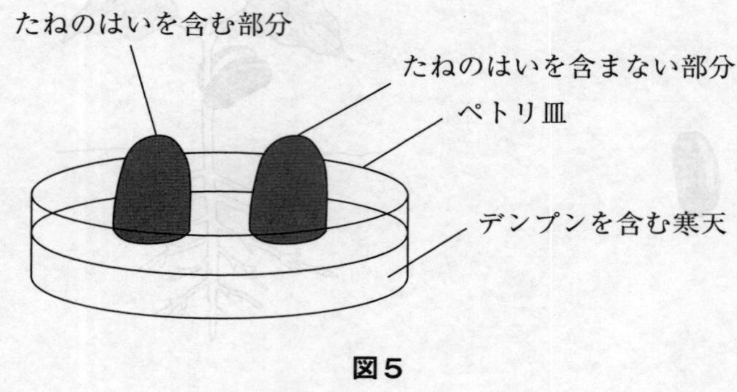

図５

＜結果２＞

「たねのはいを含む部分」が置いてあったところの寒天は青紫色にならなかった。

「たねのはいを含まない部分」が置いてあったところの寒天は青紫色になった。

㈴　＜結果２＞から考えられることとして最も適するものを，次の１～４の中から１つ選び，番号を書きなさい。

1. はいに含まれる物質は，デンプンの分解に関係する。
2. はいに含まれる物質は，デンプンの合成に関係する。
3. デンプンを分解する物質は，はいにゅう中でつくられる。
4. デンプンを合成する物質は，はいにゅう中でつくられる。

ある植物のたねを用いて<実験３>を行いました。<実験３>で用いた「発芽したたね」は呼吸を行っていますが，光合成は行っていません。結果を<結果３>にまとめました。

<実験３>

①**図６**のように，三角フラスコ内の小さい容器に10％水酸化カリウム水溶液を入れ，そのまわりに「発芽したたね」を入れる。なお，二酸化炭素には，水酸化カリウム水溶液に溶けやすい性質がある。

②**図７**のように，三角フラスコ内の小さい容器に水を入れ，そのまわりに**図６**の場合と同数の「発芽したたね」を入れる。なお，二酸化炭素は，水に溶けにくいものとする。

③三角フラスコ内に外から空気が入らないように栓をしめておく。

④直射日光の当たらない部屋で，室温を25℃に保ち，ガラス管内の着色液が何目盛り移動したかを記録する。

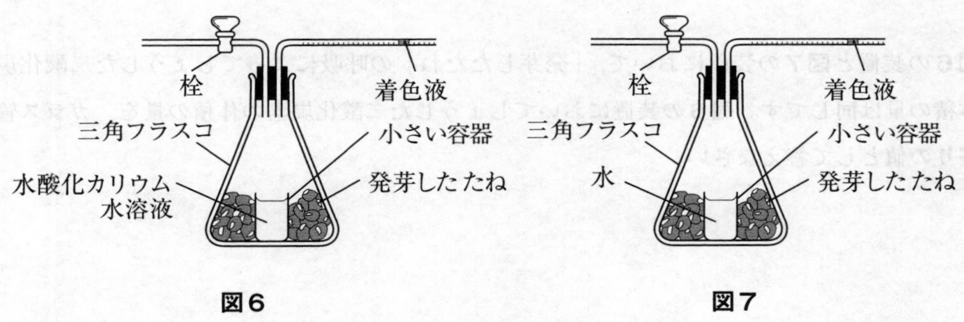

図６　**図７**

<結果３>

図６の装置では，ガラス管内の着色液が左に５目盛り移動した。

図７の装置では，ガラス管内の着色液が左に0.1目盛り移動した。

(カ)　**図６・図７**の装置において，ガラス管内の着色液の移動量（目盛りの値）は何を表しますか。組み合わせとして最も適するものを，次の１～８の中から１つ選び，番号を書きなさい。ただし，気体の体積としての量について考えることとします。

	図６	**図７**
1	二酸化炭素の放出量	二酸化炭素の吸収量と酸素の放出量の差
2	二酸化炭素の放出量	酸素の吸収量と二酸化炭素の放出量の差
3	二酸化炭素の吸収量	二酸化炭素の吸収量と酸素の放出量の差
4	二酸化炭素の吸収量	酸素の吸収量と二酸化炭素の放出量の差
5	酸素の吸収量	二酸化炭素の吸収量と酸素の放出量の差
6	酸素の吸収量	酸素の吸収量と二酸化炭素の放出量の差
7	酸素の放出量	二酸化炭素の吸収量と酸素の放出量の差
8	酸素の放出量	酸素の吸収量と二酸化炭素の放出量の差

(キ)　**図６**の装置と**図７**の装置において，「発芽したたね」の呼吸によってしょうじた二酸化炭素の体積の量は同じです。**図６**の装置においてしょうじた二酸化炭素の体積の量を，ガラス管の目盛りの値として答えなさい。

4 川のはたらきに関する次の文を読んで，あとの各問いに答えなさい。

川の上流にあたる山地の頂上あたりでは，普段水は流れておらず，雨が降ったときには低い谷間に沿ってたくさんの水が流れます。山頂より少し低いところでは，雨が降らないときでも岩石や地層のすき間から，少しずつ水が流れ出ます。このようなわずかな水の流れが合流して小さな川になります。他にも，山地の森林の土は，落葉や落枝，地中の小動物，根の働きによってすき間が多くなっており，水がしみこみやすくなっています。そのため，土にしみこみ貯えられた水が，時間をかけてゆっくりと地下水となり，地表に流れ出た地下水が集まって小さな川になります。このようにできた小さな川が合わさり，水量が増え，それまでの速い流れの上流から，おだやかな流れの中流から下流になります。上流では {a.①大きい　②小さい} 石が多く，それらの石は {b.①角ばっている　②丸みをおびている} ものが多く見られます。川の水は，大雨が降ると増水し，濁流となりますが，ふだんは水量がほぼ同じで，濁りのないきれいな水が流れています。

(ア) 雨が降らないときでも，上流から川の水がいつも流れているのはなぜですか。その理由として適するものを次の１～４の中から**２つ**選び，番号を書きなさい。

1. 地下で貯えられた水がわき出ているから。
2. 植物の根から貯えられた水が少しずつ出ているから。
3. 岩石や地層の間にしみこんだ水が流れ出ているから。
4. 植物の葉が吸収した水分を地下の根から出しているから。

(イ) 大雨が降ったとき，どこの川の水も濁流となるのはなぜですか。最も適するものを次の１～４の中から１つ選び，番号を書きなさい。ただし，「濁る」というのは，水にとけない小さな粒が水に混ざっている状態のことです。

1. 大雨が空気中のチリやホコリ，車や工場からの排気ガスをとかしているから。
2. 大雨により水量が増えて，河原に捨てられていたゴミが流れこむから。
3. 大雨により水量が増えて流れが速くなり，大量の砂や泥を運んでいるから。
4. 大雨により上流の岩をけずりとり，岩が水といっしょに川へ流れこむから。

(ウ) 本文中の {a}，{b} に当てはまるものとして，最も適するものをそれぞれ１つずつ選び，①，②の番号を書きなさい。

図１は，上流から下流に向かって流れる川の水が，大きく曲がって流れている様子です。①～③の場所で最も流れが速いのは，（　あ　）です。また，川底は川の（　い　）ほど深くなっており，深いところには（　う　）石が多くころがっています。

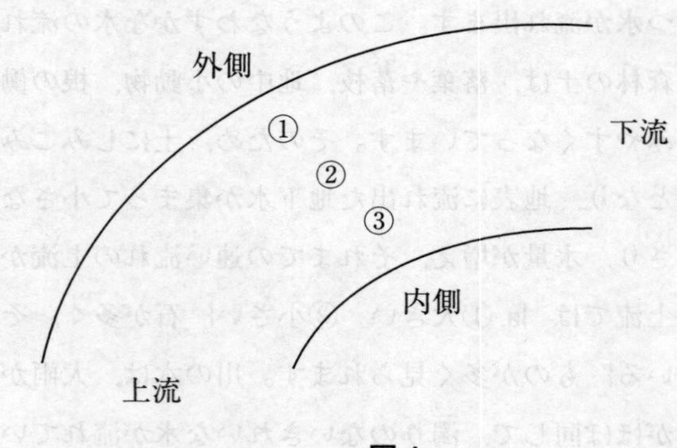

図１

(エ)（　あ　），（　い　），（　う　）にあてはまる言葉の組み合わせとして，最も適するものを次の１～12の中から１つ選び，番号を書きなさい。

	（　あ　）	（　い　）	（　う　）
1	①	内側	大きい
2	②	内側	大きい
3	③	内側	大きい
4	①	外側	大きい
5	②	外側	大きい
6	③	外側	大きい
7	①	内側	小さい
8	②	内側	小さい
9	③	内側	小さい
10	①	外側	小さい
11	②	外側	小さい
12	③	外側	小さい

A・B・Cの記号をつけた３つの同じ船を用意し，川の中流で次のような実験をしました。

＜実験＞

図２のように，まっすぐな川に３つの船を浮かべて，スタートの位置から同時に手を放した。すると，３つの船は**図２**の水の流れる方向と同じ方向に進み，３つの船がすべてゴールした。また，**図３**はX―Yの断面を表しており，A・B・Cが流れる場所を横から見た図である。

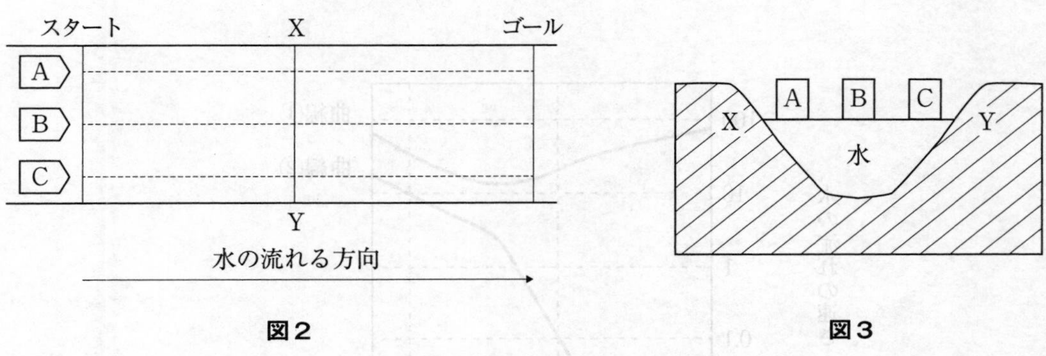

図２　　**図３**

(オ)　３つの船がゴールした結果として，最も適するものを次の１～４の中から１つ選び，番号を書きなさい。

1. AとCの船が最初にほぼ同時にゴールし，次にBの船がゴールした。
2. Bの船が最初にゴールし，次にAとCの船がほぼ同時にゴールした。
3. AとBとCの船がほぼ同時にゴールした。
4. Cの船が最初にゴールし，次にBの船がゴールし，最後にAの船がゴールした。

川の底には，粘土(ねんど)，砂，小石のように，異なる直径の粒が存在します。粒がしん食や運ぱんをされるか，またはたい積するかは，粒の直径と水の流れの速さによって決まります。**図４**は，しん食や運ぱん，たい積するときの水の流れの速さと粒の大きさの関係をグラフに表したものです。縦軸(じく)の水の流れの速さは，水が１秒間に進む距離〔cm〕を示しており，横軸は粒の大きさを示しています。曲線①は，水の流れの速さが少しずつ速くなったときに，たい積している粒が動き出す水の流れの速さを表しています。曲線②は，水の流れの速さが少しずつ遅くなったときに，動いている粒がたい積する水の流れの速さを表しています。

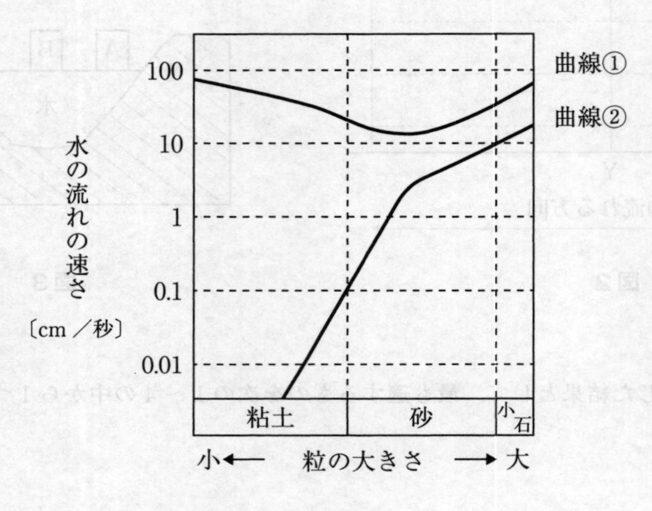

図４

(カ)　水の流れの速さが少しずつ速くなったとき，川の底に静止している粒で，最小の水の流れの速さで動かされる粒は何ですか。最も適するものを次の１～６の中から１つ選び，番号を書きなさい。

1. 粘土
2. 砂
3. 小石
4. 粘土と砂
5. 粘土と小石
6. 砂と小石

(キ) 水の流れの速さが100〔cm/秒〕のとき，運ぱんされる粒は何ですか。最も適するものを次の1～7の中から1つ選び，番号を書きなさい。

1. 粘土
2. 砂
3. 小石
4. 粘土と砂
5. 粘土と小石
6. 砂と小石
7. 粘土と砂と小石すべて

(ク) 水の流れの速さが100〔cm/秒〕から10〔cm/秒〕にゆるやかに遅くなりました。水の流れの速さが10〔cm/秒〕のとき，運ぱんされずにたい積する粒は何ですか。最も適するものを次の1～7の中から1つ選び，番号を書きなさい。

1. 粘土
2. 砂
3. 小石
4. 粘土と砂
5. 粘土と小石
6. 砂と小石
7. 粘土と砂と小石すべて

(ケ) 水の流れの速さが100〔cm/秒〕から0.1〔cm/秒〕にゆるやかに遅くなりました。水の流れの速さが0.1〔cm/秒〕のとき，運ぱんされ続ける粒は何ですか。最も適するものを次の1～7の中から1つ選び，番号を書きなさい。

1. 粘土
2. 砂
3. 小石
4. 粘土と砂
5. 粘土と小石
6. 砂と小石
7. 粘土と砂と小石すべて

問八　――6「そうだ。女の子のために甘いものを（でも甘すぎないものを）作るのと、徹夜の人のためにカレーうどんを作るのと、どう違うのだろう」とありますが、このとき胡雪が気づいたのはどのようなことですか。三十字以内で答えなさい。

問九　――7「自然に筧のエプロンを畳んで、戸棚にしまった」とありますが、この自然な行為の中にも何らかの胡雪の気持ちが含まれているとしたら、それはどのようなものですか。ふさわしくないものを次の中から一つ選び、番号で答えなさい。

1　気づいた人が片づけをするという本来の「ぐらんま」の約束を自然に実行したことで、初心に帰ったようなすっきりした気持ち。
2　筧が、すれ違いの生じていた職場においしいご飯の力で明るさをもたらしてくれたことへの感謝のような気持ち。
3　筧が、女であることに寄りかかったっていいのだと教えてくれた、その女の象徴でもあるエプロンをいつくしむような気持ち。
4　飾り気のないまっすぐな言葉をかけて胡雪のもやもやした悩みを晴らしてくれた筧のことをしたうような気持ち。

問十　次の場面は、本文中で～～a～～bで示されている、この物語ならではの料理に関連する言葉について、生徒たちが話し合っているところです。これを読んで後の問に答えなさい。

Aさん……～～a「リンゴ」は、台風で落ちた傷物だったね。胡雪が泣いているきまずい空気の中、いきなり登場して場の雰囲気をガラッと変える役割を果たしていたよね。

Bさん……使いものになるのかわからない見た目の悪いリンゴでも、必要なときに良い働きをする。①これと似たような働きをしていた調理器具があったよ。

Cさん……登場する食材の持つ意味が別の事柄と重なる場合もあるよ。わたしが注目したのは、～～b「一さじの砂糖」だよ。②それを加えることで、味に丸みが出ると言っていたけれど、これは物語の中でもとても重要な表現だと思うな。

Dさん……なるほど。人を和ませたり話に広がりを持たせたりするのに食材や調理器具が多く出てきて、それらが絶妙に絡み合っている物語と言えそうだね。

(1)　――①「これと似たような働きをしていた調理器具」とは何ですか。本文中から九字でぬき出して答えなさい。

(2)　――②「それを加えることで、味に丸みが出る」とありますが、このような、「たった一さじの砂糖が全体の味に良い影響を及ぼしたこと」はどういう事柄と重なりますか。～～bより後の本文中から三十五字程度でぬき出し、最初と最後の五字を答えなさい。

問五　――４「胡雪はふっと力が抜けて、近くにあったイスに崩れ落ちるように腰掛けてしまった」とありますが、このときの胡雪の様子について説明したものとしてもっともふさわしいものを次の中から選び、番号で答えなさい。

１　気持ちのコントロールがきかなくなり、男性である田中や伊丹には絶対に聞かれたくないようなことを言って騒ぎ立ててしまったが、筧に素直に謝られたことで拍子抜けし、興奮も冷めてへたり込んでいる。

２　筧に当然のように家事を押し付けられることにも我慢がならなかったが、自分にとってもっともふれられるのを恐れていた事柄を指摘され、わずかに持っていた仕事へのプライドが保てなくなっている。

３　筧のような初対面の人に自分の何が分かるのかとこみ上げる怒りをこらえられないでいたが、あまりにも見当違いな指摘を受けたことで全身の力が抜けて言葉を返すことをやめてしまっている。

４　仕事に対する自分の姿勢を適切にとらえた言葉を筧に突き付けられ、張りつめていた気持ちが切れてしまったように座り込んでしまったが、その言葉を否定する材料は見つからないでいる。

問六　A に入れるのにもっともふさわしい、色を表す漢字一字を答えなさい。

問七　――５「今の自分に一番合っているデザートだと思った」とはどのようなことかを説明したものとして、もっともふさわしいものを次の中から選び、番号で答えなさい。

１　どんなに値段が安くても食材どうしの調和によって高級な食材にも負けない味が十分出せるということを伝える「デザート」が、自分を見下す家族に負けたくない一心で見栄を張り、強がって生きてきた「今の自分」の道しるべとなってくれるように思ったということ。

２　優しさにあふれつつも、素材の味を生かしながらちょっとした工夫で変化も味わえる「デザート」が、おのれに無いものや欠けていると思ったものにとらわれてもがいていた「今の自分」を導いているように思ったということ。

３　溶けきって形のなくなったソースと合わさった、いかにも甘い「デザート」が、居心地の良さに甘え友人たちに頼ってばかりで、不満があっても文句しか言わず事態を変えようとしてこなかった「今の自分」を映し出しているように思ったということ。

４　刺激的でなおかつ手間のかからない驚きに満ちた「デザート」が、仕事が順調に進んできたことを当然のように思い、努力もせずいい加減な態度でいた「今の自分」の目を覚まさせてくれるように思ったということ。

問一　――ア～オについて、カタカナを漢字に直し、漢字は読みをひらがなで答えなさい。

問二　――１「顔を引き締めて尋ねた」とありますが、胡雪はなぜこのような態度をとったのですか。もっともふさわしいものを次の中から選び、番号で答えなさい。

１　筧に自分の持っている欠点を見せないようにしているから。
２　筧の家政婦としての料理の腕を認めないようにしているから。
３　筧に対してそう簡単には気を許さないようにしているから。
４　筧に食い意地が張っていると思われないようにしているから。

問三　――２「虚を突かれた」とありますが、本文中での意味としてもっともふさわしいものを次の中から選び、番号で答えなさい。

１　不意打ちを食らった。
２　うそを見抜かれた。
３　守りがくずされた。
４　弱点を攻められた。

問四　――３「そういうつもりじゃなかった」とありますが、筧が打ち消しているのは胡雪のどのような言葉ですか。該当する部分の最初の五字を答えなさい。

「こんなの、今日だけでしょ。そのうち、慣れたら誰も顔を出してくれなくなるんだから」

「ばれたか」

伊丹が笑った。

筧が部屋を出て行くと、誰ともなく顔を見合わせて、「俺たちもご飯にしますか」と言い合った。

田中や伊丹たちもキッチンのテーブルで、思い思いに、おにぎりと豚汁を食べ始める。

「これ、うま」

大根葉のおにぎりにかぶりついていた田中が思わず、という感じでつぶやいた。

「こっちの、ゆかりおむすびもなかなか」

「から揚げ、最高。なんか、運動会のお弁当思い出す」

「豚汁、身体があったまるな」

皆、きっと、さっきの胡雪と筧のやり取りを聞いていたのだろう。だけど、自然に食事が始まったことで、誰も何も言わない。

悪くないね、家政婦、と胡雪がつぶやいた。

だろ、と田中。

「じゃあ、まあ、しばらく来てもらうか」

「そうだな」

「賛成！」

モモちゃんが一番大きな声を出した。

食べ終わると、また、皆、順番に皿や容器を洗って片づけた。

胡雪はびっくりしていた。

このところ、なんだか、ずっと孤独だった。なんだか、「ぐらんま」はずっとぎくしゃくしていた。

それが、赤の他人が一人来て数時間いてくれただけで、家族みたいにご飯を食べている。

7 自然に筧のエプロンを畳(たた)んで、戸棚にしまった。なんの義務感もなく、こだわりもなく。

さあ、私も仕事に戻りますか、と胡雪も少し微笑(ほほえ)んだ。

（原田ひ香『まずはこれ食べて』改変した部分があります。）

「へえ、そうなんだ」
「できたら、食べたあと、三十分くらい仮眠するとさらに効率がいいらしいよ」
「そんな時に寝たら、もう、目覚めない永遠の眠りについちゃいそう」
筧とモモちゃんが声を合わせて笑った。
6 そうだ。女の子のために甘いものを（でも甘すぎないものを）作るのと、徹夜の人のためにカレーうどんを作るのと、どう違うのだろう。
「カレー一口、味見させて」
「少しだけだよ」
筧は小皿にすくったカレーを彼に差し出した。
「うまーい！」
「油揚げとちくわと玉ねぎが入ってる。食べる時に、ネギを別に載せるんだ」
「これ、うまいなー、ご飯にもかけたい。普通のカレーと少し違うけど」
「カレーうどんのゴクイ（オ）、知ってる？」
「なんですか？」
胡雪と桃田は同時に子供のような声をあげてしまった。
「b 一さじの砂糖だよ。それを加えることで、味に丸みが出る」
「へえ」
「じゃあ、あたしはそろそろ帰りますから」
筧はキッチンを磨き上げて、エプロンをイスの背にかけ、コートを着込んで、あのペラペラバッグを手に持った。
「さあ、失礼しますよ」
玄関に向かう筧を、皆、部屋からぞろぞろ出てきて見送った。
「ありがと、あんした」
「また、今度」
「いいんだよ、あたしは仕事で来ているんだから」
さあ、仕事に戻って戻って、と筧はしっしとするように、手を振った。

「紅玉を知っているなんて、お菓子作りでもするの？」

「母と姉が」

母たちのケーキは、砂糖とバターを贅沢(ぜいたく)にいっぱい使う。

それそのものが、恵まれた立場を誇示(エ)するかのようなお菓子作りだ。

でも、これは、台風で落ちたリンゴをただ焼いただけ。でも、甘い。十分、甘くて優しい。

途中から、アイスが溶けきって、焼きリンゴを溶けたアイスのソースで食べているみたいになった。それもまたおいしい。

5 今の自分に一番合っているデザートだと思った。

「女の子がいるって聞いて、デザートを作るなんて、女は甘い物好きだっていう、もしかしたら、思いこみや差別かもしれないけど」

筧はつぶやいた。

「でも、相手を喜ばしたかっただけ。それだけ」

「ありがとうございます。私も感情的になってすみませんでした」

そんなふうに人に謝ったのは久しぶりだった。なんだか、すっきりした。

「男の役割とか女の立場とか、そんなに気にしなくてもいいじゃないの」

筧がさらりと言った。

「あたしが家政婦やってるのは、ただ、この仕事がよくできて、好きだからだし」

「あ、なんか、いいもん、食ってる」

急に声をかけられて驚いた。

仮眠から起きたらしい、モモちゃんがキッチンをのぞいて叫んでいた。

「うまそう。おれにもちょうだい」

「これはデザート、皆はご飯のあとだよ」

筧はモモちゃんにも夕飯と夜食の説明をした。さっき胡雪にしたのと同じように。

これはおにぎり、これは豚汁、冷凍うどんはチンしてカレー汁をかけて。

「うわ、おいしそうだなあ」

「徹夜や夜遅くまで仕事する人には、カレーうどんっていいんだって。消化がよくて、スパイスが脳を活性化する」

小皿に丁寧にこんもり盛って、焼いたばかりのリンゴを載せた。

「さあ。まずはこれ食べて」

スプーンを添えて、胡雪に出してくれた。

「本当はデザート用だったんだけど」

そして、胡雪の前に座った。

「……いただきます」

熱いリンゴが載ったアイスクリームはとろりと溶け出している。それと甘酸っぱいリンゴを一緒に口に入れた。

「どう？」

胡雪の顔をのぞき込むように見た。

「おいしい」

「よかった」

筧は立ち上がって、包丁やまな板など、使ったキッチン用品を次々に洗っていく。

「……女の子がいるって聞いて」

水音の中に、小さな筧の声が聞こえた。

「リンゴをもらったものだから、つい、アイスクリームを買っちゃった」

女の子だから甘いものなんて、短絡すぎるよねえ、あたし。

ありがとう、と素直に言えない。

でも、甘すぎない、アイスクリーム以外、砂糖をいっさい使っていないデザートは心をとろかした。

「これ、紅玉(こうぎょく)ですか」

ごめんなさい、という言葉の代わりに尋ねた。

「ん？　違うの。普通のリンゴ。アップルパイとかジャムとか、本格的なお菓子作りに使うなら紅玉だけど、あれは高いし、砂糖をしっかり入れないとおいしくならないからね」

これなら、普通のリンゴでできるから、時々作るんだ、と教えてくれた。デザートなんて柄(がら)じゃないんだけど、とつぶやく。

「そうなんだ」

そんなことも何も知らないのに、なぜ、この、今日来たばかりの女に「覚悟がない」なんて言われなくてはならないのか。

胡雪がしゃくりあげていると、筧は黙って自分のバッグを出した。ぺらぺらの、バッグというより袋と言った方がいいような、ナイロン製の鞄。スーパーのキャンペーンで配っているエコバッグのような、または、葬式のコウデン返しのカタログギフトの中から選ぶような、安っぽい、ださい鞄。

そこから、彼女が取り出したのはリンゴだった。

つやつやした、でも、まだまだらにしか色づいていないリンゴが、次々と出てくる。

痩せぎすな中年女がリンゴを持っていたら、それは魔女にしか見えない。

「これ、今日、家を出る時に、アパートの大家さんがくれたの。田舎から送ってきたんだって。台風で落ちたやつ。傷物で、あまり赤くないけど、甘いんだって」

これは、予算外、あたしからのお世話になるご挨拶、と言って、小さく笑った。

胡雪は、彼女を雇う時に田中が夜食や夕食用に決まったお金を渡す、と言ってたのを思い出した。その予算外、という意味だろう。

筧はくるくると器用に皮をむいた。むいたものを四つに割って、さらにそれを割って八つにした。

きれいな手をしている、と気づいた。ごつごつと骨ばった体の大きな女なのに、指だけはすらりと長くて白くてしなやかだ。

そのまま食べさせてくれるのか、と思ったら、彼女はキッチンの下の棚から、テフロン加工のフライパンを出して並べた。

コンロにかけ、ごくごく弱火にして蓋をする。

筧の様子をじっと見ていたら、少しずつ涙が乾いてきた。そっと指で拭った。

「焼くんですか、リンゴを」

「そう」

その間も、彼女の手は止まらず、残りのリンゴもすべて同じようにむいた。それらを次々と焼いていく。

キッチンにかすかに甘い匂いが漂った。

「砂糖も水も何も入れないの。ただ、フライパンに並べて蓋をするだけ」

途中で、筧はフライパンの蓋を取って、胡雪に見せてくれた。みずみずしかったリンゴからじわりと水が出てきて、端がカラメルのように焦げ始めている。彼女はそれをフライ返しでひっくり返した。

「こうして両面、きつね色に焼ければ出来上がり」

筧は冷凍庫からアイスクリームを出してきた。コンビニなどどこでも売っている、百円台の安いアイスだった。

「バカにしないでよ」

「ごめん。そういうつもりではなくて。でも、さっき部屋をのぞいた時、あなたからは殺気っていうか……覚悟っていうか……そういう気配みたいのが感じられなかったから。他の人と違って。でも、それはあたしのただの感じ方で、勝手な見方だから、間違ってたらごめん」

覚悟……？

4 胡雪はふっと力が抜けて、近くにあったイスに崩れ落ちるように腰掛けてしまった。

覚悟がないってこと？　私は。

「だから、とっさに声をかけてしまった。女とか、そんなんじゃなかったつもりだけど」

「……わかりました」

もういいです、と言って立ち上がろうとして、今度は本当に自分に行き場がないことを知った。

今の会話が聞こえていれば、居間にも、寝室にも行けない。

「私だって、がんばってますよ……覚悟がないとか、言わないで」

気がついたら、泣いていた。

そんなこと、言われなくても自分が一番わかっている。友達が起業すると聞いて、なんとなくふらふらと付いてきてしまった。本当は別にやりたいことなんてなかった。ただ、大学時代の友人付き合いが楽しくて……男たちの間に、女が一人の「 A 一点」の環境を続けたくて、ここまで来てしまった。

お姉ちゃんが言っていたことも当たってる。就職活動から逃げた。

家事をしたくない、と言いながら、女である環境に甘えていることは、自分が一番、よくわかっている。

ずっと一緒だと思っていた。ずっと男女は同権の世界で、中高大と育ってきたのだ。

それなのに。

三十になったら、急に「それじゃあ、だめだ」と言われるようになった。

母から、姉から、心ない親戚から、ふと立ち寄った居酒屋で隣に座ったおやじから、生理不順で通った婦人科医から……。

結婚をキョウヨウ[ア]するわけではないですけど、女性の妊娠に期限があることもまた、事実なんですよ。

阿佐ヶ谷のではない、別の産婦人科医に言われた。

平成元年に生まれた自分が、令和が始まると同時に突き付けられた現実。

「食べる時、温めなおして……それから」

「……それ、私がやるんですか？」

「は？」

それまで、すべてにおいて堂々と振る舞っていた筧が、初めて、2虚(きょ)を突かれた顔になった。胡雪は少しだけ、すっとする。だから、さらにきつい声が出た。

「それ、私がしなくちゃいけないんですか、って訊いているんです」

「あんたが……何？」

筧は意味がわからないようで、ますます、「？」という顔になる。

「私が女だから、皆の夕食と夜食の用意をしなくちゃならないってことなんですか？　私に声をかけてきたのは」

低いけど、筧にははっきり聞こえるように言った。

「いや、そんなんじゃないよ」

「だって、そういうことでしょ。私を見つけて声をかけたんだから。私だって仕事があるんですよ。これから、あなたが来る度に、食事の用意を私がしなくちゃならないなら……まあ、途中まで作るのはあなたですけど、最後のそういう用意っていうか、仕上げっていうか、そういうの、私がしなくちゃならないんですか？　そんなの聞いてないし、そういうふうに思っているなら、私、困るんですよ」

「……違うよ」

「どこが違うんです？　現に今、あなた、私を指名して、私に説明してますよね？」

3「そういうつもりじゃなかった。そういうふうに思わせたら、ごめん」

筧は意外と素直に謝った。

「ただ、あたしももう少ししたら帰るから、誰かに言付(ことづ)けないと、と思って部屋をのぞいたら、あんたが一番暇そうだったから」

「暇……？」

さらに頭に来た。もしかしたら、女だから声をかけてきた以上に頭に来たかもしれない。

「いや、そんなこと、どうしてわかるんですか。私、給料の計算とかしてたんですよ？　それなりに忙しいんですよ。男とは違うけど、男の人がしている仕事とは違うけど、だけど、忙しいのは一緒で」

声が大きくなっている、と途中から気がついていた。もしかしたら、田中や伊丹たちにも聞こえているかもしれない。だけど、やめられなかった。

「人が見たら、俺たち、同棲カップルみたいに見えるかな」

「ばーか」

二人でげらげら笑った。だって、同棲よりずっといいことが始まるってわかっていたから。

お金もなかった、信用もなかった、仕事もなかった。何もなかった、だけど、何かが始まる期待とわくわく感だけがあった。

それから、何度使ったかしれない。鍋料理はもちろんのこと、夏はそうめんを大量に茹で、モモちゃんが山でタケノコを取ってきた時もこれで茹で、秋は東北出身の田中が「芋煮会」をした。最初、くすんだ金色に光っていた表面も、ところどころぼこぼこにへこんでしまっている。

でも、この数年、使っていなかった。ここに越してきた時、地方の有名窯元の土鍋を、取引先から贈られたから。自分たちの仲の良さを知っている相手の、気の利いた引っ越し祝いだった。

「……昔、土鍋が買えなくて」

土鍋はアルミの数倍の値段だった。

「正解」

筧はクイズ番組の司会者のように人差し指を立てた。

「え？」

彼女が言い切った言葉の意味がわからなくて訊き返した。

「正解、これで正解。土鍋は鍋物と炊飯くらいにしか使えないけど、これなら菜っぱも茹でられるし、カレーも作れる。ご飯だってがんばれば炊ける」

「そうですか」

「冷凍庫に冷凍うどんが買ってあるから、電子レンジでチンして、これを上にかけて食べるの」

ああ、それで、カレーだけじゃない、醤油と砂糖の甘い匂いがしたのか、とわかった。純粋なカレーじゃなくて、出汁も入っているんだろう。

「ネギは千切りにして冷蔵庫に入れてあるから上に載せて。汁に入れて煮てもいいんだけど、今から入れると煮すぎちゃうから」

筧はテーブルの上の大皿を指さした。かけてあるラップは湯気で曇っていた。

「これはおにぎりと鶏のから揚げ。こっちは夕食用。大根葉とじゃこと卵を炒めたやつを混ぜ込んだのと、ゆかりと枝豆を混ぜ込んだの、ツナとゴマ油を入れたのの三種類。一人各一個ずつ。余ったら冷凍しておいて、明日チンして朝ご飯に食べるといい。から揚げは冷めてもおいしい味付けになってる。それから、具だくさんの豚汁が土鍋に入ってる」

それはガス台に置いてあった。筧が重い蓋を持ち上げると、また大きな湯気が立った。

二　次の文章を読んで、後の問いに答えなさい。

胡雪（こゆき）が学生時代の友人達と立ち上げた会社「ぐらんま」はマンションの一室が仕事場になっている。会社は軌道に乗っていたが、忙しさのあまり気がついた人がやる約束だった片付けには手が回らなくなり、食事も各自でいいかげんに済ますようになっていた。以下の文章は代表の田中の提案で雇（やと）われた家政婦の筧（かけい）みのりが、最初に訪問した日の一場面である。

ふと、視線に気がついた。

あの、筧みのりがドアのところからこちらをのぞいている。胡雪と目が合うと、こっちこっちと言うように、手招きした。

胡雪が自分の鼻を指さして、「私？」と尋ねると、こっくりうなずいた。

間違いなく、田中でも伊丹でもないようだ。仕方なく席を立った。

「なんですか」

キッチンに入ると同時に、つっけんどんに訊（き）いてしまう。

「あのね、これが夜食」

筧は銅色のアルミの大鍋の蓋（ふた）を開けた。ふんわりと、カレーとそれだけじゃない、やさしい甘い香りがした。鍋の中にはたっぷりとカレー色の液体が入っている。

機嫌が悪かったはずの胡雪でも、思わず、笑みが浮かんでしまうような匂い。でも、1顔を引き締めて尋ねた。

「これ、なんですか」

「カレーうどんの汁」

「こんな鍋、ありましたっけ？」

「上の棚にあったから、使った」

ああ、と思い出した。

昔、鍋料理を初めてする時に、駅前のスーパーで一番大きな両手鍋を買ったのだった。当時は一人暮らしの田中の部屋を会社にしていた。確か、大きさは直径三十センチだった。本当は土鍋がよかったけど、それだけの大きなものになると高くてアルミのしか買えなかった。田中と胡雪、二人で買いに行ったのだ。スーパーで大きなレジ袋に入れてもらって、二人で片方ずつ、ぶらぶらと提げて帰ってきた。

問八　――４「『誤った原因帰属』を防げるかもしれません」とありますが、

(1)　筆者の考える「誤った原因帰属」を防ぐ方法を説明した次の文の［　　］にあてはまる語を文中から十五字以内でぬき出しなさい。

私たちが他者に起こった出来事や行為に対して［　　］ことを心がける。

(2)　次の表は太郎さんのクラスで行われたテストの結果です。（テストは百点満点。）このとき「太郎さんが冬の国語のテストで五十点を取ったのは、太郎さんが努力しなかったからだ」というのは――４「誤った原因帰属」と考えられます。そう考えられる理由を**「内的」「外的」**という語を用いて七十字以内で答えなさい。

テスト結果	国語（夏）	国語（冬）	算数（夏）	算数（冬）
太郎	90	50	80	85
次郎	95	45	60	70
三郎	50	20	40	30
クラス平均	75.4	38.1	64.7	76.9

問五　――2「内的帰属と外的帰属」とありますが、「内的帰属」の説明を次の中からすべて選び、番号で答えなさい。

1　友だちに紹介されて読み始めた本の一部が国語のテストに出たので、春美さんは高得点を取ることができた。
2　夏海中学校のサッカー部は、県大会の一回戦で優勝候補の学校と対決することになり、二回戦に進めなかった。
3　幼いころから背が高く、毎日練習を積み重ねていた秋男さんは、有名なプロバスケットボールの選手になった。
4　冬太さんの乗るはずだった飛行機が雷の影響で欠航してしまい、大事な取引先との会議に出席できなかった。
5　先生から何度も言われていたのに、図画工作の宿題を忘れてしまったのは、年雄の集中力が欠如していたからだ。

問六　⑤～⑧にあてはまる言葉として「内」・「外」のいずれが適切ですか。「内」ならば「A」、「外」ならば「B」でそれぞれ答えなさい。

問七　――3「共変動理論」とありますが、この理論を通じて筆者が述べていることとしてもっともふさわしいものを次の中から選び、番号で答えなさい。

1　私たちが日常的に行っている原因帰属について、一貫性・弁別性・合意性の観点から出来事や行為を分析すると新しい気付きが起こりうる。
2　他者に起こった出来事の原因を一貫性・弁別性・合意性の側面から分析することで、その他者が私にとってどのような存在であるかを理解できる。
3　実際の出来事において一貫性・弁別性・合意性それぞれの側面における高低を明らかにすることで、私たちは誤った原因帰属を防ごうとしている。
4　私たちは実際の出来事に対して自分が外的帰属を行った正当性を明らかにするために、一貫性・弁別性・合意性の側面を組み合わせて出来事を分析する。

問一　――ア～オについて、カタカナを漢字に直しなさい。

問二　「①」にあてはまることわざを次の中から選び、番号で答えなさい。

1　目からうろこが落ちる
2　ちりも積もれば山となる
3　船頭多くして船山にのぼる
4　風が吹けば桶屋(おけや)がもうかる

問三　――1「そういう特徴」とありますが、その説明としてもっともふさわしいものを次の中から選び、番号で答えなさい。

1　自分や他人の行動について、じっくり時間をかけて理由を探ろうとする特徴。
2　自分や他人の行動について、自分が得をする結果に結びつけようとする特徴。
3　自分や他人の行動について、自分が納得できる根拠を見つけようとする特徴。
4　自分や他人の行動について、直前に起きた出来事を原因にしようとする特徴。

問四　②～④にあてはまることばの組み合わせとしてもっともふさわしいものを次の中から選び、番号で答えなさい。

1　②しかし　③また　④あるいは
2　②つまり　③むしろ　④または
3　②だから　③ところが　④たとえば
4　②したがって　③そして　④もしくは

のテストだけで点数が悪く、英語や国語では成績が良いのであれば弁別性が高く、数学も英語も国語も成績が悪いのであれば弁別性が低い、ということになります。

最後に（3）**合意性**について説明します。合意性とは、周囲の人たちと、観察対象となった人物に起こった出来事や行為がどの程度一致しているかに関わる エシヒョウです。あおいさんや彼女のクラスメイトの大半が数学のテストで悪い点数をとっていたとしたら合意性が高く、あおいさんだけが数学のテストの点数が悪い場合は合意性が低いと判断されます。

それではこの３つの要素の高低がどのような組み合わせになったらどのような帰属が行われるのでしょうか。

内的帰属が行われるのは、あおいさんが小テストでも定期テストでも常に数学の点数が低く（一貫性が高く）、国語や英語など、どんなテストでも点数が低く（弁別性が低く）、クラスの中であおいさんだけが数学の点数が低い（合意性が低い）ときです。つまり、「あおいさんが数学のテストで悪い点数をとった」ことは、あおいさん自身の努力の足りなさ（あおいさんは勉強不足）や能力（あおいさんは勉強ができない）、性格（あおいさんは不真面目）に帰属されます。

一方で、いつもは数学の成績がいいのに今回だけ点数が低く（一貫性低）、英語や国語ではいい点数をとっていて（弁別性高）、数学の点数が悪いのはあおいさんだけではない（合意性高）場合、「あおいさんが数学のテストで悪い点数をとった」原因は、たとえば「今回の数学のテストは難しかった」など、外的な要素に帰属されます。

また、あおいさんはいつも数学の点数が低いけれど（一貫性高）、他の科目ではいい点数をとっていて（弁別性高）、数学の点数が悪いのはあおいさんだけではない（合意性高）、という場合も、数学のテストを作っている先生の出題の仕方や教え方に問題があるとか、数学という科目自体が他の科目に比べて難しいのだ、というように、あおいさん以外の別の外的な要素に原因が帰属されます。

このように、私たちは他者に起こった出来事や行為に対してしらずしらずのうちに３つの要素に基づいて分析を行い、外的帰属をするか内的帰属をするかを考えている、ということになります。私たちが普段なにげなく行っている原因帰属も、このように要素ごとに分解、理解していくと、新しい発見があるかもしれませんね。あなたが観察した誰かの行為は、いつも見られるものですか（一貫性）？　他の対象に対しても同じような行為が見られますか（弁別性）？　そして、その人だけがそれをしますか（合意性）？　一見 オフクザツに見える事象を要素に分解して理解しようとする考え方に慣れておけば、もう少し後で説明する 4「誤った原因帰属」を防げるかもしれません。

（村山綾『「心のクセ」に気づくには　社会心理学から考える』改変した部分があります。）

以上が本書で扱う３つの言葉の定義ですが、何が言いたいのだろうと不思議に思った方もいるかもしれません。ここでみなさんにお伝えしたいのは、「出来事」、「行為」、「反応」のうちのどの言葉を使っていても、外的要因、内的要因の両方が原因帰属として用いられはしますが、これら２種類の要因の影響力（バランス）がそれぞれ少しずつ違っているということです。たとえば「行為」は、「出来事」や「反応」と比べて原因帰属において［⑧］的要因の影響力が強くなる可能性が高いでしょう。以降では、このようなイメージの違いを前提として、３つの言葉を必要に応じて使い分けながら議論を進めていきます。

前述の通り、私たちは内的帰属を行いやすいのですが、もちろん外的帰属が行われる場合もあります。その違いはどこにあるのでしょうか？　いくつかの条件がそろえば、むしろ外的帰属の方が行われやすくなります。「テストで悪い点数をとったのはテストが難しかったから」は典型的な外的帰属ですが、みなさんもこのような理由付けをした経験は少なからずあるでしょう。

では、内的帰属、外的帰属のどちらを行うかはどのように決まるのでしょうか。社会心理学者たちは、原因帰属の研究をすすめる中で、帰属のされかたに影響する要因を説明しようとしてきました。ここでは、さまざまな状況で活用できそうな、他者に起こった出来事や行為に関わる情報を切り分けてひとつひとつ検討していく手法をテイショウ(ウ)したケリー（Kelley,1973）による共変動理論(3)を紹介します。

共変動理論は、自分や他者に起こった出来事、自分や他者の行為や反応に関わるいくつかの要素が、それらを見た人（または経験した本人）によってどのように認識されるのかが重要であるとします。具体的には、以下の３側面に注目します。

（１）観察された出来事、行為や反応の「**一貫性**」

（２）その他の刺激を対象とした場合との「**弁別性**」

（３）他の人たちに起こった出来事や、行為、反応との「**合意性**」

ここからは他者に起こった出来事である「あなたの友人のあおいさんが数学のテストで悪い点数をとった」に的を絞(しぼ)って、この３つの側面がどのように機能しているのかを順番に理解していきましょう。

まず、（１）**一貫性**とは、観察された出来事や行為が、状況の違いに関係なく起こるものかどうか、に関する側面です。あおいさんが数学のテストでいつも悪い点数をとっているのであれば一貫性が高く、いつもは成績がいいのに今回に限って点数が悪い場合は一貫性が低いことになります。

次に（２）**弁別性**です。弁別性とは、観察された出来事や行為が、その対象に対してのみ見られるのかどうか、に関わる側面です。あおいさんが数学高得点を取った」を例にして考えてみましょう。高得点を取ったという出来事に対して、「私は能力があるから」のように、自分自身の性質や特徴を原因とするとき、あなたは内的帰属を行っています。［③］、「テストの直前にたまたま見返した部分がそのまま出題されたから」のように、自分を取り囲む環境や偶然性の高いセンコウ要因を原因とするとき、あなたは外的帰属を行っています。

学校の成績を対象として成功や失敗の原因を考えるとき、内的帰属の典型的なものとしては、先ほどの例でも挙げた能力や努力があります。ここでの「能力」は自分の力で上げたり下げたりすることが難しい、その人がもともと持っている性質を指すと考えてください（能力の定義は研究や分野によってさまざまありますが、この本では、みなさんが「能力が高い人」と聞かされたときに頭の中にイメージするような人がもっている要素、として理解していただいてかまいません）。努力の方は、自分でやったりやらなかったり（その程度を上げたり下げたり）を決めることができるものと考えてください。いずれにせよ、能力も努力も個人の内側に存在するという点では共通しています。

外的帰属の典型例としては、取り組む課題の難しさや運が挙げられます。テスト内容が全体的に簡単であれば良い点数が取れますし、難しかったら点数は悪くなります。たまたま直前に見返したところが出題された（から良い点数が取れた）という場合は、運が良かったと捉えられるでしょう。いずれの原因も、自分ではコントロールすることができないという意味で個人の外側に存在するものであると解釈できます。

内的・外的帰属の違いがわかった上で、あらためて、この章の最初に思い出してもらった自分にとってうまく行った出来事、［④］うまく行かなかった出来事の原因を思い出してみてください。それは内的帰属でしょうか。それとも、外的帰属でしょうか？　原因帰属の研究が始まった初期の頃は、人は自分自身や他人に起こった出来事や行為の原因を、その人自身の内的で安定した要因に求めやすいことが注目されました。テストで悪い点数をとったのは努力が足りないから。テストでいい点数を取ったのは能力が高いから。このような内的帰属をした経験はみなさん少なからずあるでしょう。

さて、これから本格的に原因帰属のプロセスを考えていくにあたって、「出来事」、「行為」、そして「反応」の３つの言葉を内的／外的帰属の観点から少し整理しておきます。

「出来事」とは、自分や他者（社会心理学の研究分野では「他人」のことを通常「他者」と呼びます。ここからはこの言葉を使うことにします）に起こった何かのことを指します。その「何か」は、たまたま、偶然、自分の予想と反した状況で起こることもあります。ゆえに、自分や他者に起こった「出来事」の原因帰属には、［⑤］的な要因の効果が一定以上見込まれる可能性が高いと言えるでしょう。次に「行為」は、自分や他者の発言や動作など、意識的に身体を動かすことでなされるものです。したがって、そこには行為者自身の能動性がイメージされやすいと言えます。結果として「行為」の原因帰属は、行為者の［⑥］的な要因の効果が大きく見積もられることが予想できます。最後に「反応」（例：緊張している様子）は、何かの出来事（例：授業中に指名された）に応じて生じます。何かによって引き起こされる、という意味で、「反応」には［⑦］的な要因の影響が一定程度見込まれうると捉えられます。

2024年度

中央大学附属横浜中学校

【国　語】〈第一回試験〉（五〇分）〈満点：一五〇点〉

（注意事項　句読点や記号は一字あつかいとします。）

一　次の文章を読んで、後の問いに答えなさい。

私たちには、「①」のような、ある出来事のずっと前の、遠い原因を突き止めてやろうという意気込みはあまりありません。意気込みがないというよりは、自分や周りの人に起こった日々の出来事について、じっくり時間をかけて、過去をさかのぼってその原因を探ることはなかなかできないという方が正しいかもしれません。なぜなら、私たちは他にもいろんなことを考えたり、何かの用事や課題を終わらせなければならなかったりと忙しいからです。勉強、部活動、遊び、仕事、家事、育児……現代に生きる私たちは、毎日毎日何かに追われています。

その一方で、身の回りで起こった出来事の「もっともらしい原因」については知りたい気持ちがあります。原因がわかればなんだかスッキリして、次にすすめるような気がしませんか。原因がわかれば、その出来事をコントロールできる、と思えるかもしれません。つまり私たちは、ある出来事が起こった原因について、深く考える余裕はないけれど、なぜそれが起こったのかは自分なりに理解しておきたい。[1]そういう特徴を持っているのです。

このように、自分や他人が経験した出来事（特に成功・失敗）や、自分や他人の行動の背景にある原因を[ア]スイソクしたり判断したりするプロセスは「原因帰属」と呼ばれ、社会心理学的な研究が進められてきました。帰属という言葉は少し難しく聞こえるかもしれませんが、帰属意識（ある集団や組織に所属しているという感覚）で使われる「帰属」と同様、何かに属する、という意味です。②、原因帰属は、起こった出来事の原因を、何に求める（所属させる）か、というような意味だと考えてください。ここからは、自分や他人に起こった出来事、他人の行為や反応に焦点を当てて、私たちの原因帰属の特徴を見ていきましょう。

原因帰属について詳しく説明していくにあたって、２つの重要な帰属のタイプ――[2]内的帰属と外的帰属――を最初に紹介しておきます。内的帰属とは、出来事や行為の原因を、その出来事を経験した人やその行為をした人自身に求める形の帰属です。一方で外的帰属とは、ある出来事や行為の原因を、その人が取り囲まれている環境に求める形の帰属です。これだけではよくわからないでしょうから、冒頭で取り上げた「数学のテストで

2024年度

中央大学附属横浜中学校 ▶解説と解答

算 数 ＜第１回試験＞（50分）＜満点：150点＞

解 答

1 (1) $\frac{217}{1000}$ (2) $\frac{3}{10}$ (3) 2023 (4) 20個 (5) 9枚 (6) 22分 (7) 40個 (8) 77 (9) 38度 (10) 1594cm² 2 (1) 500g (2) 20g (3) 36：55 3 (1) 30cm² (2) ① 12cm² ② $2\frac{2}{3}$cm³ 4 (1) 64 (2) 81 (3) 22行9列目 (4) 13個

解 説

1 四則計算，逆算，場合の数，速さと比，素数の性質，数列，角度，面積

(1) $(0.5+0.25+0.125)\times(0.2+0.04+0.008)=\left(\frac{1}{2}+\frac{1}{4}+\frac{1}{8}\right)\times\left(\frac{1}{5}+\frac{1}{25}+\frac{1}{125}\right)=\left(\frac{4}{8}+\frac{2}{8}+\frac{1}{8}\right)\times\left(\frac{25}{125}+\frac{5}{125}+\frac{1}{125}\right)=\frac{7}{8}\times\frac{31}{125}=\frac{217}{1000}$

(2) $\left(1-\frac{1}{30}\right)\times\left(3\frac{1}{2}-2.3\right)\div\left(1.2+2\frac{2}{3}\right)=\left(\frac{30}{30}-\frac{1}{30}\right)\times\left(\frac{7}{2}-\frac{23}{10}\right)\div\left(\frac{6}{5}+\frac{8}{3}\right)=\frac{29}{30}\times\left(\frac{35}{10}-\frac{23}{10}\right)\div\left(\frac{18}{15}+\frac{40}{15}\right)=\frac{29}{30}\times\frac{12}{10}\div\frac{58}{15}=\frac{29}{30}\times\frac{6}{5}\times\frac{15}{58}=\frac{3}{10}$

(3) $1\div\{1-1\div(1+1\div\square)\}=2024$より，$1-1\div(1+1\div\square)=1\div2024=\frac{1}{2024}$，$1\div(1+1\div\square)=1-\frac{1}{2024}=\frac{2024}{2024}-\frac{1}{2024}=\frac{2023}{2024}$，$1+1\div\square=1\div\frac{2023}{2024}=1\times\frac{2024}{2023}=\frac{2024}{2023}$，$1\div\square=\frac{2024}{2023}-1=1\frac{1}{2023}-1=\frac{1}{2023}$ よって，$\square=1\div\frac{1}{2023}=1\times\frac{2023}{1}=2023$

(4) 兄が買ったあめの個数を１とすると，兄が弟にあげた個数は，$1\times\frac{1}{5}=\frac{1}{5}$だから，弟の個数は$\frac{1}{5}$，兄の残りの個数は，$1-\frac{1}{5}=\frac{4}{5}$となる。すると，兄と弟の個数の差は，$\frac{4}{5}-\frac{1}{5}=\frac{3}{5}$となり，これが12個にあたる。よって，兄が買った個数は，$12\div\frac{3}{5}=20$(個)と求められる。

(5) 100円玉の枚数は１枚か２枚だから，考えられる枚数の組み合わせは右の図１の４通りある。また，100円玉１枚を10円玉10枚に両替（りょうがえ）すると，硬貨（こうか）の枚数は，10－１＝９(枚)増えるので，両替した後の枚数はそれぞれ図１のようになる。よって，硬貨の枚数が２倍になるのは太線で囲んだ部分だから，はじめの枚数の合計は９枚とわかる。

図１

100円玉(枚)	1	1	1	2
50円玉(枚)	3	2	1	1
10円玉(枚)	1	6	11	1
はじめの合計(枚)	5	9	13	4
両替後の合計(枚)	14	18	22	22

(6) 速さを変える前後に進んだ道のりの比は，$\frac{2}{5}:\left(1-\frac{2}{5}\right)=2:3$であり，速さを変える前後の速さの比は，$1:1\frac{1}{4}=4:5$なので，下の図２のように表すことができる。これらの比を用いると，予定の時間と実際にかかった時間の比は，$\left(\frac{2+3}{4}\right):\left(\frac{2}{4}+\frac{3}{5}\right)=25:22$と求められる。この差が３分だから，比の１にあたる時間は，３÷(25－22)＝１(分)となり，実際にかかった時間は，１×22＝22(分)とわかる。

図２

②　③
予定　毎分４
実際　毎分４　毎分５

図３

時間(分後)	0	1	2	3	4	5
Ａの数(個)	1	1	4	7	19	40
Ｂの数(個)	0	1	1	4	7	19

図４

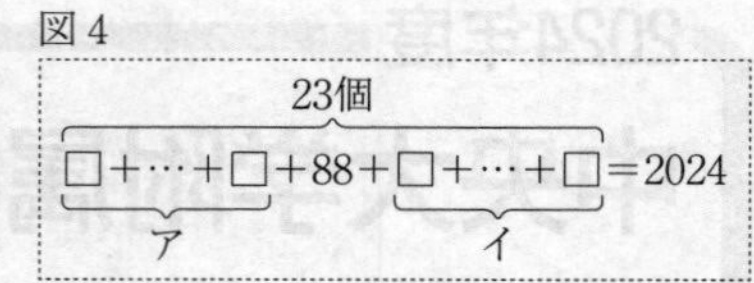

⑺　$(N+1)$分後のＢの数は，N分後のＡの数と同じになる。また，$(N+1)$分後のＡの数は，(N分後のＡの数)＋(N分後のＢの数)×３で求めることができる。よって，表にまとめると上の図３のようになるので，５分後のＡの数は40個とわかる。

⑻　2024を素数の積で表すと，2024＝２×２×２×11×23となることを利用する。つまり，2024＝(２×２×２×11)×23＝88×23と表すことができるので，2024は上の図４のように，真ん中の数が88である23個の連続する整数の和で表せることがわかる。ここで，ア，イの部分の個数はどちらも，(23－１)÷２＝11(個)だから，連続する整数の両端(りょうはし)の数は，88＋11＝99と，88－11＝77とわかる。よって，99＋98＋97＋…＋77＝2024となるので，求める数は77である。

⑼　右の図５で，角AEFの大きさは，180－(60＋46)＝74(度)だから，角Ａの大きさは，180－(30＋74)＝76(度)とわかる。また，三角形ABCは二等辺三角形なので，角Ｂの大きさは，(180－76)÷２＝52(度)となる。さらに，角BFDの大きさは，180－(30＋60)＝90(度)だから，角xの大きさは，180－(52＋90)＝38(度)である。

図５

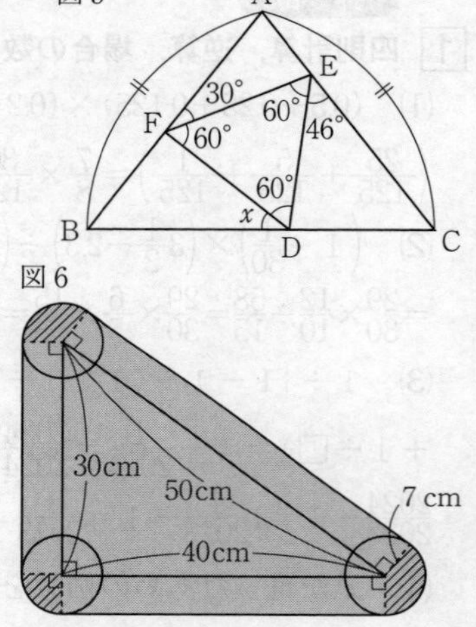

⑽　右の図６で，斜線(しゃせん)部分を組み合わせると半径が７cmの円になるので，斜線部分の面積は，$7\times7\times\frac{22}{7}=154(\text{cm}^2)$とわかる。また，３つの長方形の部分を組み合わせると，たての長さが７cm，横の長さが，30＋40＋50＝120(cm)の１つの長方形になるから，その面積は，７×120＝840(cm²)と求められる。さらに，直角三角形の面積は，40×30÷２＝600(cm²)だから，かげの部分の面積は，154＋840＋600＝1594(cm²)である。

２　比の性質，和差算

⑴　はじめのＡ，Ｂの重さ(水をふくむ)をそれぞれ２，３とすると，ＡとＢの重さの合計は，２＋３＝５となる。すると，ＢからＡに水を50ｇ移した後のＡ，Ｂの重さはどちらも，５÷２＝2.5になるから，2.5－２＝0.5にあたる重さが50ｇとわかる。よって，比の１にあたる重さは，50÷0.5＝100(ｇ)なので，Ａ，Ｂの重さの合計は，100×５＝500(ｇ)と求められる。

⑵　ＡとＢの重さの合計は変わらないから，Ａの水を全てＢに移した後のようすを図に表すと，右の図１のようになる。よって，Ａの容器の重さは，(500－460)÷２＝20(ｇ)である。

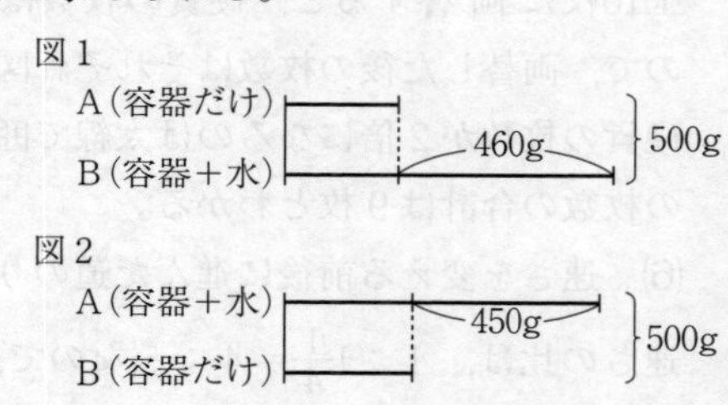

⑶　Ｂの水を全てＡに移した後のようすを図に表すと，右の図２のようになるので，Ｂの容器の重さは，(500－450)÷２＝25(ｇ)とわかる。また，水をふくめたはじめの重さは，Ａが，100×２＝200(ｇ)，Ｂが，100×３＝300(ｇ)だから，はじめにＡ，Ｂに入っていた水の重さの比は，(200－20)：(300－25)＝36：55である。

3 立体図形―分割，表面積，体積

(1)　正面と背面，真上と真下，右横と左横のどの方向から見ても正方形が５個見える。よって，表面に出ている正方形の数は全部で，５×６＝30(個)だから，この立体の表面積は，１×１×30＝30(cm²)とわかる。

(2)　①　切り口は右下の図１の正三角形ABCである。また，頂点Ｐをふくむ方の立体は，下の図２のように，立方体を４個組み合わせた立体から，三角すいA－DBCを取り除いた形の立体である。この立体の表面から切り口を除いた部分には，正方形の面が，３×３＝９(個)，正方形を半分にした直角二等辺三角形の面が，２×３＝６(個)ある。つまり，これらの面積の合計は，正方形１個の面積の，１×９＋0.5×６＝12(倍)にあたるので，１×１×12＝12(cm²)と求められる。　②　図２で，立方体４個分の体積は，１×１×１×４＝４(cm³)である。また，三角すいA－DBCの体積は，$2 \times 2 \div 2 \times 2 \div 3 = \frac{4}{3}$(cm³)だから，この立体の体積は，$4 - \frac{4}{3} = \frac{8}{3} = 2\frac{2}{3}$(cm³)とわかる。

図１

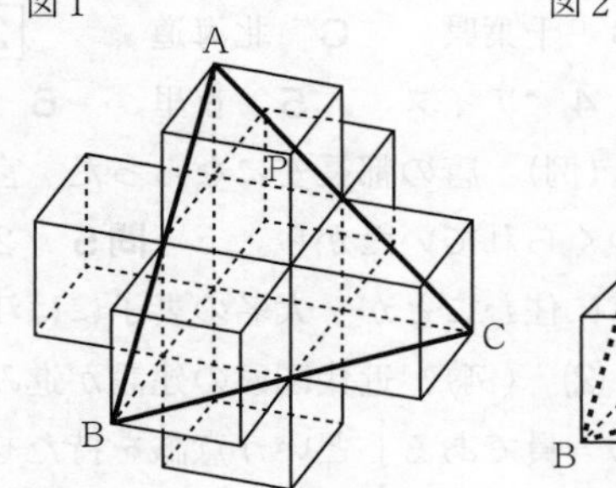

図２

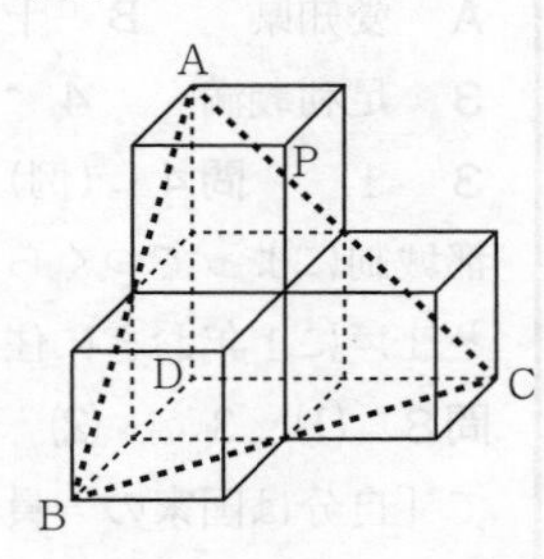

4 数列

(1)　下の図の矢印の順番に並んでいる。また，２×２＝４，４×４＝16，…のように，１行目の偶数列目の数は同じ偶数を２個かけた数(平方数)になる。よって，１行８列目の数は，８×８＝64である。

行＼列	1	2	3	4	5	6	7	8	9	10	11	12	13	14	15	16	17	18	19	20
1	1	4	5	16	17	36	37	64	65	100	101	144	145	196	197	256	257	324	325	400
2	2	3	6	15	18	35	38	63	66	99	102	143	146	195	198	255	258	323	326	399
3	9	8	7	14	19	34														
4	10	11	12	13	20	33														
5	25	24	23	22	21	32														
6	26	27	28	29	30	31														
⋮																				
21	441																			
22	442	443	444	445	446	447	448	449	450											

(2)　３×３＝９，５×５＝25，…のように，１列目の奇数行目の数は奇数の平方数になる。よって，９行１列目の数は，９×９＝81とわかる。

(3)　450に最も近い平方数は，21×21＝441である。よって，21行１列目の数が441であり，450はそれよりも，450－441＝９大きい数だから，450は22行９列目の数とわかる。

(4)　１行目の偶数列目の数は偶数の平方数になることを利用すると，１行目と２行目は図のようになることがわかる。よって，２行目の３の倍数はかげの部分の13個ある。

社会 ＜第１回試験＞（35分）＜満点：100点＞

解答

1 **問１** 2 **問２** 1 **問３** 4→1→3→2 **問４** 4 **問５** 2，3 **問６** 4 **問７** (1) 利根川 (2) （例） 水道用水などの生活用水 **問８** 競売（競り，せり） **問９** （例） 家畜の飼料を得るために牧草地として利用されている。 **問10** 流氷 **問11** **A** 愛知県 **B** 千葉県 **C** 北海道 **2** **問１** **1** 三内丸山 **2** 征夷大将軍 **3** 足利義満 **4** アイヌ **5** 首里 **6** オランダ **7** 吉田茂 **問２** 3 **問３** 1 **問４** （例） 唐の都長安にならった，宮殿や朱雀大路を中心に碁盤の目状に区画した都城制によってつくられていたから。 **問５** 2 **問６** 4 **問７** （例） 大名には領地と江戸に１年おきに住むことが，大名の妻子には江戸に住むことが，それぞれ義務づけられた。 **問８** (1) 3 (2) （例） 近代国家の建設が進み，領土も拡大してく中で，全ての国民に対して「自分は国家の一員である」という意識を持たせようとした。 **問９** 1 **3** **問１** 4 **問２** 3 **問３** 4 **問４** 4 **問５** 3 **問６** 1 **問７** リコール **問８** 1，2 **問９** 4 **問10** 1 **問11** 3

解説

1 日本の自然と産業に関する地理総合問題

問１ 問題文より，ここでいう「持続可能な社会」とは，地球環境を守りながら現代の世代および将来の世代が豊かな生活を送れることを目指す社会のことをいう。走行時に二酸化炭素を排出しない電気自動車は，そうした社会の方向性に合ったものといえる（２…○）。ただし，電気自動車は製造過程において多くの二酸化炭素を排出することや，エネルギーとなる電気の発電が必要なことに留意したい。なお，１・３・４については，いずれも環境保護とは観点が異なるため，ここでは適切とはいえない。

問２ 日本の工場の約99％は，従業員300人未満の中小工場である。一方で，工場の数では約１％にすぎない大工場が，働く人の数では30％以上を占め，生産額では50％を上回っている（１…○）。

問３ 自動車をつくる工程は，プレス機を利用して車体のドアやボンネットなどをつくる→溶接作業により車体の形に仕上げていく→車体に塗装をする→ベルトコンベヤーなどを用いた生産ライン上で，エンジンやシート（座席）などを車体に取りつける組み立て作業を行う→検査をする，という流れで行われる。よって４→１→３→２の順となる。

問４ 愛知県の渥美半島では，夏から秋にかけて菊に照明を当てて開花時期を調整する栽培方法が行われている。このようにして生産・出荷される菊は，電照菊と呼ばれる（４…○）。

問５ 林業で働く人を増やす対策として効果があると考えられるのは，実際に体験してもらうことや，必要な知識や技術を伝達し理解を深めることである（２，３…○）。なお，広葉樹林を針葉樹林に切りかえることは林業における労働力不足や後継者不足を補うことにはつながらない（１…×）。輸入木材を増やすことは国内の林業のさらなる衰退につながる（４…×）。高齢の就業者を引退させるだけでは若者は増えず，減少が進むだけである（５…×）。

問６ IC（半導体）工場は，高速道路沿いを中心として内陸部をふくめた全国各地に分布しているので，４が当てはまる。なお，埼玉・山口・福岡の各県に多く分布している１はセメント工場である。市原市(千葉県)，四日市市(三重県)，倉敷市(岡山県)，周南市(山口県)などがふくまれる２は石油化学コンビナートである。室蘭市(北海道)，君津市(千葉県)，東海市(愛知県)，和歌山市，北九州市(福岡県)などがふくまれる３は製鉄所である。

問７　(1)　下線部⑦は利根川を示している。利根川は，群馬県と新潟県の県境にある大水上山を水源とし，神奈川県を除く関東地方の１都５県を流域とする河川であり，下流は茨城県と千葉県の県境を流れ，太平洋に注いでいる。　(2)　利根川をふくめ，日本の多くの河川の水は，農業用水としての利用が最も多い。しかし，首都圏に水を提供している利根川の場合，他の河川と比べると水道用水など生活用水としての利用の割合が大きくなっている。

問８　農産物や水産物の多くは卸売市場に出荷され，仕入れ業者などが値段を競い合い，最も高い値段をつけた者に販売される。このような方法は競売(きょうばい，けいばい)または競り(せり)と呼ばれる。

問９　北海道は畜産業がさかんで，グラフからもわかるように農業産出額の約６割が畜産物で占められている。そのため農地の利用割合でも，家畜の飼料を得るための牧草地が田や畑よりも大きい割合を占めている。

問10　流氷とは，海水が凍って漂流しているものをいう。毎年１月下旬ごろにオホーツク海沿岸に押し寄せる流氷は，シベリア沿岸のオホーツク海北部で生まれ，海流や季節風によって北海道沿岸部まで流されてきたものである。２月には接岸し，４月ごろには沿岸から離れ，消失していく。なお，流氷の内部や表面には多くの植物プランクトンが付着しており，そのためにオホーツク海は栄養分の多い豊かな海になっているといわれる。

問11　「日本最大の工業出荷額をあげる工業地帯」とは中京工業地帯のことであるので，Ａは愛知県である。利根川河口に位置し，日本有数の水揚げ量をほこる漁港は銚子港のことであるので，Ｂは千葉県である。小麦，じゃがいも，てんさいの都道府県別の生産高が１位とあるので，Ｃは北海道である。なお，北海道は大豆やたまねぎの生産量も全国１位である(2023年)。

2　「日本という国家の領域」をテーマとした歴史総合問題

問１　**１**　1990年代前半に青森市郊外で発見されたのは三内丸山遺跡である。縄文時代前期から中期にわたって営まれた大型集落跡で，大型掘立柱建物跡などが発見されている。　**２**　８世紀末に坂上田村麻呂が任じられたのは征夷大将軍である。その名の通り，「蝦夷を征討する大将軍」という意味であったが，12世紀末に源頼朝が朝廷から任じられて以降は，武家の棟梁として政治を行う地位を示すものとなった。　**３**　室町幕府の第３代将軍であったのは足利義満である。義満は1401年，明(中国)に使節を派遣し，皇帝から「日本国王」の称号を授けられている。なお，義満は1404年には明に朝貢するという形で勘合貿易を開始している。　**４**　蝦夷地(北海道)に住んでいたのはアイヌである。なお，1457年にはアイヌの首長コシャマインに率いられたアイヌの人々が和人に対して反乱を起こしている。　**５**　琉球国王の居城であったのは首里城である。太平洋戦争末期の沖縄戦のさいに焼失したが，1980～90年代に再建され，その城跡は2000年に他の琉球王国時代のグスク(城)などとともに「琉球王国のグスク及び関連遺産群」としてユネスコ(国連教育科学文化機関)の世界文化遺産に登録された。しかし，2019年に再び火災で正殿などが焼失し，2024年２月現在，復元作業が進められている。　**６**　江戸時代の鎖国の期間中も中国とオランダは長崎で幕府と交易を行うことが認められていた。オランダとの貿易は出島のオランダ商館で，中国の商人との貿易は唐人屋敷で行われた。　**7**　1951年，サンフランシスコで行われた講和会議には，吉田茂首相が日本全権として出席した。この会議で日本は48か国との間で講和条約（サンフランシスコ平和条約）を調印し，独立を回復した。

問２　貝塚は縄文時代の遺跡として残されているものが多く，大森貝塚（東京都）や加曽利貝塚（千葉県）などがよく知られる（３…×）。

問３　律令制度の下では，成年男子に雑徭と呼ばれる地方の労役が課せられていた（１…○）。なお，口分田は６歳以上の男女に支給されたものであり（２…×），防人は九州の防衛にあたる兵士，衛士は都の警備にあたる兵士である（３…×）。都での労役の代わりに布を納める税は庸，各地の特産物を納める税は調である（４…×）。

問４　藤原京，平城京，平安京は，唐（中国）の都である長安などにならった都城制と呼ばれる様式でつくられている。これは，都の中央北部に宮殿を置き，中央を南北に貫く朱雀大路を中心として，南北の大路（坊）と東西の大路（条）を碁盤の目状に配した都市の様式である。ただし，中国の都は周囲に強固な城壁を設けているが，日本の都ではつくられなかった。

問５　国ごとの治安維持を行ったのは「守護」であり，「地頭」は荘園などの管理を現地で任されていた（２…×）。

問６　豊臣秀吉が二度にわたって行った朝鮮への侵攻は，文禄の役（1592〜96年）と慶長の役（1297〜98年）である。文永の役と弘安の役は13世紀におこった元寇のさいの戦いである（４…×）。

問７　参勤交代は，江戸幕府の第３代将軍徳川家光が1635年に発した武家諸法度によって制度化されたものである。これにより，大名は江戸と領国に１年おきに住むことが，大名の妻子は江戸に住むことがそれぞれ義務づけられた。

問８　(1)　日本は日清戦争の講和条約である下関条約により台湾と澎湖諸島を，日露戦争の講和条約であるポーツマス条約により南樺太を獲得した。したがって，３が正しい組み合わせとなる。なお，「千島」については，江戸時代末期に結ばれた日露和親条約により択捉島以南が日本領として確定した。また，1875年の樺太・千島交換条約により，日本は樺太の権利を放棄する代わりに，得撫島以北の千島列島を日本領とした。　(2)　幕藩体制と鎖国体制が長く続いた江戸時代においては，多くの人が「幕府や藩の一員」という意識はあっても，「自分は日本人である」という意識を持つことはあまりなかったと考えられる。そのため，欧米諸国に負けない近代国家の建設を目指す明治政府は，国民のそうした考え方を改め，「自分は日本という国家の一員である」という，国家への帰属意識を強く持たせようとしたと考えられ，『蛍の光』の中の「その真心は隔てなく　一つに尽くせ国のため」や「至らん国に勲しく　つとめよ我が背恙なく」といった歌詞にもそうした狙いがうかがえる。

問９　竹島は古くより日本固有の領土であるが，1952年に韓国が国際法に反して「李承晩ライン」を一方的に設定し，以後不法に占拠を続けている（１…×）。

3　2023年の出来事を題材とした公民総合問題

問１　表１を見ると，1960年から1970年にかけてと，2000年から2010年にかけては，合計特殊出生率は上昇している（Ａ…誤）。表２を見ると，三大都市圏に当てはまる東京都，愛知県，大阪府の高齢化率はいずれも30％以下であるが，三大都市圏以外の沖縄県の高齢化率も30％以下になっている（Ｂ…誤）。

問２　UNICEF（ユニセフ，国連児童基金）について説明した文であり，内容も正しい（３…○）。なお，NGO（非政府組織）は医療や福祉，教育などさまざまな分野で活動する民間団体であり，必ず政府からの資金援助を受けなければならないということはない（１…×）。1992年に制定された国連PKO（平和維持活動）協力法にもとづき，これまで各地で行われたPKOに自衛隊も参加している（２…×）。人々の健康の維持・増進のために各国が協力することを目的としている国連の専門機関はWHO（世界保健機関）であり，WTOは「世界貿易機関」の略称である（４…×）。

問３　Ｂ市では有権者20000人から５人の議員が選出されるので，議員１人あたりの有権者数は，20000÷５＝4000より，4000人となる。Ａ市における議員１人あたりの有権者数は10000人であるから，10000÷4000＝2.5より，１票の価値はＢ市の方が2.5倍高い。よって，一票の格差は2.5倍である（４…○）。

問４　１つの選挙区から２名以上の候補者が当選する大選挙区制は，１つの選挙区から１名だけの候補者が当選する小選挙区制と比べて死票（落選した候補者に投じられた票）が少なくなるため，少数政党でも当選しやすくなるといえる（４…○）。なお，死票が多くなる小選挙区制は，大選挙区制と比べると民意が反映されにくいといえる（１，２…×）。一般に，小選挙区制に比べて大選挙区制は選挙区の範囲が広くなり，選挙費用が多くかかると考えられる（３…×）。

問５　日本国憲法第96条１項には「この憲法の改正は，各議院の総議員の３分の２以上の賛成で，国会が，これを発議し，国民に提案してその承認を経なければならない。この承認には，特別の国民投票又は国会の定める選挙の際行われる投票において，その過半数の賛成を必要とする」と規定されている。条件にあるように，2024年２月現在の衆議院の議員定数は465名，参議院の議員定数は248名であるから，その３分の２以上は，それぞれ310名以上，166名以上となる。また，憲法改正国民投票法（「日本国憲法の改正手続に関する法律」）により，憲法改正を承認するための国民投票に参加できるのは18歳以上の日本国民とされており，ここではその投票数を9000万としている。よって，憲法改正の承認のために必要な数は，その過半数である「4500万１票以上」ということになる。「4500万票」では過半数にならないことにも注意する（３…○）。

問６　(イ)について，日本国憲法第９条は，戦争・武力による威嚇・武力の行使の放棄について定めている。「威嚇」とは脅すことである。(ウ)について，警察予備隊は1950年に，自衛隊はそれを発展させる形で1954年にそれぞれ発足した組織であり，ともに日本国憲法制定時には存在していない。(エ)は「交戦権」であるが，「自衛権」について日本政府は，「自衛権は全ての主権国家に認められた権利であり，日本国憲法第９条もこれを否定しているわけではない」とする立場をとっている（１…○）。

問７　地方政治において，住民は有権者の３分の１以上の署名（有権者数が40万人以下の場合）を集めることで，地方公共団体の首長や議員の解職，議会の解散を求めることができる。こうした請求は，リコールとも呼ばれる。

問８　１と２は，ともにクラス全員に同数の投票権を与えているので平等だといえる。なお，３は，男子の人数が女子の半分である点を考慮して，男子児童だけ一人２票にしたと考えられるが，投票権についてクラスの児童全員に対して平等な取り扱いをしているとはいえない。４についても，同様に男女で投票権に差がある点で，平等な取り扱いとはいえない。

問９　内閣総理大臣は，国会の指名(日本国憲法第67条)にもとづき，天皇に任命(第６条)される。よって，国民はその選出に直接関わることはできず，弾劾を請求する権利ももたない((ア)…誤)。(イ)と(ウ)は正しい。

問10　Ｇ７と呼ばれるのはアメリカ・イギリス・フランス・ドイツ・イタリア・カナダ・日本の７か国である。毎年開かれる主要国首脳会議(サミット)には，その７か国の首脳とEU(ヨーロッパ連合)の代表が出席する(１…○)。

問11　地球環境問題の解決に有効であるのは，有害物質や二酸化炭素を多く排出する化石燃料などの資源やエネルギーをできるだけ消費しない行動である。よって，１の省エネの照明器具を使うこと，２のエコバッグを使うこと，４のペットボトルの使用を控えるなどが当てはまる。外国産の商品は，輸送のさいに多くの資源やエネルギーを消費しているため，価格が安いものを購入することは環境問題の解決になるとはいえない(３…×)。

理　科　＜第１回試験＞(35分)＜満点：100点＞

解　答

１　(ア)　右の図　(イ)　２　(ウ)　846　(エ)　３　(オ)　１　(カ)　936ｇ　**２**　(ア)　①　(イ)　３　(ウ)　32　(エ)　①，②，⑥　(オ)　28.8ｇ　(カ)　④，⑤　(キ)　18　(ク)　3.2ｇ　**３**　(ア)　１　(イ)　７　(ウ)　２　(エ)　１　(オ)　１　(カ)　６　(キ)　4.9目盛り　**４**　(ア)　１，３　(イ)　３　(ウ)　a　①　b　①　(エ)　４　(オ)　２　(カ)　２　(キ)　７　(ク)　３　(ケ)　１

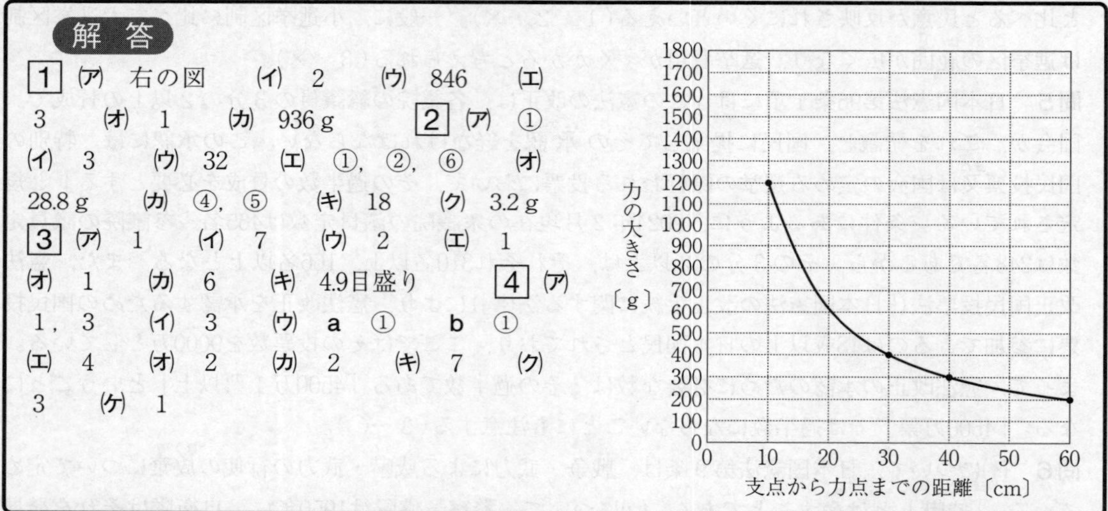

解　説

１　**てこと力のつり合いについての問題**

(ア)　てこのつり合いは，棒を回転させようとするはたらき(以下，モーメントという)で考えられ，(おもりの重さ)×(支点からの距離)で求められるモーメントが，右回りと左回りで等しいときに棒がつり合って水平になる。図２で，左回りのモーメントの大きさは，600×20＝12000となるから，右回りのモーメントについても，(力の大きさ)×(支点から力点までの距離)＝12000が成り立ち，力の大きさと支点から力点までの距離が反比例することがわかる。この式を用いて，支点から力点までの距離が10cm，30cm，40cm，60cmとなるときの力の大きさをそれぞれ求めると，12000÷10＝1200(ｇ)，12000÷30＝400(ｇ)，12000÷40＝300(ｇ)，12000÷60＝200(ｇ)になり，これらの点を黒丸でとって，支点から力点までの距離が10cmから60cmまでの範囲をなめらかな曲線で結ぶ。

(イ)　図７では，３本の矢印の長さは違うが，矢印の縦の長さはすべて等しくなっている。

(ウ)　図２のてこは，支点から右に20cmのところに600ｇのおもりをつるしたらつり合うので，ばねはかりを引く力のうち，真下方向の力の大きさが600ｇになればよい。図７のように考えると，真下方向の力の大きさが600ｇ，つまり，図７で縦の長さが6.00cmのとき，45度方向の矢印の長さは，6.00×1.41＝8.46(cm)になるから，ばねはかりを引く力の大きさは，8.46×100＝846(ｇ)と求められる。

(エ)　おもりにはいつも重力が下向きにかかっているので，力点や作用点におもりをつけると，てこは力点や作用点のところで下向きに引かれることになる。

(オ)　(2)　図11の説明から，糸を引く力の大きさはおもりの重さと同じ600ｇになる。　(3)　輪軸(りんじく)のつり合いは，(小輪にかかる力)×(小輪の半径)＝(大輪にかかる力)×(大輪の半径)となるので，大輪にかかる糸を引く力の大きさを□ｇとすると，600×10＝□×20が成り立ち，□＝6000÷20＝300(ｇ)となる。

(カ)　図６のように力の大きさを矢印の長さで表して考えると，25度の角度で220ｇの大きさの力で引くときに，真下方向にかかる力の大きさは，2.20÷1.1＝2.00(cm)より，2.00×100＝200(ｇ)となる。よって，力点Ｄを真下に引く力の大きさを□ｇとすると，600×40＋600×20＝200×30＋□×50が成り立ち，□＝(24000＋12000－6000)÷50＝600(ｇ)となる。したがって，力点Ｄに50度の角度で力をかけて引くので，引く力の大きさは，6.00×1.56＝9.36(cm)より，9.36×100＝936(ｇ)と求められる。

2　物質をつくる原子や分子についての問題

(ア)　気体Ａは水素，気体Ｂは酸素，気体Ｃは塩化水素，気体Ｄは塩素，気体Ｅはアンモニアである。よって，いずれにもあてはまらない気体は窒素(ちっそ)となる。

(イ)　表１より，窒素原子6000垓(がい)個の重さは14ｇなので，4.2ｇの窒素原子の個数は，6000垓×$\frac{4.2}{14}$＝1800垓(個)である。

(ウ)　表１より，酸素原子6000垓個の重さは16ｇなので，酸素原子が２個結びついた酸素分子6000垓個の重さは，16×２＝32(ｇ)となる。

(エ)　水上置換(ちかん)法で集めるのに適している気体は，水にとけにくい気体である。よって，ここでは窒素，酸素，水素があてはまる。

(オ)　表２で，窒素の分子量は28ｇ，酸素の分子量は32ｇだから，与(あた)えられた式にあてはめると，空気の重さは，$\frac{28\times80+32\times20}{100}$＝28.8(ｇ)と求められる。

(カ)　水にとけやすいアンモニア，塩化水素，塩素のうち，分子量が28.8ｇより大きいのは塩化水素と塩素である。よって，この２種類の気体は下方置換法で集める。なお，水にとけやすく，分子量が28.8ｇより小さいアンモニアは上方置換法で集める。

(キ)　１個の水分子は２個の水素原子と１個の酸素原子が結びついてできているので，6000垓個の水分子の重さは，6000垓×２＝12000垓(個)の水素原子と6000垓個の酸素原子の重さの和になる。よって，１×２＋16＝18(ｇ)である。

(ク)　(キ)より，水分子が18ｇできるとき，反応に酸素が16ｇ使われる。よって，3.6ｇの水分子ができたときに反応に使われた酸素原子の重さは，16×$\frac{3.6}{18}$＝3.2(ｇ)である。

3　種子のつくりと発芽についての問題

(ア)　インゲンマメは無はいにゅう種子で，発芽のための養分をｄの「子葉」にたくわえている。また，ａは「幼芽」で本葉になる部分，ｂは「はい軸」で茎になる部分，ｃは「幼根」で根になる部分で，ｅはこれらを合わせた部分で「はい」とよばれる。イネは有はいにゅう種子で，発芽のための養分をｆの「はいにゅう」にたくわえている。ｇは「はい」である。

(イ)　インゲンマメのたねでは，発芽のさいにまず，たねの「幼根」の部分から根がのび，その後，茎がのびてきて子葉が地上に出る。なお，イネのたねでは「はい」から根や茎や子葉がのびてくる。

(ウ)　一般に，たねが発芽するために必要な条件は，水・空気(酸素)・適度な温度である。植物が成長するためには，これらだけでなく肥料や光も必要となる。

(エ)　ヨウ素液はデンプンに反応して青紫色になる。実験１から，発芽前のたねＸのｄの部分にはデンプンが含まれていることがわかる。いっぽう，発芽後のたねＹのｄの部分にはデンプンがほとんど含まれていない。これはデンプンが発芽の過程で成長のために使われたからだと考えられる。なお，植物は発芽して芽が出るまでは光合成を行わない。

(オ)　「はい」が含まれていた方でのみ，寒天に含まれていたデンプンがなくなったことから，「はい」に含まれる物質がデンプンの分解に関係していることがわかる。

(カ)　発芽したたねは，呼吸を行うので酸素を吸収し，二酸化炭素を放出する。図６の装置では呼吸で放出された二酸化炭素はすべて水酸化カリウム水溶液にとけると考えられるので，呼吸で吸収された酸素の分だけ，三角フラスコ内の気体の体積が減り，着色液が移動する。図７の装置では，二酸化炭素は水にとけにくいので，三角フラスコ内の気体の体積は，呼吸による酸素の吸収量だけ減り，二酸化炭素の放出量だけ増えることになる。よって，三角フラスコ内の気体の体積の増減(ガラス管内の着色液の移動量)は，呼吸による酸素の吸収量と二酸化炭素の放出量の差となる。

(キ)　図６の装置の結果から，呼吸による酸素の吸収量は５目盛り分だとわかる。また，図７の装置で，着色液が0.1目盛り左に移動したことから，酸素の吸収量の方が二酸化炭素の放出量より0.1目盛り分多かったことになる。よって，図６の装置においてしょうじた二酸化炭素の体積の量は，５－0.1＝4.9(目盛り)とわかる。

4　川のはたらきについての問題

(ア)　雨が降らないときでも，岩石や地層の間にしみこんでいた雨水が少しずつ流れ出すことで川ができる。また，森林の土の間のすき間に貯えられ，地下水となった水が地表に流れ出たものが集まることでも川ができる。

(イ)　大雨が降ると，川の水が増え，水の流れが速くなる。すると，川のはたらきのうちしん食作用と運ぱん作用が大きくなり，川底や川岸の粘土や砂などを大量に運ぶので，川の水が濁る。

(ウ)　川の上流では大きく，角ばった石が多い。この石は，下流へと運ばれる間に，ほかの石や川底などにぶつかって割れたり角がけずられたりするので，下流にある石ほど小さく丸みを帯びていく。

(エ)　あ　曲がって流れている川では，流れる速さは流れの外側が最も速く，内側では遅い。　い　曲がって流れている川の外側では流れが速いためにしん食作用がさかんで，川岸にはがけができ，川底は深くなることが多い。いっぽう，内側では流れが遅く，たい積作用がさかんなので，川原ができ，川底が浅くなる。　う　曲がって流れている川の外側では流れが速いために，小さな石は流され，川底にある石は大きなものが多い。

(オ)　まっすぐに流れる川では，真ん中ほど流れが速く，図３のように川底は深くなっている。そのため，Ｂの船が最初にゴールし，Ａの船とＣの船が同じくらいにゴールする。

(カ)　図４の曲線①から，流れの速さが少しずつ速くなったとき，最も先に動き出すのは砂とわかる。

(キ)　水の流れの速さが100cm/秒のとき，粘土，砂，小石のいずれも曲線②の速さを上回っているので，たい積せず，これらの粒は運ぱんされる。

(ク)　水の流れの速さが10cm/秒のとき，小石は曲線②を下回っているのでたい積する。いっぽう，粘土や砂はたい積する速さまで遅くなっていないので，運ぱんされ続ける。

(ケ)　水の流れの速さが0.1cm/秒のときでもたい積しないで運ぱんされ続けるのは，図４で0.1cm/秒の目盛り線が曲線②より上にある粘土とわかる。砂と小石は水の流れの速さが0.1cm/秒では，0.1 cm/秒の目盛り線が曲線②より下になるので，たい積する。

国語　＜第１回試験＞（50分）＜満点：150点＞

解答

一　**問１**　下記を参照のこと。　**問２**　４　**問３**　３　**問４**　４　**問５**　３，５　**問６**　⑤　Ｂ　⑥　Ａ　⑦　Ｂ　⑧　Ａ　**問７**　１　**問８**　⑴　（例）（私たちが他者に起こった出来事や行為に対して）要素に分解して理解しようとする（ことを心がける。）　⑵　（例）　表を見ると太郎さんは一貫性が低くて弁別性と合意性が高く，冬の国語の低い点数は難度などの外的な原因に帰属し，内的な要素の努力不足ではないから。　**二**　**問１**　ア，イ，オ　下記を参照のこと。　ウ　ぬぐ（った）　エ　こじ　**問２**　３　**問３**　１　**問４**　私が女だか　**問５**　４　**問６**　紅　**問７**　２　**問８**　（例）　女であることにしばられて，相手への思いやりを忘れていたこと。　**問９**　３　**問10**　⑴　銅色のアルミの大鍋　⑵　赤の他人が～食べている（べている。）

●漢字の書き取り

一　**問１**　ア　推測　イ　先行　ウ　提唱　エ　指標　オ　複雑　**二**　**問１**　ア　強要　イ　香典　オ　極意

解説

一　**出典：村山綾『「心のクセ」に気づくには　社会心理学から考える』**。身近に起きたことがらの原因を知ろうとするとき，間違った認識を防ぐための論理的な考え方について，筆者は説明している。

問１　**ア**　何らかの事実をもとに予測したり判断したりすること。　**イ**　先に行われること。　**ウ**　意見や主張などを人々に説くこと。　**エ**　判断したり評価したりするさいに基準となる目印。　**オ**　こみ入っているようす。簡単ではないようす。

問２　「私たち」には，「ある出来事のずっと前の，遠い原因を突き止めてやろうという意気込みはあまり」ないと述べられている。よって，“思いもかけない遠いところに影響が現れる”という意味の，「風が吹けば桶屋がもうかる」が入る。なお，「目からうろこが落ちる」は，“それまで気づかなかったことが何かをきっかけにしてわかる”という意味。「ちりも積もれば山となる」は，“小さなことも積み重なれば大きくなる”という意味。「船頭多くして船山にのぼる」は，“指図する人が多過ぎると方針がまとまらずとんでもない方向にものごとが進んでいく”という意味。

問３　「ある出来事のずっと前の，遠い原因を突き止め」ようとはしない人々も，手近な「『もっともらしい原因』については知りたい気持ち」があると筆者は指摘している。そのうえで，「ある出来事が起こった原因について，深く考える余裕はないけれど，なぜそれが起こったのかは自分なりに理解しておきたい」という特徴を人々が持つと説明し直している。よって，３が選べる。

問４　②「帰属」の意味を取りあげた後で，筆者は「原因帰属」をわかりやすく説明している。よって，前のことがらを理由・原因として，後にその結果をつなげるときに用いる「したがって」「だから」か，“要するに”とまとめて言いかえるときに用いる「つまり」があてはまる。　③筆者は「内的帰属」の例をあげた後，「外的帰属」の例を続けているので，前のことがらを受け，それに反する内容を述べるときに用いる「ところが」か，前のことがらを受けて，さらにつけ加える意味を表す「そして」が入る。　④「自分にとってうまく行った出来事」か「うまく行かなかった出来事」のいずれかの原因を思い出してみるよう，筆者は読者にうながしているので，複数のものから選び出すときに用いる「もしくは」が合う。

問５　出来事や行為の原因が自分にあるとする形の帰属を「内的帰属」，原因を自分の外，つまり自らを取り囲む「環境」にあるとする形の帰属を「外的帰属」というのだと筆者が述べている点をおさえる。　１「友だちに紹介」された本が「高得点」につながったのだから，「外的帰属」にあたる。　２　偶然「優勝候補」と「一回戦」であたってしまったために「二回戦に進めなかった」というのは，自分の力ではどうにもならないことである。よって，「外的帰属」だといえる。　３「幼いころから背が高」かったうえ，「毎日練習を積み重ねていた」ために，「秋男さん」は「有名なプロバスケットボールの選手に」なっている。つまりその結果は，彼が「もともと持っている性質」と日々の努力によって達成されたものなので，「内的帰属」である。　４「雷」という環境要因によって，「冬太さん」は飛行機に乗れず，「大事な取引先との会議に出席できなかった」のだから，「外的帰属」になる。　５「集中力」の「欠如」という自分自身の問題で，「年雄」は「図画工作の宿題を忘れてしまった」のだから，「内的帰属」にあたる。

問６　⑤「出来事」，つまり自分や他者の身に起きた「何か」は，「たまたま，偶然，自分の予想と反した状況で起こること」もあると筆者は述べている。よって，「『出来事』の原因帰属には，外的な要因の効果が一定以上見込まれる可能性が高い」といえる。　⑥「行為」は，自身が「意識的に身体を動かすことでなされるもの」だから，その「原因帰属」は「行為者の内的な要因」によるものが大きい。　⑦緊張などの「反応」は，「何かによって引き起こされる」ものなので，そこには「外的な要因の影響」がある程度見込まれるといえる。　⑧⑥でみたように，原因帰属において「行為」は，「出来事」や「反応」と比べ「内的要因の影響力が強くなる可能性が高い」といえる。

問７　「共変動理論」とは，「出来事」「行為」「反応」について，「一貫性」「弁別性」「合意性」という三つの側面(要素)から分析を進め，「帰属のされかた」(「内的帰属」／「外的帰属」)を定めようとするものである。「あなたの友人のあおいさんが数学のテストで悪い点数をとった」ということを例に，その三つの要素の高低が「どのような組み合わせになったらどのような帰属が行われる」のか，さまざまなパターンを示しつつ，最後の段落で筆者は「普段なにげなく行っている原因帰属」も，要素ごとに分解・理解していくと「新しい発見がある」とまとめている。よって，１がふさわしい。

問８　⑴「観察した誰かの行為」は，「いつも見られるもの」か(一貫性)，「他の対象に対しても同じような行為が見られ」るか(弁別性)，「その人だけがそれを」するか(合意性)，といったように，「一見複雑に見える事象を要素に分解して理解しようとする考え方に慣れて」おくことで，「誤った原因帰属」を防げるかもしれないと筆者は主張している。よって，「要素に分解して理解しようとする」がぬき出せる。少し前で述べられた，「要素ごとに分解，理解していく」でもよい。

⑵ 「誤った原因帰属」となることを防ぐため，⑴で取りあげた三つの要素に分解して検討する。「太郎さん」の国語の点数は(夏)90点に対し(冬)50点となっている(一貫性低)一方，算数は(夏)80点，(冬)85点といずれも高得点である(弁別性高)。また「次郎さん」や「三郎さん」も，「クラス平均」の低さからわかるとおり，国語の試験においては(冬)のみ「太郎さん」と同様に著しく点数が低い(合意性高)。一貫性が低く，弁別性・合意性が高いので，内的な要素(努力不足や能力不足など)ではなく，外的な要素(テスト問題の難度が高い・問題数が多すぎるなど)に帰属するとわかる。これをふまえ，「太郎さんの得点は一貫性が低く，弁別性と合意性が高いので，得点が低い原因は問題が難しいなど外的なもので，努力不足という内的な要素ではないから」のようにまとめる。

二 出典：原田ひ香『まずはこれ食べて』。友人の起業した会社で，今は給与計算などをしている胡雪は，仕事場で雇った家政婦の筧につっけんどんな態度をとってしまう。

問１　ア　無理にさせること。　**イ**　葬儀や法要のさいに供える金銭。「香典返し」は，香典に対する返礼品。　**ウ**　音読みは「ショク」で，「払拭」などの熟語がある。　**エ**　誇らしげに示すこと。得意になって見せつけること。　**オ**　学問や技芸などで最も奥深い境地。

問２　友だちが起業するという話の流れで「なんとなくふらふらと付いてきて」，「就職活動から逃げた」胡雪は，学生時代の仲間たちが「ぐらんま」(起業した会社の名前)で「覚悟」を持って仕事に取り組んでいるなか，一人，「給料の計算」をしている。「男女は同権」と思っていながら(「女だから」こうすべきだということを嫌悪していながら)，結局はこの会社で「紅一点」の環境に甘えつつ経理の仕事をこなしているという，中途半端な立ち位置の自分と比べ，同じ女でありながら家事のプロとして働く筧の姿に，胡雪は劣等感や焦り，排他的な気分がより刺激されて「機嫌が悪」くなり，それが表情に出たものと想像できるので，３が選べる。

問３　「皆の夕食と夜食の用意」について説明していたなか，胡雪から「……それ，私がやるんですか？」と思わぬ不意打ちを食らい，筧はあっけにとられたものと推測できる。よって，１が選べる。

問４　問２でみたように，「男女は同権の世界」で生きてきた胡雪は，「女」としての役割を求められることを嫌悪している。帰る前，「皆の夕食と夜食」について「誰かに言付け」ようとして声をかけただけなのに，そうした感覚を持った胡雪から過敏な反応を示された筧は，予想外のことに驚きつつもとっさに謝ったのだから，筧は，胡雪の言った「私が女だから，皆の夕食と夜食の用意をしなくちゃならないってことなんですか？」という言葉を否定したものと考えられる。

問５　部屋にいたほかの人に比べ「殺気」や「覚悟」が感じられなかったから声をかけたと筧に言われた胡雪は，「そんなこと，言われなくても自分が一番わかっている」と思い，涙している。友だちの起業を聞いて，「なんとなくふらふらと付いて」きた自分，「男たちの間に，女が一人」という環境を続けたくて今までやってきただけの情けない自分を筧から的確に指摘されたように思え，何も言えなくなったのだから，４が合う。

問６　「男たちの間に，女が一人」なのだから，「『紅一点』の環境」とするのがよい。なお，「紅一点」は，漢詩「万緑叢中紅一点(一面の緑の葉の中に，紅のザクロの花が一輪咲いている)」に由来する。

問７　母と姉がつくる「砂糖とバターを贅沢にいっぱい使」ったケーキを，胡雪が「恵まれた立場を誇示するかのようなお菓子作りだ」と批判的に思い，今食べているデザートについては「台風で落ちたリンゴをただ焼いただけ」でも「十分，甘くて優しい」と肯定的に受け入れていることに着目する。問２～問５で検討してきたように，友人たちへの甘え，仕事への「覚悟」のなさといった自分の情けない部分を自覚していながら，どうすることもできずにいた胡雪を，素朴な「優しい」甘さのデザートがいやしてくれたのだから，２がよい。

問８　これまでみてきたとおり，「紅一点」の立場に甘え，「女」としての仕事も「男」と対等の仕事もできていないという引け目の中で，胡雪はもがいていた。そんな精神状態で筧に八つあたりをした胡雪は，筧のつくったデザートでいやされ，筧から「男の役割とか女の立場とか～気にしなくてもいい」とさとされている。ぼう線６は，男とか女とかにかかわらず料理で喜んでもらいたいという筧の気持ちが胡雪に伝わり，ふに落ちたようすである。筧と自分の違いをおさえ，「筧の料理とは逆に，女である自分にしばられてきた視野のせまさ」，「男とか女とか気にせず，筧の料理のように相手を思いやる大切さ」のようにまとめる。

問９　筧は「男の役割とか女の立場とか～気にしなくてもいい」と言っているが，「女であることに寄りかかったっていい」とは言っていないので，３が誤り。

問10　⑴「使いものになるのかわからない」ものの，「必要なときに良い働きをする」「見た目の悪いリンゴ」と似たような働きをしているのは，「銅色のアルミの大鍋」だといえる。高かった土鍋の代わりに買ったこのアルミ鍋は，安価で今は「ところどころぼこぼこにへこんでしまっている」が，鍋料理はもちろんのこと，そうめんや，タケノコを茹でるなど，「何度使ったかしれない」ものである。　⑵　最後の場面で，このところ「ぎくしゃくしていた」「ぐらんま」の仲間たちが，家政婦の筧が来たことで温かい関係になったようすが描かれている。よって，「赤の他人が一人来て数時間いてくれただけで，家族みたいにご飯を食べている」という部分がぬき出せる。赤の他人の筧が「一さじの砂糖」，「ぐらんま」のメンバーたちが「カレー」，「家族みたい」になごやかになったのが「丸み」に重なっている。

2024年度 中央大学附属横浜中学校

【算　数】〈第２回試験〉(50分)〈満点：150点〉

(注意事項　計算機，定規，分度器，コンパス等は一切使用してはいけません。)

1 次の□にあてはまる数を求めなさい。解答用紙には答えだけを記入しなさい。

(1)　$3 \div 5 \times 2 - 6 \div (2 \times 5) \div (3 \div 2) = \square$

(2)　$2 - 1\frac{7}{12} - 3\frac{2}{3} \times 23 \div 2024 = \square$

(3)　$5 \times 8 \div 3 + \left(2 \div \frac{3}{4}\right) \div \square = 19$

(4)　時速 36 km で走る長さ 140 m の列車と，時速□km で走る長さ 160 m の列車がすれちがうのに 12 秒かかります。

(5)　太郎さんは□円持っています。1個 150 円のりんごを何個か買うと 70 円余り，りんごのかわりに 1 個 180 円のなしを同じ個数買おうとすると 260 円足りません。

(6)　□本の鉛筆を，A さんと B さんと C さんに 3:4:5 の比で配ったところ，6 本余りました。余った鉛筆すべてを A さんがもらうと，A さんと C さんの鉛筆の本数は同じになりました。

(7)　7 個のあめを A さん，B さん，C さん，D さんの 4 人で分けます。1 個ももらえない人はいないものとすると，分け方は全部で□通りあります。

(8)　図のような 2 種類のおうぎ形のタイル A，B がどちらもたくさんあります。これらを組み合わせて半径 10 cm の円を作るためには，A のタイルを□枚使います。

A
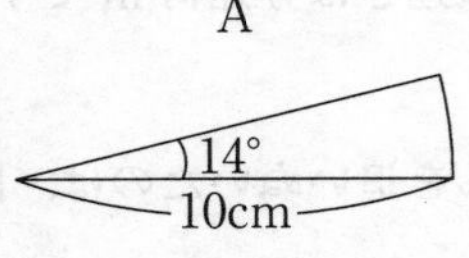

B
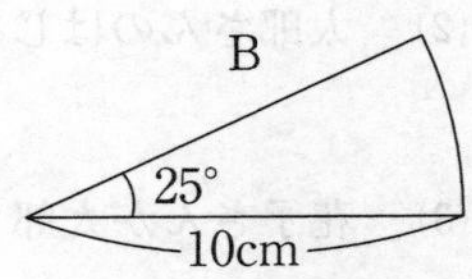

⑼　図のように長方形ABCDの中で対角線と２本の直線が１つの点で交わっています。かげのついた長方形の面積は□ cm^2 です。

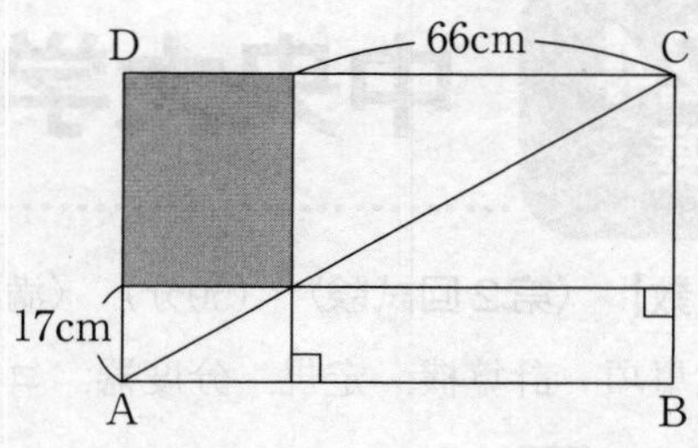

⑽　図のように正九角形の２本の対角線が交わっています。角xの大きさは□度です。

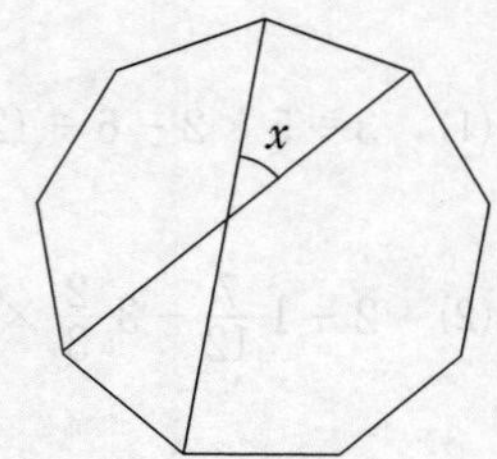

２　花子さんと太郎さんが駅から4800 m 離（はな）れた図書館まで同じ道を歩いていきます。２人は駅を同時に出発し，それぞれ一定の速さで歩き始めました。花子さんは出発してから36分後に駅から1800 m 離れたＡ地点に着き，そこからはじめの速さの1.2倍で歩きました。太郎さんは，駅から2700 m 離れたＢ地点から，はじめの速さの0.7倍で歩きました。花子さんは，Ａ地点から図書館までの間で，太郎さんを追いぬいて先に図書館に着きました。また，太郎さんは出発してから１時間35分後に図書館に着きました。

このとき，次の問いに答えなさい。

⑴　花子さんのはじめの速さは分速何ｍですか。

⑵　太郎さんのはじめの速さは分速何ｍですか。

⑶　花子さんが太郎さんを追いぬいたのは，図書館から何ｍ離れた地点ですか。

3 図のように，１辺が８cm と 10 cm の２つの立方体がつながった形の容器が水平な床(ゆか)に置いてあります。この容器に，水面が床から６cm の高さになるまで水を入れました。

このとき，次の問いに答えなさい。

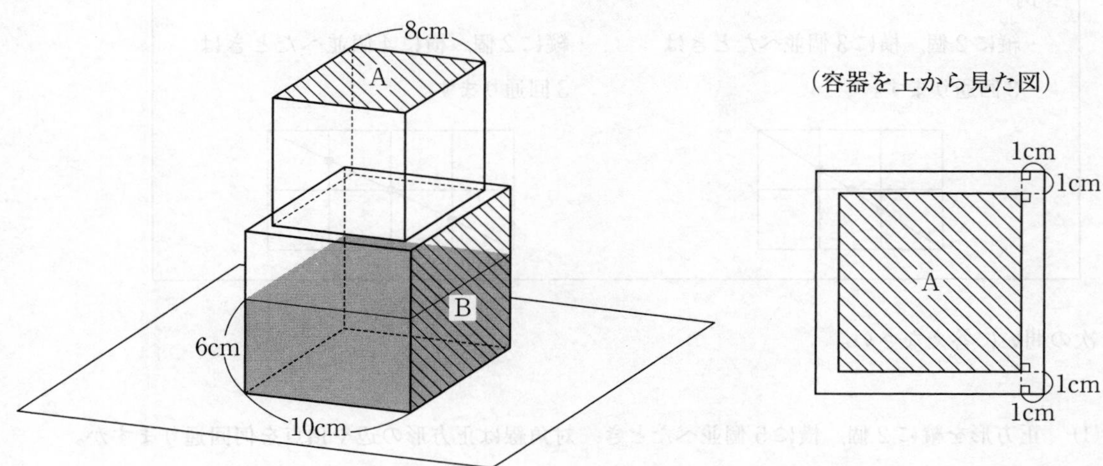

(1) 水がもれないようにふたをして，面Ａ全体が床につくように容器をひっくり返しました。このとき，水面は床から何 cm の高さにありますか。

(2) 水がもれないようにふたをして，面Ｂ全体が床につくように容器をたおしました。このとき，水面は床から何 cm の高さにありますか。

(3) 容器の中に１辺が５cm の立方体のおもりを入れてから，水がもれないようにふたをして，面Ｂ全体が床につくように容器をたおしました。このとき，水面は床から何 cm の高さにありますか。ただし，おもりの１つの面は面Ｂにぴったりくっついているものとします。

4 同じ大きさの正方形を長方形の形になるように並べます。このとき，長方形の１本の対角線が正方形の辺や頂点を何回通るかを調べます。ただし，対角線の両はしは回数に入れません。

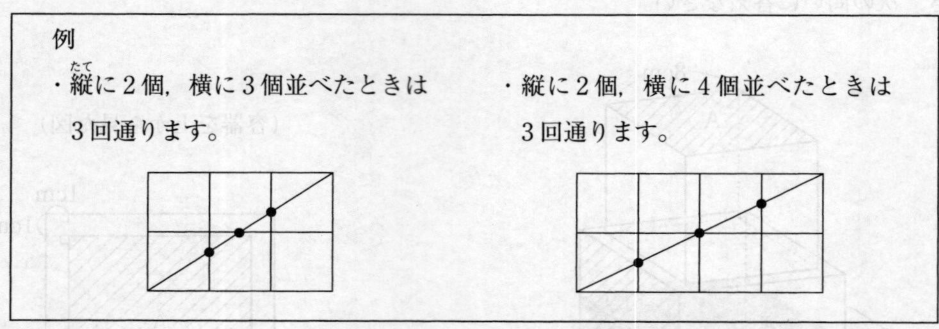

例
・縦に２個，横に３個並べたときは
３回通ります。
・縦に２個，横に４個並べたときは
３回通ります。

次の問いに答えなさい。

(1)　正方形を縦に２個，横に５個並べたとき，対角線は正方形の辺や頂点を何回通りますか。

(2)　正方形を縦に８個，横に12個並べたとき，対角線は正方形の辺や頂点を何回通りますか。

(3)　正方形を縦に６個，横にいくつか並べたとき，対角線が正方形の辺や頂点を35回通りました。このとき，正方形は横に何個並んでいますか。考えられる個数をすべて答えなさい。

【社　会】〈第２回試験〉（35分）〈満点：100点〉

1　アオイさんは岐阜県のスーパーマーケットで働いています。このことについて，以下の問いに答えなさい。

問１　アオイさんが働いているスーパーマーケットでは，毎月１日に広報誌が発行されています。そこに書かれていた次の文を読んで，あとの問いに答えなさい。

> 岐阜県は７つの県に囲まれた内陸県であり，北部と南部の高度差が大きいことが特徴(とくちょう)です。北部には3000 mを超(こ)える山脈や山地があり，［　1　］の合掌造り集落は1995年に富山県の五箇山とともに世界遺産に登録されました。南部には［　2　］平野があり，この平野を流れる大きな３つの川のうち県外に源流があり県境をこえて流れてきている河川は［　3　］川です。

(1)　文中の［　1　］～［　3　］にあてはまる地名をそれぞれ答えなさい。

(2)　次の雨温図は，岐阜県と県境を接(せっ)している県の県庁所在地の名古屋市と，県境を接していない県の県庁所在地の盛岡市，宮崎市，那覇市のいずれかのものです。名古屋市の雨温図を，次の１～４から１つ選び，番号で答えなさい。

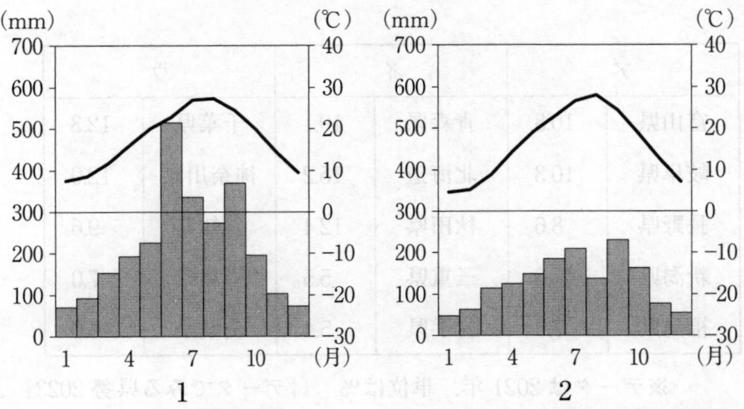

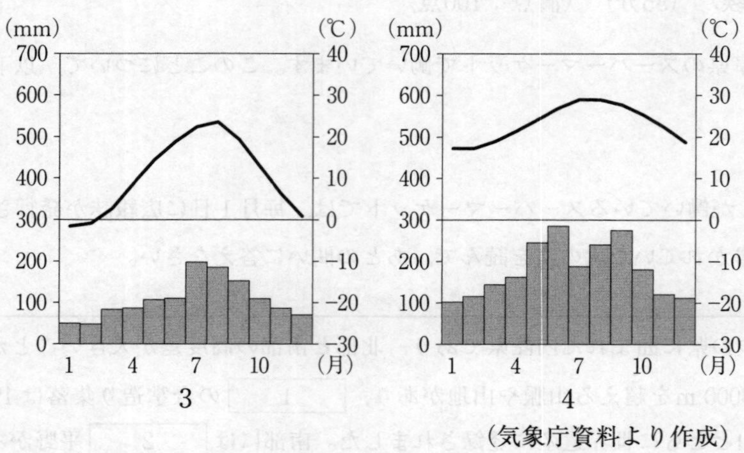

（気象庁資料より作成）

問２　アオイさんはスーパーマーケットの閉店後，切れていた照明を取り替えました。私たちの生活に電気は欠かせないものになっています。次の表は，日本国内の主な発電方式のうち，水力，火力＊，風力の発電量の多い都道府県上位５つをまとめたものです。ア～ウと発電方式の組み合わせとして正しいものを，あとの１～６から１つ選び，番号で答えなさい。

＊火力には，バイオマスおよび廃棄物による発電も含まれている。

ア		イ		ウ	
富山県	10.8	青森県	19.1	千葉県	12.3
岐阜県	10.3	北海道	15.2	神奈川県	12.0
長野県	8.6	秋田県	12.4	愛知県	9.6
新潟県	8.6	三重県	5.5	福島県	7.0
福島県	7.5	岩手県	5.4	茨城県	6.0

※データは2021年，単位は％　（『データでみる県勢2023』より作成）

	1	2	3	4	5	6
ア	水力	水力	火力	火力	風力	風力
イ	火力	風力	水力	風力	水力	火力
ウ	風力	火力	風力	水力	火力	水力

問３　正月には日本全国でお雑煮を食べる家庭が多く見られますが，岐阜県ではお雑煮に豆腐を入れる地域があり，アオイさんのスーパーマーケットでも十数種類の豆腐を販売しました。次の図は，豆腐の原料となる大豆の日本の輸入相手国と日本国内の生産地を示したものです。ＡとＢにあてはまる国名と道県名の組み合わせとして正しいものを，あとの１～４から１つ選び，番号で答えなさい。

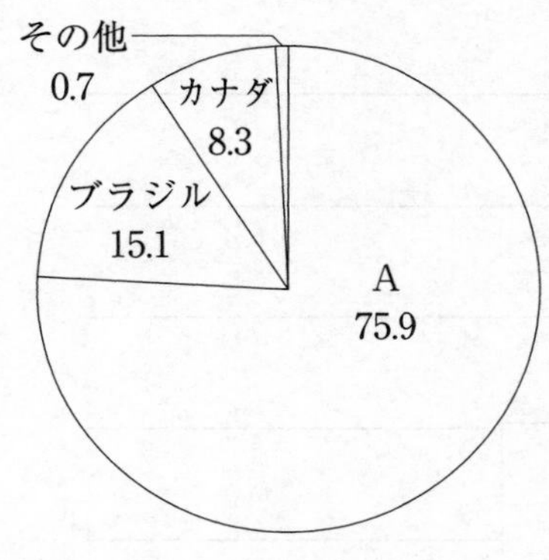

大豆の輸入相手国（2021 年）　327.1 万 t

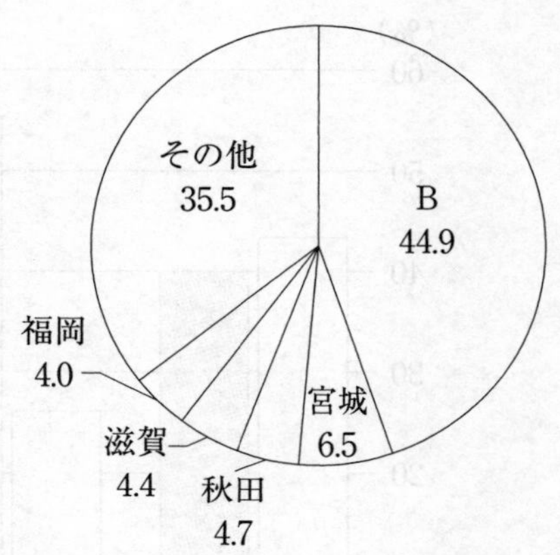

大豆の生産地（2022 年）　24.2 万 t

※単位は％　（『日本国勢図会 2023/24』より作成）

１．Ａ　オーストラリア　Ｂ　北海道　　２．Ａ　オーストラリア　Ｂ　長野
３．Ａ　アメリカ合衆国　Ｂ　北海道　　４．Ａ　アメリカ合衆国　Ｂ　長野

問４　端午（たんご）の節句にはスーパーマーケットでちまきを販売しますが，家でつくる人のために新潟県産のもち米もいつもより多く仕入れています。流通に興味を持ったアオイさんは，国内の輸送手段について調べてみました。次の図は，1965年と2021年の国内の貨物輸送（モノの輸送）における船舶（せんぱく），鉄道，自動車，航空機の占める割合を示したものです。Ａ～Ｃと各交通機関の正しい組み合わせを，あとの１～６から１つ選び，番号で答えなさい。

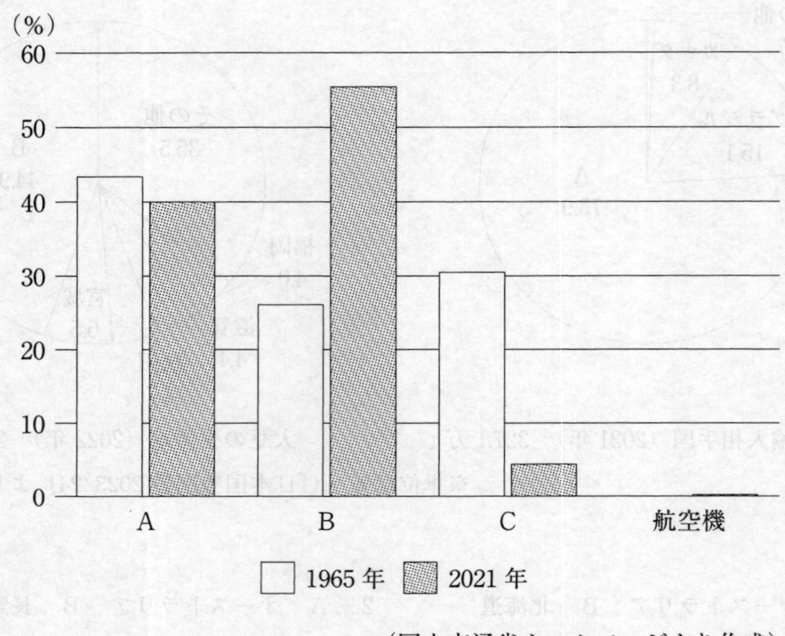

（国土交通省ホームページより作成）

	1	2	3	4	5	6
A	船舶	船舶	鉄道	鉄道	自動車	自動車
B	鉄道	自動車	船舶	自動車	船舶	鉄道
C	自動車	鉄道	自動車	船舶	鉄道	船舶

問5　アオイさんはスーパーマーケットでは岐阜県以外でつくられた商品を多く扱っていることに気がつき，各都道府県ではどのようなものがつくられているのかを調べてみました。

次の図は群馬県，大阪府，山口県の製造品出荷額とその内訳の割合について示したものです。次のア～ウと府県名の正しい組み合わせを，あとの１～６から１つ選び，番号で答えなさい。

ア（17.2 兆円）	金属製品 9.6	化学 9.6	輸送用機械 9.1	生産用機械 9.0	鉄鋼 8.5	その他 54.2

イ（6.6 兆円）	化学 30.1	輸送用機械 18.0	石油・石炭製品 14.5	鉄鋼 9.4	生産用機械 3.7	その他 24.3

ウ（9.1 兆円）	輸送用機械 37.0	食料品 9.4	化学 8.6	プラスチック製品 6.1	金属製品 5.2	その他 33.7

※データは2019年，単位は％　（『データでみる県勢2023』より作成）

	1	2	3	4	5	6
ア	群馬県	群馬県	大阪府	大阪府	山口県	山口県
イ	大阪府	山口県	群馬県	山口県	群馬県	大阪府
ウ	山口県	大阪府	山口県	群馬県	大阪府	群馬県

問６　スーパーマーケットでは土用の丑の日にはウナギをいつもより多く販売するため，アオイさんは前日に陳列棚を整理しました。最近はパックにつけられた二次元バーコードにスマートフォンをかざして読み取ると，ウナギの産地を知ることができるものもあります。日常生活の中で欠かせなくなっている情報に関連して説明した文のうち，正しいものを次の１～４から１つ選び，番号で答えなさい。

１．テレビやインターネットのニュースは早く伝えることが重要なため，情報が報道機関などに提供されると，内容の正誤にかかわらずすぐに公開する。
２．商品を買うときにバーコードを読み取ることでどの商品がいつ売れたかわかるが，情報管理を徹底するためにスーパーマーケットのチェーン店でも共有することはなく，販売店舗のみの情報になっている。
３．バスの現在位置がわかるシステムを導入することによって，バス停にバスが何分後に到着するのか表示され，運行状況を知ることができる。
４．ＳＮＳ（ソーシャル・ネットワーキング・サービス）は安全上の問題があることから日本国内では個人の利用にとどまり，企業では活用されていない。

問７　アオイさんの働くスーパーマーケットでは，お盆の時期はナスやキュウリでつくった牛や馬を野菜コーナーに飾っています。こうした日本の風習や地域について，アオイさんは外国人旅行者からよく質問を受けます。

(1)　次の文は，今までにアオイさんが外国人旅行者から受けたさまざまな質問に対して返答した内容です。アオイさんが返答した文のうち，誤っているものを，次の１～４から１つ選び，番号で答えなさい。

１．い草は日本の建物の特徴の１つの「たたみ」の原料です。国内では多くが熊本県で生産されています。
２．「大館曲げわっぱ」はお弁当箱に利用されていて海外でも人気があります。秋田すぎを使った伝統工芸品の１つです。
３．広島県の厳島神社は世界遺産に登録されています。潮が引いているときは鳥居まで歩いていくことができます。
４．兵庫県のポートアイランドや神戸空港は，埋立地の上につくられています。これは浅い海を堤防で仕切りをして水を抜き，干あげてつくったものです。

(2)　外国人旅行者の宿泊(しゅくはく)だけでなく，国内に住んでいる人の国内旅行の宿泊も増えてきたと感じたアオイさんは，どんな目的で各都道府県に宿泊をしたのか調べてみました。次の図は東京都，長野県，岐阜県，滋賀県のいずれかに出張・業務目的と観光・レクリエーション目的で宿泊した人の人数を比較(ひかく)したものです。Ａ～Ｃと都県名の組み合わせが正しいものを，あとの１～６から１つ選び，番号で答えなさい。

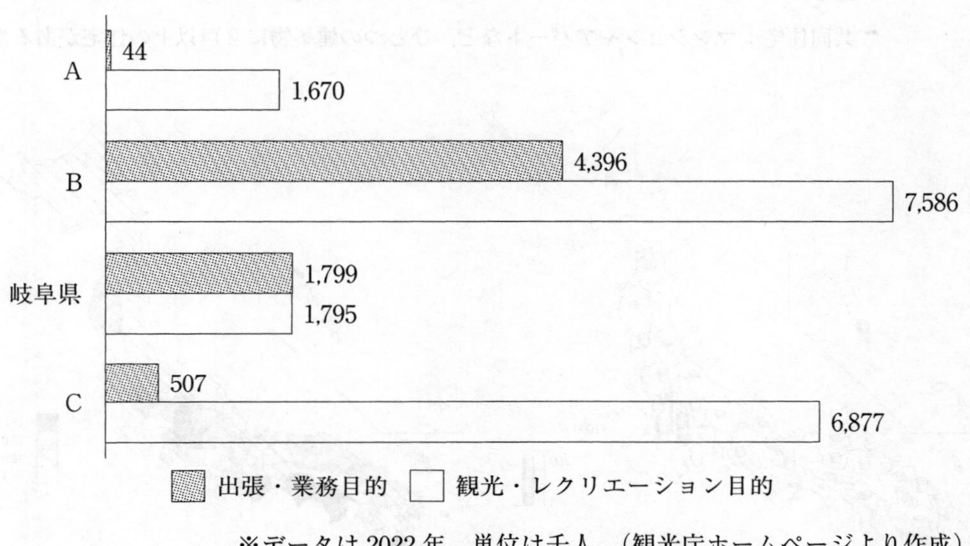

※データは 2022 年，単位は千人　(観光庁ホームページより作成)

	1	2	3	4	5	6
A	長野県	長野県	東京都	東京都	滋賀県	滋賀県
B	東京都	滋賀県	長野県	滋賀県	長野県	東京都
C	滋賀県	東京都	滋賀県	長野県	東京都	長野県

問８　スーパーマーケットでは中秋の名月にお団子の特売をするため，アオイさんは宣伝のポスターを貼(は)りに町内に出かけると，空き家＊がいくつかあるのに気がつきました。日本全国には，多くの空き家が存在します。次の図は，総住宅数の増加数，空き家率，住宅に占める共同住宅＊＊の割合を示したものです。この図から読み取れることについて誤っているものを，あとの１～４から１つ選び，番号で答えなさい。

＊ 空き家：１年以上だれも住んでいない，または使用されていない建物。

＊＊ 共同住宅：マンションやアパートなど，ひとつの建築物に２戸以上の住宅があるもの。

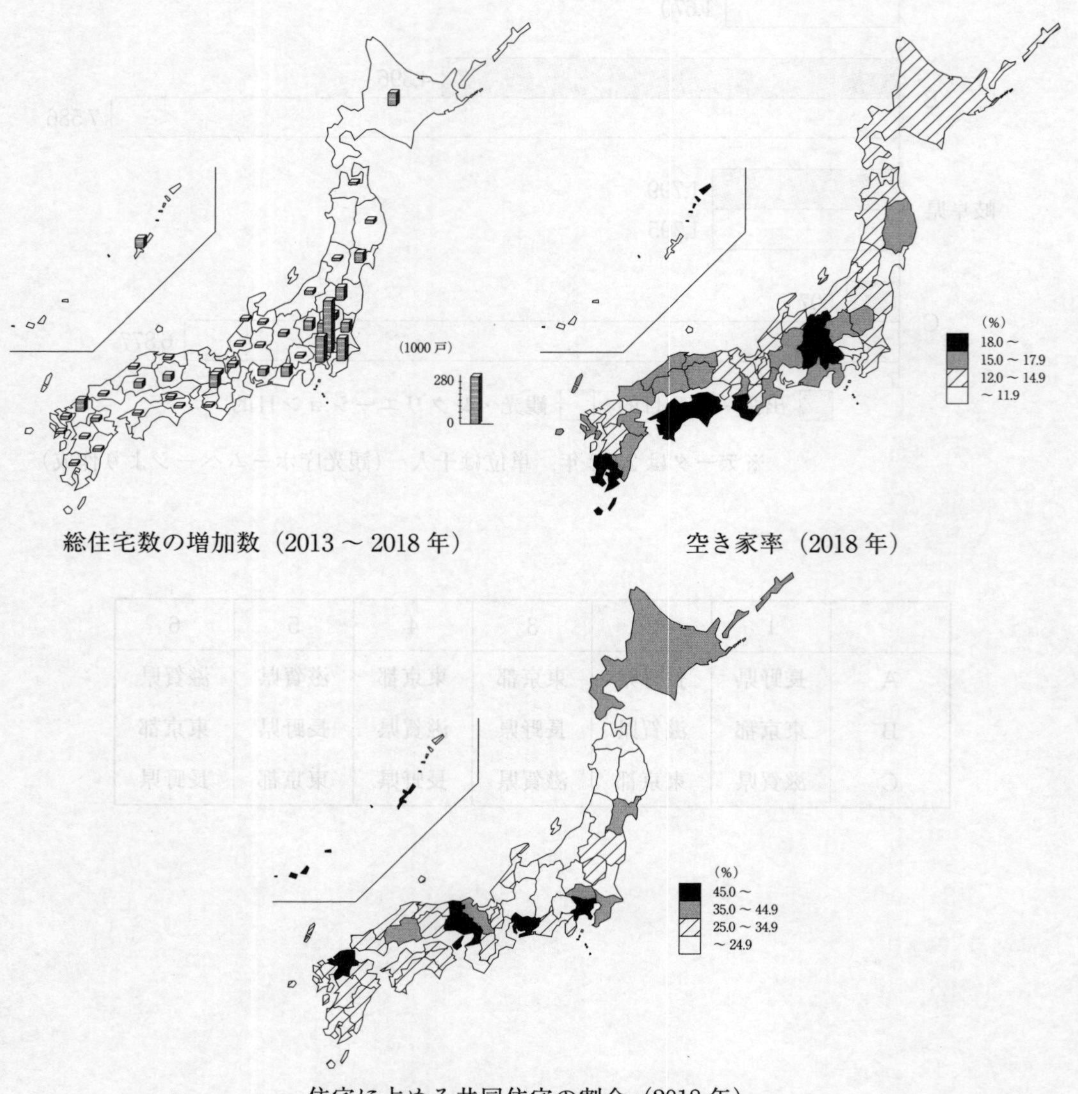

総住宅数の増加数（2013 ～ 2018 年）

空き家率（2018 年）

住宅に占める共同住宅の割合（2018 年）

（総務省統計局ホームページより作成）

1．東京都・愛知県・大阪府では，住宅に占める共同住宅の割合は全て45％以上で，空き家率が12％以上の都府県がある。

2．沖縄県を除いた九州地方の総住宅数の増加数と住宅に占める共同住宅の割合を見ると，両方とも九州地方では福岡県が一番大きい数値になっている。

3．東北地方は全県で住宅に占める共同住宅の割合は25％未満で，空き家率が18％以上の県はない。

4．山梨県と長野県の住宅に占める共同住宅の割合は低く，空き家率は18％以上である。

問９　冬至に備えてアオイさんはカボチャの入荷注文を入力していると，産地が月によって大きく異なることに気がつきました。次の図は，東京都大田市場におけるカボチャの産地別入荷状況です。メキシコ産のカボチャは１年を通じて入荷されているのに対して，北海道産のカボチャとニュージーランド産のカボチャの入荷月は限定されています。なぜ北海道産のカボチャとニュージーランド産のカボチャの入荷月は違う(ちが)のか，あとの地図を参考にして説明しなさい。

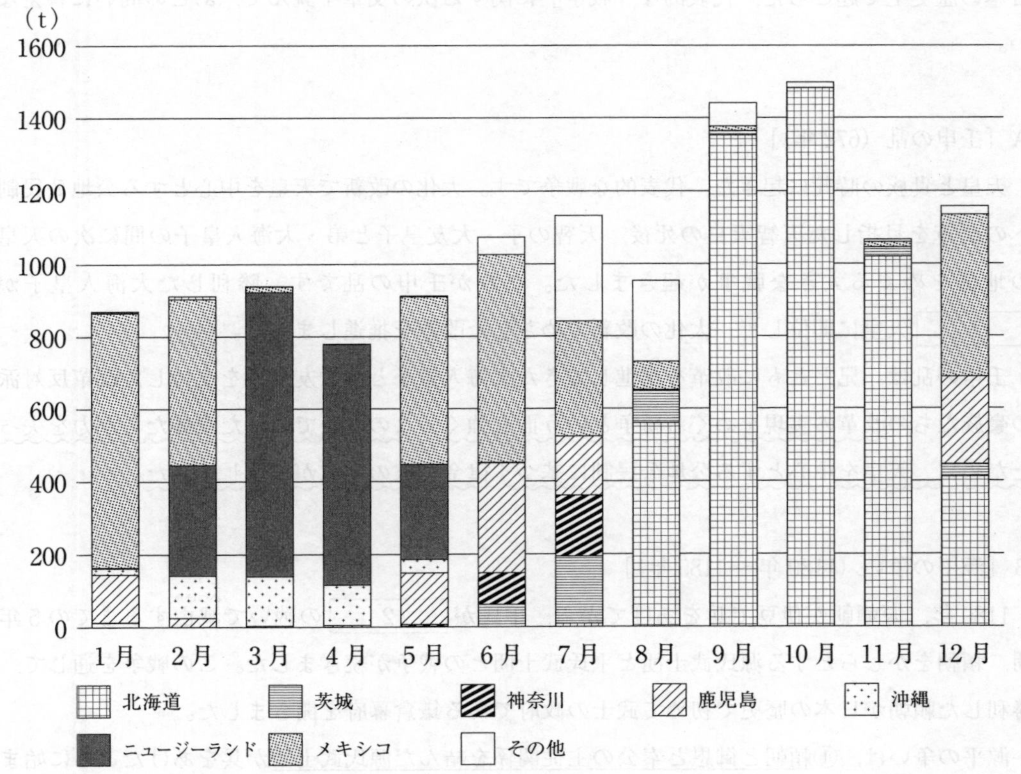

※データは2022年　(東京都中央卸売市場ホームページより作成)

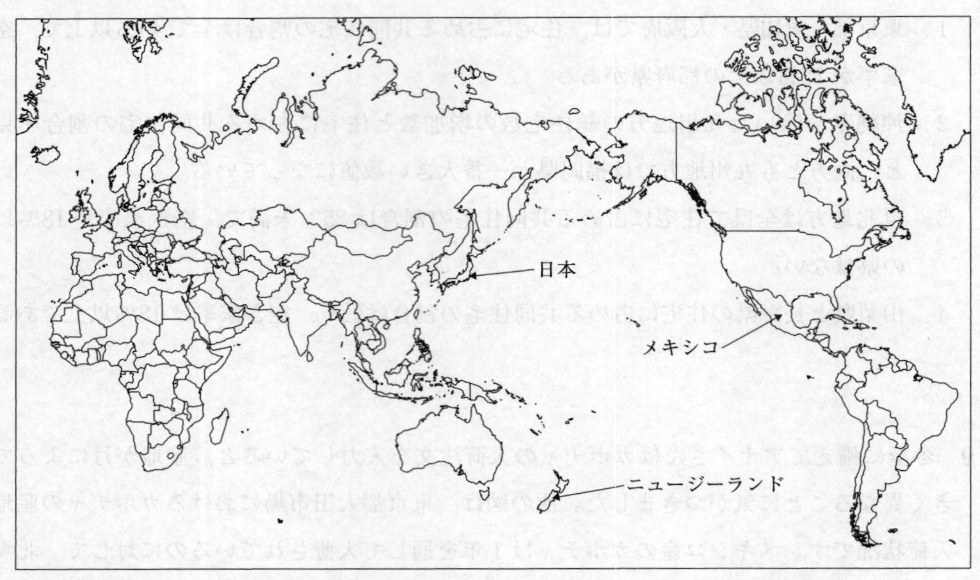

2 日本の歴史上で起こった，代表的な「戦争」に関する次の文章を読んで，あとの問いに答えなさい。

A［壬申の乱（672年）］

天皇と貴族の時代に起きた，代表的な戦争です。大化の改新で天皇を中心とする公地公民制への改革を目指した天智天皇の死後，天智の子・大友皇子と弟・大海人皇子の間に次の天皇の地位をめぐる大きな戦争が起きました。これが壬申の乱です。勝利した大海人皇子が［ 1 ］天皇に即位(そくい)して，大化の改新でめざした改革を推進しました。

壬申の乱は，兄とともに改革を推進してきた大海人皇子と，大友皇子を支持した改革反対派の豪族たちの改革の実現をめぐる紛争(ふんそう)という面も強く，この戦争で敗れた豪族たちが力を失ったために，天皇を中心とする公地公民制に基づく律令国家の完成が実現しました。

B［源平の争い（1180年～1185年）］

1180年，源頼朝が伊豆で兵をあげてから，平氏が［ 2 ］の戦いで滅亡(めつぼう)するまでの5年間，頼朝をかしらとする源氏武士団と平氏武士団との戦争が続きました。この戦争を通じて，勝利した頼朝が日本の歴史で初めて武士の政府である鎌倉幕府を開きました。

源平の争いは，①頼朝と御恩と奉公の主従関係を結んだ源氏武士団が兵をあげたことに始まりますが，実際はこの戦争は朝廷に対する反乱でした。当時，朝廷には国家としての軍事力がなかったので，平氏武士団に命じて反乱を鎮圧しようとしたために，源氏と平氏の戦いとなりました。しかし，平氏が不利になったのを見た朝廷は，逆に頼朝に平氏を倒すことを命令したため，長期の戦争となりました。戦争の期間に，頼朝は関東地方を占領し朝廷とは別の政府である鎌倉幕府を開いて，武士たちの団結を深めました。頼朝と源氏武士団は，源平の争いと勝利を通じて，武士による武士のための武家政権を樹立しました。

Ｃ［応仁の乱（1467年～1477年）］

室町幕府の８代将軍足利義政の後継ぎ争いがきっかけとなり，次の将軍をめぐって有力な家臣たちが二つに分かれて10年に及ぶ戦争となりました。この乱の背景は，そもそも室町幕府や将軍の力が衰えていたため家臣たちがまとまらなくなり，自分たちにとって都合のよい将軍を立てようとしたことがありました。

長期の戦争で京都は荒れ果て，勝敗の決着はつかないまま次の将軍が決められたため，室町幕府は②日本の社会全体を安定させる政府としての役割を失いました。将軍の命令に従わないでみずからの実力で政治を行おうとする［３］が出現して，100年に及ぶ戦乱の時代となりました。彼らは支配地を安定させるために，Ｘ家臣である武士の土地や財産を保証することで，土地をめぐる争いをなくそうとしました。また，Ｙ万が一家臣どうしで対立したときは，裁判を通じて解決することで支配地内での紛争を防ごうとしました。Ｚそのために自分の支配地にだけ通用する法律を制定するものも現れました。この戦乱を通じて，強い支配者が新しい秩序を作ることになりました。

Ｄ［関ヶ原の戦い（1600年）］

豊臣秀吉の死後，誰が豊臣政権を引き継ぐかをめぐる紛争が起きて，大名を二分する「天下分け目」の戦いとなりました。これが関ヶ原の戦いです。東西両軍合わせて20万人ともいわれる軍勢が戦った，戦乱の時代に終わりを告げる戦争となりました。

勝利した徳川家康は，江戸幕府を開き長く続いた戦乱の時代を終結させました。戦いの結果，家康や古くからその家臣であった［４］大名などは，たくさんの領地や都市を獲得しました。そのため徳川氏は，軍事的・経済的に他の大名たちが逆らえない実力を持つことになりました。また，アジアの国々と安定した関係をめざすなど，戦乱の時代を終わらせようとする姿勢も，大名からの支持を得たようです。関ヶ原の戦いの勝利で，他の大名より強力な実力を持った徳川氏が作り上げた秩序により，江戸幕府は以後200年以上にわたり戦争のない平和で安定した時代を実現しました。

Ｅ［日清戦争（1894年～1895年）・日露戦争（1904年～1905年）］

明治政府は，不平等条約を改正して欧米諸国にならぶ近代国家の樹立をめざしました。外国との関係では，清に従属していた朝鮮に勢力を拡大しようとしました。そのため，朝鮮に対する主導権をめぐる日清間の紛争・対立が深まりました。これが日清戦争の背景であり，③戦後下関で締結された条約では，勝利した日本の主張どおり，日本の朝鮮に対する主導権を清に認めさせて，戦争により日清間の紛争を解決しました。

しかしその結果，朝鮮と満州に勢力を広げようとしていたロシアが日本に圧力をかけてきたので，次は日本とロシアの間にあらたな紛争が生まれました。この勢力争いが原因となって，日本はヨーロッパの大国ロシアと日露戦争を起こしました。多くの死傷者を出したうえに，外国から多額の借金をして何とか日本は勝利しました。④日露戦後はアメリカのポーツマスで条約を結びました。日本は，日清・日露戦争を通じて欧米の近代国家からの承認を得て，1910年に韓国併合条約を結びました。ただ，この植民地化には，朝鮮の歴史や文化，そこで暮らす人々の感情への配慮(はいりょ)はありませんでした。

F［日中戦争・太平洋戦争（1937年～1945年）］

1937年，北京郊外での日中両軍の衝突(しょうとつ)をきっかけとして，日中戦争が始まりました。日本は中国各地に戦線を広げたため，アメリカやイギリスなどが侵略(しんりゃく)戦争を阻止(そし)する目的で，軍事・経済的に中国を支援しました。また，［ 5 ］の輸出禁止という対日経済制裁を課しました。日本は，それに対抗(たいこう)して東南アジアに侵攻(しんこう)したため，1941年には日米が開戦して，第二次世界大戦の一部として太平洋戦争が開始されました。4年近い長期の戦争となりましたが，国力で勝るアメリカが優位に立ち，都市への激しい空襲や原子爆弾の投下による大量破壊(はかい)と死者の増加など，アメリカの強力な実力に日本は降伏しました。

戦後，日本は占領されて民主的で戦争をしない国になるための改革が行われました。一方，国際社会では，武器の発達により多くの犠牲(ぎせい)を生んだ大戦への反省に基づいて，戦争を防ぎ平和を維持(いじ)するための機関として［ 6 ］が設立されました。この機関の取り決めでは，侵略戦争は否定され，軍事力による国際紛争の解決や自国の要求を実現するための戦争そのものを，「してはいけない」という非合法化する理想を実現しました。ただ，そうした攻撃(こうげき)から自国を守る権利やそのための軍隊，また⑤ある国が攻撃された場合に他の国と協力して軍事的にお互(たが)いを守ることは，国の権利として認められました。

問1　文中の［ 1 ］～［ 6 ］に，あてはまる語句を答えなさい。

問2　Bの文章を読んで，源頼朝を中心とする源氏武士団は，源平の戦いを通じてどのように立場を変えていったのかについて，朝廷と武士団の関係，および鎌倉幕府の成立の意味を踏(ふ)まえて説明しなさい。

問３　下線部①について，頼朝をかしらとして集まった源氏武士団の武士たちは，どんな御恩を求めてかしらである頼朝と主従関係を結びましたか。当時の武士にとって大切であったものを考えて書きなさい。

問４　下線部②について，いろいろな時代を通じて，政府が社会の安定のために果たしている役割について，この後の二重下線部Ｘ・Ｙ・Ｚに書かれた内容から考えられることを書きなさい。

問５　Ｄの文章を参考にして，江戸幕府がなぜ200年にわたる戦争のない平和な時代を築くことができたかについて，考えられることを述べなさい。

問６　下線部③・④について，それぞれの文中にある「条約」は，戦争の勝敗に基づいて戦争の原因となった紛争を話し合いで解決して，戦争を終結する取り決めを意味します。こうした条約のことを何と呼びますか。

問７　下線部④について，この条約は，戦争の原因となった日露間の紛争について，勝利した日本の主張を認める内容で締結(ていけつ)されました。条約の内容について述べた１～４の文のうち，日露間の紛争に関する内容としてふさわしくないものを１つ選びなさい。

1．ロシアは日本に対して，北緯50度より南側の樺太と周辺の島々を永久に日本に譲渡(じょうと)することを約束した。

2．ロシアは日本に，旅順・大連とその周辺の領土などに関してロシアが持っていた権利を譲(ゆず)り渡(わた)した。

3．ロシアは日本に，満州南部の鉄道の経営権とその沿線の炭鉱などの経営権を譲り渡すこととした。

4．ロシアは日本に，韓国の政治・軍事・経済的な利益が日本のものであることを認めることを明らかにした。

問８　下線部⑤について，国際的な取り決めで国家に認められたこの権利を何といいますか。なお日本政府は，2014年の閣議決定において，日本も条件つきでこの権利を行使できると憲法の解釈(かいしゃく)を変更(へんこう)しました。

問９　Ａ～Ｆの文章の内容から，戦争が人類の歴史に果たした役割について説明しなさい。そのうえで，［６］がめざした理想のように，第二次世界大戦後の国際社会が戦争そのものを非合法化することになった背景についても説明しなさい。説明に際しては，文中の波線部を参照しなさい。

3　税金のしくみについて調べる課題を出された中大くにおさんは，インターネットで見つけた資料を用いながら，次のようなレポートを作成しました。そのレポートを参考にしながら，次の問いに答えなさい。なお，資料については一部省略したり書きあらためたりしているところがあります。

くにおさんが作成したレポート

消費税の増税から見える政治参加の大切さ

はじめに

今回私は，2019年に消費税が10%に増税されたときの①内閣の説明と，それに対する新聞の社説について調べてみました。すると，立場によって主張している内容が異なっていることに気付きました。

調べたこと

例えば「今回の消費税率10%への引き上げは，なぜ行われたのですか。」という質問に対し，内閣は次のように回答しています。

資料１

日本は速いスピードで高齢化(こうれいか)が進んでおり，高齢化にともない社会保障の費用は増え続け，税金や借金に頼(たよ)る分も増えています。現在の社会保障制度を次世代に引き継(つ)ぐためには，②安定的な財源の確保が必要です。

※「財務省ホームページ」より

一方消費税の増税について，新聞の社説（資料２～4）はさまざまなことを述べていました。

資料２

③課題は低所得者ほど負担が重くなるという傾向(けいこう)だが，今回，食料品などは8％に据(す)え置く軽減税率が導入される。負担感を和らげ，消費の落ち込(こ)みを防ぐ効果が見込める。

※『毎日新聞』2019年９月30日社説より

資料３

今回の増税のもともとの目的には，この将来の世代に対する負担の押(お)しつけを，できるだけ減らすことにある。いまの現役世代への支援(しえん)を手厚くする分，首相はここを削(けず)り，使い道の半分に抑(おさ)えた。

※『朝日新聞』2019年10月１日社説より

資料４

社会保障制度を安定させ，財政健全化を進めるためには欠かせない増税である。得られる新たな財源を，国民の将来への不安の軽減に生かさなければならない。

※『読売新聞』2019年10月１日社説より

まとめ

これ以外に調べたことでは，消費税の納税においてはしくみの複雑さから滞納(たいのう)が多く，ときには④裁判が起こっていることがわかりました。私たちは消費税についてよく学んでいく必要があります。

また国の将来を左右する消費税の増税については⑤国会でさかんに議論が行われ，その結果，10％への引き上げが決定しました。そのため，こうした議論に加わるためにも，⑥選挙で投票することは大切だと思います。また新聞などを通じて［　　］を形成し，内閣にはたらきかけていくことも重要だと気付きました。自分たちのくらしを良くするために，やはり政治への参加は必要なのです。

問１　レポート中の［　　］にあてはまる語句を漢字２字で答えなさい。

問２　下線部①に関連して，次の問いに答えなさい。

(1)　内閣の仕事として誤っているものを，次の１～４から１つ選び，番号で答えなさい。

１．条約を承認する。
２．政令を定める。
３．予算案を作成する。
４．最高裁判所長官を指名する。

(2)　内閣のもとで多くの省庁が置かれていますが，次の１～３の省庁が創設された順番を，年代の古い順に並べて答えなさい。

１．デジタル庁　　２．復興庁　　３．こども家庭庁

問３　下線部②に関連して，くにおさんは日本の税収について調べたところ，グラフ１を見つけました。日本の税収の特徴(とくちょう)を説明した下のＡとＢの文について，その正誤の組み合わせとして正しいものを，あとの１～４から１つ選び，番号で答えなさい。なお，解答のときにはグラフ１を参考にしなさい。

グラフ１　日本における一般(いっぱん)会計の税収の内訳（2022年度当初予算）

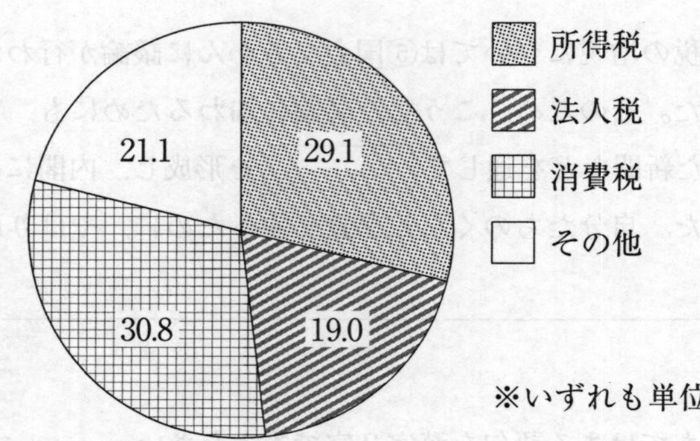

※いずれも単位は％

※『日本国勢図会 2023/24』より

Ａ　好景気のときに増加する法人税は，直接税としてもっとも大きな税収となっている。

Ｂ　景気の影響(えいきょう)が比較的(ひかくてき)少ない消費税は，間接税としてもっとも大きな税収となっている。

１．Ａ　正　　Ｂ　正　　　２．Ａ　正　　Ｂ　誤
３．Ａ　誤　　Ｂ　正　　　４．Ａ　誤　　Ｂ　誤

問４　下線部③に関連して，日本では所得税において，個人の所得に応じて課される税率が変化する制度となっています。この制度を何といいますか。解答らんにしたがって漢字４字で答えなさい。

問５　下線部④に関連して，特定の刑事裁判において，事件ごとに国民から選ばれた人たちが裁判官とともに審理に参加する制度が日本でも行われています。この制度を何といいますか。解答らんにしたがって漢字３字で答えなさい。

問６　下線部⑤に関連して，次の問いに答えなさい。

(1)　国会についての説明として正しいものを，次の１～４から１つ選び，番号で答えなさい。

１．任期が６年の参議院は，すべて比例代表制で国会議員が選出される。
２．臨時会（臨時国会）は，つねに予算を決めるためにのみ開かれる。
３．国会が設置する弾劾裁判所では，裁判官をやめさせるかどうかを決められる。
４．法律案はまず本会議で議決され，その後委員会で話し合われる。

(2)　次の文は衆議院の解散の手続きを説明したものです。文中の［ A ］～［ C ］に入る語句の組み合せとして正しいものを，あとの１～４から１つ選び，番号で答えなさい。

> 衆議院の解散後［ A ］日以内に衆議院議員の総選挙が行われ，総選挙の日から［ B ］日以内に特別会（特別国会）が召集されます。この国会でこれまでの内閣は総辞職し，新たな内閣総理大臣が［ C ］されて新内閣が成立します。

１．［ A ］－40　［ B ］－10　［ C ］－任命
２．［ A ］－40　［ B ］－30　［ C ］－指名
３．［ A ］－20　［ B ］－10　［ C ］－指名
４．［ A ］－20　［ B ］－30　［ C ］－任命

問７　下線部⑥に関連して，次の問いに答えなさい。

(1)　日本の選挙についての説明として正しいものを，次の１～４から１つ選び，番号で答えなさい。

１．20歳になると，だれもが初めて選挙権を持つ。
２．１人１票の選挙権を持ち，投票の価値は平等である。
３．有権者が選んだ選挙人を通じて候補者に投票する。
４．投票をするときは，投票用紙に投票者の名前を書く。

(2)　くにおさんは日本の選挙について調べたところ，表１と表２を見つけました。２つの表から読み取れることについて説明した次のページのＡとＢの文について，その正誤の組み合わせとして正しいものを，あとの１～４から１つ選び，番号で答えなさい。

表１　2016年参議院選挙におけるおもな都道府県の全体投票率と18歳(さい)・19歳の投票率

都道府県	全体投票率	18歳・19歳の投票率
北海道	56.78％	43.38％
秋田県	60.87％	42.29％
神奈川県	55.46％	54.70％
長野県	62.86％	45.32％
和歌山県	55.29％	41.81％
山口県	53.35％	37.73％
大分県	58.38％	42.58％

※「総務省第24回参議院議員通常選挙発表資料」より

表２　2016年参議院選挙の和歌山選挙区における得票数と得票率

立候補者	得票数	得票率
あ（当選者）	306,361票	69.2%
い	115,357票	26.1%
う	21,064票	4.8%

※「NHK2016年参議院選挙ホームページ」より

A　和歌山選挙区は表1のなかで全体投票率と18歳・19歳の投票率の差がもっとも小さく，また，表2では当選者の得票数が全得票数の過半数を超えていることがわかる。

B　和歌山選挙区の当選者は，選挙区内の18歳･19歳の全有権者からの支持が過半数を超えていることがわかる。

1．A 正　B 正　　2．A 正　B 誤
3．A 誤　B 正　　4．A 誤　B 誤

問8　くにおさんが作成したレポートも参照しながら，民主政治が正しく行われるために注意しなければならない点についての説明として正しいものを，次の1～4から1つ選び，番号で答えなさい。

1．有権者が正しい判断をするためには，さまざまな視点からの情報を得て議論すべきである。
2．ものごとを決めるときには，充分(じゅうぶん)な議論をすることよりも速やかな議決をめざすことが大切である。
3．議決手段としては多数決が何よりも重視されるべきであり，少数派の意見は無視して良い。
4．少数の優れた人物が政治を行うことが重要で，多くの人が議論に参加する必要はない。

【理　科】〈第２回試験〉（35分）〈満点：100点〉
（注意事項　計算機，定規，分度器，コンパス等は一切使用してはいけません。）

1　電熱線とLED（発光ダイオード）を含(ふく)んだ回路に関する次の文を読んで，あとの各問いに答えなさい。

図１のように，電熱線A，電熱線Bを用意して，それぞれ電源装置につなぎ，電流を流しました。回路に電流を流そうとするはたらきのことを電圧といい，単位はV（ボルト）で表します。電源装置は，電圧の値を変えることで，回路に流れる電流の大きさを変えることができます。電流の単位はmA（ミリアンペア）で表します。

図１の回路で，電源装置の電圧の値を0Vから2Vまで少しずつ大きくし，電熱線Aと電熱線Bに流れる電流の大きさを測定しました。**図２**のグラフは，測定の結果を表しています。

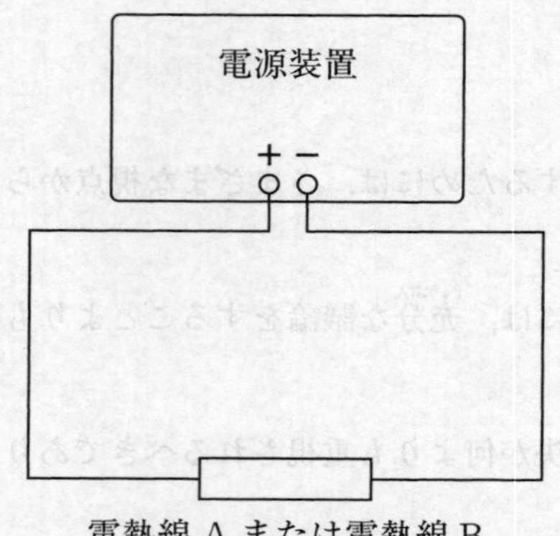

図１

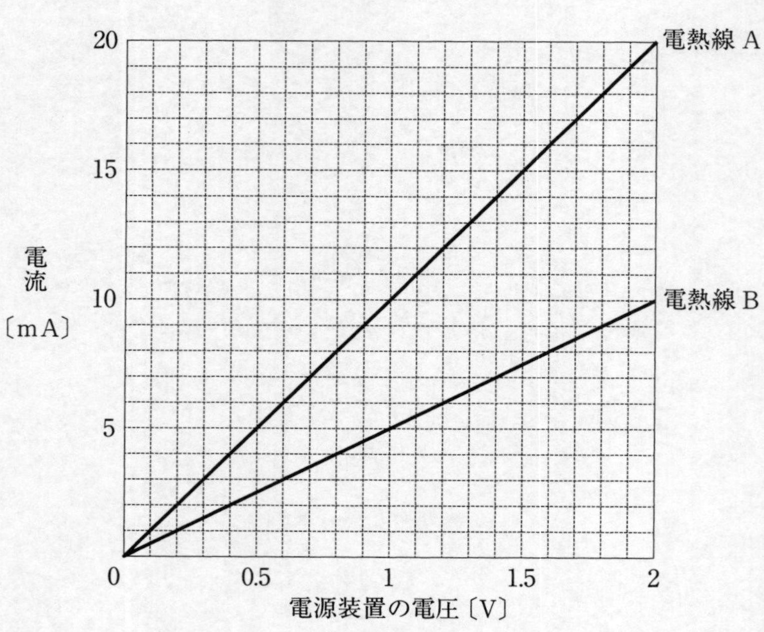

図２

(ア) 電熱線Ｂに流れる電流の大きさが12mAになるように電源装置の電圧の値を変えました。このときの電圧の値を答えなさい。答えが小数になる場合は，小数第２位を四捨五入して小数第１位まで答えなさい。ただし，**図２**のグラフは直線であるものとし，この規則性を利用して計算すること。

次に**図３**のように，電熱線Ａと電熱線Ｂを直列につなぎ，電源装置を用いて電流を流しました。

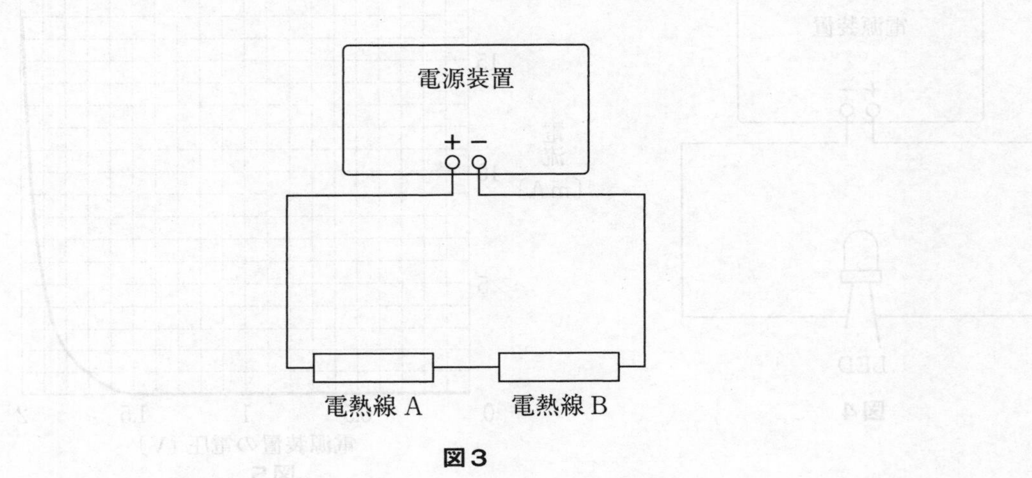

図３

(イ) 電源装置の電圧をある値にしたとき，電熱線Ａと電熱線Ｂには10mAの電流が流れました。次の**【電圧の考え方】**を参考にして，このときの電源装置の電圧の値を答えなさい。答えが小数になる場合は，小数第１位を四捨五入して整数で答えなさい。

【電圧の考え方】

① 電熱線Ａと電熱線Ｂには，それぞれに電圧（電流を流そうとするはたらき）が加わっている。電圧と電流の大きさの関係は，**図２**のグラフの通りである。

② 電熱線Ａと電熱線Ｂは直列につながっており，電熱線Ａと電熱線Ｂの電圧の和は電源装置の電圧と等しい。

(ウ) 電源装置の電圧の値を2.4Vにしたとき，電熱線Ａと電熱線Ｂには同じ大きさの電流が流れました。**【電圧の考え方】**を参考にして，このときの電流の大きさを答えなさい。答えが小数になる場合は，小数第１位を四捨五入して整数で答えなさい。

次に，**図４**のように，LEDを電源装置につなぎました。電源装置の電圧の値を0Vから2Vまで少しずつ大きくし，LEDに流れる電流の大きさを測定しました。**図５**のグラフは，測定の結果を表しています。また，**図４**のつなぎ方とは逆に，脚(あし)の長い方を電源装置の－に，短い方を＋につないで電圧を少しずつ大きくしてもLEDに電流は流れませんでした。

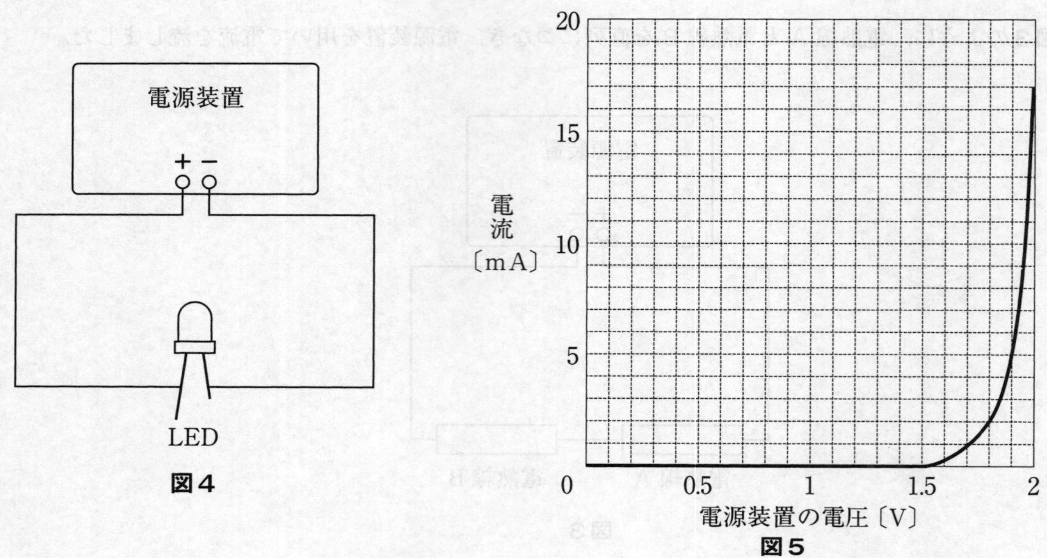

図４　**図５**

(エ)　次の文の（　あ　），（　い　）にあてはまる言葉や数の組み合わせとして，最も適するものをあとの１～８の中から１つ選び，番号を書きなさい。

LEDには＋極と－極があり，**図６**の脚の長い方が（　あ　）である。**図４**の回路で電源装置の電圧の値を少しずつ大きくしていくと，電圧の値がおよそ（　い　）Vになったとき，発光ダイオードに電流が流れ始める。

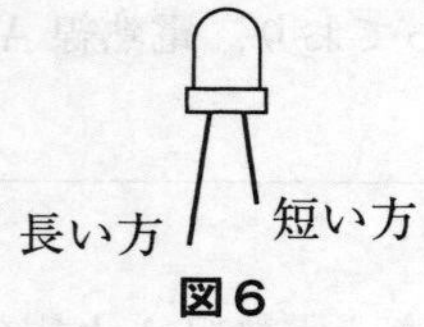

図６

	（ あ ）	（ い ）
1	＋極	0.5
2	＋極	1.0
3	＋極	1.5
4	＋極	2
5	－極	0.5
6	－極	1.0
7	－極	1.5
8	－極	2

(オ) 次の**図７**，**図８**の回路に流れる電流について説明した文として，最も適するものをあとの1～4の中からそれぞれ1つずつ選び，番号を書きなさい。ただし，電熱線AとLEDは**図２**，**図５**で表されるものと同一であるとします。

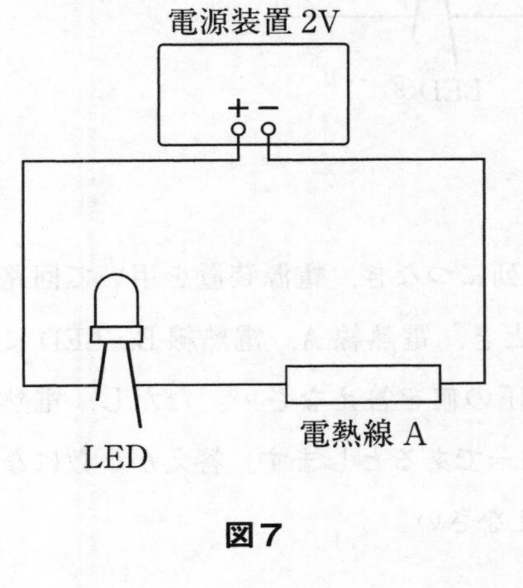

図７

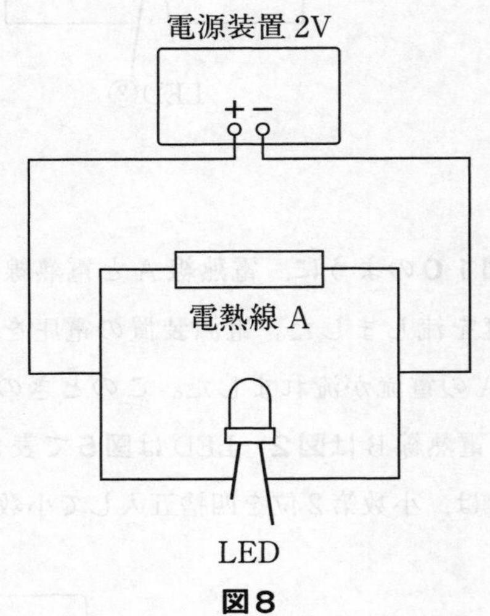

図８

1. 電熱線AとLEDの両方に電流が流れる。
2. 電熱線Aには電流が流れるが，LEDには電流が流れない。
3. 電熱線Aには電流が流れないが，LEDには電流が流れる。
4. 電熱線AにもLEDにも電流は流れない。

(カ)　次の**図９**のような回路をつくりました。電熱線Ａは**図２**，LED①～③は**図５**で表されるものと同一であるとします。電源装置の電圧の値は2.4Vで電圧計の値は0.5Vでした。また，電熱線ＡとLED③に加わる電圧は等しいことが知られています。電熱線Ａ，LED①～③について，電流が流れるものには○を，流れないものには×を書きなさい。

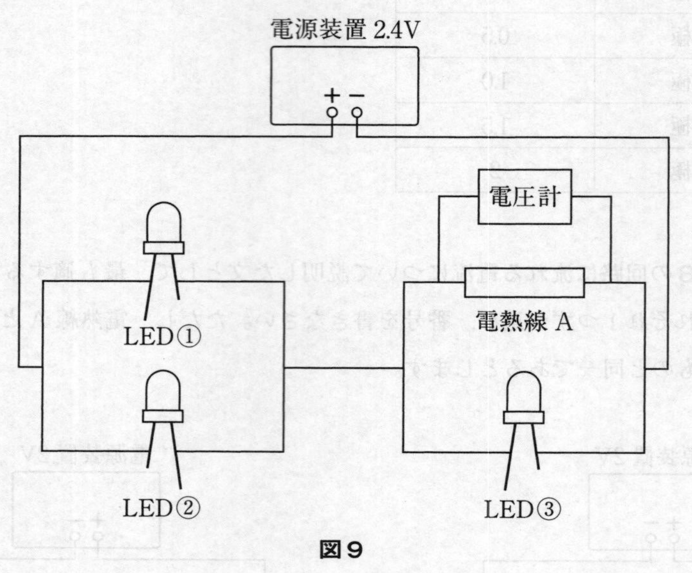

図９

(キ)　**図１０**のように，電熱線Ａと電熱線ＢとLEDを直列につなぎ，電源装置を用いて回路に電流を流しました。電源装置の電圧をある値にしたとき，電熱線Ａ，電熱線Ｂ，LEDには5mAの電流が流れました。このときの電源装置の電圧の値を答えなさい。ただし，電熱線Ａ，電熱線Ｂは**図２**，LEDは**図５**で表されるものと同一であるとします。答えが小数になる場合は，小数第２位を四捨五入して小数第１位まで答えなさい。

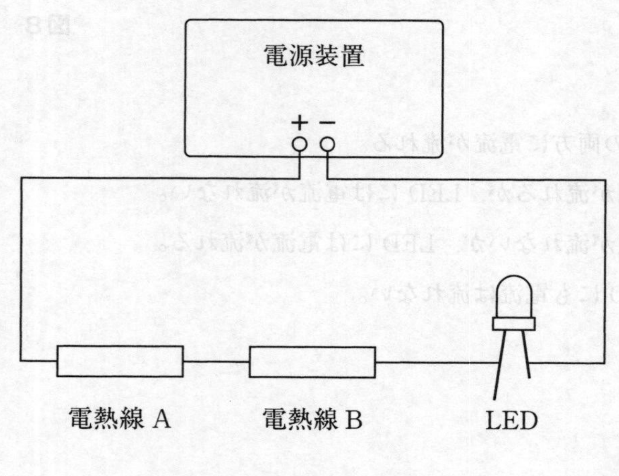

図１０

2 酸化銅と炭素に関する次の文を読み，あとの各問いに答えなさい。特に指示のない限り，答えが小数になる場合は小数第２位を四捨五入して小数第１位まで答えなさい。

酸化銅と炭素を使って次のような実験を行いました。

＜実験＞

方法１：酸化銅の粉末 8.0g と炭素の粉末 0.1g をよくかき混ぜる。

方法２：酸化銅と炭素の混合物を試験管に入れスタンドに固定する。

方法３：酸化銅と炭素の入った試験管にガラス管がつながったゴム栓(せん)をつける。別の試験管に石灰水を取り，ガラス管の先を石灰水の中に入れ，**図１**のように十分に加熱する。

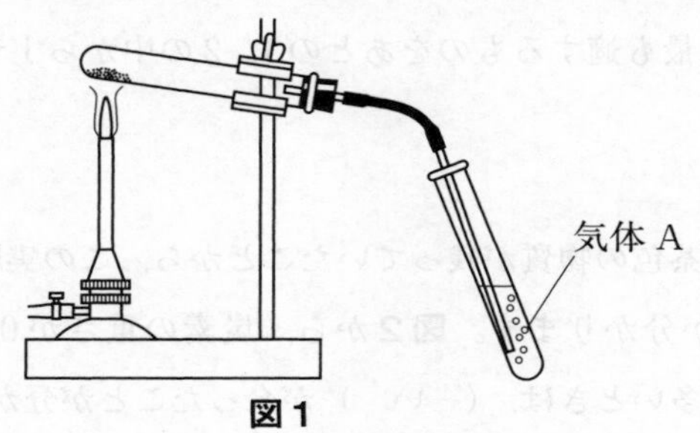

図１

方法４：炭素粉末の重さを 0.2g から 1.2g まで 0.1g ずつ増やして，同様の操作を行った。**図２**は炭素の重さと加熱後の固体の重さの関係を表したグラフである。

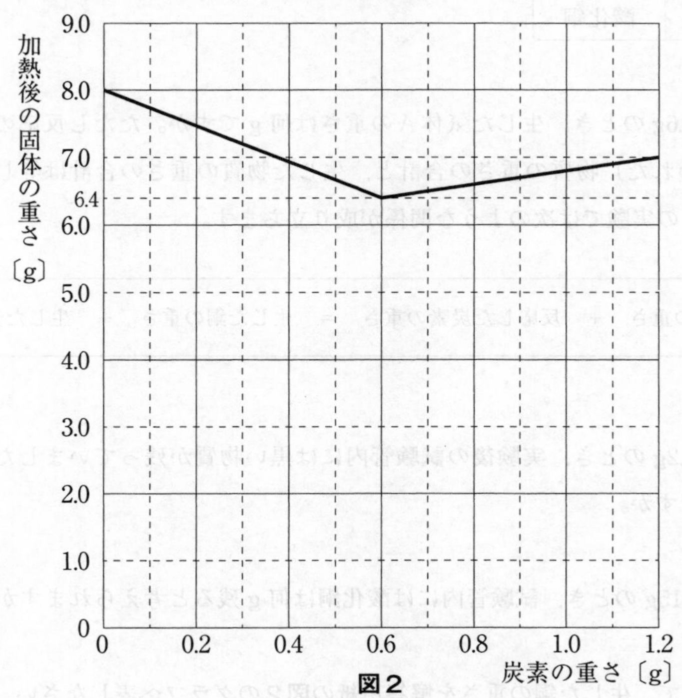

図２

(ア)　酸化銅は何色ですか。最も適するものを次の１～５の中から１つ選び，番号を書きなさい。

1. 白色　　2. 赤色　　3. 黄色　　4. 赤茶色　　5. 黒色

(イ)　方法３では気体が発生し，石灰水は白く濁(にご)りました。この反応で発生した気体を気体Ａとします。気体Ａとして最も適するものを次の１～５の中から１つ選び，番号を書きなさい。

1. 水素　　2. 酸素　　3. 二酸化炭素　　4. 窒(ちっ)素　　5. アンモニア

(ウ)　この実験で起こった反応，および実験結果について述べた次の文の（　　）にあてはまる言葉の組み合わせとして，最も適するものをあとの１，２の中から１つ選び，番号を書きなさい。

方法３の後，試験管の中に赤茶色の物質が残っていたことから，この実験では，酸化銅は銅に，炭素は気体Ａに変化したことが分かります。**図２**から，炭素の重さが0.6gよりも少ないときは（　あ　）が余り，0.6gよりも多いときは，（　い　）が余ったことが分かります。

	（　あ　）	（　い　）
1	酸化銅	炭素
2	炭素	酸化銅

(エ)　炭素の重さが0.6gのとき，生じた気体Ａの重さは何gですか。ただし反応の前後で，反応した（反応に使われた）物質の重さの合計と，生じた物質の重さの合計は等しいものとします。例えば，今回の実験では次のような関係が成り立ちます。

反応した酸化銅の重さ　＋　反応した炭素の重さ　＝　生じた銅の重さ　＋　生じた気体Ａの重さ

(オ)　炭素の重さが1.2gのとき，実験後の試験管内には黒い物質が残っていました。この黒い物質の重さは何gですか。

(カ)　炭素の重さが0.15gのとき，試験管内には酸化銅は何g残ると考えられますか。

(キ)　この実験において，生じた銅の重さを解答用紙の**図２**のグラフへ表しなさい。

3 栄養分に関する次の文を読んで，あとの各問いに答えなさい。

一郎（いちろう）：中国地方・四国地方限定の瀬戸内レモン味のポテトチップスが手に入ったよ。

花子：ふくろのうらの栄養成分表示を見てみて。栄養分やエネルギーはどのくらいかな？

一郎：１ふくろ58g入りで，タンパク質が3g，脂質（ししつ）が20.1g，炭水化物が31.9g。エネルギーは321キロカロリーだよ。ところで，食べた栄養分って，どうなるのかな？

花子：タンパク質，脂質，炭水化物といった栄養分は，(Ⅰ)<u>消化液</u>に含まれる消化酵素（こうそ）のはたらきで消化されるんだと思う。

一郎：あ～，思い出した。だ液に含まれる（　あ　）のはたらきで，デンプンが消化されるって本に書いてあった。でも，栄養成分表示には，デンプンってのってないね。

花子：デンプンは，炭水化物の一種だよ。

一郎：デンプンは，いろいろな消化液によってバラバラに消化されて，たくさんの（　い　）になるんだよね。（　い　）は，からだのどの場所で吸収されるのかな？

花子：小腸の(Ⅱ)<u>じゅう毛</u>でからだに吸収されるんだと思う。ちなみに，脂質は，一郎さんの本では脂肪（しぼう）って記されているよ。

(ア)　文中の（　あ　）および（　い　）にあてはまる言葉の組み合わせとして，最も適するものを次の１～６の中から１つ選び，番号を書きなさい。

	（　あ　）	（　い　）
1	アミラーゼ	アミノ酸
2	アミラーゼ	ブドウ糖
3	アミラーゼ	モノグリセリド
4	ペプシン	アミノ酸
5	ペプシン	ブドウ糖
6	ペプシン	モノグリセリド

(イ)　文中の下線部（Ⅰ）に関連して，すい液によってどの栄養分が消化されますか。最も適するものを次の１～７の中から１つ選び，番号を書きなさい。

1. タンパク質　　2. 脂質　　3. 炭水化物
4. タンパク質，脂質　　5. タンパク質，炭水化物　　6. 脂質，炭水化物
7. タンパク質，脂質，炭水化物

(ウ) 文中の下線部（Ⅱ）に関して，じゅう毛に関する説明として，**誤っている**ものを次の１～５の中から１つ選び，番号を書きなさい。

1. じゅう毛は，小腸のかべに多数存在する。
2. 血液中のにょう素という不要物は，じゅう毛で小腸の管内へ排出（はいしゅつ）される。
3. じゅう毛で小腸の管内から吸収されたアミノ酸は，血管に入る。
4. じゅう毛で小腸の管内から吸収されたブドウ糖は，血管に入る。
5. じゅう毛で小腸の管内から吸収されたモノグリセリドは，リンパ管に入る。

一郎：じゅう毛でからだの中に入った栄養分は，そのあとどうなるのかな？

花子：栄養分は，血液によって全身の細胞（さいぼう）に運ばれて，各々の細胞の中で分解されて，エネルギーが取り出され，生命活動に利用されるんだ。

一郎：ポテトチップス１ふくろでエネルギー321キロカロリー……，あれ，そもそもなんでジャガイモに含まれるデンプンにはエネルギーがたくわえられているんだろう？

花子：光合成だよ！

一郎：そうか……，そうだよね。葉で光合成によってつくられた栄養分が，（　う　）を通って地下のイモに移動してたくわえられているんだね。（　う　）は，葉の葉脈では（　え　）側，茎（くき）では（　お　）側にあるっておぼえているよ。二酸化炭素と水からエネルギーたっぷりの栄養分を合成するって，すごいことだね。

花子：確かにそうだね。ヒトは，太陽の光エネルギーを吸収できないからね。

一郎：ところで，（　か　）は，根で吸いこまれた水とその水にとけた栄養分が通るんだよね。根で取りこまれる栄養分と葉でつくられる栄養分って同じもの？ちがうもの？

花子：根で取りこまれる栄養分って肥料のことだよね。う～ん，先生に聞いてみようよ。

(エ) 文中の（　う　）～（　か　）にあてはまる言葉の組み合わせとして，最も適するものを次の１～８の中から１つ選び，番号を書きなさい。

	（う）	（え）	（お）	（か）
1	道管	表	内	師管
2	道管	表	外	師管
3	道管	うら	内	師管
4	道管	うら	外	師管
5	師管	表	内	道管
6	師管	表	外	道管
7	師管	うら	内	道管
8	師管	うら	外	道管

一郎：先生，葉でつくられる栄養分と根で取りこまれる栄養分は，同じものですか，それとも，ちがうものですか？

先生：ちがうものです。デンプンとタンパク質は，ともに葉でつくられる栄養分です。植物は，無機物を材料として用いて，デンプンやタンパク質といった有機物を合成することができるのです。

一郎：二酸化炭素と水は無機物ですか？

先生：はい。無機物です。

花子：根で取りこまれる栄養分は有機物ですか，それとも，無機物ですか？

先生：無機物です。根で取りこまれる栄養分は「栄養塩」とよばれています。「栄養塩」は，タンパク質の材料として用いられますが，デンプンの材料にはなりません。**図**を見てみましょう。(a) で示すように，植物は「栄養塩」を材料として用いて有機物を合成します。草食動物が植物を食べることで，植物の有機物が草食動物へ移動します。点線の矢印 (b) で示すように，植物が枯れたり，動物が死んだりしても，体内に有機物は残ります。また，動物の排出物にも有機物が含まれます。植物の枯死体・動物の遺体・排出物に含まれる有機物は，菌類・細菌へ取りこまれ，(c) で示すように，分解されて「栄養塩」がしょうじます。このように，生態系には，もともと，「栄養塩」と有機物に関するじゅんかんがあります。

花子：工場でつくられる化学肥料も「栄養塩」ととらえてよいのですね？

先生：はい。20 世紀初頭に，(d) で示すような気体の窒素から「栄養塩」をつくる方法が開発されました。化学肥料の大量生産によって食糧生産量が増加し，20 世紀以降の人口増加が支えられたと考えられています。

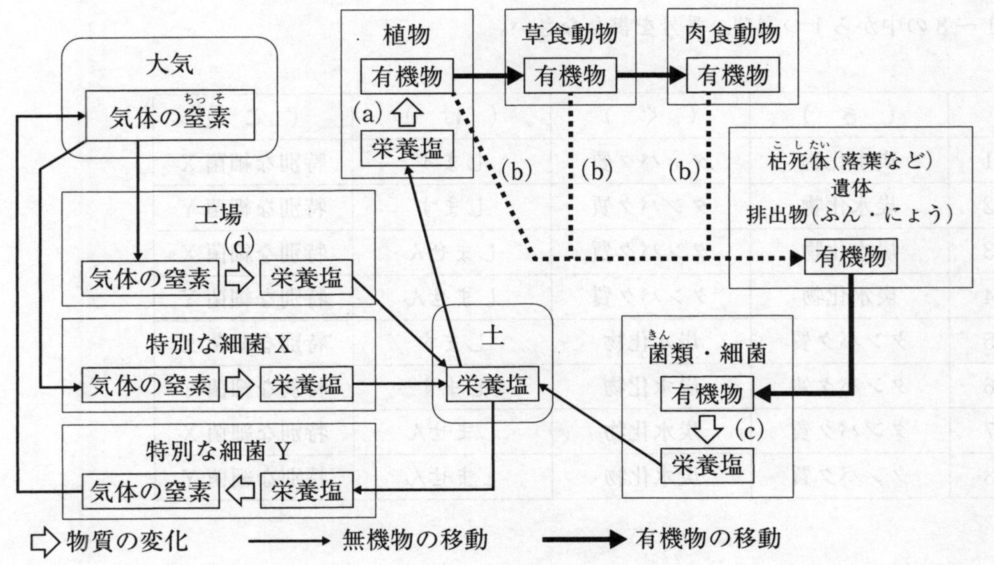

図

一郎：昔と比べて日本は豊かな国になったと祖母が言っていました。

先生：私たちは，生活が豊かになる過程でしょうじた多くの課題に取り組んでいます。水質汚濁(おだく)や赤潮に関する取り組みについて考えてみましょう。

家庭の台所（キッチン）やトイレから出される汚水には，（　き　）や（　く　）といった有機物が含まれています。日本の下水処理場では，おもに「活性汚泥(おでい)法」が用いられています。汚水中の有機物を分解するさまざまな細菌のかたまりを活性汚泥といいます。ヒトの細胞が取りこんだ有機物を分解してエネルギーを取り出す場合と同じように，活性汚泥中の細菌も有機物を分解する際は酸素を利用（　け　）。この「活性汚泥法」によって有機物が分解されることで，河川，湖沼(こしょう)，海域の水質汚濁は改善されます。ただ，その「活性汚泥法」のみでは赤潮への対応として不十分だと考えられています。（　く　）の分解によってしょうじた「栄養塩」を含む下水処理水がそういった水域へ排出されると，その「栄養塩」を取りこんだ植物プランクトンが増殖(ぞうしょく)します。

光合成を行う生物のうち，陸上で生活する植物以外のものを(Ⅲ)藻類(そう)とよびます。藻類には，小形で水中を浮遊(ふゆう)する植物プランクトンや，大形で海底に生息する海藻が含まれます。カレニア属というグループの藻類は，瀬戸内海で発生する赤潮の原因となる代表的な植物プランクトンです。

横浜市を含めて，東京湾(わん)，伊勢湾，瀬戸内海などの水のとどまりやすい海域に排水する市区町村の下水処理場では，赤潮の防止策として，その「活性汚泥法」に付け足す形で，「高度処理」のしくみの導入が推進されてきました。「高度処理」では，「栄養塩」の除去を目的として，**図**中に示す（　こ　）が用いられます。

(オ)　文中の（　き　）～（　こ　）にあてはまる言葉の組み合わせとして，最も適するものを次の１～８の中から１つ選び，番号を書きなさい。

	（　き　）	（　く　）	（　け　）	（　こ　）
1	炭水化物	タンパク質	します	特別な細菌Ｘ
2	炭水化物	タンパク質	します	特別な細菌Ｙ
3	炭水化物	タンパク質	しません	特別な細菌Ｘ
4	炭水化物	タンパク質	しません	特別な細菌Ｙ
5	タンパク質	炭水化物	します	特別な細菌Ｘ
6	タンパク質	炭水化物	します	特別な細菌Ｙ
7	タンパク質	炭水化物	しません	特別な細菌Ｘ
8	タンパク質	炭水化物	しません	特別な細菌Ｙ

(カ)　文中の下線部（Ⅲ）に関連して，藻類として**誤っている**ものを次の１～８の中から１つ選び，番号を書きなさい。

1. コンブ　2. ツノモ　3. テングサ　4. ハネケイソウ
5. ボルボックス　6. ミカヅキモ　7. ミジンコ　8. ワカメ

(キ)　次の説明ⓐ～ⓒは，ヒトのからだと酸素，二酸化炭素，窒素について述べられています。説明ⓐ～ⓒのうち正しいものはどれですか。最も適するものをあとの１～７の中から１つ選び，番号を書きなさい。

ⓐ　大気中の酸素は，肺で血液に取りこまれ，血液中の赤血球によって全身の細胞に運ばれる。
ⓑ　全身の各々の細胞でつくられた二酸化炭素は，血液に取りこまれ，体内をじゅんかんしながら，じん臓で排出される。
ⓒ　息を吸いこむ際に，大気中の窒素は肺の中に入るが，体内でその窒素を材料として用いてタンパク質がつくられることはない。

1. ⓐ　2. ⓑ　3. ⓒ
4. ⓐ，ⓑ　5. ⓐ，ⓒ　6. ⓑ，ⓒ　7. ⓐ，ⓑ，ⓒ

参考文献

・横浜市環境創造局．“よこはまの下水道”．横浜市．2018.
https://www.city.yokohama.lg.jp/kurashi/machizukuri-kankyo/kasen-gesuido/gesuido/center/saisei_center/centerinfo.files/yokohamanogesuidou2018.pdf
・高度処理ナレッジ創造戦略会議．“高度処理ナレッジ集”．国土交通省．2013.
https://www.mlit.go.jp/common/001033454.pdf

4 天気について，あとの各問いに答えなさい。

(ア) 猛暑日とはどういう日ですか。最も適するものを次の１～４の中から１つ選び，番号を書きなさい。

1. １日の最高気温が30℃以上になった日
2. １日の最高気温が35℃以上になった日
3. １日の平均気温が30℃以上になった日
4. １日の平均気温が35℃以上になった日

(イ) 天気図で用いられる天気記号◎が表す天気はどれですか。最も適するものを次の１～４の中から１つ選び，番号を書きなさい。

1. 快晴　　2. 晴れ　　3. くもり　　4. 雨

非常に発達した帯状の雨雲によってもたらされる線状の降水域のことを線状降水帯といいます。線状降水帯が発生するしくみを**図１**に表します。

図１

(ウ) **図１**の厚い雲は，強い日差しが原因で夏に発生し，昼から夕方にかけて一時的に雷雨をもたらす雲と同じ雲です。風Ａは，雲を発生させやすいとくちょうをもっています。この雲の名前と**図１**中の風Ａのとくちょうとして，最も適するものを次の１～４の中から１つ選び，番号を書きなさい。

	雲の名前	風Ａのとくちょう
1	積乱雲	暖かく湿っている
2	積乱雲	暖かく乾燥している
3	巻層雲	冷たく湿っている
4	巻層雲	冷たく乾燥している

海陸風について調べるため，次の実験１～３を行いました。

<実験１>

① **図２**のように，プラスチックの容器に同じ量の砂と水を入れた。

② 砂と水それぞれに，同じように電球の光をあてた。

③ 光をあて始めてから，１分ごとに，砂と水の表面の温度を赤外線(せきがいせん)温度計で測定した。

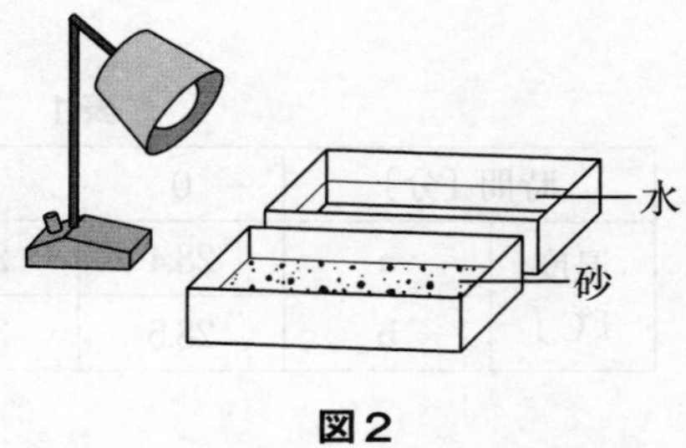

図２

<実験２>

① 実験１と同じように，プラスチックの容器に同じ量の砂と水を入れた。

② 砂と水をあたため，両方とも表面の温度を40℃程度にし，室温で放置した。

③ 放置し始めてから，１分ごとに，砂と水の表面の温度を赤外線温度計で測定した。

<実験３>

図３のように密閉された水そうをしきり板で２つに分け，Ｘには氷水を入れ，線香(せんこう)のけむりを満たした。Ｙには，暖かい空気が入っている。次に，しきり板を静かに引き抜(ぬ)き，空気のようすを観察した。

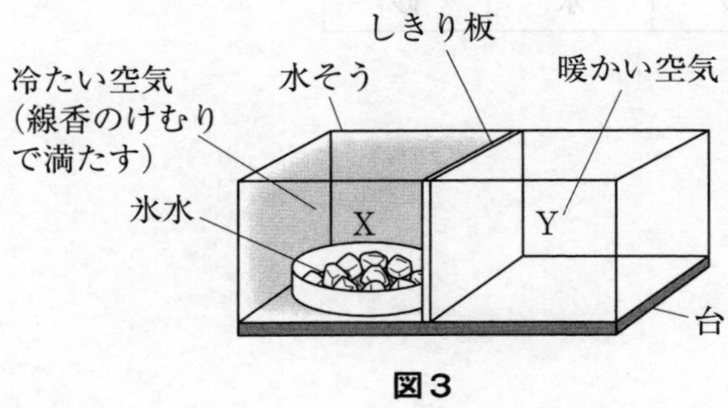

図３

(エ)　**表１**は＜実験１＞，**表２**は＜実験２＞の測定結果です。**表１**，**表２**のａ～ｄはそれぞれ「砂」と「水」のどちらかです。組み合わせとして，最も適するものをあとの１～４の中から１つ選び，番号を書きなさい。

表１　＜実験１＞の測定結果

時間〔分〕		0	1	2	3	4	5
温度〔℃〕	a	28.4	29.3	30.1	31.3	32.0	33.2
	b	28.5	34.6	36.7	39.1	41.5	43.0

表２　＜実験２＞の測定結果

時間〔分〕		0	1	2	3	4	5
温度〔℃〕	c	40.1	37.6	36.3	35.6	34.5	33.2
	d	40.1	38.7	37.3	36.5	35.6	34.5

	a	b	c	d
1	砂	水	砂	水
2	砂	水	水	砂
3	水	砂	砂	水
4	水	砂	水	砂

(オ)　<実験３>で，しきり板を静かに引き抜いたときの水そうの中のようすと，暖かい空気と冷たい空気の密度の大きさの関係について書かれたものとして，最も適するものを次の１～９の中から１つ選び，番号を書きなさい。ただし，1cm^{3}あたりの重さを密度といいます。

	しきり板を引き抜いたときの水そうの中のようす	暖かい空気と冷たい空気の密度の大きさの関係
1	Ｘの空気は水そうの下部でＹ側に移動し，Ｙの空気は水そうの上部でＸ側に移動した。	暖かい空気は冷たい空気より密度が大きい。
2	Ｘの空気は水そうの上部でＹ側に移動し，Ｙの空気は水そうの下部でＸ側に移動した。	暖かい空気は冷たい空気より密度が大きい。
3	ＸとＹの空気は不規則に混じり合った。	暖かい空気は冷たい空気より密度が大きい。
4	Ｘの空気は水そうの下部でＹ側に移動し，Ｙの空気は水そうの上部でＸ側に移動した。	暖かい空気は冷たい空気より密度が小さい。
5	Ｘの空気は水そうの上部でＹ側に移動し，Ｙの空気は水そうの下部でＸ側に移動した。	暖かい空気は冷たい空気より密度が小さい。
6	ＸとＹの空気は不規則に混じり合った。	暖かい空気は冷たい空気より密度が小さい。
7	Ｘの空気は水そうの下部でＹ側に移動し，Ｙの空気は水そうの上部でＸ側に移動した。	暖かい空気と冷たい空気の密度は同じ。
8	Ｘの空気は水そうの上部でＹ側に移動し，Ｙの空気は水そうの下部でＸ側に移動した。	暖かい空気と冷たい空気の密度は同じ。
9	ＸとＹの空気は不規則に混じり合った。	暖かい空気と冷たい空気の密度は同じ。

熱を伝えやすい金属製(きんぞくせい)の同様のコップ２つを用意して，空気中の水蒸気が水滴(すいてき)に変わるようすを調べるために，エアコンが付いていない部屋と付いている部屋で<実験４>を行いました。ただし，どちらの部屋も部屋の広さは同じで，それぞれの部屋の中の空気に含まれる水蒸気の量は同じであるものとします。

<実験４>

① エアコンが付いていない部屋での実験

・エアコンの付いていない室温30℃の部屋で金属製のコップに室温と同じ温度の水を入れ，氷水を少しずつ入れた。

・コップの表面に水滴がつき始めたら，氷水を入れるのをやめて，コップの中の水温と部屋の温度を測定した。

② エアコンが付いている部屋での実験

・室温30℃の部屋のエアコンを１時間作動させた。1時間後に，部屋の温度を測定すると27℃であった。室温27℃の部屋で金属製のコップに室温と同じ温度の水を入れ，氷水を少しずつ入れた。

・コップの表面に水滴がつき始めたら，氷水を入れるのをやめて，コップの中の水温と部屋の温度を測定した。

その結果を**表３**にまとめた。**表４**はそれぞれの気温における$1m^3$の空気が含むことができる最大の水蒸気の重さ〔g〕を示したものである。

表３

	①エアコンが付いていない部屋	②エアコンが付いている部屋
温度〔℃〕	30	27
コップの表面に水滴がつき始めたときの水温〔℃〕	26	14

表４

気温〔℃〕	$1m^3$の空気が含むことができる最大の水蒸気の重さ〔g〕
14	12.1
18	15.4
22	19.4
26	24.4
30	30.4

(カ) エアコンで室内の温度を下げると，室内の水蒸気の量が減少します。＜実験４＞を行った部屋の容積を$50m^3$とすると，エアコンを作動させた１時間に減少したこの部屋の水蒸気は何gですか。整数で答えなさい。ただし，この１時間に新たに水蒸気は供給されないものとします。

問七　――３「私は失望した」とありますが、それはなぜですか。四十字以内で答えなさい。

問八　――４「窓の外から、ジェットコースターの走行音と、悲鳴に近い歓声が聞こえてきた」とありますが、これに関する説明としてもっともふさわしいものを次の中から選び、番号で答えなさい。

1　高い地点から地上の様子をながめていた「私」が、少しずつ観覧車の終着点に近づきつつあるということ。

2　観覧車の中で自分と同年代の父の姿を見ていた「私」が、幻覚から覚めて現実に引き戻されたということ。

3　観覧車にはいないはずの「私」が見えたことで、驚いたジェットコースターの観客が歓声をあげたということ。

4　観覧車の中で思いつめている「私」とは対照的に、ジェットコースターの乗客は恐怖感に興じているということ。

問九　～～「乗るのは、ここを開園した十七年前のオープン記念の時以来か」とありますが、「私」がこれまで観覧車に乗らなかったのはなぜですか。その理由としてもっともふさわしいものを次の中から選び、番号で答えなさい。

1　観覧車に乗る機会を作ろうと思えばいくらでもできたはずだが、経営するリゾート施設の運営が順調だったために多忙を極めていて、いつも後回しになってしまったから。

2　観覧車に乗ること自体は子どもの時から好きだったが、自分が大人になるにつれて、子どもの頃のような純粋な喜びを味わえなくなってきているかもしれないと感じたから。

3　観覧車を見るにつけ、それに乗るのが好きだった子どもの頃を自然と思い出してしまうが、その頃の不憫(ふびん)さもいっしょに思い出されるので、知らず知らず遠ざけていたから。

4　観覧車に乗る機会はその気になればいくらでもあったはずだったが、乗った時に今はもう会えなくなっている大切な人と出会えないかもしれないことが怖いと思ったから。

問四 [ ] ①〜⑧の「観覧車」を時間的な視点から三つのグループに分けるとどうなりますか。もっともふさわしいものを次の中から選び、番号で答えなさい。

1 ①②③・④⑤・⑥⑦⑧
2 ①④・②⑤⑧・③⑥⑦
3 ①④⑥⑧・②③・⑤⑦
4 ①⑤⑧・②③⑥・④⑦

問五 ――1「私の高揚は長くは続かなかった」とありますが、この時の「私」はどのような心情だったと考えられますか。その説明としてもっともふさわしいものを次の中から選び、番号で答えなさい。

1 様々な理由から観覧車に乗る機会がなかったため、久しぶりに乗ることで、今までに感じたことのない不思議な感覚を覚えている。
2 自分が孤独であることをはっきりと認識するとともに、ゴンドラが上昇を続けていくことで心の中に不安と恐怖がふくらんでいる。
3 初めて観覧車に乗った時の興奮を改めて味わいたいと思ったものの、年齢を重ねることでそうした期待感がうすれてしまっている。
4 観覧車が少しずつ上昇を続けている状況の中で、このまま地上に戻れないのではないかという現実的な感覚と心細さが生じている。

問六 ――2「それ」が指し示す内容としてもっともふさわしいものを次の中から選び、番号で答えなさい。

1 他人には真似のできない特別な商才を発揮した父が、隣街のホテルの買収などによって継いだ家業である旅館の経営を順調に拡大させたということ。
2 経営者としては決して押しが強いわけではなかった父が、親から譲り受けた身代のより発展的な拡張を可能にする幸運を手に入れられたということ。
3 聞き上手な父が、どんなに難しい仕事であっても従業員の意見をていねいに取り入れて、ねばり強く取り組むことによって成功に導いたということ。
4 自らの力を発揮して得た成功を他者の手柄にするような父が、他人から間抜けなやつとして扱われたとしても、それを思い悩まなかったということ。

をあげた。酷い酔い方をしたに違いないと考えて、目の前の幻覚を消すために手のひらで顔をこすった。そんなことはすべきではなかった。後からどれだけ後悔したことか。もう一度、顔を上げた時には、父の姿は消えていた。

(中略)

⑧観覧車が標高八百二十メートルの頂点に近づいていく。

雲が去り、真正面の空に月が見えた。満月だ。数時間前に沈んだ太陽からきんぴかのメッキを剝がして、再び空へ放り出したようだった。

高原の空気が透き通り、ひりひり肌を刺す季節だからか、月は暗い海の岸辺がわかるほど鮮やかだった。地表から見上げるよりずっと大きく見えた。月はまだ低く、私の乗ったゴンドラはそのさらに上の高みに達しているふうに思えた。まるで大円の月を見下ろしているかのように。

静かだった。隣で遼子が息をのむ。私はずっと月を見ていた。

(荻原浩『月の上の観覧車』改変した部分があります。)

問一 ――ア～オについて、カタカナは漢字に直し、漢字は読みをひらがなで答えなさい。

問二 あ・い に共通してあてはまるもっともふさわしい語を次の中から選び、番号で答えなさい。

1 しかし　2 だから　3 つまり　4 そして

問三 ==A「そもそも」・B「息をのむ」の本文中での意味としてもっともふさわしいものを次の中からそれぞれ選び、番号で答えなさい。

A「そもそも」

1 元来　2 だいたい　3 あらかた　4 予想通り

B「息をのむ」

1 予想外の出来事に息をはき出す。　2 美しさに見とれて一瞬息を止める。

3 緊張しすぎて息が苦しくなる。　4 気づかれないように息をおさえる。

途中の記憶は曖昧だが、乗ってからのことは鮮明に覚えている。私は夜景には目もくれず、ひとつ下のゴンドラばかり眺めていた。そこにいるかもしれない誰かの姿を探して。

車輪が四分の一周を過ぎ、ゴンドラの中が見通せるようになった。そのとたん、3私は失望した。女性の姿はあったが、当時流行りだったオードリー・ヘップバーン風のショートカットで、顔は似ても似つかない丸顔。隣ににやけ顔の男がいた。

ため息をついて、首を戻した。

反対側の座席に、父が座っていた。

「どうしたの、いきなり⑥観覧車に乗るなんて言いだして」

遼子の声が、私を高原のゴンドラに引き戻した。

どうしてだろう。乗ろうと思えば、機会はいくらでもあったのに。

怖かったのかもしれない。

また誰かに出会うことが、ではなく、出会えないかもしれないことが。

五十年近く前、⑦観覧車の中で出会ったのは、私と同年輩の父だった。

窓の外はすでに暗かったが、月明かりのせいか、観覧車のイルミネーションのためなのか、ゴンドラの中はぼんやりと明るかった。

そのほのかな明かりの中に、若かりし頃の父がいた。

戦前には写真を撮ることは特別な行事で、しかもこの頃、父は単身東京に出てきている。そうした余裕がなかったのか、疎開のごたごたで散逸してしまったのか、青年時代の写真は一枚も残っておらず、私は二十代の頃の父の姿をまったく知らない。それでもすぐに父だとわかった。

額から眉にかけて、子ども時分に竹馬から落ちたためだという縫い傷があった。そう酷いものではないのだが、片眉が少し欠けて見える独特の傷痕だ。Aそもそも驚くほど私に似ていた。服と髪形だけすげ替えて、鏡に映したように。

二十代の父は、当時の人間としては髪が長かった。傷を隠すように前髪を額に垂らし、顎に指をあて、物憂げに窓の外を眺めていた。長い髪の上にはベレー帽。身につけている民族衣装風のシャツは、確かルパシカという名の、昔の画家が好んで着ていた服だ。写真館で、芸術家を気取ってポーズをつけている自意識過剰の若者、ひとことで言えば、そんな印象だった。

4窓の外から、ジェットコースターの走行音と、悲鳴に近い歓声が聞こえてきた時、私はようやく見えるはずがないものが見えていることに驚怖し、声

父は老舗(しにせ)旅館の三男だった。次兄が戦死し、終戦の年に長兄も病死したために、本来ならば継ぐことはなかったはずの家業を継いだ。

戦後の観光ブームに乗って、経営は順調だった。先代である祖父の死後、いっさいを任された父は、敷地内に地上五階建ての新館をオープンさせた。私が高校二年、日本に特需(とくじゅ)景気が訪れ、まもなく高度成長という特急列車に乗り換えようとしていた時期だ。これが当たった。東京の大学に通いはじめた頃には、新館は本館になり、旅館の名の後にホテルの三文字が加わった。さらに二年後、父は本館より大きな隣街のホテルを買収した。

父には商才があったようだ。母の死と引き換えに幸運も手に入れたのだろう。

誰かを大声で怒鳴りつけたり、強引に自分の意見を主張したりする人ではなかった。優男(やさおとこ)風の外見も押しの強さとは無縁で、息子である私の目にも親から身代(しんだい)を譲り受けただけのボンボンにしか映らないのだが、人の器にもいろいろあるらしい。父の器は他人が中を満たしたくなる器だったのだと思う。

父は聞き上手だった。人の言葉にオソッチョクに耳を傾け、自分で決断を下した事業でも、成功すると発案者や現場の手柄にした。私にも経験があるが、同族会社のトップはどれだけ努力をしても、他人にはなかなかそれを認めてもらえない。普通の仕事を普通にこなしているだけでは、往々にしてぼんくら扱いされる。父はそれを苦にしなかった。2それはひとつの才能と呼べるものだ。

(中略)

父が倒れたという手紙が義母から届いた日、私は後楽園球場にいた。長嶋が新たなスタァとなったばかりで、王がまだ二本足で打っていた頃だ。巨人ファンばかりの観衆の中で、私は故郷の球団である広島カープを応援していた。創設以来、優勝はおろか、一度も勝率五割に達したことのないチームだった。秋風が吹く頃で、その年も優勝にはほど遠い成績で終わることは明白だった。先発は西鉄(にしてつ)から移籍してきた河村。この試合にカープが勝ったら、広島に帰ろう。決断することを恐れた私は、自分に博打(ばくち)を打った。にもかかわらず試合の結果はまるで覚えていない。結論が怖くて、酒を飲みはじめ、したたか酔ってしまったからだ。

気がついた時には、一人で後楽園の⑤観覧車の乗り場にいた。閉園直前だったのだろう、辺りはもう暗くなっていた。

なぜこの時、一人で観覧車に乗ろうなどと考えたのか、ただでさえ遠い昔のことだし、それまでの記憶は酒に消されているから、いくら首をひねっても、まるっきり思い出せないのだが、ただひとつ確かなことは、私の頭上に月があったことだ。半月だったと思う。いま考えると、その月を見て、何かを予感したのかもしれない。

背を向けていたその女性がふいに、私の視線に気づいたようにこちらを振り返った。かすかに微笑んでいた。心配しなくても平気、と私をなだめるふうに。

私の目は、鳥のように丸くなっていただろう。

その顔は、先年、病で亡くなった私の母のものだった。

見間違いではない。いまでもそう信じている。私には母が生きていた頃の記憶はないのだが、その年齢の時には、まだ生々しく残っていたはずだ。目に焼きついている特徴的な髪形も、後になって、父が新しい母を迎えるまで仏壇に置かれていた写真とそっくりだった。

③観覧車を降りた私は、場外で待つ父のもとへは戻らず、自分のひとつ後ろのゴンドラから出てくる女性を待った。母によく似た女性、いや、死んだと聞かされたのは、実は嘘で、私たちのもとへ戻ってきた自分の母を。

ゴンドラは空だった。

母を見たことは、父には話さなかった。当時の私は夜中にしばしば母の夢を見、母を呼んで飛び起きることが再三あったそうだ。私がその話をすれば父が悲しむことを、子どもなりの分別(ウ)でわかっていたのだと思う。

だから私には、生前の母の記憶がなくても、面影が頭に刻まれている。

高原の観覧車は夜空へゆっくり上昇し、時計の九時の高さになった。ここからがこの④観覧車の醍醐味だ。左手の稜線の先に視野が開け、眺望を楽しむことができるのだ。山麓は、春には淡く夏は濃い緑一色になる。秋には紅葉の赤や黄に染まる。冬にははるか遠くの銀嶺が望める。運が良ければ一面の雪景色も。

日がとっくに暮れているいま、目の前にあるのは、広大な闇だ。

闇にも色と風景がある。手前の山裾は漆黒。空の黒は淡い墨の色。雲はさしずめ筆のかすれ。墨をいちだん濃くしたような彼方(エ)の稜線の下では、街の灯が不規則な点描となっている。淡い黄色の光の帯は国道だ。ここを夜間営業にしなかったことが残念に思えた。月の光が明るいせいか、星は少ない。

「何を考えてるの」

遼子が問いかけてきた。答えるべきかどうか迷ってから、曖昧に呟く。

「いや、別に何も」

父のことを考えていた。

観覧車には、不思議な思い出がある。

私がまだ幼かった頃だから、いまから六十何年も前だ。戦前だったか戦中だったか、はっきりした日付けは記憶していないのだが、戦局が厳しくなってきた頃には、遊園地の乗り物の金具ひとつでさえ軍事物資として供出され、兵器に変えられていたはずだから、おそらく昭和十六年、遅くとも十七年あたりだったと思う。どちらにせよ、東京の空襲が激しくなり、父が故郷に疎開する前の、一家で東京に暮らしていた一時期のことだ。

場所はどこだったろう。当時の私の家から長く移動せずに行けた所であるなら、鶴見の花月園か玉川の読売遊園、どちらかのはずだ。

生まれて初めての観覧車だった。親子三人で乗った。飛行機は交通手段ではなく兵器であり、乗るとするなら航空隊に入るしかない時代だ。空の高みに昇る浮遊感と、刻々と変わっていく地上の景色は、幼い私を興奮させた。

味をしめた私は、もう一度乗りたいと、ずいぶん駄々をこねたらしい。このあたりの事情は、何年も経ってから父に聞かされたものだが、私よりもっと幼かった妹は、逆にすっかり怯え、ゴンドラの中で泣き通しだったそうだ。しかたなく父は、私をひとりで乗せた。この頃の父は私たち兄妹に甘かった。不憫だと思っていたのだろう。

二度目の空中遊覧に私はイウチョウテンだった。なにしろ一台をまるごと独占できるのだ。私はゴンドラの中を右に左に移動し、小さくなっていく人間や建物に歓声をあげ、近づいてくる雲にまばたきを忘れた。当時は想像上の乗り物でしかなかった宇宙船の操縦士になった気分だった。

時刻は夕暮れ時。これは確かな記憶だ。ガラスはなく鉄柵が嵌めこまれただけの窓の向こう、薄暮の空に白く薄い月が昇っていたのを、いまでも覚えている。上弦の細い弓のかたちの月だったことも。

1私の高揚は長くは続かなかった。自分が独りぼっちで空の上にいる。その当たり前の事実に、幼い頭が遅ればせながら気づいたからだ。面白がって小道をどんどん進んでいるうちに、ふいに辺りが見たこともない風景になっていることに気づき、心細くなって振り返ると、一緒に歩いていたはずの道連れが誰もいない。そんな孤独。しかも孤独の空間は空の高みに向けて、じわじわと上昇を続けている。

このままゴンドラが昇り続け、二度と地上へ戻れなくなるのではないか、という妄想に囚われはじめたとたん、息が苦しくなった。鉄柵で囲われた空間が、自分をどこかへ連れ去ろうとする牢獄に思えてきた。色を失いつつある空を眺めることが恐ろしくなり、反対側の窓を覗くと、そちらでは幾重にも交差した鉄製のスポークがぎしぎしと動いていた。幼い目にはとてつもなく大きく見えた②観覧車の駆動装置としては、スポークは細く頼りなく、いまにも折れてしまいそうだった。孤独と上昇への不安に、落下の恐怖が加わった。［い］、私は下ばかり見つめた。地面がまだそこにあり、人々の喧騒が途絶えていないことを確かめるために。

ゴンドラが頂点に達した時、ひとつ後ろのゴンドラの中が見通せるようになった。すぐ近くに人がいることに、私は少しだけ安堵した。そこには、私と同様に女性がたった一人で乗っていた。藤鼠色の着物姿で、縁を内巻きにした一枚貝を思わせる髪形をしていた。

【二】 次の文章は、妻である遼子を四年前に亡くした「私」が、自らの経営するリゾート施設の観覧車に乗る場面から始まります。これを読んで、後の問いに答えなさい。

「社長、よろしいのでしょうか、お一人で」

佐久間が半円形の窓の向こうから気づかわしげに問いかけてきた。芳しいとは言えない私の体調を慮っているのだろう。硬く小さな椅子の感触をむしろ楽しみながら、私は頷いた。

「うん、構わないよ。ドアを閉めてくれ」

硬質プラスチックを嵌めこんだ扉が閉じると、乗り場を照らしていたライトが消え、半円の小部屋が外と同じ闇に包まれた。佐久間がベテラン秘書らしい慇懃さで直角のお辞儀を寄こしてくる。遊園地の①【観覧車】で空を一周するだけだというのに、大げさな。誰かの深いため息に聞こえる始動音がし、ゴンドラが小さく震えた。

観覧車は私の会社が所有するリゾート施設のアトラクションのひとつだ。直径六十メートルという大きさは、大都市の遊園地やテーマパークに設置される超大型に比べれば、こぢんまりしたものだろうが、スパリゾートのアフタイ施設であるこの遊園地の中では、唯一と言える呼び物だ。高原という立地を生かした景観が自慢で、ゴンドラが頂点に達した時の標高は八百二十メートル。これだけは日本屈指の数字だ。一周、十五分。

遊園地の営業時間が終わった後に、無理を言って動かしてもらった。【あ】、乗客は私一人。乗るのは、ここを開園した十七年前のオープン記念の時以来か。経営者なんて、そんなものだ。

ゴンドラがゆっくり動き出した時、再び扉が開いた。佐久間か。来なくていいと言ったのに、危ないじゃないか。首を振り向ける前に、声が飛んできた。

「わたしも一緒に行く。いいでしょう」

遼子の声だった。有無を言わせぬきっぱりした口調は、私に驚く暇も与えなかった。

「まるで、決死隊だな」

私は動揺を隠して、軽口めかした呟きを漏らした。左右二人分ずつのベンチのこちら側、私の隣で遼子が囁き返してきた。五十年前、初めて会った時と同じ、小さな笑いをふくんだ声で。

「でも、そうでしょう。あなたの顔に書いてある」

問九　――3「本書のキーワードである『はみだし』」とありますが、筆者はこの「はみだし」という言葉を通じて、この後の文章でどのような主張をしていくと考えられますか。その説明としてもっともふさわしいものを次の中から選び、番号で答えなさい。

1　現在与えられている状況に満足することなく、常に未知の状況に「はみだし」て挑戦し続けることで、他人とは異なる自分の個性を磨くことができる。

2　世界に存在する様々な境界線を「はみだし」て異なる文化や社会に身を置くことで、乗り越えられない他者との差異に直面するのも良い経験である。

3　多くの人々が当然だとしている常識から「はみだし」た存在であることで、他者との差異をもとに自分の存在を確固たるものとして認識できる。

4　すでに存在する他者との境界線を自明なものとせず、境界から「はみだし」た部分で共鳴できるような他者とのつながりを追い求めるべきである。

問六　本文中の ① ～ ④ には、「首飾り」・「腕輪」のいずれかの語が入ります。「首飾り」ならば「A」、「腕輪」ならば「B」でそれぞれ答えなさい。

問七　――2「この『比較』は別の意味で、私たち自身の文化や社会のあり方を再考するきっかけとなるのです」とありますが、なぜそう言えるのですか。その説明としてもっともふさわしいものを次の中から選び、番号で答えなさい。

1　一見すると異なるように見える文化や社会の背後に、隠された共通の構造が見出されることにつながるから。
2　異なる文化や社会における違いが見出されることで、両者の間にある境界線の存在が明らかなものになるから。
3　差異を強調するよりも共通点に注目すると、異なる文化や社会の人たちとわかり合うことができるから。
4　人々の営みが表面的に異なっていたとしても、種として同じ人間であることには変わりがないから。

問八　――Y「差異を強調するような比較」・――Z「差異を疑うような比較」に関連して、次の問いに答えなさい。

(1)　次の1～5はそのどちらに対応していると言えますか。「差異を強調するような比較」ならば「Y」、「差異を疑うような比較」ならば「Z」でそれぞれ答えなさい。

1　文化人類学が描いてきた「民族誌」
2　サイードによるヨーロッパとオリエントの捉え方
3　日本における嫌韓や嫌中の考え方
4　旧ユーゴスラビアにおける独立紛争
5　本文の筆者が重要視している立場

(2)　――Z「差異を疑うような比較」に基づいて、外から見ると異なるように見えるニューギニアの「クラ」と日本の「年賀状」は具体的にどのような点が似ていますか。三十字以内で答えなさい。

を描く。それはオリエントの姿そのものというよりも、道徳的で文明の進んだヨーロッパという自己像を確立するために一方的に利用され捏造されたイメージにすぎない。だから表象された「オリエント」はヨーロッパの欠かせない一部だったのだ。サイードは、こう批判したのです。

1　オリエント世界は、ヨーロッパとは全く異なる文明でありそもそも比較するべき対象ではないのに、ヨーロッパが自己像を確固たるものにするために、野蛮で暴力的な世界であると表象されたのではないか、という問い。

2　オリエント世界は、もともとヨーロッパ文化の根幹をなす文明であり、前者が優れていることは明らかであるが、ヨーロッパが自らの植民地支配を正当化するために、劣った世界であるというイメージが捏造されたのではないか、という問い。

3　オリエント世界は、本来ヨーロッパとは切っても切り離せない関係であったにもかかわらず、ヨーロッパが自らの文明を先進的なものとして確立させるために、価値観の全く異なる遅れた世界だとみなされたのではないか、という問い。

4　オリエント世界は、心のもっとも奥深いところではヨーロッパと通じ合った存在である一方で、ヨーロッパと歴史的に敵対関係にあったがために、本来の姿とはかけ離れた未開の地域であると描かれてきたのではないか、という問い。

問五　本文中のXの部分で説明されているフレドリック・バルトの主張について、生徒A～Dが議論をしています。このなかでバルトの主張の主旨を正しく理解していない生徒を一人選び、番号で答えなさい。

1　生徒A：バルトが言っているのは、文化が異なるから異なる民族になったのではなくて、異なる民族として区切られてしまったことで文化の違いが強調されるようになった側面がある、ということかな。

2　生徒B：そうだね。確かにアフリカの国境線を見てみると、直線になっているところがあるよね。支配者によって国境線で区切られたことで、元々はあまり違いのなかった人たちが、違うものとみなされてしまったのかもしれない。

3　生徒C：実際に、日本もアメリカも中国も、それぞれ異なる文化を持った異なる民族なわけだし、実際に違いは存在するからそれはなかなか難しいよね。違いがあることで自分の存在が明確になるという側面もあるし。

4　生徒D：なるほど、クラス内のいじめの問題に置き換えてみると、同じクラスの仲間なのにいきなり境界線を引いていじめの標的を作ることで、「標的とは違う自分たち」という存在が明確になるわけだ。

問一 ——ア～オについて、カタカナは漢字に直し、漢字は読みをひらがなで答えなさい。

問二 本文中の あ ～ う に入る語としてもっともふさわしいものを次の中からそれぞれ選び、番号で答えなさい。ただし、同じ番号を二度選んではいけません。

1 多様性　2 偶然性　3 普遍性　4 実用性

問三 本文中の A ～ D に入る語としてもっともふさわしいものを次の中からそれぞれ選び、番号で答えなさい。ただし、同じ番号を二度選んではいけません。

1 このように　2 つまり　3 けれども　4 たしかに　5 たとえば

問四 ——1「サイードが投げかけた問い」について、筆者は本文の別の箇所で次のように述べています。その内容を踏まえて、「サイードが投げかけた問い」について説明したものとしてもっともふさわしいものを次の中から選び、番号で答えなさい。

ある対象を描いたり、表現したりすることを「表象する」と言いますが、サイードは、そうした異文化の表象に植民地支配につながる権力性や暴力性があると批判したのです。オリエント世界がヨーロッパとは正反対のものとして描かれてきたのは、ヨーロッパ自身の道徳的で文明的な自己イメージを確立するためだった。サイードは次のように書いています。

オリエントは、ヨーロッパにただ隣接しているというだけではなく、ヨーロッパの植民地のなかでも一番に広大で豊かで古い植民地のあった土地であり、ヨーロッパの文明と言語の淵源(えんげん)であり、ヨーロッパ文化の好敵手であり、またヨーロッパ人の心のもっとも奥深いところから繰り返したち現われる他者イメージでもあった。そのうえオリエントは、ヨーロッパ(つまり西洋)がみずからを、オリエントと対照をなすイメージ、観念、人格、経験を有するものとして規定するうえで役立った。……それは、ヨーロッパの実体的な文明・文化の一構成部分をなすものである。

(『オリエンタリズム　上』今沢紀子訳)

「かれら」とは違う「わたしたち」をつくりだすために、キリスト教の価値観とそぐわない、近代文明より遅れた社会としてオリエント世界

忙しい時期にわざわざ専用の葉書を用意し、プリンターと格闘したり、メッセージを手書きしたりしながら、せっせと年賀状のやりとりをしています。何年も会っていない人にも「今年もよろしくお願いします」と書きますよね。なぜそんなことを続けているのでしょうか？　ニューギニアの島々の人にその話をしたら、なんでそんなことをやっているんだ、と不思議がられるかもしれません。

私たち自身も外の人から見れば不思議なことをやっている。それでも、クラ交換のような習慣を一方的に異質で理解不能だと感じるのです。ここでも差異が「比較」をとおしてつくりだされていることにお気づきでしょうか？

最初からニューギニアの人びとと日本に暮らす人は違うという前提があるので、クラのような一見不思議に見える習慣を彼らがもっていると、「ああ、やっぱり違うんだ」と思ってしまう。

日本とニューギニアのあいだに引かれた境界線に[エ]ソって「差異」が見つけだされ、その境界線の存在が再確認される。文化人類学も、かつてはこの差異の比較を利用して、西洋近代が人間の唯一のあるべき姿ではない、という批判の根拠にしてきました。

でも、いま文化人類学は、その「比較」の意味を別の角度からとらえようとしています。

日本とニューギニアがたんに違うというだけでなく、共通性をもつ人間の営みとしてとらえることもできる。近代化した社会でも、ニューギニアの人びとと同じように不思議な贈り物のやりとりをしている。かならずしも市場経済という近代の制度だけに覆われているわけではない。そこには人類に普遍的な何かが[オ]潜んでいるかもしれない。[2]この「比較」は別の意味で、私たち自身の文化や社会のあり方を再考するきっかけとなるのです。[Y]

文化人類学が大切な手法としている「比較」には、二つの種類があります。ある集団と別の集団をその境界にソって別のものとして差異を強調するような比較[Z]（日本とニューギニアはこんなに違う！　近代社会と近代以前の社会には大きな溝がある！）と、その境界線の引き方や差異を疑うような比較（日本人とニューギニア人ってまったく違うと言えるのか？　近代化しても変わらない［う］があるのではないか？）です。

じつはこれこそが、それぞれの輪郭を強調するつながりと、輪郭が溶けるつながりという、この章の最初に述べた二つのつながりに対応しています。「わたしたち」と「かれら」の「つながり」を、それぞれの差異を強調する方向で比較するのか、別の境界線の引き方や境界線を越えて共有される側面に注目して比較するのか。

[3]本書のキーワードである「はみだし」とは、その境界線を越えて交わりが生まれることに注目する視点です。まだうまくつかめない、という方もいると思いますが、大丈夫です。次章以降、少しずつ解きほぐしていきましょう。

（松村圭一郎『はみだしの人類学』改変した部分があります。）

[A]人類学者が世界中の民族を調べていくと、ほとんど同じ構造の言語を使い、共通した文化要素がたくさんあるにもかかわらず、「わたしたち」と「かれら」は全然違う集団だと考えているケースがたくさんあることがわかってきました。[B]、文化が異なるから異なる民族が生まれるわけではないのです。

[C]、セルビアやクロアチアなどに分裂した旧ユーゴスラビアでは、別々の国に分かれたセルビア人やクロアチア人などの言語は、文法や発音などがほぼ同じです。それぞれの言語のヒョウジュン語の違いよりも、言語内の方言の違いのほうが大きいと言われています。言語や文化が共通していて、それまでは交じり合って生活していたのに、独立紛争のなかでその違いが強調され、互いに殺し合うまでになってしまった。境界線が民族の違いを鮮明にした例と言えるでしょう。

[D]世界をとらえると、私たちの常識的な見方を変える必要がでてきます。単純に○○族がいるとか、これが○○文化だ、という話にはならない。こうして文化人類学は、民族間の関係そのものに目を向け、その差異がつくりだされるプロセスに注目するようになりました。

民族を境界線から考える見方は、隣接する集団間の関係をとらえるときだけにあてはまるわけではありません。それは文化人類学にとって大切な「比較」という手法とも関係しています。

人類学者は、ずっと自分たちとは異なる未知の文化に魅了されてきました。イギリスの人類学者マリノフスキ（一八八四～一九四二）は、ニューギニアのトロブリアンド諸島とその近くの島々で行われている「クラ」という贈与交換についてメンミツな調査をしました。

このクラは、それぞれの島の首長たちがカヌーの遠征隊を組織し、海を越えて宝物を贈り合う習慣です。このとき贈り物として相手に渡されるのが、赤い円盤状の貝の首飾りと白い貝を磨き上げた腕輪の二つ。

どちらの贈り物を相手に渡すかは、島と島の位置関係によって決まっています。たとえば、諸島の西側にある島では、北方の島の相手に[①]を贈り、[②]を受けとる。そして南方の島からは[③]を受けとり、北方の島からもらった[④]を渡す。こうして島々のあいだを首飾りは時計回りに、腕輪は反時計回りに動くように次つぎと贈られていきます。ほんと不思議ですよね。

首飾りも腕輪も、それほど[い]はなく、外部の人間にはそれ自体に価値があるようには思えないものです。それでも、島々の男たちはそのプレゼントの交換に熱狂し、命をかけて荒海へとカヌーを漕ぎ出します。

このクラを、遠い異質な世界の不思議な習慣だと感じるかもしれません。なぜそんなことをするのか理解不能だ、と。でも、よく考えてみてください。

日本では正月に、いまも毎年一〇億枚以上の年賀状が全国を駆けめぐっています。メールやSNSの時代になって減ったとはいえ、多くの人が年末の

2024年度 中央大学附属横浜中学校

【国　語】〈第二回試験〉（五〇分）〈満点：一五〇点〉

（注意事項　句読点や記号は一字あつかいとします。）

一　次の文章を読んで、後の問いに答えなさい。

文化人類学は、さまざまな「民族」をア ケンキュウする学問として確立されてきました。この「民族」は、どのように定義できるでしょうか？

かつて民族は、固有の言語や文化、習慣をもつ人間集団だと考えられてきました。文化人類学のケンキュウも、それを前提に調査対象の範囲を選び、その文化の固有なあり方を「民族誌」として描きました。

1 サイードが投げかけた問いは、そういった民族のとらえ方には限界があることをあきらかにしました。異なる民族はそれぞれ、お互いの「つながり」によってかたちづくられている。そういうあらたな見方が登場したのです。

サイードと同時代の人類学者フレドリック・バルト（一九二八〜二〇一六）は、「エスニック・バウンダリー論」を提唱しました（『「エスニック」とは何か　エスニシティ基本論文選』）。これは、民族集団はそれぞれの言語や文化、習慣といった内側の要素から定義されるのではなく、境界（バウンダリー）を接している他民族との関係によって定義される、という理論です。

たとえば、日本人と韓国人と中国人というのは、歴史をたどると混じり合っているし、さまざまな歴史的な影響関係をへて、多くの文化を共有しています。さらに言うと、「日本人」といってもその内部には大きな［あ］があります。それでも、私たちは日本人という均質な集団がいて、そこに固有な文化があり、「韓国人らしさ」や「中国人らしさ」とは区別される「日本人らしさ」があると信じています。なぜそう思うようになったのでしょうか？

X

バルトは、文化の要素が違うから異なる民族になったというよりも、ある集団と別の集団のあいだに境界線が引かれることで、その差異が強調され、類似（るいじ）した要素が無視されたり、排除されたりするようになった。そうして異なる民族が生まれてきたのではないか、と考えました。

境界で区切られた二つの民族集団は、互いに地理的に近接していて、人の行き来が絶えない。でも、近くて似ているからこそ、互いに差異化しようと躍起（やっき）になる。「あいつらは〇〇だが、おれたちは△△だ」といった具合に。

日本に嫌韓（けんかん）や嫌中はあっても、嫌エチオピアとか、嫌ジンバブエはありませんよね。似ているからこそ違うと言いたくなる。その差異を見いだし、つくりだしていくうちに、だんだん内側の違う要素が強調され、固定されていったとバルトは考えました。

2024年度

中央大学附属横浜中学校 ▶解説と解答

算 数 ＜第２回試験＞（50分）＜満点：150点＞

解 答

1 (1) $\frac{4}{5}$ (2) $\frac{3}{8}$ (3) $\frac{8}{17}$ (4) 時速54km (5) 1720円 (6) 42本 (7) 20通り (8) 15枚 (9) 1122cm^2 (10) 40度 2 (1) 分速50m (2) 分速60m (3) 1260m 3 (1) 8.88cm (2) $4\frac{2}{41}$cm (3) $4\frac{108}{139}$cm 4 (1) 5回 (2) 15回 (3) 31, 32, 33, 36個

解 説

1 四則計算，逆算，通過算，差集め算，比の性質，場合の数，つるかめ算，面積，角度

(1) $3\div5\times2-6\div(2\times5)\div(3\div2)=\frac{3\times2}{5}-6\div10\div\frac{3}{2}=\frac{6}{5}-\frac{6}{10}\times\frac{2}{3}=\frac{6}{5}-\frac{2}{5}=\frac{4}{5}$

(2) $2-1\frac{7}{12}-3\frac{2}{3}\times23\div2024=\frac{24}{12}-\frac{19}{12}-\frac{11}{3}\times\frac{23}{2024}=\frac{5}{12}-\frac{1}{24}=\frac{10}{24}-\frac{1}{24}=\frac{9}{24}=\frac{3}{8}$

(3) $5\times8\div3=40\div3=\frac{40}{3}$，$2\div\frac{3}{4}=2\times\frac{4}{3}=\frac{8}{3}$より，$\frac{40}{3}+\frac{8}{3}\div\square=19$，$\frac{8}{3}\div\square=19-\frac{40}{3}=\frac{57}{3}-\frac{40}{3}=\frac{17}{3}$ よって，$\square=\frac{8}{3}\div\frac{17}{3}=\frac{8}{3}\times\frac{3}{17}=\frac{8}{17}$

(4) 右の図１のようになったとき，２つの列車の最後尾(さいこうび)どうしは，140＋160＝300(m)離(はな)れている。この12秒後に最後尾どうしが出会うから，２つの列車の速さの和は秒速，300÷12＝25(m)とわかる。これを時速に直すと，25×60×60÷1000＝90(km)になるので，もう一方の列車の速さは時速，90－36＝54(km)と求められる。

図１

(5) １個150円のりんごと１個180円のなしを同じ個数だけ買うときに必要な金額の差は，70＋260＝330(円)である。これは，180－150＝30(円)の差が買う個数だけ集まったものだから，買う個数は，330÷30＝11(個)とわかる。よって，太郎さんが持っているお金は，150×11＋70＝1720(円)と求められる。

(6) はじめのＡさんとＣさんの本数の比は３：５である。この後，Ａさんが６本もらうと，ＡさんとＣさんの本数が等しくなるので，この比の，５－３＝２にあたる本数が６本とわかる。よって，比の１にあたる本数は，６÷２＝３(本)である。また，はじめに配った本数は比の，３＋４＋５＝12にあたるから，３×12＝36(本)であり，このとき６本余ったので，鉛筆(えんぴつ)の本数は全部で，36＋６＝42(本)と求められる。

(7) はじめに全員に１個ずつ配ると，７－１×４＝３(個)残り，これを４人で分ける方法は，右の図２の３通りある。㋐の場合，３個もらう人の選び方が４通りある。また，㋑の場合，２個もらう人の選び方が４通り，１個もらう人の選び方が残りの３通りあるから，４×３＝12(通り)となる。さらに，㋒の場合，０個の人の選び方が４通りあるので，全部

図２

㋐（３個，０個，０個，０個）
㋑（２個，１個，０個，０個）
㋒（１個，１個，１個，０個）

で，４＋12＋４＝20(通り)とわかる。

(8)　タイルＡを□枚，タイルＢを△枚とすると，14×□＋25×△＝360という式を作ることができる。ここで，25と360は５の倍数だから，□も５の倍数になる。そこで，□に５の倍数をあてはめて調べると，□＝15のとき，△＝(360－14×15)÷25＝６となることがわかる。よって，タイルＡの枚数は15枚である。

(9)　下の図３で，三角形ACDと三角形CABは合同である。また，★印と☆印をつけた三角形もそれぞれ合同なので，かげのついた部分と斜線(しゃせん)部分の面積は等しくなる。よって，かげのついた部分の面積は，17×66＝1122(cm²)とわかる。

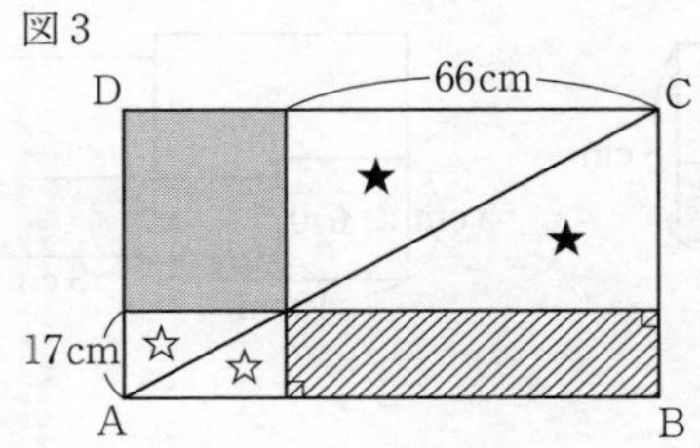

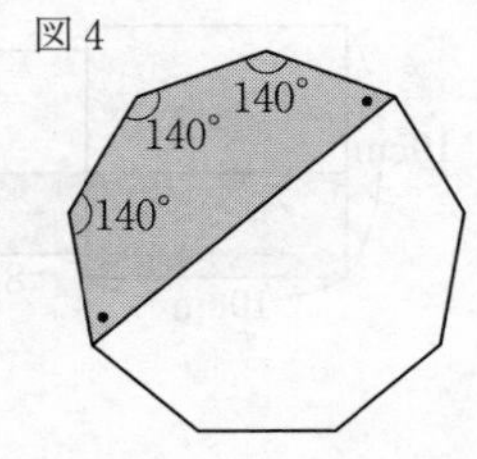

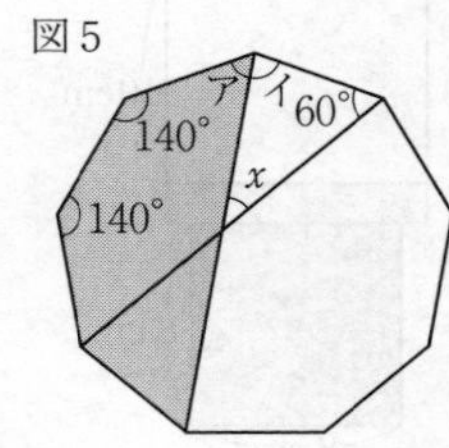

(10)　N角形の内角の和は，180×(N－２)で求められるから，九角形の内角の和は，180×(９－２)＝1260(度)であり，正九角形の１つの内角は，1260÷９＝140(度)とわかる。また，上の図４で，かげをつけた五角形は線対称(たいしょう)な図形なので，●印をつけた角の大きさは等しい。さらに，五角形の内角の和は，180×(５－２)＝540(度)だから，●印２個の大きさは，540－140×３＝120(度)となり，●印１個の大きさは，120÷２＝60(度)と求められる。次に，図４と上の図５のかげをつけた部分は合同なので，図５の角アの大きさも60度になる。よって，角イの大きさは，140－60＝80(度)だから，角xの大きさは，180－(60＋80)＝40(度)と求められる。

2　速さと比，旅人算

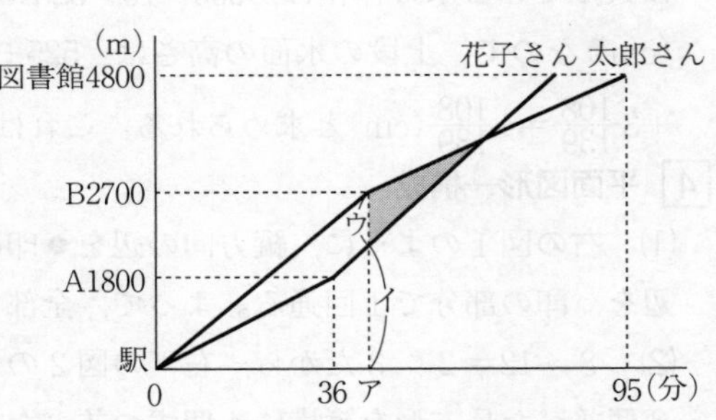

(1)　２人の進行のようすをグラフに表すと，右のようになる。はじめ，花子さんは36分で1800m歩いたから，花子さんのはじめの速さは分速，1800÷36＝50(m)である。

(2)　太郎さんが速さを変える前後で歩いた道のりの比は，2700：(4800－2700)＝９：７である。また，速さを変える前後の太郎さんの速さの比は，１：0.7＝10：７なので，太郎さんが速さを変える前後に歩いた時間の比は，$\frac{9}{10}$：$\frac{7}{7}$＝９：10とわかる。この和が１時間35分(＝95分)だから，速さを変える前に歩いた時間(ア)は，95×$\frac{9}{9+10}$＝45(分)と求められる。よって，太郎さんのはじめの速さは分速，2700÷45＝60(m)である。

(3)　速さを変えた後の花子さんの速さは分速，50×1.2＝60(m)であり，花子さんがこの速さで，45－36＝９(分間)歩いた道のりは，60×９＝540(m)なので，イ＝1800＋540＝2340(m)，ウ＝2700－2340＝360(m)とわかる。また，速さを変えた後の太郎さんの速さは分速，60×0.7＝42(m)だから，かげをつけた部分では２人の間の道のりは１分間に，60－42＝18(m)の割合で縮まる。よって，かげをつけた部分の時間は，360÷18＝20(分)なので，その間に太郎さんが歩いた道のりは，42×

20＝840(m)と求められる。したがって，花子さんが太郎さんを追いぬいたのは駅から，2700＋840＝3540(m)の地点なので，図書館から，4800－3540＝1260(m)離れた地点である。

3 水の深さと体積

⑴ 容器に入れた水の体積は，10×10×６＝600(cm³)である。また，１辺が８cmの立方体の体積は，８×８×８＝512(cm³)だから，容器をひっくり返すと，下の図１のように上段まで水が入る。図１で，上段に入っている水の体積は，600－512＝88(cm³)なので，上段の水面の高さは，88÷(10×10)＝0.88(cm)とわかる。よって，床からの水面の高さは，８＋0.88＝8.88(cm)である。

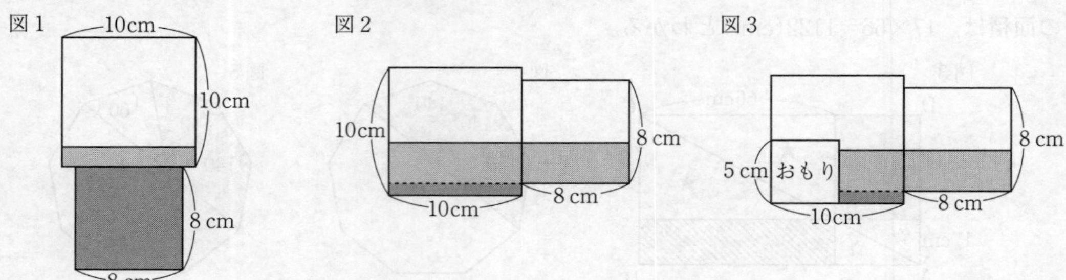

⑵ 容器をたおすと上の図２のようになる。図２で，下段の高さは，(10－８)÷２＝１(cm)だから，下段に入っている水の体積は，10×10×１＝100(cm³)となり，上段に入っている水の体積は，600－100＝500(cm³)とわかる。また，上段の底面積は，10×10＋８×８＝164(cm²)なので，上段の水面の高さは，500÷164＝$3\frac{2}{41}$(cm)と求められる。よって，床からの水面の高さは，１＋$3\frac{2}{41}$＝$4\frac{2}{41}$(cm)である。

⑶ 上の図３のように，水面の高さが５cmよりも低くなると仮定する。図３で，下段の底面積は，10×10－５×５＝75(cm²)だから，下段に入っている水の体積は，75×１＝75(cm³)であり，上段に入っている水の体積は，600－75＝525(cm³)となる。また，上段の底面積は，164－５×５＝139(cm²)なので，上段の水面の高さは，525÷139＝$3\frac{108}{139}$(cm)とわかり，床からの水面の高さは，１＋$3\frac{108}{139}$＝$4\frac{108}{139}$(cm)と求められる。これは５cmよりも低いので，仮定に合う。

4 平面図形―構成

⑴ 右の図１のように，縦方向の辺を●印の部分で４回，横方向の辺を○印の部分で１回通る。よって，全部で，４＋１＝５(回)通る。

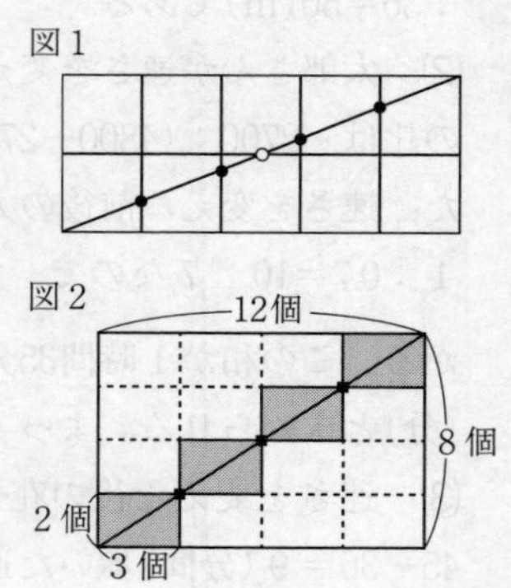

⑵ ８：12＝２：３だから，右下の図２のように，縦に２個，横に３個並べた長方形を縦横に４個ずつ並べたものと考えることができる。問題文中の図から，縦に２個，横に３個並べた長方形は辺を３回通ることがわかる。このほかに，長方形の頂点(図２の■印)を３回通るので，全部で，３×４＋３＝15(回)と求められる。

⑶ 横の個数を□個とする。６と□の間に１以外の公約数がないときは，図１のように辺だけを通る。このとき，縦方向の辺を通る回数(図１の●印の個数)は，横方向に並べた正方形の個数よりも１少ないから，(□－１)回と表すことができる。また，横方向の辺を通る回数(図１の○印の個数)は，縦方向に並べた正方形の個数よりも１少ないので，６－１＝５(回)とわかる。よって，辺を通る回数は全部で，□－１＋５＝□＋

４(回)と表すことができるから，□＋４＝35より，□＝35－４＝31(個)と求められる(６と31の間には１以外に公約数がないので，これは条件に合う)。次に，６と□の間に１以外の公約数がある場合は，下の図３～図５の場合がある。図３の場合，縦に１個並べた長方形を縦横に６個ずつ並べたものだから，長方形の頂点(■印)を５回通る。すると，１個の長方形の辺を通る回数は，(35－５)÷６＝５(回)とわかる。このとき，横方向の辺は通らないので，縦方向の辺を通る回数が５回となる。よって，１個の長方形の横方向に並んでいる正方形の数は，５＋１＝６(個)だから，□＝６×６＝36(個)と求められる。また，図４の場合，縦に２個並べた長方形を縦横に３個ずつ並べたものなので，長方形の頂点(■印)を２回通る。すると，１個の長方形の辺を通る回数は，(35－２)÷３＝11(回)とわかる。そのうち，横方向の辺を通る回数(○印)は１回だから，縦方向の辺を通る回数は，11－１＝10(回)となる。すると，１個の長方形の横方向に並んでいる正方形の数は，10＋１＝11(個)になるので，□＝11×３＝33(個)と求められる。同様に，図５の場合，縦に３個並べた長方形を縦横に２個ずつ並べたものだから，長方形の頂点を１回通る。すると，１個の長方形の辺を通る回数は，(35－１)÷２＝17(回)とわかる。そのうち，横方向の辺を通る回数は２回なので，縦方向の辺を通る回数は，17－２＝15(回)となる。したがって，１個の長方形の横方向に並んでいる正方形の数は，15＋１＝16(個)なので，□＝16×２＝32(個)と求められる。以上より，考えられる個数は，31個，32個，33個，36個である。

図３

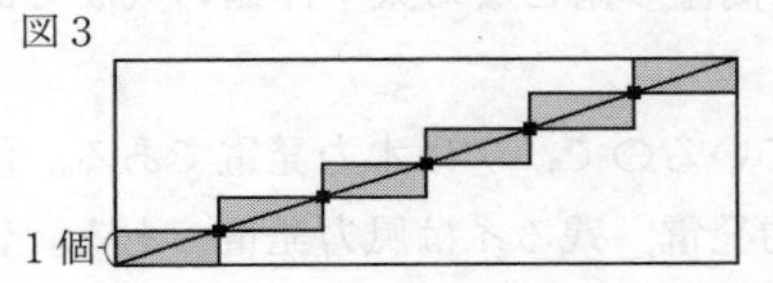

図４

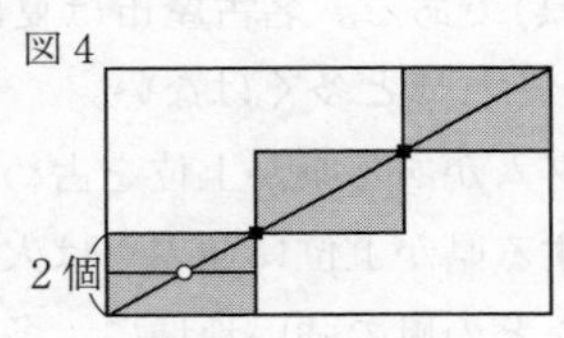

図５

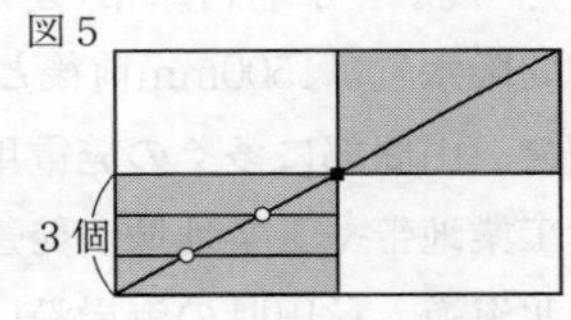

社会 ＜第２回試験＞（35分）＜満点：100点＞

解答

１ **問１** (1) **1** 白川郷 **2** 濃尾 **3** 木曽 (2) 2 **問２** 2 **問３** 3 **問４** 2 **問５** 4 **問６** 3 **問７** (1) 4 (2) 6 **問８** 3 **問９** (例) カボチャは一般的に夏から秋にかけて収穫されるが，気候が冷涼な北海道では少し遅い８月から12月にかけて収穫される。これに対して，南半球に位置するニュージーランドは日本とは季節が逆になることから，２月から５月にかけて収穫される。 ２ **問１** **1** 天武 **2** 壇ノ浦 **3** 戦国大名 **4** 譜代 **5** 石油 **6** 国際連合 **問２** (例) 源頼朝を中心とする源氏武士団は，挙兵したときは朝廷に対する反乱と見なされていたが，戦いが有利になると，朝廷から平氏を倒すことを命じられた。さらに，関東地方に朝廷とは別の政府である鎌倉幕府を開き，源平の戦いに勝利すると，武家政権を樹立した。 **問３** 土地(領地) **問４** (例) 法律を制定し，個人の財産や権利を保証するとともに，争いが起きたときには裁判を通して解決することで，社会の安定を図る。 **問５** (例) 軍事的・経済的に他の大名たちが逆らえない実力を持ったことと，アジアの国々と安定した関係をめざすなど，戦乱の時代を終わらせようとする姿勢が大名からの支持を得たから。 **問６** 講和 **問７** 1 **問８** 集団的自

衛権　**問９**　(例)　戦争は，国内や支配する地域において，だれが政治的な主導権を持つのかを決定する役割を持っていた。しかしながら，武器の発達により多くの犠牲を出した第二次世界大戦に対する反省と，核兵器の開発により核戦争が人類を滅ぼしかねない状況になったという危機感から，国際社会は戦争そのものを非合法化することになった。　**3**　**問１**　世論　**問２**　(1)　1　(2)　2→1→3　**問３**　3　**問４**　累進課税　**問５**　裁判員　**問６**　(1)　3　(2)　2　**問７**　(1)　2　(2)　4　**問８**　1

解　説

1　岐阜県の地誌を題材とした地理総合問題

問１　(1)　**1**　合掌造り集落で知られるのは岐阜県の白川郷である。1995年には，富山県の五箇山とともに「白川郷・五箇山の合掌造り集落」としてユネスコ(国連教育科学文化機関)の世界文化遺産に登録された。　**2**　岐阜県南部から愛知県北西部にかけて広がるのは濃尾平野である。名称は旧国名の「美濃」と「尾張」に由来している。　**3**　濃尾平野を流れ，伊勢湾に注ぐ木曽川・長良川・揖斐川の３つの河川は「木曽三川」と呼ばれる。このうち，岐阜県外から県境を越えて流れてくるのは，長野県に水源がある木曽川である。　(2)　夏の降水量が特に多い１は宮崎市，12～２月の平均気温が低い３は盛岡市(岩手県)，冬でも平均気温が20℃近くある４は那覇市(沖縄県)，残る２が名古屋市(愛知県)である。名古屋市は夏に高温多雨となる太平洋側の気候であるが，年間降水量は1500mm前後と，それほど多くはない。

問２　山間部に多くの発電用ダムがある県が上位を占めているので，アは水力発電である。沿岸部に工業地帯や工業地域が発達する県が上位に並ぶウは火力発電，残るイは風力発電である。青森県や北海道，秋田県の海岸沿いなどの風の強い地域に，多くの風力発電所が設けられている。

問３　大豆の最大輸入相手国はアメリカ合衆国である。アメリカ合衆国は日本にとってトウモロコシの最大輸入先でもあり，その割合は９割近くを占めている。また，国内最大の大豆の産地は北海道である。北海道が生産量１位である農産物は多いが，特にその割合が大きいのはジャガイモ，小麦，大豆である。

問４　1965年と2021年の貨物輸送量を比べて，割合があまり変わっていないＡは船舶，割合が大きく増えているＢは自動車，割合が大きく減っているＣは鉄道である(２…○)。なお，船舶の割合があまり変わらないのは，石油や石炭などの資源や自動車などの重い製品の輸送に利用されることが多いからである。自動車は旅客輸送においても大きく増えている。鉄道は貨物輸送においては地位が低下したが，自動車に比べて輸送量あたりの二酸化炭素排出量が少ないことなどから，近年は環境にやさしい輸送手段として，その価値が見直されてきている。

問５　イは化学と輸送用機械の割合が大きいことから，周南市で石油化学工業，防府市で自動車工業が発達している山口県が当てはまる。ウは輸送用機械の割合が大きいことから，太田市などで自動車工業が発達している群馬県が当てはまる。残るアは大阪府である。阪神工業地帯がある大阪府は，重化学工業を中心にさまざまな種類の工業が発達しており，出荷される製品の種類も多岐にわたる(４…○)。

問６　1　報道機関がニュースを伝える場合には，もとになる情報が正しいものであるかどうかを確かめることが何より大切である。　2　スーパーマーケットやコンビニエンスストアで商品を購入したさい，レジでバーコードを読み取り，商品に関する情報が本部などに送信される。そのためいつ，どこの店で，どのような商品が売れたかといった情報は，常に会社全体で共有されている。　３　近年は，バスを運行する企業や自治体の多くがバスの運行状況などを表示するウェブサイトを開設しているので，利用客はパソコンや携帯電話などでウェブサイトを開くことで，バスの現在位置や特定のバス停に何分後に到着するかといった情報を知ることができる。よって，正しい。　４　SNS(ソーシャル・ネットワーキング・サービス)はインターネットを利用して情報を広く発信する仕組みであり，「ソーシャル・メディア」とも呼ばれる。当初は個人間の利用が中心であったが，近年は多くの企業や自治体が，事業内容の公開や宣伝などのためにこれらのサービスを活用するようになっている。しかし，情報流出や安全保障上の観点から利用には注意が必要である。

問７　(1)「浅い海を堤防で仕切りをして水を抜き，干あげてつくったもの」は干拓地の説明である(４…×)。　(2)「出張・事業目的」と「観光・レクリエーション目的」の両方とも宿泊した人の数が最も多いＢは東京都，「観光・レクリエーション目的」の人数が東京都に迫る数値となっているＣは長野県，残るＡが滋賀県である(６…○)。長野県に観光やレクリエーションの目的で訪れる人が多いのは，日本アルプスなどの雄大な自然に恵まれるほか，軽井沢や上高地，善光寺，松本城など，人気の観光地が数多くあるためである。

問８　東北地方における住宅に占める共同住宅の割合は，宮城県が35.0～44.9％，福島県が25.0～34.9％の分布にある(３…×)。

問９　カボチャは品種や栽培条件などによりちがいはあるが，一般的に夏から秋にかけて収穫・出荷される。北海道は国内生産量の４割以上を占めているが，気候が冷涼であることから，他の産地よりも少し遅い８～12月に出荷される。輸入されるカボチャの多くはニュージーランド産かメキシコ産であるが，このうち低緯度で高地が広がるメキシコでは，気候が安定していることから１年を通してカボチャが栽培されている。南半球に位置するニュージーランドは季節が日本と逆になることから，２～５月ごろに収穫され，その多くが日本に輸出されている。

[2] 戦争や戦乱を題材とした歴史総合問題

問１　**１**　壬申の乱は672年に起きた出来事で，勝利した大海人皇子が即位して天武天皇となり，大化の改新以来の政治の改革を推進した。　**２**　1185年，源義経率いる源氏の軍勢は壇ノ浦の戦い(山口県)に勝利し，平氏を滅ぼした。　**３**　応仁の乱後，室町幕府の力が衰えると，地方では領地をめぐって豪族同士の争いが頻発し，争いに勝ち残った者が実力で領国を支配するようになった。こうした豪族は，やがて戦国大名と呼ばれるようになった。甲斐(山梨県)の武田氏や駿河(静岡県)の今川氏のように守護大名からそのまま戦国大名になった者もいたが，多くは家臣が主君にとってかわるなど，実力でその地位を勝ち取った者であった。　**４**　江戸幕府は大名を，徳川氏一門である親藩，古くから徳川氏に従っていた譜代大名，関ヶ原の戦い前後に徳川氏に従った外様大名に分け，要地には親藩や譜代大名を配置した。　**５**　日中戦争は，アメリカやイギリスなどが中国を支援したこともあり，長期化した。日本は米英の支援ルートを遮断することと天然資源を得ることを目的として，1940年９月にフランス領インドシナ(現在のベトナム付近)の北部へ，翌年７月には南部へ軍隊を進めた。これに対してアメリカは日本への石油の輸出を禁止するなどの対抗措置をとり，この時点で日米間の対立は決定的なものとなった。　**６**　第二次世界大戦末期，二度にわたる世界大戦に対する反省から，国際連盟に代わる新たな国際機関の創設が模索された。そして，ドイツ降伏直後の1945年６月，連合国50か国の代表がサンフランシスコで国際連合憲章に調印し，同年10月，51か国が参加して国際連合が発足した。

問２　Ｂの文中に，当初は頼朝の軍勢が打倒平氏のために挙兵したことが「朝廷に対する反乱」であったこと，「平氏が不利になったのを見た朝廷は，逆に頼朝に平氏を倒すことを命令した」こと，その後，頼朝が「朝廷とは別の政府である鎌倉幕府」を開いたこと，さらに「頼朝と源氏武士団は，源平の争いと勝利を通じて，武士による武士のための武家政権を樹立しました」とあることなどから考える。

問３　当時の武士団においては，主君である武家の棟梁が家来の武士に，先祖伝来の領地を保証するとともに，戦いで功績を挙げれば恩賞として新たな領地をあたえた。家臣たちも，そうした領地の保証と恩賞を求めて，主君に仕えたのである。

問４　下線部Ｘ～Ｚで述べられているのは，土地をめぐる争いをなくすため，戦国大名が自分の支配地にだけ通用する法律(分国法)を制定するとともに，対立が起きたときには裁判を通して解決しようとしたということである。こうした方法は，世の中の秩序を保つために必要であり，どの時代にも当てはまる。また，土地争い以外の問題にも適用されるので，それらをふまえてまとめるとよい。

問５　Ｄの文中に，関ヶ原の戦いの後，徳川氏が軍事的・経済的の両方において他の大名たちが逆らえない実力を持ったことや，(朝鮮を侵攻した豊臣秀吉とは異なり)アジアの国々と安定した関係を目指したことなどが記されている。以上のことより，他の大名を圧倒する実力を持った家康の力によって，平和な時代がつくられたと考えられる。

問６　戦争を終結する取り決めを講和条約という。日清戦争における下関条約，日露戦争におけるポーツマス条約，第一次世界大戦におけるベルサイユ条約，第二次世界大戦のうち，日本と連合国との戦いにおけるサンフランシスコ平和条約は，全て講和条約である。

問７　１～４は全てポーツマス条約で決められたことである。ただし，日露戦争は満州や朝鮮(韓国)の支配拡大をねらい南下してくるロシアと，それを恐れる日本との対立を原因として起きたものである。よって，２～４は「日露間の紛争に関する内容」に当てはまるが，樺太とその周辺の島々は紛争の原因とは直接の関係はない(１…×)。

問８　自国が直接武力攻撃を受けた場合に反撃できる権利を個別的自衛権という。それに対し，自国は武力攻撃を受けていなくても，同盟関係にある国が攻撃を受けた場合にその国と協力して反撃する権利を集団的自衛権という。日本はこれまで，個別的自衛権は有するが，集団的自衛権は認められないとする立場をとってきたが，2014年，安倍内閣は集団的自衛権を認めることを閣議決定するとともに，一連の安全保障関連法案を成立させた。

問９　壬申の乱，源平の争い，関ヶ原の戦いは，勝った方が全国を統治する権限を獲得するという争いであった。また，日清戦争，日露戦争，日中戦争，太平洋戦争は，特定の地域を支配する権利をめぐる対立から起こったものであった。このように，戦争は国内や特定の地域における政治的な主導権をだれが持つのかを決定する役割を持っていたといえる。しかしながら，第二次世界大戦の結果からもわかるように，武器の発達はより多くの犠牲を生み，さらに核戦争が起これば人類の滅亡につながりかねないという状況になった。そのため国際社会は，軍事力による国際紛争の解決や，自国の要求を実現するための戦争を非合法化するようになったが，現在も戦争はなくなっていない。

3　税金の仕組みを題材とした公民総合問題

問１　公共の問題に関して，世間一般の多くが共有している意見や考え方を世論(せろん，よろん)という。その形成には，新聞やテレビなどのメディアが大きな役割を果たしている。さらに近年では，インターネットやSNSなどのソーシャル・メディアの影響力も無視できないものになりつつある。

問２　(1)　条約を締結するのは内閣であるが，それを承認するのは国会である(１…×)。なお，２について，国会で決定された法律を，滞りなく施行するために必要な政令を内閣が制定する。３について，予算案は内閣が作成し，国会での審議と議決を経て成立する。４について，日本国憲法第39条に，「最高裁判所長官は，内閣の指名に基いて，天皇がこれを任命する」とある。　(2)　デジタル庁は2021年，復興庁は東日本大震災の翌年である2012年，こども家庭庁は2023年にそれぞれ創設されているので，年代の古い順に，２→１→３となる。

問３　Ａについて，直接税として最も大きな財源になっているのは，法人税ではなく個人の所得に課せられる所得税である(…誤)。法人税は利益をあげた企業に課せられるので，景気がよい時ほど税収は増える。Ｂについて，消費税は間接税として最も大きい税収であるばかりでなく，近年は所得税を上回る税収をあげるようになっている(…正)。なお，消費税は日常生活に必要なすべての商品やサービスに一定の税率が課せられているので，景気の影響は比較的少ないといえる。

問４　所得が多い人ほど税率が高くなる制度を累進課税制度といい，日本では所得税や相続税などに適用されている。

問５　重大な刑事事件の第一審に，抽選で選ばれた一般国民が裁判員として裁判に参加する制度を裁判員制度といい，裁判員が参加するものを裁判員裁判という。裁判員裁判は，３名の裁判官と６名の裁判員の合議により行われる。判決の決定は原則として過半数の賛成にもとづくが，裁判官１名以上が多数意見に賛成していることが必要となる。なお，裁判員の対象年齢は2009年の導入時から20歳以上とされてきたが，2022年からは18歳以上に改められた。

問６　(1)　三権分立の原則により，裁判官としてふさわしくない行為のあった裁判官をやめさせるかどうかは，国会で開かれる弾劾裁判所によって決定される。弾劾裁判所は，衆参両院から７名ずつ選ばれた議員が裁判官として審理を担当する(３…○)。なお，参議院の議員定数は，選挙区選出の148名と比例代表選出の100名，計248名である。参議院は半数が３年で入れ替わるように憲法で定められているため，３年に一度必ず選挙が行われる(１…×)。予算を決めるのは常会(通常国会)であり，臨時会(臨時国会)で審議される議案は，その国会ごとに異なる(２…×)。法律案はまず委員会で審議され，その後，本会議で審議・採決される(４…×)。　(2)　日本国憲法第54条１項に，「衆議院が解散されたときは，解散の日から40日以内に衆議院議員の総選挙を行ひ，その選挙の日から30日以内に国会を召集しなければならない」とある。この国会を特別会(特別国会)といい，冒頭で内閣が総辞職し，両院で内閣総理大臣の指名選挙が行われ，新たな内閣総理大臣が指名される(２…○)。

問７　(1)　日本の選挙は，１人１票の平等選挙を原則としている(２…○)。なお，2016年からは選挙権の年齢が，それまでの20歳以上から18歳以上に引き下げられた(１…×)。日本は国会議員を決める国政選挙，地方自治体の首長および議員を決める地方選挙のいずれも候補者を直接選出する直接選挙を原則としている。有権者が選んだ選挙人が投票を行う選挙を間接選挙といい，アメリカ合衆国の大統領選挙などに取り入れられている（３…×）。日本の選挙は無記名で投票する秘密投票を原則としている（４…×）。　(2)　表１の中で全体投票率と18・19歳の投票率の差が最も小さいのは神奈川選挙区である（Ａ…誤）。和歌山選挙区の当選者が，選挙区内の18・19歳の全有権者からの支持が過半数を超えているかどうかは，表１・表２からはわからない（Ｂ…誤）。

問８　政治に限らず，ものごとを判断するにはできるだけ広く多くの情報や考え方を知り，その上で議論をするのが適切であるといえる（１…○）。なお，ものごとを決めるときに，速やかな決定が必要な場合もあるが，一般的には充分な議論をすることが望まれる（２…×）。議決手段として多数決制が採用されているが，少数派の意見をできるだけ尊重することも大切である（３…×）。多くの人が議論に参加することは民主政治の原則の１つである（４…×）。

理　科　＜第２回試験＞（35分）＜満点：100点＞

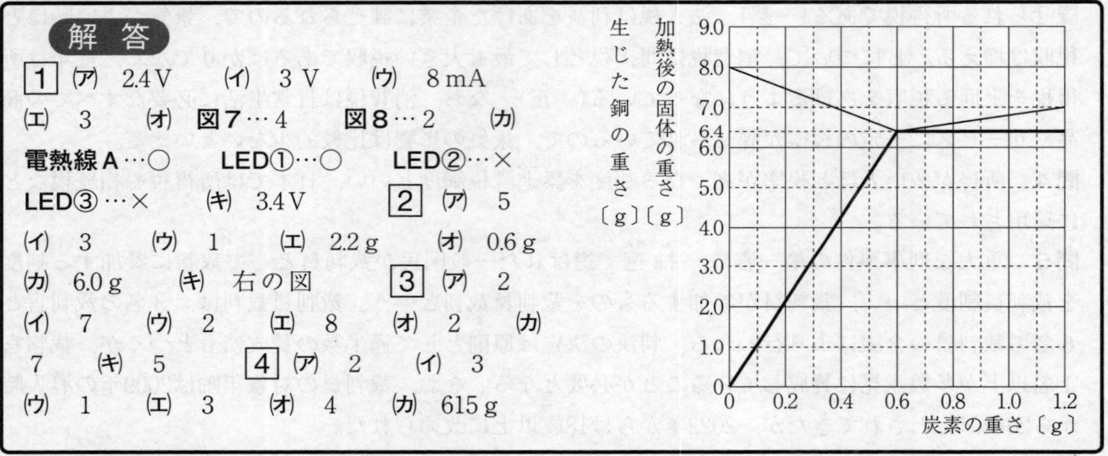

解　答

1　(ア)　2.4Ｖ　(イ)　３Ｖ　(ウ)　８mA　(エ)　３　(オ)　**図７**…４　**図８**…２　(カ)　**電熱線Ａ**…○　**LED①**…○　**LED②**…×　**LED③**…×　(キ)　3.4Ｖ　**2**　(ア)　５　(イ)　３　(ウ)　１　(エ)　2.2ｇ　(オ)　0.6ｇ　(カ)　6.0ｇ　(キ)　右の図　**3**　(ア)　２　(イ)　７　(ウ)　２　(エ)　８　(オ)　２　(カ)　７　(キ)　５　**4**　(ア)　２　(イ)　３　(ウ)　１　(エ)　３　(オ)　４　(カ)　615ｇ

解　説

1　電熱線とLEDの回路についての問題

(ア)　図２から，電熱線に流れる電流の大きさは，電源装置の電圧に比例していることがわかる。よって，電熱線Ｂに１Ｖの電圧が加わると５mAの電流が流れることから，電熱線Ｂに12mAの電流が流れるときの電源装置の電圧は，$1 \times \frac{12}{5} = 2.4$（Ｖ）となる。

(イ)　10mAの電流が流れるときの電圧は，電熱線Ａが１Ｖ，電熱線Ｂが２Ｖである。電圧の考え方から，電源装置の電圧はそれぞれの電熱線に加わる電圧の和に等しいので，電源装置の電圧は，$1 + 2 = 3$（Ｖ）とわかる。

(ウ)　電熱線Ａと電熱線Ｂに同じ大きさの電流が流れるとき，電熱線Ａと電熱線Ｂに加わる電圧の比は１：２となる。よって，図３のようにつないだ電熱線Ａと電熱線Ｂに加わる電圧の和が2.4Ｖのとき，電熱線Ａに加わる電圧は，$2.4 \times \frac{1}{1+2} = 0.8$（Ｖ），電熱線Ｂに加わる電圧は，$2.4 - 0.8 = 1.6$（Ｖ）となる。したがって，このときに電熱線Ａと電熱線Ｂに流れる電流の大きさは，図２から，８mAであることがわかる。

(エ)　図４のように，LEDの脚(あし)の長い方を電源の＋側，短い方を電源の－側につなぐと電流が流れるが，逆だと電流が流れないと述べられているので，LEDの脚の長い方が＋極，短い方が－極とわかる。また，図５より，このLEDは電源装置の電圧が1.5Vを超(こ)えると電流が流れ始めることがわかる。

(オ)　図７では，LEDの脚の短い方(－極)に電源装置の＋側がつながっているので，LEDに電流が流れず，LEDと直列につながっている電熱線Ａにも電流が流れない。同様に，図８でもLEDには電流が流れないが，LEDと並列につながっている電熱線Ａには，電源装置からの電圧が加わって電流が流れる。

(カ)　LED②は脚の短い方に電源装置の＋側がつながっているので電流は流れない。ここで，電熱線ＡとLED③が並列につながった部分に加わる電圧が0.5Ｖなので，電圧の考え方から，LED①には，2.4－0.5＝1.9(Ｖ)の電圧が加わる。すると，LED③は加わる電圧が0.5Ｖなので電流が流れず，LED①と電熱線Ａには５mAの電流が流れることがわかる。

(キ)　５mAの電流が流れるときの電圧は，電熱線Ａが0.5Ｖ，電熱線Ｂが１Ｖ，LEDが1.9Ｖである。図10で，電熱線Ａ，電熱線Ｂ，LEDは直列つなぎになっているので，電源装置の電圧はこれらの電圧の和となり，0.5＋１＋1.9＝3.4(Ｖ)と求められる。

2　酸化銅と炭素の反応についての問題

(ア)　酸化銅は銅に酸素が結びついている物質で，十分に酸素と結びついた酸化銅は黒色をしている。

(イ)　気体Ａは，石灰水を白く濁(にご)らせたことから二酸化炭素とわかる。石灰水に二酸化炭素を通すと，石灰水に溶(と)けていた水酸化カルシウムと反応して，水に溶けにくい炭酸カルシウムができて，石灰水が白く濁る。

(ウ)　酸化銅と炭素を混ぜたものを加熱すると，炭素が酸化銅に結びついている酸素をうばって二酸化炭素になり，酸素をうばわれた酸化銅は銅に変化する。図２で，炭素の重さが0.6ｇまでは，炭素がすべて酸化銅に含(ふく)まれていた酸素と反応し，二酸化炭素となって空気中へ出ていくので，加熱後の固体の重さは減っていく。そして，炭素の重さが0.6ｇのときに酸化銅と炭素がちょうど反応し，酸化銅はすべて銅になる。その後，炭素の重さが0.6ｇより増えると，酸化銅がすべて銅に変化し，反応していない炭素が残ることになるので，加熱後の固体の重さは増えていく。

(エ)　図２より，炭素の重さが0.6ｇのとき，反応した酸化銅の重さは8.0ｇで，生じた銅の重さは6.4ｇである。よって，生じた気体Ａの重さを□ｇとすると，8.0＋0.6＝6.4＋□が成り立ち，□＝8.6－6.4＝2.2(ｇ)と求められる。

(オ)　炭素の重さが1.2ｇのときは，酸化銅はすべて赤茶色の銅になり，黒色の炭素が残る。よって，試験管内に残った黒い物質はすべて反応していない炭素となる。このとき，反応した炭素の重さは0.6ｇなので，残った炭素の重さは，1.2－0.6＝0.6(ｇ)になる。

(カ)　8.0ｇの酸化銅が0.6ｇの炭素とちょうど反応して銅が6.4ｇできるので，0.15ｇの炭素と反応する酸化銅の重さは，$8.0\times\frac{0.15}{0.6}=2.0$(ｇ)である。よって，試験管内に残る酸化銅の重さは，8.0－2.0＝6.0(ｇ)となる。

(キ)　生じた銅の重さは反応した炭素の重さに比例し，8.0ｇの酸化銅は0.6ｇの炭素とちょうど反応して銅が6.4ｇできる。また，炭素の重さが0.6ｇ以上のときは，酸化銅がすべて反応してなくなるので，生じた銅の重さは6.4ｇで一定となる。よって，解答のようなグラフになる。

3 栄養分についての問題

㋐　デンプンは，だ液に含まれる消化酵素のアミラーゼのはたらきで麦芽糖に分解される。その後，すい液や腸液（小腸のかべの消化酵素）に含まれる消化酵素のはたらきで，最終的にブドウ糖になる。なお，ペプシンは胃液に含まれる消化酵素で，タンパク質をペプトンに分解する。

㋑　すい液に含まれる消化酵素のはたらきで，炭水化物（デンプン）や，タンパク質が分解されたもの，脂質（脂肪）などが分解される。

㋒　タンパク質を分解したときに発生するにょう素は，血液中を流れ，じん臓でこし取られて，にょうとして体外へ排出される。

㋓　う　ジャガイモでは，光合成でつくられたデンプンの一部は，水に溶けやすい糖に変えられたのち，師管を通って地下のイモに移動し，ふたたびデンプンとなってたくわえられる。　え，お　師管は，葉の葉脈では葉のうら側，茎では茎の外側に位置する。　か　根から吸い上げた水や水に溶けた養分は，道管を通って植物のからだ全体に運ばれる。

㋔　き，く　炭水化物とタンパク質のうち，栄養塩からつくられるのはタンパク質なので，タンパク質が分解されると栄養塩が生じると考えられる。よって，「き」には炭水化物，「く」にはタンパク質があてはまる。　け　ヒトは細胞に取りこんだ酸素を利用して，有機物からエネルギーを取り出している（細胞呼吸）。同様に，活性汚泥中の細菌も酸素を利用して有機物を分解している。　こ　高度処理では栄養塩の除去を目的として，栄養塩を気体の窒素に変化させる特別な細菌Ｙが使われる。

㋕　藻類は水中で光合成を行う生物で，コンブ，テングサ，ワカメなどの海藻や，ツノモ，ハネケイソウ，ボルボックス，ミカヅキモなどのプランクトンがあてはまる。なお，ミジンコは動物プランクトンで，光合成は行わない。

㋖　ⓐ，ⓑ　ヒトは肺にある肺胞にはりめぐらされた毛細血管から血液中に酸素を取りこみ，血液中の二酸化炭素を排出している。血液に取りこまれた酸素は赤血球にあるヘモグロビンと結合して，全身の細胞に運ばれる。　ⓒ　気体の窒素は反応しにくいので，呼吸で肺に入っても体に取りこむことはできず，そのまま肺から外に排出される。

4 天気についての問題

㋐　猛暑日は１日の最高気温が35℃以上の日である。なお，最高気温が30℃以上の日を真夏日，25℃以上の日を夏日という。

㋑　主な天気は，天気記号では右の図のように表される。

天気記号				
快晴	晴れ	くもり	雨	雪
○	◐	◎	●	⊛

㋒　次々と発生する発達した積乱雲が列をなし，数時間にわたってほぼ同じ場所を通過または停滞することでつくり出される降水域を線状降水帯という。積乱雲は，地表付近の暖かく湿った空気が上昇してできる縦に発達した雲で，短時間に激しい雷雨などをもたらす。

㋓　砂は水に比べて温まりやすく冷めやすい。そのため，実験１で，砂と水それぞれに同じように電球の光をあてると，砂の方が水より温度が早く上がる。また，実験２で，あたためた砂と水を室温で放置すると，砂の方が水より早く温度が下がる。

㋔　空気は温度が上がるとぼう張して密度が小さくなり，温度が下がると収縮して密度が大きくなる。そのため，図３の状態から仕切りを引き抜くと，Ｙにある暖かく密度の小さい空気は上部，Ｘ

にある冷たく密度が大きい空気は下部に移動する。

(カ)　空気に含まれている水蒸気の重さが，その空気が含むことができる最大の水蒸気の重さより重くなると，空気が含みきれなくなった水蒸気が水滴(すいてき)となって出てくる。すると，①のエアコンが付いていない部屋では，26℃でコップの表面に水滴がつき始めたので，空気１m^3あたりに含まれる水蒸気の重さは，表４から，24.4ｇとわかる。同様に考えると，エアコンを作動させて水蒸気の量が減少した，②のエアコンが付いている部屋では，空気１m^3あたりに含まれる水蒸気の重さが12.1ｇになっている。したがって，エアコンを作動させた50m^3の部屋で１時間に減少した水蒸気の重さは，(24.4－12.1)×50＝615(ｇ)と求められる。

国　語　＜第２回試験＞（50分）＜満点：150点＞

解　答

□一 **問１**　ア～エ　下記を参照のこと。　**オ**　ひそ(んで)　**問２**　**あ**　１　**い**　４　**う**　３　**問３**　**A**　４　**B**　２　**C**　５　**D**　１　**問４**　３　**問５**　３　**問６**　①　A　②　B　③　A　④　B　**問７**　１　**問８**　⑴　**1**　Y　**2**　Z　**3**　Y　**4**　Y　**5**　Z　⑵（例）　外部の人間には価値が見出せないものをやり取りしている点。　**問９**　４　□二 **問１**　ア，イ，オ　下記を参照のこと。　**ウ**　ふんべつ　**エ**　かなた　**問２**　２　**問３**　**A**　１　**B**　２　**問４**　３　**問５**　２　**問６**　４　**問７**（例）　幼い頃と違って，ひとつ後ろのゴンドラの中に亡き母の姿は見られなかったから。　**問８**　２　**問９**　４

●漢字の書き取り

□一 **問１**　ア　研究　イ　標準　ウ　綿密　エ　沿(って)　□二 **問１**　ア　付帯　イ　有頂天　オ　率直

解　説

□一 **出典：松村圭一郎(まつむらけいいちろう)『はみだしの人類学―ともに生きる方法』**。「文化人類学」における「民族」のとらえかたについて，説明されている。

問１　**ア**　詳(くわ)しく調べて深く考え，事実や真理などを明らかにすること。　**イ**「標準語」は，ある言語のなかで規範(きはん)的で正式な言い方とされ，公的な場などで使われる言葉。　**ウ**　詳しく細かなようす。　**エ**　音読みは「エン」で，「沿岸」などの熟語がある。　**オ**　音読みは「セン」で，「潜在的」などの熟語がある。訓読みにはほかに「もぐ(る)」などがある。

問２　**あ**　続く部分で筆者は，「日本人という均質な集団」がいると考える我々の思いこみについて指摘(してき)している。つまり，一口に「日本人」といっても，「その内部には大きな多様性」をはらんでいるにもかかわらず，人々は「日本人という均質な集団がいて～『日本人らしさ』があると信じてい」るというのである。　**い**「クラ」で交換(こうかん)される「首飾(くびかざ)り」や「腕輪(うでわ)」は贈答(ぞうとう)用に特化したものであり，「外部の人間」からすれば「それ自体に価値があるようには思えない」のだから，「実用性」がない，とするのがよい。　**う**　実用性に欠ける「首飾り」や「腕輪」を贈(おく)り続けるニューギニアの「クラ」も，正月に専用の葉書を送る日本の「年賀状」も，いずれも近代化の影(えい)

響を受けることなく行われ続けてきた風習だから，そこには「普遍性」があるといえる。

問３　**Ａ**「文化の要素が違うから異なる民族になった」のではなく，「ある集団と別の集団のあいだに境界線が引かれ」た結果，「その差異が強調され，類似した要素が無視されたり，排除されたり」して「異なる民族が生まれ」たのではないか，という「エスニック・バウンダリー論」のもと，「人類学者が世界中の民族を調べ」たところ，その論を裏づけるケースが多く見られたのだから，“間違いなく”“そのとおりだ”という意味を表す「たしかに」があてはまる。　**Ｂ**「エスニック・バウンダリー論」で説かれたケースが「世界中の民族」で見られたことをもとに，筆者は「文化が異なるから異なる民族が生まれるわけではない」と述べている。よって，結論を導く「つまり」が入る。　**Ｃ**「エスニック・バウンダリー論」の例として，旧ユーゴスラビアでは言語や文化を共有する複数の民族が交じり合って生活していたのに，独立紛争を機に民族の差異が強調されたことが取りあげられているので，具体的な例を示すときに用いる「たとえば」がよい。　**Ｄ**これまでみてきた「エスニック・バウンダリー論」にもとづいて「世界をとらえると」，「単純に〇〇族がいるとか，これが〇〇文化だ」といった，今までの常識的な見方を変えざるを得ないと筆者は述べている。よって，前に述べられた内容を受けるときに用いる「このように」がふさわしい。

問４　引用文で，「オリエントは，ヨーロッパにただ隣接しているというだけではなく，ヨーロッパの植民地のなかでも一番に広大で豊かで古い植民地のあった土地であり，ヨーロッパの文明と言語の淵源であり～他者イメージでもあった」と述べられていることからもうかがえるとおり，ヨーロッパとオリエントは密接な関係にあった。にもかかわらず，ヨーロッパは自らを「道徳的で文明の進んだ」存在として確立させるために，オリエント世界を「近代文明より遅れた社会」と捏造することで「一方的に利用」したのである。この点をサイードは批判したのだから，３が合う。なお，オリエント世界とヨーロッパを「全く異なる文明」とした１，「オリエント世界」のほうがヨーロッパよりも「優れている」と優劣をつけた２，オリエント世界とヨーロッパが「歴史的に敵対関係にあった」とした４については，いずれもふさわしくない。

問５　問３でみたとおり，バルトの提唱した「エスニック・バウンダリー論」は，もともと「多くの文化を共有して」いるはずの「ある集団と別の集団のあいだに境界線が引かれ」た結果，「その差異が強調され，類似した要素が無視されたり，排除されたり」して「異なる民族が生まれ」る，というものである。よって，日本，アメリカ，中国をそもそも「異なる文化を持った異なる民族」だとした３がふさわしくない。

問６　「クラ」において，首飾りが「時計回り」に，腕輪が「反時計回り」に循環することをおさえる。　①，②「西側にある島」から「北方の島」へ(時計回り)は「首飾り」(Ａ)が，「北方の島」から「西側にある島」へ(反時計回り)は「腕輪」(Ｂ)が贈られる。　③，④「南方の島」から「西側にある島」へ(時計回り)は「首飾り」(Ａ)が，「西側にある島」から「南方の島」へ(反時計回り)は，「腕輪」(Ｂ)が贈られる。

問７　「この『比較』」は，同じ段落の前半を指す。「市場経済」という「近代の制度」においては「違う」日本とニューギニアだが，「同じ」ように「不思議な贈り物のやりとり」をしている。そういう「比較」が「文化や社会」に潜在する「人類に普遍的な何か」を「再考するきっかけとなる」のだから，１がよい。なお，２～４は，「再考」の内容を正しくとらえていない。

問８　⑴　**１**「民族誌」は，民族が「固有の言語や文化，習慣をもつ」という考えを前提にしているので，「差異を強調するような比較」にあたる。　**２**　サイードは「民族誌」的なとらえ方の限界を明らかにしたのだから，「差異を疑うような比較」といえる。　**３**　日本における「嫌韓や嫌中」は，地理的にも近く「多くの文化を共有」してきたのに，「差異」をつくり出して「強調」している例にあたる。　**４**　旧ユーゴスラビアでセルビア人やクロアチア人たちは「交じり合って生活」し，「言語や文化」もほぼ同じだったが，独立紛争で「違いが強調」されたのである。**５**　最後のほうで筆者は，「差異」だけでなく「共通性」がある日本とニューギニアを例に，差異をこえて「交わりが生まれることに注目する視点」の展望を述べている。これは「差異を疑うような比較」になる。　⑵　ニューギニアの「クラ」，日本の「年賀状」は，ともに外部の人間にとって「実用性」も「価値」も見出せない。そういうものを贈り合っているところが似ているのだから，「外部の者にとっては実用性も価値もないものを贈り合っている点」のような趣旨でまとめる。

問９　問８の５で検討したとおり，筆者は「差異」だけでなく「共通性」がある日本とニューギニアを例に，差異を強調した境界線をこえ「交わりが生まれることに注目する視点」を大切にすべきだと述べている。表面を覆う差異から「はみだし」たところでつながるのだから，４がふさわしい。なお，１～３は，筆者に交流への展望がある点をおさえていない。

二　**出典：荻原 浩『月の上の観覧車』**。自分の所有する遊園地で閉園後に観覧車を動かしてもらい，ひとりゴンドラに乗った「私」は，過去の不思議な体験を思い返す。

問１　**ア**　主なものごとにともなっていること。　**イ**　喜びで我を忘れるほどのようす。得意の絶頂にいるようす。　**ウ**　ものごとをよくわきまえていること。「ぶんべつ」と読むと，“種類別にわける”という意味になることに注意する。　**エ**　話し手，聞き手の双方から離れた場所や方向を指す。また，現在から遠く離れた過去，未来を示す。　**オ**　気持ちをかくさないありのままのようす。

問２　あ「遊園地の営業時間が終わった後に，無理を言って動かしてもらった」ことは，乗客が「私一人」である理由にあたる。　い「地上へ戻れなくなる」おそれに「落下の恐怖が加わった」ため，「幼かった頃」の「私」は「地面」の存在を確かめようと「下ばかり見つめた」のである。　「あ」「い」ともに，前のことがらを理由・原因として，後にその結果をつなげるときに用いる「だから」があてはまる。

問３　**Ａ**　「そもそも」は，“どだい”“もともと”という意味。観覧車の中で見た「二十代」の父の顔には「独特の傷痕」があったが，それ以前に彼は「驚くほど私に似ていた」のである。
Ｂ　「息をのむ」は，“驚きなどから一瞬息を止める”という意味。標高八百二十メートルに至ろうとする観覧車から望む景色の美しさに，遼子はみとれたのである。

問４　月夜に一人で観覧車に乗るたび，「私」が亡くなった身近な人に会っていることをおさえる。①では，自分の会社が所有する遊園地の観覧車に乗った現在の「私」が，「四年前に亡くした」妻の遼子に会ったときのことで，④，⑥，⑧も同様である。また，②，③は，「まだ幼かった」「六十何年も前」，鶴見か玉川の遊園地にある観覧車に乗った「私」が，「病で亡くなった」母の姿を見たときのことである。さらに，⑤，⑦は，「五十年近く前」の「父が倒れたという手紙が義母から届いた日」，後楽園の観覧車に乗った「私」が年若い父を見たときのことである。

問５　「生まれて初めての観覧車」に「興奮」し，「二度目の空中遊覧」に自分だけで臨んだ「幼かった頃」の「私」は「有頂天」だったのもつかの間，やがて「独りぼっちで空の上にいる」ことへの自覚から「二度と地上へ戻れなくなるのではないか，という妄想に囚われ」，「不安」と「恐怖」を感じている。よって，２がよい。なお，１，３は「不安」と「恐怖」をおさえていない。４は，「地上へ戻れなくなるのでは」という「妄想」を「現実的」なものととらえているので，誤り。

問６　「それ」とあるので，前の部分に注目する。聞き上手で，「自分で決断を下した」事業でも成功すれば「発案者や現場の手柄」にし，「ぼんくら扱い」されても「苦に」しない父の姿勢は，「ひとつの才能」とよべるのではないかと「私」は考えている。よって，４が合う。なお，１～３は，周囲から「ぼんくら扱い」されても苦にしない父のあり方をおさえていない。

問７　少し前で，若かった頃の「私」は，後楽園で乗った観覧車で「夜景には目もくれず」，「そこにいるかもしれない誰かの姿を探して」「ひとつ下のゴンドラばかり眺めてい」る。つまり，「父が倒れたという手紙」を受け取ったものの，実家に帰ることを避けていたなか，ふと「私」は幼い頃に亡くした母と会いたくなり，観覧車に乗ったのである。しかし，「生前の母」とは「似ても似つかない丸顔」の女性がそこにいたことに「私」は「失望し」ているので，「ひとつ下のゴンドラにいたのは，幼い頃に見た亡き母とはまるで違う女性だったから」，「幼い頃，観覧車の中に亡き母の姿を見たことがあったのに，今回はかなわなかったから」のようにまとめる。

問８　ジェットコースターの音と歓声を聞いた「私」は，「ようやく見えるはずがないものが見えていることに驚怖し，声をあげ」ている。「窓の外から」きこえてきた音と歓声によって，「私」は我に返ったのだから，２がふさわしい。なお，１，３，４は，亡き父の幻影から現実に引きもどされたことをとらえていない。

問９　本文の後半で，遼子から「どうしたの，いきなり観覧車に乗るなんて言いだして」ときかれた「私」は，「乗ろうと思えば，機会はいくらでもあったのに」乗らなかったのは，「誰か」に「出会えないかもしれないこと」が「怖かった」からだと思っている。よって，４が選べる。

Dr.福井の 入試に勝つ！脳とからだのウルトラ科学

復習のタイミングに秘密あり！

算数の公式や漢字，歴史の年号や星座の名前……。勉強は覚えることだらけだが，脳は一発ですべてを記憶することができないので，一度がんばって覚えても，しばらく放っておくとすっかり忘れてしまう。したがって，覚えたことをしっかり頭の中に焼きつけるには，ときどき復習をしなければならない。

ここで問題なのは，復習をするタイミング。これは早すぎても遅すぎてもダメだ。たとえば，ほとんど忘れてしまってから復習しても，最初に勉強したときと同じくらい時間がかかってしまう。これはとっても時間のムダだ。かといって，よく覚えている時期に復習しても何の意味もない。

そもそも復習とは，忘れそうになっていることを見直し，記憶の定着をはかる作業であるから，忘れかかったころに復習するのがベストだ。そうすれば，復習にかかる時間が一番少なくてすむし，記憶の続く時間も最長になる。

では，どのタイミングがよいか？　さまざまな研究・発表を総合して考えると，１回目の復習は最初に覚えてから１週間後，２回目の復習は１か月後，３回目の復習は３か月後――これが医学的に正しい復習時期だ。復習をくり返すたびに知識が海馬（かいば）（脳の，知識をためる倉庫みたいな部分）にだんだん強くくっついていくので，復習する間かくものびていく。

この計画どおりに勉強するには，テキストに初めて勉強した日付と，その１週間後・１か月後・３か月後の日付を書いておくとよい。あるいは，復習用のスケジュール帳をつくってもよいだろう。もちろん，計画を立てたら，それをきちんと実行することが大切だ。

ちなみに，記憶量と時間の関係を初めて発表したのがドイツのエビングハウスという学者で，「エビングハウスの忘却（ぼうきゃく）曲線」として知られている。

Dr.福井（福井一成（ふくいかずしげ））…医学博士。開成中・高から東大・文Ⅱに入学後，再受験して翌年東大・理Ⅲに合格。同大医学部卒。さまざまな勉強法や脳科学に関する著書多数。

Memo

2023年度 中央大学附属横浜中学校

【算　数】〈第１回試験〉（50分）〈満点：150点〉

（注意事項　計算機，定規，分度器，コンパス等は一切使用してはいけません。）

1　次の□にあてはまる数を求めなさい。解答用紙には答えだけを記入しなさい。
ただし，円周率は3.14とします。

(1)　$3.5 \div 1\frac{1}{5} - \left\{12 \times \left(\frac{1}{3} - 0.3\right) - 0.15\right\} = \square$

(2)　$\left(\frac{1}{3} + \frac{1}{3 \times 3} + \frac{1}{3 \times 3 \times 3}\right) \times (3 + 3 \times 3 + 3 \times 3 \times 3) = \square$

(3)　$\left[1 - \left\{1 - (1 - \square) \times \frac{1}{2}\right\} \times \frac{1}{2}\right] \times \frac{1}{2} = \frac{11}{32}$

(4)　ある地図を80％の倍率で縮小しました。もとの地図と同じ縮尺にするために□％の倍率で拡大しました。

(5)　7を2023回かけてできる数の一の位の数は□です。

(6)　ある品物を定価の２割引きで売ると78円の利益になり，３割引きで売ると13円の損になります。この品物の定価は□円です。

(7)　あるイベントの１日目の参加者数は大人713人，子ども437人で，２日目の参加者数は大人と子どもの合計が3450人でした。１日目と２日目の大人と子どもの参加者数の比が同じだとすると，２日目の子どもの参加者数は□人です。

(8)　太郎くんは毎日同じ時刻に家を出て歩いて登校します。分速80ｍで歩くと８時２分に学校に着きますが，分速60ｍで歩くと８時５分に学校に着きます。このとき，家から学校までの道のりは□ｍです。

(9)　図のような台形があり，かげのついた部分の面積が$6\ \text{cm}^2$のとき，この台形の高さは□cmです。

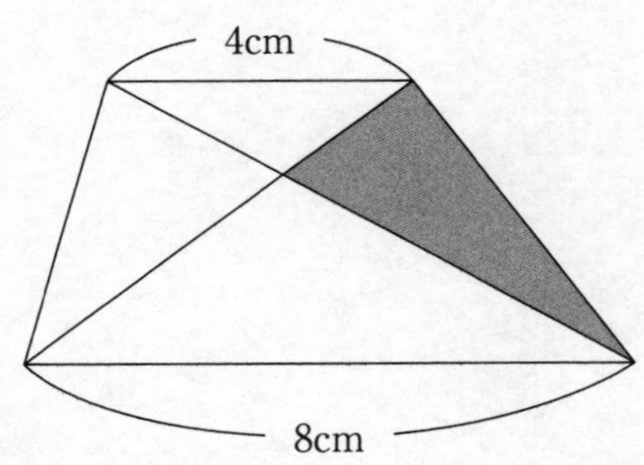

⑽　図のような台形ABCDがあり，三角形ABCは１辺の長さが２cmの正三角形です。正三角形ABCを辺ADを軸として１回転してできる立体の表面積は□ cm^2 です。

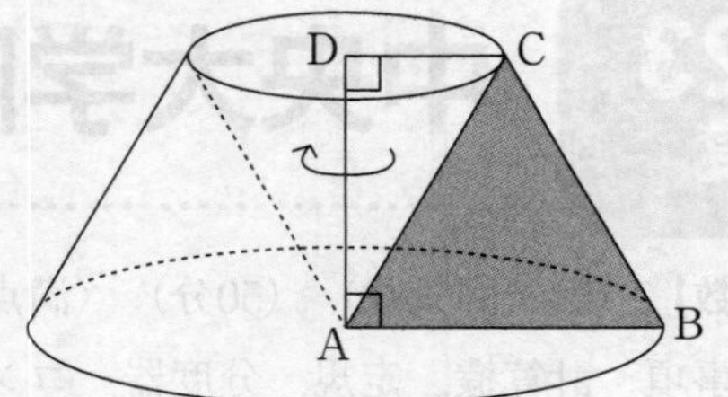

2　半径１cmの円を下の図のように，１番目は１個，２番目は５個，３番目は13個…とかき並べていきます。すべての円にかげをつけて，円と円の交わっているところには点をとります。このとき，次の問いに答えなさい。ただし，円周率は3.14とします。

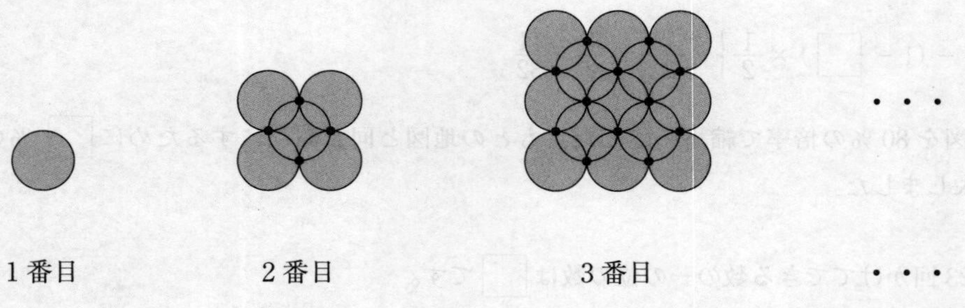

⑴　４番目の図形には何個の円がかかれていますか。

⑵　４番目の図形でかげをつけた部分の面積は何 cm^2 ですか。

⑶　点の数が144個になるのは何番目の図形ですか。

3 図のような直方体があります。AB = 10 cm，AD = 8 cm，AE = 6 cm のとき，次の問いに答えなさい。

(1) 三角すい BEFG の体積は何 cm^3 ですか。

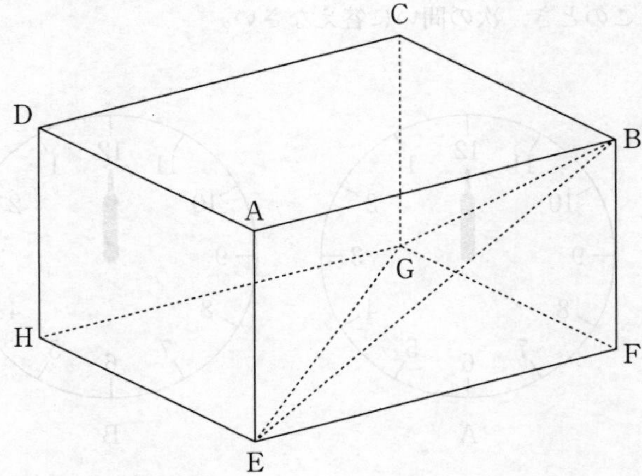

(2) 三角すい BDEG の体積は何 cm^3 ですか。

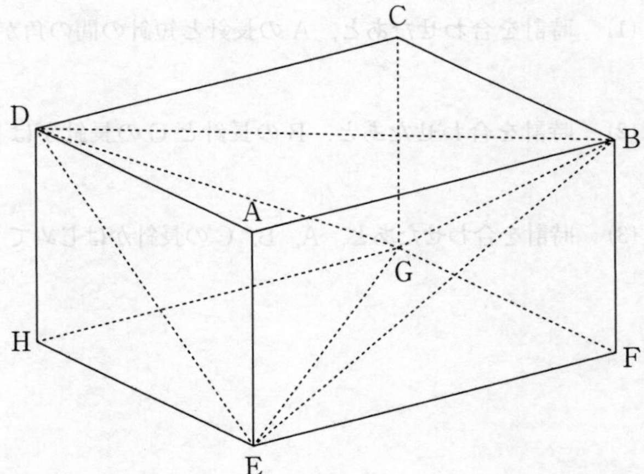

(3) (ア) 三角すい BEFG と三角すい CFGH の重なった部分の立体の辺をすべて解答用紙の図にかいてください。ただし，太い実線（———）でかいてください。

(イ) (ア)でかいた立体の体積は，直方体の体積の何倍ですか。

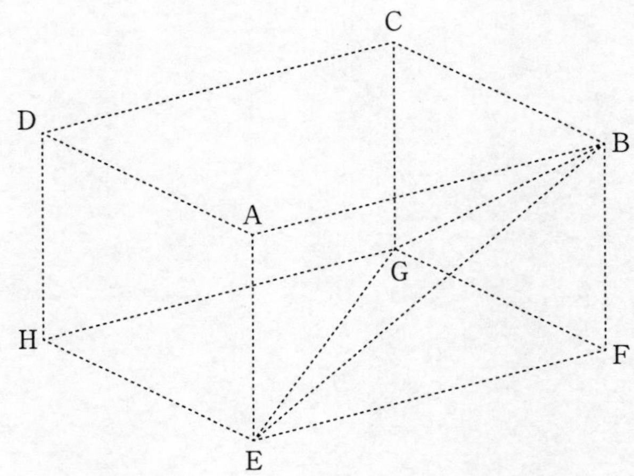

4 図のように長針と短針を持つA，B，Cの３つの時計があります。Aの時計は時間通りに動きますが，Bの時計は１時間ごとに７分30秒遅(おく)れ，Cの時計は１時間ごとに５分早く進みます。ある日の正午に３つの時計を12時に合わせました。

このとき，次の問いに答えなさい。

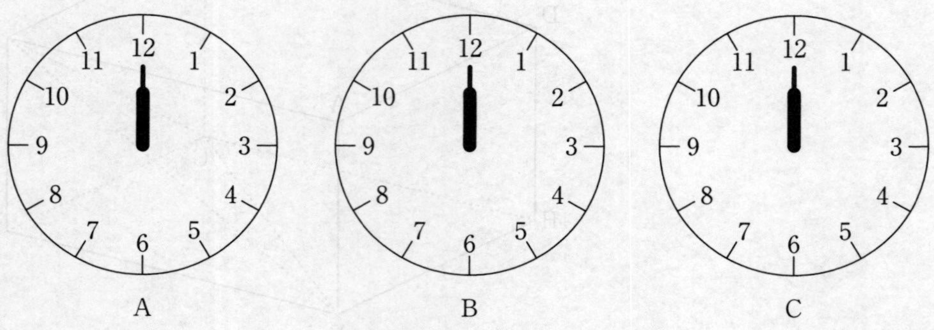

(1) 時計を合わせたあと，Aの長針と短針の間の角がはじめて110度になるのは何分後ですか。

(2) 時計を合わせたあと，Bの長針とCの長針がはじめて同じ方向を向くのは何分後ですか。

(3) 時計を合わせたあと，A，B，Cの長針がはじめて３本とも同じ方向を向くのは何分後ですか。

【社　会】〈第１回試験〉（35分）〈満点：100点〉

1　たかしくんは，日本で暮らしている出身国が異なる８人の外国人に，自分の国と日本とのつながりや，日本と似ているところや異なるところについてインタビューをしました。次の８枚のカードは，それぞれの人から聞いた話を，たかしくんがまとめたものです。これらを読んで，以下の問いに答えなさい。

Aさん
かつて「世界の工場」と言われたほど工業がさかんだけれども，①農業もさかんだよ。同じ国でも気候は違(ちが)うけど，南西にある島は常夏で，日本人の観光客が多く来ているよね。

Bさん
人口はそれほど多くないのですが日本とはつながりがあって，日本にはたくさんの石油を輸出しています。日本からも②機械などを輸入しています。

Cさん
日本より③気候はおだやかで過ごしやすいよ。ほかの国と結成していた組織から2020年に脱退(だったい)するまでは，周りの国との貿易には関税がかからなかったんだ。

Dさん
日本のおよそ10倍の人口がいる，世界で２番目に④人口が多い国だけれども，近いうちに世界最大の人口になると言われているよ。

Eさん
ビールやウィンナーなどが有名で，日本にも僕(ぼく)の国の料理が食べられる店が多いですね。日本はもっと僕の国のように，⑤環境(かんきょう)問題に取り組んだほうが良いと思います。

Fさん
羊の飼育がさかんで，日本には季節をずらして野菜や果物を出荷しています。⑥火山や地震(じしん)が多いところが日本と似ています。

Gさん
日本は国内で時差はないけれど，僕の国は同じ国の中でも，最大でおよそ半日も時刻が違うんだよ。西にある首都から東まで鉄道で行けるけれども，同じ⑦国内での移動であっても長い時間がかかるんだ。

Hさん
日本の約22倍の面積がある，日本のほぼ真裏にある国だけれども，昔日本から移り住んだ人がいることから，日本語で書かれた看板がある街があります。日本とは，肉や鉄鉱石を輸出するなどの⑧貿易をしています。

問１　次の図の(ア)～(ク)は，インタビューをした留学生の出身国を示したものです。このうち，(オ)，(カ)，(キ)が出身国の人をそれぞれ１人選び，Ａ～Ｈの記号で答えなさい。

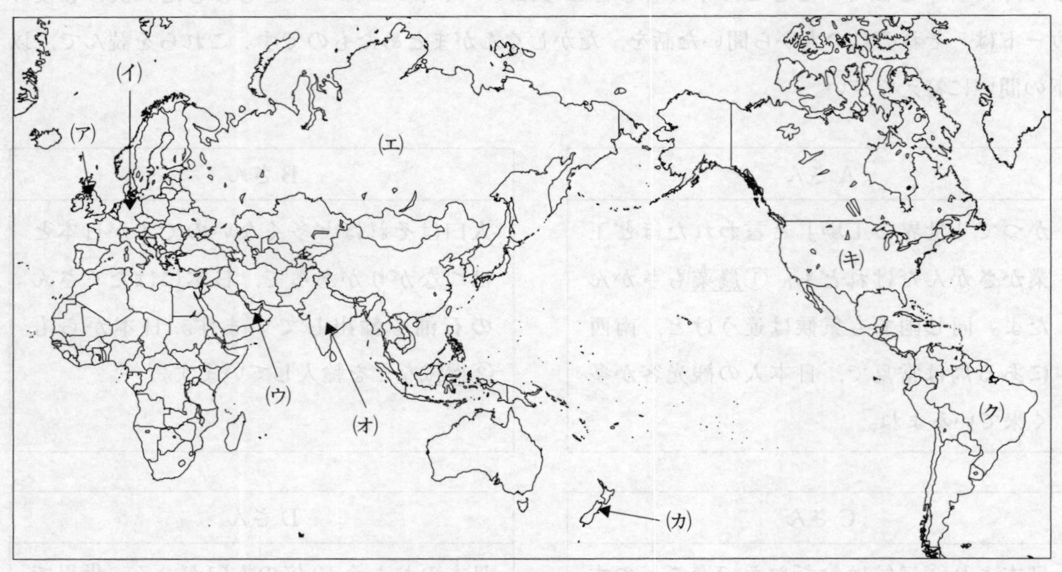

問２　下線部①について，日本でも各地で農業が行われています。次のⅠ～Ⅳは，下の(ア)～(エ)の都道府県のいずれかについて，農業産出額に占める割合を作物の種類別に示したものです。このうち，Ⅲに当てはまるものを(ア)～(エ)から１つ選び，記号で答えなさい。

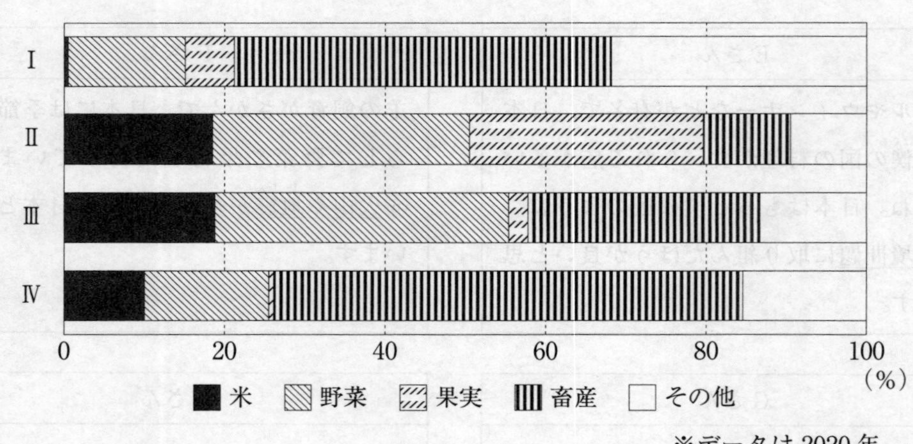

※データは2020年。

（『データブック オブ・ザ・ワールド』より作成）

(ア)　北海道　　(イ)　茨城県　　(ウ)　長野県　　(エ)　沖縄県

問３　下線部②に関連して，次の地図は，日本の各都道府県における工業のうち最も出荷額の多い産業を示したものです。地図中の［い］～［ほ］は，その下の(ア)～(オ)のいずれかのグループに属します。このうち，［い］および［に］に当てはまるものを，(ア)～(オ)から１つ選び，記号で答えなさい。

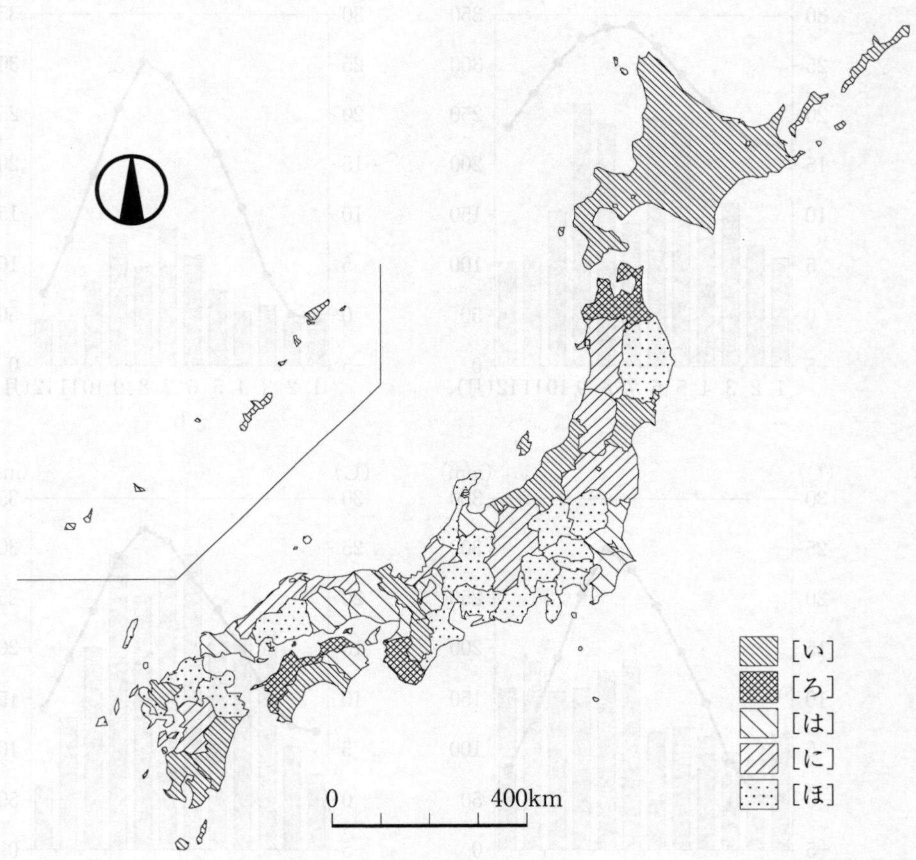

※データは2016年。

（経済産業省ホームページより作成）

(ア)　最も出荷額が多い産業が，食料品または飲料などの製造業である。

(イ)　最も出荷額が多い産業が，鉄鋼などの金属工業である。

(ウ)　最も出荷額が多い産業が，石油製品製造または化学工業である。

(エ)　最も出荷額が多い産業が，電子部品または情報通信機械製造業である。

(オ)　最も出荷額が多い産業が，(ア)～(エ)のいずれでもない。

問４　下線部③について，同じ日本であっても地域による気候の違いがみられます。次の図は，日本のある４つの都市における月ごとの気温と降水量を示したものです。この図からわかることとして誤っているものを，下の(ア)～(エ)から１つ選び，記号で答えなさい。

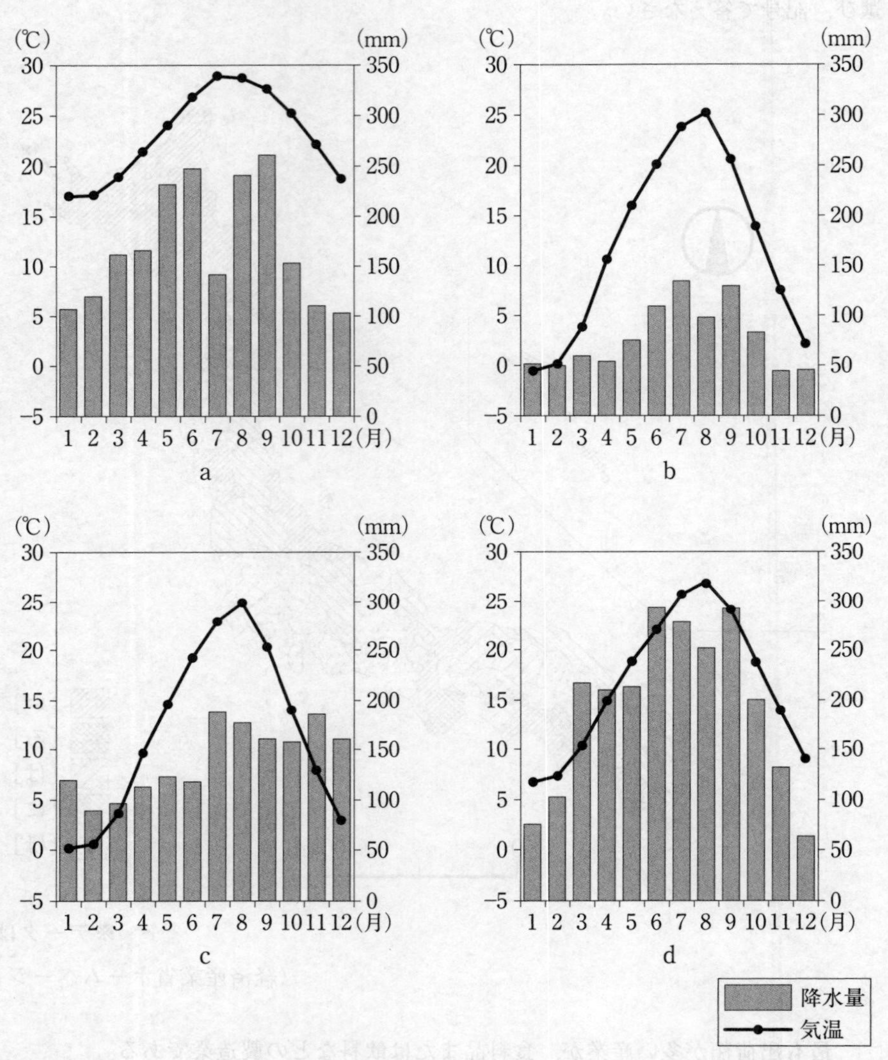

※データは，1971年から2010年の平均値。
（『データブック オブ・ザ・ワールド』より作成）

(ア)　aの都市はほかの３都市よりも気温が高いが，緯度（いど）が低いことが主な要因である。

(イ)　bの都市は内陸に位置しているため，１年間の気温の変化が大きい。

(ウ)　cの都市は比較（ひかく）的冬に降水量が多いが，これは南から低気圧が移動してくるためである。

(エ)　dの都市は，夏に南東からの風が吹くため，高温多雨となる。

問５　下線部④について，次のａ～ｃは，日本の人口に関するデータのうち，各都道府県の外国人数，人口増加率，人口密度について，上位５つと下位５つの都道府県を示したものです。ａ～ｃと人口に関するデータの組み合わせとして正しいものを，下の(ア)～(カ)から１つ選び，記号で答えなさい。

	a	b	c
1	東京	沖縄	東京
2	大阪	東京	愛知
3	神奈川	神奈川	大阪
4	埼玉	千葉	神奈川
5	愛知	埼玉	埼玉
43	島根	高知	徳島
44	高知	山形	青森
45	秋田	岩手	鳥取
46	岩手	青森	高知
47	北海道	秋田	秋田

※データは，外国人数は2020年，人口増加率は2020年～2021年。

（『データブック オブ・ザ・ワールド』より作成）

	(ア)	(イ)	(ウ)	(エ)	(オ)	(カ)
外国人数	a	a	b	b	c	c
人口増加率	b	c	a	c	a	b
人口密度	c	b	c	a	b	a

問６　下線部⑤について，さまざまな企業(きぎょう)や団体が環境問題に向けての取り組みを行っています。特に，これまで大量に消費されていた化石燃料に代わる再生可能エネルギーへの転換(てんかん)が求められており，日本でもそうしたエネルギー資源の利用が増えています。次の(ア)～(エ)は，再生可能エネルギーである太陽光，地熱，バイオマス，風力について説明したものです。このうち，地熱に関して述べたものを，次の(ア)～(エ)から１つ選び，記号で答えなさい。

(ア)　建物の屋根や利用されていない農地など，比較的いろいろなところで得られるが，天候に左右されやすく，エネルギーを得られる時間帯が限られている。

(イ)　安定して供給できるが，適切な場所が限られており，利用が増えると地下水が少なくなる可能性が指摘(してき)されている。

(ウ)　発電装置はシンプルな構造だが，周囲に騒音(そうおん)や振動(しんどう)などの影響(えいきょう)をもたらすことがある。

(エ)　植物などを原料として得られたエネルギーだが，生産量が増えると食品や飼料の価格の高騰(こうとう)につながることがある。

問７　下線部⑥について，次の問いに答えなさい。

(1)　日本は多くの地震が発生する国ですが，今後も大きな地震が起こると言われています。静岡県の駿河湾から四国沖(おき)までの海底には溝状の地形があり，これを［　　　］とよんでいます。この一帯は過去も大きな地震の震源地となっており，今後もその可能性が高いと言われています。［　　　］に当てはまる語句を答えなさい。

(2) 日本には多くの火山があり，人々は火山と付き合いながら生活をしてきました。下の①～④は，次の地図の(ア)～(エ)にある火山のいずれかについて説明したものです。このうち①の火山を説明したものとして正しいものを，次の地図の(ア)～(エ)から１つ選び，記号で答えなさい。

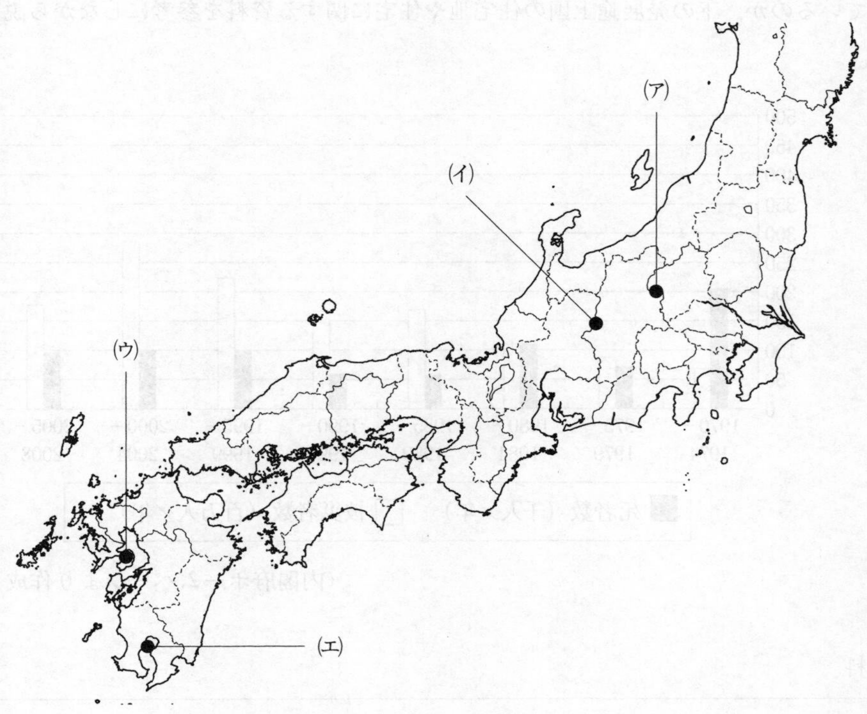

① 1991年に大規模な噴火(ふんか)が起き，火砕流(かさいりゅう)が流下して犠牲(ぎせい)者が出た。大きな火山ドームが形成された。

② たびたび噴煙(ふんえん)を上げており，周辺に降灰をもたらす。火山灰性の土壌(どじょう)が積もっているところでは，茶やイモの栽培(さいばい)がさかんである。

③ 2014年に突如(とつじょ)噴火し，火口付近に噴石が落下した。登山に訪れていた人々が犠牲となった。

④ 火山灰がつもっている山麓(さんろく)では，大都市に出荷するためのキャベツやレタスなどの高原野菜の栽培がさかんに行われている。

(3)　世界各地で自然災害によって，多くの被害(ひがい)が出ています。次の図は，これまでの世界で起きた自然災害によって亡くなった人の数と，被災(ひさい)した人の数の推移を示したものです。これをみると，自然災害によって亡くなった人は減る傾向(けいこう)にありますが，被災した人の数は増加の傾向にあることがわかります。なぜ亡くなった人は減り，被災した人の数が増加しているのか，下の発展途上(とじょう)国の住宅地や住宅に関する資料を参考にしながら説明しなさい。

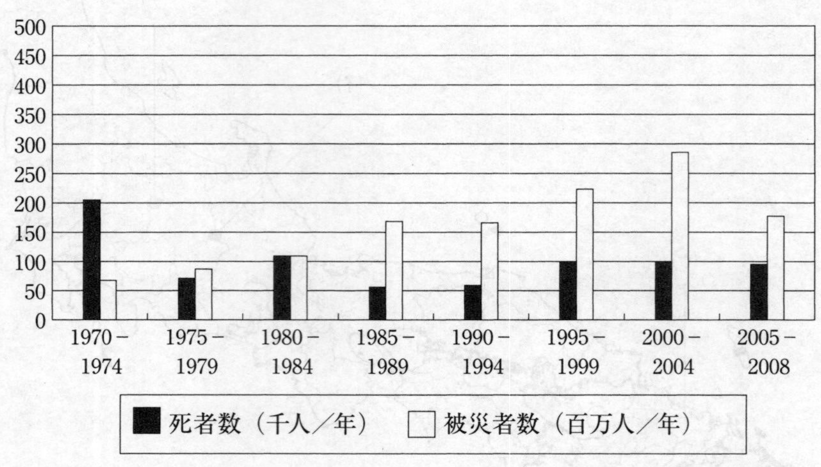

（内閣府ホームページより作成）

資料

> 発展途上国のある国では，都市を中心に住宅が不足しました。そのため，これまで住宅がなかった地域にも家を建て，そこに暮らす人々が増えました。また，住宅の材料も変化しました。かつては木やトタンといったものでできた，簡素な住宅で暮らしている人がほとんどだったのですが，現在ではそのような家に暮らす人は昔ほど多くはありません。

問８　下線部⑦について，次の地図は，日本の各地から東京まで鉄道で移動するのにどれだけの時間がかかるかを地図にしたものです。東京と各地の地図上の距離(きょり)は，移動時間に対応しています。このことについて述べた文章として正しいものを，下の(ア)～(エ)から１つ選び，記号で答えなさい。

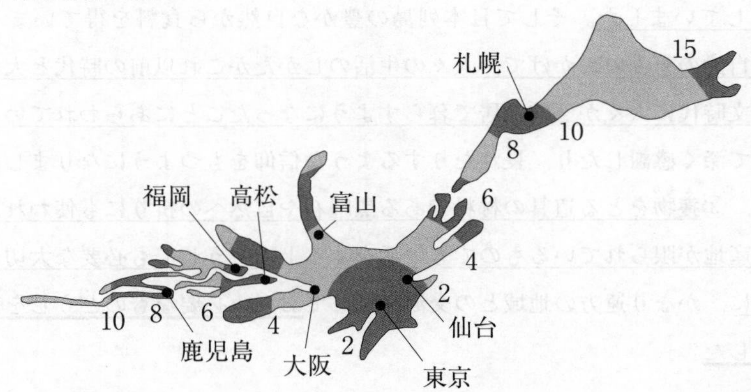

※データは2014年。数字は東京までにかかる時間を示している。(単位：時間)

(『アドバンス 中学地理資料』より作成)

(ア)　富山と大阪との間を移動する際には，時間が10分しかかからない。

(イ)　この地図から，東京と各都市の距離がどれくらい遠いのかを読み取ることができる。

(ウ)　同じ都道府県内であれば，東京への移動時間はほとんど変わらない。

(エ)　鉄道が建設されると，移動にかかる時間は短くなる傾向にある。

問９　下線部⑧について，次の日本の貿易に関して述べた文章の空欄［X］～［Z］に当てはまる語句として正しいものを，下の(ア)～(カ)からそれぞれ１つ選び，記号で答えなさい。

> 日本は工業が発達していましたが，1980年代後半から主に［X］労働力を求めて，アジアの国々に工場を移転するようになりました。ところが新型コロナウイルス感染症(かんせんしょう)の影響で海外での生産が滞る(とどこおる)ようになり，アジアに移転した工場を［Y］と考える日本企業がでてきました。
>
> 日本は海外で生産された工業製品をたくさん輸入しているため，現在日本の輸入品でも最も金額が多いものは機械類ですが，次に多いものは［Z］です。

［X］：(ア)　高い技術をもつ　　(イ)　安くて豊富な

［Y］：(ウ)　海外のほかの国に移そう　　(エ)　日本国内に戻(もど)そう

［Z］：(オ)　肉類　　(カ)　石油

2 次のＡ～Ｅの文を読んで，以下の問いに答えなさい。

Ａ　いまから１万2000年ほど前からおよそ１万年間つづいた縄文時代の人々は，①さまざまな道具を発達させることで，狩りをして動物を獲(と)ったり，木の実を集め，また魚介類をとって生活をしていました。そして日本列島の豊かな自然から食料を得ていました。こうした②豊かな自然の恵みのおかげで，人々の生活のしかたがこれ以前の時代と大きく変化したことは，縄文時代に人々が竪穴住居で暮らすようになったことにあらわれています。そして自然に対して深く感謝したり，畏(おそ)れたりするような信仰をもつようになりました。

一方で，③獲物(えもの)をとる道具の材料である黒曜石や自然への祈りにも使われたとされるひすいなど，産地が限られているものでも生活をする上でどうしても必要な大切なものを手に入れるために，かなり遠方の地域との交流を通じてお互い必要なものどうしを交換(こうかん)して手に入れていました。

Ｂ　７世紀の半ばの④大化の改新から，日本は中国の（　１　）と呼ばれる法を導入(どうにゅう)することで国内を安定させて，天皇中心の中国風の国づくりをめざしました。日本からは遣唐使が派遣され，奈良時代になると，奈良に（　２　）を開いた鑑真のように，日本の仏教の発展のために来日した人々もいました。

法や政治の仕組みだけでなく，唐の都（　３　）を模して平城京を建設したり，和同開珎を造(つく)って中国で使われていた貨幣(かへい)の導入もはかりました。ただ当時の多くの人々の暮らしは貧しく，交換するものの量や種類も限られており，貨幣を必要とする状況ではなかったようです。貨幣を信用できなかったのかもしれません。いずれにしても和同開珎など８世紀の初めから10世紀の半ばまで日本で造られた貨幣は，市が開かれて各地から税として集められた多くのものが交換された都以外の地域では，ほとんど使われず数量も限られました。かわりに人々は，必要なものどうしを交換したり，⑤布や米などを貨幣のように利用していました。

Ｃ　平清盛が武士として初めて（　４　）になり，平氏一族が政治に大きな力をもったころから鎌倉・室町時代にかけて，農業の生産が高まり，さまざまな商品も作られるようになっていきました。その結果，各地をめぐって交換されるものの量も種類も増大したため，日本列島各地で貨幣を用いた売買が急速に広がっていきました。このように貨幣がなければ不便なほど経済が発達したのにもかかわらず，平氏政権も鎌倉・室町両幕府も貨幣を造らなかったために，人々は貿易を通じて，大量の銅銭を⑥中国から輸入して日本国内で利用しました。

しかし16世紀になると，経済の発達がますます進み貨幣を用いた交換がさらに活発化する一方で，中国が日本への貨幣の輸出を減らしたため，日本国内では安心して使える中国銭が不足し，貨幣による交換は大きく混乱しました。この時期，戦国大名たちは富国強兵に努めて経済の発達に積極的に取り組んだため，貨幣の問題についても対策に苦しみました。

D　江戸幕府は，全国の政治的な安定を背景として，戦国時代に混乱した貨幣によるものの交換を信用できる制度にしました。これも一因となって，⑦日本各地を結ぶような商業が発展するなど経済の発達を促しました。

江戸幕府が発行した貨幣は，今でいうと１万円札に相当する高額な金貨と銀貨，それに加えて100円玉などに当たる日常的に使われる銭貨の三種類がありました。銭貨は全国どこでも使えましたが，金貨は江戸を中心とする東日本，銀貨は大阪を中心とする西日本で用いることにしたので，江戸と大阪は貨幣制度で見るとお互い外国のような関係となり，東日本と西日本をまたいでものを売買する場合には，両替が必要でした。金銀の両替額は一応決まっていましたが，⑧東西間のものの売買に合わせて金銀も売買されたため，実際は金銀の両替額は変動しました。

E　太平洋戦争によって，国民の生活は徹底的に破壊されてしまいました。アメリカ軍の空襲により各地の都市や工場は被害をうけ，農村も荒廃しました。日常品や食料品の生産が滞る一方で，中国や東南アジアなど日本が占領していた各地から多くの兵士や民間人が帰国したため，物価が急激に《　Ⅰ　》ので人々の生活は混乱しました。

こうした混乱をしずめ経済の回復をめざして，敗戦による乏しい国家の資金を重要な産業の復興に優先的に使ったり，アメリカの通貨１ドルを日本の360円に固定することで，国際的に日本の円が信用されて貿易が活発化する仕組みが整えられました。この１ドルが360円というドルと円の両替額は，１ドルが130円から140円台で取引されている2022年後半期と比べて，日本の円がドルに対して著しく《　Ⅱ　》ことになるので，日本製品はアメリカから見て《　Ⅲ　》なるため日本にとって製品の《　Ⅳ　》に有利な環境が整えられました。

敗戦から10年ほどたった1950年代後半以降，日本の経済は（　５　）と呼ばれる急激な発展期を迎え，1968年には国民総生産（GNP）がアメリカに次いで世界第２位の経済大国になりました。ただ1970年前後になると，急激な経済発展が公害問題を引き起こしました。⑨国は法律の制定や環境庁の設置を通じて，公害防止をめざしました。

問１　文中の（　１　）～（　５　）に，ふさわしい語句を漢字で答えなさい。

問２　下線部①について，縄文時代の人々が木の実のアクを抜いて食べやすくなるように用いた道具を答えなさい。

問３　下線部②について，竪穴住居の発生が示している生活の変化について説明した内容としてふさわしいものを，次の(ア)～(オ)の中から１つ選び，記号で答えなさい。

(ア)　防災対策の強化
(イ)　集団の大型化
(ウ)　定住性の向上
(エ)　防御(ぼうぎょ)能力の向上
(オ)　家畜(かちく)の飼育(しいく)

問４　下線部③について，縄文時代の人々にとって，黒曜石やひすいが，遠い地域からでも手に入れる必要があった理由について，これらが何に用いられたかを踏まえて説明しなさい。

問５　下線部④について，大化の改新で目標として掲(かか)げられた内容として誤っているものを，次の(ア)～(オ)の中から１つ選び，記号で答えなさい。

(ア)　国が直接土地や人々を管理する制度をつくる。
(イ)　戸籍をつくり，国が人々に土地を分け与える制度を定める。
(ウ)　元号を定め，天皇が国の中心であることを明らかにする。
(エ)　地方に役人を置き，全国に政治がいきわたる制度をつくる。
(オ)　租・調・庸につながっていく国の統一的な税の仕組みを整える。

問６　下線部⑤について，Ａの文中に，布や米が貨幣代わりに利用された理由が書かれています。Ａから20字で抜き出しなさい。

問７　下線部⑥について，Ｃの時代に中国にあった王朝(おうちょう)から，日本に銅銭がもたらされましたが，当時の中国にはどの王朝がありましたか。次の(ア)〜(オ)の王朝の中から正しいものをすべて選び，記号で答えなさい。

(ア)　元　　(イ)　漢　　(ウ)　明　　(エ)　宋　　(オ)　清

問８　下線部⑦について，江戸時代の商業発展を説明した文として誤っているものを，次の(ア)〜(オ)の中から１つ選び，記号で答えなさい。

(ア)　経済の中心である大阪には，主に東まわり航路を通じて太平洋側の各地から物産がもたらされた。大阪に集まった品々は，江戸や各地に売りさばかれ，大阪は天下の台所と呼ばれて商業・物流の中心地として繁栄した。

(イ)　百姓は，農具を改良したり干鰯(ほしか)などの肥料を用いるようになり農業生産が上昇したため，年貢として納める米のほかにも，綿・菜種(なたね)・茶など加工して商品とするための農作物を多く作るようになっていった。

(ウ)　商人や有力農民のなかには，小さな工場を建てていろいろな製品をつくる者が現われた。こうした製品のなかから和紙や醤油(しょうゆ)や木材など各地の特産物が生まれ販売された。幕府や藩も特産物の発展に力を入れた。

(エ)　江戸幕府が江戸と重要都市を結ぶ五街道を整備したのをはじめとして，江戸時代には各地の城下町を結ぶ街道が全国にはりめぐらされた。こうした街道は，大名の参勤交代など人々の往来を支え，物資や荷物の輸送も活発化した。

(オ)　経済の発達により収入が増えて余裕が生まれた人々の間では，伊勢参りなど信仰と娯楽をかねた旅が流行するようになった。観光名所や各地の城下町や街道ぞいの宿場町なども，地方消費地として発展した。

問９　下線部⑧について，大阪から江戸に多くの「もの」が売られると，江戸の商人や人々は大阪の「もの」を買うために，自分たちの金を売って銀を手に入れなければなりません。この場合，「もの」を買う側の東日本の金の値段はどのように変動すると考えられますか。

問10　Ｅの空欄《　Ⅰ　》～《　Ⅳ　》に入れる語句としてふさわしいものの組み合わせを，次の(ア)～(オ)から１つ選び，記号で答えなさい。

(ア)　Ⅰ　下がった　　Ⅱ　高い　　Ⅲ　高く　　Ⅳ　輸入
(イ)　Ⅰ　上がった　　Ⅱ　安い　　Ⅲ　高く　　Ⅳ　輸出
(ウ)　Ⅰ　下がった　　Ⅱ　安い　　Ⅲ　安く　　Ⅳ　輸入
(エ)　Ⅰ　上がった　　Ⅱ　安い　　Ⅲ　安く　　Ⅳ　輸出
(オ)　Ⅰ　上がった　　Ⅱ　高い　　Ⅲ　高く　　Ⅳ　輸入

問11　下線部⑨について，1967年に制定された，公害を防止するために公害を起こした企業や国の責任を明らかにした法律は何ですか。漢字で答えなさい。

問12　Ａ～Ｅの文中の太線部を参考にして，歴史のなかで発達した貨幣について，以下の３つの＜論点＞を中心にすえて説明しなさい。
＜論点＞
・貨幣の役割
・貨幣が使われるようになる背景
・貨幣が安定して役割を果たすための条件

3 小学６年生のまさひこさんが祖父の家を訪れたとき，祖父のひさしさんは，作成していた「自分史上の10大ニュース」年表を見せてくれました。その年表を参考にしながら，次の問いに答えなさい。

ひさしさんの「自分史上の10大ニュース」年表

西暦（年齢）	ひさしさんに起こった10大ニュース
1952年（0歳）	横浜市都筑区で誕生する
1969年（17歳）	広島へ研修旅行に行く ［メモ］友だちとの旅行は楽しいものでしたが，原爆資料館を訪れたときには衝撃を受け，①平和の尊さを思い知りました。
1971年（19歳）	大学に入学する ［メモ］希望していた大学に合格し，大変うれしかった記憶があります。大学では法学部で学び，②基本的人権について研究しました。
1973年（21歳）	③オイル＝ショックで苦労する ［メモ］この経済混乱により，当時下宿生活をしていた自分はトイレットペーパーがすぐに売り切れてしまうなど大変な思いをしました。
1980年（28歳）	最初の娘が産まれる ［メモ］結婚して初めての子どもが産まれました。④日本国憲法の研究者であった大学時代の先生に，名前をつけてもらいました。
1989年（37歳）	消費税が導入される ［メモ］お店を経営していた自分は，新しい⑤税に備えてつり銭の小銭を準備するのに苦労したことが印象に残っています。
1997年（45歳）	NGOに加入する ［メモ］国際問題に関心があった自分は，⑥国際連合に協力するNGOのボランティア会員として活動を開始しました。
2007年（55歳）	直接請求を行って⑦条例を制定させる ［メモ］横浜市をより住みやすい街にするための住民たちの運動に参加し，署名活動を精力的に行って⑧市長に提出しました。
2018年（66歳）	⑨ピョンチャンで開催されたオリンピックを観に行く ［メモ］初めて海外で観戦しました。学生時代までスピードスケートをしていたため，日本選手の金メダル獲得には感動しました。
2020年（68歳）	病院で手術を受ける ［メモ］持病を治療するため，⑩親しい医師に相談して入院しました。幸いなことに手術は成功し，今は元気です。

問１　下線部①に関連して，日本国憲法では平和主義の考えを具体的に記しています。日本国憲法の第９条で触れられていることとしてふさわしくないものを，次の(ア)～(エ)から１つ選び，記号で答えなさい。

(ア)　他国と戦いを交える権利を認めていない。
(イ)　外国との争いごとを武力で解決しないと定めている。
(ウ)　日本に核兵器をもちこませないことをかかげている。
(エ)　日本が陸海空軍の戦力をもたないことを宣言している。

問２　下線部②に関連して，次の問いに答えなさい。

(1)　日本では，日本国憲法で自由権が認められているが，「精神の自由」に関する条文として正しいものを，次の(ア)～(エ)から１つ選び，記号で答えなさい。

(ア)　何人も，公共の福祉に反しない限り，居住，移転および職業選択の自由を有する。
(イ)　信教の自由は，何人に対してもこれを保障する。いかなる宗教団体も，国から特権を受け，又は政治上の権力を行使してはならない。
(ウ)　何人も，法律の定める手続によらなければ，その生命若しくは自由を奪われ，又はその他の刑罰を科せられない。
(エ)　何人も，いかなる奴隷的拘束も受けない。又，犯罪に因る処罰の場合を除いては，その意に反する苦役に服させられない。

(2)　次の条文は，生存権を認めた日本国憲法第25条である。条文の空欄［　X　］・［　Y　］に入る語句の組合せとして正しいものを，下の(ア)～(エ)から１つ選び，記号で答えなさい。

> ①　すべて国民は，［　X　］で［　Y　］な最低限度の生活を営む権利を有する。
> ②　国は，すべての生活部面について，社会福祉，社会保障及び公衆衛生の向上及び増進に努めなければならない。

(ア)　X－健康　Y－文化的　　(イ)　X－健康　Y－社会的
(ウ)　X－幸福　Y－文化的　　(エ)　X－幸福　Y－社会的

問３　下線部③に関連して，この出来事は資料１の［　X　］のような，日本が主に原油を輸入している西アジアの国々による価格引き上げを原因として起こったことが分かりました。［　X　］で多くの人が信仰（しんこう）している宗教について，下の(ア)〜(エ)から１つ選び，記号で答えなさい。

資料１　日本の原油の輸入先

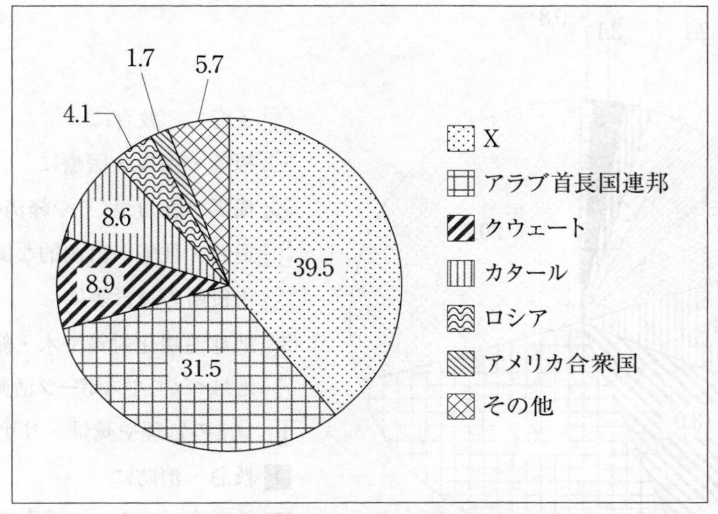

※いずれも単位は％（『日本国勢図会 2022 ／ 23』より）

(ア)　キリスト教　　(イ)　ヒンドゥー教　　(ウ)　仏教　　(エ)　イスラーム教

問４　下線部④に関連して，次の文章は日本国憲法改正の手続きを説明したものである。文章の空欄［　X　］・［　Y　］に入る語句の組合せとして正しいものを，下の(ア)〜(エ)から１つ選び，記号で答えなさい。

> 日本国憲法改正の手続きは，まず改正案に対して［　X　］の３分の２以上の賛成が必要で，それによって発議が可能となります。次に，発議された改正案は国民投票にかけられます。そこで［　Y　］の賛成が得られると改正案が可決されます。その後，憲法改正の公布は，国民の名で天皇が行います。

(ア)　X－各議院の総議員　　　Y－過半数
(イ)　X－各議院の総議員　　　Y－３分の２以上
(ウ)　X－内閣のすべての大臣　Y－過半数
(エ)　X－内閣のすべての大臣　Y－３分の２以上

問５　下線部⑤に関連して，まさひこさんは集められた税の使い道について調べたところ，横浜市に関する次の資料２と資料３を見つけました。これらの２つから推測されることとして最も適当なものを，次のページの(ア)～(エ)から１つ選び，記号で答えなさい。

資料２　横浜市民１人あたりに換算した場合の歳出決算額の割合（2021年）

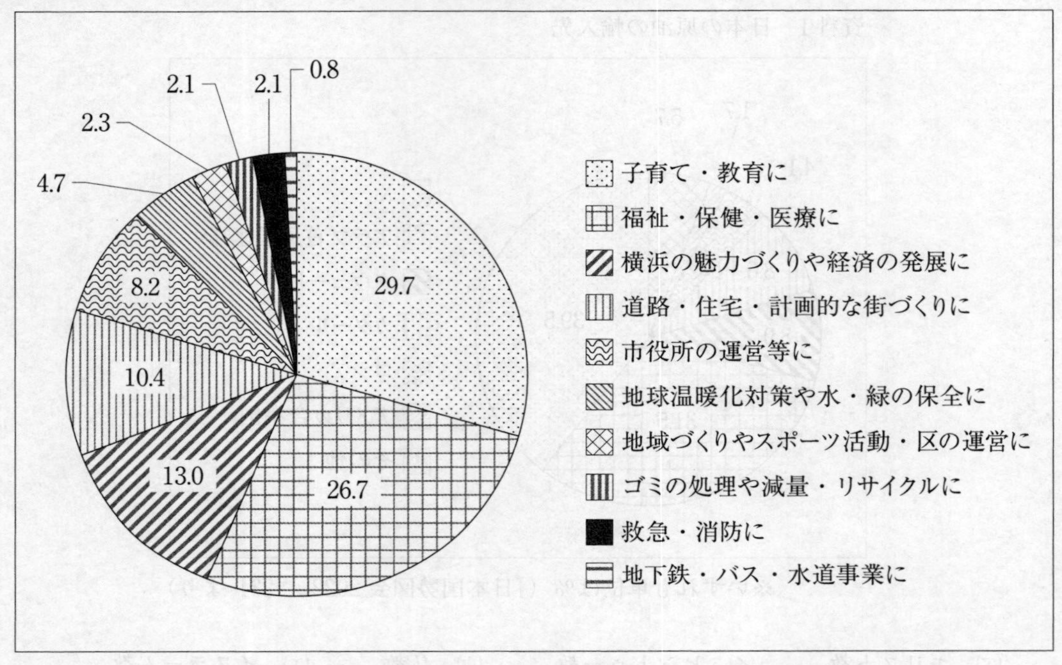

※単位は％

資料３　「中期４か年計画 2018 ～ 2021」の主な取組（一部抜粋）

- 保育・幼児教育の充実
- 介護人材の確保に向けた取組の推進
- グリーン成長につながる2050年の脱炭素社会実現に向けた取組の推進
- 中小企業・小規模事業者への総合的な支援
- 関内・関外地区の活性化の推進
- 局地的な大雨等への対策の推進

※『令和３年度横浜市一般会計決算の概要』より。

(ア) 福祉・保健・医療は第２位の歳出であるが，新たな介護人材の確保や定着支援についての政策は実施していない。

(イ) 地球温暖化対策や水・緑の保全について横浜の魅力づくりや経済の発展よりも多くの歳出を行っており，公共施設のLED化の推進などの政策を実施している。

(ウ) 子育て・教育に最も歳出を行っており，今ある施設での１歳児の受入枠拡大や認可保育所などの新規整備による受入枠の確保を行っている。

(エ) 中小企業・小規模事業者への総合的な推進と局地的な大雨等への対策の推進に力を入れており，歳出決算額の半分以上を費やしている。

問６　下線部⑥に関連して，国際連合ではまさひこさんのような児童にも自由に自己の意見を表明する権利などを保障しています。ユニセフも制定に関わって1989年に採択されたこの条約を何といいますか，答えなさい。

問７　下線部⑦に関連して，まさひこさんが住んでいる横浜市の条例について調べていくと，「横浜市落書き行為の防止に関する条例」を見つけました。そこには，落書き行為について，次のように書かれていました。この条例で罰せられると考えられる行為として誤っているものを，下の(ア)〜(エ)から１つ選び，記号で答えなさい。

> 第２条(1)落書き行為
> 道路，公園，河川，港湾，庁舎その他の公共の用に供する施設（当該施設に附属する設備，器具等を含む。以下「公共施設」という。）又は他人が所有し，占有し，若しくは管理する建築物その他の工作物のうち，不特定多数の者の目に触れる箇所に，みだりに文字を書き，又は図形，模様等を描く行為をいう。

(ア) 駅は他人が所有・占有し，管理している建物なので，その壁に許可なく絵画を描く行為は条例違反である。

(イ) コンビニエンスストアは他人が所有・占有し，管理している建物なので，そのトイレに落書きすることは条例違反である。

(ウ) 図書館は公共施設にあたるので，その床に許可なく模様を描く行為は条例違反である。

(エ) 公民館は公共施設にあたるので，公民館の掲示板に連絡事項を書くことは条例違反である。

問８　下線部⑧に関連して，市長などの地方公共団体の行政の最高責任者は，日本ではどのように呼ばれることが多いですか。漢字２字で答えなさい。

問９　下線部⑨に関連して，このオリンピックが開催された国についての説明として正しいものを，次の(ア)～(エ)から１つ選び，記号で答えなさい。

(ア)　社会主義国として建国され，今でも日本と国交が開かれていない。
(イ)　大統領制で，ハングルという独自の文字が使用されている。
(ウ)　ASEAN に加盟している仏教国で，現在でも国王がいる。
(エ)　連邦制の国家であり，アボリジニと呼ばれる先住民が住んでいる。

問10　下線部⑩に関連して，ひさしさんは担当の医師から治療の目的や方法，副作用などについて何度も説明を受け，自らの治療方法について理解をしたうえで同意し，手術を受けました。新しい人権である自己決定権にも関連するこのような同意を何といいますか。カタカナで答えなさい。

【理　科】〈第1回試験〉（35分）〈満点：100点〉

（注意事項　計算機，定規，分度器，コンパス等は一切使用してはいけません。）

1　次の文を読み，あとの各問いに答えなさい。ただし，フックや糸の体積と重さは考えないものとします。特に指示がない限り，答えが小数になる場合は小数第1位を四捨五入して整数で答えなさい。

＜1＞水面の上昇について

地球温暖化による影響の1つに「海面上昇」の問題があります。太郎さんは，水面の上昇について調べるため，＜実験＞をしました。ただし，水の温度変化による体積変化は考えないものとします。

＜実験＞

図1のように，コップに水と氷を入れて，水面の位置Xに印を付けた。氷が全て溶けた後，水面の高さを見た。

太郎さんは実験を終えた後，得られた結果について調べてレポート1，2を作りました。

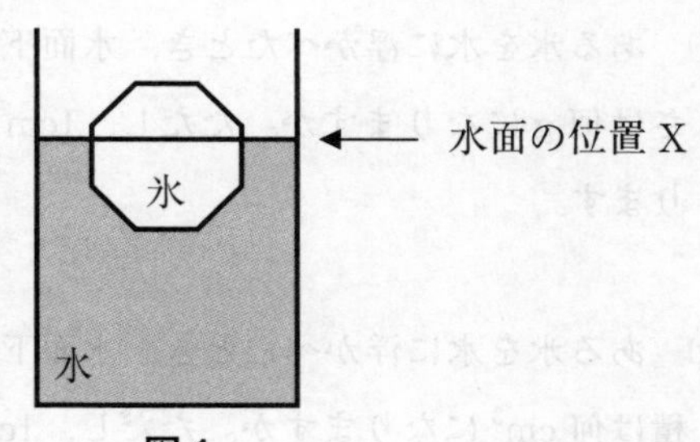

図1

＜レポート1＞

・氷が水に浮いているとき，水面下にある氷の体積と，氷の全てが溶けたときにできる水の体積を比べれば，実験の結果が説明できることがわかった。

・実験の結果を説明するためには，浮力（浮かせる力）という力を理解する必要があるとわかった。

(ア)　液体中の物体にはたらく浮力は，物体がおしのけた体積と同じ体積の液体の重さと等しいことがわかっています。この原理を発見した科学者として最も適するものを次の1～4の中から1人選び，番号を書きなさい。

1. ガリレオ
2. アインシュタイン
3. ニュートン
4. アルキメデス

＜レポート２＞

・水に浮いている氷は，浮力という上向きにかかる力と，重力という下向きにかかる力がはたらいてつりあっている。そのため，次の関係が成り立っている。

（浮力）＝（全体の氷の重さ）

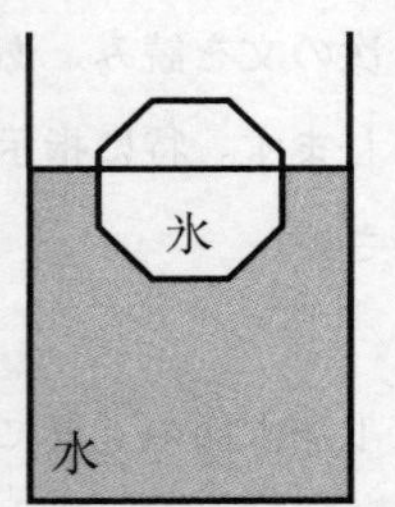

・水中の物体にはたらく浮力は，物体がおしのけた体積と同じ体積の水の重さと等しいことがわかっている。そのため，次の関係が成り立っている。

（浮力）＝（水面下の氷と同じ体積の水の重さ）

(イ)　ある氷を水に浮かべたとき，水面下の氷の体積が110cm^{3}でした。このとき，全体の氷の重さは何ｇになりますか。ただし，1cm^{3}の水は1gであり，水は氷になるとき体積が1.1倍になります。

(ウ)　ある氷を水に浮かべたとき，水面下の氷の体積が110cm^{3}でした。このとき，全体の氷の体積は何cm^{3}になりますか。ただし，1cm^{3}の水は1gであり，水は氷になるとき体積が1.1倍になります。

(エ)　(ウ)の全体の氷が溶けて全て水になりました。氷が溶けてできた水の体積は何cm^{3}になりますか。

(オ)　(エ)のことから，実験の結果はどのようになったと考えられますか。最も適するものを次の１～３の中から１つ選び，番号を書きなさい。

1. 水面は上昇した
2. 水面は下降した
3. 水面は変わらない

(カ)　地球の温暖化により海水面が上昇する理由として最も適するものを，次の１～３の中から１つ選び，番号を書きなさい。

1. 降水量が増加したから
2. 北極海に浮かぶ氷が溶けるから
3. 南極大陸の氷が溶けるから

＜２＞浮力について

太郎さんは浮力について調べ，レポート３にまとめました。

＜レポート３＞

・液体で生じる浮力の大きさの求め方は，次の計算式で求めることができる。

（浮力の大きさ）＝（1cm^3 あたりの液体の重さ）×（物体が押(お)しのけた液体の体積）

・1cm^3 あたりの液体の重さを密度という。単位は〔g/cm^3〕と書き，グラム毎立方センチメートルと読む。例えば，重さ 200g で体積が 100cm^3 の物体の密度は 2g/cm^3 ということになる。

・浮力の大きさはばねはかりを用いても，求めることができる。たとえば，**図２**のように，ばねはかりではかると 100g の物体（体積は 10cm^3）がある。**図３**のように，この物体を密度が 1g/cm^3 の水の中に入れ，ばねはかりではかると 90g になる。このとき，物体には上向きに浮力 10g がはたらいていることがわかった。

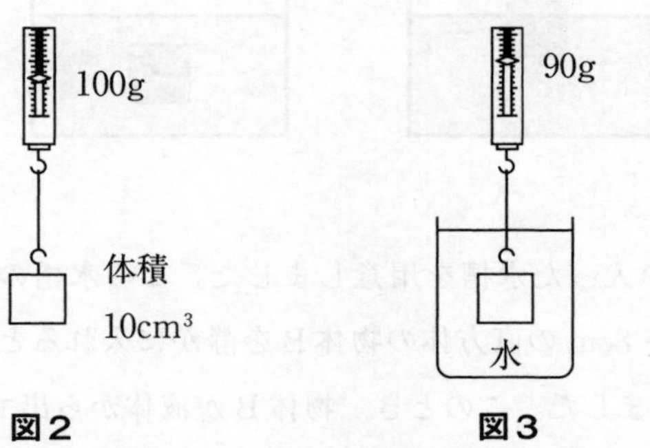

図２　**図３**

・物体を液体の中に入れたときに，物体にはたらく浮力の大きさより物体の重さのほうが大きいと沈(しず)み，小さいと浮くことがわかった。

(キ)　**図４**のように，密度0.7g/cm³の液体の入った水槽（すいそう）を用意しました。この水槽の中に，**表１**のような重さ85g，底面積15cm²，高さ8cmの直方体の物体Aを静かに入れました。このとき，物体Aはどのような状態になりますか。最も適するものを次の１～４の中から１つ選び，番号を書きなさい。ただし，物体Aの中に水はしみこまないものとします。

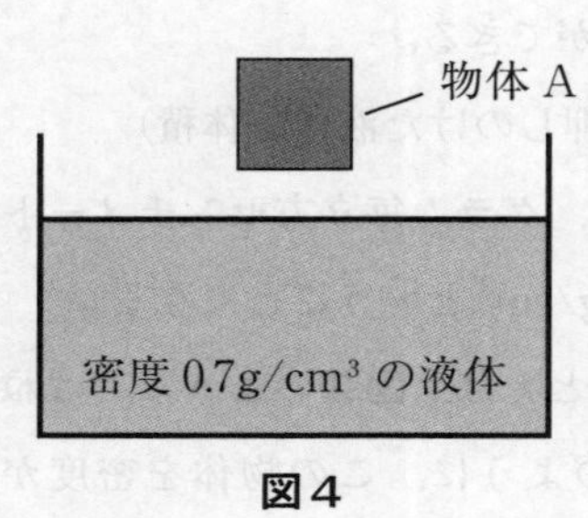

図４

表１

物体	A
重さ〔g〕	85
底面積〔cm²〕	15
高さ〔cm〕	8

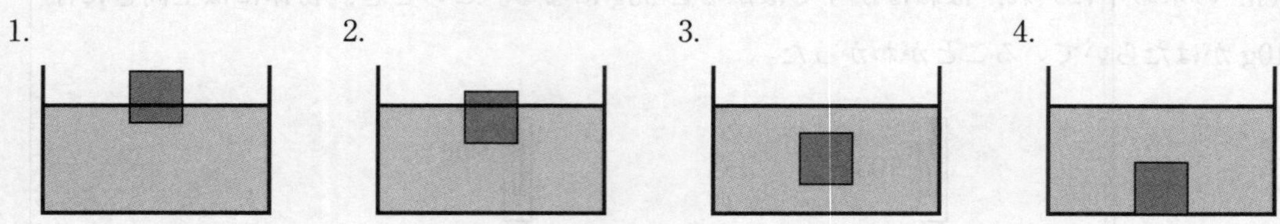

(ク)　密度1.2g/cm³の液体の入った水槽を用意しました。この水槽の中に，**表２**のような重さ90g，底面積25cm²，高さ8cmの直方体の物体Bを静かに入れると，物体Bは**図５**のような水平な状態になり静止しました。このとき，物体Bが液体から出ている部分の体積は何cm³になりますか。ただし，物体Bの中に水はしみこまないものとします。

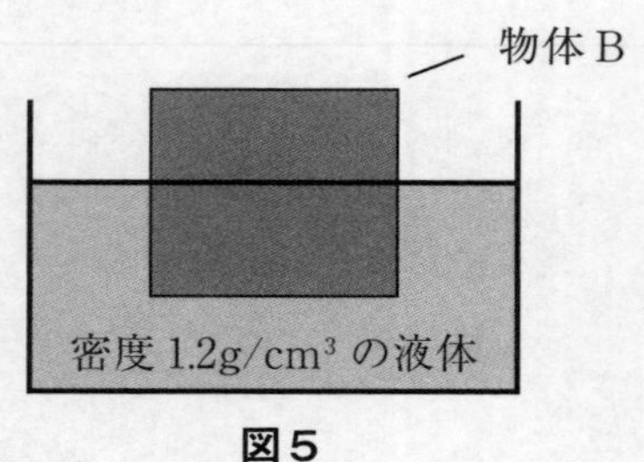

図５

表２

物体	B
重さ〔g〕	90
底面積〔cm²〕	25
高さ〔cm〕	8

(ケ) **図６**のように，密度 1.2g/cm^3 の食塩水の入った水槽と重さ 720g の物体Ｃを用意しました。**表３**のように，水槽は底面積 200cm^2 の直方体の形をしており，物体Ｃは，固体のときの密度が 0.9g/cm^3 で，液体になると密度が 0.8g/cm^3 になります。この物体Ｃを固体の状態で水槽の中に静かに入れました。その後，水槽の温度を上げていくと，物体Ｃは固体から液体に状態が変化しました。固体の物体Ｃを水槽の中に入れたときと，温度を上げて物体Ｃの全てが液体になったときでは，水槽の液面はどのようになりますか。物体Ｃが液体になったときに液面は，「何 cm 上がる」，「何 cm 下がる」，「変わらない」のいずれかの書き方で答えなさい。答えが小数になる場合は小数第２位を四捨五入して小数第１位まで答えなさい。ただし，固体の物体Ｃに食塩水はしみこまないものとし，液体になった物体Ｃも食塩水とは混ざり合わないものとします。また，液体の蒸発は考えないものとします。

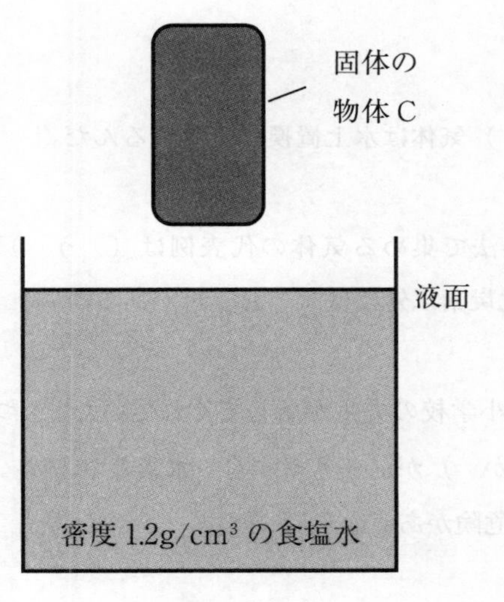

図６

表３

物体Ｃ	
重さ〔g〕	720
密度（固体）〔g/cm^3〕	0.9
密度（液体）〔g/cm^3〕	0.8

食塩水の入った水槽	
底面積〔cm^2〕	200
密度〔g/cm^3〕	1.2

2 花子さんと一郎さんの会話文を読んで，あとの各問いに答えなさい。ただし，同じ記号には同じ答えがあてはまるものとします。

花子「一郎さん。この前，ニュースで不完全燃焼とか一酸化炭素中毒という話が出ていたんだけど。」

一郎「木や石油などが燃えるとき，酸素の量が十分にある場合は，完全燃焼がおこって，二酸化炭素と水が発生するんだけど，酸素の量が足りないと，不完全燃焼がおこって，二酸化炭素と水のほかに一酸化炭素というとても危険な気体が発生してしまうらしい。命にかかわる危険な気体だって聞いたことがある。」

花子「二酸化炭素については理科の授業のときに，下方置換法で集めたことがあるけれど，一郎さんはほかの気体について何か知っていることはある？」

一郎「水素を集めたことがある。水上置換法だった。」

花子「水素はどうして水上置換法で集めるのかな。」

一郎「それは水素が（　あ　）気体だからだよ。（　あ　）気体は水上置換法で集めるんだ。」

花子「そのほかの気体はどうやって集めるの？」

一郎「（　い　）気体は上方置換法で集める。上方置換法で集める気体の代表例は（　う　）だよ。（　え　）気体は下方置換法で集める。二酸化炭素以外には（　お　）があるね。」

花子「水素を上方置換法で集めてはいけないの？」

一郎「集めてはいけないみたいだよ。理由は2つあると小学校の先生が話してくれていた。1つ目の理由は安全性。上方置換法では，空気中の（　か　）が混ざりやすく，水素と（　か　）が混ざった気体に火が近づいてしまうと爆発する危険があるから。」

花子「なるほど。2つ目の理由は？」

一郎「空気が混ざりやすく，純粋な水素を集めにくいからさ。」

花子「なるほどねぇ。」

(ア)（　あ　）～（　お　）にあてはまる言葉の組み合わせとして最も適するものを次の1～8の中から1つ選び，番号を書きなさい。

	（　あ　）	（　い　）	（　う　）	（　え　）	（　お　）
1	水に溶けやすい	空気より重い	アンモニア	空気より軽い	塩素
2	水に溶けやすい	空気より重い	塩素	空気より軽い	アンモニア
3	水に溶けやすい	空気より軽い	塩素	空気より重い	アンモニア
4	水に溶けやすい	空気より軽い	アンモニア	空気より重い	塩素
5	水に溶けにくい	空気より重い	アンモニア	空気より軽い	塩素
6	水に溶けにくい	空気より重い	塩素	空気より軽い	アンモニア
7	水に溶けにくい	空気より軽い	塩素	空気より重い	アンモニア
8	水に溶けにくい	空気より軽い	アンモニア	空気より重い	塩素

(イ)　(　か　) にあてはまる気体の名前を答えなさい。ただし，漢字で書きなさい。

一郎「不完全燃焼についての話にもどそう。ここではメタンという物質が燃焼した場合のことを考えてみることにするね。どんな物質でも，これ以上細かく分割できない「原子」という小さな粒が結びついてできているんだ。そして，原子がいくつか結びついたものを「分子」とよんでいて，メタン分子，酸素分子，水分子，二酸化炭素分子，一酸化炭素分子と言うんだ。メタンの燃焼ででてくる原子は□（炭素原子），○（酸素原子），そして●（水素原子）の３種類。これらの記号を使って，メタン分子や酸素分子，そしてメタンが燃焼するときにでてくる分子を次のように表すことができるよ。」

メタン分子　　１個の炭素原子のまわりに４個の水素原子が結びついている。

酸素分子　○○　２個の酸素原子が結びついている。

水分子　●○●　２個の水素原子と１個の酸素原子が結びついている。

二酸化炭素分子　○□○　１個の炭素原子に２個の酸素原子が結びついている。

一酸化炭素分子　□○　１個の炭素原子に１個の酸素原子が結びついている。

一郎「燃焼に限らず，物質が変化する前と後には次のような【法則】があるんだ。」

【法則】

物質が変化する前と後で，原子の組み合わせは変わるが，原子の種類と数は変わらない。
また，原子が割れたりこわれることもない。

花子「つまり，変化する前と後で，□，○，●の総数は変わらないということね？」
一郎「そういうこと。メタンが完全燃焼する反応を表すと，次のようになるよ。」

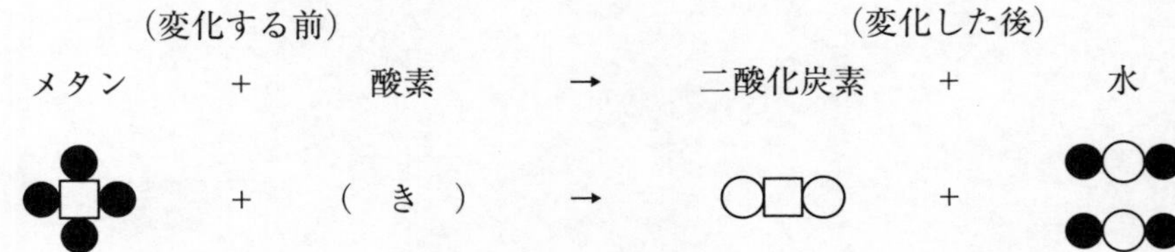

花子「これを言葉で表すと…。１個のメタン分子に，（　く　）個の酸素分子が反応して完全燃焼した場合，１個の二酸化炭素分子と，２個の水分子ができるということね？」

一郎「そう。だから，たとえばメタン分子が５個完全燃焼したら，酸素分子は（　け　）個反応して，水分子は（　こ　）個できることになる。では，メタン分子が５個に対して，酸素分子が９個だった場合について考えてみよう。酸素分子が９個ということは，○（酸素原子）は18個ということだよ。メタン分子が５個ということは，●（水素原子）は（　さ　）個あるから，燃焼すると水分子は（　し　）個できるね。燃焼前の○（酸素原子）は18個。燃焼がおこると，そのうち（　す　）個は水分子にふくまれることになって，残りの○（酸素原子）は（　せ　）個だ。」

一郎「そうだね。だから【法則】から考えてみると，二酸化炭素分子が（　そ　）個，一酸化炭素分子が（　た　）個できることになるよ。」

花子「なるほど。つまり５個のメタン分子に対して（　け　）個以上の酸素分子がないと，不完全燃焼がおこって，一酸化炭素が発生してしまうということね？」

一郎「そのとおりだね。メタンに対して十分な量の酸素がある場合は，一酸化炭素は発生せず，二酸化炭素と水が発生した上で，酸素があまることになるんだよ。」

(ウ)　（　き　）にあてはまる酸素分子を○でかき表しなさい。

(エ)　（　く　）～（　た　）にあてはまる整数をそれぞれ答えなさい。

(オ)　ある個数のメタン分子が完全燃焼して，二酸化炭素分子が10個発生し，酸素分子が20個あまった。メタン分子の個数，燃焼する前の酸素分子の個数をそれぞれ整数で答えなさい。

3 メダカやオオカナダモに関する次の文を読んで，あとの各問いに答えなさい。

メダカは，えらの血管に水中の酸素を取りこみます。口から水を取り入れ，えらに水を通過させ，えらぶたから水を出します。えらぶたを閉じて口を開け，水を取り入れます。また，口を閉じてえらぶたを開け，水を出します。

花子さんは，水そうで飼育するメダカを日々見ている中で，「えらぶたの開閉のペースは，速いときとおそいときがありそうだ。」と思うようになりました。花子さんは，**図１**に示す方法で，温度の条件によって，えらぶたの開閉のペースにちがいがあるか調べてみることにしました。３びきのメダカ（個体Ａ～Ｃ）について，「１分間のえらぶたの開閉の回数」を調べ，**表１**に示す結果が得られました。花子さんは，「温度が高いほどえらぶたの開閉のペースが速くなる理由は，メダカ自身によるものと，メダカ以外によるものと２つあるのではないか。」と考えました。そこで，水にふくまれる酸素の量と温度の関係についてインターネットで調べたところ，**図２**に示す関係が分かりました。花子さんは，次のように考えました。「温度が高いほど，メダカの細胞(さいぼう)の生命活動は活発であり，細胞が必要とする酸素の量は（　あ　）。また，温度が高いほど，水にふくまれる酸素の量は（　い　）。」

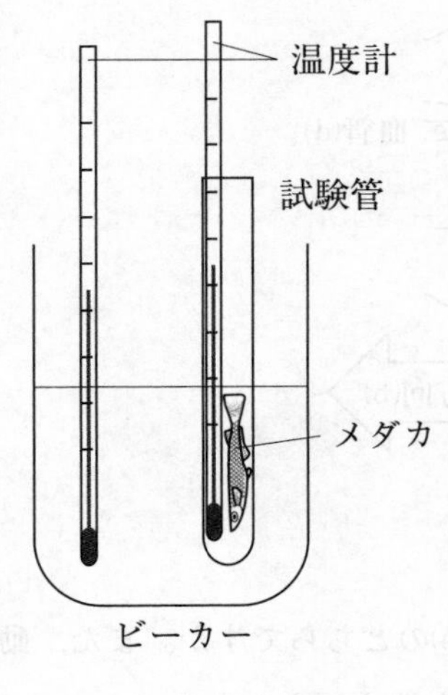

図１

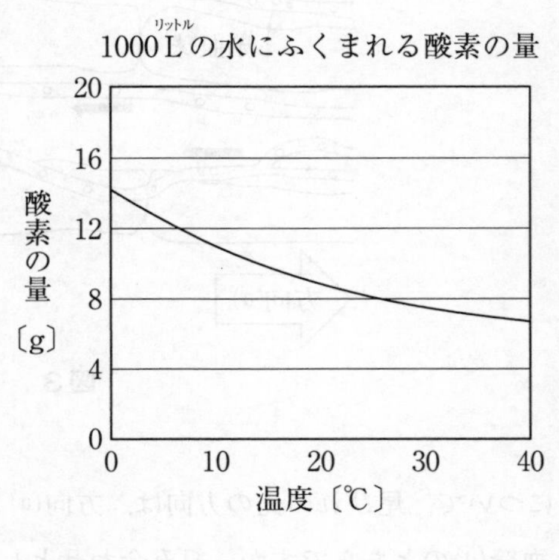

図２

表１

	１分間のえらぶたの開閉の回数				
	6℃	11℃	16℃	21℃	26℃
個体Ａ	56	82	126	160	201
個体Ｂ	58	87	120	170	195
個体Ｃ	57	87	125	173	194

(ア)　文中の（　あ　）および（　い　）にあてはまる言葉の組み合わせとして，最も適するものを次の１～４の中から１つ選び，番号を書きなさい。

	（　あ　）	（　い　）
1	多い	多い
2	多い	少ない
3	少ない	多い
4	少ない	少ない

花子さんは，えらで血管に取りこまれた酸素がどこへ流れていくのかを知りたくなりました。そこで，メダカの尾びれをけんび鏡で観察しました。**図３**は，けんび鏡で見た尾びれの一部のスケッチです。残念ながら，酸素を見ることはできませんでした。

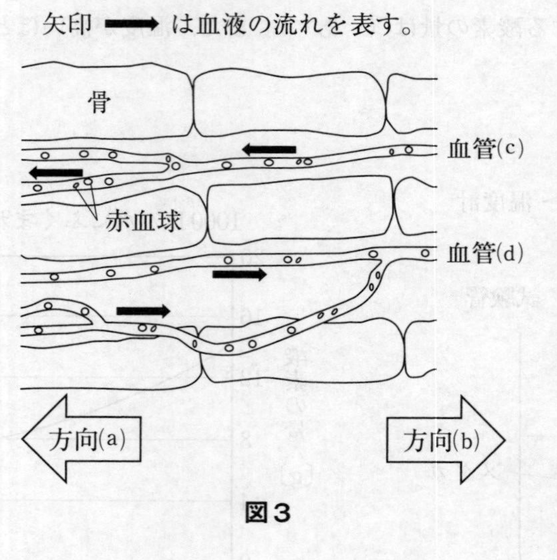

図３

(イ)　**図３**について，尾びれの先の方向は，方向(a)と方向(b)のどちらですか。また，動脈は，血管(c)と血管(d)のどちらですか。組み合わせとして，最も適するものを次の１～４の中から１つ選び，番号を書きなさい。

	尾びれの先の方向	動脈
1	方向(a)	血管(c)
2	方向(a)	血管(d)
3	方向(b)	血管(c)
4	方向(b)	血管(d)

花子さんは，水そうに入れているオオカナダモという水草から出る気体のあわについても気になっていることがあります。晴れの日に直射日光を当てている場合は多くのあわが出るものの，くもりの日の場合は少ししかあわが出ないということです。

花子さんと友達の一郎さんは，「あわには，光合成でつくられた酸素がふくまれているだろう。」と考え，メダカとオオカナダモを組み合わせて調べてみることにしました。水500mLを入れたペットボトルを４本準備し，**表２**に示す４つの条件で，ペットボトルを放置してから30分後，60分後，120分後のメダカの「１分間のえらぶたの開閉の回数」を観測しました。なお，120分間，４本のペットボトル内の水の温度が一定で同じになるようにしました。

表２

		条件１	条件２	条件３	条件４
生物		メダカ	メダカ オオカナダモ （水草）	メダカ	メダカ オオカナダモ （水草）
明るさ		明るい	明るい	暗い	暗い
１分間の えらぶたの 開閉の回数	30分後	101	100	99	101
	60分後	110	101	110	110
	120分後	145	100	145	160

一郎さんは，**表２**から読み取れることをメモⓐ・メモⓑとしてノートに記しました。

メモⓐ　「メダカのみ」の場合，明るい条件と暗い条件の両方で，時間の経過とともに「１分間のえらぶたの開閉の回数」が増えていく。

メモⓑ　暗い条件で，120分後の「１分間のえらぶたの開閉の回数」を，「メダカのみ」の場合と「メダカとオオカナダモ」の場合で比べると，「メダカのみ」の場合の方が多い。

(ウ)　メモⓐとメモⓑの正誤の組み合わせとして，最も適するものを次の１～４の中から１つ選び，番号を書きなさい。

	メモⓐ	メモⓑ
１	正しい	正しい
２	正しい	誤り
３	誤り	正しい
４	誤り	誤り

一郎「条件１で，時間の経過とともにメダカの『１分間のえらぶたの開閉の回数』が増えていくのはなんでかな～？」

花子「メダカは，えらで水中の酸素を血管に取りこんでいる。なので，ペットボトル内の水にふくまれる酸素の量は，時間の経過とともに（　う　）いくんだよ。ということは，水にふくまれる酸素のこさは，時間の経過とともに（　え　）なっていく。時間が経過しても，温度が一定であれば，メダカの細胞が必要とする酸素の量は変化しないはず。だから，えらぶたの開閉のペースを速くして，えらにどんどん水を通過させているんだと思う。」

一郎「なるほど。でも，そもそもなんでメダカの細胞は酸素を必要としているの？」

花子「一郎さん，細胞の呼吸って聞いたことあるかな？」

一郎「ん～知らないな～。」

花子「細胞内で栄養分が分解されてエネルギーが取り出されるはたらきを細胞の呼吸というんだよ。そのときに酸素が消費されるんだ。」

一郎「ふ～ん，そうなんだ。**表２**から考えると，細胞の呼吸のはたらきは，明るい条件と比べて，暗い条件（　お　）ということだね！」

花子「そうだね！」

(エ) 文中の（　う　）～（　お　）にあてはまる言葉の組み合わせとして，最も適するものを次の１～６の中から１つ選び，番号を書きなさい。

	（　う　）	（　え　）	（　お　）
1	増えて	こく	では活発になる
2	増えて	こく	でも変化しない
3	増えて	こく	では不活発になる
4	減って	うすく	では活発になる
5	減って	うすく	でも変化しない
6	減って	うすく	では不活発になる

一郎「条件２では，30分後，60分後，120分後の『１分間のえらぶたの開閉の回数』はほぼ同じだよね。ということは，ペットボトル内の水にふくまれる酸素の量は，時間が経過しても一定だってことだよね？これって，なんでかな？」

花子「メダカは，えらで水中の酸素を血管に取りこんでいる。一方で，オオカナダモは，光合成でつくられた酸素を水中に出している。メダカに取りこまれる酸素の量と，オオカナダモから出される酸素の量がほぼ同じなんだと思う。」

一郎「なるほど。それだったら，つじつまが合うね。」

花子「オオカナダモの葉の細胞をけんび鏡で見ると，葉緑体がきれいに見えるんだよ。」

一郎「ん？オオカナダモの細胞も，細胞の呼吸を行うのかな？」

花子「オオカナダモも，細胞の呼吸を行うよ。120分後の『1分間のえらぶたの開閉の回数』を，条件３と条件４で比べると，回数にちがいが見られるでしょ。このことから確かめられるよね。」

一郎「そうか～！条件４では，メダカも酸素を取りこんで，オオカナダモも酸素を取りこんで，ペットボトル内の水にふくまれる酸素の量が急速に（　か　）いって，120分後の160回という回数になっているんだね！」

花子「そうだね！」

一郎「あれ？明るい条件でも，オオカナダモは細胞の呼吸を行うのかな？」

花子「明るい条件でも，オオカナダモは細胞の呼吸を行うよ。」

一郎「条件２でペットボトル内の水にふくまれる酸素の量が減っていかないのは，オオカナダモから水中に酸素が出されるためだ。でも，オオカナダモは細胞の呼吸を行っていて，酸素を取りこんでいる。これって，どういうことだろうか？」

花子「単純だよ。明るい条件では，オオカナダモは，光合成と細胞の呼吸の両方のはたらきを行うってことだよ。」

一郎「そうか！光合成でつくられる酸素の量と比べて，細胞の呼吸で消費される酸素の量が（　き　）ということだね！」

花子「そうだね！」

(オ)　文中の（　か　）および（　き　）にあてはまる言葉の組み合わせとして，最も適するものを次の１～４の中から１つ選び，番号を書きなさい。

	（　か　）	（　き　）
1	増えて	多い
2	増えて	少ない
3	減って	多い
4	減って	少ない

花子「オオカナダモを見ていると，晴れの日に直射日光を当てている場合はたくさんのあわが出るんだけど，くもりの日の場合は少ししかあわが出ないんだ。」

一郎「夜は光合成を行っていないよね。くもりの日は光合成を行っているのかな？ライトの光の強さを変えて，光合成のはたらきを調べてみようよ。」

花子さんと一郎さんは，**図４**に示す方法で，明るさを変化させて，１時間あたりの気体発生量を，メスシリンダーの目盛り数として測定しました。水そう内の水の温度と二酸化炭素のこさは一定に保たれています。**表３**に示す結果が得られました。**図５**は，一郎さんが**表３**の結果の一部をもとにつくったグラフです。なお，ルクスは明るさの単位です。

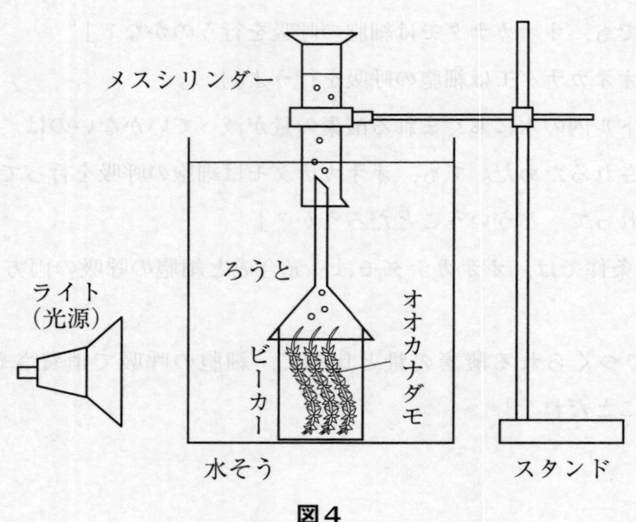

図４

表３

明るさ〔ルクス〕	0	2000	4000	6000	8000	10000	12000	14000
１時間あたりの気体発生量〔目盛り〕	0	0	12	24	36	40	40	40

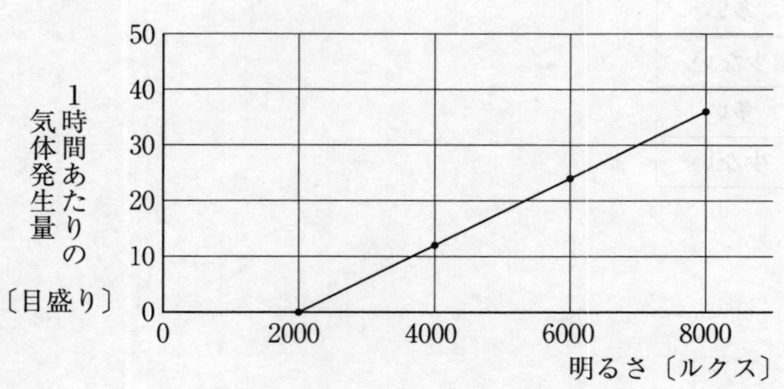

図５

一郎「明るくなっていくとともに，光合成のはたらきは活発になるみたいだね。」

花子「ただ，気体発生量は40目盛りで最大になっている。ということは，『ある明るさ』よりさらに明るくしても，光合成は一定の強さで変化しなくなるみたい。」

(カ) 花子さんのいう「ある明るさ」として，最も適するものを次の１～８の中から１つ選び，番号を書きなさい。

1. 8200ルクス　2. 8250ルクス　3. 8333ルクス　4. 8400ルクス
5. 8500ルクス　6. 8667ルクス　7. 8750ルクス　8. 9000ルクス

花子「本で調べてみると，細胞の呼吸のはたらきは，昼も夜も，晴れの日もくもりの日も，明るさとは関係なく，いつも同じ強さで行われているみたい。」

一郎「じゃあ，明るさ2000ルクスのときは，光合成でつくられる酸素の量と細胞の呼吸で消費される酸素の量がちょうど等しいということだね！だから，2000ルクスのときは，光合成は行われているけれども，気体発生量は０目盛りなんだね！」

花子「そうだね！」

一郎「すると，真っ暗のときは，つまり，明るさ０ルクスのときは，光合成はまったく行われないから，細胞の呼吸によって酸素が消費されるだけなんだ。**図５**のグラフの直線から考えると，細胞の呼吸による１時間あたりの酸素の消費量は，おそらく12目盛り分に相当すると思うんだ。」

花子「え！そうなの？」

(キ) 花子さんの本で調べたことと一郎さんの考えは基本的に正しく，どんな明るさであっても，細胞の呼吸による１時間あたりの酸素の消費量は12目盛り分に相当します。24時間のうち，一定時間の間だけ6000ルクスになる光を当て続け，残りの時間は真っ暗（０ルクス）にする場合について考えます。24時間の中で，光合成によってつくられる酸素の量が，細胞の呼吸によって消費される酸素の量よりも多くなるためには，光を当てる時間を何時間以上にしなければならないですか。最も適するものを次の１～６の中から１つ選び，番号を書きなさい。

1. ４時間以上　2. ６時間以上　3. ８時間以上
4. 10時間以上　5. 12時間以上　6. 14時間以上

参考文献

・静岡県総合教育センター．“メダカの活動”．小学校理科観察・実験集．
https://www.center.shizuoka-c.ed.jp/files/curri/cpc/Web/kannsatujikennsyuu/04/A1-01-5.pdf

・鹿児島県総合教育センター．“光合成と呼吸に関する実験・観察のポイントと指導の工夫”．指導資料．
http://www.edu.pref.kagoshima.jp/research/result/siryou/shido/h20/rika1587.pdf

4 太陽や地球の動きに関する次の各問いに答えなさい。

(ア) 図は，地球が太陽の周りを公転する様子を模式的に表しており，１～４は，春分，夏至，秋分，冬至のいずれかの日の地球の位置を表しています。夏至の日の地球の位置として，最も適するものを次の１～４の中から１つ選び，番号を書きなさい。ただし図中の影(かげ)になっている部分は，太陽の光が当たっていないことを表しています。

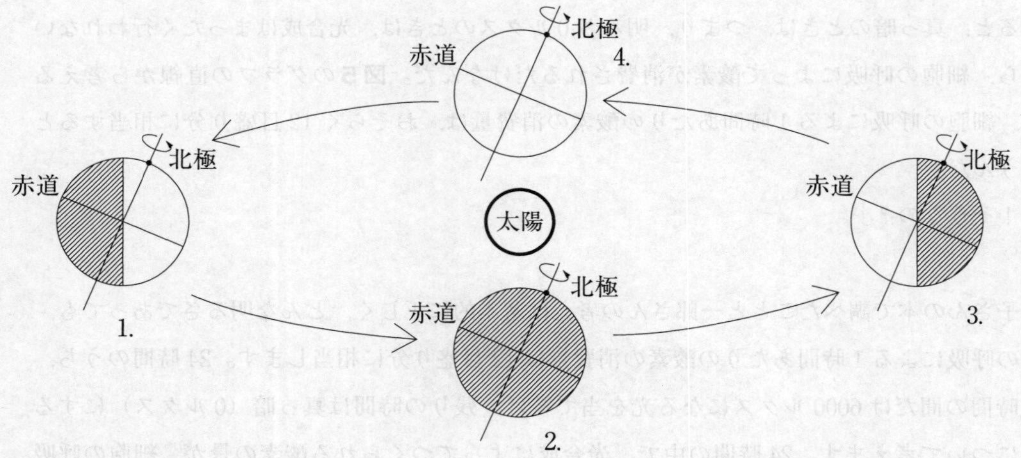

(イ) 中央大学附属横浜中学校（東経139°，北緯35°）で，太陽の動きを透明半球を用いて観察し，太陽が動いた道すじを記録しました。夏至の日の太陽の動きとして，最も適するものを次の１～９の中から１つ選び，番号を書きなさい。ただし図中の矢印は太陽が動く方向を表し，地球の地軸は太陽に対する公転面に垂直にたてた軸よりも23.4°傾いているものとします。

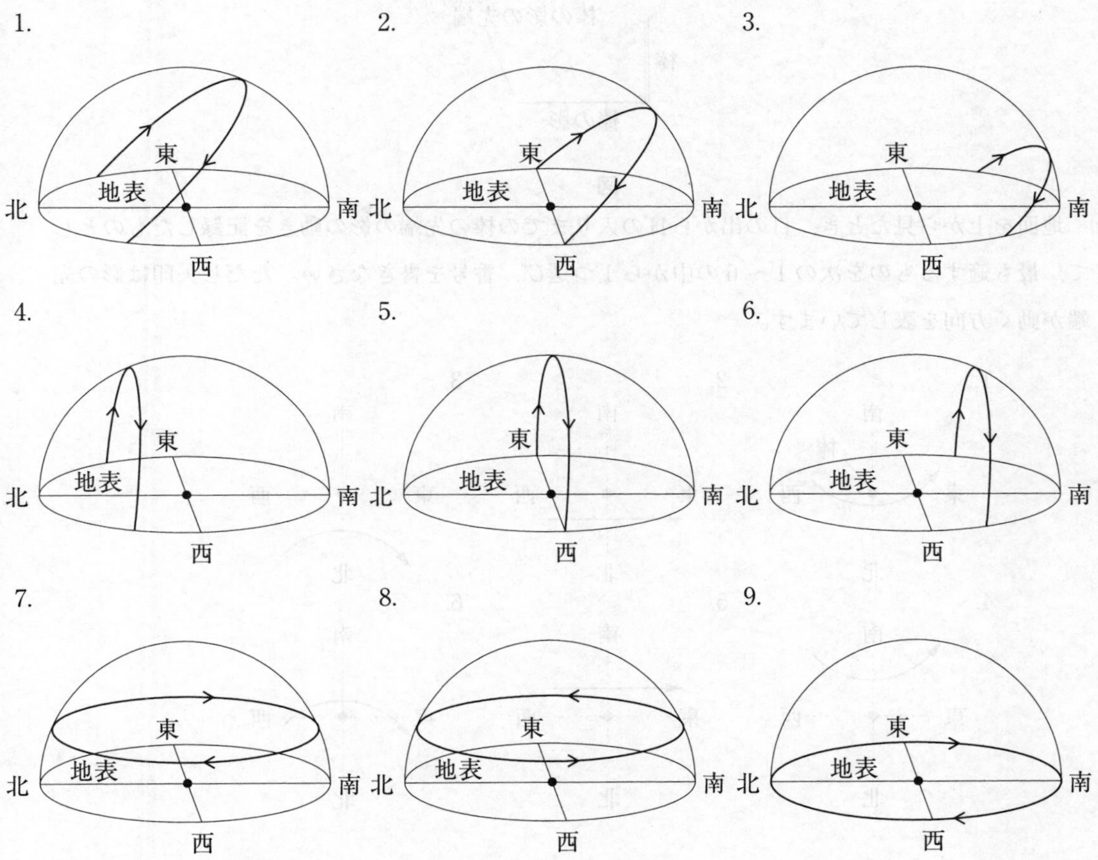

(ウ) (イ)と同様に，北極で太陽の動きを観察しました。夏至の日の太陽の動きとして，最も適するものを(イ)の１～９の中から１つ選び，番号を書きなさい。ただし(イ)の１～９における東西南北の方位はないものとします。

(エ) (イ)と同様に，赤道上で太陽の動きを観察しました。夏至の日の太陽の動きとして，最も適するものを(イ)の１～９の中から１つ選び，番号を書きなさい。

(オ) (エ)のときの太陽高度が最も高くなったときの高度は何度になりますか。

夏至の晴れている日に中央大学附属横浜中学校で，**図**のようにグランドに棒を立てて，太陽によってできる棒の影を記録しました。

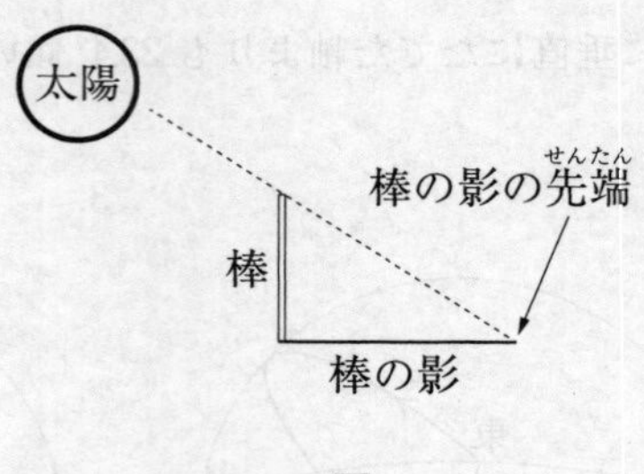

図

(カ)　地面を上から見たとき，日の出から日の入りまでの棒の先端（たん）の影（かげ）の動きを記録したものとして，最も適するものを次の１～６の中から１つ選び，番号を書きなさい。ただし矢印は影の先端が動く方向を表しています。

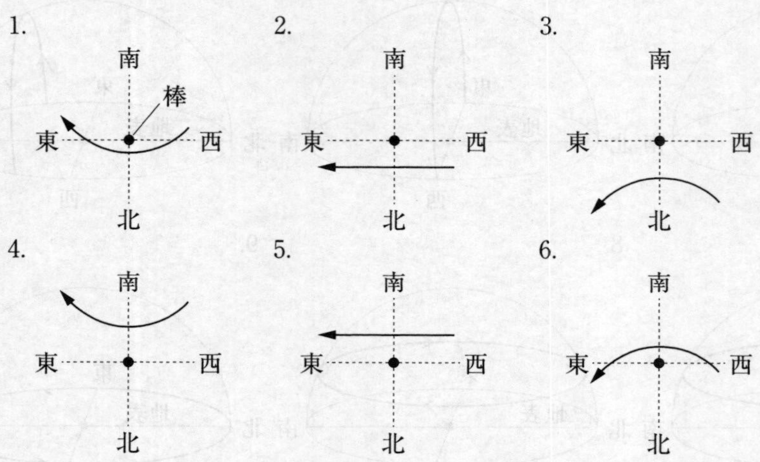

(キ)　春分の日に，赤道上で**図**のような装置（そうち）を用いて棒の影を記録したとき，棒の先端はどのように動きますか。解答用紙に(カ)と同じように矢印をつけた線で，表しなさい。

問六　――4「僕は感動していた」、――5「強烈な感動」とありますが、僕は西濱さんの絵のどのような点に感動したのですか。説明したものとしてもっともふさわしいものを次の中から選び、番号で答えなさい。

1　ひたむきに絵に向き合う西濱さんの思いがこめられており、絵にかける西濱さんの情熱を感じる点。
2　斉藤さんや千瑛の絵よりも繊細さには欠けるが、二人の絵にはない牡丹の圧倒的な存在感がある点。
3　僕の想像を超えるほどの卓越した技術で描かれ、本物だと思えるほど牡丹の生命力にあふれている点。
4　生き生きとした牡丹の生命感が感じられるだけでなく、牡丹を描いている西濱さんの命も伝わってくる点。

問七　――6「そう」とありますが、これはどういうことですか。「～と湖山は伝えたかったということ。」に続く形で、四十字以内で説明しなさい。

問八　本文の表現について説明したものとしてもっともふさわしいものを次の中から選び、番号で答えなさい。

1　描かれた水墨画の描写をあえて少なくすることで、読者にどのような絵が描かれたか想像の余地を与えている。
2　弟子たちの視点から描くことで、それぞれが抱いている水墨画への強い思いをより読者に印象づけている。
3　水墨画を描く場面において比喩表現を多く用いることで、水墨画を描く動きをより印象的に表現している。
4　人物の言葉を短文で重ねることで、淡々とした雰囲気の中で会話がテンポよく進んでいる印象を与えている。

問九　本文の説明としてもっともふさわしいものを次の中から選び、番号で答えなさい。

1　千瑛は湖山のプレッシャーに打ち負け、千瑛が描いた水墨画は僕にもわかる程のミスのある作品だった。
2　湖山は常に威圧感のある人物であり、僕は水墨画の大家である湖山の厳格な雰囲気に圧倒された。
3　西濱さんは水墨画家とは思えないような風貌であるが、皆の目の前で素晴らしい水墨画を描き上げた。
4　千瑛・斉藤さん・西濱さんの水墨画は、どれも同じように優劣をつけられない優れた作品だと僕には感じられた。

問三　――1「斉藤さんは絵を描き始めた」とありますが、斉藤さんの絵やその時の斉藤さんの様子について説明したものとしてふさわしくないものを次の中から選び、番号で答えなさい。

1　斉藤さんの試行錯誤しながらも淡々と作業を進める筆ぶりは高い技術があることを表している。
2　斉藤さんの筆遣いには無駄な動きがなく、墨の色合いを見事に使い分けて牡丹を描いている。
3　斉藤さんの絵は千瑛の絵ほど情熱的ではないものの、完成度が高く素晴らしい作品である。
4　斉藤さんの描いた絵はまるで本物であるかのようなリアリティを感じさせるものである。

問四　――2「この沈黙に響く、なかなかいい音だった」とありますが、この時の僕の心情について説明したものとしてもっともふさわしいものを次の中から選び、番号で答えなさい。

1　重苦しい雰囲気を気にも留めないふるまいで自然と和やかにしてしまった西濱さんの行動をおかしく思っている。
2　緊張感が立ち込める中に現れ、この空気を変えてくれるのではと思わせる西濱さんの様子に期待を抱いている。
3　湖山に怯える斉藤さんや千瑛とは対照的に、湖山にも全く動じない西濱さんの図太さに違和感を覚えている。
4　張り詰めた空気を和ませようとして、あえて大きな音を立ててお茶を飲む西濱さんの気配りに感心している。

問五　――3「斉藤さんが声を上げた」とありますが、なぜ斉藤さんは発言したのですか。説明したものとしてもっともふさわしいものを次の中から選び、番号で答えなさい。

1　湖山が自分の絵を否定的に見ているのは伝わるが、話題を逸らして感想を言わない湖山に怒りを覚えたから。
2　湖山が自分の絵に満足していないことはわかっているが、湖山が何も言わないでいることにいたたまれなくなったから。
3　湖山が自分の絵の感想を言わないので、不安はあるものの自分の絵についての感想を早く知りたいと焦りを感じたから。
4　湖山が自分の絵を評価していないことがわかり、湖山に認められる絵を描くにはどうすればいいかわからなかったから。

と、湖山先生は言っていたのだ。それを外の世界へと、外の現象へと、外の宇宙へと繋ぐ術（すべ）が水墨画なのだ。西濱さんの絵が答えなら、もう、そうとしか考えられなかった。 6

（砥上裕將『線は、僕を描く』改変した部分があります。）

※１　好々爺…やさしくて気のいい老人。

※２　翠山先生…湖山と並ぶ水墨画の大家であり、湖山も一目置く存在。

※３　茜…翠山の孫娘であり、翠山の手伝いをしている。

問一　――ア～オについて、カタカナを漢字に直し、漢字は読みをひらがなで答えなさい。

問二　――Ａ「白けた目」・Ｂ「一気呵成」の語句の意味を説明したものとしてもっともふさわしいものを次の中からそれぞれ選び、番号で答えなさい。

Ａ「白けた目」

１　憐（あわ）れむようなまなざし

２　怒りに満ちたまなざし

３　愛想のないまなざし

４　興ざめしたまなざし

Ｂ「一気呵成」

１　心を乱されずに、一つのことに集中するさま

２　途中で中断せずに、ひと息に仕上げるさま

３　困難な状況に苦しみながら努力するさま

４　色々思案してアイディアを考え出すさま

瑛の情熱だけがわずかに千瑛の心の在り方や温度を伝えるくらいで、それが西濱さんのような強烈な感動を生むわけではない。だが問題は、この二つの表現はどちらかが劣っているわけではないということだ。

あまりにも高いレベルの話過ぎて、僕を含めた大方の人間にはそれから先の想像も及ばない。ほとんど真上にあるような仰ぎ見るしかない高みを、その真下にいる人間は判じようがない。星々との距離を僕らが測れないのと同じように、僕らには正確なところは分からない。

湖山先生には、この三枚の絵はどう見えているのだろうか。

湖山先生は相変わらずお茶を飲んでいた。

西濱さんの絵を見て、湖山先生は、

「そうだね」

とうなずいた。西濱さんは照れたように笑っていた。湖山先生は、なおもじっと見た後、

「まあ、なんだかとても生き生きしているけれど、今日は何かいいことがあったの？」

と湖山先生が笑うと、西濱さんは図星のように後頭を掻いた。これはもう明らかに茜さんのことだと思い至るのに、それほど時間は掛からなかった。

だが、そこでふいに僕はとんでもないことに気づいた。

そんなささいな心の変化が筆にすぐに表れるほど、繊細な反応を西濱さんの筆は有しているのだ。西濱さんの心が現実と筆を繋いでいる。西濱さんは、その躍るような心の変化を牡丹という形に変えたのだ。牡丹という花の命の在り方を通して、自分の心や命の在り方をゾウサもなく表現した。

こういう技のことをなんとたとえればいいのだろう。そもそもこれは技なのだろうか。

湖山先生は口を開いた。

「水墨というのはね、森羅万象(しんらばんしょう)を描く絵画だ」

斉藤さんと千瑛は、これ以上ないほど真剣に湖山先生の話を聞いていた。湖山先生もまた二人に語り掛けていた。

「森羅万象というのは、宇宙のことだ。宇宙とは確かに現象のことだ。現象とは、いまあるこの世界のありのままの現実ということだ。だがね……」

湖山先生はそこでため息をつくように息を放った。

「現象とは、外側にしかないものなのか？　心の内側に宇宙はないのか？」

斉藤さんの眉が八の字に歪(ゆが)んでいた。千瑛は何を言われたのか分からないほど、言葉に迷っていた。僕にはようやく湖山先生が何を言おうとして、なぜ僕がここにいるのか、ほんの少しだけ分かるような気がしてきた。

「自分の心の内側を見ろ」

だがそれだけではない。千瑛や斉藤さんの絵とは本質的に異なっている。それは美ではない何か、だ。

僕の目は画面に吸い込まれて、それと同時に、僕は自分の心の内側にあるガラス部屋まで意識した。その場所と外の世界が繋がり、そこから僕は西濱さんの水墨を眺めていた。

ガラスの壁そのものが、コキザみに震えていた。

西濱さんの一筆、一筆が真っ白い画面にきざまれるたびに、壁は震え、目は吸い込まれた。

これは明らかに、美などではない。

美しさなど思いもしなかった。そうではなく、ただ心が震え、一枚の絵、一輪の花、たった一つの花びらの中に命そのものを見ていた。

西濱さんの急激に膨らんでいく生命感が、画面の中に叩き付けられていく。筆致のことなどどうでもいい、ただ、その大きな空気が美以外のえたいの知れない感情を僕の中に呼び起こした。温度があり、揺さぶられ、そして何かを感じずにはいられなくなる。自分もこんなふうに何かを成すことができれば、という思いを掻き立てられてしまう。

僕はガラスの壁に貼り付いて、外の世界の西濱さんの水墨を食い入るように見ていた。

4 僕は感動していた。僕は感動に手が震えていた。

絵はあまりにも速く出来上がった。出来上がった絵は、千瑛や斉藤さんのものよりも乱れ、写真のようではなかったが、それは牡丹よりも牡丹らしいものに見えた。

何がそう見せているのか。

形も何処か破綻していて、形よりも筆致のほうが強く表れている面と線の応酬にどうして牡丹を感じるのか分からなかったが、その絵には、斉藤さんと千瑛の絵にはない圧倒的な存在感があった。

並べてみて、僕の目にはようやくそれが映った。湖山先生が、何が気に入らないのかもそのときに分かった。

「命だ」

西濱さんの絵には命が描かれていた。

一輪の牡丹と真剣に向き合い、その牡丹に命懸けで向き合っている西濱さんの命が、こちらにまで伝わってきた。手先の技法など無意味に思えてしまうほど、その命の気配が画面の中で濃厚だった。西濱さんのその気配は明らかに西濱さんの技術を超えている。技術はまるでその生命感に及ばないが、それは問題ではなかった。ただそこに生きて咲いている花がある。そのことだけはほかの絵よりも確かに伝わってきた。

それに比べれば、斉藤さんと千瑛の絵は、花を追いかけるのに力が入り過ぎている。確かに美しいが、心惹かれる美のさらに向こう側に行けない。千

湖山先生は、ハッと気づいたように元の厳しい顔に戻って、斉藤さんと千瑛を見た。二枚の絵はテーブルに隣り合って並べられている。同じア**コウズ**で雰囲気がよく似ている。斉藤さんのほうは完成度が高く、千瑛のほうが情熱的だ。二枚とも僕にはすばらしい絵に見える。湖山先生は何が気に入らないのだろう。湖山先生は大きくまばたきして、ため息をついてから、

「西濱君」

と、それだけ言った。西濱さんは茶碗から口を離し、ハッとしたように顔を上げた。きっとさっきの一瞬は、黙って茜さんのことを考えていたのだ。

茜さんの話が出たから、茜さんのことを考え続けているなんて、なんでそんなにイ**タンジュン**なんだ、と思ったけれど、この柔らかなところに今は救われていた。

「西濱君」

ともう一度、穏やかに湖山先生は言って、西濱さんは、ああはいはい、と立ち上がった。

斉藤さんと千瑛の絵の前に立つと何を言うことも、思うこともなさそうに、そのまま筆を取った。

「千瑛ちゃん、これ借りていいかな？」

声を掛けると、千瑛はどうぞとうなずいた。西濱さんは当たり前のように微笑んだ。良いお兄ちゃんという表情だ。描き始める前に、何かに気づいたようにもう一度筆を置いて、墨をすって、それからいつも着ている作業着の上着を脱いだ。たぶんいつでもタバコを胸ポケットに入れているから、上着を着ているのだろう。西濱さんの上着はいつでも汚れていて、ところどころ泥んこだ。だが、それを脱ぐと、隆々（りゅうりゅう）とした引き締まった体や長い腕が長袖のTシャツ越しに現れた。工務店のお兄ちゃんが水墨画家に変身した瞬間だった。

「では、あらためて筆をお借りして」

と描き始めようとしたところで、斉藤さんは気づいたように紙を取り換えて、西濱さんの前に置いた。

「斉ちゃん、ありがとう」

と穏やかに言った後、西濱さんはB**一気呵成（いっきかせい）**に描き始めた。

速い。

千瑛も速いが、それよりもさらに速い。そして、速いのに余裕があり落ち着いている。千瑛がヴァイオリンのように筆をウ**コキザ**みに身体を揺らしながら使うのだとすれば、西濱さんはコントラバスか、チェロのような大らかな動きで身体を使っている。筆の先は、速いが、落ち着いている。そして、画面の部分によって速く運筆する場所とゆったりと運筆している場所の差が大きい。大柄な体躯（たいく）から生まれる生命力をそのまま筆に込めている印象があった。描かれている絵は美しい。それは当然のことだった。

という、いつもの軽いノリで西濱さんがお茶を運んできた。手際よく、皆にお茶を配ると、斉藤さんと千瑛と僕を席に着かせた。ナイスタイミングだとも言えるし、ちょっと間が悪すぎるともいえる微妙な瞬間に西濱さんはやってきて、何もかもを小休止させてしまった。湖山先生は、西濱さんを見るとやっと微笑んで、

「西濱君、ありがとう」

と、いつもの好々爺に戻り、千瑛はお茶を飲みながら熱くなった瞳を冷ましていた。斉藤さんだけが元のまま青く、お茶にも口をつけない。僕は緊張でカラカラになった喉を潤していた。当の西濱さんは、頭からタオルを取って、僕の横に座ってズズズとお茶を啜(すす)っていた。2この沈黙に響く、なかなかいい音だった。

「悪くない」

と湖山先生は言ったが、それは明らかにお茶のことだろう。

「美味しいですよね」

と西濱さんが、声を上げて、湖山先生が、

「これは何処のお茶？」

と子供のように訊ねると、ほとんど機嫌はなおっていた。西濱さんは、

「今日の帰りに、※2翠山(すいざん)先生のところの※3茜さんが持たせてくれたんですよ。お裾分け(すそわ)けだそうです。翠山先生のところの息子さんがほら……」

「ああ、翠山先生のところのお婿(むこ)さんかあ。そういえば、お茶屋さんの工場に勤めておられるんだよね」

「そうそう。茜さんのお父さんです。湖山先生にって新茶を持ってきてくれていたみたいですよ」

「なるほどね。翠山先生の家にはいつもお世話になるねぇ……。西濱君、翠山先生のところにはよくよくお礼を言っておいてね。審査でもいつも助けられてるし」

「もちろんですよ、先生。翠山先生にも茜さんにもまたお礼を伝えておきます」

「うんうん」

と湖山先生はうなずき、さっきまでの不機嫌さは何だったのだろう、というような不思議な和やかさに包まれて話が進んでいたところで、3斉藤さんが声を上げた。声は緊張で震えている。

「せ、先生、わ、私の絵は……」

それは場を締め上げるような苦しげな声だった。

もないが、何かどうやっても曲げられないような強い意志が、言葉にも雰囲気にも表れている。湖山先生を支えてきた巨大な精神力の前に、僕ですら息苦しくなってしまった。斉藤さんは何も答えられない。湖山先生は、

「斉藤君、描いてみなさい」

と、言い放った。斉藤さんの動きは固まったが、その後、意を決したようにうなずいて、別室に道具を取りに行って戻ってきた。

「では……」

と、千瑛といっしょに紙を用意し、千瑛の使っていた道具や筆を退けて自分の道具を並べ始めた。筆洗の水はすぐに千瑛が換えてきた。

千瑛のように揺れはしない。だが、無駄な筆致も少なく、墨の濃度の調整もいつものように狂いがない。調墨だけでいえば、確かに千瑛の数段上を

ポチャンと、いつもの音がすると、1斉藤さんは絵を描き始めた。

行っている。千瑛の絵もそれを眺めたときはみごとだと思ったけれど、斉藤さんを前にするとやはり未熟さが目立ってしまう。まるで狂いのない筆致に僕は驚いていた。斉藤さんの手は機械のように精密に動いていった。

大筆で画面に叩き付けるように調墨をした筆の全体を使って花びらを描いていき、叩き付けた衝撃で花弁の繊維を描く。その繊維は、当然、筆の毛が画面に乗った際の繊維だが、筆の中に含まれた墨の達人級のグラデーションが、まるでそれを輝きや潤いのある花びらそのものに見せてしまう。

斉藤さんの手順は、徹底して無駄がなく美しい。迷うことなく同じリズムで進み続ける作画は、斉藤さんがそれを身につけるまでに費やした膨大な時間を思わせた。

出来上がった絵は、この前見たときのように完成度が高く、この前と同じようにCGのようだった。

同じ墨を使っているのに、薄墨と濃墨の差が千瑛の絵よりも広がっているために、絵そのものが光を帯びているようにも感じた。明らかに目を引く美しさがあった。そして、何よりも千瑛のものよりもさらに写実的で、形に狂いがなかった。傍目で見ていても、絵ではなく写真のように描かれる画面は技術というよりも魔術に近い。何か騙されたような気さえしてしまう。

これならばと思い、湖山先生の顔をのぞいてみるけれど、湖山先生の表情は相変わらず冷めている。斉藤さんが、筆を置いて、湖山先生を見ると、湖山先生は疲れたように目頭を押さえて、それからゆっくり首を振った。

斉藤さんのこれ以上、青くなりようもない顔がさらに青ざめているのを見ると、心から不吉な感じがした。千瑛はその背後で、もうすぐ泣きそうだ。このときだけは、千瑛は弱々しい小さな女の子のように見えた。

湖山先生の静かなため息が聞こえて、一同が言葉を失くしているところに、

「お待たせしました～～！」

二　次の文章を読んで、後の問いに答えなさい。

大学生の青山霜介（僕）は、高校生の時に両親を事故で亡くし、喪失感を抱え、心を閉ざしたまま日々を過ごしていた。霜介は友人に誘われて行ったアルバイト先で水墨画の大家である篠田湖山に声をかけられ弟子となり、湖山の孫である千瑛（ちあき）や湖山の弟子の西濱や斉藤と共に腕を磨いていた。以下の文章は、湖山と弟子たち全員が珍しく集い、湖山と斉藤が見つめる中、千瑛が牡丹（ぼたん）の水墨画を描いている場面である。

千瑛は今日も素早く動いている。だが、表情は硬く、動きはどこかぎこちない。あの華麗な筆致ではなく、恐れを振り払うように筆を振り回しているようにも見えた。描かれる絵は、いまのところミスはない。少なくとも僕にはそう見えた。すべてが完璧な配置で描かれている。いつの間にか、半切の細長い画面に五輪の牡丹が描かれ、鋭い茎（くき）で結ばれて絵は完成していた。

墨一色で描かれているのに、何処からどう見ても牡丹に見える。爆発するような華やかな大輪が、画面のなかでみずみずしく咲いていた。

千瑛は、疲れ果てたように筆を置いて、しばらく絵を見ていた。それから、小筆に持ちかえて、何かを描こうとして、紙の上をクルクルと回ったが、やめて筆を置いた。それで作画は終わった。

千瑛は緊張した面持ちで、湖山先生を見、斉藤さんもふだんにはない険（けわ）しい目で湖山先生を見たが、当の湖山先生は千瑛の絵を見たまま、なんてこともないA白けた目をしている。

空気が凍り付くようなこの緊張感は何なのだろう？

あの※1好々爺（こうこうや）そのものとも思えるような湖山先生が冷たい目をすると、こんなにも怖いものなのだろうか。

湖山先生は何も言わないまま首を振った。そのとき、千瑛の顔にはうつむきながら暗い影が広がった。斉藤さんの表情も渋くなった。湖山先生はなおも何も言わない。斉藤さんは心からこわごわと湖山先生に訊（たず）ねた。

「先生、いかがでしょうか？　良い絵だったと思いますが……」

斉藤さんがそう言った後、しばらく湖山先生は答えなかった。その間が、あまりにも怖い。

「斉藤君は、今のが、いい絵だったと思うのかね？」

その声も問い方もあまりにも厳しくて怖かった。千瑛はいつものような跳ねっ返りを口にすることもなく、斉藤さんでさえ押しつぶされそうだ。湖山先生は、これぞ篠田湖山！というような誰もが安直に思い描いてしまう大家の、あの表情で話をしている。文句をいうわけでも、不機嫌そうなわけで

問八　――4「こういった言葉がいくらあっても、同じ系統とみることはできません」に関連して、次の問いに答えなさい。

①「こういった言葉」とはどのような言葉ですか。二十五字以内で説明しなさい。

②「同じ系統とみる」とは、例えばどういう場合ですか。この説明としてもっともふさわしいものを次の中から選び、番号で答えなさい。

1　違う言語の単語であっても、特定の箇所に共通した子音と母音が用いられているといった関係性が認められる場合。
2　数を表す言葉において、特定の関係にある数字の発音が同じというような類似性が、同じ言語の中で認められる場合。
3　異なる言語において、関係のない数字であっても同じように子音が入れ替わっているような規則性が認められる場合。
4　違う言語の単語であっても、その単語の背景に同様な文化や生活習慣が感じられるという共通性が多く認められる場合。

問九　本文の説明としてもっともふさわしいものを次の中から選び、番号で答えなさい。

1　日本語の性格を知ることは、外国語の勉強をしたり日本語の表現の特徴やその課題を知る上でも重要だが、外国語とは文法が違うので安易に比較することには慎重になるべきである。
2　日本語の性格を知ることは日本語の起源・系統を解明する上で役に立つが、もし同じ系統の言語を見つけることができれば、日本語のルーツが明らかになる重要な発見となる。
3　日本語表現の特徴や言葉の成り立ちなどは日本の風土や文化、生活に根ざしているので、日本人のものの見方や考え方を理解することで日本語への理解を深めることができる。
4　日本語の性格を知ることは、日本語をより使いやすいものにしたり日本語の起源や系統を考えたりする上で役に立つとともに、日本人のものの見方を理解することにもつながる。

問六　本文中の「②」・「③」・「④」・「⑤」に当てはまる言葉の組み合わせとしてもっともふさわしいものを次の中から選び、番号で答えなさい。

1　②　遅れているようだけれども　③　電車は　④　が　⑤　電車が
2　②　遅れているようだけれども　③　電車が　④　は　⑤　電車は
3　②　もう来るでしょう　③　電車が　④　は　⑤　電車は
4　②　もう来るでしょう　③　電車は　④　が　⑤　電車が

問七　――３「こういうことはどうしたらよいか、考えなければならない重要な課題です」とありますが、これはどのようなことですか。その説明としてもっともふさわしいものを次の中から選び、番号で答えなさい。

1　日本語の音声と意味と文字表記の関係性の複雑さは、日本語をより使いやすい言語にするためにどうしたらよいか考えていかなければならない課題である。
2　あえて習得を難しくするかのように細かな漢字の使い分けにこだわってきた点が日本語の短所で、どうしたらよいか考えていかなければならない課題である。
3　漢字を使うことで難しくなった日本語の表記の仕方については、本来の日本語の性格を理解した上でどうしたらよいか考えていかなければならない課題である。
4　日本語の習得が難しいのは、主に漢字が多すぎるからであり、多くの外国人に習得してもらうためにどうしたらよいか考えていかなければならない課題である。

問三　――１「漢字と仮名の使い方がちょっとくるいますと意味がはっきりとれなくなります」とありますが、これはなぜですか。その説明としてもっともふさわしいものを次の中から選び、番号で答えなさい。

1　日本語は漢字と仮名を巧みに使い分け、意味として重要な部分は漢字を、さほど重要でない部分は仮名を使用しているから。
2　日本語には漢字で書く語句と平仮名で書くべき語句のおおまかな決まりがあり、その決まりに従って文章を書いているから。
3　日本語の表記の仕方として、仮名は漢字の下に付けて、上には付けないということがあるので、文章を書く時は仮名の下で区切るから。
4　日本語の漢字と仮名の表記の使い分けは、日本の長い歴史と文化を背景にして、必然的にできあがった絶妙なものであるから。

問四　――２「日本語の性格を知ることは外国語の勉強に役に立つのです」とありますが、これはどのようなことですか。その説明としてもっともふさわしいものを次の中から選び、番号で答えなさい。

1　外国語と日本語との性質の違いが分からないまま外国語の学習を進めていくと、文法や語の意味の学習に余計に時間がとられるので、日本語の性質をよく知ることで効率の悪さを除くことができるということ。
2　外国語と日本語との性質の違いが分からないまま日本語の言い方をそのまま外国語に変換すると、意味不明になってしまうため、日本語の性質をよく知ることでそのような誤用を防ぐことができるということ。
3　外国語と日本語との性質の違いが分からないまま伝えたいことを外国語で表現しようとすると、日本語が持つ繊細な意味が表せないので、日本語の性質をよく知ることで巧みに表現することが可能になるということ。
4　外国語と日本語との性質の違いが分からないまま意志表示をしようとすると、誤解を恐れるあまり十分に意を尽くせないため、日本語の性質をよく知ることで考えを余すところなく言い表すことが可能になるということ。

問五　本文中の［①］に当てはまる語としてもっともふさわしいものを次の中から選び、番号で答えなさい。

1　情緒　　2　直観　　3　人間　　4　論理　　5　物理

※１　「知床旅情」…昭和の時代の歌謡曲。
※２　第二の目的…前段で第一の目的が書かれている。
※３　warm…「あたたかい」の意。
※４　eel…「うなぎ」の意。
※５　矯めて…悪い性質や癖を直して。

問一　――ア～オについて、カタカナを漢字に直しなさい。

問二　――Ａ「わきまえ」(る)・Ｂ「極め」(る)の語句の意味を説明したものとしてもっともふさわしいものを次の中からそれぞれ選び、番号で答えなさい。

Ａ　「わきまえ」(る)
　１　整理する
　２　利用する
　３　留める
　４　心得る

Ｂ　「極め」(る)
　１　つきつめる
　２　出しつくす
　３　強く信じる
　４　よりよく高める

インドネシアの言葉なども、耳にはほんとうに日本語と同じように聞こえます。インドネシアの単語の覚え方の和歌（？）というのがありますが、「人はorang（おらん）、魚はikan（いかん）、飯はnasi（なし）、死ぬはmate（待て）、菓子はkueh（食え）」と言いまして、まるで日本語の単語を並べたようです。しかし、どうも、4こういった言葉がいくらあっても、同じ系統とみることはできません。

	日本語	英　語	ドイツ語	スペイン語	フランス語	イタリア語	朝鮮語	アイヌ語
1	ひとつ	one	eins	uno, una	un, une	uno, una	hana	shine
2	ふたつ	two	zwei	dos	deux	due	tul	tu
3	みっつ	three	drei	tres	trois	tre	set	re
4	よっつ	four	vier	cuatro	quatre	quattro	net	ine
5	いつつ	five	fünf	cinco	cinq	cinque	tasət	ashikne
6	むっつ	six	sechs	seis	six	sei	yəsət	iwan
7	ななつ	seven	sieben	siete	sept	sette	ilkop	arwan
8	やっつ	eight	acht	ocho	huit	otto	yədəl	tupesan
9	ここのつ	nine	neun	nueve	neuf	nove	ahop	shinepesan
10	とお	ten	zehn	diez	dix	dieci	yəl	wan

一から十までの数をどのように各国語で言うか、比較したのが上の表です。日本語では「いち」「に」「さん」……とも言いますが、これは中国から来た言葉で「ひとつ」「ふたつ」「みっつ」……がもともとの言い方です。英語ではone, two, threeですが、フランス語とスペイン語とイタリア語とはそっくりです。一を表す単語が、フランス語、スペイン語とイタリア語とで二つずつあるのは、男性名詞のときと女性名詞のときとで違った言い方をするからです。そんな区別をするという凝ったところまでよく似ております。英語とドイツ語はそれとは違いますが、やはり似ています。

これをよく見ますと、2と10は英語ではtwo, tenのように、子音がtですが、ドイツ語ではzwei, zehnというように揃ってzになっている。フランス語・スペイン語・イタリア語では、すべてdになっている。このような、2と10のような、関係のない数がちょうど同じように子音が入れかわっていることは、偶然と見ることができませんで、比較言語学という学問では、これは同じもとから分かれ出てきたという強い証拠と考えるわけです。

日本語の系統というのは非常に難しい問題で、どの言語が日本語と同じ系統かを明らかにするためには、日本語の重要な性質をみることが必要です。

日本語の、数を表す言葉で「みっつ」に対して「むっつ」、「よっつ」に対して「やっつ」というように、倍の関係の言葉は発音が似ています。こういった言語がほかにあれば、これは日本語と同じ系統の言語であろうという有力な手がかりになりますが、なかなか見つかりません。昔、市河三喜博士というかたが、倍数関係で似た発音をもっている言語は、太平洋に面しているところに住んでおりますアメリカインディアンのハイダ族の言語がこれとよく似ていることを明らかにされたことがありますが、そのようなことは大変重要なのです。もっとほかに、日本語と数の数え方などが近い言語がありますと、これは日本語と同系かと疑っていいことになるはずです。

最後に、日本語の性格を知るということは、日本人の言葉というものはその文化を背負っているわけでありますから、日本文化の特色、過去からの日本人の生活、あるいは、日本人のものの見方のようなことを明らかにするためにも必要なことになります。

（金田一春彦『日本語の特質』改変した部分があります。）

こういった微妙な使い方はヨーロッパの言葉にはありません。これは水谷修さんという日本語教育で権威のかたの本にあがっている例をいただきましたが、こういったことは、日本語の重要な性格の一つであります。

日本語には、長所と同時に短所があるに違いない。その短所を矯[※5]（た）めて、日本語をより使いよい言語にしたい、ということをわれわれは考えていいと思います。それには外国語と比較して日本語の性格を知ることが大切です。

日本語についてよく言われる批評は、日本語は難しすぎる、ということです。これは、外国の人が習うのに難しいばかりではなく、日本人にとってもやっかいなのです。たとえば、石黒修さんというかたが統計をお出しになりましたが、その国の人がひと通り読み書き能力を身につけるのに何年かかるかという問題です。イタリアでは短くて二年でいいそうです。ドイツは三年、イギリスでは五年かかるそうです。そうして日本はどうか。八年かかる、と言っておられます。が、果たして、どうでしょうか……。当用漢字をマスターするのにも、義務教育の期間だけではとうてい無理ですし、大学を出ても十分に使いこなすまでにはいきません。

私などは、国語の先生だと偉そうに言っておりますが、漢字の使い方というのはやっかいで、とまどうことがしばしばです。たとえば「ツイキュウスル」という言葉が三つありますが、「利潤を[ウ]ツイキュウする」のときは「ツイキュウ」が正しい、「真理を[エ]ツイキュウする」と言った場合は「ツイキュウ」が正しいと辞書に書いてあります。さらに、「ツイキュウ」という言葉があって「責任を[オ]ツイキュウする」と言うように使い分けろと書いてあってまことにまぎらわしい。また「ロテン」というものがありますね。今はちょっと少なくなりましたけれども、おもての通りなどに並ぶアレです。あれは「露店」と書いていいわけですが、ところがその露店を開いている商人のことは「露天商」と書きます。これは「露店商」でよさそうですが、露天で商う人という意味で、露天商と書かなければいけないのだそうです。こうなりますと、ほんとうに日本語の正書法は難しすぎるのですが、[3]こういうことはどうしたらよいか、考えなければならない重要な課題です。

日本語の性格を知るということは、このほかに、日本語の起源・系統を知るうえでも、やはり役に立つはずです。

日本語の系統は一体どういう系統であるか、どこの言語と親類の言語であるか、というようなことは、学者も研究しておりますし、一般のかたにも関心の深い問題です。しかし、これを知るには、たとえば、日本語の性格のなかで、変わりにくい性格は何か、ほんとうに日本語らしい性格は何であるかを[B]極めて、同じような性格を持った言語がほかにあるならば、その言語と系統が近いだろう、というように考えるのがよいと思われます。

よく言語学に素人のかたは、単語が似ている、だからこれは関係がある、と結びつけてしまうことがあります。イタリア語などは日本語と発音全体が似ています。たとえば、「たくさんの」ということをイタリア語でtanto（たんと）、「たくさんのお金」というのは「たんと・だなあろ」というふうに言います。あるいはcunetta（くねった）という言葉があり、私どもはまるで日本語のように聞いてしまいますが、これは掘割という意味で、掘割のなかにはまっすぐの掘割もありますがくねった掘割もあるわけで、これなどは日本語を聞いているように思ってしまう。

言葉なのでしょうか。しかし、「覇」という字は、「制覇」とか「覇権」という言葉がありますから、漢字を生かした方がいいようです。今度の常用漢字に入れようとしているのは、結構なことです。

このように、日本語をじょうずに使う方法を考える場合に、日本語の特質を明らかにすることが必要ですが、同時に日本語の性格を知ることは外国語の勉強に役に立つのです。これが日本語の性格を知ることの第二※2の目的です。つまり、日本語と外国語とはいろいろな点で性質が違う。うっかり、日本語のとおりに外国語をしゃべってしまうと、これがいけない。たとえば、「きょうはあたたかいですね」と言いますが、これをそのまま英語にしてToday is warm.※3と言ったのでは英語にならない。

よく、こんなことがあります。私どもが食堂に行きますと、キュウジの人が「こちら何になさいますか」と言う。そうしますと、「ぼくはウナギだ」なんてことを言います。これは元来おかしい言い方です。その人はウナギを食べに来たのであって、ウナギそのものではありません。しかし、キュウジの人は笑いませんね。かしこまりましたと言って、ちゃんとウナギ飯を運んで来て、「ウナギはどなたでしょうか」と言っている。そうすると、注文した人は、「おう、おれだ」とか言ってもらって食べている。

このような言い方は、［①］的でないと言われます。短縮した言い方であります。これを英語にしましてI am an eel.※4と言ったら、おかしいか、驚くか、どっちかになるでしょう。

民放のコマーシャルにこんなのがありました。「缶ごとぐっとお飲み下さい」。そうしたら文句をつけた人がありました。「缶ごと飲んだらノドへつかえてしまうじゃないか」。しかしこういう言い方は日本語に普通です。この間も私の家族のものが、「あそこのおスシ屋さんおいしいわよ」と言いました。私は早速「お前はスシ屋の店をかじるのか」と言ってやりましたが、相手は妙な顔をしていました。

これを逆に解しますと、今度は、日本人が外国人に日本語を教える場合、やはり、日本語の性質をわきまえていなければならない。たとえば、日本語には、「山が見える」という言い方と、「山は見える」という言い方とがあります。主格を表す助詞が二つある。この違いは非常に難しいのです。「が」と「は」の区別は、韓国の人はできますが、中国人にとってはやや難しい。ヨーロッパの人にはなおさらです。この区別が理解できないために、よく誤解が起こります。たとえば、日本人はこういった言い方をすることがある。

電車が遅れているようだけれども、もう来るでしょう

「もう来る」のは誰がでしょうか。外国人に尋ねますと、ヨーロッパ人は、まず「電車が来るのだろう」と思ってしまいます。ところが、そうではありませんね。日本人の場合は、「待っている人が、もう来るでしょう」との意味に解釈します。つまり、日本語の場合には、「電車が」という意味だった「［②］」までしか続いて行く力を持っていないのです。ですから、もし「もう来るでしょう」というのが、電車が来るでしょう、という言葉はら、はじめから「［③］」とは言いません。「［④］」を使って「［⑤］遅れているようだけれども、もう来るでしょう」と言わなければいけません。

2023年度 中央大学附属横浜中学校

【国　語】〈第一回試験〉（五〇分）〈満点：一五〇点〉

（注意事項　句読点や記号は一字あつかいとします。）

一　次の文章を読んで、後の問いに答えなさい。

日本語の大きな特色としまして、日本の文字――漢字と仮名で書かれた新聞の記事は、大変理解しやすい、ということがあります。これは、つまり、漢字と仮名の使い分けが、日本語の場合、その性質が絶妙なのです。たとえば皆さんがご承知の※1「知床旅情」は、

知床の岬に　ハマナスの咲くころ　思い出しておくれ　俺たちのことを……

という。ここでは「知床」とか「岬」とか意味のうえで重要な言葉は漢字で書かれている。ですから、漢字をたどっていけば意味が早くわかる、ということがあります。次のようなものは、一層それがはっきりします。

十一時に京都に着くから迎えを頼みます

これを電報で打つ場合どうするか。少しでもアケンヤクしようとする人は、仮名の部分を略し「十一時京都着、迎え頼む」という文にします。つまり、それほど重要でないところは仮名で書かれているということになる。このようなことから、われわれは、新聞をまず開いた場合に、その漢字だけ拾っていけば大体の意味がわかる。

日本語には、こういうような性格がありますから、1漢字と仮名の使い方がちょっとくるいますと意味がはっきりとれなくなります。たとえば、こんな例があります。

どんなさ細なことでも親切が感じられる。

このときに「さ」と平仮名で書いてありますと、「どんなさ……」――「どんなさ」という言葉はありませんが、上の言葉にくっついているように思われる。ですからこのような書き方は望ましくないわけで「どんな小さなことでも」とか、「どんなつまらないことでも」と言い換えた方がいいわけです。

「天下を征服しては者になる」は一層わかりにくい。「天下を征服しては、者になる」ではないのです。これは「天下を征服して覇者（はしゃ）になる」と書こうと思ったのに、「覇」という漢字は当用漢字になかったものですから、こう書かざるを得ないのですが、こうなりますと、「覇者」という言葉はよくない

2023年度 中央大学附属横浜中学校 ▶解説と解答

算数 ＜第１回試験＞（50分）＜満点：150点＞

解答

1 (1) $2\frac{2}{3}$ (2) $18\frac{7}{9}$ (3) $\frac{1}{4}$ (4) 125％ (5) 3 (6) 910円 (7) 1311人 (8) 720m (9) 4.5cm (10) 37.68cm² 2 (1) 25個 (2) 57.98cm² (3) 9番目 3 (1) 80cm³ (2) 160cm³ (3) (ア) 解説の図３を参照のこと。 (イ) $\frac{1}{24}$倍 4 (1) 20分後 (2) 288分後 (3) 1440分後

解説

1 四則計算，逆算，相似，周期算，売買損益，相当算，比の性質，速さと比，辺の比と面積の比，表面積

(1) $3.5\div1\frac{1}{5}-\left\{12\times\left(\frac{1}{3}-0.3\right)-0.15\right\}=\frac{7}{2}\div\frac{6}{5}-\left\{12\times\left(\frac{1}{3}-\frac{3}{10}\right)-\frac{3}{20}\right\}=\frac{7}{2}\times\frac{5}{6}-\left\{12\times\left(\frac{10}{30}-\frac{9}{30}\right)-\frac{3}{20}\right\}=\frac{35}{12}-\left(12\times\frac{1}{30}-\frac{3}{20}\right)=\frac{35}{12}-\left(\frac{2}{5}-\frac{3}{20}\right)=\frac{35}{12}-\left(\frac{8}{20}-\frac{3}{20}\right)=\frac{35}{12}-\frac{5}{20}=\frac{35}{12}-\frac{1}{4}=\frac{35}{12}-\frac{3}{12}=\frac{32}{12}=\frac{8}{3}=2\frac{2}{3}$

(2) $\left(\frac{1}{3}+\frac{1}{3\times3}+\frac{1}{3\times3\times3}\right)\times(3+3\times3+3\times3\times3)=\left(\frac{1}{3}+\frac{1}{9}+\frac{1}{27}\right)\times(3+9+27)=\left(\frac{9}{27}+\frac{3}{27}+\frac{1}{27}\right)\times39=\frac{13}{27}\times\frac{39}{1}=\frac{169}{9}=18\frac{7}{9}$

(3) $\left[1-\left\{1-(1-\square)\times\frac{1}{2}\right\}\times\frac{1}{2}\right]\times\frac{1}{2}=\frac{11}{32}$より，$1-\left\{1-(1-\square)\times\frac{1}{2}\right\}\times\frac{1}{2}=\frac{11}{32}\div\frac{1}{2}=\frac{11}{32}\times\frac{2}{1}=\frac{11}{16}$，$\left\{1-(1-\square)\times\frac{1}{2}\right\}\times\frac{1}{2}=1-\frac{11}{16}=\frac{16}{16}-\frac{11}{16}=\frac{5}{16}$，$1-(1-\square)\times\frac{1}{2}=\frac{5}{16}\div\frac{1}{2}=\frac{5}{16}\times\frac{2}{1}=\frac{5}{8}$，$(1-\square)\times\frac{1}{2}=1-\frac{5}{8}=\frac{8}{8}-\frac{5}{8}=\frac{3}{8}$，$1-\square=\frac{3}{8}\div\frac{1}{2}=\frac{3}{8}\times\frac{2}{1}=\frac{3}{4}$ よって，$\square=1-\frac{3}{4}=\frac{4}{4}-\frac{3}{4}=\frac{1}{4}$

(4) もとの大きさを１とすると，80％の倍率で縮小したものの大きさは，$1\times0.8=0.8$になる。よって，0.8のものを１に拡大したから，$1\div0.8=1.25$(倍)にしたことになる。つまり，拡大した割合は125％である。

(5) 一の位の数だけを計算すると，7，$7\times7=49$，$9\times7=63$，$3\times7=21$，$1\times7=7$，$7\times7=49$，…となる。よって，７を何回かかけたときの一の位は，{7，9，3，1}の４個の数がくり返されることになる。したがって，７を2023回かけた数の一の位の数は，$2023\div4=505$余り３より，３回かけたときと同じ３とわかる。

(6) 定価の２割と定価の３割の差が，$78+13=91$(円)になる。つまり，定価の，$3-2=1$(割)にあたる金額が91円なので，(定価)$\times0.1=91$(円)と表すことができる。よって，定価は，$91\div0.1=910$(円)と求められる。

(7) １日目の大人と子どもの参加者数の合計は，$713+437=1150$(人)である。よって，１日目と２日目の参加者数の合計の比は，$1150:3450=1:3$だから，１日目と２日目の子どもの参加者数の比も$1:3$となり，２日目の子どもの参加者数は，$437\times\frac{3}{1}=1311$(人)と求められる。

⑻　分速80mと分速60mの比は，80：60＝４：３なので，この速さで歩くときにかかる時間の比は，$\frac{1}{4}$：$\frac{1}{3}$＝３：４となる。この差が，８時５分－８時２分＝３分だから，比の１にあたる時間は，３÷（４－３）＝３（分）となり，分速80mで歩くときにかかる時間は，３×３＝９（分）とわかる。よって，家から学校までの道のりは，80×９＝720（m）である。

⑼　下の図１で，三角形AEDと三角形CEBは相似である。このとき，相似比は，AD：CB＝４：８＝１：２なので，DE：EB＝１：２となり，三角形CEBの面積は，６×$\frac{2}{1}$＝12（cm^2）とわかる。よって，三角形DBCの面積は，６＋12＝18（cm^2）だから，三角形DBCの高さ（台形ABCDの高さ）は，18×２÷８＝4.5（cm）と求められる。

⑽　下の図２のように，ADとBCを延長して交わる点をOとすると，角CAD＝角COD＝90－60＝30（度）より，三角形COAは二等辺三角形となり，CO＝２cmとわかる。すると，CAが通過する部分の面積はCOが通過する部分の面積と等しくなる。よって，三角形ABCを１回転してできる立体の表面積は，三角形OABを１回転してできる円すいの表面積と等しくなる。ここで，円すいの側面積は，（母線）×（底面の円の半径）×（円周率）で求めることができるので，側面積は，（２＋２）×２×3.14＝８×3.14（cm^2）となる。また，底面積は，２×２×3.14＝４×3.14（cm^2）だから，表面積は，８×3.14＋４×3.14＝（８＋４）×3.14＝12×3.14＝37.68（cm^2）と求められる。

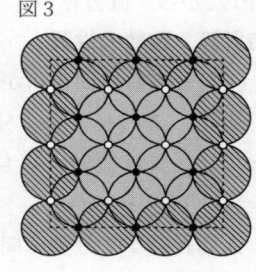

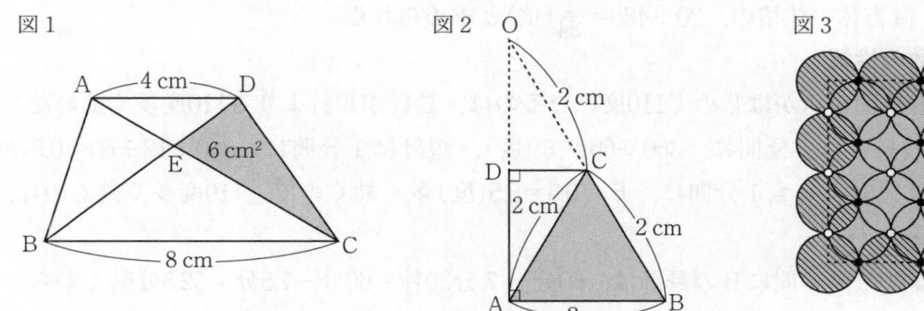

2　図形と規則

⑴　３番目の図形に上の図３の斜線（しゃせん）部分の円を加えると，４番目の図形になる。このとき，追加する円の数は，３×４＝12（個）だから，４番目の図形にある円の数は，13＋12＝25（個）とわかる。

⑵　図３で，点線の正方形の１辺の長さは，１×２×３＝６（cm）なので，この正方形の内側の部分の面積は，６×６＝36（cm^2）となる。また，正方形の外側の部分には，半円が，２×４＝８（個）と中心角が，360－90＝270（度）のおうぎ形が４個ある。これらの中心角の合計は，180×８＋270×４＝2520（度）だから，正方形の外側の部分の面積は，１×１×3.14×$\frac{2520}{360}$＝21.98（cm^2）と求められる。よって，かげをつけた部分の面積は，36＋21.98＝57.98（cm^2）とわかる。

⑶　４番目の図形の場合，●と○がそれぞれ，３×４＝12（個）ずつあるので，点の数は，12×２＝24（個）になる。同様に考えると，N番目の図形の点の数は，（N－１）×N×２（個）と表すことができる。よって，（N－１）×N×２＝144より，（N－１）×N＝144÷２＝72＝８×９となるから，N＝９とわかる。したがって，点の数が144個になるのは９番目の図形である。

3　立体図形―体積

⑴　下の図１の三角すいBEFGは，底面積が，10×８÷２＝40（cm^2）であり，高さが６cmだから，体積は，40×６÷３＝80（cm^3）となる。

(2)　下の図２の三角すいBDEGは，直方体から，上向きの２つの三角すいDHEGとBEFG，および下向きの２つの三角すいEABDとGBCDを取り除いたものである。ここで，直方体の体積は，８×10×６＝480(cm^3)であり，取り除いた４つの三角すいの体積はすべて(1)で求めた80cm^3になるので，三角すいBDEGの体積は，480－80×４＝160(cm^3)とわかる。

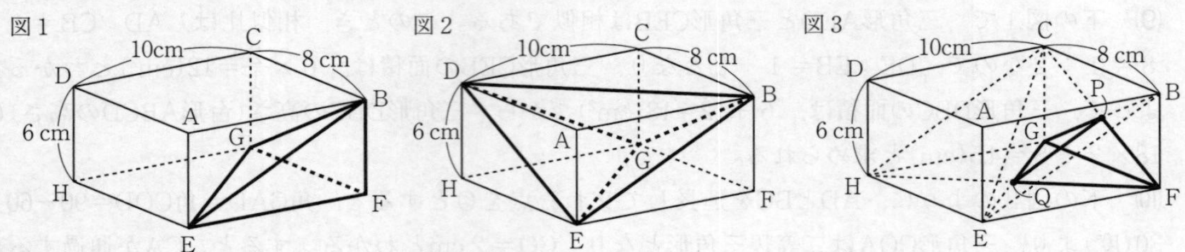

(3)　(ア)　上の図３のように，三角すいBEFGの辺BGと三角すいCFGHの辺CFが交わる点をＰ，三角すいBEFGの辺EGと三角すいCFGHの辺FHが交わる点をＱとすると，２つの三角すいが重なる部分は三角すいPFGQになる。　(イ)　三角すいPFGQの底面積(三角形FGQの面積)は長方形EFGHの面積の$\frac{1}{4}$だから，10×８×$\frac{1}{4}$＝20(cm^2)となる。また，この三角すいの高さは直方体の高さの半分なので，６÷２＝３(cm)である。よって，三角すいPFGQの体積は，20×３÷３＝20(cm^3)だから，直方体の体積の，20÷480＝$\frac{1}{24}$(倍)と求められる。

4　時計算，整数の性質

(1)　長針と短針の間の角がはじめて110度になるのは，長針が短針よりも110度多く動いたときである。また，Ａの長針は１分間に，360÷60＝６(度)，短針は１分間に，360÷12÷60＝0.5(度)動く。よって，長針は短針よりも１分間に，６－0.5＝5.5(度)多く動くので，110度多く動くのは，110÷5.5＝20(分後)とわかる。

(2)　Ａの長針が60分動く間にＢの長針は，60分－７分30秒＝60分－7.5分＝52.5分動くから，ＡとＢの長針が動く速さの比は，60：52.5＝８：７となる。よって，Ｂの長針は１分間に，６×$\frac{7}{8}$＝5.25(度)動くことになる。また，Ａの長針が60分動く間にＣの長針は，60分＋５分＝65分動くので，ＡとＣの長針が動く速さの比は，60：65＝12：13となり，Ｃの長針は１分間に，６×$\frac{13}{12}$＝6.5(度)動くことがわかる。したがって，Ｃの長針はＢの長針よりも１分間に，6.5－5.25＝1.25(度)多く動く。Ｂの長針とＣの長針がはじめて同じ方向を向くのは，Ｃの長針がＢの長針よりも360度多く動いたときだから，360÷1.25＝288(分後)と求められる。

(3)　(2)から，Ｂの長針とＣの長針はその後も288分ごとに同じ方向を向くことがわかる。また，Ａの長針はＢの長針よりも１分間に，６－5.25＝0.75(度)多く動くので，Ａの長針とＢの長針は，360÷0.75＝480(分)ごとに同じ方向を向く。よって，Ａ，Ｂ，Ｃの長針がはじめて同じ方向を向くのは，288と480の最小公倍数にあたる時間がたったときとわかる。したがって，右の計算から，２×２×２×２×２×３×３×５＝1440(分後)と求められる。

2	288	480
2	144	240
2	72	120
2	36	60
2	18	30
3	9	15
	3	5

社　会　＜第１回試験＞（35分）＜満点：100点＞

解　答

1　問１　(オ)　D　(カ)　F　(キ)　A　問２　(イ)　問３　い　(ア)　に　(エ)　問４　(ウ)　問５　(カ)　問６　(イ)　問７　(1)　南海トラフ　(2)　(ウ)　(3)　(例)　木やトタンなどでできた簡素な家に住む人が一時期よりも減ったので，倒壊などにより亡くなる人の数は減少したが，人口が都市に集中していることから，被災した人の数は増加したと考えられる。　問８　(エ)　問９　X　(イ)　Y　(エ)　Z　(カ)　2　問１　１　律令　２　唐招提寺　３　長安　４　太政大臣　５　高度経済成長　問２　縄文土器　問３　(ウ)　問４　(例)　狩りの道具などの材料として用いられた黒曜石や，自然などへの祈りに使われたひすいには，当時の人々にとって高い価値があったが，産地が限られていたため，交易によって手に入れなければならなかった。　問５　(ウ)　問６　生活をする上でどうしても必要な大切なもの　問７　(ア)，(ウ)，(エ)　問８　(ア)　問９　(例)　低下する　問10　(エ)　問11　公害対策基本法　問12　(例)　貨幣の役割は，交換により必要なものを手に入れることであるが，広く使われるためには信用があることが求められ，また，交換できるものの量や種類が限られている間は使用されなかった。やがて，経済が発展し，商業活動がさかんになると，交換に便利な貨幣が普及した。さらに政権が貨幣に信用をあたえることに力を入れたこともあり，貿易など世界経済においても重要な役割を果たすようになっている。　3　問１　(ウ)　問２　(1)　(イ)　(2)　(ア)　問３　(エ)　問４　(ア)　問５　(ウ)　問６　子ども(児童)の権利条約　問７　(エ)　問８　首長　問９　(イ)　問10　インフォームド・コンセント

解　説

1　世界の国々，日本の自然や産業などについての問題

問１　それぞれの出身国とその位置は，Aさんは(キ)のアメリカ合衆国で，「南西にある島」とはハワイ諸島のことである。Bさんは(ウ)のアラブ首長国連邦で，日本の原油の主要な輸入先である。Cさんは(ア)のイギリスで，2020年に脱退(だったい)した組織とはEU(欧州連合)のことである。Dさんは(オ)のインドで，2023年に中国を抜(ぬ)いて人口世界一となる見通しである。Eさんは(イ)のドイツで，再生可能エネルギーを利用した発電がさかんである。Fさんは(カ)のニュージーランドで，南半球にあり，季節が日本と逆になることから，野菜や果物を時期をずらして日本に輸出している。Gさんは(エ)のロシアで，国土面積は世界一で，国内には11の時間帯があり，東端と西端で10時間の時差がある。Hさんは(ク)のブラジルで，20世紀初めに多くの日本人が移住したことで知られる。

問２　米の割合が非常に小さいⅠは沖縄県。野菜と果実の割合が高いⅡは長野県。野菜と畜産の割合が高いⅢは茨城県。畜産の割合が非常に高いⅣは北海道である。

問３　[い]は，北海道や鹿児島県がふくまれることから(ア)の食料品製造業である。[に]は，秋田県・山形県・長野県・熊本県などがふくまれることから(エ)の電子部品または情報通信機械製造業である。なお，[ろ]は(イ)の金属工業で，そのうち和歌山県では鉄鋼業の出荷額が多く，ほかの３県では非鉄金属製造業の出荷額が多い。[は]は，千葉県・兵庫県・岡山県・山口県などがふくまれることから(ウ)の石油製品製造業または化学工業である。[ほ]は，輸送用機械を中心とする機械工業の出

荷額が多い神奈川県・愛知県などがふくまれることから(オ)にあてはまる。

問４　１・２月の平均気温が15℃以上であるａは南西諸島の気候，１年を通して降水量が少なく，夏と冬の気温の差が大きいｂは中央高地の内陸性気候，冬の降水量が多いｃは日本海側の気候，夏に高温多雨となるｄは太平洋側の気候，と判断できる。ｃの日本海側の地域で冬の降水量が多いのは，北西の季節風が山地・山脈にぶつかり上昇して雲をつくり，雨や雪を降らせるためであるから，(ウ)は誤りである。

問５　ａは東京都と大阪府が１・２位であることと北海道が最下位であることから，人口密度と判断できる。なお，人口については，上位は東京都・神奈川県・大阪府・愛知県・埼玉県の順であり，43位以下は福井県・徳島県・高知県・島根県・鳥取県の順となっている。ｂは沖縄県が１位で，２～５位を関東地方の都県が占めていることから，人口増加率と判断できる。なお，沖縄県は出生率が高いこと，関東地方の都県は他地域からの流入が多いことが，増加率が高い理由となっている。残るｃは外国人数で，大都市のある都府県が上位を占めるが，特に自動車工場などで働く外国人労働者の多い愛知県が２位となっている。

問６　(ア)は太陽光発電で，天候に左右されやすく，夜間には発電できないといった点が課題となっている。(イ)は地熱発電で，地下の熱水や熱い水蒸気を使って蒸気タービンを回して発電するしくみであるが，火山や温泉の近くに立地していることが多く，源泉への影響が懸念される場合もある。(ウ)は風力発電で，発電用風車の騒音や振動が問題となることがあり，鳥が衝突する事故も少なくない。(エ)はバイオマス発電で，大豆やとうもろこしなどを発酵させて得るアルコールを燃料とする方法がよく知られるが，燃料としての消費量の増加が農産物の価格に影響をあたえることもある。

問７　(1)　海底にできる溝状の地形のうち，深さ6000ｍ以上のものを海溝，6000ｍ未満のものをトラフといい，駿河湾から四国の沖合いにかけては南海トラフとよばれる溝状の地形が続いている。南海トラフはフィリピン海プレートがユーラシアプレートの下に潜りこむことによってできた地形であるが，この地域を震源とする大きな地震がこれまでにおきており，近い将来，再び大規模な地震が発生することが懸念されている。　(2)　①　長崎県の雲仙普賢岳について述べた文。1991年６月におきた大噴火の際には火砕流の発生により43名の死者を出した。　②　鹿児島県の桜島について述べた文。ただし，周辺の地域に堆積するシラスとよばれる火山灰土は，おもに姶良カルデラという現在の鹿児島湾北部にあたる地域にあった火山の数万年前の火山活動により噴出されたものである。　③　長野県と岐阜県の県境にある御嶽山について述べた文。2014年９月に突然噴火し，噴石の落下などにより登山客など58名の死者を出した。　④　群馬県と長野県の県境にある浅間山について述べた文。山ろくでは高原野菜の生産がさかんであり，中でも嬬恋村(群馬県)は全国有数のキャベツの産地として知られる。　(3)　自然災害で亡くなる人の数が減ったのは，「かつては木やトタンといったものでできた，簡素な住宅で暮らしている人がほとんど」で，地震で倒壊したり津波で流されたりすることが多かったのが，現在は近代的な住宅が増えたことで，そのような被害が減少したためと考えられる。一方で，被災した人の数が増加したのは，都市部に人口が集中し，「これまで住宅がなかった地域にも家を建て，そこに暮らす人々が増え」たためだと考えられる。

問８　(ア)　資料の地図は各地から東京まで鉄道で移動するのにかかる時間を示したものなので，東京以外の２地点を移動する際の所要時間は，この地図からはわからない。また，富山～大阪間が鉄道で10分しかかからないということは考えにくい。　(イ)　資料の地図は鉄道を利用した場合の所要時間を示しているので，鉄道の便のよい地域は近くに表され，そうでない地域は遠くに表される。したがって，実際の距離はこの地図からは読みとれない。　(ウ)　たとえば北海道や石川県，鹿児島県などのように，同じ都道府県内でも地域によって東京までの移動時間に差があるところが少なくない。　(エ)　鉄道が建設されれば，移動にかかる時間は短くなる。特に，新幹線が利用できる地域は，東京までの移動にかかる時間が短くなっていることが，地図から読みとれる。

問９　**X**　1980年代後半以降，円高が進んだことにより，輸出による利益が伸び悩むようになった。その結果，経費の削減のため，安くて豊富な労働力を求めてアジア諸国などに工場を移転する企業が増えた。　**Y**　2020年以降，新型コロナウイルス感染症の世界的流行の影響で，各国の経済活動が停滞し，人の移動も厳しく制限される状況が続いた。そのため，より効率よく生産を進めるため，海外に移転した工場を日本国内に戻そうとする動きが広まってきている。　**Z**　近年，日本の貿易において最も輸入額が多いのは機械類。ついで原油(石油)，液化天然ガス(LNG)の順となっている。

2　**貨幣を題材とした問題**

問１　**1**　７世紀，朝廷は遣隋使や遣唐使を派遣するなどして中国の政治制度の導入を図り，律令にもとづく支配のしくみや，天皇を中心とした中央集権体制の整備には特に力を入れた。　**2**　８世紀半ばに来日した唐の高僧であった鑑真は，戒律(僧が守るべき規範)を伝えるなど日本の仏教の発展のために力を尽くすとともに，奈良に唐招提寺を開いた。　**3**　藤原京・平城京・平安京は，いずれも唐の都長安を手本にしてつくられた。　**4**　太政大臣は律令制度の下での最高位の官職であり，藤原氏などの有力貴族がその地位を独占していたが，1156年の保元の乱，1159年の平治の乱を勝ち抜いて政治の実権をにぎった平清盛は，1167年，武士として初めて太政大臣となった。　**5**　1950年代後半から1970年代初めまで続いた日本経済のめざましい発展は，高度経済成長とよばれる。

問２　縄文時代の人々が木の実のアクを抜くことなどを目的としてつくったのは土器である。この時代の土器は，表面に縄目の文様があることから，縄文土器とよばれる。土器を使って煮炊きができるようになったことで，食べられるものの種類が大きく増えた。

問３　旧石器時代の人々は洞くつや岩かげなどに住み，食べ物を求めて移動する生活をしていたが，縄文時代になると，人々は竪穴住居をつくり定住するようになり，やがてムラがつくられるようになった。

問４　黒曜石は黒色透明の火成岩。ひすいは緑色の半透明の宝石。縄文時代には黒曜石は狩りの道具である矢の先端につける鏃などに，ひすいは勾玉のような祭具や装身具などに用いられた。黒曜石は長野県の和田峠など，ひすいは新潟県の姫川流域など産地が限られていたことから，交易によって手に入れる必要があった。

問５　645年に蘇我氏を倒し，大化の改新とよばれる政治改革を始めた中大兄皇子らは，翌年，政治の方針を示す改新の詔を発表した。このとき初めて元号が定められ，645年が大化元年とされたが，元号の制定は改革の目標として掲げられたわけではないから，(ウ)は不適切である。

問６　布や米が貨幣の代わりとして利用されたのは，それらが「生活をする上でどうしても必要な大切なもの」であり，だれにとっても価値があるので，ものを交換する際に便利だったからである。

問７　Ｃの文章で扱われている時代は平安時代末期から戦国時代にかけてであるので，宋・元，明があてはまる。特に日宋貿易と日明貿易では銅銭が重要な輸入品とされ，国内で広く流通した。なお，漢は紀元前３世紀から紀元３世紀にかけて，清は17世紀半ばから20世紀初めにかけて，中国を支配した王朝である。

問８　江戸時代，大阪にはおもに西廻り航路を通して日本海側の各地の産物がもたらされたから，(ア)は誤りである。

問９　本文にもあるように，江戸時代，江戸ではおもに金貨，大阪ではおもに銀貨が用いられていたので，江戸と大阪の間で取引きが行われる場合，商人たちは貨幣の両替をする必要があった。そのうち，江戸の商人たちが大阪の商品を買うために自分たちの金を売って銀を手に入れる状況を考えると，銀に対する需要が高まるわけであるから銀の値段は上がり，売られる金の値段は下がることになる。

問10　Ⅰ　第二次世界大戦直後は，食料や日用品の生産体制が整わず，もの不足から物価の上昇が続き，人々は苦しい生活を強いられた。　　Ⅱ　１ドル＝360円の状態は１ドル＝130円の状態と比べると，円の価値が低いことになるから，円安である。　　Ⅲ，Ⅳ　仮に，日本の企業が3600円の商品をアメリカに輸出する場合を考えると，１ドル＝120円であれば輸出価格は30ドルであるが，１ドル＝360円であれば10ドルということになる。このように，円安の状況はアメリカ側から見れば日本製品を安く買えることになり，需要が増えるので，日本にとっては輸出に有利ということになる。

問11　公害問題に対応するため，国は1967年に公害対策基本法を制定し，公害の定義を明確にするとともに，公害を引きおこした企業や国の責任を明らかにした。なお，1993年には同法を発展させた環境基本法に引き継がれている。

問12　貨幣のない時代には，人々はお互いに必要なものどうしを交換して手に入れていた。やがて貨幣が使われるようになったが，交換するものの量や種類が限られている状態では貨幣は必要とされず，貨幣に対する信用もなかったことからなかなか広まらなかった。その後，経済が発達し，商業がさかんになると，交換に便利な貨幣が急速に普及した。江戸時代には幕府も貨幣の信用を高めることに力を入れ，現代においては，貿易がさかんになり自国の通貨と外国の通貨を交換する機会が増えたため，貨幣の価値が国際的に信用されることが重要になっている。

３　第二次世界大戦後のできごとを題材とした問題

問１　日本国憲法第９条では，１項で戦争や武力の行使を永久に放棄すること，２項で戦力の不保持や交戦権の否認が規定されている。非核三原則は，国の方針として内閣の声明や国会の議決で定められたもので，憲法に明記されているわけではないから，(ウ)は不適切である。

問２　(1)　(ア)は日本国憲法第22条１項，(イ)は同第20条１項，(ウ)は同第31条，(エ)は同第18条の規定。このうち精神の自由にあてはまるのは(イ)である。なお，(ア)は経済活動の自由，(ウ)と(エ)は身体の自由に，それぞれあてはまる。　　(2)　日本国憲法第25条１項が保障する「健康で文化的な最低限度の生活を営む権利」は生存権とよばれる。社会権の基盤となる権利である。

問３　グラフ中のＸはサウジアラビアである。イスラーム教を開いたムハンマド(マホメット)の出身地であり，その生誕地であるメッカは，イスラーム教の聖地となっている。現在も，住民の大部分はイスラーム教徒である。

問４　日本国憲法の改正は，各議院が総議員の３分の２以上の賛成で改正案を可決した場合に国会がこれを発議し，国民投票で過半数の承認を得られれば成立する。

問５　(ア)　資料３によると，「介護人材の確保に向けた取組の推進」が，おもな取組の１つに挙げられている。　(イ)「地球温暖化対策や水・緑の保全に」が歳出決算額に占める割合は4.7％であり，「横浜の魅力づくりや経済の発展に」の13.0％を下回っている。(ウ)「子育て・教育に」の歳出決算額に占める割合は29.7％で最も多く，資料３にも「保育・幼児教育の充実」とあるから，この文は正しいと考えられる。　(エ)「中小企業・小規模事業者への総合的な支援」や「局地的な大雨等への対策の推進」は資料３に挙げられてはいるが，それに関する決算額が全体の半分以上を占めるということはない。

問６　1989年に国際連合で採択されたのは子ども(児童)の権利条約で，18歳未満のすべての子どもに，生きる権利や意見を表明する権利，休息し遊ぶ権利などがあることを定めている。

問７　条例は，公共施設に落書き，つまり「みだりに文字を書き，又は図形，模様等を描く行為」を禁止している。公民館の掲示板に連絡事項を書くことはそうした行為にはあたらず，条例違反とはならないから，(エ)は誤り。

問８　地方公共団体の行政の最高責任者は，一般に首長とよばれる。都道府県知事と市町村長がこれにあたる。

問９　ピョンチャンは韓国北東部，江原道の郡なので，韓国について説明している文である(イ)が正しい。なお，(ア)は北朝鮮，(ウ)はタイ，(エ)はオーストラリアについての説明である。

問10　医師から治療の目的や方法，薬の副作用などについて十分な説明を受け，理解した上で同意し，手術などの治療を受けることを，インフォームド・コンセントという。「十分な説明にもとづく同意」と訳されるもので，新しい人権である自己決定権の１つとされる。

理　科　＜第１回試験＞（35分）＜満点：100点＞

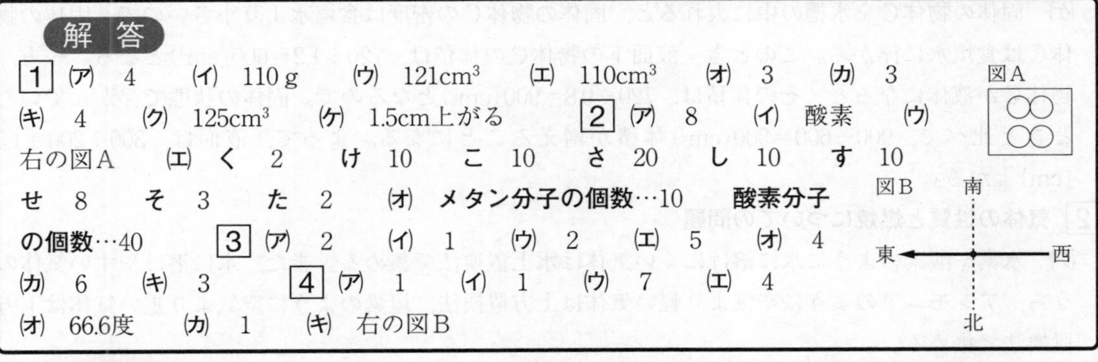

解　答

1　(ア)　4　(イ)　110 g　(ウ)　121cm³　(エ)　110cm³　(オ)　3　(カ)　3　(キ)　4　(ク)　125cm³　(ケ)　1.5cm上がる　**2**　(ア)　8　(イ)　酸素　(ウ)　右の図A　(エ)　く　2　け　10　こ　10　さ　20　し　10　す　10　せ　8　そ　3　た　2　(オ)　**メタン分子の個数**…10　**酸素分子の個数**…40　**3**　(ア)　2　(イ)　1　(ウ)　2　(エ)　5　(オ)　4　(カ)　6　(キ)　3　**4**　(ア)　1　(イ)　1　(ウ)　7　(エ)　4　(オ)　66.6度　(カ)　1　(キ)　右の図B

解　説

1　**浮力と力のつり合いについての問題**

(ア)　1　ガリレオ(・ガリレイ)は16～17世紀のイタリアの科学者で，ふりこの等時性の発見，望遠鏡を使っての天体観測(木星の衛星などを発見)などの功績をのこした。　2　(アルベルト・)アインシュタインは19～20世紀のドイツの物理学者で，相対性理論をはじめとする様々な物理に関する考えを提唱した。３　(アイザック・)ニュートンは17～18世紀のイギリスの科学者で，万有引力の法則を発見した。彼の名前は現在，国際基準の力の単位として使われている。４　アルキメデスは古代ギリシアの科学者で，浮力に関するアルキメデスの原理を発見した。風呂に入ったときに水があふれ出すのを見て，発見のきっかけをつかんだといわれている。

(イ)　水面下の氷の体積が110cm^3なので，氷にはたらいている浮力は110cm^3の水の重さと同じ，１×110＝110(ｇ)である。これと氷の重さがつり合っているので，全体の氷の重さは110ｇとわかる。

(ウ)　水が氷になるとき，体積は1.1倍になるが，重さは変わらない。つまり，１ｇ(１cm^3)の水がこおると，重さは１ｇのままで，体積が，１×1.1＝1.1(cm^3)の氷になる。したがって，全体の氷の重さが110ｇのとき，その体積は，110×1.1＝121(cm^3)となる。

(エ)　110ｇの氷が全て溶けて水になっても，その重さは110ｇのままである。よって，溶けてできた水の体積は，110÷１＝110(cm^3)である。

(オ)　溶ける前の水面下の氷の体積も，溶けてできた水の体積も，どちらも110cm^3なので，氷が溶けて水になっても水面の高さは変わらない。

(カ)　地球温暖化による海水面の上昇は，南極大陸などに積もっている氷が溶け，海に流れ出ることによる。なお，水は大気中と地球表面の間で循環しており，降水もその循環の一部なので，降水量の増加は海水面の上昇につながらない。また，(オ)より，北極海などに浮かぶ氷が溶けても，海水面は上昇しないと考えられる。

(キ)　物体Ａの体積は，15×８＝120(cm^3)なので，もし物体Ａが液体の中に全て入っても，浮力の大きさは，0.7×120＝84(ｇ)になり，物体Ａの重さ85ｇより小さい。したがって，物体Ａは底に沈む。

(ク)　物体Ｂが浮いているので，物体Ｂの重さと浮力がつり合っている。よって，浮力の大きさは90ｇであるから，物体Ｂがおしのけた液体の体積，つまり液面下の物体Ｂの体積は，90÷1.2＝75(cm^3)とわかる。物体Ｂの体積は，25×８＝200(cm^3)なので，液体から出ている部分の体積は，200－75＝125(cm^3)となる。

(ケ)　固体の物体Ｃを水槽の中に入れると，固体の物体Ｃの密度は食塩水より小さいので，固体の物体Ｃは食塩水に浮かぶ。このとき，液面下の物体Ｃの体積は，720÷1.2＝600(cm^3)となる。一方，物体Ｃが液体になると，その体積は，720÷0.8＝900(cm^3)となるので，固体の状態で浮かんでいたときと比べて，900－600＝300(cm^3)体積が増えることになる。よって，液面は，300÷200＝1.5(cm)上がる。

２　気体の性質と燃焼についての問題

(ア)　水素や酸素のように水に溶けにくい気体は水上置換法で集める。また，水に溶けやすい気体のうち，アンモニアのように空気より軽い気体は上方置換法，塩素のように空気より重い気体は下方置換法で集める。

(イ)　水素は非常に燃えやすく，空気中の酸素が混じった状態で火がつくと，爆発するように燃えるため危険である。

(ウ)　物質が変化する前と後で，原子の種類と数は変わらないのだから，変化した後の二酸化炭素分子１個と水分子２個にふくまれる酸素原子が全部で４個あるとき，変化する前の酸素原子の数も４個である。したがって，変化する前の酸素分子は２個ある。

㈤　**く**　㈦より，完全燃焼する場合には，１個のメタン分子に対して２個の酸素分子が反応する。　**け**　メタン分子が５個完全燃焼するために必要な酸素分子は，２×５＝10(個)となる。　**こ**　１個のメタン分子が完全燃焼すると２個の水分子ができるので，５個のメタン分子が完全燃焼すると，２×５＝10(個)の水分子ができる。　**さ**　１個のメタン分子には４個の水素原子が結びついているので，５個のメタン分子には水素原子が，４×５＝20(個)ある。　**し**　20個の水素原子によってできる水分子は，20÷２＝10(個)である。　**す**，**せ**　燃焼前の酸素原子が18個のとき，そのうち10個は水素原子と結びついて水分子となり，残りの，18－10＝８(個)が炭素原子と結びつくことになる。　**そ**，**た**　５個のメタン分子にふくまれる炭素原子は５個なので，２×３＋１×２＝８より，二酸化炭素分子は３個，一酸化炭素分子は２個できる。

㈵　ここでは完全燃焼しているので，燃焼したメタン分子の数と燃焼後にできた二酸化炭素分子の数は同じになる。よって，発生した二酸化炭素分子が10個のとき，燃焼したメタン分子の数も10個である。また，燃焼で反応した酸素分子は，10×２＝20(個)で，燃焼後に酸素分子が20個あまったのだから，燃焼する前の酸素分子は，20＋20＝40(個)となる。

3　呼吸と光合成についての問題

㈠　温度が高いほど，酸素を使う細胞(さいぼう)の生命活動が活発になると考えているのだから，細胞が必要とする酸素の量は多くなる。一方で，図２より，水にふくまれる酸素の量は少なくなる。その結果，えらぶたの開閉のペースが速くなる。

㈡　図３で，血管が方向(a)に向かって枝分かれしているので，尾(お)びれの先は方向(a)にある。また，心臓は方向(b)にあるので，血管(c)が動脈，血管(d)が静脈である。

㈢　表２で，条件１でも条件３でも，１分間のえらぶたの開閉の回数は時間の経過とともに増えているので，メモⓐは正しい。また，条件３と条件４を比べると，120分後の１分間のえらぶたの開閉の回数は条件４の方が多いので，メモⓑは誤っている。

㈣　う，え　条件１では，ペットボトル内の水には酸素が補充(ほじゅう)されないので，メダカが酸素を取りこむほど(つまり時間の経過とともに)ペットボトル内の水にふくまれる酸素の量は減り，こさはうすくなっていく。　お　条件１と条件３で１分間のえらぶたの開閉の回数を比べると，変化のしかたがほぼ同じになっている。よって，細胞の呼吸のはたらきは明るさによって変化しないと考えられる。

㈤　か　条件４では，メダカとオオカナダモの両方が酸素を取りこんでいるので，ペットボトル内の水にふくまれる酸素の量は急速に減っていく。　き　オオカナダモから水中に酸素が出されるということは，細胞の呼吸で消費する酸素の量が，光合成でつくられる酸素の量よりも少ないということである。

㈥　表３より，気体発生量は2000ルクスから増え始め，気体発生量が40目盛りになるまでは，明るさが2000ルクス増えるごとに気体発生量が12目盛りずつ増えている。よって，気体発生量が40目盛りになる明るさは，$2000+2000\times\frac{40}{12}=8666.6\cdots$より，約8667ルクスとわかる。

㈦　細胞の呼吸による酸素の消費量は，１時間あたり12目盛り分なので，24時間では，12×24＝288(目盛り分)となる。また，6000ルクスでは１時間あたり24目盛り分の気体が発生するが，これは光合成でつくられる酸素の量から細胞の呼吸による酸素消費量を引いたものである。よって，6000ルクスのときに光合成でつくられる酸素の量は，１時間あたり，24＋12＝36(目盛り分)とわかる。したがって，光を当て続ける時間を，288÷36＝８(時間)以上にすればよい。

4 太陽と影の動きについての問題

(ア) 図で，地軸の北極側が太陽の方向に傾いている１が夏至の日の位置である。２は秋分の日の位置，３は冬至の日の位置，４は春分の日の位置になる。

(イ) 日本(本校)では，太陽は東からのぼって南の空を通り，西へ沈む。また，夏至の日には日の出の位置や日の入りの位置が真東・真西よりも北寄りになる。したがって，１のようになる。なお，２は春分の日や秋分の日，３は冬至の日に当たる。

(ウ) 北極では，地軸が地表面に対して垂直となり，地球が(北極上空から見て)反時計回りに自転しているので，太陽は同じ高さで時計回りに回るように動く。夏至の日には太陽が１日中出ていて，７のように動く。

(エ) 赤道上では，地平線に対して垂直に太陽がのぼったり沈んだりする。４は夏至の日，５は春分の日や秋分の日，６は冬至の日の様子である。

(オ) 赤道上では太陽高度が最も高くなったときの高度が，春分の日や秋分の日には90度となるが，夏至の日や冬至の日は地軸の傾きの分だけ低くなり，90－23.4＝66.6(度)となる。

(カ) 影は太陽と反対の方向にできるので，日本(本校)での夏至の日には，日の出のときは真西より南側に影がのび，南中時には真北に影ができて，日の入りのときは真東より南側に影がのびる。したがって，１のようになる。なお，２は春分の日や秋分の日の様子，３は冬至の日の様子に当たる。４～６は赤道をはさんで日本と対称となる位置(南半球)での様子になる。

(キ) 赤道上での春分の日における太陽の動きは(イ)の５のようになるので，棒の影の先端は東西を結ぶ直線上を真西から真東へと動く。

国　語　＜第１回試験＞（50分）＜満点：150点＞

解　答

一 **問１** 下記を参照のこと。　**問２** **Ａ** ４　**Ｂ** １　**問３** １　**問４** ２　**問５** ４　**問６** ２　**問７** １　**問８** ①　(例)　日本語と似た単語や日本語と同じように聞こえる単語。　② ３　**問９** ４　**二** **問１** **ア～ウ，オ** 下記を参照のこと。　**エ** はたん　**問２** **Ａ** ４　**Ｂ** ２　**問３** １　**問４** ２　**問５** ２　**問６** ４　**問７** (例)　森羅万象を描く水墨画は，自分の心の内側の宇宙を外の世界の現実へ繋いでいく表現だ(と湖山は伝えたかったということ。)　**問８** ３　**問９** ３

●漢字の書き取り

一 **問１** **ア** 倹約　**イ** 給仕　**ウ** 追求　**エ** 追究　**オ** 追及　**二** **問１** **ア** 構図　**イ** 単純　**ウ** 小刻(み)　**オ** 造作

解　説

一 **出典は金田一春彦の『日本語の特質』による。** 日本語の特徴について具体的な例をあげて説明しつつ，日本語の性質を知ることが必要な場面，日本語の性質を知る意義などを考察している。

問１ **ア** むだを省くこと。　**イ** 飲食物をテーブルに出すなどの世話をすること。その仕事をする人。**ウ**　あるものを手に入れるために手段をつくすこと。**エ**　よく調べて明らかにすること。**オ**　どこまでも追いつめ，責任などを問いただすこと。

問２　**A**「わきまえる」は，“よく理解して知る”という意味。　**B**「極める」は，“これより先はないところまで行き着く”，“深く研究してすっかり明らかにする”という意味。

問３　日本語では「漢字と仮名の使い分け」が絶妙だと筆者は前置きしたうえで，歌謡曲「知床旅情」や「十一時に京都に着くから迎えを頼みます」という文を例にあげ，「重要な言葉は漢字で書かれ」，「それほど重要でないところは仮名で書かれている」ので，漢字だけ拾っていけば，おおよその内容が理解できると述べている。つまり，日本語においては，漢字と仮名の役割が明確なのだから，「漢字と仮名の使い方」がくるうと「意味がはっきりとれなく」なるのである。よって，１が合う。

問４　続く部分で筆者は，「きょうはあたたかいですね」を英語では「Today is warm」とは言えないことや，食堂で料理を注文するとき，日本語では「ぼくはウナギだ」と言うが，英語で「I am an eel」と言ったらおかしいことなどを例にあげている。英語とは異なり，日本語には「短縮した言い方」で通じる性質があるのだから，２がよい。

問５　直前の「このような言い方」とは，料理を注文したときの，「こちら何になさいますか」「ぼくはウナギだ」，「ウナギはどなたでしょうか」「おう，おれだ」といった会話を指す。これらのやりとりにおいて省略された言葉を補うと，“ぼくの注文はウナギだ”“ウナギのご注文はどなたでしょうか”のようになる。つまり，日本人はそのときどきの状況に合わせて言外の意味をくみ取り，互いに頭の中で言葉を補いつつ会話を成立させており，表出する言葉は多くの場合「短縮」されたものであって，ともすると説明不足になりがちである。よって，「このような言い方」は，「論理」的でないと「言われ」るのである。なお，「情緒(的)」は，ものごとにふれて微妙な感情が起きやすいようす。「直観(的)」は，推理などによらず，瞬間的，直接的に物事の本質をとらえるようす。「人間(的)」は，人間らしい感情があるようす。「物理(的)」は，ものごとを空間・時間・質量・広さ・重さといった，数量化できる側面からとらえるようす。

問６　複文(主語と述語の組み合わせが二つ以上あり，主従の関係になっている文。たとえば，“私は彼がここに来るのを待っている”など)で主語を示す「が」と「は」の使い分けを整理する。
②「電車が遅れているようだけれども，もう来るでしょう」という文において，日本人の場合，「もう来るでしょう」とは「待っている人が，もう来るでしょう」と解釈するのが普通だと筆者は述べている。「が」で示された主語(電車が)は，「遅れているようだけれども」にかかり，「もう来るでしょう」まで続かないからである。　③〜⑤「もう来るでしょう」の部分において，もし「電車が」来るという意味になるなら，「遅れているようだけれども」と「もう来るでしょう」の主語は同じになる。その場合，主語はふつう「は」で示す。だから，「が」を使った「電車が」ではなく，「は」を使った「電車は」になる。

問７　「こういうこと」は，同音異義語の「追求」「追究」「追及」，「露店」「露天商」といった「使い分け」のまぎらわしさ，つまり「正書法」の難しさを指す。これを筆者は，日本語の「短所」と考えており，「短所を矯めて(悪い性質や癖を直して)，日本語をより使いよい言語にしたい，ということをわれわれは考えていい」と述べているので，１がふさわしい。

問８　①「こういった言葉」の例に，イタリア語で「たくさんの」を「tanto(たんと)」と言うこと，インドネシアの単語の覚え方に「人はoran(おらん)，魚はikan(いかん)，飯はnasi(なし)，死ぬはmate(待て)，菓子はkuéh(食え)」というのがあることを紹介している。これは日本語と「似ている」単語，「日本語と同じように聞こえ」る単語にあたる。　②　続いて「同じ系統」と考えられる場合を，「一から十までの数」のうち，英語・ドイツ語・フランス語・スペイン語・イタリア語における「２と10」の例で説明している。英語では「two」と「ten」で，ドイツ語では「zwei」と「zehn」，フランス語・スペイン語・イタリア語では語頭の子音がすべて「d」に入れかわる。これについて，「２と10のような，関係のない数がちょうど同じように子音が入れかわっていること」は偶然ではなく，「同じもとから分かれ出てきた」証拠だと筆者は述べているので，３が合う。

問９　筆者は，「短所を矯めて，日本語をより使いよい言語」にするためにも，「日本語の起源・系統を知るうえでも」，「日本文化の特色，過去からの日本人の生活，あるいは，日本人のものの見方」を明らかにするためにも，日本語の性格を知ることが大切だと述べているので，４が選べる。

二　出典は砥上裕將の『線は，僕を描く』による。水墨画の大家，湖山先生の弟子になった「僕」(青山霜介)は，高い技術をもつ千瑛や斉藤さんの絵と，技術的には劣るが感動をもたらす西濱さんの絵を見比べつつ先生の言葉を聞き，水墨画の本質に気づく。

問１　**ア**　絵画や写真などで効果的な表現のために行う，色，形，明暗，遠近などの組み合わせ。　**イ**　こみいっておらず簡単であること。ものの見方や考え方が一面的で浅いこと。　**ウ**　ごく短い間隔で動作をくり返すこと。　**エ**　修復できないほど状態が悪いこと。　**オ**　「造作もない」は，容易であるようす。

問２　**Ａ**　「白ける」は，“楽しい気分が冷める”という意味。　**Ｂ**　「一気呵成」は，ひと息に作品を仕上げること。

問３　「機械のように精密」で，筆致や手順に「無駄」がない斉藤さんによって描かれた水墨画は，「CGのようだ」と評されている。よって，２～４は合う。１のように「試行錯誤」している描写はない。「試行錯誤」は，試みと失敗を重ねながら見通しを立てること。

問４　千瑛と斉藤さんの描いた水墨画を見るや，白けたようすで湖山先生が「首を振った」ために，場には張りつめた「沈黙」が続いていたが，そこへ「いつもの軽いノリ」で西濱さんがお茶を運んでくると湖山先生はやっと微笑み，西濱さんが「ズズズズ」とお茶を啜ると先生も「悪くない」とお茶をほめ，西濱さんと話をするうちに先生の機嫌はよくなっている。「ズズズズ」という「いい音」は，張りつめた場が和む前ぶれになっていると考えられるので，それを「期待」したと解釈する２がふさわしい。

問５　自分の描いた水墨画を見て「疲れたように目頭を押さえて，それからゆっくり首を振った」湖山先生のようすから，評価されなかったことに気づいて青ざめ，緊張で声を震わせながらも，斉藤さんは「せ，先生，わ，私の絵は……」と言っている。湖山先生に受けいれられなかったことはわかっているが，斉藤さんは何かしら自分の水墨画に対する言葉がほしかったのだろうと想像できるので，２が合う。なお，斉藤さんは自分の水墨画に対する評価の言葉が何もないまま時間が過ぎていくことがいたたまれなくなり，思わず湖山先生にコメントを求めたのであって，先生から「認められる絵を描くにはどうすればいいか」のアドバイスを冷静に聞ける状態にはなかったと考えられる。よって，４は誤り。また，湖山先生の不満は，この段階で斉藤さんに十分伝わっているので，３も正しくない。さらに，斉藤さんの湖山先生に対する「怒り」はうかがえないので，１もふさわしくない。

問６　西濱さんの描く牡丹に，「千瑛や斉藤さんの絵とは本質的に」異なるものを感じた「僕」は，それを「命だ」と確信している。出来上がった絵は，二人のものよりも乱れ，写真のようではなかったが，手先の技法など無意味に思えるほど，その水墨画には圧倒的な生命の気配があったというのである。西濱さんは，「牡丹という花の命の在り方を通して，自分の心や命の在り方」を表現しきったのだから，４が選べる。

問７　西濱さんの水墨画には，「牡丹という花の命の在り方」を通じ，「自分の心や命の在り方」が描かれていた。西濱さんの水墨画を見てうなずいた湖山先生は，「水墨というのはね，森羅万象を描く絵画だ」と前置きしたうえで，森羅万象とは「宇宙」のことだが，それは「外側にしかないものなのか？　心の内側に宇宙はないのか？」と各自に問いかけている。それを聞いた「僕」は，「自分の心の内側」を「外の世界」へ「繋ぐ術が水墨画」なのだろうと考えるに至ったのだから，「水墨画とは，自分の心の内側を見つめて，それを外の世界の現実へ繋ぐものである」のようにまとめる。

問８　１　水墨画の描写は少ないとはいえないので，合わない。　２　本文はおもに「僕」の視点から描かれているので，正しくない。　３　水墨画を描く場面では，千瑛については「恐れを振り払うように筆を振り回している」，斉藤さんについて，その「手は機械のように精密に動いていった」，西濱さんについては「コントラバスか，チェロのような大らかな動き」などの比喩表現が用いられているので，正しい。　４　本文には，緊迫した雰囲気から和やかな雰囲気に移行するなどの起伏があり，「淡々と」とまではいえない。

問９　西濱さんは「いつも着ている作業着」を脱いで筆を持つことで，「工務店のお兄ちゃん」から「水墨画家に変身」している。そして，問６でみたように，先生が「水墨」と認める絵を描き，「僕」を感動させているので，３が合う。

Dr.福井の

入試に勝つ！ 脳とからだのウルトラ科学

勉強が楽しいと，記憶力も成績もアップする！

みんなは勉強が好き？　それとも嫌い？――たぶん「好きだ」と答える人はあまりいないだろうね。「好きじゃないけど，やらなければいけないから，いちおう勉強してます」という人が多いんじゃないかな。

だけど，これじゃダメなんだ。ウソでもいいから「勉強は楽しい」と思いながらやった方がいい。なぜなら，そう考えることによって記憶力がアップするのだから。

脳の中にはいろいろな種類のホルモンが出されているが，どのホルモンが出されるかによって脳の働きや気持ちが変わってしまうんだ。たとえば，楽しいことをやっているときは，ベーターエンドルフィンという物質が出され，記憶力がアップする。逆に，イヤだと思っているときには，ノルアドレナリンという物質が出され，記憶力がダウンしてしまう。

要するに，イヤイヤ勉強するよりも，楽しんで勉強したほうが，より多くの知識を身につけることができて，結果，成績も上がるというわけだ。そうすれば，さらに勉強が楽しくなっていって，もっと成績も上がっていくようになる。

でも，そうは言うものの，「勉強が楽しい」と思うのは難しいかもしれない。楽しいと思える部分は人それぞれだから，一筋縄に言うことはできないけど，たとえば，楽しいと思える教科・単元をつくることから始めてみてはどうだろう。初めは覚えることも多くて苦しいときもあると思うが，テストで成果が少しでも現れたら，楽しいと思えるきっかけになる。また，「勉強は楽しい」と思いこむのも一策。勉強が楽しくて仕方ない自分をイメージするだけでもちがうはずだ。

Dr.福井（福井一成）…医学博士。開成中・高から東大・文Ⅱに入学後，再受験して翌年東大・理Ⅲに合格。同大医学部卒。さまざまな勉強法や脳科学に関する著書多数。

2023年度

中央大学附属横浜中学校

【算　数】〈第２回試験〉（50分）〈満点：150点〉

（注意事項　計算機，定規，分度器，コンパス等は一切使用してはいけません。）

1　次の□にあてはまる数または漢字を解答用紙に記入しなさい。

(1)　$0.1 \div \left(\frac{3}{2} + 4.5 \div 6 \div 7\right) \times 8 \times 9 = \square$

(2)　$2023 \times \left(1 + \frac{1}{7} + \frac{1}{17} + \frac{1}{7 \times 17} + \frac{1}{17 \times 17} + \frac{1}{7 \times 17 \times 17}\right) = \square$

(3)　$7\frac{1}{2} \div \left(5.25 - \square \div 1\frac{1}{3} + 3\right) = 2$

(4)　ある年の１月１日は水曜日で，この年はうるう年でした。次の年の１月10日は□曜日です。

(5)　ある池のまわりに３m間隔（かく）で木を植えるときと２m間隔で木を植えるときでは，木の本数の差が30本となります。この池のまわりは□mです。

(6)　0.1％の食塩水10g，0.2％の食塩水20g，0.3％の食塩水30g，0.4％の食塩水40gを混ぜ合わせると□％の食塩水になります。

(7)　Ａさん，Ｂさん，Ｃさんの３人の持っているビー玉の個数の合計は80個です。Ｂさんのビー玉はＡさんの半分より３個多く，Ｃさんのビー玉はＢさんの$\frac{2}{3}$より２個少ないです。Ａさんの持っているビー玉は□個です。

(8)　兄と妹が200m走をしたところ，兄がゴールしたときに妹は40m後ろにいました。兄と妹が同時にゴールするには，兄のスタート地点を妹より□m後ろにします。

(9)　図のように，平行四辺形の内側に正三角形がぴったりとくっついています。AB＝AC で，角 a と角 b の大きさの比が３：２であるとき，角 x の大きさは□度です。

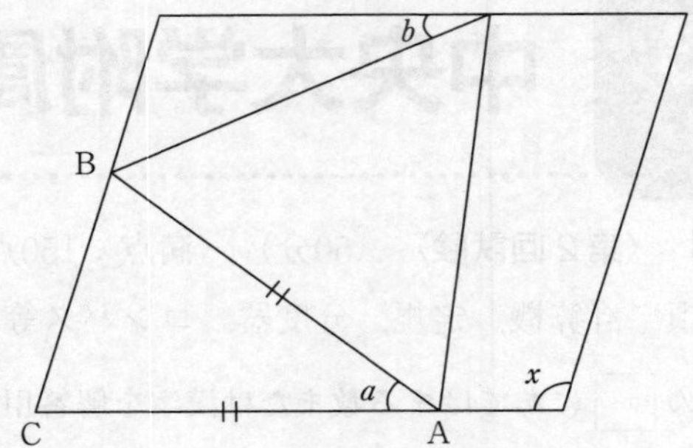

(10)　右の図で，三角形DBFの面積が 10 cm² のとき，BEの長さは□cmです。

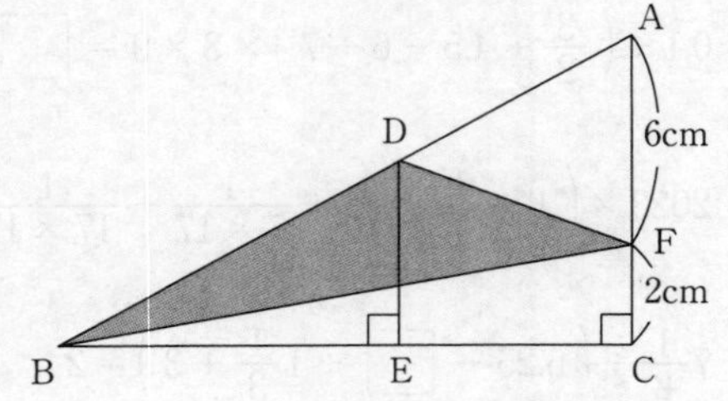

2　ある空港には，４つの地点Ａ，Ｂ，Ｃ，Ｄがこの順にあり，Ｂ地点からＣ地点まで一定の速さで進む動く歩道があります。ある日，太郎さんは動く歩道の上では乗ったまま歩かず，それ以外の区間は歩いてＡ地点からＤ地点まで行ったところ，１分12秒かかりました。このとき，動く歩道の上に立っていた時間は，それ以外の区間を歩いた時間の合計より24秒長くなっていました。

別の日に，太郎さんは動く歩道を通らずに，動く歩道のとなりにある通路を通ってＡ地点からＤ地点まで歩いたところ，56秒かかりました。太郎さんの歩く速さは一定であるものとして，次の問いに答えなさい。

(1)　動く歩道の上に立っていた時間は何秒間ですか。

(2)　動く歩道の速さと太郎さんの歩く速さの比をもっとも簡単（かんたん）な整数の比で答えなさい。

(3)　太郎さんがＡ地点からＤ地点まで行くのに，動く歩道の上でも止まらずにそのまま歩き続けたとすると，何秒かかりますか。

3 シュークリームが１個120円で売られています。１個のシュークリームには１枚のシールがついていて，このシールを６枚集めると，シュークリームをもう１個もらうことができます。シールを集めてもらったシュークリームにもシールがついています。

このとき，次の問いに答えなさい。

(1) シュークリームを29個手に入れるためには，最低何個のシュークリームを買う必要がありますか。

(2) 5000円でもっとも多く手に入れることのできるシュークリームは何個ですか。

(3) 100個のシュークリームを手に入れるためには，最低何円必要ですか。

4 １辺の長さが６cmの立方体があります。この立方体に，１辺の長さが２cmの正方形の穴を，立方体の１つの面に垂直な向きに反対側の面まであけます。図１は立方体の１つの面ABFEの真ん中に図２のように穴をあけた立体です。

このとき，次の問いに答えなさい。

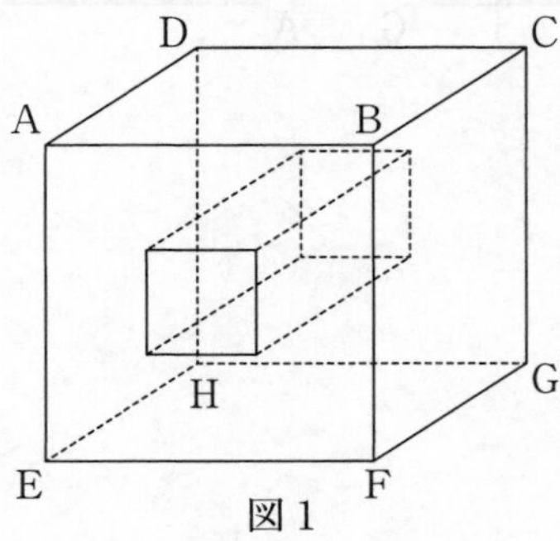

図１

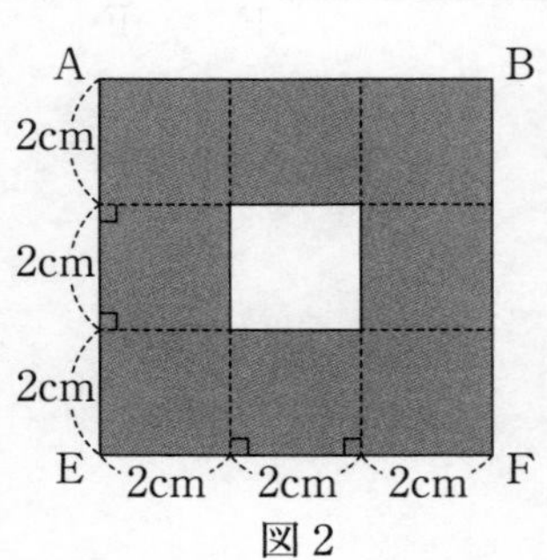

図２

(1) 面ABFE，面BCGFの真ん中にそれぞれ穴をあけたとき，残った立体の体積は何cm^3ですか。

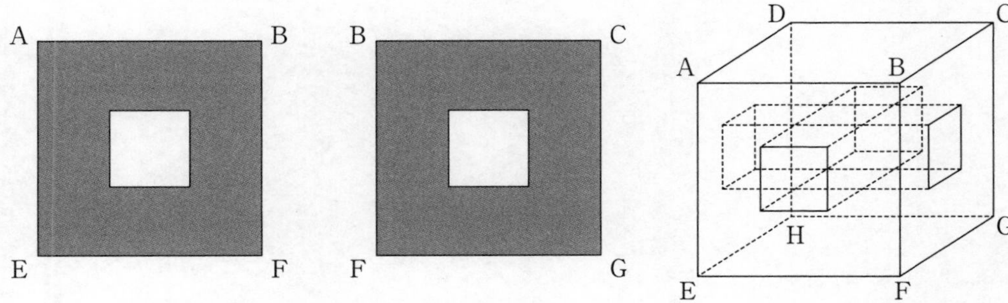

⑵　面 ABFE の真ん中と，面 BCGF の真ん中より何 cm か下にずらしたところに穴をあけたとき，残った立体の体積が 170 cm^3 になりました。面 BCGF の穴は真ん中から何 cm 下にずらしたかを求めなさい。

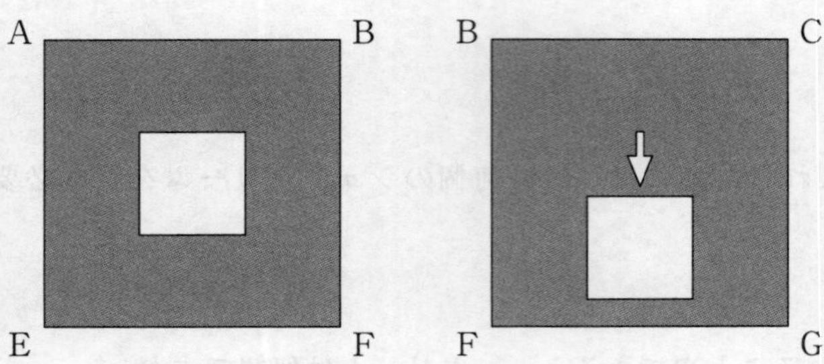

⑶　⑵の状態からさらに，面 DCBA の真ん中より右に 1 cm ずらしたところに穴をあけたとき，残った立体の体積は何 cm^3 ですか。

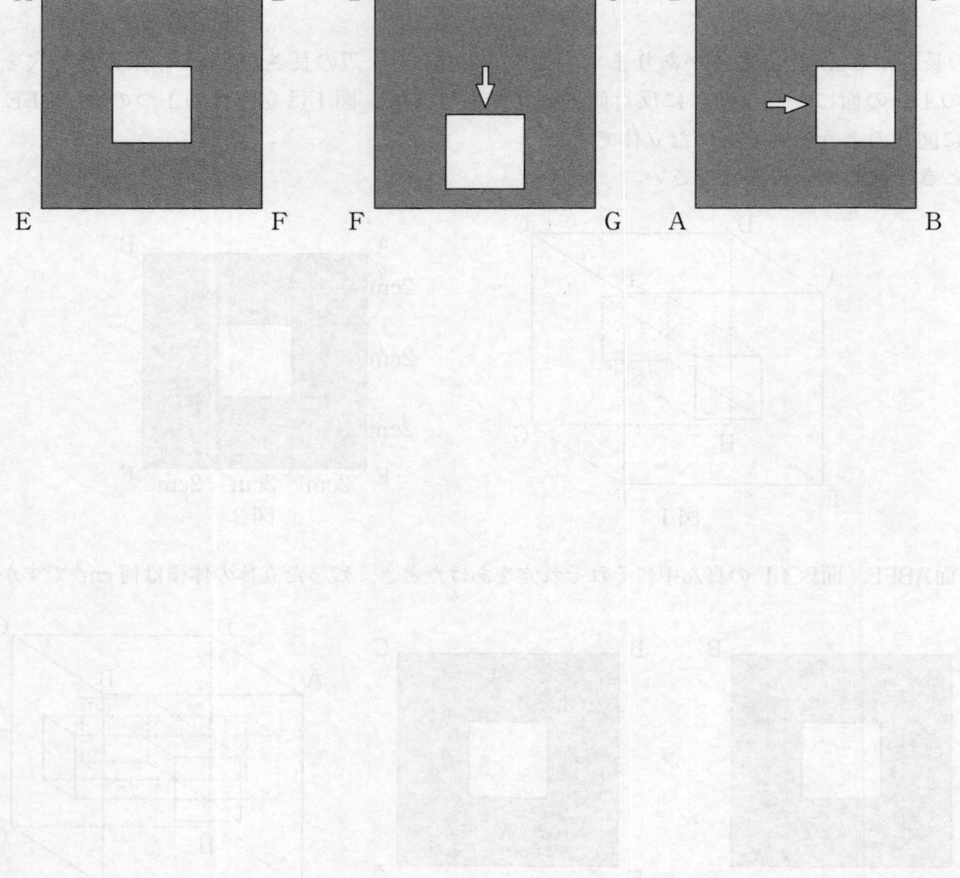

【社　会】〈第２回試験〉（35分）〈満点：100点〉

1　大分県中津市に住んでいるショウさんの家に，いとこのイブキさんが静岡市から遊びに来ました。次の地図を参考に，以下の問いに答えなさい。

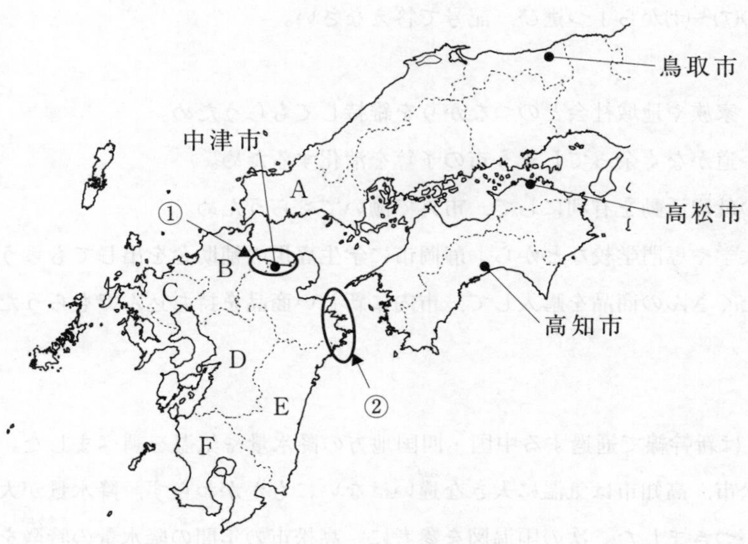

問１　次の文は，大分県についてショウさんがイブキさんに事前に送ったメールの内容です。（　１　）と（　２　）に当てはまる語句を答えなさい。また，（　３　）には当てはまる県を地図のＡ～Ｆから１つ選び，記号で答えなさい。

> 地図の①の瀬戸内海の周防灘に面した海岸には，（　１　）が広がっているよ。これは，潮が引いた時に現れて，潮が満ちると沈んでしまう浅い湿地帯のことで，カブトガニやウミネコなど多様な生物の生息地でもあるんだ。地図の②の臼杵湾や佐伯湾の海岸は半島とおぼれ谷が交互になっているギザギザの（　２　）という地形になっていて，入り江の水深は深いけれど波は高くないよ。
>
> 大分県には温泉地もたくさんあって，湯布院温泉で有名な大分県由布市には，有田焼で有名な（　３　）からも観光客が来るなど，観光もさかんだよ。

問２　イブキさんはインターネットで新幹線の切符購入を行った際，静岡市に住んでいる学生が市内から市外の大学などに新幹線で通学する場合，定期券代の３分の１を静岡市が補助する制度があることを知りました。この制度を導入した理由を説明した文のうち，正しいものを，次の(ア)～(オ)から１つ選び，記号で答えなさい。

(ア)　学生に，家族や地域社会とのつながりを維持してもらうため。

(イ)　毎年使い道がなく余ってしまう市の予算を消化するため。

(ウ)　市外での就職活動を有利にして，市外で働いてもらうため。

(エ)　市外の大学や専門学校などから，静岡市に学生専用の補助金を出してもらうため。

(オ)　市外でたくさんの商品を購入して，市内に新しい商品を持ち込んでもらうため。

問３　イブキさんは新幹線で通過する中国・四国地方の降水量や気温を調べました。すると，鳥取市，高松市，高知市は気温に大きな違いはないにもかかわらず，降水量が大きく異なることに気がつきました。次の雨温図を参考に，高松市の年間の降水量の特徴を，ほかの２つの市の特徴と比べて説明しなさい。その際，高松市の降水量に影響を与えている風と地形の名称を具体的にあげて説明しなさい。

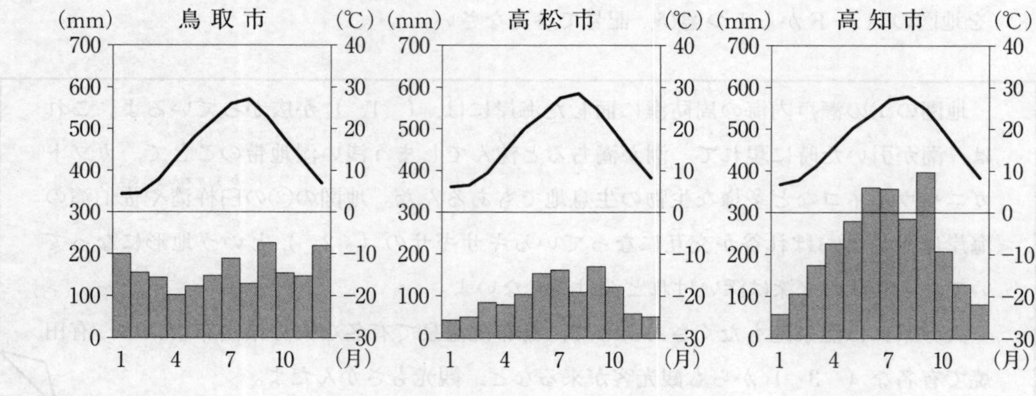

問４　ショウさんは中津市の紹介と案内をするために，次の図Ａ～Ｄを用意しました。あとのページのショウさんとイブキさんの会話を読んで，［　１　］・［　２　］に当てはまる図Ａ～Ｄの正しい組み合わせを，あとの(ア)～(ケ)から１つ選び，記号で答えなさい。

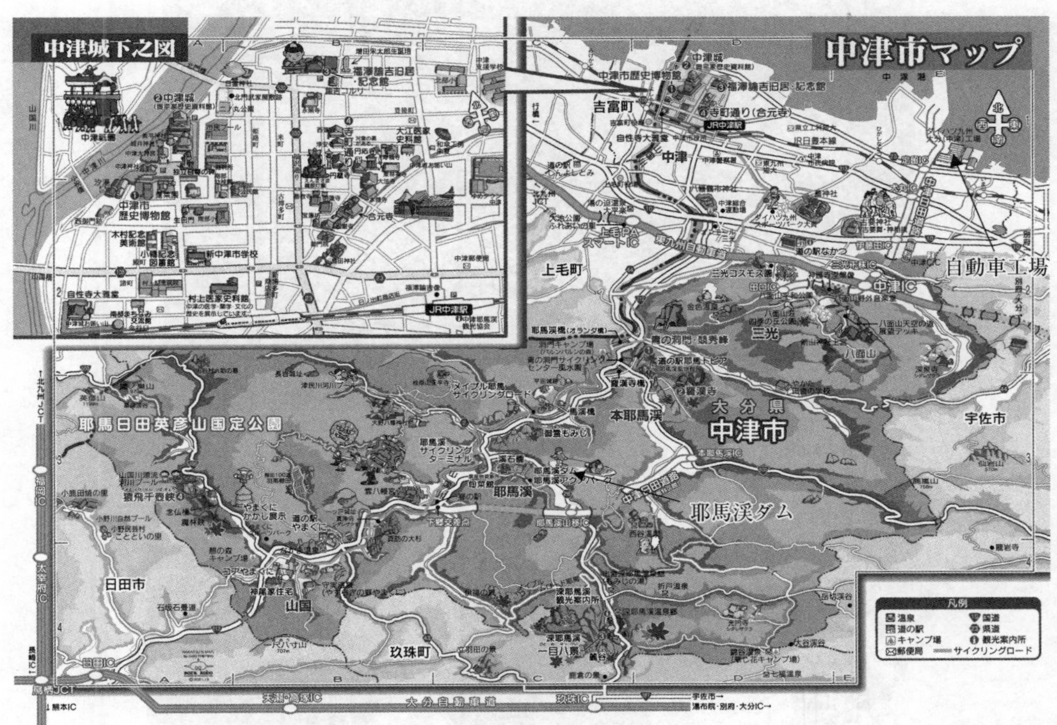

（中津耶馬渓観光協会ホームページより作成）

図Ａ

自動車工場
地
耶馬渓ダム

図Ｂ

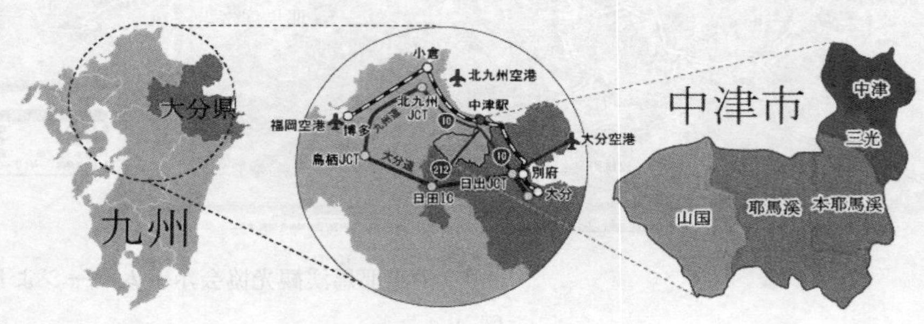
九州
大分県
小倉
北九州空港
北九州JCT
中津駅
福岡空港
博多
九州道
大分空港
鳥栖JCT
大分道
別府
日出JCT
日田IC
大分
中津市
中津
三光
山国
耶馬渓
本耶馬渓

図Ｃ

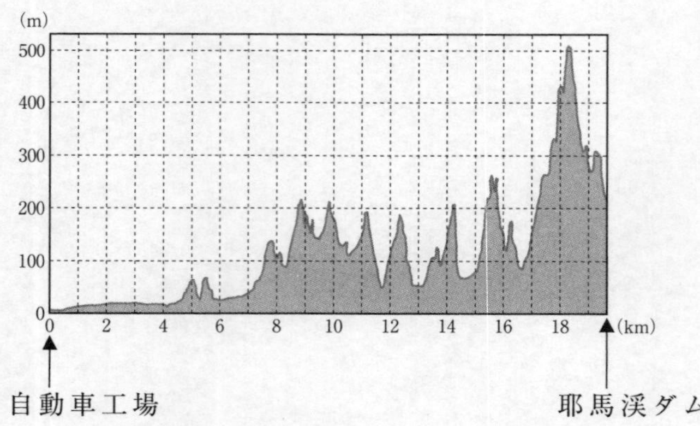
(m)
500
400
300
200
100
0
0
2
4
6
8
10
12
14
16
18
(km)
自動車工場
耶馬渓ダム

図Ｄ

イブキ：中津駅の改札を出たら，駅の構内に自動車が展示してあったよ。
ショウ：中津市は工業にも力を入れていて，自動車工場があるんだ。図にも書かれているよ。
イブキ：そうなんだ。こうしてみると，いろいろな図があるんだね。
ショウ：市内をレンタル自転車でまわれるサイクリングロードもあって，自然を感じながら観光ができるよ。自動車工場と紅葉がきれいな耶馬渓ダムとの標高差がよくわかるのは，図［　1　］だね。
イブキ：市外や県外から来る人は，図［　2　］を使うと中津市の位置や交通がすぐにわかるね。

	(ア)	(イ)	(ウ)	(エ)	(オ)	(カ)	(キ)	(ク)	(ケ)
1	AとB	AとB	AとB	AとD	AとD	AとD	BとD	BとD	BとD
2	A	B	C	A	B	C	A	B	C

問５　中津市にある自動車工場がちょうど工場見学会を開催（かいさい）していたので，ショウさんとイブキさんはショウさんの父親と３人で参加しました。

(1)　組み立て工程の見学担当者の話によると，自動車には３万個以上の部品が必要になるため，すべての部品を常に一定量準備しておくことは，置いておく場所の確保などでも費用がかかり大変なのだそうです。そのため，時間や部品を管理して，生産現場の工程で必要なものを必要な時に必要なだけ生産し，使用した分だけ部品を追加して準備することで，効率的な生産活動ができる方式をとっているそうです。この方式は何と呼ばれていますか。カタカナで答えなさい。

(2)　組み立て工場内ではたくさんの機械とロボットが稼働（かどう）していました。新しい装備を備えた自動車を開発して生産していくためには，そうした自動車をつくるための機械の開発や設備の導入が必要になります。このように会社の売り上げを伸（の）ばして発展させていくために設備にお金をかけることを，設備投資といいます。ショウさんは，設備投資の金額の変化に興味を持ち，日本の主な製造業の設備投資額の推移について調べてみました。次のページの図中の①～③は，鉄鋼，電気機械，自動車のいずれかを示したものです。①～③と業種名の正しい組み合わせを，あとの(ア)～(カ)から１つ選び，記号で答えなさい。

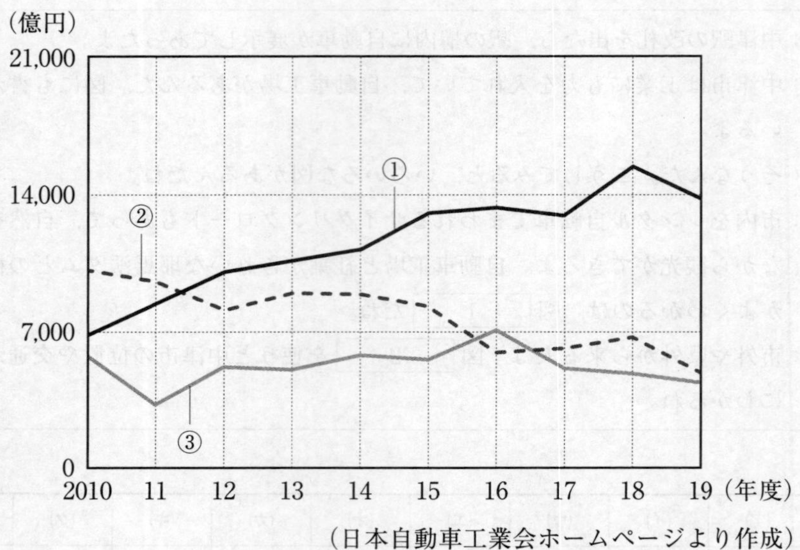

(日本自動車工業会ホームページより作成)

	(ア)	(イ)	(ウ)	(エ)	(オ)	(カ)
鉄鋼	①	①	②	②	③	③
電気機械	②	③	①	③	①	②
自動車	③	②	③	①	②	①

(3) 現在，国内で生産される自動車のおよそ半分が海外に輸出されています。近年は輸出するだけではなく，自動車の輸出先である国に日本の自動車メーカーが直接工場をつくって，現地で自動車の生産を行う現地生産がさかんに行われています。こうした現地生産の増加にともなって生じる良い点と悪い点について書かれた次の文のうち，誤っているものを，次の(ア)～(オ)から１つ選び，記号で答えなさい。

(ア) 現地に工場をつくることで，日本から完成車を輸出するよりも輸送費を安くおさえることができる。
(イ) 同じ自動車メーカーであれば，どの国で自動車を生産しても工場で働く人の給料は同じなので，労働費を少なくすることはできない。
(ウ) 現地の国の要望を取り入れやすく，現地の人々の要望に合った自動車開発を行うことができる。
(エ) 現地で同じ部品を用意することができない場合は日本やほかの国から供給するが，貿易のトラブルや船が遅(おく)れて届かないことがある。
(オ) 現地生産を行っている国で戦争が起こると，生産がストップするなどの危険性がある。

問6　自動車工場見学の後ショウさんの父親は帰宅したため，2人は自転車をレンタルして，中津市内の観光に出かけました。

(1)　お昼になったので，ご当地グルメで有名な唐揚(からあ)げ専門店に行きました。次の図①～③は，唐揚げに使われている肉用若鶏(どり)の出荷羽数と，豚(ぶた)と肉用牛の飼育頭数のいずれかについて示したものです。図①～③と畜産物(ちくさんぶつ)の正しい組み合わせを，下の(ア)～(カ)から1つ選び，記号で答えなさい。

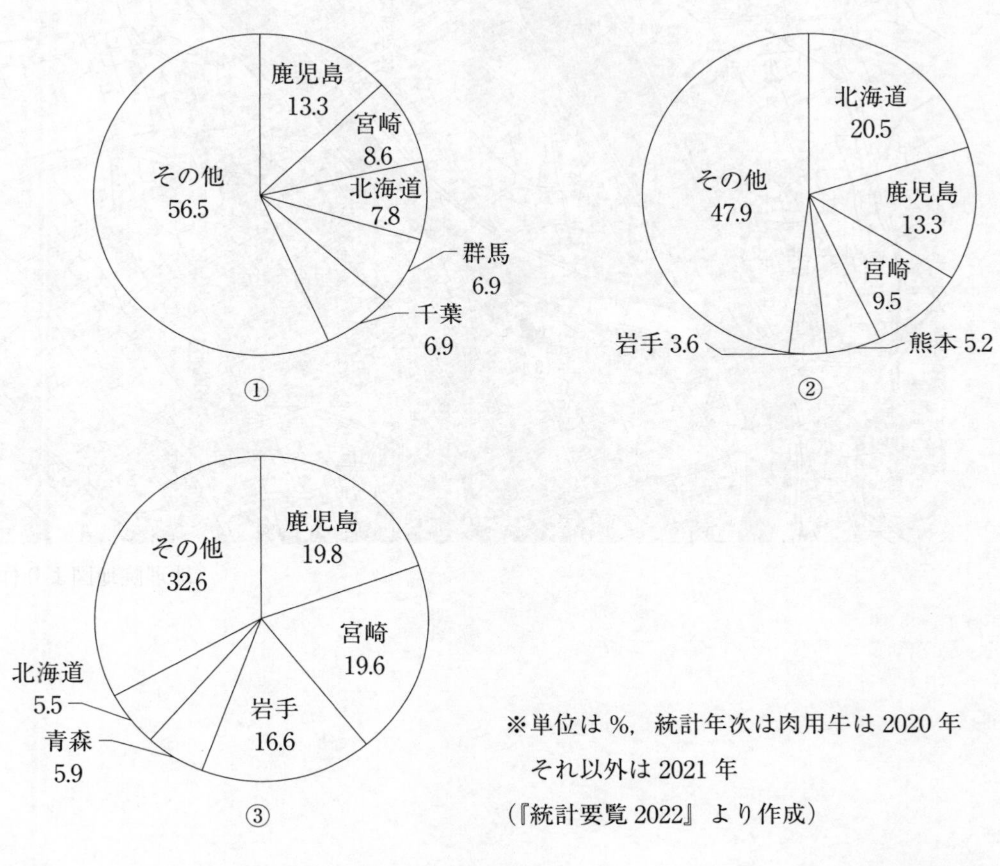

※単位は％，統計年次は肉用牛は2020年
それ以外は2021年
(『統計要覧2022』より作成)

	(ア)	(イ)	(ウ)	(エ)	(オ)	(カ)
肉用若鶏	①	①	②	②	③	③
豚	②	③	①	③	①	②
肉用牛	③	②	③	①	②	①

⑵　昼食後は，黒田官兵衛が築城したことでも有名な中津城の城下町を散策しました。中津城の天守閣にも登り，イブキさんは最上階で写真を何枚か撮影(さつえい)しました。撮影した写真のうち，次の図中の矢印②の方向のものを，次のページの(ア)〜(エ)から１つ選び，記号で答えなさい。

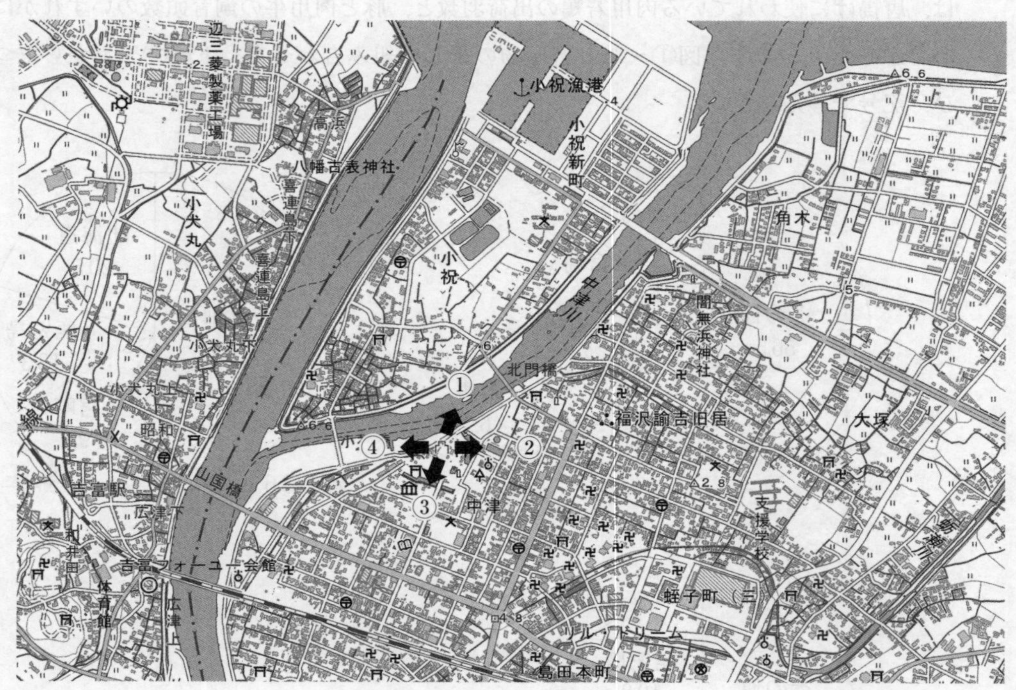

（地理院地図より作成）

(ア)

(イ)

(ウ)

(エ)

⑶　中津城の大手門を出たところで，２人は「ある国」の留学生に中津駅までの道を聞かれました。次の図は「ある国」の貿易相手国と主な輸出品の変化を示しており，図中のＡは日本も貿易額が最大の国（2020 年）です。次の図を参考に，留学生の出身国である「ある国」と，図中のＡの国名をそれぞれ答えなさい。

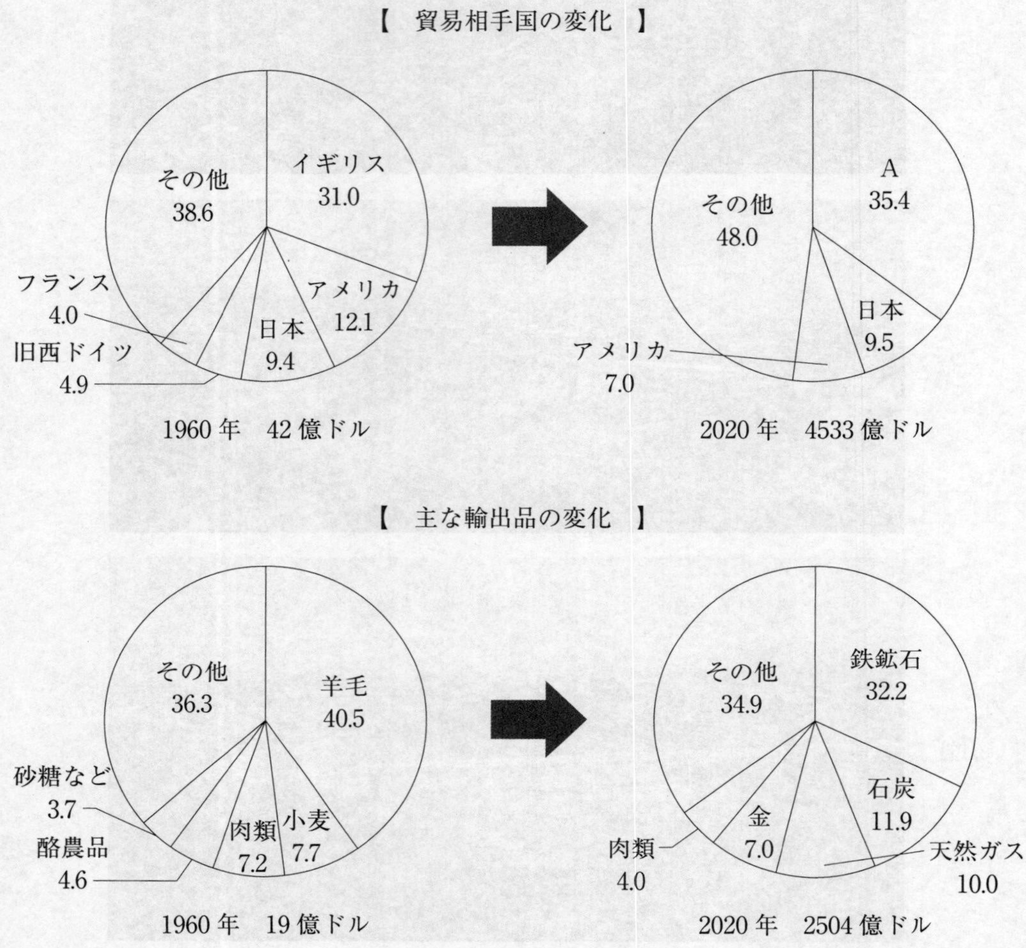

（単位は％，『統計要覧 2022』より作成）

問７　次の日は耶馬渓ダムの水上スポーツ施設(しせつ)に出かけ，水上スキーやバナナボートをして楽しみました。昨日観光をした中津城の周辺と比べて，ダムの周辺にあまり住宅がないことに気がついた２人は，帰宅後大分県の人口について調べてみました。次の図は，２人が調べたデータを地図にしたものです。この地図から読み取れることがらについて述べた文のうち，正しいものを，下の(ア)～(エ)から１つ選び，記号で答えなさい。

大分県内の市町村

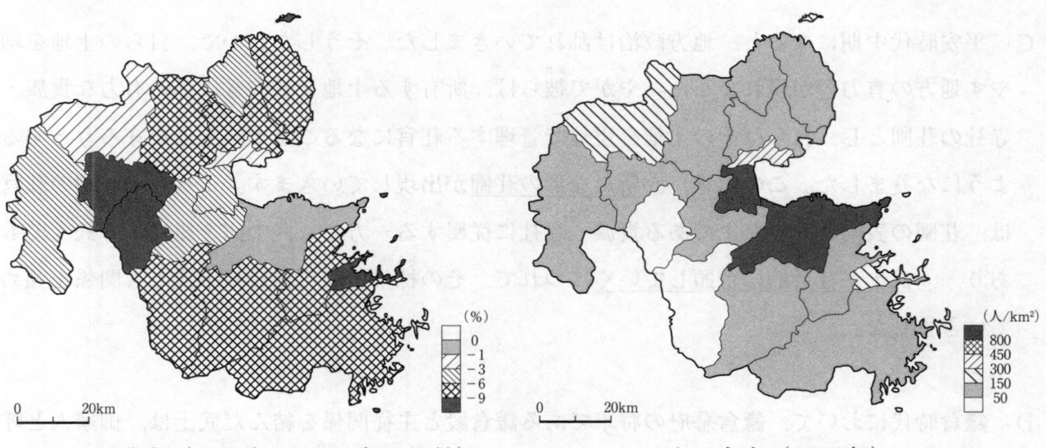

人口増減率（2015年～2020年の比較）　　人口密度（2020年）

※＋は増加，－は減少を示している。　　（国勢調査より作成）

(ア)　人口減少率が9％以上になっているのは，すべて町である。

(イ)　人口密度が800人/km^{2}以上と高い市町村は，人口減少率も3％未満にとどまっている。

(ウ)　大分県内の全市町村で人口が減少しており，増加している市町村はない。

(エ)　海に面していない市町村はすべて，人口密度が50人/km^{2}未満である。

2 次のＡ～Ｈの文を読んで，以下の問いに答えなさい。

A　縄文時代の終わりに大陸から伝わった稲作は，まもなく日本列島各地に広まっていきました。稲作は人々に大きな恵み(めぐ)をもたらしましたが，その一方で①ムラごとに生産力や蓄え(たくわ)に差が生じることから争いも起こるようになり，力の強いムラが周りのムラを従えて，小さなクニを形成するようになりました。中国の歴史書によると，３世紀前半の日本列島には②邪馬台国を中心に30余りの国々をまとめていた女王がいて，中国の魏に使いを送っています。やがて３世紀半ば以降になると，ヤマト政権が各地の国々を従え，日本列島の大半の地域を影響(えいきょう)下に置くようになりました。

B　大化の改新をきっかけとして，日本は本格的な国づくりを開始しました。朝廷は地方制度も整えていき，その支配が及ぶ(およ)領域に，駿河国や信濃国などの③国という行政単位を設置しました。さらにそれぞれの国はいくつかの郡に，それぞれの郡はいくつかの里に分けられました。また公地公民の原則に基づいて，人々には口分田が分け(わ)与え(あた)られましたが，やがて口分田の不足に直面した朝廷は，税負担を条件として④人々が新たに切り開いた土地の私有を認めるようになりました。これが荘園のはじまりとなりました。

C　平安時代中期になると，地方政治は乱れていきました。そうしたなかで，自らの土地を増やす地方の有力者が現れました。やがて彼(かれ)らは，所有する土地を表向きは都の有力な貴族・寺社の荘園とし，自らはその土地を現地で管理する荘官になることで，土地を守ろうとするようになりました。この結果，⑤新たな形の荘園が出現していきます。こうした荘園の荘官は，荘園の表向きの持ち主である貴族・寺社に従属する一方で，武士団を組織する武士でもあり，⑥武士が社会的に台頭していくにつれて，その棟梁(とうりょう)となる源氏や平氏とも関係を強めていきました。

D　鎌倉時代において，鎌倉幕府の将軍である鎌倉殿と主従関係を結んだ武士は，御家人と呼ばれました。将軍は御家人たちを地頭に任命することで，⑦彼らの領地の支配を保障しました。また地頭とは別に国ごとに守護が置かれ，軍事・警察に関する仕事や御家人の統率を行いました。守護に任命されるのは特に有力な御家人でしたが，やがて⑧執権の地位を代々受け(う)継い(つ)だ北条氏の一族が守護となる国が増加していきました。守護や地頭の制度は，のちの室町幕府にも引き継がれましたが，⑨室町幕府における守護は，それまでとは性格が大きく変化しました。

E　戦国時代の戦乱を収めて全国統一事業を行ったのは，⑩織田信長と豊臣秀吉です。特に豊臣秀吉は，大名同士の勝手な争いを禁止して全国の大名を従わせるとともに，服属した大名の領地に対して順次検地を行い，それぞれの土地の生産力を石高という統一基準で表す仕組みを整えました。その結果，大名の勢力の大きさも石高で表されるようになり，大名たちは御恩として与えられた石高に応じて豊臣政権に対して軍事的な奉公などを行うことが求められました。そしてこのような仕組みは，のちに関ヶ原の戦いを経て成立した⑪江戸幕府にも引き継がれていくことになりました。

F　17世紀半ば以降，江戸幕府の支配の下で戦乱が起こらない平和な時代が長く続きました。街道や航路などの交通網(もう)の整備もあって，全国規模で物流が盛んになり，⑫江戸・大阪・京都の三都をはじめとする都市も成長しました。また国内各地の結びつきが強まっていくなかで，⑬全国を測量して正確な地図を作成しようという動きも起こりました。幕府の後押しもあって1821年に完成した⑭『大日本沿海輿地全図』は，当時としては驚異(きょうい)的な正確さを誇(ほこ)った日本地図として知られています。

G　明治政府は，旧幕府の直轄(ちょっかつ)地や戊辰戦争で敵対した大名から没収した領地を政府の直轄地とし，まずそこに約30の府や県を設置していきました。さらに1871年7月には，廃藩置県によってすべての藩を県に置(お)き換(か)えました。⑮その結果，北海道と沖縄を除く日本全国はいったん3府302県となりますが，このままでは不都合も大きかったことから，1871年のうちに3府72県に整理・統合されました。そして最終的には，1888年までに3府43県となりました。なおこの3府43県には，1879年に正式に日本の領土に組み込まれた沖縄県も含まれます。やがて近代国家としての制度を整えた日本は，対外戦争などにより，⑯さらに新たな領土も獲得(かくとく)していくことになりました。

H　第二次世界大戦の結果，日本は海外の植民地をすべて失い，戦後しばらくは社会的・経済的に混乱が続きました。しかし1950年代半ばになると，高度経済成長の時代がはじまり，急速な経済発展や人々の生活様式の変化のなかで，国内では⑰さまざまな交通網が発達しました。一方，戦後長らくアメリカの統治下に置かれていた沖縄では，1960年代には祖国復帰運動が盛んになりました。そして1972年5月，⑱沖縄の日本への復帰がようやく実現しました。

問１　下線部①について，弥生時代のムラの遺跡の様子から，当時の日本列島が戦争の多い社会であったことを説明した文として誤っているものを，次の(ア)～(オ)から１つ選び，記号で答えなさい。

(ア)　首から上がない状態で埋葬(まいそう)されたと見られる人骨が発見されている。
(イ)　銅剣や銅矛などの武器の形をした青銅器が大量に埋められている。
(ウ)　遠くまで見渡せる物見やぐらが存在していたと考えられている。
(エ)　本来狩猟(しゅりょう)の道具であった弓矢を人に対して使った痕跡(こんせき)が見つかっている。
(オ)　周囲に濠(ほり)や柵(さく)を何重にもめぐらせていたムラが多く見つかっている。

問２　下線部②について，中国の歴史書に現れるこの女王の名前は何ですか。漢字で答えなさい。

問３　下線部③について，中央大学附属横浜中学校がある横浜市都筑区の辺りは，当時は何という国に属していたでしょうか。その国名として適当なものを，次の(ア)～(オ)から１つ選び，記号で答えなさい。

(ア)　伊豆国　(イ)　甲斐国　(ウ)　相模国
(エ)　常陸国　(オ)　武蔵国

問４　下線部④について，743年に出された，新たに切り開いた土地の私有を永久に認めた法令は何ですか。漢字７字で答えなさい。

問５　下線部⑤について，こうした荘園に関して述べた文として誤っているものを，次の(ア)～(オ)から１つ選び，記号で答えなさい。

(ア)　院政が盛んであったころの上皇や，平清盛が権力を握(にぎ)っていたころの平氏は，各地にあった多くの荘園を自らの手元に集めていた。

(イ)　鎌倉時代に入って武士が権力を握ると，武士たちは貴族・寺社の荘園に対する権利を否定したため，各地にあった荘園はすべて消滅(しょうめつ)した。

(ウ)　貴族・寺社は，荘園を現地で管理する荘官を保護する見返りとして，その荘園からの収入の一部を受け取る権利を得ていた。

(エ)　地方の有力者が，土地を表向きは都の有力な貴族・寺社の荘園ということにして保護してもらうことは，一般的に寄進といわれた。

(オ)　平安時代の終わりごろになると，不輸の権や不入の権を持つ荘園が一般的となり，荘園は国司の権力から独立するようになっていった。

問６　下線部⑥について，武士の台頭に関連する戦乱として正しいものを，次の(ア)～(オ)から選んだ上で，年代の古い順に並べて答えなさい。

(ア)　源平の戦い　　　　　　(イ)　壬申の乱

(ウ)　前九年・後三年合戦　　(エ)　平将門・藤原純友の乱

(オ)　保元・平治の乱

問７　下線部⑦について，将軍から支配を認められた土地を，御家人が命がけで守ることを表した言葉は何ですか。漢字４字で答えなさい。

問８　下線部⑧について，鎌倉時代の執権北条氏は，初代将軍源頼朝とどのような親戚(しんせき)関係にあったのでしょうか。簡単に説明しなさい。

問９　下線部⑨について，室町幕府は守護に対して，それまでよりも大きな権限を与え，やがて彼らは守護大名といわれるようになりました。この守護大名に関して述べた文として誤っているものを，次の(ア)〜(オ)から１つ選び，記号で答えなさい。

(ア)　応仁の乱の背景には，足利将軍家の後継ぎ(あとつ)をめぐる問題に加えて，細川氏や山名氏といった有力な守護大名たちの勢力争いがあった。

(イ)　守護大名のなかには，管領や侍所の長官といった室町幕府の要職に就任し，幕府の政治に対して強い影響力を持つ者も現れた。

(ウ)　将軍足利義満は，南北朝の内乱のなかで力をつけた各地の守護大名たちを従えて大きな権力を持った結果，室町幕府は安定していった。

(エ)　南北朝の内乱が長期化していくなかで，守護大名たちは地頭などの武士たちを家臣として従えるようになり，勢力を拡大していった。

(オ)　山城の国一揆や正長の土一揆では，応仁の乱が終わった後も争っていた守護大名たちの軍が追放され，一揆側の人々による自治が行われた。

問10　下線部⑩について，織田信長に関して述べた文として正しいものを，次の(ア)〜(オ)から１つ選び，記号で答えなさい。

(ア)　外国との貿易を重視し，戦国時代から日本に来航するようになっていたポルトガル人やオランダ人との間で，南蛮貿易を行った。

(イ)　堺などの商業都市を直接支配するとともに，楽市・楽座や関所の新設などの政策を行って，商業・流通を盛んにしようとした。

(ウ)　小さな戦国大名として尾張国を治めていたが，やがて他の大名との戦いのなかで勢力を拡大し，京都周辺などを広く支配していった。

(エ)　当時日本ではほとんど生産されていなかった鉄砲に着目し，これを有効に活用することで，全国統一事業を有利に進めていった。

(オ)　仏教勢力への対抗(たいこう)などからキリスト教に好意的であり，伊勢湾に面した安土の城下町には，宣教師によって教会や学校がつくられた。

問11　下線部⑪について，1615年にはじめて出され，その後も将軍の代替(だいが)わりにともなって出された，江戸幕府が大名を統制するための基本となった法令は何ですか。漢字で答えなさい。

問12　下線部⑫について，江戸時代の三都のうち大阪について述べた文を，次の(ア)～(カ)から<u>すべて選び</u>，記号で答えなさい。

(ア)　多くの大名が蔵屋敷を設置したため，各地の年貢米などが集積された。

(イ)　多くの武士が全国から集まり，18世紀はじめには人口100万人に達した。

(ウ)　天保のききんの際に，幕府の元役人である大塩平八郎が反乱を起こした。

(エ)　幕末には政治の中心地となり，最後の将軍徳川慶喜が大政奉還を宣言した。

(オ)　幕末の開国後，安政の大獄に対する反発から桜田門外の変が発生した。

(カ)　経済都市としての性格を強め，清水焼や西陣織などの伝統工芸が発達した。

問13　下線部⑬について，こうした動きが起こってくる背景に関して述べた文として<u>誤っているものを</u>，次の(ア)～(オ)から１つ選び，記号で答えなさい。

(ア)　完成した地図を出島のオランダ人に見せることで，日本が簡単に侵略(しんりゃく)できない国であることを海外に対して示す必要があった。

(イ)　当時の知識人たちの意識のなかに，それまで誰(だれ)も接したことのない未知の情報を手に入れたいという強い情熱があった。

(ウ)　日本近海にロシア船などの外国船が出没(しゅつぼつ)するようになったことで，日本各地の沿岸に関する正確な状況(じょうきょう)を把握(はあく)する必要が生まれた。

(エ)　日本全国を治める政権として，日本列島の正確な地図を作成することについては，江戸幕府としても関心を示していた。

(オ)　ヨーロッパの学問に由来する蘭学が盛んになったことで，測量に必要な最新の知識・技術が使えるようになっていた。

問14　下線部⑭について，全国を測量して『大日本沿海輿地全図』の作成に大きく貢献した人物で，元々は下総国佐原の商人であったのは誰ですか。<u>漢字</u>で答えなさい。

問15　下線部⑮について，廃藩置県は当初，それまでの１つの藩の領地をそのまま１つの県に置き換える形で行われたため，全国は３府302県となりました。しかしその後まもなく，政府はこの状況に不都合を認識して，県の大規模な整理・統合を行いました。この理由について，Ｇの本文や次の表１・表２も参考にして，説明しなさい。

表１　1870年９月における藩の数

藩の規模（石高）	藩の数
60万石以上	1
30万石以上60万石未満	2
15万石以上30万石未満	12
５万石以上15万石未満	27
５万石未満	232
合計	274

※石高の基準は現収納高

（松尾正人『廃藩置県―近代統一国家への苦悶―』（中公新書，1986）より作成）

表２−１　佐倉藩（現千葉県佐倉市を本拠地とした藩）の幕末における領地

領地の所在地（国郡）	現在地（市区町村）
出羽国村山郡のうち45村	山形県山形市など
相模国高座郡のうち５村	神奈川県海老名市など
相模国大住郡のうち10村	神奈川県平塚市など
相模国愛甲郡のうち２村	神奈川県厚木市
武蔵国埼玉郡のうち３村	埼玉県宮代町
武蔵国高麗郡のうち１村	埼玉県飯能市
武蔵国入間郡のうち２村	埼玉県入間市
武蔵国横見郡のうち14村	埼玉県吉見町
下総国千葉郡のうち31村	千葉県千葉市若葉区など
下総国印旛郡のうち153村	千葉県佐倉市など
下総国埴生郡のうち26村	千葉県成田市
下総国香取郡のうち３村	千葉県香取市など
下総国匝瑳郡のうち３村	千葉県匝瑳市など
下総国海上郡のうち２村	千葉県旭市
常陸国筑波郡のうち３村	茨城県つくばみらい市など
常陸国真壁郡のうち３村	茨城県下妻市など
下野国都賀郡のうち16村	栃木県鹿沼市など
下野国塩谷郡のうち10村	栃木県矢板市など

（国立歴史民俗博物館「旧高旧領取調帳データベース」より作成）

表２−２　小田原藩（現神奈川県小田原市を本拠地とした藩）の幕末における領地

領地の所在地（国郡）	現在地（市区町村）
相模国足柄上郡のうち89村	神奈川県南足柄市など
相模国足柄下郡のうち88村	神奈川県小田原市など
相模国淘綾郡のうち８村	神奈川県大磯町など
相模国大住郡のうち20村	神奈川県平塚市など
相模国愛甲郡のうち３村	神奈川県厚木市など
相模国津久井郡のうち15村	神奈川県相模原市緑区
駿河国駿東郡のうち82村	静岡県御殿場市など
駿河国富士郡のうち３村	静岡県富士市
伊豆国君沢郡のうち13村	静岡県三島市など
伊豆国田方郡のうち７村	静岡県伊豆の国市など
摂津国東成郡のうち５村	大阪府大阪市生野区など
摂津国住吉郡のうち８村	大阪府大阪市住吉区など
河内国石川郡のうち４村	大阪府富田林市など
河内国古市郡のうち１村	大阪府羽曳野市
河内国安宿郡のうち２村	大阪府柏原市
河内国大県郡のうち５村	大阪府柏原市
河内国高安郡のうち２村	大阪府八尾市
河内国河内郡のうち６村	大阪府東大阪市
河内国交野郡のうち13村	大阪府枚方市など
河内国若江郡のうち４村	大阪府八尾市など
河内国志紀郡のうち４村	大阪府八尾市など
河内国丹南郡のうち３村	大阪府大阪狭山市など
河内国丹北郡のうち４村	大阪府大阪市平野区など
和泉国大鳥郡のうち１村	大阪府堺市堺区

（国立歴史民俗博物館「旧高旧領取調帳データベース」より作成）

問16　下線部⑯について，近代における日本の領土の変遷(へんせん)に関して述べた文として正しいものを，次の(ア)～(オ)から１つ選び，記号で答えなさい。

(ア)　樺太・千島交換条約によって，樺太をロシアに譲(ゆず)る代わりに，日本は千島列島をすべて領土として獲得した。
(イ)　サンフランシスコ平和条約によって，台湾は中華人民共和国の管理下に，朝鮮半島はソビエト連邦の管理下に置かれた。
(ウ)　下関条約によって，日本は山東半島を領土として獲得したが，ロシアなどによる三国干渉を受け中国に返還(へんかん)した。
(エ)　ベルサイユ条約によって，それまでドイツがフィリピン周辺に持っていた領土は，日本に引き継がれることが認められた。
(オ)　ポーツマス条約によって，日本はロシアの勢力を満州から追い出すことに成功し，シベリアの一部を管理下に置いた。

問17　下線部⑰について，交通網の発達に関して，高度経済成長の時期以降に実現したこととして誤っているものを，次の(ア)～(オ)から１つ選び，記号で答えなさい。

(ア)　関西・中部などの海上空港の開業
(イ)　瀬戸内海における本四連絡橋の開通
(ウ)　東海道・山陽などの新幹線の開業
(エ)　東京・大阪における地下鉄の開業
(オ)　東名・名神などの高速道路の開通

問18　下線部⑱について，沖縄が日本に復帰したときの首相であり，７年８カ月の長きにわたって内閣を組織したのは誰ですか。漢字で答えなさい。

3 次の文をよく読んで，以下の問いに答えなさい。

日本の政治制度は，国会，内閣，裁判所を3つの頂点として国家を運営しようというしくみです。①主権を持つ国民によって選ばれた代表者が国会に集まり，その中から政治を実行する内閣の責任者である②内閣総理大臣を［ A ］します。選ばれた内閣総理大臣は，一緒(いっしょ)に政治を実行する各省庁の責任者にあたる国務大臣を［ B ］します。そして内閣は，最高裁判所の最高責任者である長官を［ C ］し，その他の裁判所の裁判官を［ D ］します。

このようにして国会，内閣，裁判所は，おたがいの役割が実行できているか調べあう関係にあります。国会は，内閣に信頼(しんらい)を持てない場合には内閣不信任決議をすることができます。これに対して内閣は，10日以内に［ E ］が解散されない限り［ F ］をしなければならないとされています。このように議会の信任にもとづいて内閣が存立するしくみを議院内閣制といいます。裁判所は③国会が制定する法律が憲法に違反(いはん)しないか調べる権限を持っています。裁判所に対して国会は，裁判官をやめさせるかどうかを判断する弾劾(だんがい)裁判所を国会内に設置することができます。

また，国民は選挙の時だけ政治に参加して，その後は政治に参加できないのでは困ります。そこで，裁判所に対しては，④最高裁判所の裁判官が，任命された後に初めて行われる衆議院議員総選挙の投票日に，その職責にふさわしい者かどうかを国民が判断して投票する制度があります。そして，もっとも大きな力とも考えられるのが国民の声である世論です。私たち国民の声が，政治を動かすのです。この世論を形成するために大きな力を発揮するのがマスメディアです。マスメディアは，国民の声や多くの情報を私たちに伝えるとともに政治的にも大きな影響(えいきょう)力を持っています。私たちは，それらのさまざまな情報の中から必要な情報を整理し，真実を見極めていく力を養っていく必要があります。それによって，民主的な国家を維持(いじ)発展させていくことができるのです。

世界各国の政治制度はさまざまですが，多くの国で権力が一定の場所に集中しないようなしくみをとっています。それにより民主主義が守られているのです。

ところが，この民主主義を揺(ゆ)るがす出来事が起き始めていることも事実です。2022年2月に起きたロシアによるウクライナ侵攻(しんこう)がそのひとつです。⑤互(たが)いの主張を話し合いで解決する道をあきらめ武力で解決しようという考えは，世界の大きな潮流に反しており，大変危険なものです。この戦争を原因とする⑥経済的な問題も世界の人びとに大きな影響(えいきょう)を与(あた)えています。

また，我が国では，第26回参議院議員通常選挙期間中の2022年7月8日，街頭演説中の元首相が銃撃(じゅうげき)され死亡するという事件が発生しました。⑦民主主義を体現する選挙期間中ということもあり，民主主義の大切さを改めて考えさせられる事件でした。

コロナ禍(か)が続く中，今こそ世界がひとつになって未知のウイルスの撲滅(ぼくめつ)に取り組み，地球温暖化などの⑧地球規模での問題解決に立ち向かうべき時です。私たちひとり一人が社会の問題に目を向け，関心を持ち続けることがこれまで以上に大切な時代を迎(むか)えているのです。

問１　下線部①に関連して，次の各問いに答えなさい。

(1)　日本の選挙制度について述べられた次の(ア)～(エ)から正しいものを１つ選び，記号で答えなさい。

(ア)　比例代表選挙はアダムズ方式という方法で議席を配分している。
(イ)　比例代表選挙は，小政党に不利な選挙方法である。
(ウ)　小選挙区選挙の欠点のひとつは，死票が多くなることである。
(エ)　小選挙区選挙と比例代表選挙の両方に立候補することはできない。

(2)　2022年7月10日の第26回参議院議員通常選挙から新たに導入されたしくみについて述べられた次の(a)～(d)の正誤について，正しいものの組み合わせを下の(ア)～(カ)から１つ選び，記号で答えなさい。

(a)　2022年4月1日から成人年齢(ねんれい)が18歳(さい)に引き下げられたことにともない，選挙権年齢も引き下げられ，初めて18歳以上の有権者が投票することになった。
(b)　新型コロナウイルスの影響(えいきょう)やSNSなどの情報通信産業の発展を受けて，インターネットによる投票が初めて実施(じっし)された。
(c)　鳥取県・島根県などの合区にともない，参議院議員の比例代表選挙に特定枠(わく)の設定が初めて導入された。
(d)　投票率の向上を期待して，投票所の投票可能時間が初めて0時から24時までの24時間体制となった。

	(a)	(b)	(c)	(d)
(ア)	正	正	正	正
(イ)	正	正	正	誤
(ウ)	正	誤	誤	正
(エ)	誤	正	誤	正
(オ)	誤	誤	正	誤
(カ)	誤	誤	誤	誤

問２　下線部②に関して述べられた次の(ア)〜(エ)から誤っているものを１つ選び，記号で答えなさい。

(ア)　内閣総理大臣は，必ず国会議員であり，文民でなければならない。

(イ)　内閣総理大臣は，いかなる場合にも逮捕(たいほ)されることはない。

(ウ)　内閣総理大臣は，内閣を代表して議案を国会に提出することができる。

(エ)　内閣総理大臣は，国務大臣を任意に罷免(ひめん)することができる。

問３　空欄［　A　］〜［　D　］に入る適当な語句の組み合わせとして正しいものを，次の(ア)〜(エ)から１つ選び，記号で答えなさい。

	A	B	C	D
(ア)	指名	指名	任命	任命
(イ)	指名	任命	指名	任命
(ウ)	任命	指名	任命	指名
(エ)	任命	任命	指名	指名

問４　空欄［　E　］・［　F　］に入る適当な語句をそれぞれ漢字３字で答えなさい。

問５　下線部③の権限を何といいますか，漢字７字で答えなさい。

問６　下線部④の制度を何といいますか，漢字４字で答えなさい。

問7　下線部⑤に関連して，世界の問題を解決するために1945年に組織された国際連合の中で，特に世界の平和と安全に取り組む安全保障理事会の常任理事国は，アメリカとそれ以外の4か国で構成されています。その組み合わせとして正しいものを，次の(ア)～(エ)から1つ選び，記号で答えなさい。

(ア)　イギリス・フランス・ロシア・中国

(イ)　ドイツ・オーストラリア・ロシア・日本

(ウ)　フランス・ロシア・日本・中国

(エ)　イギリス・フランス・ドイツ・中国

問8　下線部⑥に関連して，2022年6月，円相場が1998年以来の「円安」となり，日本経済への影響が心配されました。「円相場」について述べられた次の［X］，［Y］の正誤の組み合わせとして正しいものを，下の(ア)～(エ)から1つ選び，記号で答えなさい。
※受け取ったドルは同日に円と引き換えるものとする。

［X］

私は，1月10日に10ドルで商品を売り，代金は1月30日に受け取りました。1月10日の円相場は1ドル＝100円で，1月30日の円相場は1ドル＝120円でした。1月10日に代金を受け取る場合に比べて，私は日本円で200円分多くお金を受け取ることができました。

［Y］

私は，1月10日に10ドルで商品を売り，代金は1月30日に受け取りました。1月10日の円相場は1ドル＝100円で，1月30日の円相場は1ドル＝70円でした。1月10日に代金を受け取る場合に比べて，私は日本円で300円分少なくお金を受け取ることになりました。

(ア)　［X］…正　［Y］…正
(イ)　［X］…正　［Y］…誤
(ウ)　［X］…誤　［Y］…正
(エ)　［X］…誤　［Y］…誤

問９　下線部⑦に関連して，民主主義に関して述べられた次の(ア)～(エ)から誤っているものを１つ選び，記号で答えなさい。

(ア)　みんなのことは，みんなが話し合って決めることを，民主主義といいます。

(イ)　反対意見を聞かず，多数の意見を尊重するのが民主主義です。

(ウ)　民主主義では話し合いの手続き，機会，結果が公正であることがもっとも大切です。

(エ)　選挙で選ばれた代表者が話し合って決めるのも，民主主義といえます。

問10　下線部⑧に関連して述べられた次の(ア)～(エ)から誤っているものを１つ選び，記号で答えなさい。

(ア)　ODA は，政府が支援(しえん)を必要とする国々に対して，社会の発展や福祉(ふくし)の向上のために資金や技術を提供して行う援助(えんじょ)のことである。

(イ)　NGO は，平和や人権，環境(かんきょう)などの問題を解決するために，国のちがいをこえて協力して活動している民間団体である。

(ウ)　SDGs は，2030 年までに，貧困や飢(う)え，地球環境，平和などの問題について，持続可能な開発のために目標を立て，それを達成すべく力を尽(つ)くそうとするものである。

(エ)　UNEP（国連環境計画）は，1997 年に京都で開かれた国際会議で温室効果ガスの排出を禁止することを決めた。

【理　科】〈第２回試験〉（35分）〈満点：100点〉

（注意事項　計算機，定規，分度器，コンパス等は一切使用してはいけません。）

1　次のＡ～Ｄの文を読み，あとの各問いに答えなさい。ただし，光源（光が出ているところ）からの光を考えているときは，それ以外の光による明るさの影響（えいきょう）は考えないものとします。また，文章中の同じ記号の空らんには，同じものがあてはまります。

Ａ．平行光線と拡散光線について

「光」について，考えましょう。たとえば，太陽や，蛍（けい）光灯や豆電球，テレビやスマートフォンなどの光源から光は放射されています。太陽の光は地表付近では平行光線といわれていて，光は広がることなく進みます。豆電球などの光は拡散光線といわれていて，１点から光が広がるように進みます。太陽の光が平行光線といわれるのは，［(a)］ためです。

(ア)　Ａの文の空らん［(a)］にあてはまる説明として最も適するものを次の１～５の中から１つ選び，番号を書きなさい。

1. 太陽の大きさが地球の大きさよりも十分大きい
2. 地球の公転軌道（きどう）がほぼ円である
3. 光の速度がおよそ秒速 30 万 km で最もはやい速さといわれている
4. 地球と太陽の距離（きょり）が十分離（はな）れていて，光の広がりを無視できる
5. 地磁気の影響で光の進む向きが十分曲げられ地軸（じく）に垂直な向きになる

B．拡散光線の強さとかげについて

図１のように拡散光線の場合は光が広がって進みます。このとき，**図２**のようにある拡散光線の光源Ａから１ｍ離れた垂直な $10cm^2$ の範囲Ｘにあたる光の強さを100とすれば，さらに２ｍ離れた垂直な $10cm^2$ の範囲Ｙにあたる光の強さは［ (b) ］です。さらに，光源Ａの光の強さを３倍にしたときに光源Ａから３ｍ離れた垂直な $10cm^2$ の範囲Ｙにあたる光の強さは［ (c) ］です。

次に，**図３**のように光を通さない厚紙に長方形の穴を開け，矢印型の物体を取り付けたシートを，**図４**のように光源から１ｍ離して垂直に置きました。シートからさらに２ｍ離れたところにスクリーンを置いたとき，スクリーンに映し出された光とかげの様子を光源側から観察したときの様子は，［ (d) ］のようになると考えられます。

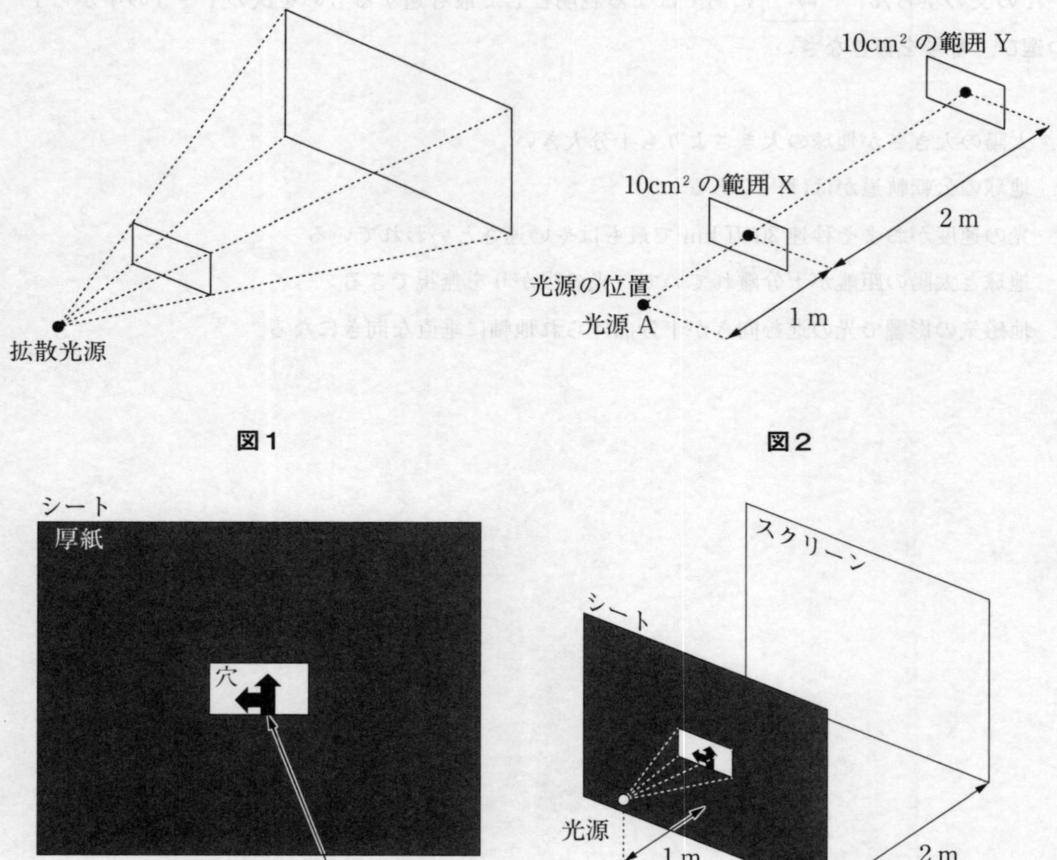

図１　図２　図３　図４

(イ)　Ｂの文の空らん［(b)］，［(c)］にあてはまる数字の組み合わせとして最も適するものを次の１～９の中から１つ選び，番号を書きなさい。ただし，割り切れない場合は小数第１位を四捨五入して整数で求めることとします。

	(b)	(c)
1	100	300
2	50	150
3	50	50
4	33	100
5	33	33
6	25	75
7	25	25
8	11	33
9	11	11

(ウ)　Ｂの文の空らん［(d)］にあてはまる図として最も適するものを次の１～５の中から１つ選び，番号を書きなさい。光が届いているところを白，届いていないところを黒で表しています。ただし，1. の図の大きさと，もとの厚紙の穴の大きさは同じとし，1～5の選択肢(せんたくし)の図の縮尺は同じであるため，互(たが)いを比較(ひかく)し大小が判定できるものとします。

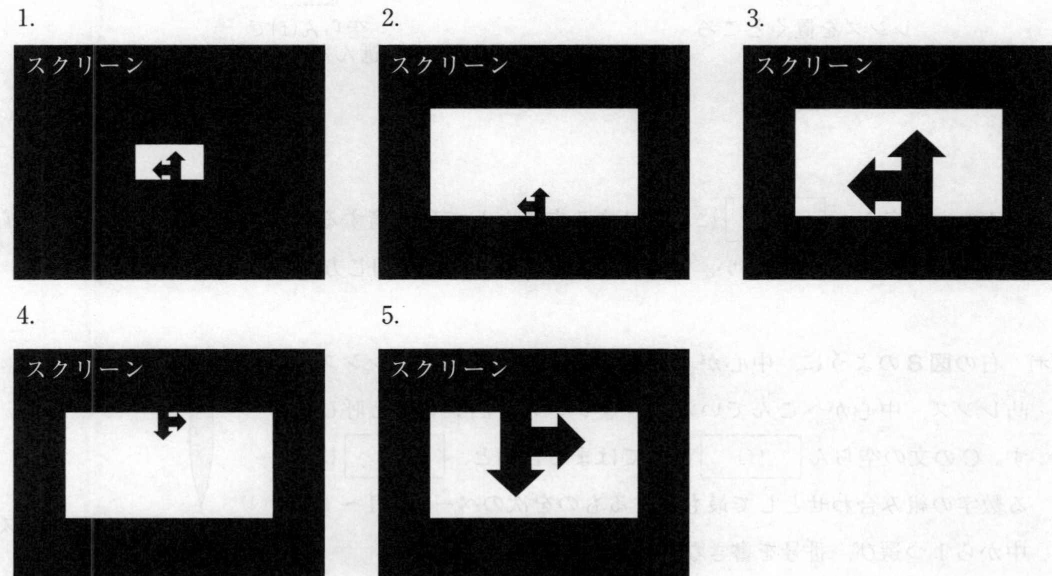

C．平行光線の作り方について

身近な道具を使って平行光線を作るには，光の屈折（くっせつ）（進行方向が折れ曲がること）がおこるレンズを使うと，原理的には作ることができます。

光が空気中からガラス中に**図５**のように入射する場合は，ガラス中を［(e)］の方向へ進みます。この性質から，**図６**のように，太陽光のような平行光線をガラスでできた［(f)］の軸（じく）に垂直にあてると，１点に集まることがわかっていて，このレンズから集まる点までの距離を焦点（しょうてん）距離と呼んでいます。

これを用いて，とても小さな点状の光源から放射された拡散光線を平行光線とするためには，**図７**のように，光源とレンズの間の距離（A）を，［(f)］の焦点距離の［(g)］倍にすればよいことがわかります。

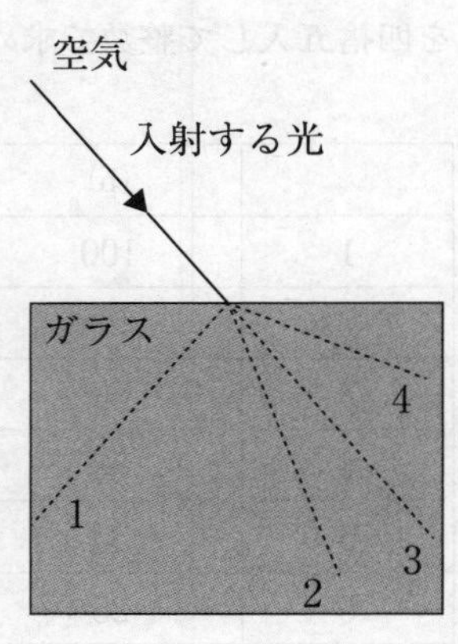

図５

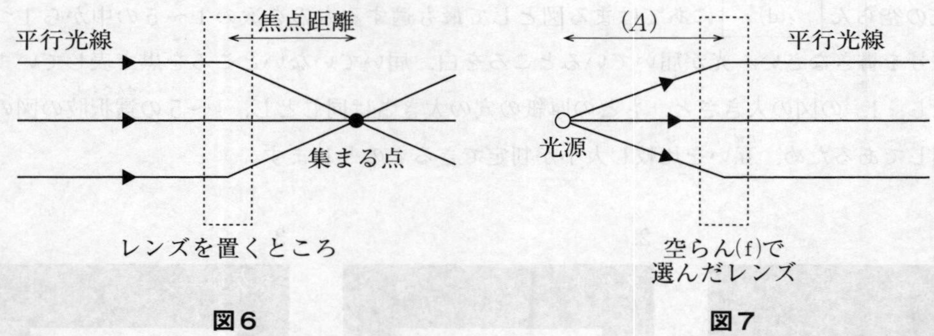

図６　**図７**

(エ)　Cの文の空らん［(e)］にあてはまる向きとして最も適するものを**図５**の１～４の中から１つ選び，番号を書きなさい。ただし，3. は入射する光と同じ方向であるとします。

(オ)　右の**図８**のように，中心がふくらんでいるような形のレンズを凸（とつ）レンズ，中心がへこんでいるようなレンズを凹（おう）レンズと呼びます。Cの文の空らん［(f)］にあてはまる言葉と，［(g)］に入る数字の組み合わせとして最も適するものを次のページの１～６の中から１つ選び，番号を書きなさい。

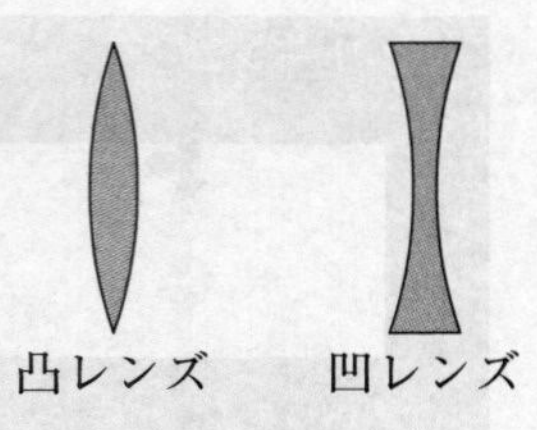

図８

	(f)	(g)
1	凸レンズ	2
2	凸レンズ	1
3	凸レンズ	0.5
4	凹レンズ	2
5	凹レンズ	1
6	凹レンズ	0.5

D．鏡の性質について

光は鏡の表面で反射をします。そのため鏡は，光の進む向きを変えることができます。

図９のような，60cm の鏡が取り付けられた，たて 100cm，横 200cm の平面内で，観測者Ｐが秒速 10cm で**図９**の矢印の向きに移動することを考えます。この平面内に光源を置くと，光源の場所などの条件によって，観測者Ｐからは鏡に反射した光が見えたり見えなかったりします。

ここで次の３つの<実験１>～<実験３>を考えます。観測者は，鏡から垂直方向に 100cm 離れた線の上を秒速 10cm で移動するものとしており，すべての実験で図の初めの位置から観測者が鏡に平行に移動を開始すると，20 秒で図の中の移動を終えることができます。以下の実験では，観測者が移動を始めた時刻を０秒とします。ただし，以下の問いでは光源から直接見えるような光や，鏡以外で反射をしたと考えられるような光は考えないものとします。また，**図１０～図１２**では，**図９**の平面内に 10cm ごとの方眼と 50cm ごとの太い線を実線で，鏡に平行な面に対称(たいしょう)な領域に同じような線を点線で記載(きさい)しています。

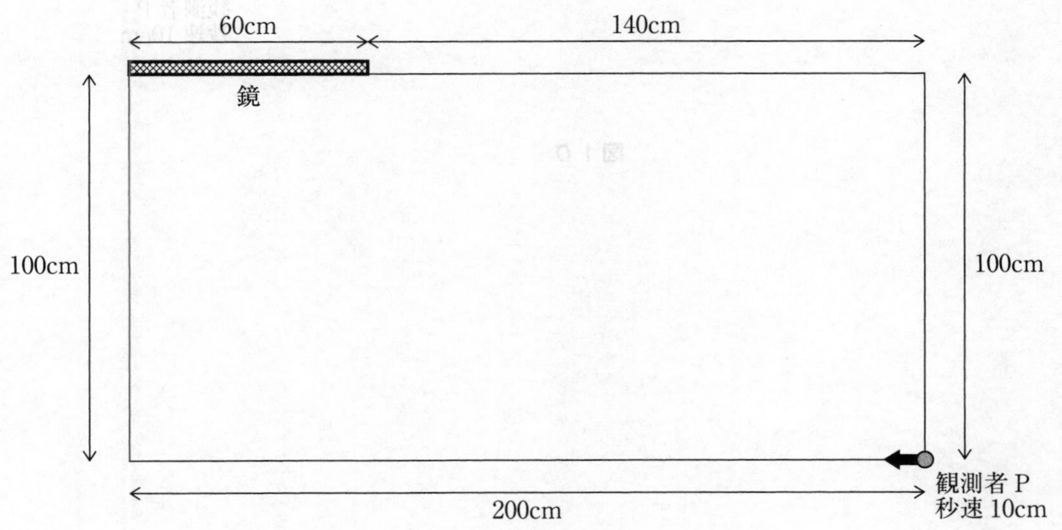

図９

<実験１>

図１０のように，平行光線を出す光源を図の位置に設置し，図の向きに光を放射した。参考のため，光源の両端（りょうはし）と真ん中から出た光の進行方向を図の矢印として示してある。

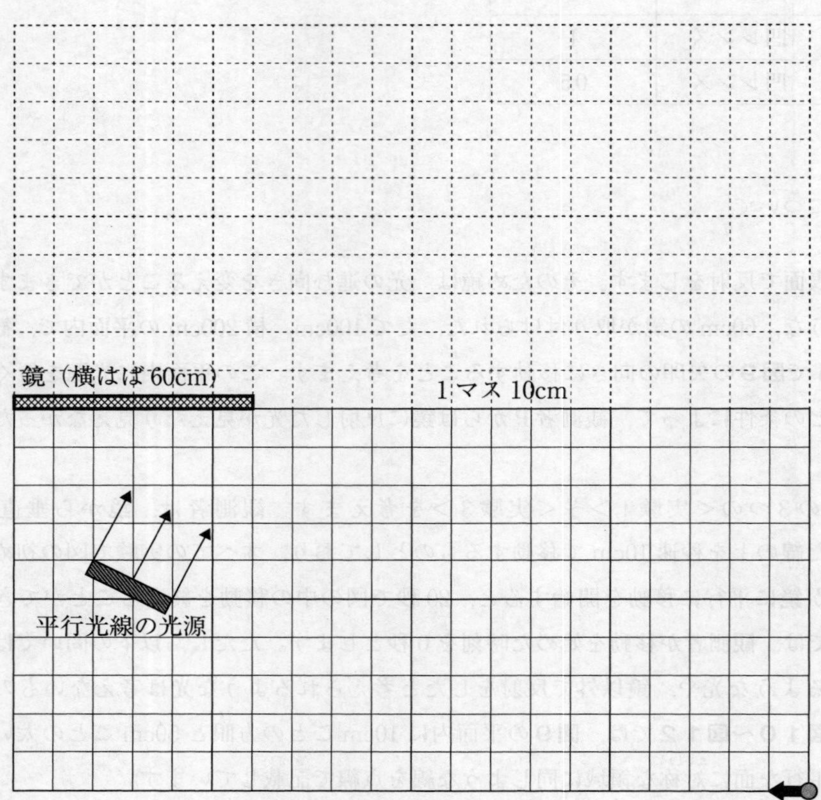

図１０

＜実験２＞

図１１のように，拡散光線を出す光源を図の位置に設置した。

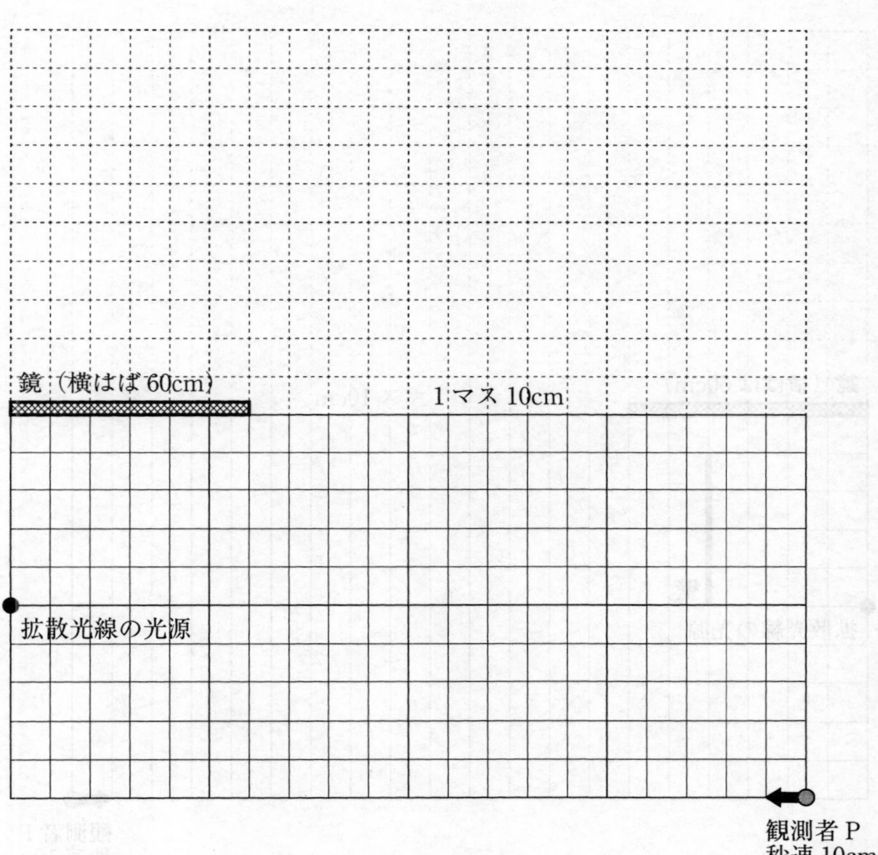

図１１

＜実験３＞

図１２のように，**図１１**の光源に加え40cmの光を通さないうすい壁(かべ)を設置した。

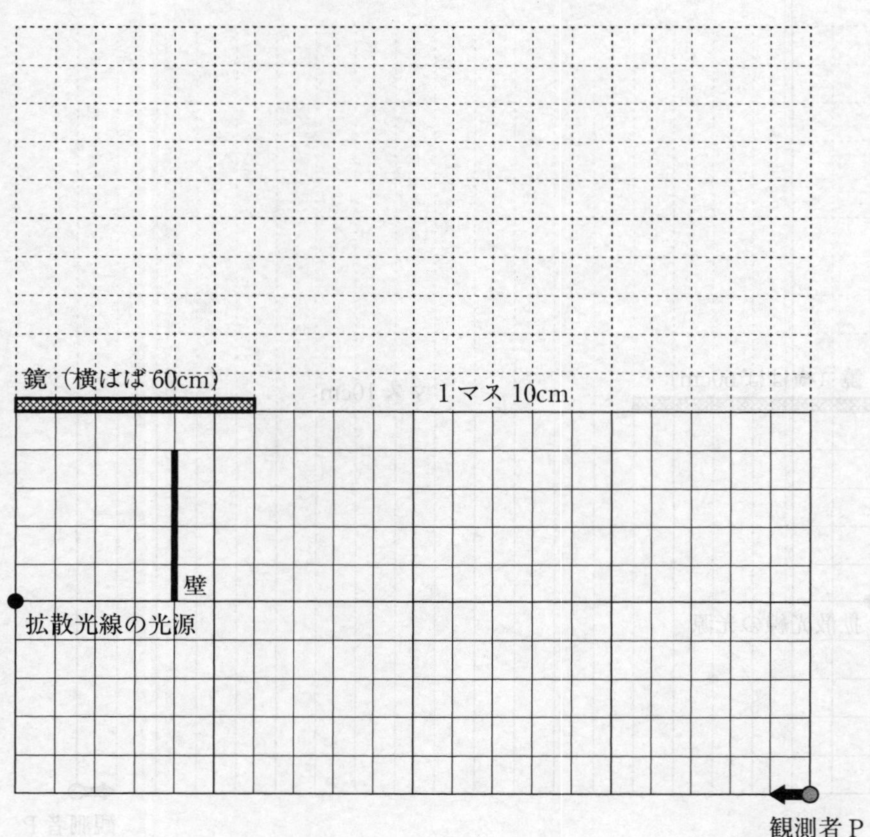

図１２

(カ)　Ｄの<実験１>で観測者Ｐが鏡で反射した光を観測することができる時刻として最も適するものを，次の１～４の中から１つ選び，番号を書きなさい。ただし，答えが割り切れないときは，小数第２位を四捨五入して，小数第１位までを求めているものとします。

1. 8.5秒から10.5秒
2. 8.5秒から11秒
3. 9秒から11秒
4. 9秒から11.5秒

(キ)　Ｄの<実験２>で観測者Ｐが鏡で反射した光を観測することができる時刻として最も適するものを，次の１～５の中から１つ選び，番号を書きなさい。ただし，答えが割り切れないときは，小数第１位を四捨五入して，整数を求めているものとします。また，光源はとても小さいと考え，光源の真後ろからも鏡で反射した光が観測できるものとします。

1. 0秒から20秒
2. 2秒から18秒
3. 2秒から20秒
4. 14秒から18秒
5. 14秒から20秒

(ク)　Ｄの<実験３>で観測者Ｐが鏡で反射した光を観測することができる時刻として最も適するものを，次の１～９の中から１つ選び，番号を書きなさい。ただし，答えが割り切れないときは，小数第１位を四捨五入して，整数を求めているものとします。また，光源はとても小さいと考え，光源の真後ろからも鏡で反射した光が観測できるものとします。

1. 0秒から20秒
2. 2秒から10秒
3. 2秒から10秒と15秒から20秒
4. 5秒から10秒と14秒から20秒
5. 5秒から12秒と14秒から20秒
6. 5秒から12秒と15秒から20秒
7. 8秒から10秒と14秒から20秒
8. 8秒から12秒と14秒から20秒
9. 8秒から12秒と15秒から20秒

2 水と混ざり合わない純粋（じゅんすい）な液体について，あとの各問いに答えなさい。ただし，液体と液体を混ぜ合わせた液体（混合液）の体積は，必ず混合前の体積の合計になるものとします。

図１は，水と液体Ａについて，体積と重さの関係をグラフに表したものです。

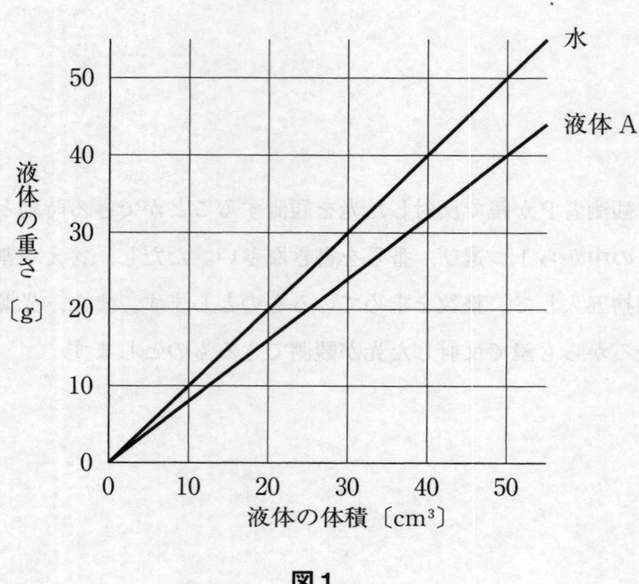

図１

(ア)　密度とは１ cm^3 あたりの重さ〔g〕のことをいいます。**図１**より水の密度は１〔g/cm^3〕とわかります。液体Ａの密度〔g/cm^3〕を求めなさい。割り切れない場合は，小数第２位を四捨五入し，小数第１位まで答えなさい。

(イ)　水と液体Ａをそれぞれ100gずつ用意して，１つのビーカーの中に入れて200gの液体にしました。この液体の合計の体積〔cm^3〕を求めなさい。答えが小数になる場合は，小数第１位を四捨五入して整数で答えなさい。

水と液体Ａとは異なる，別の液体Ｂと液体Ｃを用意しました。**表１**は，それぞれの液体の体積と重さの関係を表したものです。

表１

体積〔cm^3〕		10
重さ〔g〕	水	10
	液体Ｂ	12
	液体Ｃ	7

(ウ) 液体Ｂの密度は，液体Ｃの密度の何倍ですか。答えが小数になる場合は，小数第２位を四捨五入して小数第１位まで答えなさい。

(エ) 水，液体Ｂ，液体Ｃの順にそれぞれ２cm^3ずつ１つの試験管に静かに入れたところ，溶液は３層に分かれました。それぞれの層①から③にあてはまるものを，水，液体Ｂ，液体Ｃの中からそれぞれ一つずつ選び，答えなさい。ただし，液体Ｂは「B」，液体Ｃは「C」と書きなさい。

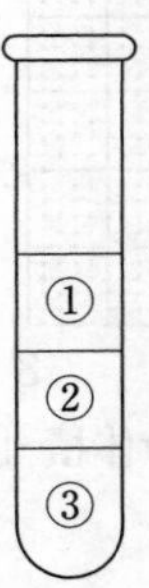

＜実験１＞

試験管に水を３cm^3入れて，そのあとに液体Ｂを３cm^3静かに加えたところ，２層に分かれた。さらに液体Ｃを３cm^3静かに加えたところ，今度は３層に分かれた。試験管にゴム栓をして振り混ぜ，しばらく放置すると液体Ｂと液体Ｃが混じり合い，３層だったものが２層になった。

(オ) 液体Ｂと液体Ｃを混ぜ合わせた液体（混合液）の層は，水の層と比べて上または下のどちらになると考えられますか。水の層より上になる場合は解答欄の「上」に，下になる場合は解答欄の「下」に○をつけて答えなさい。

＜実験２＞

試験管に水を３cm^3入れて，そのあとに液体Ｃを３cm^3静かに加えた。さらに液体Ｂを３cm^3静かに加え，よく振り混ぜて静かに放置したところ，２層に分かれた。この試験管に，さらに液体Ｂを１cm^3静かに加え，よく振り混ぜて静かに放置した。さらに液体Ｂを１cm^3静かに加え，液体Ｂを合計５cm^3加えたところで，よく振り混ぜて静かに放置した。すると，混合液の層は，途中で水の層と入れかわった。

(カ) ＜実験２＞で液体Ｂを加えていったときの，液体Ｂと液体Ｃの合計の体積と，液体Ｂと液体Ｃの合計の重さの関係はどのようになりますか。ＢとＣの合計の体積〔cm^3〕が６cm^3，７cm^3，８cm^3のときの，ＢとＣの合計の重さ〔g〕を，解答用紙に黒丸「・」で記し，直線のグラフを書きなさい。

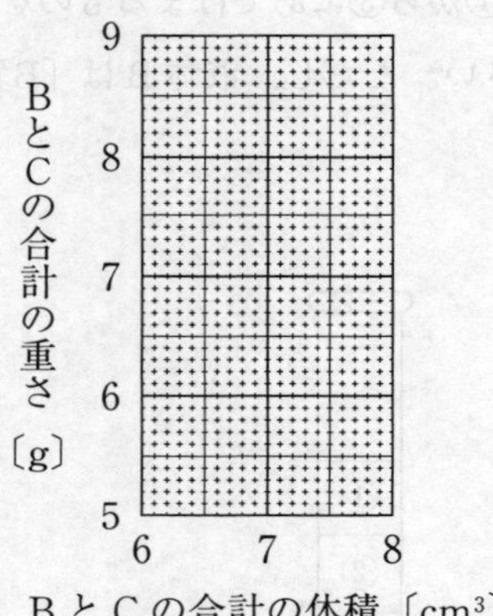

(キ) 液体Ｂと液体Ｃの混合液と水の密度を等しくするためには，３cm^3の液体Ｃに，液体Ｂを合計何cm^3加えればよいですか。小数第１位まで答えなさい。

3 魚や生態系(せいたいけい)について，あとの各問いに答えなさい。

(ア) 魚類の特ちょうの組み合わせとして最も適するものを，次の１～５の中から１つ選び，番号を書きなさい。ただし，○はその特ちょうをもつことを，×はその特ちょうをもたないことを表します。

特ちょう	1	2	3	4	5
一生肺呼吸を行う	×	○	○	×	○
卵を産む	○	○	×	○	○
子を乳(ちち)で育てる	×	×	○	×	×
体温が周囲の温度によって変化する	○	○	×	○	×
体が毛またはうろこでおおわれている	○	×	○	×	○

ある地域に生息する生物と，それらを取り巻く環境(かんきょう)を１つのまとまりとしてとらえて，そのまとまりを生態系といいます。生態系において，太陽の光を吸収して光合成を行い，自ら養分をつくることができる生物は，生産者とよばれています。陸上では，植物が生産者です。海でも，コンブやワカメなどの海藻類(かいそうるい)が生産者です。これらの大型の海藻類は，沿岸の岩場に茂(しげ)っていますが，光の届きにくい海底には生えていません。また，陸から遠く離(はな)れた海において，目に見えないほど小さな植物プランクトンが光合成を行っている場合があります。

一方で，生産者がつくる養分を取りこんでエネルギー源としている生物は，消費者とよばれます。海において，植物プランクトンを主なえさとして利用する生物は，数mmの動物プランクトンです。また，それらのプランクトンをえさとする小さな魚や，小さな魚を食べる大きな魚も生活しています。小さな魚は大きな魚たちから身を守るために群れをつくり生活しています。日本の周辺海域で最も多くとれる小さな魚としてイワシが挙げられます。横浜を含(ふく)む京浜(けいひん)地区では，このイワシの種類としてカタクチイワシやマイワシが多く見られ，食用にされています。

カタクチイワシの成魚(せいぎょ)のからだは，細長い円筒型(えんとうがた)の形になっており，12cmくらいの大きさです。背中は黒く腹は銀白色，からだの大きさとくらべると大きな眼が頭の先頭部についています。上あごの先端(せんたん)は前に突(つ)き出ていますが，下あごの先端はそれよりかなり後ろにずれているのが特ちょう的です。

(イ) 生活の様式や一生の過ごし方に関して，カタクチイワシに最も似ている生物はどれですか。最も適するものを，次の１～５の中から１つ選び，番号を書きなさい。

1. イモリ　2. メダカ　3. ウナギ　4. コイ　5. アジ

(ウ) カタクチイワシを模式的に示した図として最も適するものを，次の１～４の中から１つ選び，番号を書きなさい。なお，図は，魚の大きさが同じになるように描(えが)かれています。

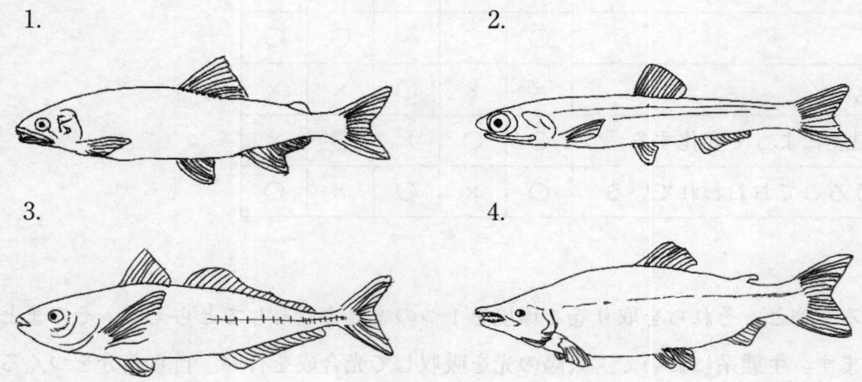

(エ) カタクチイワシやマイワシのえさとなるプランクトンに関する説明として**誤っている**ものはどれですか。次の１～６の中から１つ選び，番号を書きなさい。

1. プランクトンは，水中で生活しており，魚などのえさになっている。
2. 通常，植物プランクトンの数は，動物プランクトンの数よりも多い。
3. 植物プランクトンは，生態系において生産者の役割を担(にな)っている。
4. 動物プランクトンは，自ら養分をつくることができ，えさを必要としない。
5. 植物プランクトンは，葉緑体をもち，光合成によって養分をつくることができる。
6. 動物プランクトンは，生態系において消費者の役割を担っている。

海の生態系においても，生物どうしに「食べる・食べられる」の関係があります。**図１**は，「食べる・食べられる」の関係にもとづいて，各段階ごとの生物の量を棒グラフに表し，それらを積み重ねたものです。

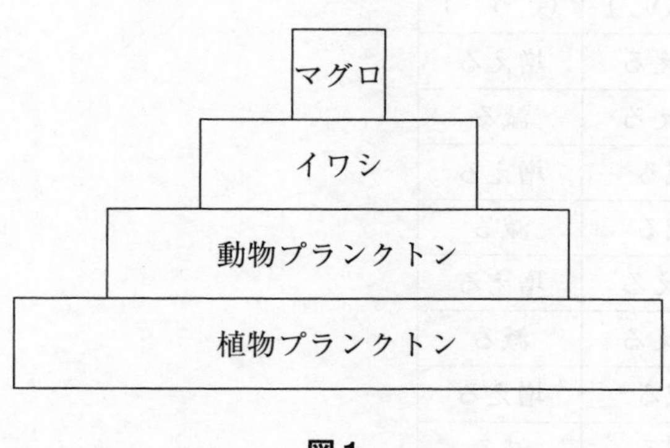

図１

(オ) 生物どうしの「食べる・食べられる」の関係が鎖(くさり)のようにつながっていることを何といいますか。

図１に関して，動物プランクトンの量が急に減り，**図２**のように変化した場合について考えます。動物プランクトンの量の変化のあと，まず，イワシと植物プランクトンの量に変化が起こり，続いて，マグロの量に変化が起こることが考えられます。

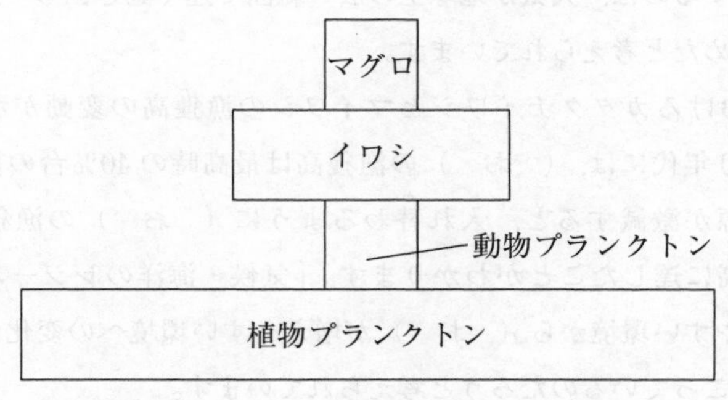

図２

具体的には，次のように変化すると考えられます。

まず，イワシの量が（　あ　），また，植物プランクトンの量が（　い　）。やがて，マグロの量が（　う　）。

(カ) 文中の（　あ　）～（　う　）にあてはまる言葉の組み合わせとして最も適するものを，次の１～８の中から１つ選び，番号を書きなさい。なお，この生態系において，ほかの地域の集団との間で生物の出入りがなく，環境の大きな変化がないものとします。

	（　あ　）	（　い　）	（　う　）
1	増え	増える	増える
2	増え	増える	減る
3	増え	減る	増える
4	増え	減る	減る
5	減り	増える	増える
6	減り	増える	減る
7	減り	減る	増える
8	減り	減る	減る

1983年に，東北大学の研究者が，世界のいろいろな海でイワシ類が同調して（同じタイミングで）増減をくり返しているという研究を発表しました。その後しばらくの間「それは偶然の一致なのだろう」と考えられていましたが，21世紀になると「気候・海洋のレジームシフト」とよばれる考え方が広く受け入れられるようになってきました。「レジーム」は「枠組み」，「シフト」は「変化」という意味です。この考え方によると，広い範囲で気候，海，イワシ類の漁獲高の３つが同調して変動しているというのです。海水がお互いに流れこむことのない遠く離れた海の間で，イワシ類の漁獲高が同調して増減するのは，大気が地球上の広い範囲で速く動き回って遠く離れた海の環境に影響をあたえているためだと考えられています。

図３では，日本周辺におけるカタクチイワシとマイワシの漁獲高の変動が示されています。（　え　）が大豊漁の1980年代には，（　お　）の漁獲高は最高時の40％台の低水準でしたが，1990年代に（　え　）資源が激減すると，入れ替わるように（　お　）の漁獲高が増加して，2000年代初めに最高漁獲高に達したことがわかります。「気候・海洋のレジームシフト」にともなって，（　え　）が増えやすい環境から（　お　）が増えやすい環境への変化が起こり，このような「魚種交代現象」が起こっているのだろうと考えられています。

カタクチイワシは暖かい海に住む暖水性の動物プランクトンをえさとし，マイワシは冷水性の動物プランクトンをえさとしています。

南からの黒潮と北からの親潮が混ざり合う日本の太平洋側の海域（混合域）では，レジームシフトにともなって，暖水性・冷水性の動物プランクトンの割合が変化することが知られています。混合域において，寒冷レジームでは，冷水性プランクトンの割合が高くなり，（　か　）が育つのに適した環境になります。温暖レジームでは，その逆のことが起こります。

以上の情報のみを用いて推測すると，1980年代は（　き　）レジームであったと考えられます。

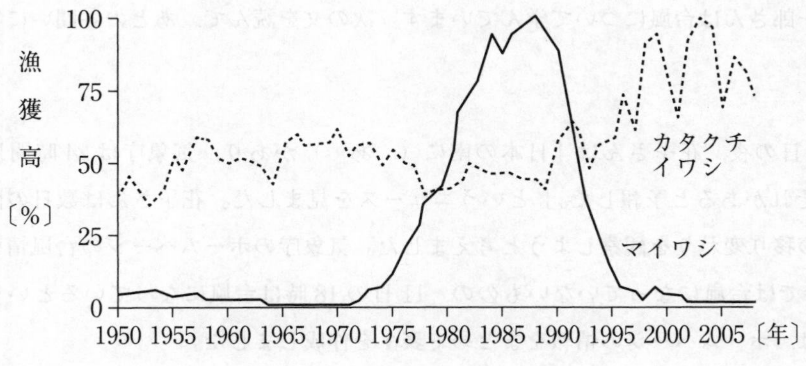

図３

(キ) 文中の（　え　）～（　き　）にあてはまる言葉の組み合わせとして最も適するものを，次の１～８の中から１つ選び，番号を書きなさい。

	（　え　）	（　お　）	（　か　）	（　き　）
1	カタクチイワシ	マイワシ	カタクチイワシ	温暖
2	カタクチイワシ	マイワシ	カタクチイワシ	寒冷
3	カタクチイワシ	マイワシ	マイワシ	温暖
4	カタクチイワシ	マイワシ	マイワシ	寒冷
5	マイワシ	カタクチイワシ	カタクチイワシ	温暖
6	マイワシ	カタクチイワシ	カタクチイワシ	寒冷
7	マイワシ	カタクチイワシ	マイワシ	温暖
8	マイワシ	カタクチイワシ	マイワシ	寒冷

参考文献

渡邊　良朗（2012）「イワシ」恒星社厚生閣

4 花子さんと一郎さんは台風について学んでいます。次の文を読んで，あとの各問いに答えなさい。

2022年８月10日の夜，花子さんは「日本の南に（　あ　）があり，気象庁は24時間以内に台風に発達するおそれがあると予報した。」というニュースを見ました。花子さんは数日の間，台風の進み方と天気の移り変わりを観察しようと考えました。気象庁のホームページの台風情報によると，10日の18時では台風になっていないものの，11日の18時は台風になっているという予報でした。花子さんは，ホームページの情報をまとめて**表１**を作成しました。

表１

	10日18時の様子	11日18時の予報
種別	（　あ　）	台風
存在地域	日本の南	日本の南
進行方向，速さ	北西 25km/時	北西 15km/時
中心気圧	1008hPa	1004hPa
中心付近の最大風速	15m/秒	18m/秒
最大瞬間風速	23m/秒	25m/秒
予報円の半径		150km

(ア) 上の文と**表１**の（　あ　）にあてはまる言葉として，最も適するものを次の１～６の中から１つ選び，番号を書きなさい。

1. 寒帯低気圧　　2. 温帯低気圧　　3. 熱帯低気圧
4. 寒帯高気圧　　5. 温帯高気圧　　6. 熱帯高気圧

(イ) 10日の18時では台風ではなく，11日の18時は台風になっているという予報が出ている理由は**表１**のどの部分に表れていますか。最も適するものを次の１～５の中から１つ選び，番号を書きなさい。

1. 進行する速さが25km/時から15km/時になっていること。
2. 中心気圧が1008hPaから1004hPaになっていること。
3. 中心付近の最大風速が15m/秒から18m/秒になっていること。
4. 最大瞬間風速が23m/秒から25m/秒になっていること。
5. 予報円の半径が150kmになっていること。

８月12日の午前３時，（　あ　）は台風８号になりました。花子さんは11日から14日の４日間，18時の雲の画像を気象庁のホームページで観察することにしました。画像は気象衛星で撮影されたものです。

(ウ) 日本で運用されている気象衛星を何と言いますか。ただし，4文字で答えなさい。

(エ) **図1**は8月12日の18時の天気図です。また，**表2**は花子さんが調べた札幌市，秋田市，横浜市の4日間の18時の天気です。あとの1～4はこの4日間の18時の画像のどれかを示しています。1～4を日付の順に並べなさい。

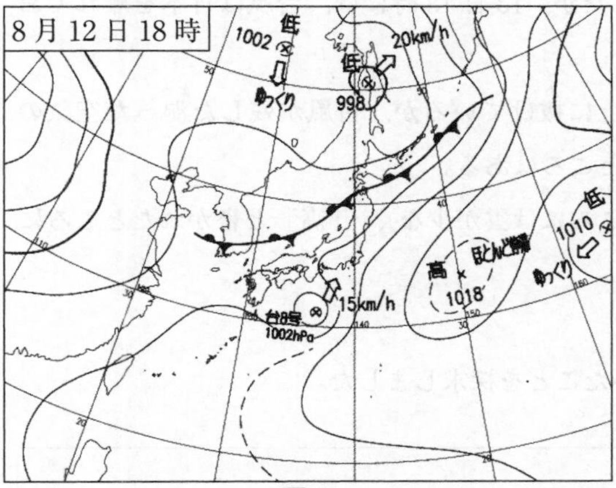

図1

表2

	札幌市	秋田市	横浜市
11日18時	曇り	曇り	晴れ
12日18時	晴れ	雨	曇り
13日18時	曇り	晴れ	雷
14日18時	晴れ	曇り	晴れ

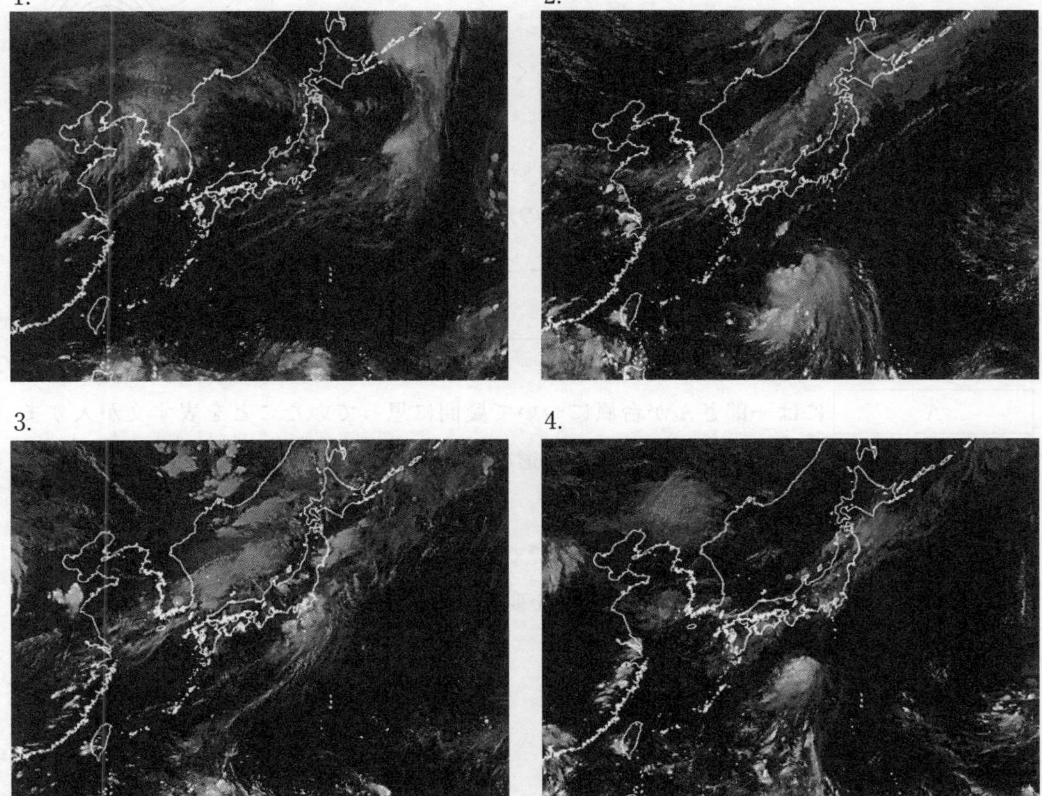

表1の気象情報，**図1**の天気図，画像は気象庁HPのデータをもとに作成

(オ) **図１**の天気図，**表２**の各地の天気，４日間の画像から読み取れることとして，適するものを次の１～５の中から**すべて**選び，番号を書きなさい。

1. 12日18時には，台風８号が本州に上陸しており，横浜は曇りの天気となった。
2. 12日18時には，前線が東北地方に停滞(たい)しており，その影響で秋田は雨の天気となった。
3. 13日の正午ごろに台風８号が本州に上陸したが，13日18時には，台風は日本を離れており，その影響は残っていない。
4. 14日18時には，台風８号は日本の東の海上に抜(ぬ)けているが，台風が残した湿(しめ)った空気の影響などがあり，日本列島に雲が残っているところはある。
5. **図１**のような天気図の「低」と書かれたところには雲が少なく，「高」と書かれたところには雲が多くある。

次に，一郎さんは台風について疑問に思っていたことを探求しました。

【一郎さんが台風について疑問に思っていたこと】

A

【一郎さんが調べたこと】

■台風は，**図２**のように，中心が同じである多くの等圧線でできている。このことが台風の形に関係している。

■地球上では地球の自転により，コリオリ力(りょく)という力がはたらくので，風はまっすぐにふかない。このことも台風の形に関係している。

■コリオリ力は，回転台の上でボールを投げることで観察することができる。

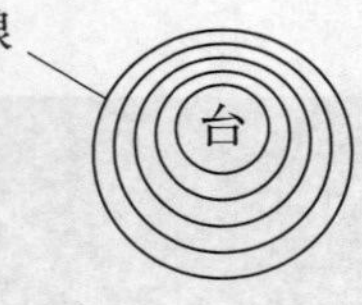

図２

(カ) [A] には一郎さんが台風について疑問に思っていたことを表す文が入ります。最も適するものを次の１～５の中から１つ選び，番号を書きなさい。

1. なぜ台風は中心が同じである多くの等圧線でできているのか。
2. なぜ台風の進路は沖縄付近から北東に向きを変えるのか。
3. なぜ台風の雲の形はうずまき状になるのか。
4. コリオリ力とはどのような力か。
5. コリオリ力が発生する原因は何か。

(キ) 風の説明として，最も適するものを次の１～３の中から１つ選び，番号を書きなさい。

1. 風は気圧が高いところから低いところに空気が移動することで生じる。
2. 風は気圧が低いところから高いところに空気が移動することで生じる。
3. 風は空気がない空間でも発生する。

一郎さんはコリオリ力について調べるために，次のような実験をしました。

【一郎さんの実験】

図３のように，反時計回りに回転することができる半径 10m の回転台を用意する。回転台の中心には玉を発射することができる装置が設置されており，一郎さんは回転台の中心に立って，発射装置から打ち出される玉の運動を観察する。

回転台には基準線が引いてあり，台が止まっているときに玉を発射すると，玉は空中に放たれて，**図３**の矢印の向きにまっすぐに進む。また，回転台が反時計回りに回転するとき，台の中心にある発射装置と一郎さんも台とともに回転する。したがって，一郎さんは常に基準線の向きを向いている。

一郎さんは基準線に向かって玉を発射させた直後に，回転台を反時計回りに回転させた。一郎さんは基準線に対して玉がどのように運動するかを観察し，部屋の天井(てんじょう)から動画を撮影(さつえい)した。ただし，このとき台が回転する速さは一定で，玉の速さも変わらなかったものとする。

【実験結果】

回転台が反時計回りに 40° 回転したとき，玉は回転台の端(はし)に達した。台が 10° 回転するごとに玉がどの位置にあるかを撮影した動画で確認すると，**図４**のようになった。

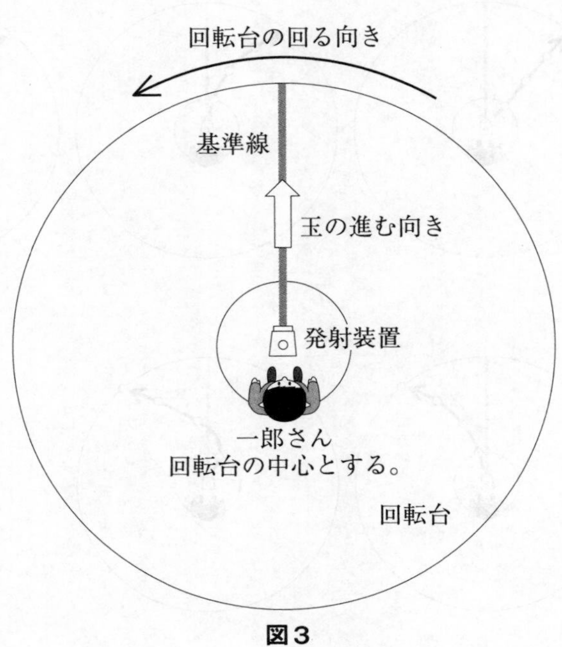

図３

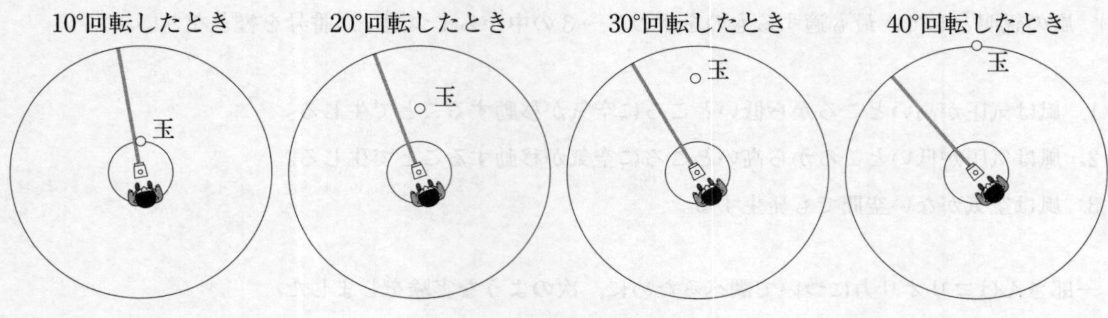

図４

【一郎さんの考察】

一郎さんは，**図４**で，台が10°回転するごとに玉が基準線に対してどの位置にあるかを考えてみた。１つの図に，それぞれの瞬間に玉が基準線に対してどの位置にあるかをかき入れ，４つの点を通る矢印をかくと，（　B　）の図になった。

一郎さんが回転する台の上に立って観察した玉の運動は，この図の矢印のように見えた。玉にはコリオリ力が（　C　）にはたらいたと考えることができる。

(ク)　**【一郎さんの考察】**の（　B　）にあてはまる図として最も適するものを，次の１～７の中から１つ選び，番号を書きなさい。

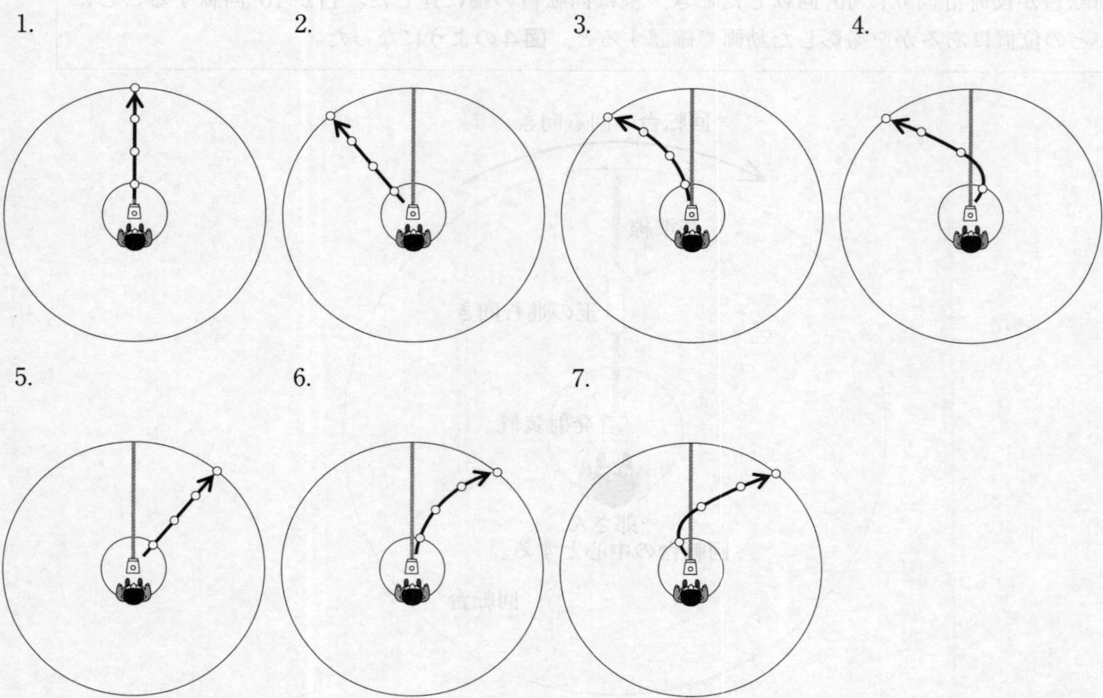

(ケ) 【一郎さんの考察】の（　C　）にあてはまる言葉として最も適するものを，次の１～４の中から１つ選び，番号を書きなさい。

1. 玉の進行方向に対して右向き　　2. 玉の進行方向に対して左向き
3. 玉の進行方向と同じ向き　　4. 玉の進行方向と反対向き

一郎さんは実験の結果について，さらに調べを進めて次のような結論を得ました。

【一郎さんが得た結論】
風は気圧の差によって生じる。もし地球の自転がなければ風は等圧線に対して90°の角度でふく（**図５**）。しかし，地球の自転によりコリオリ力がはたらくので，北半球では，風は等圧線に対して90°の角度から，**図６**のようにずれてふくことがわかった。

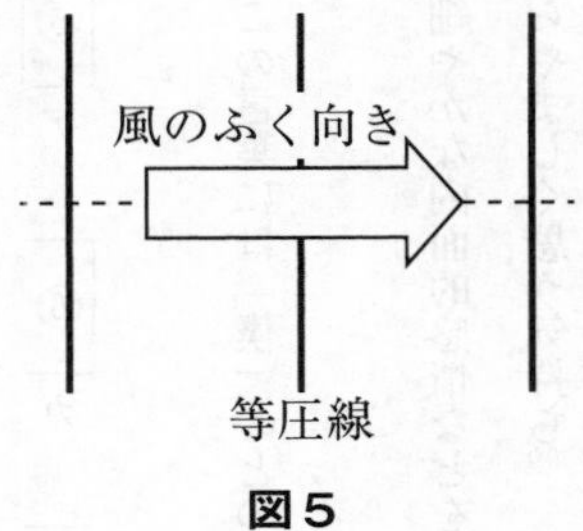

図５

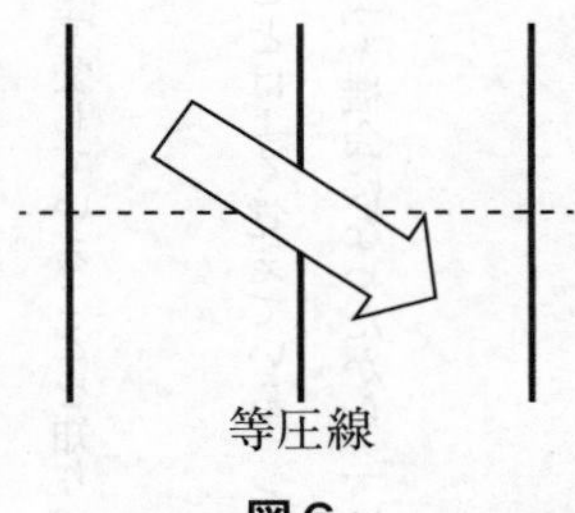

図６

(コ) 一郎さんは，【一郎さんが得た結論】をもとに北半球で発生する台風の図をかきました。一郎さんは，等圧線を円の形にかいて，風を矢印でかきました。台風の図として最も適するものを，次の１～６の中から１つ選び，番号を書きなさい。

1.
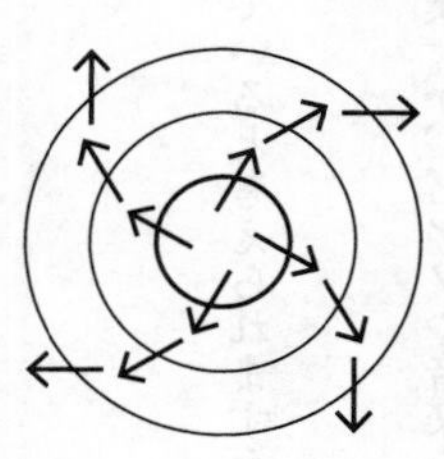
2.
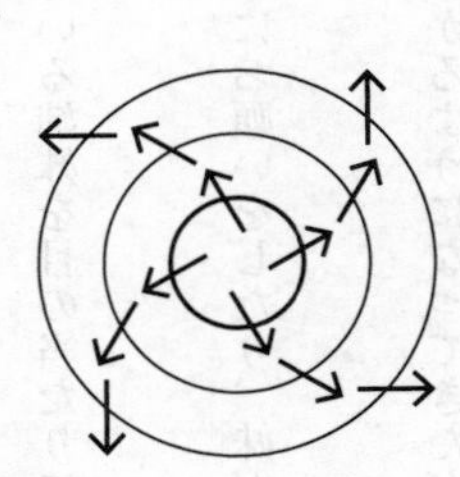
3.
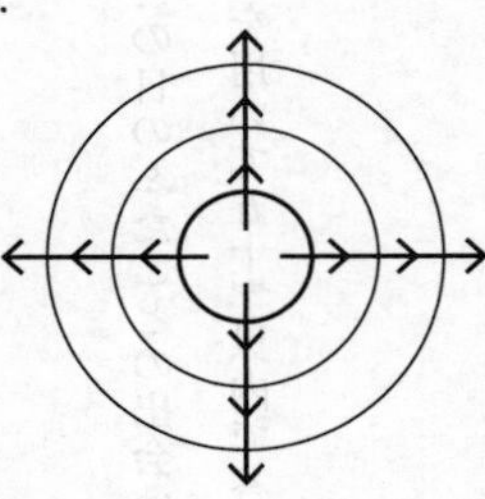
4.
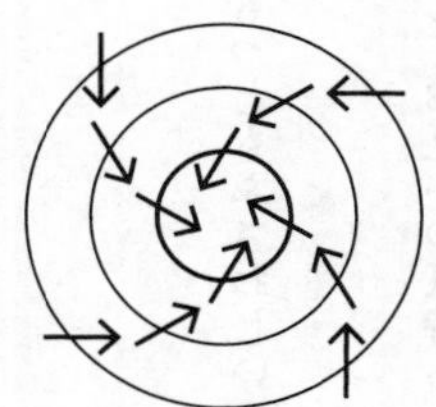
5.
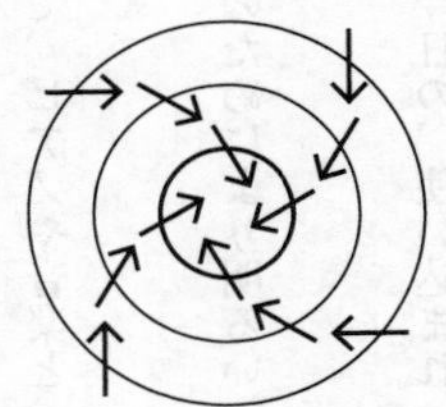
6.
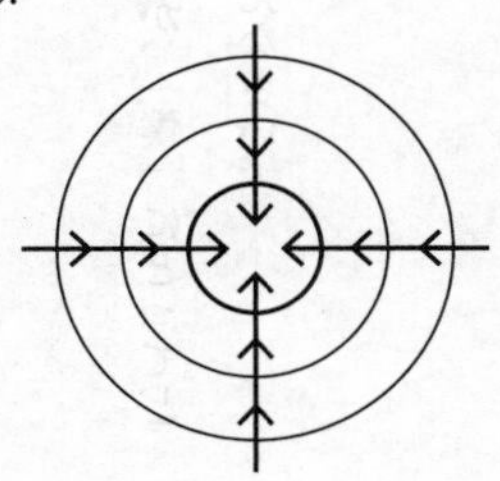

	②	③	④	⑤	⑥	⑦
1	カ	ウ	オ	イ	エ	ア
2	カ	エ	イ	ウ	ア	オ
3	エ	イ	オ	カ	ウ	ア
4	エ	ウ	オ	ア	カ	イ

問九　——５「姉妹っていいですね」とありますが、この言葉には「僕」のどのような気持ちがこもっていると考えられますか。もっともふさわしいものを次の中から選び、番号で答えなさい。

1　決して外向的、社交的な性格ではなく、人の細やかな内面的感情などを理解するのが苦手な「僕」が、ピアノや音楽を通してお互いの気持ちを通い合わせることのできる姉妹をとてもうらやましく思う気持ち。

2　姉は姉なりに、妹は妹なりに、それぞれ音楽や音そのものに対するイメージがしっかりとしている姉妹を目の当たりにして、ピアノや音楽という共通の言葉を持って努力を重ねていることに心からあこがれる気持ち。

3　調律後に試し弾きをした姉が、妹の意見を聞くために柳と「僕」にしばらく待ってくれるようにお願いをしたり、妹が姉のためにより明るい音を求めたりするこの姉妹の間にあるしっかりとしたつながりをとても好ましく思う気持ち。

4　調律師として様々なピアノに接することによって、ピアノへのお客さんの気持ちが少しずつわかるようになってきたが、今日の、使い込まれて、古さが感じられるピアノを姉妹が変わらず愛していることを知り、心底うれしく思う気持ち。

問十　本文冒頭の〜〜〜部「初めて調律に行った日のことはよく覚えている」とありますがそれは、この日のふたごとの出会いが、「僕」にとってどのような機会になったからだと考えられますか。「〜機会になったから。」に続く形で、本文中の語を用いて五十字以内で答えなさい。

問七 ――４「もう少しだけ明るい感じの音にしていただきたいんです」とありますが、この由仁の言葉に対する「僕」の受け取り方・考え方にはどのような変化が見られますか。もっともふさわしいものを次の中から選び、番号で答えなさい。

１ 毛足の長いカーペットが敷かれ、やや分厚いカーテンもかかっているためか、ピアノを弾く部屋としてはやや明るさに乏しく、その影響で音までもが暗い感じがすると由仁は感じているように思われたが、ペダルやダンパーなどを調整していくうちに、少しずつ音が明るくなっていくのが感じられるようになり、由仁が求めているこのピアノの本来の音はこのような音なのだと納得できるようになった。

２ 色彩にあふれるピアノを弾く由仁自身がさらに明るい音を欲しているのか、和音の意見を尊重しているのかがわからず、別々に欲しい音の要求を出されたら、調律師としてどう応えればいいのかと戸惑いを隠せなかったが、帰路の車の中で、自分の音も和音のそれも把握している由仁は、明るい音が必要なのは自分ではなく、姉である和音のほうであることを知っていたからではないかと考えるようになった。

３ しっかりとした調律の腕前を持っている柳がきちんとした仕事をしていることには満足しているものの、由仁は音そのものに対してやや物足りなさを感じているのだと考えていたが、柳に対するていねいな物の言い方や態度などを考え合わせているうちに、それは自分自身の勝手な判断、思い込みなのではないかと感じるようになり、由仁に対して申し訳ないという気持ちが芽生えるようになった。

４ 姉妹が使っているピアノは、使い込まれて、古さが感じられるものであり、そのピアノの最良の状態に合わせるために、柳はあえて音が響きすぎないように調整しているのではないかと感じていたが、音に対する強いこだわりを持ち、和音の音もよく知っている由仁は、自分と和音がともに満足できるような音を求めていたのだと気づき、少しだけ姉妹のことが理解できるようになった。

問八 本文中の ② ～ ⑦ にあてはまる次のア～カのことばの組み合わせとしてもっともふさわしいものをあとから選び、番号で答えなさい。

ア けれども柳さんは首を横に振った
イ うなずいた。もちろんだ
ウ それから僕をちらりと見た
エ ふふっと忍び笑いを漏（も）らして柳さんは言った
オ おもしろいという感覚とはちょっと違ったが、情熱的だという見方には同感だ
カ 柳さんは目を丸くして僕を見た

問三　――２「それ」が指し示す内容を本文中の語を用いて、二十五字以内で答えなさい。

問四　――Ａ「果たして」・Ｂ「おずおずと」の語句の意味を説明したものとしてもっともふさわしいものを次の中からそれぞれ選び、番号で答えなさい。

Ａ「果たして」
1　最初からそういう状態・性質である様子。
2　到達する可能性のある最終的な状態。
3　うそや偽りがない、ほんとうのこと。
4　結末が予期したとおりであるさま。

Ｂ「おずおずと」
1　目の前の物事に困惑、驚嘆するさま。
2　恐れてためらいながら物事をするさま。
3　不安と期待が入り交じって近寄るさま。
4　引きつけられるようによりそうさま。

問五　本文中の ① にあてはまるもっともふさわしい語を次の中から選び、番号で答えなさい。
1　だから　　2　ただ　　3　でも　　4　そこで

問六　――３「僕は思わず椅子から腰を浮かせた」とありますが、それはなぜですか。その理由としてもっともふさわしいものを次の中から選び、番号で答えなさい。
1　音楽とも呼べないかもしれない和音の弾くピアノの美しい音の連なりが、明らかに特別なものとして心を動かしたから。
2　初めて本格的な調律師としての仕事に携わった結果が、和音の奏でるピアノの音にそのまま反映されていると感じたから。
3　柳が調律したピアノの音に和音がどのような反応を見せるのかが気がかりで、居ても立ってもいられなくなったから。
4　一台一台異なる個性を持つピアノに対して、的確な調律を施す柳の腕前や仕事ぶりに心からの驚きを隠せなかったから。

と、ピアノの音色、必要な明るさ。その一番いい状態のために働けるのなら、これからもこつこつこつこつし続けようと思った。

果たして、僕が特別だと感じたピアノがほんとうに特別なのかどうかはよくわからない。ただ、初めて調律に訪れた家のこと、そこにいたふたごのこ

柳さんは助手席で足を伸ばしながら機嫌よく言った。

（宮下奈都『羊と鋼の森』改変した部分があります。）

※１　オクターブ…音階で、ある音から八番目の音。また、その二つの音の間のへだたり。
※２　音叉…楽器の調律などの音程をとったり、音響の実験等に使用される先端が二股に分かれた金属の道具。
※３　ハンマー…ピアノなどの鍵盤楽器で、弦をたたいて音を出す小槌。
※４　ダンパー…ピアノ本体の音を止める（弦の振動を止める）装置。
※５　ショパン…一八一〇年生まれのポーランドの作曲家。「ピアノの詩人」と呼ばれた。
※６　エチュード…「練習曲」を意味するフランス語。

問一　――ア～オについて、カタカナは漢字に直し、漢字は読みをひらがなで答えなさい。

問二　――１「ここは楽しみなんだ」とありますが、「柳」の言う「楽しみ」はどのようなことですか。もっともふさわしいものを次の中から選び、番号で答えなさい。

１　ピアノが上手なふたごの姉妹に会え、特に妹の弾く、いきいきとした、情熱的なピアノ演奏に触れることで、調律師としてのやりがいを感じられること。
２　それぞれに異なる色彩を持つふたごの姉妹のピアノ演奏に触れることを通して、自分の調律師としての力量がどれほどのものか、客観的に確認できること。
３　自分が調律師として初めて担当した縁が現在まで続き、その間に目を見張る勢いでふくらんでいるふたごの姉妹のピアノへの情熱に直に触れられること。
４　将来的に演奏家を目指そうとしているふたごの姉妹の様々な注文に、調律師としてどれだけ的確に応えることができるか、自分自身の実力を試せること。

普通のピアノだったのか。あれが普通なのか。僕にはピアノの経験がないから、少しうまく弾ける人のことも、とてもうまく見えてしまうのかもしれなかった。雛(ひな)がぴよぴよ鳴きながら親鳥の後をついて歩く姿が頭に浮かんだ。初めて調律に来て、初めて見た顧客が弾いたピアノ。だから特別に思えたのか。

――そう思いかけて、違うと思った。普通じゃなかった。明らかに、特別だった。音楽とも呼べないかもしれない音の連なり。それが僕の胸を打った。鼓膜(こまく)を震わせ、肌を粟立(あわだ)たせた。

「あの子のピアノはいいな」

柳さんは言って、それから付け足した。

「妹のほうな」

僕もうなずいた。妹も、よかった。妹のピアノには勢いと彩りがあった。だからこそ、あれ以上明るい音を欲しがる理由がないように思えたのだ。

「あ」

車のアクセルを踏んでゆっくりと動き出す。

「どうかした?」

助手席の柳さんが僕を見る。

「明るい音」

明るい音が必要なのは「妹」ではなかった。きっとあの「妹」は自分の音を知っている。「姉」の音も把握している。自分のための明るさではなかったのだ。静かなピアノを際立たせるのは、暗い音とは限らない。明るい音を望んだのは、「姉」のためだったのではないか。

「なるほど」

僕がうなずくのを、柳さんが横目で見る。

「なんだ? 気持ち悪いなあ」

「姉妹っていいですね」

今度は柳さんも、なんだ、とは言わなかった。

「特に、ふたごな」

「ええ」

「ふたりしてピアノがうまくて、ふたりしてかわいいふたごな」

姉妹と母親に見送られてマンションの部屋を出た。日はすでに翳(かげ)っていたが、駐車場に停めた白い軽はずいぶん暑くなっている。社用車を僕が運転して来ていた。調律道具の入ったキャリーバッグを後部座席に置き、柳さんは助手席のドアを開けた。

「どう思いました？」

　車に乗り込んで、真っ先に聞いた。何をどう思ったかと聞いているのか、自分でもよくわからない。明るさを求めたことを、どう思ったか。もしかしたら僕は、明るさを求められたことを不満に感じているのだろうか。顧客の希望を優先するのは当然なのに。

「相変わらずおもしろいピアノを弾く子だったなあ」［　②　］。

「久しぶりに聴いたな、あんないきいきとしたピアノ」［　③　］。

「情熱的でいいじゃない。調律し甲斐があるってもんだ」［　④　］。

「もっと曲らしい曲を弾いてくれればよかったんですが」

　そうでなければ、ほんとうに明るい音が妥当(だとう)かどうか判断しづらい。

［　⑤　］。

「ショパン[※5]のエチュード[※6]だったろ。じゅうぶんだよ。短いけど、あれ以上長い曲を弾かれたら時間的にきついぞ。これでも予定よりけっこう遅くなってるんだ」

　ショパンのエチュード？　僕にはクラシック音楽の知識がない。今ようやく少しずつ曲を聴き覚えているところだ。でも、ショパンじゃないだろう。曲というほどの曲ではなかった。あえていうなら指の練習曲のような――と考えていて思い当たった。

「ショパンのエチュードはふたごの妹のほうが弾いた曲ではなかったですか」

「え、じゃ、なに、姉のほうのピアノが気になってんの？」

［　⑥　］。

［　⑦　］。情熱的で静かな音というものを初めて聴いた。

「なんで？　姉のピアノは普通のピアノだったじゃない。たしかに、きっちり弾けてたよ。でもそれだけだろ。おもしろいのは断然妹のほうだと思うけど」

程なく戻ってきた女の子は結んでいた髪をほどいていた。こうすると、もうふたりの見分けはつかなかった。

すぐに、ピアノが始まった。

顔はそっくりなのに、と僕は思った。おかしな感想だけど、まずそう思ったのだ。顔はそっくりなのに、さっき「姉」が弾いたのとはまったく違うピアノだった。温度が違う。湿度が違う。音が弾む。「妹」のピアノは色彩にあふれていた。これではたしかにそれぞれが弾いてみないと調律の具合を決められないだろう。

彼女は、ふと弾くのをやめて、こちらをふりかえった。

それから、

4「もう少しだけ明るい感じの音にしていただきたいんです」

「すみません、勝手なこと言って」

と殊勝な顔になった。ピアノの向こうで「姉」も一緒にまじめな顔をしている。彼女も音を明るくしてほしいと思っているのだろうか。それとも、「妹」の意見を尊重しているのか。「妹」は椅子から立ち上がった。

「たぶん、音が響きすぎないように調整してくださっているのですよね。その抑えで音が少し暗く感じるんじゃないかと思うんです」

柳さんは笑顔でうなずいた。

「わかりました。調整してみます」

ペダルを調整し、ダンパー※4が若干早く上がるようにする。それだけで、控えめだった音が<u>カイホウ</u>（オ）される。小さな部屋でならこれで明るく感じられる。でも、それでいいのか。明るさは「妹」の音には合うけれども、「姉」の静謐なピアノをどう変えるだろう。

柳さんが調整し直したピアノを、「妹」はふたたび弾いた。

「あっ、なんだか音がきれいに響くようになってる！」

まもなく弾くのをやめて立ち上がり、柳さんに向かって勢いよく頭を下げた。

「どうもありがとうございました」

「姉」も揃って頭を下げる。あらためて見ても、ふたりはそっくりだった。こうして髪型を同じにして同じ動作をしていると、どちらがどちらかわからない。ひとまわり笑みの大きいほうがたぶん「妹」で、おとなしそうなほうが「姉」だ。ただ、弾いたピアノの音色ははっきりと違った。それでもピアノに望む音は同じなのだろうか。欲しい音が違っているほうが自然ではないか。もしも別々の要求を出されたら、調律師としてはどう応えればいいのだろう。

柳さんが言いかけたとき、

「あ、待ってください」

彼女は顔を上げた。

「もうすぐ妹が帰ってくるはずなので、少しだけ待ってもらえますか」

この子の妹ということは中学生だろうか。その子に決定権があるのか、それとも自分だけでＯＫを出してしまう勇気がないのか。

僕が考えているうちに、柳さんはにこやかに、いいですよ、と答えた。

彼女がピアノ室から出ていってまもなく、お茶が運ばれてきた。

「どうぞ召し上がってください。その間に娘が帰ってこなかったら、けっこうですから」

母親がピアノ室の隅の小さなテーブルにお茶を並べながら、最後のほうは小声で言って微笑んだ。妹に調律の結果を確認させたい姉娘の気持ちを尊重しつつ、僕たちを気遣ってくれてもいるらしい。

柳さんは道具を鞄(かばん)に片づける手を止めて、ありがとうございますと頭を下げた。

五分も経たないうちに、勢いよく玄関ドアの開く音がした。

「ただいまぁ」

弾むような声と足音が近づいてくる。

「由仁(ゆに)、今、調律の方が見えてるから」

「よかった、間に合った」

女の子の声がして、次の瞬間、ピアノ室にふたつの顔が現れた。さっきの子と、今帰ってきたらしい子。ふたつの顔はほとんど同じだった。肩までの髪をまっすぐに垂らしているか、耳の下あたりでふたつに結んであるかの違いだけだ。

「和音(かずね)は弾かせてもらったんでしょ。じゃあ、あたしはいいよ」

ドアのところで立ち止まって、「和音」のほうを見ているのが、たぶん「妹」の「由仁」だ。

「ううん、弾いて。弾いて確かめて。私と由仁のピアノは違うんだから」

おさげの子がドアの外へ出ていき、髪を下ろしている「姉」が、

「すみません、今、手を洗いに行ってます。すぐ戻りますから」

と僕たちに向かって頭を下げた。

ピアノは弾かれたい。つねに開いている。あるいは、開かれようとしている。人に対して。音楽に対して。そうでなければ、あちこちに溶けている美しさを掬(すく)い上げることもできない。

柳さんが音叉(おんさ)[※2]を鳴らす。ぴーんと音が鳴って、目の前のピアノのラ音がそれに共鳴する。つながっている、と思う。

ピアノは一台ずつ顔のある個々の独立した楽器だけれど、大本のところでつながっている。たとえばラジオのように。どこかの局が電波に乗せて送った言葉や音楽を、個々のアンテナがつかまえる。同じように、この世界にはありとあらゆるところに音楽が溶けていて、個々のピアノが[2]それを形にする。ピアノができるだけ美しく音楽を形にできるよう、僕たちはいる。弦の張りを調節し、ハンマー[※3]を整え、波の形が一定になるよう、ピアノがすべての音楽とつながれるよう、調律する。今、柳さんが黙々と作業をするのは、このピアノがいつでも世界とつながることができるようにするためだ。

二時間ばかりが過ぎて仕事も終わりかけた頃、玄関のほうで、ただいま、と声が聞こえた。若い女の子の声だった。

調律は時間もかかるし、音も出る。お客さんによっては部屋のドアを閉めて作業を行う場合もある。でも、この日は開けてあった。この声の主が帰ってきたらすぐに調律中のピアノを見られるようにと考えてのことだったのだろう。[A]果たして彼女はまもなくピアノ室へ現れた。高校生だろうか、黒髪を肩まで下ろしたおとなしそうな子だった。

彼女は柳さんと僕それぞれに小さくお辞儀をし、それからそっと壁に背をつけて、黙って柳さんが作業するのを見ていた。

「いかがでしょう」

柳さんが二オクターブほど音階を弾いてみせ、ピアノの前を空けた。

[B]その子はおずおずとそこに歩み寄り、ぽろぽろぽろっと音を出した。いかがでしょうと聞かれたから[エ]律義に応えた、という感じだった。［①］、[3]僕は思わず椅子から腰を浮かせた。耳から首筋にかけて鳥肌が立っていた。

「どうぞ、しっかり弾いて確かめてみてください」

柳さんが笑いかけると、立ったままだった彼女はピアノの前の椅子を引いてすわった。そうしてゆっくりと鍵盤の上に指を滑らせた。右手と左手が同時に動く、短い曲だった。たぶん、指を動かすための練習曲だ。美しかった。粒が揃(そろ)っていて、端正で、つやつやしていた。耳の鳥肌は消えない。あっというまに弾き終えてしまったのが残念だった。

彼女は弾き終えた手をいったん膝(ひざ)の上に揃え、それからうなずいた。

「ありがとうございます、いいと思います」

恥ずかしいのか、うつむいて小さな声だった。

「じゃあ、これで」

二　次の文章を読んで、後の問いに答えなさい。

北海道で生まれ育った「僕」（外村（とむら））は、高校生の時、偶然、ピアノ調律師の板鳥と出会ったことから、調律の魅力にとりつかれた。高校を出た後、上京して調律師養成の専門学校に進み、そこを卒業した外村は、板鳥が勤める楽器店に就職した。その板鳥から「焦ってはいけません。こつこつ、こつこつです」と話された「僕」は、ある日、先輩の柳に同行し、初めて調律の現場に立ち会うことになった。

初めて調律に行った日のことはよく覚えている。

秋の初めの、空の高い日だった。入社して五カ月を過ぎ、柳さんがア顧客宅へ調律に行くのに同行させてもらえることになった。柳さんが調律する傍（そば）について補助する、というイメイモクだったが、実際には補助ではなく見学だ。調律の技術だけでなく、顧客宅でのふるまいや、顧客とのやりとりなどを学ぶ機会だった。

緊張していた。白いマンションの入り口でインタフォンを押す柳さんを見て、ウフイに不安になった。僕にあのボタンが押せるだろうか？　それでも、感じのいい女性の声がして中からドアが開いたとき、調律師は待たれているのだ、と思い直した。インタフォンの女性よりも、たぶん女性の傍にあるだろうピアノに。

エレベーターで四階に上がる。

外廊下を歩きながら柳さんがささやいた。

1「ここは楽しみなんだ」

僕の母と同じ年恰好（かっこう）に見える女性がドアを開けて僕たちを通してくれた。入ってすぐの右側の部屋がピアノ室だった。六畳くらいの部屋の真ん中に、いちばん小さいサイズのグランドピアノが置かれている。床に毛足の長いカーペットが敷かれ、窓には分厚いカーテンがかかっている。防音対策だろう。ピアノの前に椅子が二脚あるのはきっと、ピアノを習っているからだ。先生がここに教えに来てくれているのではないか。

よく磨かれた黒いピアノだった。特別に高級なピアノではないけれども、大事にされているのがわかった。そして、弾き込んであるのもわかった。柳さんがオクターブ※1をさっと鳴らしただけで、少し歪（ゆが）みが感じられた。半年前に調律をしているのにこれだけ狂うのは、かなり弾き込んでいるせいだ。

柳さんが楽しみだと言ったのもうなずける。持ち主に愛されてよく弾かれているピアノを調律するのはうれしい。一年経ってもあまり狂いのないピアノは、調律の作業は少なくて済むかもしれないが、やりがいも少ないと思う。

問九　1の文章の～～～①「最高の悲劇の多くには笑いもある」に関連して、次の問いに答えなさい。

(1)　2の文章の――A「人間の暗部をこれでもかこれでもかと突きつけてくるこの比類ない劇には、深く大きな歓びもしっかり織り込まれているのだ」とありますが、悲劇『リア王』のどのような場面に「歓び」が描かれているのですか。「〇〇の場面」となるように、二字の言葉を抜き出しなさい。

(2)　2の文章の――B「そして、そこには歓びがある」とありますが、ここにある「歓び」はどのような歓びですか。二十字以内で答えなさい。

問十　次の１～４のうち、1の文章の～～～②「劇作家であればまず何よりも、案内人らしく、自分の進む道を知らなくてはならない」について、本文全体の趣旨を踏まえ、2の文章も一部参考にして書かれたものとしてもっともふさわしいものを次の中から選び、番号で答えなさい。

１　古代ギリシャ時代からシェイクスピアまで、歴史をたどれば演劇のあるべき姿が見えるので、劇作家は演劇の過去から未来までを見通さなければならない。

２　人々の心を打つ作品には万人に共通する問題意識があり、その問題意識を育むためにも、劇作家は思索的に情熱的に人々の人生を見つめなければならない。

３　作品を観た観客がその作品世界に入り込み、心を揺さぶられ根源的な何かを感じられるように、劇作家は自らの思想を磨き理念を追求しなければならない。

４　劇作家は自らの望むどのような姿にもなれるのだから、悲劇や喜劇などの区分にこだわりすぎず、大胆な作品創りを目指して自由に発想しなければならない。

問五　①の文章の――１「生粋の『講演会』であっても、舞台に立つとなれば議会での演説やスピーカーズ・コーナーで通りすがりの人に熱弁をふるうのとはまるでちがう」とありますが、それは「舞台」がどのような場だからですか。「……だから。」に続くように、十字以上十五字以内で答えなさい。

問六　①の文章の――２「二者を別々に並べるのは誤りである」とありますが、それはなぜですか。その理由としてもっともふさわしいものを次の中から選び、番号で答えなさい。

1「笑わせたり微笑ませたり」「考えさせ」たりするだけでは観客の心を動かせず、想像の世界が作り上げられないという点で同じだから。
2「笑わせたり微笑ませたり」することと「考えさせる」ことは手段の違いであって、観客を楽しませることを目的とする点では同じだから。
3　舞台上での「娯楽」と「意見表明」では全く違うものに見えるが、パフォーマーと観客が共に想像世界に参画するという点では同じだから。
4　舞台上における「娯楽」と「意見表明」では観客の反応がまるで違うが、パフォーマーにとっては観客の心をつかむという点で同じだから。

問七　①の文章の――３「現代演劇は道を見失っているように思われる」とありますが、筆者は現代演劇のどのような点を危ぶんでいるのですか。もっともふさわしいものを次の中から選び、番号で答えなさい。

1「純粋な娯楽」か「社会的」ドラマかに分けてしまい、視野が狭くて一人よがりな作品にしかならない点。
2「純粋な娯楽」か「社会的」ドラマかに分けていると、特に社会的ドラマは浅薄なものにしかならない点。
3「純粋な娯楽」か「社会的」ドラマかに分けてしまうと、演劇界が二分され先細りして貧弱になっていく点。
4「純粋な娯楽」か「社会的」ドラマかに分けることで、作品の核になる思想や理念が貧弱になってしまう点。

問八　①の文章の――４「暗い沈黙の中で恍惚として着席している」とありますが、この時の人々の状態を説明したものとしてもっともふさわしいものを次の中から選び、番号で答えなさい。なお、「恍惚」とは、「物事に心を奪われてうっとりすること」という意味です。

1　本能が暗闇の中で呼び覚まされ、人間本来の心性に戻っている。
2　心が日常の営みから離れ、想像の世界に入っていこうとしている。
3　沈黙の中で様々な考えが浮かんでは消え、ぼんやりとしている。
4　舞台上の世界に没入し、しがらみから逃れる喜びを感じている。

曇りのない目をもって己を知り、他者を知る、真の「認識」に至ることの困難さと尊さを、そしてその歓びを、私たちは知る。

（松岡和子『すべての季節のシェイクスピア』改変した部分があります。）

※1　トランス状態…精神状態が平常時とはかけ離れた、全く別の境地にあるような様子。
※2　庶子…正妻でない女性から生まれた子。「嫡子」は正妻の子。
※3　奸計…悪だくみ。
※4　プロット…筋書き。
※5　ユリイカ…「わかった」という意味のギリシャ語。
※6　I know thee well enough: thy name is Gloucester…「お前のことはよく知っている。お前の名はグロスター」という意味。『リア王』の中の一節。

問一　[1]の文章の――ア～オについて、カタカナを漢字に直しなさい。

問二　[2]の文章の――カ「およそ」が掛かる部分としてもっともふさわしいものを次の――線部1～8から選び、番号で答えなさい。

およそ　1ありふれた　2ところの　3ない　4スケールの　5大きな　6登場人物たちに　7よって　8担われる。

問三　[2]の文章の――キ「（　）を噛む」は「後悔する・悔やむ」を意味する表現です。（　）に入る語としてもっともふさわしいものを次の中から選び、番号で答えなさい。

1　つめ　　2　はな　　3　すな　　4　ほぞ　　5　した

問四　[2]の文章の═線部「シェイクスピアの四大悲劇の他の三作」に当たる作品は何ですか。本文中からその作品名三つを探し、ぬき出して答えなさい。

それと同じ歓びが『リア王』にはある。リアとグロスターの、リアとコーディリアの再会。

リアは、そしてグロスターも、苛酷な試練を経て己の過ちを知る。深い悟り。それを、シェイクスピアは、目の前にいる者を「その人」と認める再会の瞬間に凝縮させて描いているのだ。

（中略）

リアは、ゴネリルとリーガンの酷い仕打ちを受けた結果、コーディリアに済まないことをしたと（　キ　）を噛（か）む。恐らくそれまでは何かを悔やんだこともなく、およそ反省とも無縁であったろうリアが「後悔」を知るのだ。

これがリアの内なる変容の第一歩。

次に彼が知るのは他者へのいたわりだ。

嵐に翻弄（ほんろう）された挙げ句ようやく粗末な小屋にたどり着いたリアの一行。彼は道化に向って「小僧、寒いか？」と声をかけ、自分より先にケントや道化を小屋の中へ入らせようとする。

だが、リアがもっと大きないたわりを示すのは、先に述べた「クライマックス」のグロスターとの再会の場でなのだ。

リアのいたわりは、両眼を失ったグロスターに向って「わしの不幸を泣いてくれるなら、この目をやろう」という境地にまで達する。そして、ここでもまた「目」。

「お前のことはよく知っている。お前の名はグロスター」（四幕六場）

リアは「見える」ようになったのだ。

彼のこの言葉や、コーディリアをコーディリアと認める言葉などは、リアにとっての静かな「ユリイカ！」[※5]だと言っていいだろう。

それは一種の悟りなのだが、こうして見るとおり、その表現は平明だ。

[※6] I know thee well enough; thy name is Gloucester.

B<u>そして、そこには歓びがある</u>。グロスターの涙は、王をいたましく思って流されると同時に、自分がグロスターであることを分かってもらえた嬉し泣きの涙でもある。

振り返ってみると、私は『ハムレット』や『マクベス』や『オセロー』では泣いたことがない。ところが『リア王』では泣けてくる。そして、『十二夜』『冬物語』でも。

やはり、歓びのせいだ。

思い切って言ってしまえば、『リア王』は、歓ばしい悲劇なのだ。

2

人は誰でも歳を取る。子をもうけずに一生を終える人はいても、親から生まれなかった人はいない。老い、親子のあり方――万人共通の問題だ。

言わば人間の付帯条件であるこのありふれた事柄が、カおよそありふれたところのないスケールの大きな登場人物たちによって担われる。何もかもが巨大で過剰過激な劇、それが『リア王』である。

「愛情は冷め、友情は壊れ、兄弟は反目する。都市には叛乱、田舎には暴動、宮廷には謀反。そして親子の絆にはひびが入る。……陰謀、不実、反逆、ありとあらゆる破滅のもとの無秩序が我々の心を乱し、墓場までついてくる」（一幕二場）

グロスター伯爵が、不穏な結果に終わった国譲りの場のあと、庶子エドマンド[※2]の奸計[※3]で嫡子エドガーに背かれたと思い込み、世の成行きを嘆いて口にする台詞である。

この台詞は、『リア王』という劇で起こる事柄の要約にもなっている。人間世界のおよそ否定的な面。『リア王』には、そのほとんど全てが注ぎ込まれているのだ。

子が親にこれほど酷い仕打ができるものなのか、たとえ期待と信頼を裏切られたとは言え、これほど親が我が子を憎悪することができるものなのか……。

ゴネリルやリーガン、エドマンドらの酷薄さの反面、だが、コーディリアやケントやエドガーによって代表される情愛や忠誠心といった「善きもの」も、等身大を遥かに超えている。劇のアクションや感情の振幅の大きさに圧倒される。

唯我独尊、権勢をほしいままにした一国の王から、嵐のさなかで着ている服一枚すら脱ごうとする何ひとつ持たざる者へのリアの転落。狂気という内面の嵐から、雷が轟き風が吹きすさび篠つく雨が叩きつける気象上の嵐まで。憎悪と愛、呪詛と祝福、残酷と優しさ、暴力といたわり、絶望と歓び……。

そうなのだ、A人間の暗部をこれでもかこれでもかと突きつけてくるこの比類ない劇には、深く大きな歓びもしっかり織り込まれているのだ。

え、歓びが？　悲劇なのに？

確かに、悲劇に歓びは似合わない。悲劇の原形とも言うべきギリシャ悲劇の傑作『オイディプス王』からシェイクスピアの四大悲劇の他の三作を考えてみても、いずれも歓びとは無縁である（もっとも『ロミオとジュリエット』などの恋愛悲劇には恋の歓びはあるけれど）。

シェイクスピアは、別れ別れになっていた肉親が再会するというプロット[※4]を『十二夜』や『間違いの喜劇』などの喜劇において、また『シンベリン』『冬物語』『ペリクリーズ』といった後期ロマンス劇で取り上げている。

長いあいだ生死も分からなかった兄と妹が、親と子が、遂に出会い、互いに見つめ合って相手がそれと分かる瞬間の限りない歓びと感動。

2023年度

中央大学附属横浜中学校

【国　語】〈第二回試験〉（五〇分）〈満点：一五〇点〉

（注意事項　句読点や記号は一字あつかいとします。）

一　次の①・②の文章を読んで、後の問いに答えなさい。

①

〈編集部注：課題文は著作権上の問題により掲載しておりません。作品の該当箇所につきましては次の書籍を参考にしてください〉

・ジョン・ファーンドン 著／小田島恒志、小田島則子 訳『オックスフォード&ケンブリッジ大学　世界一「考えさせられる」入試問題「あなたは自分を利口だと思いますか？」』（河出書房新社　二〇一七年一一月発行）

一〇二ページ冒頭～一〇五ページ最終行

2023年度

中央大学附属横浜中学校 ▶解説と解答

算　数　<第２回試験>（50分）<満点：150点>

解　答

1 (1) $4\frac{12}{25}$　(2) 2456　(3) 6　(4) 日曜日　(5) 180m　(6) 0.3％　(7) 42個　(8) 50m　(9) 108度　(10) $3\frac{1}{3}$cm　**2** (1) 48秒間　(2) 2：3　(3) 43.2秒　**3** (1) 25個　(2) 49個　(3) 10080円　**4** (1) 176cm^3　(2) 1.5cm　(3) 157cm^3

解　説

1 **四則計算，計算のくふう，逆算，周期算，植木算，比の性質，濃度，分配算，速さと比，角度，辺の比と面積の比**

(1)　$0.1\div\left(\frac{3}{2}+4.5\div6\div7\right)\times8\times9=\frac{1}{10}\div\left(\frac{3}{2}+\frac{9}{2}\times\frac{1}{6}\times\frac{1}{7}\right)\times72=\frac{1}{10}\div\left(\frac{3}{2}+\frac{3}{28}\right)\times72=\frac{1}{10}\div\left(\frac{42}{28}+\frac{3}{28}\right)\times72=\frac{1}{10}\div\frac{45}{28}\times72=\frac{1}{10}\times\frac{28}{45}\times\frac{72}{1}=\frac{112}{25}=4\frac{12}{25}$

(2)　$2023=7\times17\times17$となる。また，$A\times(B+C)=A\times B+A\times C$となることを利用すると，$2023\times\left(1+\frac{1}{7}+\frac{1}{17}+\frac{1}{7\times17}+\frac{1}{17\times17}+\frac{1}{7\times17\times17}\right)=2023\times1+\frac{7\times17\times17}{7}+\frac{7\times17\times17}{17}+\frac{7\times17\times17}{7\times17}+\frac{7\times17\times17}{17\times17}+\frac{7\times17\times17}{7\times17\times17}=2023+17\times17+7\times17+17+7+1=2023+289+119+17+7+1=2456$

(3)　$7\frac{1}{2}\div\left(5.25-\square\div1\frac{1}{3}+3\right)=2$より，$5.25-\square\div1\frac{1}{3}+3=7\frac{1}{2}\div2=\frac{15}{2}\times\frac{1}{2}=\frac{15}{4}$，$5.25-\square\div1\frac{1}{3}=\frac{15}{4}-3=\frac{15}{4}-\frac{12}{4}=\frac{3}{4}$，$\square\div1\frac{1}{3}=5.25-\frac{3}{4}=5\frac{1}{4}-\frac{3}{4}=\frac{21}{4}-\frac{3}{4}=\frac{18}{4}=\frac{9}{2}$　よって，$\square=\frac{9}{2}\times1\frac{1}{3}=\frac{9}{2}\times\frac{4}{3}=6$

(4)　この年の１年間は366日だから，この年の１月１日から次の年の１月10日までの日数は，366＋10＝376(日)となる。376÷７＝53余り５より，これは53週間と５日とわかる。余りの５日の曜日は，水，木，金，土，日なので，次の年の１月10日は日曜日である。

(5)　３ｍ間隔で植えるときと２ｍ間隔で植えるときを比べると，木と木の間隔の数の比は，$\frac{1}{3}:\frac{1}{2}=2:3$になる。また，池のまわりに植えるとき，木と木の間隔の数と木の本数は同じになるので，木の本数の比も２：３とわかる。この差が30本だから，比の１にあたる本数は，30÷(３－２)＝30(本)となり，３ｍ間隔で植えるときの木の本数は，30×２＝60(本)と求められる。よって，池のまわりの長さは，３×60＝180(ｍ)である。

(6)　(食塩の重さ)＝(食塩水の重さ)×(濃度)より，それぞれの食塩水に含まれている食塩の重さは，10×0.001＝0.01(ｇ)，20×0.002＝0.04(ｇ)，30×0.003＝0.09(ｇ)，40×0.004＝0.16(ｇ)となる。よって，これらの食塩水を混ぜ合わせると，食塩の重さの和は，0.01＋0.04＋0.09＋0.16＝0.3(ｇ)，食塩水の重さの和は，10＋20＋30＋40＝100(ｇ)になるので，濃度は，0.3÷100×100＝0.3(％)と求められる。

(7)　Ａさんの個数を$\boxed{1}$個とすると，Ｂさんの個数は，$\boxed{\frac{1}{2}}+3$（個）と表すことができる。すると，Ｃさんの個数は，$\left(\boxed{\frac{1}{2}}+3\right)\times\frac{2}{3}-2=\boxed{\frac{1}{2}}\times\frac{2}{3}+3\times\frac{2}{3}-2=\boxed{\frac{1}{3}}+2-2=\boxed{\frac{1}{3}}$（個）となるから，３人の個数の合計は，$\boxed{1}+\left(\boxed{\frac{1}{2}}+3\right)+\boxed{\frac{1}{3}}=\boxed{\frac{11}{6}}+3$（個）とわかる。これが80個なので，$\boxed{\frac{11}{6}}+3=80$より，$\boxed{1}$にあたる個数，つまりＡさんの個数は，$(80-3)\div\frac{11}{6}=42$（個）と求められる。

(8)　兄が200m走る間に妹は，200－40＝160（m）走るから，兄と妹が走る速さの比は，200：160＝５：４である。よって，２人が同時にゴールするには，妹が200m走る間に兄が，$200\times\frac{5}{4}=250$（m）走るようにすればよいので，兄のスタート地点を，250－200＝50（m）後ろにすればよい。

(9)　右の図１のように，Ｂを通りCAと平行な直線を引く。すると，●印と○印をつけた角の大きさはそれぞれ等しくなるから，角aと角bの大きさの和が60度とわかる。また，角aと角bの大きさの比は３：２なので，角aの大きさは，$60\times\frac{3}{3+2}=36$（度）と求められる。さらに，三角形ABCは二等辺三角形だから，角ACBの大きさは，(180－36)÷２＝72（度）となる。よって，角xの大きさは，180－72＝108（度）である。

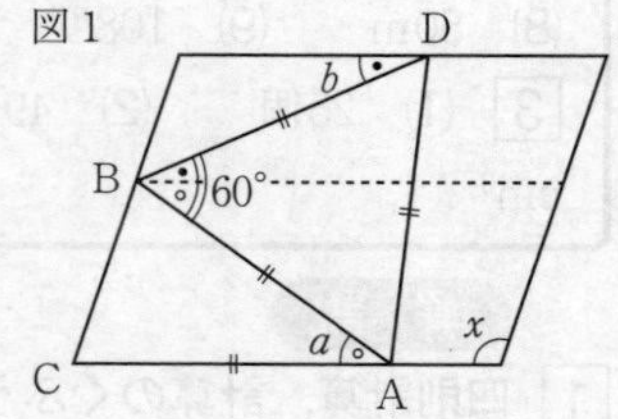

(10)　右の図２のように，BFとDEの交点をＧとする。DEとACは平行なので，DG：GE＝AF：FC＝６：２＝３：１となる。よって，三角形DBFと三角形BEFの面積の比も３：１になるから，三角形BEFの面積は，$10\times\frac{1}{3}=\frac{10}{3}$（cm²）とわかる。したがって，BEの長さは，$\frac{10}{3}\times2\div2=\frac{10}{3}=3\frac{1}{3}$（cm）と求められる。

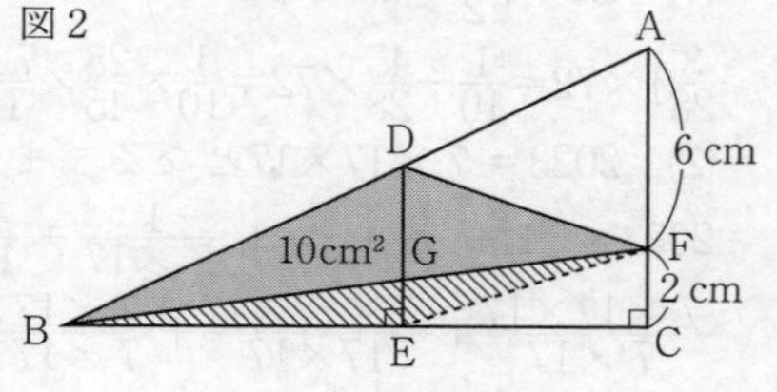

2　和差算，速さと比

(1)　動く歩道を利用する場合，通路と動く歩道にかかった時間は，和が１分12秒（＝72秒），差が24秒だから，下の図１のように表すことができる。よって，動く歩道にかかった時間は，(72＋24)÷２＝48（秒間）とわかる。

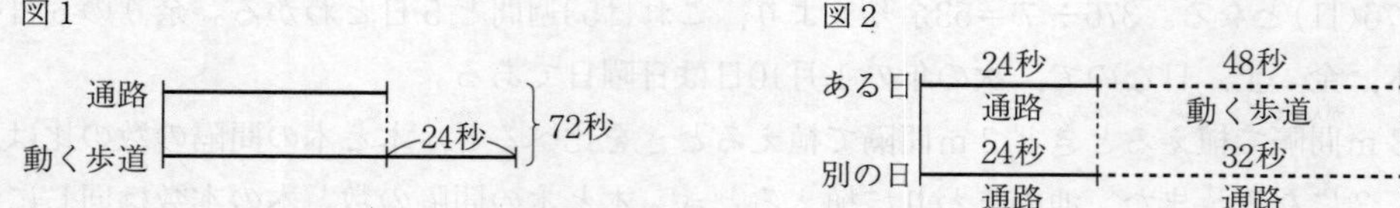

(2)　(1)で通路にかかった時間は，72－48＝24（秒）なので，動く歩道と同じ長さの通路を歩いたときにかかる時間は，56－24＝32（秒）となり，上の図２のように表すことができる。よって，同じ長さを進むとき，動く歩道にかかる時間と通路にかかる時間の比は，48：32＝３：２だから，動く歩道の速さと太郎さんの歩く速さの比は，$\frac{1}{3}:\frac{1}{2}=2:3$と求められる。

(3)　動く歩道の速さを毎秒２，太郎さんの歩く速さを毎秒３とすると，動く歩道の長さは，２×48＝96となる。また，動く歩道の上を歩きながら進むときの速さは毎秒，２＋３＝５となるので，そのときにかかる時間は，96÷５＝19.2（秒）とわかる。よって，かかる時間は全部で，24＋19.2＝

43.2(秒)となる。

3 条件の整理

⑴　はじめに６個買うと１個もらうことができるから，２回目からは５個買うごとに１個もらうことができる。そこで，買う分を○，もらう分を●として図に表すと，29÷６＝４余り５より，右の図１のようになる。よって，29個のうち４個はもらう分なので，29－４＝25(個)買う必要がある。

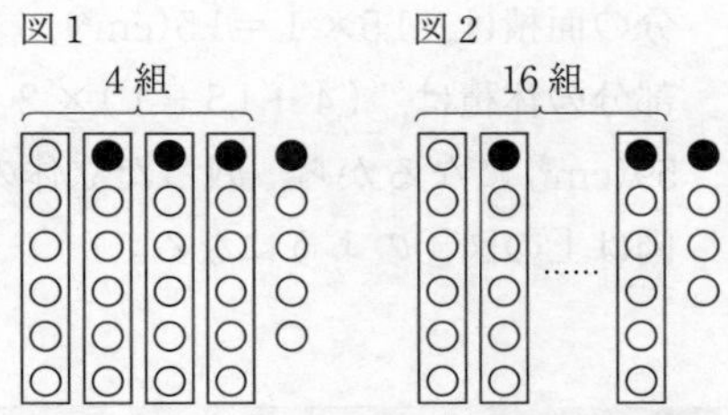

⑵　はじめにできるだけ多く買うと，5000÷120＝41余り80より，41個買えることがわかる。するとシールが41枚あるから，41÷６＝６余り５より，６個もらうことができて，シールが５枚余る。このとき，シールは全部で，６＋５＝11(枚)になるので，11÷６＝１余り５より，もう１個もらうことができて，シールが５枚余る。このときもらった分にもシールが１枚ついているから，シールの枚数は，５＋１＝６(枚)となり，さらにもう１個もらうことができる。よって，全部で，41＋６＋１＋１＝49(個)手に入れることができる。

⑶　⑴と同様に考える。100÷６＝16余り４より，右上の図２のようになるので，もらう分は，16－１＋１＝16(個)であり，買う分は，100－16＝84(個)と求められる。よって，必要な金額は，120×84＝10080(円)である。

4 立体図形―構成，体積

⑴　穴の部分は右の図①のようになる。図①で，２つの穴の体積はどちらも，$2\times2\times6=24(cm^3)$である。また，２つの穴が重なる斜線(しゃせん)部分は１辺２cmの立方体だから，その体積は，$2\times2\times2=8(cm^3)$となる。よって，穴の部分の体積は全部で，$24\times2-8=40(cm^3)$と求められる。さらに，もとの立方体の体積は，$6\times6\times6=216(cm^3)$なので，残った立体の体積は，$216-40=176(cm^3)$である。

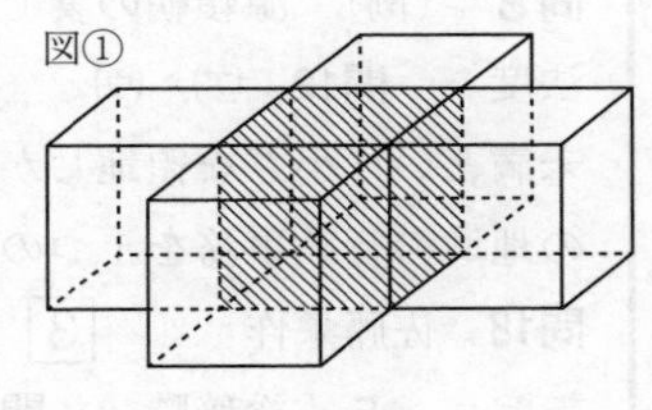

⑵　面BCGFの方向から見ると，穴の部分は下の図②のようになる。図②で，残った立体の体積が$170cm^3$だから，穴の部分の体積は，$216-170=46(cm^3)$となる。よって，２つの穴が重なる斜線部分の体積を□cm^3とすると，$24\times2-□=46(cm^3)$と表すことができるので，$□=24\times2-46=2(cm^3)$と求められる。したがって，重なる部分の高さ(アの長さ)は，$2\div(2\times2)=0.5(cm)$だから，ずらした長さ(イの長さ)は，$2-0.5=1.5(cm)$とわかる。

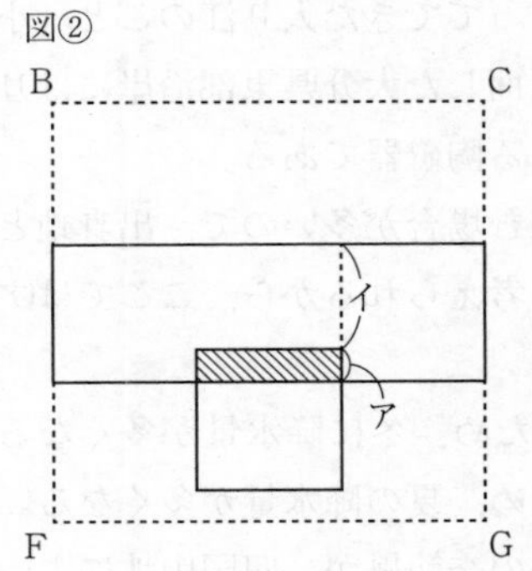

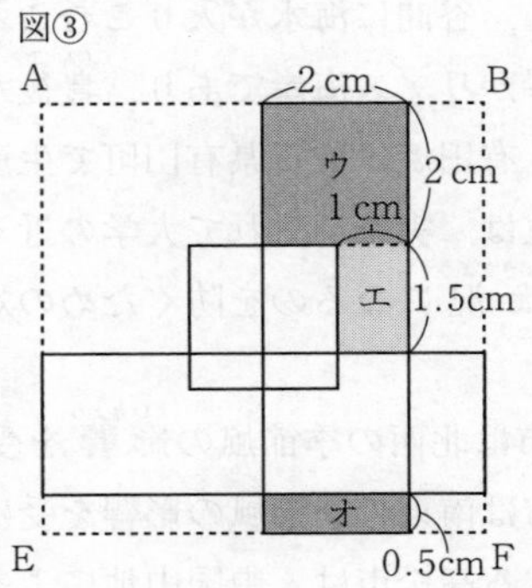

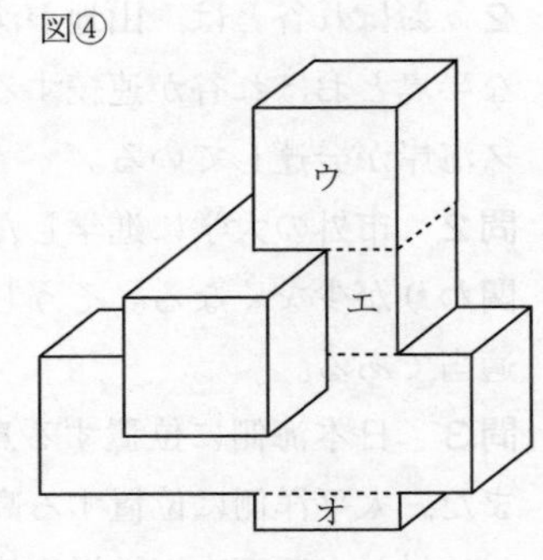

(3)　面ABFEの方向から見ると，穴の部分は上の図③のようになる。図③で，３番目の穴をあけたときに新しくけずられるのはウ～オの部分である。ウの部分の面積は，２×２＝４(cm^2)，エの部分の面積は，1.5×１＝1.5(cm^2)，オの部分の面積は，0.5×２＝１(cm^2)なので，新しくけずられる部分の体積は，（４＋1.5＋１）×２＝13(cm^3)と求められる。よって，穴の体積は全部で，46＋13＝59(cm^3)になるから，残った立体の体積は，216－59＝157(cm^3)とわかる。なお，穴の部分の見取図は上の図④のようになる。

社　会　＜第２回試験＞（35分）＜満点：100点＞

解　答

1 **問１**　**１**　干潟　**２**　リアス海岸　**３**　C　**問２**　(ア)　**問３**　(例)　日本海側の鳥取市は北西の季節風の影響で冬に降水量が多く，太平洋側の高知市は南東の季節風の影響で夏の降水量が多くなっているのに対して，瀬戸内海沿岸に位置する高松市は，中国山地と四国山地により季節風がさえぎられ，１年を通して降水量が少なくなっている。　**問４**　(ケ)　**問５**　(1)　ジャストインタイム　(2)　(カ)　(3)　(イ)　**問６**　(1)　(オ)　(2)　(エ)　(3)　**ある国**…オーストラリア　**A**…中国(中華人民共和国)　**問７**　(ウ)　**2** **問１**　(イ)　**問２**　卑弥呼　**問３**　(オ)　**問４**　墾田永年私財法　**問５**　(イ)　**問６**　(エ)→(ウ)→(オ)→(ア)　**問７**　一所懸命　**問８**　(例)　源頼朝の妻であった政子の実家の一族　**問９**　(オ)　**問10**　(ウ)　**問11**　武家諸法度　**問12**　(ア)，(ウ)　**問13**　(ア)　**問14**　伊能忠敬　**問15**　(例)　ほとんどの藩が５万石未満という小さな領地しか持たず，領地が広い範囲に散らばっている藩も多いことから，それらの地域の行政事務を１つの県が受け持つことは効率が悪いため。　**問16**　(ア)　**問17**　(エ)　**問18**　佐藤栄作　**3** **問１**　(1)　(ウ)　(2)　(カ)　**問２**　(イ)　**問３**　(イ)　**問４**　**E**　衆議院　**F**　総辞職　**問５**　違憲立法審査権(違憲法令審査権)　**問６**　国民審査　**問７**　(ア)　**問８**　(ア)　**問９**　(イ)　**問10**　(エ)

解　説

1 **大分県の地誌を題材とした問題**

問１　**１**　「潮が引いた時に現れて，潮が満ちると沈(しず)んでしまう浅い湿地(しっち)帯」は干潟(ひがた)である。周防(すおう)灘(なだ)に面した大分県の中津(なかつ)平野の沿岸部には干潟が発達しており，干拓地(かんたくち)がいくつか見られる。

２　おぼれ谷とは，山地が沈降(ちんこう)し，谷間に海水が入りこむことによってできた入り江のこと。小さな半島とおぼれ谷が連続する海岸がリアス海岸であり，豊後(ぶんご)水道に面した大分県東部沿岸にはリアス海岸が発達している。　**３**　有田焼は佐賀県有田町で生産される陶磁器である。

問２　市外の大学に進学した学生は，実家を離(はな)れて大学の近くに住む場合が多いので，出身地との関わりが少なくなる。そうした状況(じょうきょう)になるのを防ぐための対策と考えられるから，ここでは(ア)が適当である。

問３　日本海側に位置する鳥取市は北西の季節風の影響(えいきょう)を受けるため，冬に降水量が多くなる。また，太平洋側に位置する高知市は南東の季節風の影響を受けるため，夏の降水量が多くなる。これに対し，瀬戸内海沿岸に位置する高松市は，中国山地によって冬の季節風が，四国山地によって夏の季節風がさえぎられるため，雲ができにくく，１年を通して降水量の少ない気候となっている。

問４　自動車工場と耶馬渓ダムとの標高差がわかるのは，付近一帯の土地の起伏のようすがわかる図Ｂと，両地点を結んだ線上の断面図を示した図Ｄである。また，市外や県外から来る人にとって中津市の位置や交通がよくわかるのは図Ｃである。図Ａは中津市内のようすをくわしく表したものであり，市内を観光する際などに情報を得るのに適している。

問５　(1)　多くの自動車工場で取り入れられている，部品の在庫を必要最小限におさえ，必要なものを必要なときに必要な分だけを生産し，使用した分だけ補充していく生産方式は，ジャストインタイム方式とよばれる。トヨタ自動車の工場で始められた方法で，「カンバン(看板)」とよばれる板に必要な情報を記入し，生産の各工程に配置する「カンバン方式」と合わせてトヨタ式生産方式ともよばれる。　(2)　設備投資額は，その産業の現状や将来性を反映したものになるから，2010年以降，金額がおおむね増え続けている①は自動車，減少傾向にある②は電気機械，あまり変化していない③は鉄鋼と判断できる。1990年代前半には世界一の生産量をあげていた日本の鉄鋼業は，中国やインドなどが生産量を大きく伸ばしたこともあり，厳しい状況に置かれている。　(3)　(ア)と(ウ)は現地生産の良い点，(エ)と(オ)は悪い点にあてはまる。同じ自動車メーカーの工場であっても，働く人の給料は国によって異なるから，(イ)は誤り。

問６　(1)　①は豚，②は肉用牛，③は肉用若鶏である。鹿児島県と宮崎県はいずれの飼育頭数(羽数)でも上位に入っているので，北海道の割合が高いものが肉用牛，岩手県の割合が比較的高いものが肉用若鶏とわかる。　(2)　写真の右手前に神社の鳥居があり，遠くに山並みが見えている(ア)は③，写真の左奥から右手前に向かって川が流れ，少し先の橋の向こうで川が合流している(イ)は④，手前から奥に向かって川が流れ，遠くに河口や海が見えている(ウ)は①と，それぞれ判断できる。残る(エ)が②である。　(3)　ある国はオーストラリアで，世界一の羊毛の生産・輸出国であり，かつては羊毛が最大の輸出品であったが，近年は鉄鉱石や石炭などの天然資源が輸出額の半分以上を占めるようになっている。また，オーストラリアはかつてはイギリス連邦の一員であり，イギリスとの貿易額が最も多かったが，近年は中国が最大の貿易相手国となっている。

問７　(ア)　人口減少率が９％以上になっているのは，津久見市，玖珠町，九重町の３つである。　(イ)　別府市は人口密度が800人/km²以上であるが，人口減少率は３～６％となっている。　(ウ)　大分県の全市町村で，人口は減少している。　(エ)　日田市や玖珠町のように，海に面していない市町村の中にも人口密度が50人/km²以上のところはある。

２　土地制度を題材とした問題

問１　銅剣や銅矛が大量に出土することは少なく，1980年代に発見された島根県の荒神谷遺跡の例が知られるぐらいであるが，荒神谷遺跡は集落跡ではない。また，鉄器は武器や工具として使われたが，青銅器はおもに祭器として用いられたと考えられているから，戦争があったことを示すものでもない。したがって，(イ)は誤り。

問２　邪馬台国の女王であったのは卑弥呼である。30余りの国々を従えていたことや，239年に魏に使いを送り，皇帝から金印を授けられたことなどが，『魏志』倭人伝に記されている。

問３　武蔵国に属していたのは現在の埼玉県と東京都のほぼ全域と，神奈川県のうち川崎市の全域と都筑区を含む横浜市の大半の地域であった。横浜市の一部(泉区や戸塚区，栄区など)とほかの神奈川県の市町村は相模国に属していた。

問４　743年，朝廷は墾田永年私財法を発し，新たに開墾した土地の永久私有を認めた。開墾地の３代にわたる私有を認めた723年の三世一身の法があまり効果がなかったことから，開墾の奨励のために発せられたものである。

問５　鎌倉時代以降は武士による支配が広がったが，1232年に鎌倉幕府が定めた御成敗式目（貞永式目）にもあるように，これまでの朝廷の取り決めや律令が否定されたわけではなかった。荘園が完全に消滅したのは豊臣秀吉が行った太閤検地によってであるから，(イ)は誤り。

問６　10世紀前半におきた平将門の乱・藤原純友の乱や，11世紀後半におきた前九年・後三年合戦は，いずれも朝廷の命を受けた武士たちが反乱や内乱をしずめたできごとであり，武士の力が認められるきっかけとなった。また，12世紀半ばにおきた保元の乱・平治の乱は，皇族や貴族の対立が武士を巻きこんだ争いとなったもので，いずれも武士の活躍により決着がついた。12世紀後半の源平の戦いで源頼朝が勝利したことで初めての武家政権である鎌倉幕府が成立した。なお，天智天皇のあと継ぎを決めるためにおきた壬申の乱は672年のできごと。

問７　将軍から支配を認められた土地を御家人が命がけで守ることは，一所懸命とよばれた。現代の一生懸命の元になった言葉である。

問８　北条氏は源頼朝の妻であった北条政子の実家である。政子の父時政が初代執権，政子の弟義時が２代執権を務め，以後，その子孫が執権の地位を独占し，幕府政治を動かした。

問９　正長の土一揆は1428年に近江国（滋賀県）でおきた馬借の蜂起をきっかけに近畿地方各地に広まった民衆の反乱であり，応仁の乱より前のできごとであるから，(オ)は誤り。

問10　(ア)　南蛮貿易はポルトガル人やスペイン人との間で行われた。　(イ)　信長は物資の流通の円滑化を図るため，関所を廃止した。　(ウ)　尾張国（愛知県）の小大名であった信長は，ほかの戦国大名たちを破って勢力を伸ばし，やがて足利義昭を擁して京都に上り，近畿地方やその周辺を支配するにいたった。　(エ)　信長の時代，鉄砲は国内でも生産されるようになっていた。国友（滋賀県）や堺（大阪府）などがその産地として知られる。　(オ)　安土（滋賀県）は琵琶湖の東岸に位置していた。

問11　江戸幕府が大名統制のために定めたのは武家諸法度。1615年，第２代将軍秀忠の名で初めて出され，以後，原則として将軍の代が替わるたびに新しいものが出された。

問12　江戸時代の大阪について述べているのは(ア)と(ウ)。(イ)と(オ)は江戸，(エ)と(カ)は京都にあてはまる。

問13　正確な地図をつくることは日本が簡単に侵略できない国であることを諸外国に示すことにはならないから，(ア)は不適切である。

問14　下総国佐原（千葉県）の商人であった伊能忠敬は，50歳で子に家督を譲った後，江戸で西洋の地理学や天文学などを学び，1800年から16年かけて沿岸部を中心に日本全国を測量して歩き，正確な日本地図の作成に大きく貢献した。

問15　表１からは，大名の多くは５万石未満の小規模な領地しか持っていないことが，表２からは，佐倉藩も小田原藩も領地が広範囲に散らばっていることがわかる。したがって，１つの藩の領地をそのまま１つの県に置き換えると，広範囲に散らばる小規模な地域の行政事務を県があつかうことになり，効率が悪い。そのために，府県の大規模な整理・統合が行われたものと考えられる。

問16　(ア)　江戸時代末期に結ばれた日露和親条約により，千島列島のうち択捉島以南が日本領，ウルップ島以北がロシア領となり，樺太は両国民雑居の地とされたが，1875年の樺太・千島交換条約により，樺太をロシアに譲る代わりに，千島列島はすべて日本領となった。　(イ)　1951年のサンフランシスコ平和条約により，日本は朝鮮の独立を承認するとともに，千島列島，南樺太，台湾などの領有権を放棄(ほうき)することを認めたが，それらの地域の帰属について条約では触(ふ)れていない。

(ウ)　下関条約により獲得(かくとく)したが，直後に三国干渉により清(しん)に返還(へんかん)したのは遼東(リャオトン)半島である。

(エ)　ベルサイユ条約により日本は，それまでドイツが持っていた南洋諸島の委任統治の権利を引き継いだ。ここでいう南洋諸島はマーシャル群島などであり，フィリピン周辺ではない。　(オ)ポーツマス条約により日本は南樺太の領有権と満州における鉄道の権利などを手に入れたが，シベリアの一部を管理下に置くなどということはなかった。

問17　日本における地下鉄は，東京では1927年に上野～浅草間で，大阪では1933年に梅田～心斎橋(しんさいばし)間でそれぞれ開業しているから，(エ)は誤り。

問18　沖縄が日本に復帰したときの首相は佐藤栄作である。在任期間は1964年11月～1972年７月で，1971年６月にアメリカ政府との間で沖縄返還協定に調印。翌年５月，返還を実現させた。

3　日本と世界の政治制度についての問題

問１　(1)　(ア)　現在の国政選挙における比例代表選挙で採用されているのはドント式とよばれるものである。これは，各政党の得票数を１，２，３…と順に整数で割っていき，商の大きいものから当選としていくことで，各政党に議席を配分していくものである。アダムズ方式とは2022年以降に行われる衆議院議員総選挙の小選挙区選挙で採用されることが決定している方法で，各都道府県の人口に応じて小選挙区の定数を配分し直すことで，「一票の格差」の解消を図ろうとするものである。　(イ)　小選挙区制は各選挙区の最多得票者を当選者とするので，大政党に有利とされるのに対して，比例代表選挙は得票数が少なくても議席を得やすいので，小政党に有利とされる。(ウ)小選挙区制では各選挙区から１人しか当選しないので，２位以下の候補者に投じられた票はすべて「死票」となってしまう。よって，正しい。　(エ)　現在の衆議院議員選挙においては，小選挙区選挙と比例代表選挙の両方に立候補する「重複(ちょうふく)立候補」が認められている。　(2)　(a)　2015年の公職選挙法改正により，選挙権の年齢が20歳以上から18歳以上に引き下げられた。国政選挙では2016年７月の参議院議員選挙から実施されている。　(b)　インターネットを使って選挙運動を行うことは2013年から認められるようになったが，インターネットを使って投票を行うことはまだ認められていない。　(c)　参議院の比例代表選挙において，従来からある非拘束(こうそく)式の候補者名簿とは別に，「優先的に当選人となるべき候補者」の名簿を各政党が任意で作成するいわゆる「特定枠(わく)」の制度は，2019年の参議院議員選挙から導入された。　(d)　選挙の投票時間は公職選挙法により午前７時から午後８時までと決められている。なお，特別の事情がある場合は，各市町村の選挙管理委員会の判断により終了時刻を繰(く)り上げることができる。

問２　内閣総理大臣もふくめ国会議員は，法律の定める場合を除(のぞ)いては国会の会期中は逮捕(たいほ)されないことが，日本国憲法第50条で定められているが，「議員の不逮捕特権」とよばれるこの権利はあくまで国会の会期中に限ったことであり，また「法律の定める場合」には国会外での現行犯などがあてはまるから，(イ)は誤り。

問３　内閣総理大臣は国会が指名し，天皇が任命する。また，国務大臣は内閣総理大臣が任命する。さらに，最高裁判所長官は内閣が指名し，天皇が任命する。長官以外の最高裁判所の裁判官とその他の裁判所の裁判官は，すべて内閣が任命する。

問４　日本国憲法第69条において，衆議院が内閣不信任を決議した場合，10日以内に衆議院が解散されない限り，内閣は総辞職しなければならないと定められている。

問５　裁判所が持っている，法律が憲法に違反していないかどうかを具体的な裁判を通して判断する権限は違憲立法審査権(違憲法令審査権)とよばれる。裁判所が憲法違反とした法律は無効となるので，その場合，国会はその法律を改正するなど，速やかに対応する必要がある。

問６　最高裁判所の裁判官は，任命後初めての衆議院議員総選挙のときと，前回の審査から10年が経過したあとに行われる衆議院議員総選挙のときに，適任かどうかを国民の投票によって審査される。これを国民審査といい，不適任とする票が過半数に達した裁判官は罷免される。

問７　国際連合の安全保障理事会は，常任理事国５か国と任期２年の非常任理事国10か国の計15か国で構成される。常任理事国はアメリカ・イギリス・フランス・ロシア・中国(中華人民共和国)の５か国で，このうちロシアはかつてソビエト連邦(ソ連)が持っていた地位を，中国はかつて中華民国が持っていた地位を，それぞれ引き継いでいる。

問８　X　１ドル＝100円のとき10ドルは1000円に，１ドル＝120円のとき10ドルは1200円になるわけであるから，200円分多くお金を受け取ったことになる。　Y　１ドル＝70円のとき10ドルは700円になるわけであるから，この場合は受け取るお金は300円分少なくなっている。

問９　最終的には多数決で決めることになるが，話し合いの中で少数意見もできるだけ取り入れるように努めることも民主主義の原則の１つであるから，(イ)は誤りである。

問10　(ア)はODA(政府開発援助)，(イ)はNGO(非政府組織)，(ウ)はSDGs(持続可能な開発目標)についてそれぞれ述べた文であり，内容は正しい。「京都議定書」は1997年に京都で開かれた気候変動枠組条約第３回締約国会議(COP３)で定められたものであるから，(エ)は誤りである。

理　科　＜第２回試験＞（35分）＜満点：100点＞

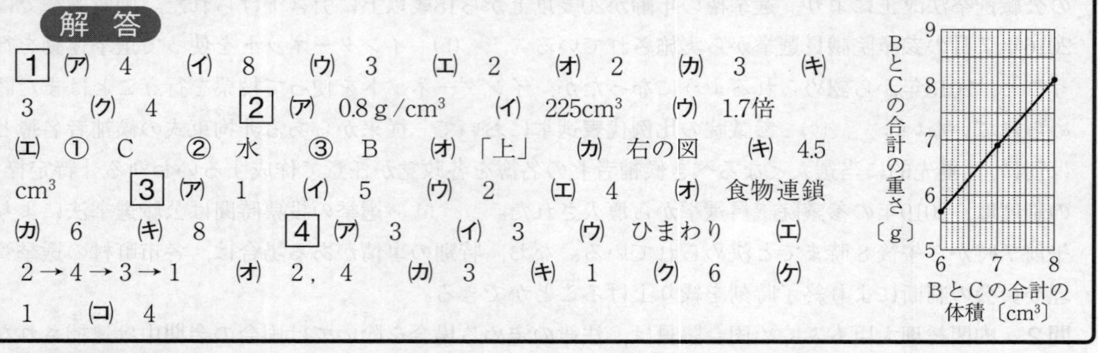

解　答

１　(ア)　4　(イ)　8　(ウ)　3　(エ)　2　(オ)　2　(カ)　3　(キ)　3　(ク)　4　２　(ア)　0.8 g/cm^3　(イ)　225cm^3　(ウ)　1.7倍　(エ)　①　C　②　水　③　B　(オ)「上」　(カ)　右の図　(キ)　4.5cm^3　３　(ア)　1　(イ)　5　(ウ)　2　(エ)　4　(オ)　食物連鎖　(カ)　6　(キ)　8　４　(ア)　3　(イ)　3　(ウ)　ひまわり　(エ)　2→4→3→1　(オ)　2，4　(カ)　3　(キ)　1　(ク)　6　(ケ)　1　(コ)　4

解　説

１　光の進み方についての問題

(ア)　太陽は近くで観察すると拡散光線だが，地表(地球)では，太陽からの距離が非常に遠く，光の広がりを無視できるため，平行光線と考えてよい。

(イ)　(b)　光源からの位置が，１＋２＝３(m)の地点では，光源から１mの地点と比べると光があたる面積が，３×３＝９(倍)になる。よって，範囲Yにあたる光の強さは，範囲Xにあたる強さの$\frac{1}{9}$

となるから，$100\times\frac{1}{9}=11.1\cdots$より，11となる。(c) 光の強さを３倍にすると，範囲Ｙにあたる光の強さは，11×３＝33となる。

(ウ) 光源とスクリーンの距離は，光源とシートまでの距離の，（１＋２）÷１＝３（倍）なので，スクリーンに映る穴と矢印の大きさは，たて，横の長さがそれぞれ３倍になる。このとき映る矢印の向きは同じなので，３のようになる。

(エ) 光は異なる物体に入るときには折れ曲がる性質がある。この性質を光の屈折（くっせつ）という。光が空気中からガラス中に進むときは，２のようにガラス面から遠ざかるように屈折して進む。

(オ) 凸（とつ）レンズの光軸（じく）に平行に進んで凸レンズに入る光は凸レンズを通過後，図６のように焦点（しょうてん）を通るように進む。逆に，焦点の位置にある光源から出た光は凸レンズを通過した後，光軸に平行に進む。よって，２が選べる。

(カ) 光源から出た光は，右の図①のように，鏡で反射する。このとき光源の右端（はし）から出た光は鏡にあたらないので注意する。よって，観測者Ｐが鏡で反射した光を観測することができるのは，ＡからＢの間である。観測者ＰがＡまで移動するのにかかる時間は，90÷10＝９（秒），Ｂまで移動するのにかかる時間は，110÷10＝11（秒）だから，観測者Ｐが鏡で反射した光を観測することができる時刻は９秒から11秒となる。

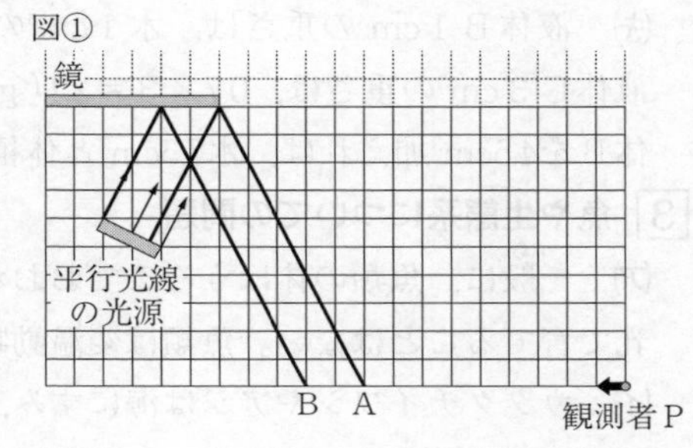

(キ) 鏡による光源の像から光が出ていると考えて，光の進み方を図に表すと下の図②のようになる。よって，観測者Ｐが鏡で反射した光を観測することができる時刻は，20÷10＝２（秒）から20秒となる。

(ク) (キ)と同様に考えると，光の進み方は下の図③のようになる。よって，観測者Ｐが反射した光を観測することができるのは，ＡとＢの間とＣとＤの間の部分となる（ＢとＣの間には光があたらない）。したがって，50÷10＝５（秒）から，100÷10＝10（秒）までと，140÷10＝14（秒）から20秒までとわかる。

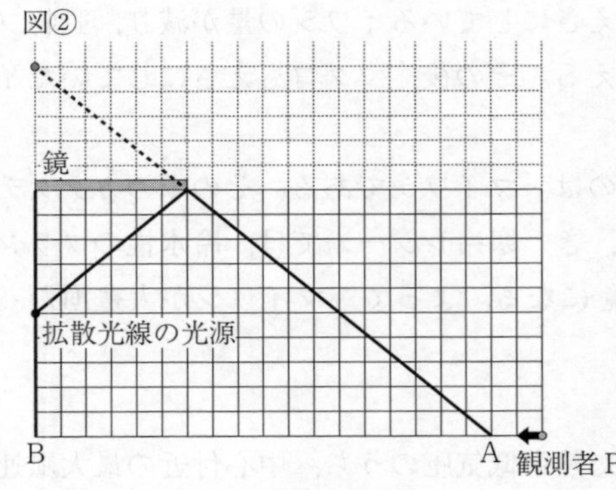

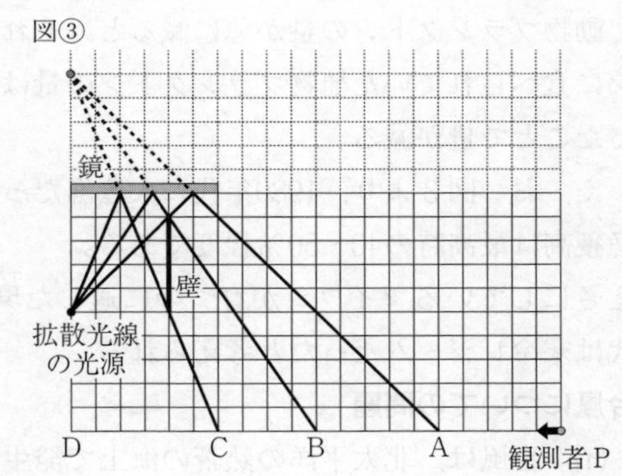

2 液体の密度についての問題

(ア) グラフから，液体Ａ50cm^{3}の重さは40ｇである。よって，密度は，40÷50＝0.8（ｇ/cm^3）となる。

(イ) 水100ｇの体積は，100÷１＝100（cm^3）で，液体Ａ100ｇの体積は，100÷0.8＝125（cm^3）である。よって，全体の体積は，100＋125＝225（cm^3）となる。

(ウ)　表１より，液体Ｂの密度は，12÷10＝1.2（g/cm^3），液体Ｃの密度は，７÷10＝0.7（g/cm^3）とわかる。よって，液体Ｂの密度は液体Ｃの密度の，1.2÷0.7＝1.71…より，1.7倍になる。

(エ)　密度の大きい順に，液体Ｂ，水，液体Ｃとなる。図のように試験管に入れると，密度の小さい液体が上になるので，①は液体Ｃ，②は水，③は液体Ｂとなる。

(オ)　混合液の重さは，1.2×３＋0.7×３＝5.7（g）で，体積は，３＋３＝６（cm^3）である。よって，混合液の密度は，5.7÷６＝0.95（g/cm^3）なので，水より密度が小さく，水の層より上になる。

(カ)　液体Ｂ３cm^3と液体Ｃ３cm^3の混合液の体積は６cm^3で，重さが5.7ｇとなる。これに液体Ｂを１cm^3加えた混合液の体積は７cm^3で，重さが，5.7＋1.2＝6.9（g）になる。この混合液にさらに液体Ｂを１cm^3加えた液体の体積は８cm^3で，重さが，6.9＋1.2＝8.1（g）である。以上より，これらの３つの点をグラフ上にとり，直線で結ぶ。

(キ)　液体Ｂ１cm^3の重さは，水１cm^3の重さより，1.2－１＝0.2（g）重い。水３cm^3の重さは３ｇで，液体Ｃ３cm^3の重さは，0.7×３＝2.1（g）なので，（３－2.1）÷0.2＝4.5（cm^3）より，液体Ｃ３cm^3に液体Ｂを4.5cm^3加えれば，水7.5cm^3と体積と重さ，つまり密度が等しくなる。

3　魚や生態系についての問題

(ア)　一般に，魚類の体はうろこでおおわれており，えらで呼吸をしている。水中に卵を産み，子を乳で育てることはない。魚類は変温動物なので，周囲の温度によって体温が変化する。

(イ)　カタクチイワシやアジは海にすみ，プランクトンをえさとする小さな魚で，群れをつくり生活している。イモリは両生類，ウナギは川と海を行ききする魚類，メダカとコイは淡水にすむ魚類である。

(ウ)　問題文で述べられている特徴から，細長い体で，体の大きさに対して大きな目をもち，上あごの先端が下あごより出ている２が選べる。

(エ)　植物プランクトンは光合成を行うので，自ら養分をつくることができるが，動物プランクトンは自ら養分をつくることができないので，えさをとる必要がある。よって，４が誤り。

(オ)　食べる・食べられるの関係で密接につながっている生物どうしの関係を食物連鎖という。一般に，食べられる生物の方が食べる生物よりも数が多い。

(カ)　動物プランクトンの量が急に減ると，それをえさにしているイワシの量が減り，動物プランクトンに食べられていた植物プランクトンの量は増える。その後，マグロもえさにしていたイワシが減ったことで量が減る。

(キ)　え，お　図３より，1980年代に大豊漁だったのは，マイワシである。その頃のカタクチイワシの漁獲高は最高時の40～50％程度である。　か，き　寒冷レジームでは，冷水性のプランクトンをえさにしているマイワシが育つのに適した環境になる。よって，マイワシが大豊漁だった1980年代は寒冷レジームだったと考えられる。

4　台風についての問題

(ア)，(イ)　台風は，北太平洋の熱帯の海上で発生した熱帯低気圧のうち，中心付近の最大風速が秒速17.2m以上になったものである。中心気圧や移動の速さなどは，台風であるかどうかには直接は関係しない。

(ウ)　日本で運用されている気象衛星は「ひまわり」である。「ひまわり」は赤道の上空約35800kmで，地球の自転と同じ周期で地球のまわりを回っていて，つねに同じ範囲を観測している。

(エ)　日本に近づく台風の多くは，偏西風の影響で北東に進むので，画像に写っている台風のうずまき状に近い雲の動きを見ると，２→４→３→１と動いていくように見える。これは図１の天気図や表２の天気にも適する。

(オ)　1　8月12日18時の天気図では，紀伊半島の南に台風８号があるので，台風は日本に上陸していない。　3　3の画像から，13日18時には，台風は関東地方のすぐ南にあり，また，表２より，横浜では雷となっていて台風の影響がある。　5　図１の天気図と４の画像を照らし合わせてみると，「低」と書かれた所には雲が多く，「高」と書かれた所には雲が少ないことがわかる。

(カ)　一郎さんが調べたことの１つ目と２つ目の最後で「台風の形に関係している」と述べられている。よって，一郎さんは台風の形(雲の形)について疑問に思っていたと考えられる。

(キ)　風は気圧の差によって生じ，気圧の高いところから低いところに向かってふく。

(ク)　図４より，玉は進むにつれて，基準線からどんどん右の方向に動いていくことがわかる。よって，矢印は６のようにかける。

(ケ)　玉が基準線からどんどん右の方向に動いたということは，玉の進行方向に対して右向きに力がはたらいたと考えることができる。

(コ)　図５と図６から，風は進行方向に対して右向きにずれるようにふくことがわかる。また，台風は低気圧なので，中心に風がふきこんでいる。よって，北半球で発生する台風では，４のような風の流れになる。

国　語　＜第２回試験＞（50分）＜満点：150点＞

解　答

一　**問１**　下記を参照のこと。　**問２**　3　**問３**　4　**問４**　ハムレット／マクベス／オセロー　**問５**　(例)　演者と観客による想像力の遊び場(だから。)　**問６**　3　**問７**　4　**問８**　2　**問９**　(1)　再会(の場面)　(2)　(例)　試練を経て己と他者を真に認識できた歓び。　**問10**　3　二　**問１**　ア　こきゃく　イ，ウ，オ　下記を参照のこと。　エ　りちぎ　**問２**　1　**問３**　(例)　この世界のありとあらゆるところに溶けている音楽　**問４**　A　4　B　2　**問５**　3　**問６**　1　**問７**　2　**問８**　4　**問９**　3　**問10**　(例)　姉妹が望んだ調律は相手の音のためだったと気づいたことで，弾く人に一番いい状態に調律したいと実感できる(機会になったから。)

●**漢字の書き取り**

一　**問１**　ア　広義　イ　意図　ウ　仮面　エ　高貴　オ　起源　二　**問１**　イ　名目　ウ　不意　オ　解放

解　説

一　**文章1の出典はジョン・ファーンドン著，小田島恒志・小田島則子訳の『オックスフォード＆ケンブリッジ大学　世界一「考えさせられる」入試問題―「あなたは自分を利口だと思いますか？」』，文章2の出典は松岡和子の『すべての季節のシェイクスピア』による。**文章1では，観客の想像力をかきたてる舞台の働きについて説明され，文章2ではシェイクスピアの悲劇『リア王』の魅力について語られている。

問１　**ア**　その言葉の意味の範囲の中で，広く解釈したほうの意味。　**イ**　ある目的をもって何かを実現しようとすること。また，その目的。　**ウ**　顔をかたどったかぶりもの。　**エ**　官位や身分が高いようす。気品を感じさせるようす。　**オ**　ものごとの起こり。「起原」とも書く。

問２　「およそ」は，後に打ち消しの言葉をともなって“まったく〜ない”という意味を表す。よって，３の「ない」にかかる。

問３　“後悔する”，“悔やむ”という意味を表す慣用句としては，「ほぞを噛む」が正しい。「ほぞ(＝へそ)」を噛もうとしても届かないように，もうどうにもできないという後悔を表す。

問４　最後のほうで筆者は，『ハムレット』『マクベス』『オセロー』を取りあげ，(悲劇でありながら)それらでは「泣いたことがない」と述べている。これに『リア王』を加えて，シェイクスピアの四大悲劇という。なお，『ハムレット』は，王を毒殺してデンマークの王位に就いた叔父に，王子であるハムレットが復讐を企てる物語だが，関係者すべてが死ぬことで終わる。『マクベス』は，スコットランドの武将マクベスが，魔女や妻にそそのかされて国王を殺し，王位に就いたのちも魔女が予言した自身の死から逃れようとあがき，非業の死をとげるまでを描く。『オセロー』は，ベニスの将軍オセローが，オセローのことをよく思わない部下の策略にかかり，最愛の妻を殺して自らも命を絶つ悲劇である。

問５　聴衆に直接話し手の考えを伝えることが「演説」の目的であるのに対し，「舞台上でのパフォーマンス」は「観客の想像力をかきたて，想像の世界を観客自らが生きることで考えを理解してもらう」ことを目的とする。つまり，その「舞台」は，「想像の世界」を「創出する場」であり，「パフォーマーと観客による想像世界への共同参画」を目指す場，「想像力の遊び場」である。観客も加わる場であることをおさえ，「演者と観客が創る想像力の遊び場(だから)」，「観客も参画して想像世界を創る場(だから)」のようにまとめる。なお，「スピーカーズ・コーナー」は，だれでも日々自説を自由に論じることのできる場所。ロンドンの王立公園内にあるものがよく知られる。オランダ，シンガポール，カナダなど，ほかの国々にもある。

問６　「二者」とは，観客を楽しませる「娯楽」と，観客に考えさせる「意見表明」を指す。劇場の目的は「パフォーマーと観客による想像世界への共同参画」だから，「ジョーク」にこめられた「意見」を観客は考えるし，「真面目ひと筋の演説」も楽しめるのである。「パフォーマーと観客による想像世界への共同参画」である点をおさえているのは，３のみである。

問７　直前で，本当に大切なのは「思想の質とそこに含まれる理念が豊かで価値がある」ことだと述べられている。筆者が危ぶむのは，それが「現代演劇」で「貧弱」になっている点である。原因は，「純粋な娯楽」と「『挑戦的』かつ『社会的』なドラマ」の世界に二分されているせいなので，４がふさわしい。

問８　「恍惚」は，何かに心をうばわれてうっとりすること。かつて人々は宗教儀式がはじまると「心の中で想像の世界を旅した」が，劇にもその要素は残っているのだから，２が合う。

問９　⑴　この後，筆者はシェイクスピアが喜劇やロマンス劇の中でよく「別れ別れになっていた肉親」の「再会」を描き，その場面に「限りない歓びと感動」があると指摘しているが，「それと同じ歓びが『リア王』」にもあるというのだから，「再会」がぬき出せる。　⑵　「そこ」とは，具体的にはリアが「両眼を失ったグロスター」と再会したとき，「わしの不幸を泣いてくれるなら，この目をやろう」「お前の名はグロスター」と言ったことを指す。そのときのリアとグロスターの心にあったのは，「苛酷な試練を経て己の過ち」を知ったことによる「後悔」であり，「他者へのいたわり」であり，自身を「分かってもらえた嬉し」さである。また，最後の段落ではこれを「曇りのない目をもって己を知り，他者を知る，真の『認識』に至ること」の「困難さ」，「尊さ」，「歓び」だと説明している。これをもとに，「己の後悔と他者へのいたわりを知った歓び」，「苛酷な試練を経て真の認識に至った歓び」，「曇りのない目で己と他者を知り得た歓び」といった趣旨でまとめる。

問10　問５，問６でもみたが，「舞台上でのパフォーマンス」の目的は「観客の想像力をかきたて，想像の世界を観客自らが生きることで考えを理解してもらう」ことである。その世界に観客を招き入れるのが「案内人」としての劇作家の仕事なので，３が選べる。なお，１，２，４は，「観客の想像力をかきたて，想像の世界を観客自らが生きることで考えを理解してもらう」という目的をおさえていない。

二　出典は宮下奈都の『羊と鋼の森』による。先輩(柳)について初めて調律にいった日，ふたごの姉妹に出会った「僕」(外村)が，彼女たちのピアノの弾き方にふれ，調律について考えるようすが描かれている。

問１　**ア**　よく来てくれる客。常連客。お得意様。なお，「こかく」とも読む。　**イ**　表向きの理由。　**ウ**　急にそうなるようす。　**エ**　人として守るべき道徳やあるべき振る舞いなどから外れないこと。　**オ**　制限などを取り除き自由にすること。

問２　顧客宅に置かれたピアノが，「持ち主に愛されてよく弾かれている」ものだった点をおさえる。後で，ふたごの姉妹，特に妹(由仁)の演奏を聴いた柳が，相変わらず情熱的でおもしろいピアノ(これを「僕」は「勢いと彩りがあった」と評している)を弾く子だったなと振り返り，「調律し甲斐があるってもんだ」と語っていることや，姉妹について，「ふたりしてピアノがうまくて，ふたりしてかわいいふたご」と言っていることもあわせると，柳は，ピアノを心から愛し，演奏が上手なふたごの姉妹に会えること，特に妹の弾く色彩にあふれる音に再びふれ，調律師としてのプライドがくすぐられることを「楽しみ」にしているものと想像できる。よって，１がふさわしい。

問３　たとえば，どこかの局が電波に乗せて送った言葉や音楽を個々のアンテナがつかまえ，流す「ラジオ」と同じように，ピアノもまた，「この世界」にあふれるありとあらゆる音楽をしっかりととらえ，「形」にするというのである。

問４　**Ａ**「果たして」は，“予想通り”，“思った通り”という意味。　**Ｂ**「おずおずと」は，ためらいがちなようす。

問５　ふたごの姉(和音)は柳にうながされるままピアノを弾いたという消極的な感じだったにもかかわらず，その音に「僕」は思わず椅子から腰を浮かせ，鳥肌が立つほど衝撃を受けたのだから，前の内容からすると意外なことが後に続くときに用いる「でも」があてはまる。

問６　空らん⑦に続く部分で，このときの演奏のようすを振り返った「僕」は，初めて「情熱的で静かな音」にふれ，「明らかに，特別」な「音楽とも呼べないかもしれない音の連なり」が自分の「胸を打った」と改めて感じている。よって，１が選べる。

問７　妹は「色彩にあふれ」た音を奏で，姉は「静謐」な雰囲気のある演奏をするので，ピアノをさらに「明るい感じ」に調整してしまったら，妹の音には合っても姉の音は変わってしまうのではと，はじめ「僕」は心配していた。しかし，帰りの車の中で，妹が「明るい音」に調整してほしいと望んだのは，姉の「静かなピアノを際立たせる」ためだったのではないかと気づいているので，２がふさわしい。

問８　ふたごの「妹」の音をおもしろいと思っている柳と，「姉」の音を特別だと思っている「僕」とが，お互いに誤解しながら会話を進めていることをおさえる。　②　もう少し「明るい感じの音」に調整してもらいたいという妹の要望を受けたことについて，「僕」は柳に「どう思いました？」と問いかけている。それを聞いた柳は，妹の演奏に対し「相変わらずおもしろいピアノを弾く子だったなあ」と言いながら，エのように「ふふっと」笑ったはずである。③「いきいきとしたピアノ」を聴くことができた満足をひとりごとのように言った後，柳は「僕」に「情熱的でいいじゃない」と話している。ウの「それから僕をちらりと見た」を間に入れると，いきいきとした情熱的なピアノを弾いた妹の演奏に対する反応を柳が「僕」に求めるような形となり，自然につながる。　④　おもしろくて「情熱的」だという柳の感想を聞いた後，姉の演奏のことが頭にある「僕」は，「おもしろいという感覚」とは異なるが，「情熱的だという見方には同感だ」と思ったと考えられる。よって，オが合う。　⑤「僕」は姉を念頭に「もっと曲らしい曲を弾いてくれればよかったんですが」と言っている。一方，柳さんは妹を念頭に「ショパンのエチュードだったろ。じゅうぶんだよ」と答えたのだから，「僕」の意見に反対の立場であることを示す，アの「首を横に振った」が入る。　⑥　誤解に気づいた場面である。「僕」が気に入っているのは姉のピアノだと柳は理解したのだから，「目を丸くして僕を見た」とあるカがふさわしい。　⑦「姉のほうのピアノが気になってんの？」ときかれた「僕」の反応なので，イの「うなずいた。もちろんだ」が合う。

問９　問７でも検討したとおり，妹が「明るい感じ」に調整を望んだのは姉のためである。また，姉は，音の調整を確かめるために弾いた後，妹にも確認させたいと頼んでいる。このような姉妹の関係を「僕」は「いいですね」と言ったのだから，３が選べる。

問10　問９でもみたように，姉は「私と由仁のピアノは違う」からと，調律したピアノの音を妹にも確認させている。また，妹がもう少し「明るい感じ」に調整してほしいと望んだのは，姉の音を「際立たせる」ためである。このことから，姉妹はお互いの音を尊重しているようすがうかがえる。最後の場面で，それに気づいた「僕」がピアノの「一番いい状態のために働けるのなら，これからもこつこつこつこつし続けようと思った」ことに着目する。この「こつこつこつこつ」は，調整のためにハンマーをたたく音であり，調律の仕事を「こつこつこつこつ」地道に続けようと思う「僕」の気持ちの表れである。以上のことがらをふまえ，「調律というのは地味な作業だが，人それぞれの音を尊重し，その人にとって一番いい状態にすることだと気づく（機会になったから）」といった趣旨でまとめればよい。

Memo

Memo

2022年度　中央大学附属横浜中学校

〔電　話〕　(045)592－0801
〔所在地〕　〒224－8515　神奈川県横浜市都筑区牛久保東１－14－１
〔交　通〕　市営地下鉄 ―「センター北駅」より徒歩７分

【算　数】〈第１回試験〉（50分）〈満点：150点〉

（注意事項　計算機，定規，分度器，コンパス等は一切使用してはいけません。）

1　次の□にあてはまる数を求めなさい。解答用紙には答えだけを記入しなさい。ただし，円周率は3.14とします。

(1)　$9+8\times7\div(6\div5\div4)\times3\times2+1=$ □

(2)　$\left(12.1\div3\frac{2}{3}+0.45\right)\times\frac{1}{2}-0.625=$ □

(3)　$22\times22+55\times55-11\times11-$ □ $=44\times44+33\times33$

(4)　ある本の３分の２を読み，さらに残りの35ページを読んだところ，残ったページは本全体の10分の１になりました。この本は全部で□ページあります。

(5)　重さの比が原液１に対して，水４の割合で混ぜた飲み物を200ｇ作ろうとしましたが，間違えて，原液と水の重さの比を逆にして混ぜたものが200ｇできてしまいました。これに水を□ｇ混ぜると，はじめに作ろうとしていた割合の飲み物ができます。

(6)　静水での速さが一定の船が川下のＡ地点と川上のＢ地点を往復しました。Ａ地点からＢ地点までは５時間かかり，Ｂ地点からＡ地点までは３時間かかりました。川の流れの速さが時速３kmのとき，Ａ地点からＢ地点までの距離(きょり)は□kmです。

(7)　ある数を３で割ると割り切れ，その商をさらに３で割ると２余ります。このような数のうち，100に一番近いものは□です。

(8)　右の図のように，たて２列，横６列に並んだ合計12席の座席があります。その中から前後左右で隣(とな)り合わないように５席の座席を選ぶとき，選び方は□通りあります。

(9)　右の図で，２つの正方形の１辺の長さは２cmです。また，それぞれの正方形の外側に円がぴったりとくっついています。
このとき，２つの円で囲まれたかげの部分の面積は□cm^2となります。

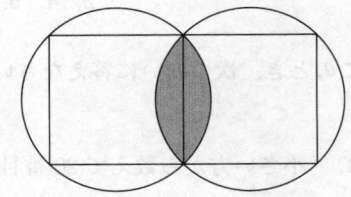

⑽　右の図のような三角形ABCを，直線BCを軸として一回転させたときにできる立体の表面積は□cm^{2}です。

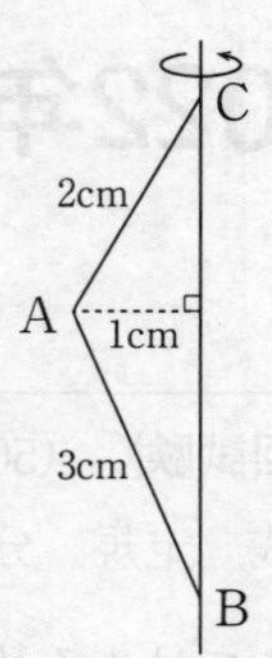

2　パーツＡを３個とパーツＢを４個組み合わせて製品Ｐが１個できます。ある工場では，製品Ｐを毎日20個ずつ作ります。この工場には，もともとＡ，Ｂのどちらのパーツもいくつかありますが，毎朝パーツＡが20個，パーツＢが30個届きます。両方のパーツが届いてから製品Ｐを作り始めるとき，次の問いに答えなさい。

⑴　Ａ，Ｂのどちらのパーツも不足することなく製品Ｐを７日間作るとき，パーツＡ，パーツＢはそれぞれ何個使いますか。

⑵　作り始めてから数日後に製品Ｐを作り終えたところ，パーツＡもパーツＢもちょうどなくなりました。このとき，もともと工場にあったパーツＡとパーツＢの個数の比をもっとも簡単な整数の比で答えなさい。

⑶　作り始めてから30日目に製品Ｐを作り終えたところ，どちらか一方のパーツだけがちょうどなくなりました。もともと工場にあったパーツＡとパーツＢの個数の比が5：6であったとき，どちらのパーツが何個残りましたか。

3　2から2022までの整数のうち，0，2，4，6，8だけを使ってできるものを次のように小さい順に並べます。

2，4，6，8，20，22，24，・・・，2022

このとき，次の問いに答えなさい。

⑴　小さい方から数えて20番目の数は何ですか。

(2)　全部で何個の数が並んでいますか。

(3)　全部の数の和はいくつになりますか。

4　下の図のような１辺の長さが12 cmの立方体ABCD-EFGHがあります。点P，Qは点Aを出発してA→B→C→D→A→…の順に正方形ABCDの周上を動き，点Rは点Eを出発してE→F→G→H→E→…の順に正方形EFGHの周上を動きます。点P，Q，Rの速さはそれぞれ毎秒3 cm，毎秒1 cm，毎秒2 cmです。

３点P，Q，Rが同時に出発するとき，次の問いに答えなさい。

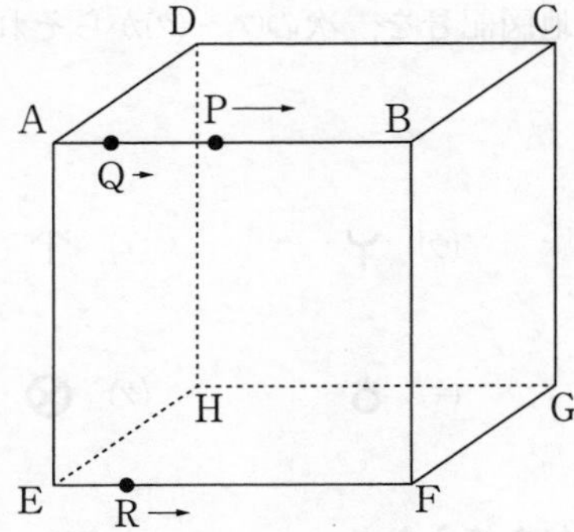

(1)　次の(ア)，(イ)のとき，点P，Q，Rを通る平面で立方体を切ったときの切り口の形はどうなりますか。以下の【選択肢】①～⑧の中からもっとも適切なものをそれぞれ選び，番号で答えなさい。

(ア)　出発してから12秒後　　　(イ)　出発してから17秒後

【選択肢】

① 直角三角形	② 正三角形	③ 正方形	④ 長方形
⑤ 台形	⑥ ひし形	⑦ 五角形	⑧ 六角形

(2)　出発してから48秒間で，点P，Q，Rを通る平面で立方体を切ることができ，その切り口の形が正三角形になるのは，何回ありますか。ただし，PとQが重なるときは考えないものとします。

(3)　出発してから30秒後に，点P，Q，Rを通る平面で立方体を切ったときにできる２つの立体のうち，体積が大きい方の立体の体積は何cm^3ですか。

【社　会】〈第１回試験〉（35分）〈満点：100点〉

1　つよしくんは，夏休みの自由日記を１週間で１テーマずつ書いていくことにしました。このことについて，以下の問いに答えなさい。

問１　つよしくんがみていたテレビのニュースで，「安全」が取り上げられていました。火事の時に119番に電話をすると，家の近くの①消防署ではなく消防本部の［　②　］室（センター）につながり，火事の規模によって出動する消防車などの台数を決めて，地域の消防署に連絡（れんらく）するそうです。そこで，第１週目の日記は安全について書くことにしました。

⑴　下線部①に関して，地域の安全を守ってくれている仕事には，消防のほかに警察があげられます。消防署と警察署の地図記号を，次の(ア)〜(ク)からそれぞれ１つずつ選び，記号で答えなさい。

(ア)　⇡　　(イ)　X　　(ウ)　Y　　(エ)　个

(オ)　⊕　　(カ)　T　　(キ)　ȯ　　(ク)　⊗

⑵　［　②　］に当てはまる語句を答えなさい。

⑶　次の文は，ニュースで紹介（しょうかい）されていたある県について，つよしくんがまとめたものです。次の文はどの県について説明したものですか，下の(ア)〜(エ)から１つ選び，記号で答えなさい。

> 紹介されていた山は毎日噴煙（ふんえん）をあげていました。そのため，この県のテレビ局では火山灰の流れる方角を火口上空の風向きによって予想し，３時間ごとの降灰予報を出しているそうです。火山の周辺に住む人たちはこの予報を見てから洗たく物を屋外に干すなど，毎日「安全な生活」と向き合っています。
>
> この地域での農業は長年苦労があったものの，ダムや農業用水が整備され，現在では茶の栽培（さいばい）や豚（ぶた）の飼育がさかんに行われています。

(ア)　千葉県　　(イ)　長野県　　(ウ)　静岡県　　(エ)　鹿児島県

問２　夏休み第２週目は気温が毎日 30℃を超(こ)える暑さでした。昨年よりもエアコンを長時間使用していると感じたつよしくんは，発電エネルギー源に関して調べてみました。すると，つよしくんの住んでいる横浜市は東北地方の 10 以上の市町村と連携(れんけい)して，風力で発電された電気の供給を受ける事業を始めていることがわかりました。

(1)　風力や地熱，太陽光などの自然エネルギーのことを何といいますか。解答欄(らん)に当てはまる語句を漢字４字で答えなさい。

(2)　日本の発電エネルギー源は，近年，内訳が大きく変化してきました。つよしくんは発電エネルギー源について資料１を作成したところ，火力の割合が減少していることに気が付きました。日本の発電エネルギー源の内訳と割合がなぜこのように変化したのかを，資料１と資料２を参考にして説明しなさい。

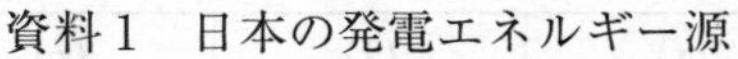
資料１　日本の発電エネルギー源

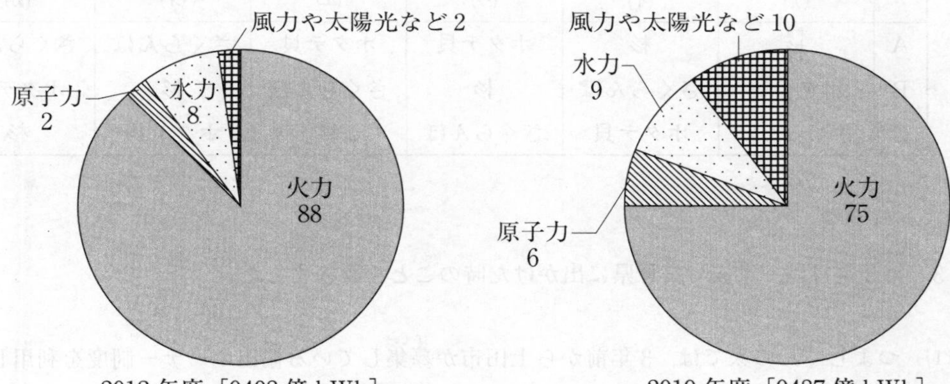

※単位は％。四捨五入のため合計は 100％ではない。
（資源エネルギー庁のホームページより作成）

資料２　世界平均の海面水位変化の予測

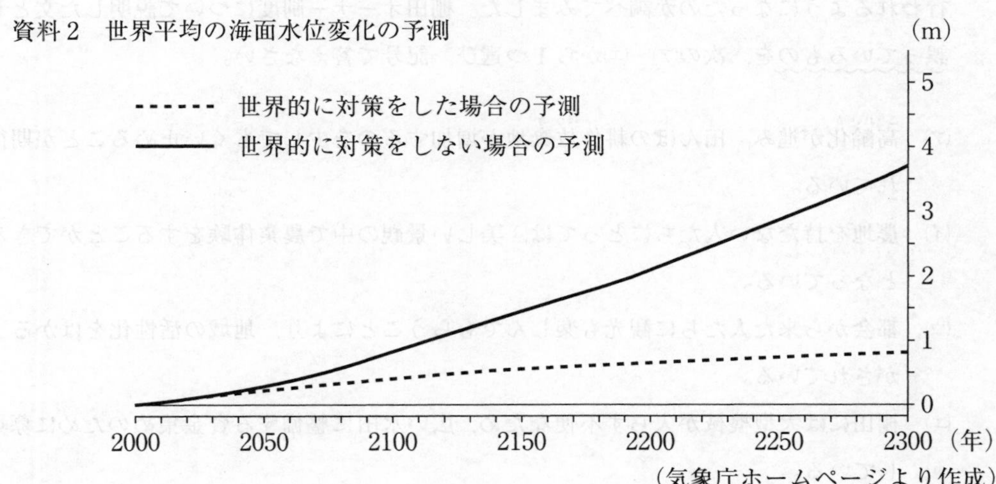

（気象庁ホームページより作成）

(3) 東北地方には，農業と結びついた祭りや伝統行事が数多くあります。次のＡ～Ｃは東北地方で８月に行われる伝統的な祭りについて書かれた文です。下の表にある農林水産物と，Ａ～Ｃの祭りが行われる県が他の東北地方の県と比べて生産がさかんなものの正しい組み合わせを，下の(ア)～(カ)から１つ選び，記号で答えなさい。

Ａ　木材や針金でつくられた大きな骨組みに和紙を貼(は)って色付けし，内側に電灯を入れてつくった巨大(きょだい)な灯ろうを台車にのせてねり歩く祭り。

Ｂ　稲穂(いなほ)にみたてた46個のちょうちんをつけた長いさおを手のひらや額などにのせ，さまざまな演技が行われる祭り。

Ｃ　県花である紅花の花飾(はなかざ)りをつけた花笠(はながさ)を持って，踊(おど)り手たちが太鼓(たいこ)の伴奏(ばんそう)にあわせて通りをねり歩く祭り。

	(ア)	(イ)	(ウ)	(エ)	(オ)	(カ)
Ａ	杉(すぎ)	杉	ホタテ貝	ホタテ貝	さくらんぼ	さくらんぼ
Ｂ	ホタテ貝	さくらんぼ	杉	さくらんぼ	杉	ホタテ貝
Ｃ	さくらんぼ	ホタテ貝	さくらんぼ	杉	ホタテ貝	杉

問３　第３週目は，家族で長野県に出かけた時のことを書きました。

(1) つよしくんの家では，３年前から上田市が募集(ぼしゅう)している棚田(たなだ)オーナー制度を利用しています。これは，農地を持たない人たちが年会費を払(はら)うことで棚田が割り当てられ，年に何回か現地で農作業を行う制度です。つよしくんは，日本各地でなぜこのような取り組みが行われるようになったのか調べてみました。棚田オーナー制度について説明した文として誤っているものを，次の(ア)～(エ)から１つ選び，記号で答えなさい。

(ア) 高齢化(こうれいか)が進み，田んぼの耕作放棄(ほうき)地が増加するのを少しでもくい止めることが期待されている。

(イ) 農地を持たない人たちにとっては，美しい景観の中で農業体験をすることができる場となっている。

(ウ) 都会から来た人たちに観光も楽しんでもらうことにより，地域の活性化をはかる工夫がされている。

(エ) 棚田には大型機械が入らず不便なため，広い水田に整備する資金集めのために募集をしている。

(2)　諏訪市にある諏訪湖からは，きれいな富士山をみることができました。湖のでき方について調べてみると，次のＡとＢの文に書かれたでき方があり，諏訪湖はＡのでき方をしていました。湖のでき方と湖の組み合わせとして正しいものを，下の(ア)～(カ)から１つ選び，記号で答えなさい。

Ａ　地面がずれて生じたくぼ地にできた。

Ｂ　河川や波によって運ばれた砂が，海岸沿いにたまってできた。

	(ア)	(イ)	(ウ)	(エ)	(オ)	(カ)
Ａ	浜名湖	浜名湖	洞爺湖	洞爺湖	琵琶湖	琵琶湖
Ｂ	琵琶湖	洞爺湖	浜名湖	琵琶湖	浜名湖	洞爺湖

(3)　松本市の松本城では，山々を背景にした城のきれいな写真が撮（と）れました。次の①～③は，つよしくんが今まで行ったことがある都市で城がある松本市，滋賀県彦根市，熊本市の年降水量と月平均気温を示したものです。３つの都市名と雨温図の正しい組み合わせを，下の(ア)～(カ)から１つ選び，記号で答えなさい。

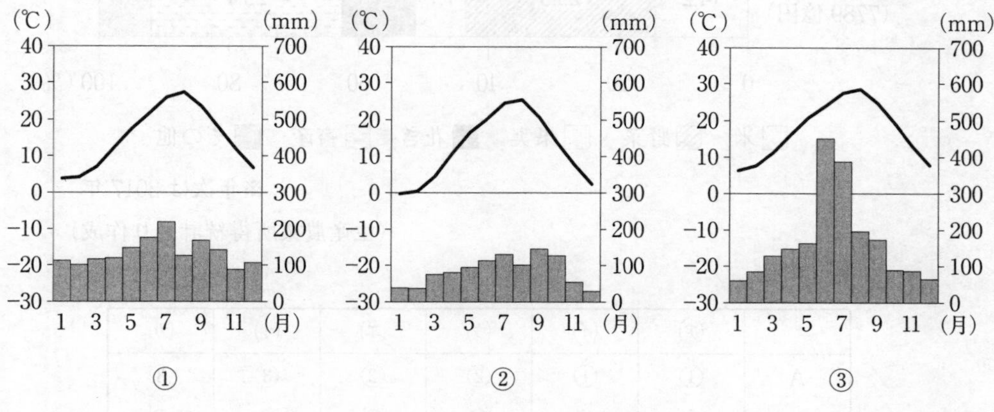

	(ア)	(イ)	(ウ)	(エ)	(オ)	(カ)
松本市	①	①	②	②	③	③
彦根市	②	③	①	③	①	②
熊本市	③	②	③	①	②	①

(4) 旅行中，農家の人たちが農作業をする様子を多く見かけました。長野県の位置する中部地方は，地域によって特色ある農業を行っています。つよしくんは中部地方の県を次のＡ～Ｃの３つの地域にわけ，農業生産額とその内訳の違(ちが)いをまとめてみました。Ａ～Ｃの地域と下の①～③のグラフとの正しい組み合わせを，あとの(ア)～(カ)から１つ選び，記号で答えなさい。

Ａ…新潟・富山・石川・福井

Ｂ…山梨・長野

Ｃ…岐阜・静岡・愛知・三重

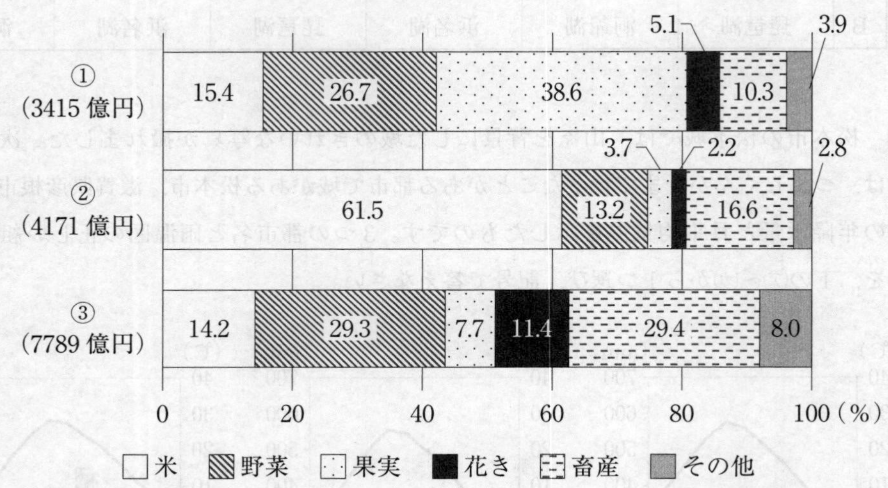

※年次は 2017 年。

（生産農業所得統計より作成）

	(ア)	(イ)	(ウ)	(エ)	(オ)	(カ)
A	①	①	②	②	③	③
B	②	③	①	③	①	②
C	③	②	③	①	②	①

問４　第４週目は家にいる時間が長かったので，小学校４年生の秋に群馬県片品村にある祖父母の家に行った時の写真や日記を整理しました。

(1)　片品村に行く途中で渡った尾瀬大橋周辺は，高低差が大きい場所でした。次の図のＸ－Ｙ間の断面図として正しいものを，下の(ア)～(エ)から１つ選び，記号で答えなさい。

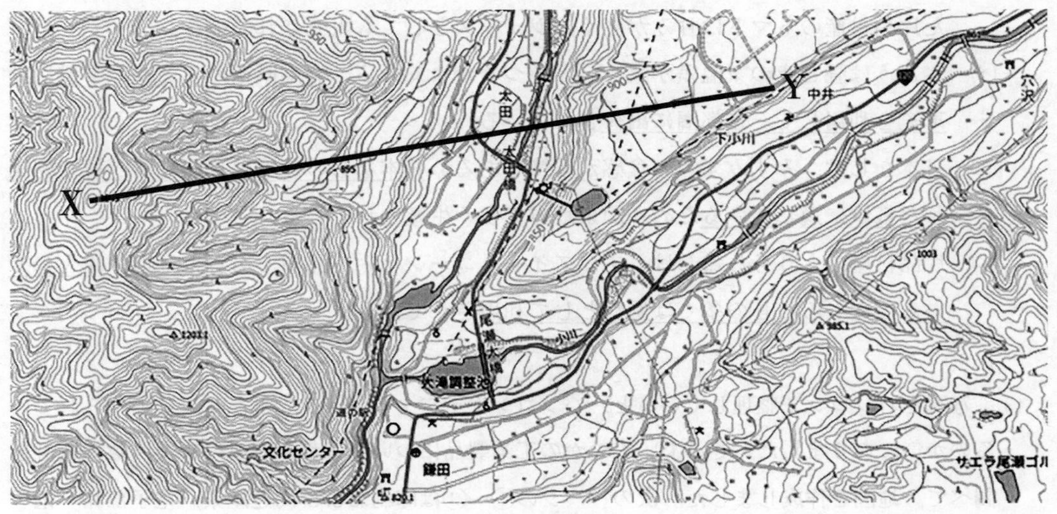

（地理院地図より作成）

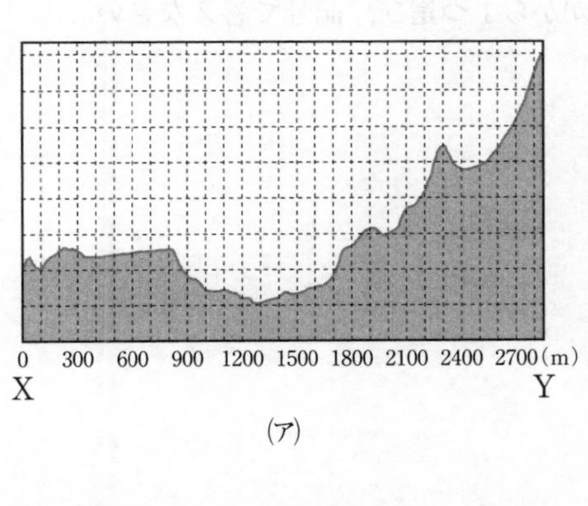

(ア)

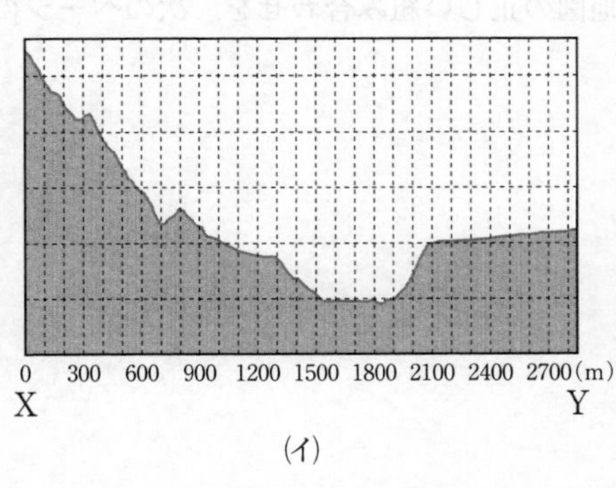

(イ)

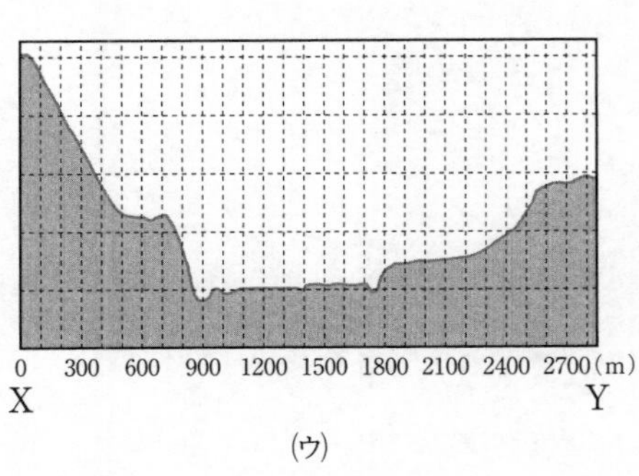

(ウ)

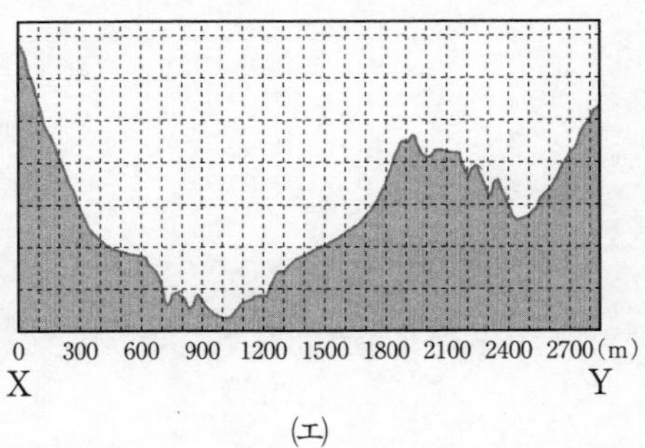

(エ)

(2)　途中で立ち寄った道の駅では，群馬県産のさまざまな農産物が販売(はんばい)されていました。その時に販売されていた農産物に関して説明した文のうち，下線部が正しいものを，次の(ア)〜(エ)から１つ選び，記号で答えなさい。

(ア)　群馬県は越後山脈と赤石山脈に囲まれた自然豊かな県である。きれいな水で育てられた片品村産のトマトは甘(あま)みが高く，ジュースとしても販売されている。

(イ)　ぶどうは昼と夜の気温差が大きいと色づきがよくなる。群馬県産のぶどうは常磐自動車道を利用して，首都圏(けん)に出荷されている。

(ウ)　日本なしは，みずみずしい食感が特徴(とくちょう)である。日本なしの栽培は日照時間が短く乾燥(かんそう)した気候に適しているため，関東地方で多く生産されている。

(エ)　片品村産のとうもろこしは，主にスイートコーンという品種である。日本が輸入しているとうもろこしの多くは飼料として利用されている。

(3)　写真をパソコンで整理していると，パソコンやデジタルカメラの部品はどこで作られているのか気になりました。そこでいくつかの工業製品について各都道府県の事業所数の統計を調べて，地図を作成しました。次のページの①〜③は印刷および関連産業，電子部品・電子回路製造業，自動車などを製造する輸送用機械器具製造業のいずれかを示しています。業種と地図の正しい組み合わせを，次のページの(ア)〜(カ)から１つ選び，記号で答えなさい。

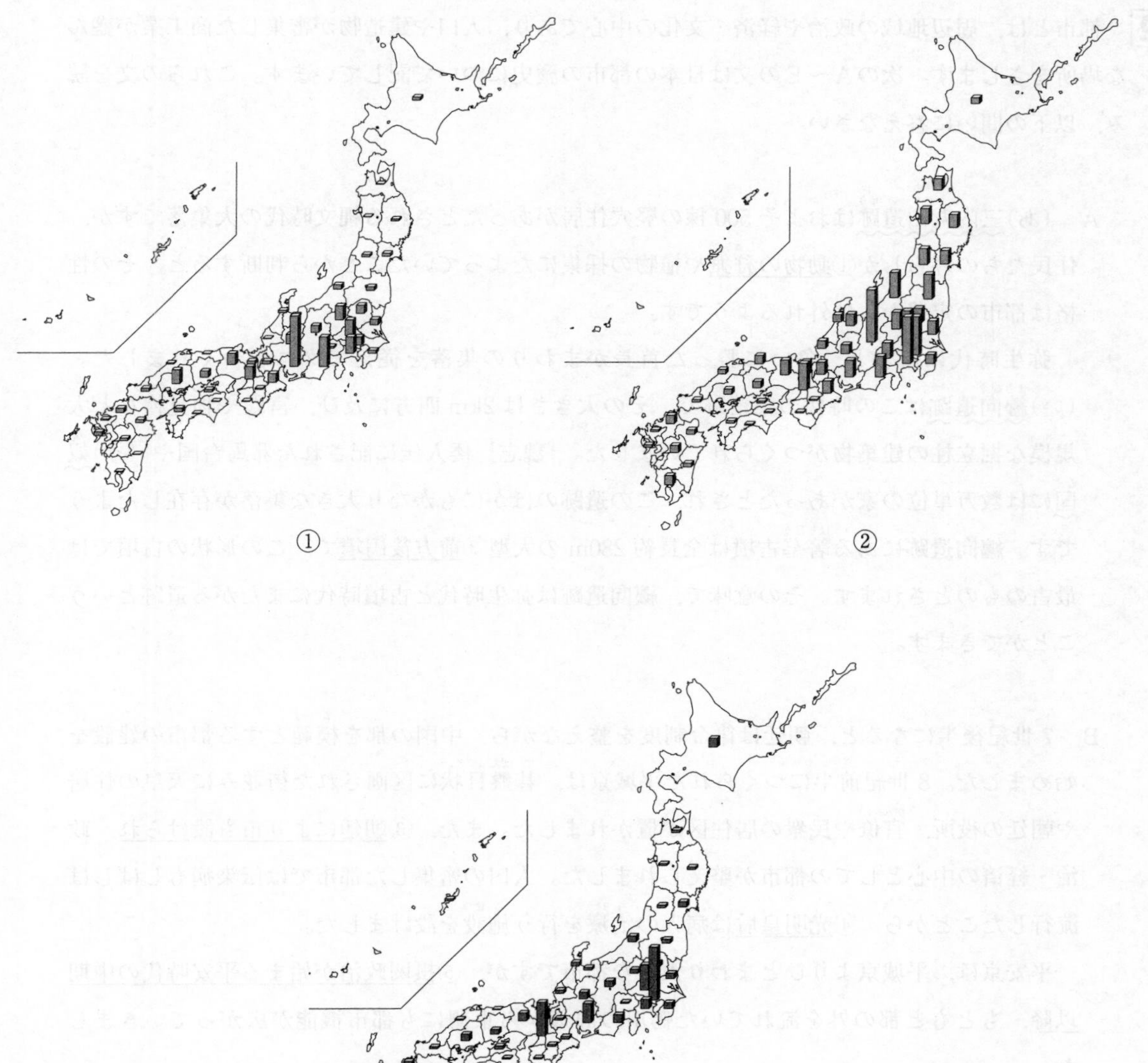

③

※年次は2019年。
（工業統計表より作成）

	(ア)	(イ)	(ウ)	(エ)	(オ)	(カ)
印刷および関連産業	①	①	②	②	③	③
電子部品・電子回路製造業	②	③	①	③	①	②
輸送用機械器具製造業	③	②	③	①	②	①

2 都市とは，周辺地域の政治や経済・文化の中心であり，人口や建造物が密集した商工業が盛んな場所をさします。次のＡ～Ｅの文は日本の都市の歴史について記しています。これらの文を読み，以下の問いに答えなさい。

A　(あ)三内丸山遺跡はおよそ500棟の竪穴住居があったとされる縄文時代の大集落ですが，住民たちの暮らしが①動物の狩猟や植物の採集にたよっていたことから判断すると，その性格は都市の定義からは外れるようです。

弥生時代になると，争いに勝った首長がまわりの集落を従えてクニをつくりました。(い)纏向遺跡はこの時代の集落跡で，その大きさは2km四方に及び，宮殿や物見櫓など大規模な掘立柱の建築物がつくられていました。『魏志』倭人伝に記された邪馬台国や(う)奴国には数万単位の家があったとされ，この遺跡のほかにもかなり大きな集落が存在したようです。纏向遺跡にある箸墓古墳は全長約280mの大型②前方後円墳で，この形状の古墳では最古のものとされます。その意味で，纏向遺跡は弥生時代と古墳時代にまたがる遺跡ということができます。

B　7世紀後半になると，朝廷は律令制度を整えながら，中国の都を模範とする都市の建設を始めました。8世紀前半につくられた平城京は，碁盤目状に区画された街並みに天皇の住居や朝廷の役所，官僚や民衆の居住区が置かれました。また，③朝廷により市も設けられ，政治・経済の中心としての都市が整えられました。人口の密集した都市では伝染病もしばしば流行したことから，④光明皇后は病人の治療を行う施設を設けました。

平安京は，平城京よりひとまわり大きな都市ですが，⑤摂関政治が始まる平安時代の中期以降，もともと都の外を流れていた鴨川の周辺から東側にも都市機能が広がっていきました。

C　12世紀の終わり，源頼朝は関東の武士団を集めて平氏を倒しましたが，このとき頼朝が拠点としたのが鎌倉です。頼朝は鎌倉の町を京都に見立てて整備したといわれています。⑥鎌倉には幕府の諸機関が置かれ，中国との交易のために港も設けられました。こうして鎌倉は京都と並ぶ政治・経済の中心都市となっていきました。

14世紀後半には，足利義満が京都室町に邸宅をつくって幕府を置き，ここを中心に政治が行われました。⑦鎌倉時代から室町時代には港町や城下町など，全国各地に新たな都市が生まれました。特に戦国時代には大名が富国強兵に力を入れたので，各地の城下町はさらに発展していきました。

D　17 世紀後半に江戸幕府が全国的な航路を整備したことから港町がさらに発達し，各地の港を拠点とする国内の交流がさかんとなりました。一方で⑧海外との交流は幕府と，幕府に許可された一部の藩のみが行っており，海外とつながる港町はごく限られていました。

幕府は陸上交通のために⑨五街道などの街道を整備したことから，宿場町が栄えました。また，江戸時代には庶民による寺院や神社への参詣がさかんとなったことから，各地に門前町が形成されて街道や宿場はますますにぎわいを見せました。

宿場町には大名が江戸と領地を往復するときに宿泊する本陣や，一般の旅行者が使う旅籠といった宿泊施設が置かれ，茶屋などの休憩所も設けられました。⑩東海道の品川宿，三島宿，宮(熱田)宿などは大きな宿場町として発達しました。

E　近代の都市の多くは江戸時代に栄えた城下町や港町などですが，⑪横浜のように幕末に港が開かれて急速に発展した都市も見られます。また，蝦夷地を改称した⑫北海道には多くの人が移り住み，新たな都市が形成されました。

明治時代から大正時代には，近代工業の発達を背景として各地に工業都市が誕生しました。そのひとつである川崎市は，1910 年代の工業の発展にともなう好景気の時期に人口が増加していきました。

戦後，⑬ 1950 年代から始まる高度経済成長は大都市圏への人口集中と地方の過疎化をもたらし，1990 年代初めのバブル経済崩壊後はその傾向に拍車がかかり，現在にいたるまで社会問題となっています。

問１　Ａの文中の波線部（あ）～（う）の位置をそれぞれ地図から選び，その正しい組み合わせを，下の(ア)～(カ)から１つ選び，記号で答えなさい。

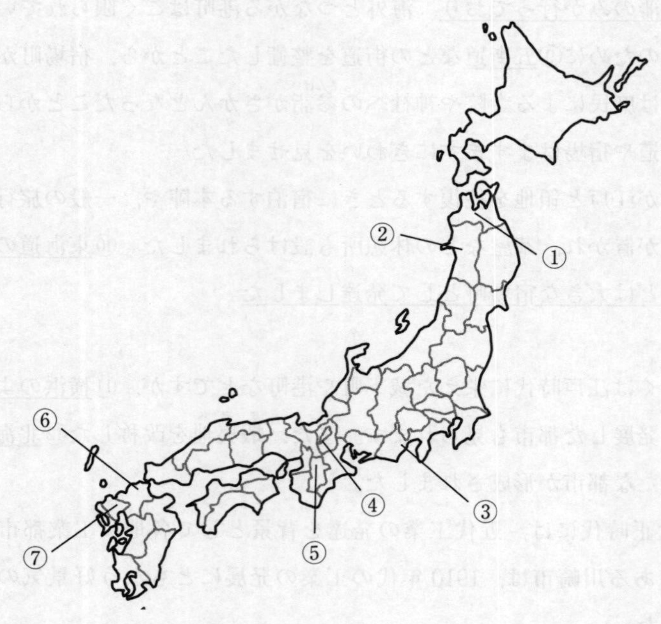

(ア)　(あ)－①　(い)－③　(う)－⑥　(イ)　(あ)－①　(い)－④　(う)－⑦
(ウ)　(あ)－①　(い)－⑤　(う)－⑥　(エ)　(あ)－①　(い)－④　(う)－⑥
(オ)　(あ)－②　(い)－⑤　(う)－⑥　(カ)　(あ)－②　(い)－③　(う)－⑦

問２　下線部①について，この時代の人々は弓矢などを用いて動物を捕えました。この時代の狩猟の対象ではない動物を，次の(ア)～(オ)からすべて選び，記号で答えなさい。

(ア)　ヘラジカ　(イ)　イノシシ　(ウ)　ノウサギ
(エ)　ナウマンゾウ　(オ)　シカ

問３　下線部②について，５世紀頃の前方後円墳の分布から，大王の勢力が関東から九州まで広がったことがわかります。このことをしめす「ワカタケル大王」の名前が刻まれた鉄剣が発見された埼玉県の古墳の名を，漢字で答えなさい。

問４　下線部③について，この市で交換(こうかん)された品物としてふさわしくないものを，次の(ア)～(ウ)から１つ選び，記号で答えなさい。

(ア)　租として徴収された米　　(イ)　調として徴収された絹

(ウ)　庸として徴収された麻布

問５　下線部④について，光明皇后は聖武天皇の妃(きさき)です。東大寺正倉院には聖武天皇の遺品が宝物として保管されています。この中には次の地図で示す交易路を通じて運ばれたものが含まれています。この交易路の名称を答えなさい。

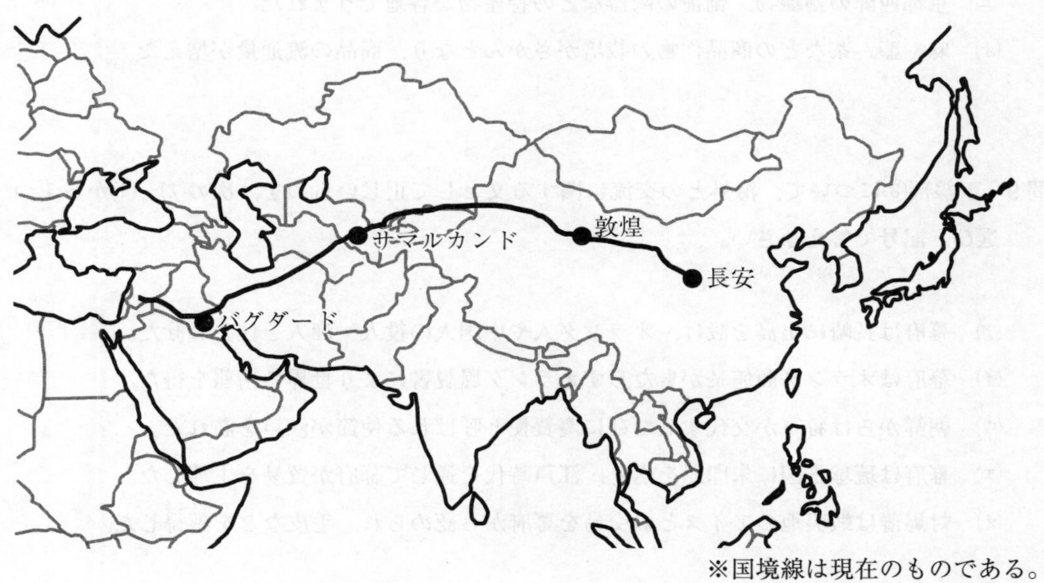

※国境線は現在のものである。

問６　下線部⑤で示された時期にあてはまる文を次の(ア)～(カ)から４つ選んだうえで，年代の古い順に並べて答えなさい。

(ア)　上皇と天皇の政治権力をめぐる対立から保元の乱が起きた。

(イ)　藤原道長は天皇の祖父として摂政に就任し，実質的に政治を主導した。

(ウ)　遣唐使として中国に渡った阿倍仲麻呂は，船が遭難(そうなん)して帰国できなかった。

(エ)　貴族の間に浄土教が流行して，阿弥陀堂の平等院鳳凰堂が建立された。

(オ)　朝廷内で平氏への反感が強まると，平清盛は都を瀬戸内海沿岸の福原に移した。

(カ)　鑑真は日本に仏教の教えを伝えるために来日し，唐招提寺を開いた。

問７　下線部⑥について，御家人を統率し，軍事を担当する幕府機関の名を漢字で答えなさい。

問８　下線部⑦について，鎌倉時代から室町時代にかけて各地に都市が発生した背景となる，経済の発達を説明した文として誤っているものを，次の(ア)～(オ)から１つ選び，記号で答えなさい。

(ア)　土中に埋めた草や，木を燃やした灰を肥料として使用し，生産力が高まった。
(イ)　農作物や手工業製品が，大量に売買される市が発達した。
(ウ)　同じ業種の商工業者が集まって株仲間をつくり，特権を得て利益を上げた。
(エ)　京都西陣の絹織物，備前の陶器などの特産物が各地でうまれた。
(オ)　麻や藍，茶などの商品作物の栽培がさかんとなり，商品の流通量が増えた。

問９　下線部⑧について，海外との交流に関する文として正しいものを，次の(ア)～(オ)から１つ選び，記号で答えなさい。

(ア)　幕府は長崎に出島を設け，オランダ人や中国人の役人・商人を住まわせた。
(イ)　幕府はオランダ商館長がもたらすオランダ風説書により世界の情報を得た。
(ウ)　朝鮮からは将軍が交代するたびに慶賀使と呼ばれる使節が江戸を訪れた。
(エ)　幕府は琉球王国に朱印船を送り，江戸時代を通じて幕府が貿易を主導した。
(オ)　対馬藩は蝦夷地のアイヌとの交易を幕府から認められ，毛皮などを獲得した。

問10　下線部⑨について，五街道のうち，東海道の宿場を描いた歌川広重の『東海道五十三次』はよく知られています。この作品に代表される，庶民向けの風景画や歌舞伎役者の肖像画など，庶民の娯楽として描かれた絵画を何といいますか，漢字で答えなさい。

問11　下線部⑩について，幕末のころ，東海道の宮(熱田)宿には約250軒の旅籠が並び，東海道では最大の宿場町で，大勢の人々が宿泊しました。本文及び図１･図２とその説明文を参考にして，その理由を３つ挙げて説明しなさい。

【図１】

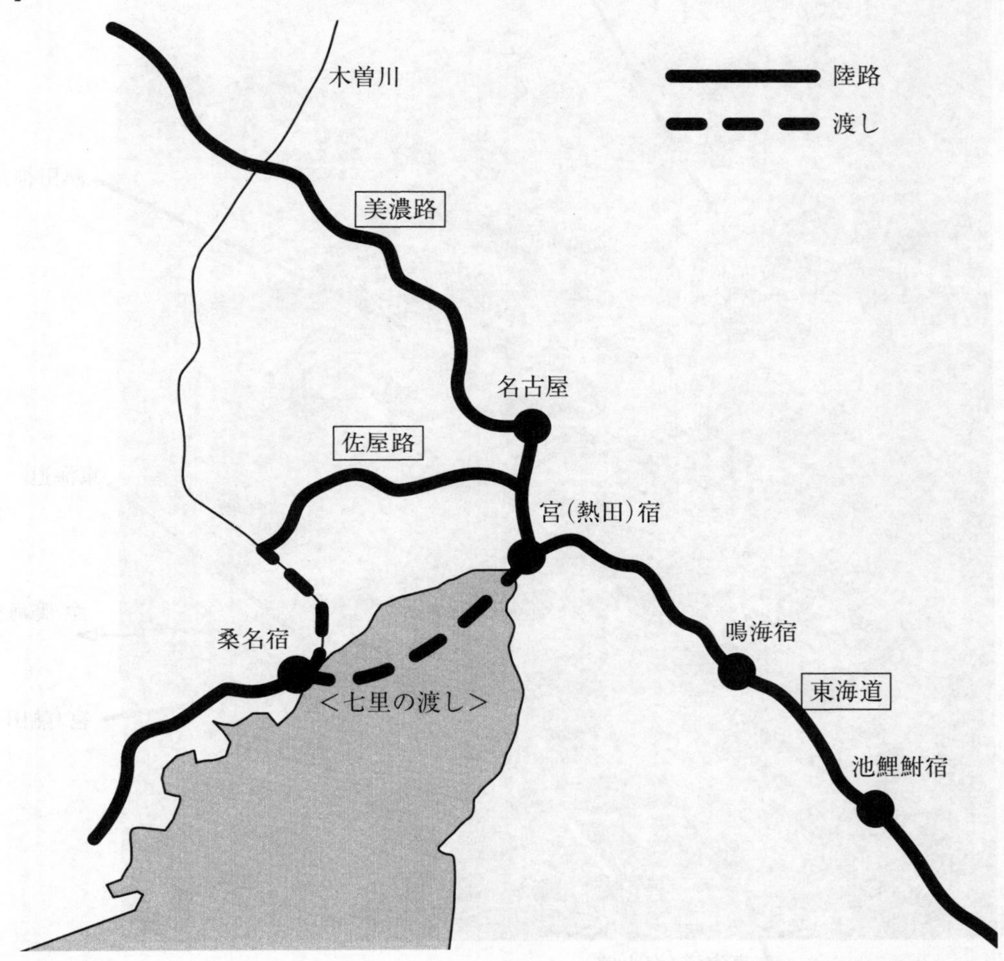

※海岸線は江戸時代のもの(推定)。

【説明文】

宮(熱田)宿と桑名宿の間は東海道で唯一の海上路で，旅人は「七里の渡し」と呼ばれる水上路を渡し船で通行しました。

宮(熱田)宿から分かれて名古屋方面に向かう美濃路は，やがて中山道と接続する大切な街道でした。また，佐屋路は東海道の迂回路で，陸路と渡しを経て桑名宿で東海道に合流しました。

【図２】

(『日本名所風俗図会６（東海の巻）』より作成)

【説明文】

　絵図の熱田神宮は『古事記』や『日本書紀』に登場するヤマトタケルにまつわる伝承のある古い神社です。とくに鎌倉時代から江戸時代にかけて信仰(しんこう)がさかんでした。

問12　下線部⑪について，横浜の開港は1858年に日米間で締結(ていけつ)された条約を根拠としています。この条約締結を進めた江戸幕府の大老の名を漢字で答えなさい。

問13　下線部⑫について，北海道の歴史に関する文として正しいものを，次の(ア)～(エ)から１つ選び，記号で答えなさい。

(ア)　9世紀前半，征夷大将軍坂上田村麻呂は北海道まで軍を進めて征服した。

(イ)　15世紀中頃，アイヌの首長シャクシャインは日本人の支配に反発して蜂起(ほうき)した。

(ウ)　19世紀後半，明治政府はアイヌに日本名への改名や日本語を強制し，同化をはかる政策を行った。

(エ)　20世紀初め，日露戦争後のポーツマス条約で日本は千島列島全島を領土とした。

問14　下線部⑬について，1950年代から1990年代までの日本と世界の動きに関する文として正しいものを，次の(ア)～(オ)から１つ選び，記号で答えなさい。

(ア)　1951年に第二次世界大戦の講和会議がサンフランシスコで開催され，日本は連合国に属したすべての国と平和条約を結び，国際社会に復帰した。

(イ)　池田勇人首相は国民所得倍増計画をかかげて高度経済成長を推し進め，在任中に開催(かいさい)された1964年のオリンピック東京大会は好景気を後押しした。

(ウ)　1972年，第二次世界大戦後アメリカの統治下にあった沖縄の本土復帰を果たした田中角栄首相は，続いて日中共同声明に調印した。

(エ)　1980年代にアメリカは対日貿易の見直しを主張し，牛肉など農産物の日本からの輸入を規制し，アメリカ産自動車の日本輸出を増加させた。

(オ)　1991年の湾岸戦争の際，自衛隊は国連平和維持活動（ＰＫＯ）に初めて参加し，イラクに派兵した。

3 次の文を読んで，以下の問いに答えなさい。

憲法は私たちのくらしにとって，とても大切です。普段(ふだん)はあまり意識することが少ないかも知れませんが，ここであらためて憲法について考えてみましょう。

日本国憲法は，それまでの大日本帝国憲法に代わり，真に自由で平等な社会を目指して制定されました。日本国憲法は，前文から始まり第１章から第11章まで計103条の条文からできています。

まず，前文では①日本国憲法の３つの原則を中心にこの憲法がどのような考えに基づいて作られたのかなどが述べられています。そして，第１章では②天皇について書かれています。第２章では戦争の放棄について書かれていて，悲惨(ひさん)な戦争の体験をふまえて，第９条で，外国との争いを武力で解決しないこと，そのためには陸海空軍などの戦力を持たないことなどを定めています。第３章では③国民の権利及(およ)び義務について書かれています。第４章では④国会，第５章では内閣，第６章では司法，と私たちの国を支える三権についての規定があります。第７章では財政について，第８章では⑤地方自治について規定しており，第93条第２項で「⑥地方公共団体の長，その議会の議員及び法律の定める*その他の吏員(りいん)は，その地方公共団体の住民が，直接これを選挙する。」と規定しています。このあと第９章では改正について，第10章では最高法規性について，第11章で補則の規定があります。そして，日本国憲法はわずか103条の条文で構成されているため，詳細(しょうさい)については「法律でこれを定める。」としています。

その一例として，ここでは少し面白い法律を紹介します。それは，⑦国民の祝日に関する法律です。その第１条では，「⑧自由と平和を求めてやまない日本国民は，美しい風習を育てつつ，よりよき社会，より豊かな生活を築きあげるために，ここに国民こぞって祝い，感謝し，又(また)は記念する日を定め，これを国民の祝日と名づける。」とし，第２条でそれぞれの祝日の名称と日付けとその祝日の意味を規定しています。第３条では「国民の祝日は，休日とする。」と定めています。そのため，学校などがお休みになっているのです。

＊その他の吏員…地方公共団体の一部の職員

問１　下線部①について，前文で述べられている日本国憲法の３つの原則は，国民主権と平和主義，残る１つは何ですか，８字で答えなさい。

問２　下線部②に関連して，日本国憲法の内容として正しいものを，次の(ア)～(エ)から１つ選び，記号で答えなさい。

(ア)　天皇は日本国及び日本国民統合の象徴である。

(イ)　日本国は万世一系の天皇が統治する。

(ウ)　天皇の国事に関するすべての行為は，国会がその責任を負う。

(エ)　天皇は国の元首であって，神聖不可侵の存在である。

問３　下線部③に関連して，次の問いに答えなさい。

(1)　日本国憲法が保障する権利の中に，精神の自由があります。精神の自由に関して述べた文として誤っているものを，次の(ア)～(エ)から１つ選び，記号で答えなさい。

(ア)　精神の自由の中には学問の自由も含まれている。

(イ)　国が宗教的活動を行うことを憲法は認めている。

(ウ)　人が頭の中で何を考えても自由である。

(エ)　小説の内容を，政府が出版前に検査することを憲法は禁止している。

(2)　日本国憲法が保障する権利の中に，経済活動の自由があります。これに関連して，新型コロナウイルス感染症が急激に広がり始めた2020年には，マスクや消毒液が入手困難となり，仮に入手できても価格が非常に高くなりました。2021年になっても，新型コロナウイルス感染症の影響は，世界中の人々を苦しめていましたが，マスクや消毒液は簡単に手に入るようになり，価格もかなり低くなりました。品物と価格の関係について述べた文として最も適当なものを，次の(ア)～(エ)から１つ選び，記号で答えなさい。

(ア)　品物を必要とする人に対して，生産される品物が不足した場合，一般的に品物の価格は上昇する。

(イ)　価格が下落すると人々がその品物を買わなくなるので，生産する人も品物を作らなくなり，結果として品物が不足する。

(ウ)　生産される品物に対して，品物を必要とする人が少ない場合，一般的に品物の価格は上昇する。

(エ)　災害が起こると，品物を必要とする人が増え，同時に生産される品物の量も増えて，一般的に価格は下落する。

問４　下線部④に関連して，次の問いに答えなさい。

(1)　国会議員には政治活動を円滑に行えるように，いくつかの特権が与えられています。その特権について述べた文として誤っているものを，次の(ア)～(エ)から１つ選び，記号で答えなさい。

(ア)　両議院の議員は，法律の定めるところにより，国庫から生活するのに十分な給料を受け取ることができる。

(イ)　両議院の議員は，法律の定める場合を除いては国会の会期中逮捕されず，会期前に逮捕された議員は，その議院の要求があれば会期中は釈放される。

(ウ)　両議院の議員は，議院で行った演説，討論または表決について，院外で責任を問われない。

(エ)　両議院の議員は，選挙で選ばれているので，任期中はどんな理由があろうと議員の資格を失うことはない。

(2)　議会などの運営には多くの場合，多数決が採用されています。多数決という決め方について書かれた文として正しいものを，次の(ア)～(エ)から１つ選び，記号で答えなさい。

(ア)　他の人の意見に影響を受けないように，提案された選択肢の中から各自の好きなものを選ばせるよう，できるだけすぐに採決することが大切である。

(イ)　提案が１つだけしか出なかった場合には，その提案が多数とみなして，採決しない方が好ましい。

(ウ)　３つの提案がされた場合，１人が１回挙手してその中から１つを選ぶ場合も，１人が２回ずつ挙手して結果として１つを選ぶ場合でも，常に結果は同じになる。

(エ)　多数決は，常に正しい結論を導き出すとは限らないので，採決するまでに十分議論を尽くし，少数意見もできるだけとりいれるよう配慮する必要がある。

問５　下線部⑤に関連して，次の問いに答えなさい。

(1)　地方公共団体に関する文として正しいものを，次の(ア)～(エ)から１つ選び，記号で答えなさい。

(ア)　すべての地方公共団体は，住民の立場で行政を監視(かんし)するオンブズパーソン(オンブズマン)制度をとりいれている。

(イ)　地方公共団体の住民は，地域の重要な問題に対して賛成や反対の意思を表明できる住民投票の権利を持っていない。

(ウ)　地方公共団体の住民は，条例の制定や首長の解職を請求(せいきゅう)できる直接請求の権利を持っている。

(エ)　地方公共団体は，地方税などの自主財源のみで運営し，国から財政支援(しえん)を受けることは認められていない。

(2)　市町村合併(がっぺい)の影響に関する文として最も適当なものを，次の(ア)～(エ)から１つ選び，記号で答えなさい。

(ア)　利用が可能な窓口や公共施設(図書館，スポーツ施設等)が減ることにより，市民の利便性が向上する。

(イ)　より大きな市町村の誕生で，地域の連帯感が高まり，歴史や文化・伝統を守っていくことができる。

(ウ)　行政区域の拡大や議員数の減少によって，行政と住民の距離(きょり)が拡大し，住民の意見が反映されやすくなる。

(エ)　財政規模が拡大し，これまでできなかったような大規模事業によるサービスの向上が可能となる。

問６　下線部⑥に関連して，本校が所在する横浜市では，2021年８月に横浜市長選挙が行われました。選挙の争点の１つに「ＩＲ(カジノを含む統合型リゾート)の誘致(ゆうち)を進めるか否か」という問題がありました。これに関して説明した次のＡとＢの文について，その正誤の組み合わせとして正しいものを，次の(ア)～(エ)から１つ選び，記号で答えなさい。

Ａ　ＩＲ誘致賛成派の人々は，ＩＲを誘致することで，横浜市の税収が増えることを期待している。

Ｂ　ＩＲ誘致反対派の人々は，ＩＲを誘致することで，横浜市の治安が悪化することを心配している。

(ア)　Ａ　正　　Ｂ　正　　(イ)　Ａ　正　　Ｂ　誤
(ウ)　Ａ　誤　　Ｂ　正　　(エ)　Ａ　誤　　Ｂ　誤

問７　下線部⑦に関連して，文化の日の意味は，「自由と平和を愛し，文化をすすめる。」となっています。1946年11月３日には，私たちの国にとって大きな出来事がありました。この日の出来事について，次の［　　　］にあてはまる語は何ですか，漢字２字で答えなさい。

「日本国憲法が［　　　］された日」

問８　下線部⑧に関連して，2021年８月にイスラム主義勢力タリバンの攻勢(こうせい)で政権が崩壊したアフガニスタンでは，政情不安と暴力により多くの市民が避難を余儀(よぎ)なくされています。これらの難民に対する支援は国連難民高等弁務官事務所が中心となって行っています。国連難民高等弁務官事務所の略称(りゃくしょう)として正しいものを，次の(ア)～(エ)から１つ選び，記号で答えなさい。

(ア)　ＩＡＥＡ　　(イ)　ＵＮＣＴＡＤ　　(ウ)　ＵＮＨＣＲ　　(エ)　ＷＨＯ

【理　科】〈第１回試験〉（35分）〈満点：100点〉
（注意事項　計算機，定規，分度器，コンパス等は一切使用してはいけません。）

1　かん電池，豆電球をつないで，さまざまな回路を作りました。かん電池，豆電球はすべて同じものを使用しています。あとの各問いに答えなさい。なお，回路に使うものを**図１**のように表すこととします。

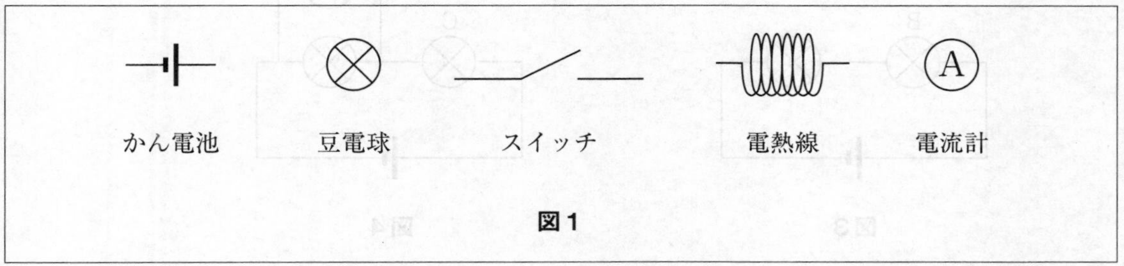

図１

(ア)　**図２**のように，かん電池１つと豆電球１つをつないだ回路を作りました。この回路の豆電球Ａの明るさを基準とします。次に，かん電池１つと豆電球２つをつなぎ，**図３**の回路を作りました。豆電球Ｂの明るさはどのようになると考えられますか。最も適するものを，あとの１～４の中から１つ選び，番号を書きなさい。

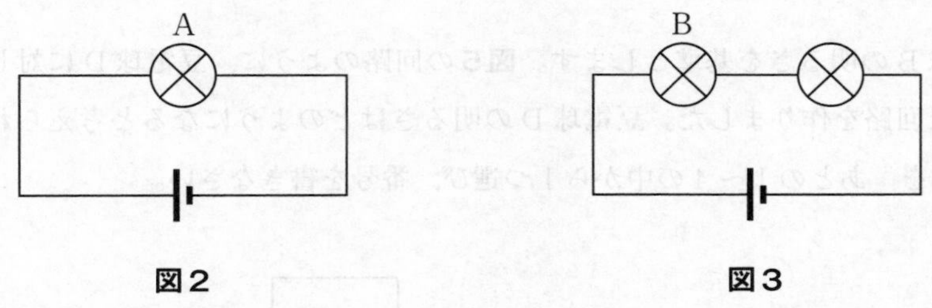

図２　　**図３**

1. 豆電球Ａの明るさに比べて明るくなる
2. 豆電球Ａの明るさに比べて暗くなる
3. 豆電球Ａの明るさに比べて変わらない
4. 消える

(イ) **図３**の豆電球Ｂの明るさを基準とします。**図４**の回路のように，かん電池１つと豆電球３つをつないだ回路を作りました。豆電球Ｃの明るさはどのようになると考えられますか。最も適するものを，あとの１～４の中から１つ選び，番号を書きなさい。

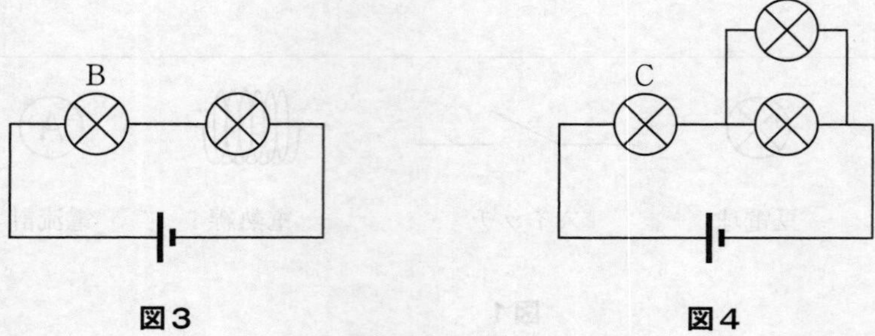

図３　**図４**

1. 豆電球Ｂの明るさに比べて明るくなる
2. 豆電球Ｂの明るさに比べて暗くなる
3. 豆電球Ｂの明るさに比べて変わらない
4. 消える

(ウ) **図３**の豆電球Ｂの明るさを基準とします。**図５**の回路のように，豆電球Ｄに対して並列に導線をつないだ回路を作りました。豆電球Ｄの明るさはどのようになると考えられますか。最も適するものを，あとの１～４の中から１つ選び，番号を書きなさい。

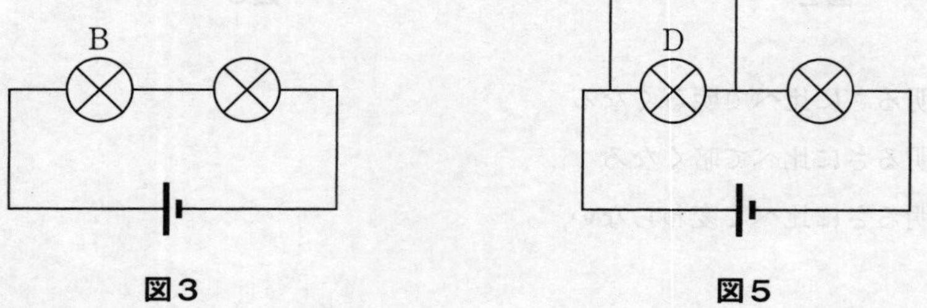

図３　**図５**

1. 豆電球Ｂの明るさに比べて明るくなる
2. 豆電球Ｂの明るさに比べて暗くなる
3. 豆電球Ｂの明るさに比べて変わらない
4. 消える

(エ)　かん電池を３つ用意し，それぞれ**図６**のように，２つのかん電池を同じ向きにつなぎ，もう一つのかん電池は反対向きにつなぎました。このとき，豆電球Ｅは消えることはありませんでした。**図２**の豆電球Ａの明るさを基準としたとき，**図６**の豆電球Ｅの明るさはどのようになると考えられますか。最も適するものを，あとの１～４の中から１つ選び，番号を書きなさい。

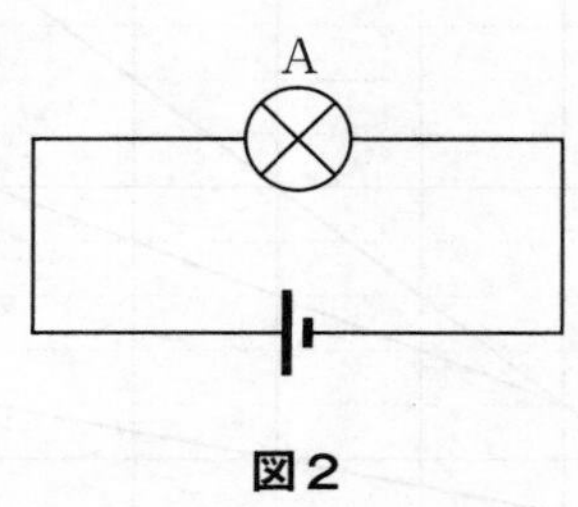

図２

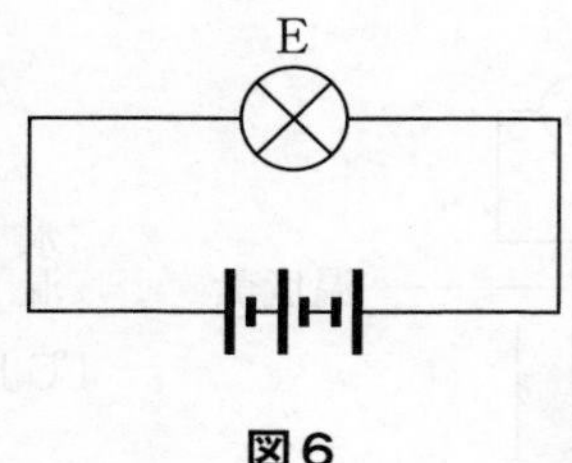

図６

1. 豆電球Ａの明るさに比べて明るくなる
2. 豆電球Ａの明るさに比べて暗くなる
3. 豆電球Ａの明るさに比べて変わらない
4. 豆電球Ａの明るさに比べて明るくなったり，暗くなったりする

次に，豆電球を電熱線にかえて，電熱線から発生する熱で水を温める実験をしました。電熱線から出た熱はすべて水に与（あた）えられ，水から熱は逃（に）げず，容器の中の水の量はすべて同じとします。また，電熱線はすべて同じ物質（ぶっしつ）でできているとします。

実験で使用した太さと長さのちがう４つの電熱線ａ～ｄの長さと断面積は，次の**表１**のとおりでした。

表１

	長さ〔m〕	断面積〔mm^2〕
電熱線 a	0.1	0.05
電熱線 b	0.2	0.05
電熱線 c	0.4	0.05
電熱線 d	0.2	0.1

<実験１>

図７のようにかん電池，電熱線，電流計を接続した。かん電池の電圧は一定であり，一定の電流を流し，水をゆっくりかき混ぜながら時間と水温の変化を測定した。**図８**は電熱線 a～c をそれぞれ接続した結果をグラフに表したものである。

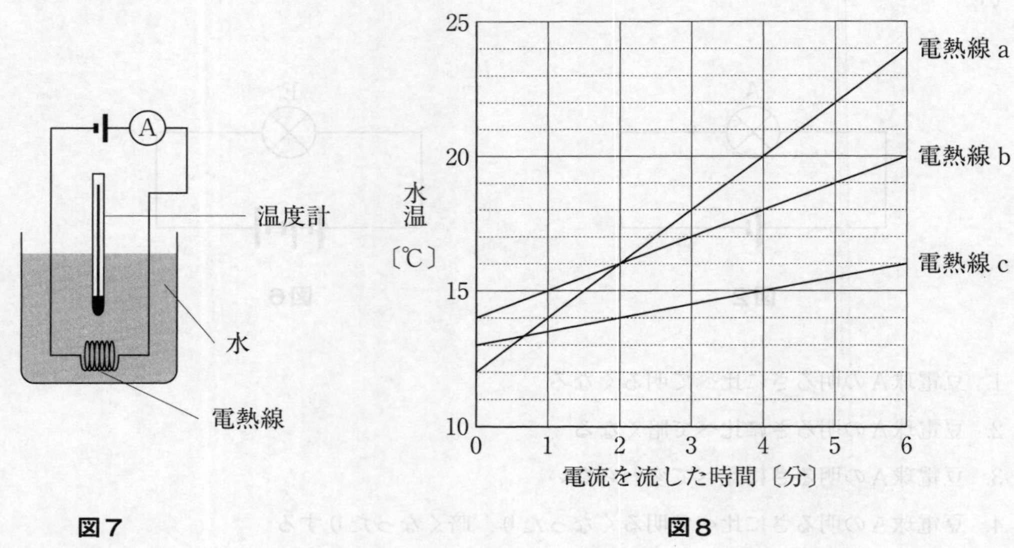

図７　**図８**

(オ) 流れる電流の大きさが一番大きかった電熱線はどれですか。最も適するものを，次の１～３の中から１つ選び，番号を書きなさい。

1. 電熱線 a
2. 電熱線 b
3. 電熱線 c

<実験２>

電熱線 d も加えて，<実験１>と同様の実験をした。電熱線 a～d それぞれの水の上昇温度を測定し，次の**表２**にまとめた。

表２

	1分	2分	3分	4分	5分	6分
電熱線 a〔℃〕	2	4	6	8	10	12
電熱線 b〔℃〕	1	2	3	4	5	6
電熱線 c〔℃〕	0.5	1	1.5	2	2.5	3
電熱線 d〔℃〕	2	4	6	8	10	12

(カ)　長さ0.8m，断面積$0.2\mathrm{mm}^2$の電熱線に５分間電流を流すと，水温は何度上昇しますか。ただし，整数で答えなさい。

(キ)　15℃の水を用いて，長さ0.8m，断面積$0.2\mathrm{mm}^2$の電熱線に電流を流したとき，電流を流した時間〔分〕と水温〔℃〕の関係を解答用紙のグラフに書きなさい。

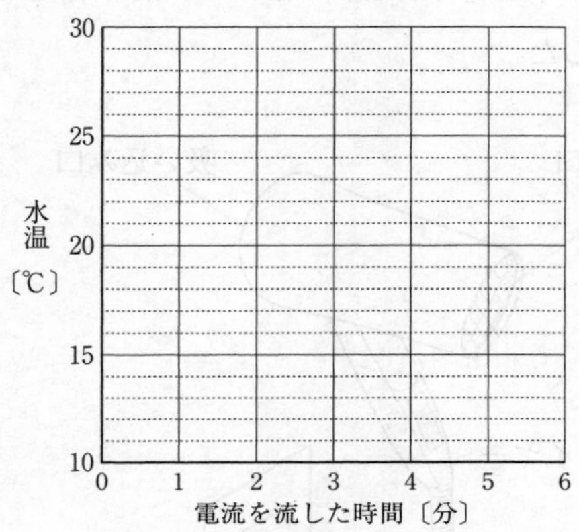

電熱線が用いられている電気器具の例としてドライヤーがあります。**図９**は，ドライヤーの内部の構造を模式的に表したものです。ドライヤーはモーターによりファン（羽根車）を回転させることで，吸い込み口から空気を吸い込み，電熱線で発生した熱によって空気が温められて吹き出し口から，温かい空気が出るように作られています。

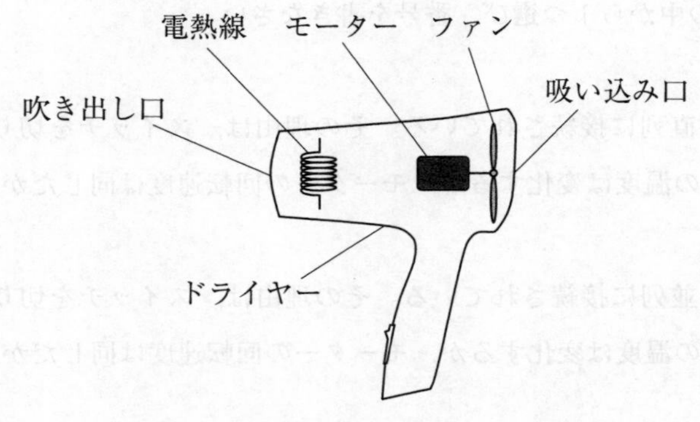

図９

図１０のように，ドライヤーには，「Hot」「Cool」の切り替えスイッチが付いています。「Hot」または「Cool」のとき，それぞれのドライヤーの吹き出し口から出た風の温度を測定しました。

「Hot」では，吹き出し口から3cmはなれた場所は80℃の温かい空気が吹き出ていました。一方，「Cool」では，吹き出し口から3cmはなれた場所は20℃の空気が吹き出ました。測定したときの室温は20℃でした。また，「Hot」「Cool」のどちらに切り替えても，１秒間におけるドライヤーから出る送風量は同じでした。

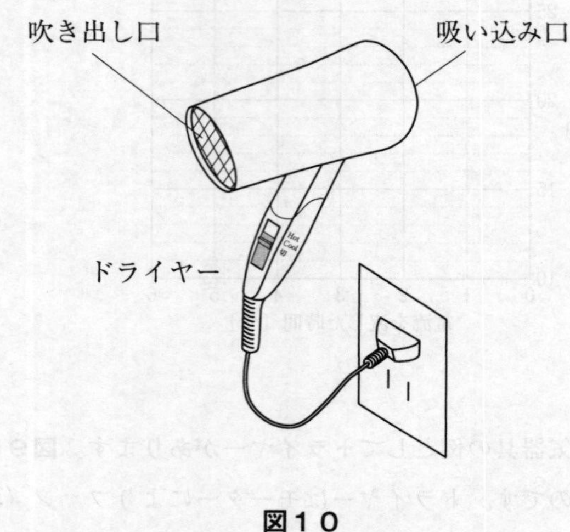

図１０

(ク) ドライヤーの内部にある電熱線とモーターのつなぎ方について述べたものとして，最も適するものを，次の１～４の中から１つ選び，番号を書きなさい。

1. 電熱線とモーターは直列に接続されている。その理由は，スイッチを切り替えたときに，吹き出し口から出る風の温度は変化するが，モーターの回転速度は同じだからである。

2. 電熱線とモーターは並列に接続されている。その理由は，スイッチを切り替えたときに，吹き出し口から出る風の温度は変化するが，モーターの回転速度は同じだからである。

3. 電熱線とモーターは直列に接続されている。その理由は，スイッチを切り替えたときに，吹き出し口から出る風の温度は変化し，モーターの回転速度も変化するからである。

4. 電熱線とモーターは並列に接続されている。その理由は，スイッチを切り替えたときに，吹き出し口から出る風の温度は変化し，モーターの回転速度も変化するからである。

2 酸性・中性・アルカリ性に関する父と花子さんの会話文などを読んで，あとの各問いに答えなさい。ただし，文中の同じ番号の（　　）には同じ言葉が入ります。特に指示のない限り，答えが小数になる場合は小数第２位を四捨五入して小数第１位まで答えなさい。

花子「今日，学校で梅干しはアルカリ性食品だという話を聞いたんだけど，梅干しって酸っぱいよね？酸性食品じゃないの？」

父「よく気づいたね。生の梅干しは酸っぱいから，梅干しの中身の部分にリトマス紙をつけると色が変わって酸性ということが分かるよ。このとき，リトマス紙の色はどのように変化するかは知ってるよね？」

花子「（　１　）色から（　２　）色に変わると酸性だね。」

父「その通り。でも梅干しをガスバーナーで十分に加熱してできた黒い炭や灰を，緑色のＢＴＢ溶(よう)液を加えた水の中に入れると（　３　）色になってアルカリ性を示すんだ。」

花子「へえ，そうなんだ。」

父「食品そのものを燃やしてできた灰を，水の中に入れてできた水溶液が何性を示すかによって，アルカリ性食品なのか，酸性食品なのかが決まるんだよ。」

花子「だから生の梅干しは酸性なのに，アルカリ性食品というんだね。でも酸性の性質はどうなっちゃったのかな？」

父「うん。もう少し詳(くわ)しく説明すると，生の梅干しが酸性を示したのは，梅干しにふくまれるクエン酸という物質が主な原因なんだ。クエン酸は主に炭素と水素からできていて，炭素が燃えると（　４　）に，水素が燃えると（　５　）に変化し，空気中へ逃(に)げてしまうんだ。だから燃焼後の炭は酸性を示さないんだよ。一方で梅干しの中にふくまれていたカルシウムやカリウムといった成分が燃えて，それによって生じた酸化カルシウムや酸化カリウムなどの物質は空気中に出ていかないんだ。それらが水に溶(と)けると水酸化カルシウムや水酸化カリウムに変化して，水溶液がアルカリ性になるんだ。」

花子「なるほど。そういうことなのね。」

父「ちなみに硫黄(いおう)っていう物質は知っているかな？」

花子「うん。箱根とか草津(くさつ)の温泉にあるくさいにおいのもとだよね？」

父「う～ん，実は硫黄そのものにはにおいがなく，くさいのは硫化水素(りゅうかすいそ)という気体なんだよ。硫黄は固体で，（　６　）色だよ。」

花子「ふ～ん。」

父「その硫黄の粉末を**図１**のように，水を少量入れてふたをした集気びんの中で燃焼させると二酸化硫黄という気体が生じる。その状態のまま集気びんをよく振(ふ)ると，二酸化硫黄が水に溶(と)けて亜硫酸(ありゅうさん)という物質ができるんだ。この亜硫酸の水溶液は酸性なんだ。」

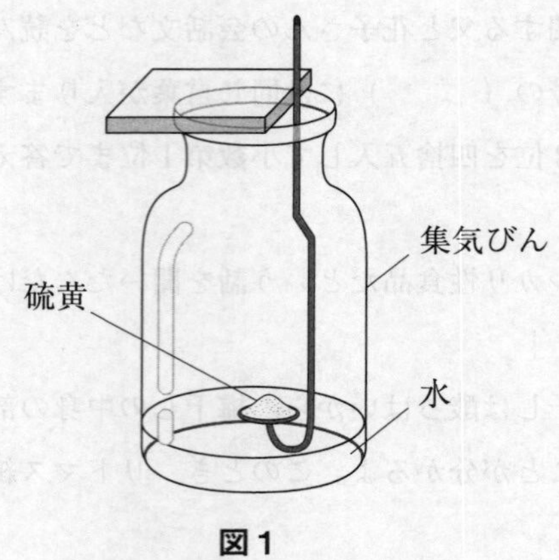

図１

花子「あれ？梅干しも硫黄も燃やしてできたものを水に溶かすのは同じだよね。でも梅干しはアルカリ性になって，硫黄は酸性になるのはどうしてなの？」

父　「それはとてもいい質問だね。まさにそこが大切なんだよ。梅干しにふくまれるカルシウムと硫黄は何がちがうと思う？」

花子「う～ん。」

父　「燃えてできた物質を酸化物というんだけど，カルシウムやカリウムなどは金属であり，金属が燃えてできた酸化物を水に溶かすとアルカリ性になることが多いんだ。硫黄や炭素，リンなどの金属ではないもの（非金属（ひきんぞく））を燃やしてできた酸化物を水に溶かすと酸性になることが多いんだよ。まとめると**図２**のようになるね。」

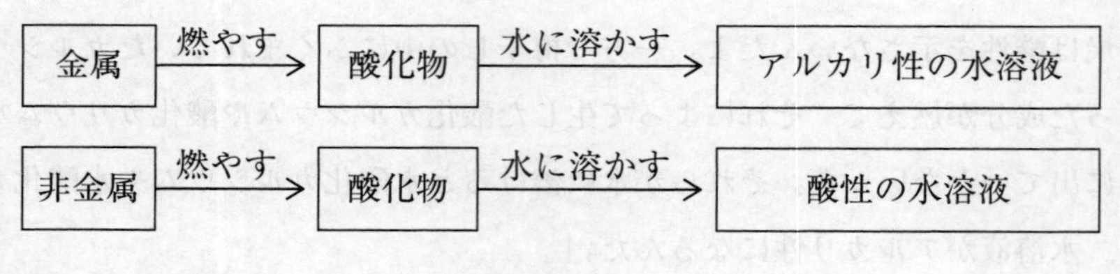

図２

花子「なるほど，もともとふくまれている成分が金属なのか，非金属なのかで，燃えてできた酸化物を溶かしてできた水溶液がアルカリ性なのか，酸性なのかが決まるんだね。ここまで深く考えると，意外に単純で分かりやすいね。」

父　「そうなんだよ。分かってくれてお父さんもうれしいよ。」

(ア)（ 1 ）と（ 2 ）にあてはまる色の組み合わせとして，最も適するものを次の１，２の中から１つ選び，番号を書きなさい。

	（ 1 ）	（ 2 ）
1	赤	青
2	青	赤

(イ)（ 3 ）にあてはまる色として，最も適するものを次の１～６の中から１つ選び，番号を書きなさい。

1. 赤　2. 青　3. 黄　4. 緑　5. 黒　6. 白

(ウ)（ 4 ），（ 5 ）にあてはまる言葉として，最も適するものをそれぞれ答えなさい。ただし漢字で書きなさい。

(エ)（ 4 ）が水に溶けて生じる物質を何と言いますか。ただし漢字で書きなさい。

(オ)（ 6 ）にあてはまる色として，最も適するものを次の１～６の中から１つ選び，番号を書きなさい。

1. 赤　2. 青　3. 黄　4. 緑　5. 黒　6. 白

図１のような装置を用いて粉末の硫黄3.2gを燃焼させ，生じた物質を十分に水へ溶かしたら4.1%の亜硫酸水溶液が200gできました。これを溶液Ａとします。また細い板状のマグネシウム1.2gを燃やし，生じた酸化物を小さい粒(つぶ)状にくだき，水を加えてよくかき混ぜたら，水酸化マグネシウム2.9gをふくむ溶液ができました。これを溶液Ｂとします。

溶液Ａに溶液Ｂを加え，さらに8%のこさの水酸化ナトリウム水溶液を加えたら完全に中和しました。

(カ)　4.1%の亜硫酸水溶液200gにふくまれる亜硫酸の重さは何gですか。

(キ)　マグネシウムとナトリウムという物質は，次のどちらの仲間と考えられますか。適するものを次の１，２の中からそれぞれ１つずつ選び，番号を書きなさい。ただし，同じ番号を選んでもかまわないものとします。

1. 金属　　2. 非金属

(ク)　2.9gの水酸化マグネシウムは，何gの亜硫酸を中和することができますか。ただし水酸化マグネシウム116gは亜硫酸164gを中和できるものとします。

(ケ)　下線部において，溶液Ａに溶液Ｂを加えた溶液は何性を示しましたか。最も適するものを次の１～３の中から１つ選び，番号を書きなさい。

1. 酸性　　2. 中性　　3. アルカリ性

(コ)　溶液Ａに溶液Ｂを加えた溶液を完全に中和するために加えた8%のこさの水酸化ナトリウム水溶液の重さは何gですか。ただし水酸化ナトリウム80gは亜硫酸82gを中和できるものとします。また答えが小数になる場合は小数第１位を四捨五入して整数で答えなさい。

3 心臓や血液に関する次の文を読んで，あとの各問いに答えなさい。

次郎(じろう)さんと歩(あゆむ)さんは，心臓や血液などについてインターネットを利用して調べています。**図１**は，からだの腹側から見た心臓とそれにつながる血管を模式的に示しています。

次郎「心臓が一定のリズムで自動的に動くのは当たり前だと思っていたんだけど，急にリズムが遅くなってしまうことがあるとは知らなかったよ。」

歩「心臓のリズムをつくっているのは，洞房結節(とうぼうけっせつ)とよばれる細胞(ぼう)の集まりなんだね。」

次郎「洞房結節がうまくはたらかなくなると，心臓が血液を送り出す回数が減って，からだが必要としている血液の量を送り出すことができなくなってしまうよね。解決の方法はないのかな。」

歩「ペースメーカーという器具は，洞房結節の役割を果たすことができるよ。」

次郎「親せきのおじさんがペースメーカーの器具を輸入する会社で働いているんだけど，ペースメーカーの役割については今知ったよ。」

歩「調べていて，ほかにも気になることはあった？」

次郎「動脈を流れる血液を動脈血，静脈を流れる血液を静脈血というんだと思っていたんだけど，そうではないみたいなんだ。」

歩「血液にふくまれる酸素や二酸化炭素の量と関係があるみたいだね。」

次郎「学校や塾(じゅく)で使う教科書や本はまとまっていて分かりやすいけど，それだけで実際のからだのすべてのことを知ることはできないんだね。」

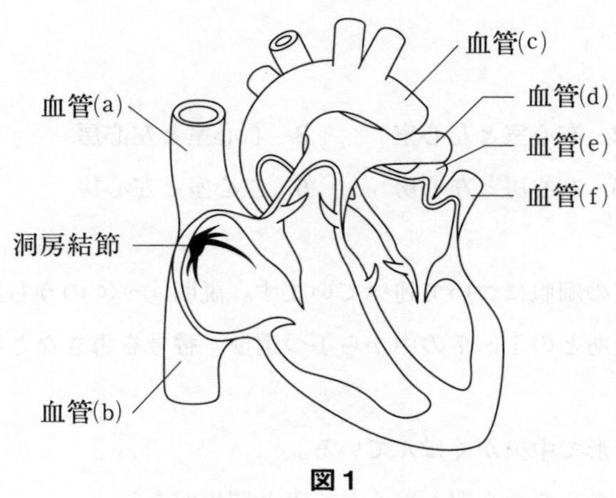

図１

(ア) **図１**について，心臓の４つの“部屋”のうち，洞房結節のある“部屋”はどれですか。最も適するものを次の１～４の中から１つ選び，番号を書きなさい。

1. 右心室　　2. 右心房(ぼう)　　3. 左心室　　4. 左心房

(イ) **図１**について，肺循環に関わる血管の組み合わせとして，最も適するものを次の１～６の中から１つ選び，番号を書きなさい。

1. 血管(a)，血管(b)，血管(c)
2. 血管(a)，血管(b)，血管(d)
3. 血管(a)，血管(b)，血管(e)，血管(f)
4. 血管(c)，血管(d)
5. 血管(c)，血管(e)，血管(f)
6. 血管(d)，血管(e)，血管(f)

(ウ) 動脈血および静脈血にふくまれる酸素や二酸化炭素の量の組み合わせとして，最も適するものを次の１～４の中から１つ選び，番号を書きなさい。

	動脈血の酸素	静脈血の酸素	動脈血の二酸化炭素	静脈血の二酸化炭素
1	多い	少ない	多い	少ない
2	多い	少ない	少ない	多い
3	少ない	多い	多い	少ない
4	少ない	多い	少ない	多い

(エ) 静脈血が通る心臓の“部屋”の組み合わせとして，最も適するものを次の１～６の中から１つ選び，番号を書きなさい。

1. 右心室と右心房　2. 右心室と左心室　3. 右心室と左心房
4. 右心房と左心室　5. 右心房と左心房　6. 左心室と左心房

(オ) 次の説明ⓐ～ⓒは，血液の細胞について述べています。説明ⓐ～ⓒのうち正しいものはどれですか。最も適するものをあとの１～７の中から１つ選び，番号を書きなさい。

ⓐ 赤血球は，円ばん状の形で中央がくぼんでいる。
ⓑ 白血球は，ウイルスをからだから取り除くしくみと関係がある。
ⓒ 血小板は，酸素と結びつきやすいヘモグロビンというタンパク質を多くもつ。

1. ⓐ　2. ⓑ　3. ⓒ
4. ⓐ，ⓑ　5. ⓐ，ⓒ　6. ⓑ，ⓒ　7. ⓐ，ⓑ，ⓒ

次郎さんと歩さんは，ヘモグロビンについて調べています。

次郎「血液が赤色なのは，ヘモグロビンが赤色だからなんだね。」

歩「しかも，酸素と結びついていないヘモグロビンは暗い赤色で，酸素と結びついているヘモグロビンは明るい赤色で，赤色の明るさがちがうみたいだね。」

次郎「暗い赤色，明るい赤色ってどういうこと？」

歩「暗い赤色は，赤色が黒っぽく見えるということだね。明るい赤色は，赤色がだいぶあざやかに見える感じかな。」

次郎「なんで，赤色がちがって見えるのかな？」

歩「酸素と結びついていないヘモグロビンは，光が当たったときに赤色の光を多く吸収するんだ。だから，反射してヘモグロビンからヒトの目に届く赤色の光は少なくなるんだ。すると，ヒトの目では暗い黒っぽい赤色に見えるんだ。逆に，酸素と結びついているヘモグロビンは，赤色の光を少ししか吸収しないから，ヒトの目に届く赤色の光は多くなって，明るいあざやかな赤色に見えるんだ。」

次郎「分かるような，分からないような，ちょっと難しいけどおもしろいね。」

図２は，パルスオキシメーターを使用している様子を示しています。**図３**は，パルスオキシメーターによる計測のしくみを模式的に示しています。肺で酸素を血液中にうまくとりこめているかどうかについて推測する際に，パルスオキシメーターは有効だと考えられています。

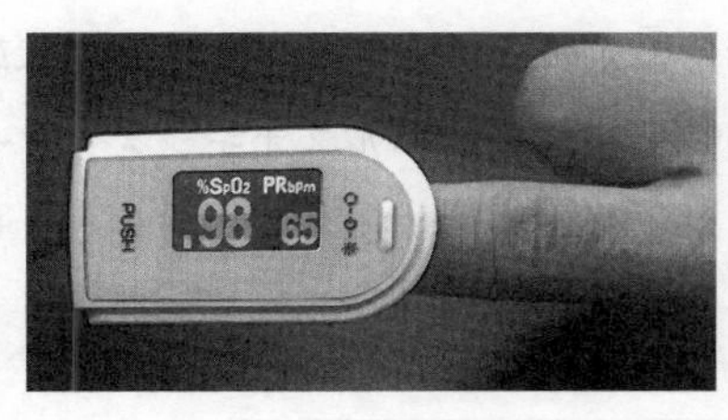

図２

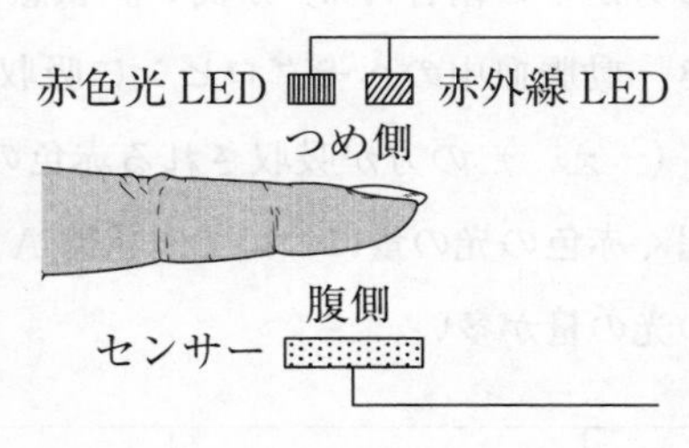

図３

歩「パルスオキシメーターという器具では，指のつめ側のLEDから赤色の光が発せられて，指の腹側のセンサーで赤色の光の量が計測されるんだ。」

次郎「パルスオキシメーターって何？おじさんの会社ではあつかってないよ。」

歩「指を流れる動脈血にふくまれるすべてのヘモグロビンのうち，何％のヘモグロビンが酸素と結びついているかを表示する器具だよ。肺で酸素を血液中にうまくとりこめている状態では，96％～98％程度になるようだよ。」

(カ)　ヘモグロビンと酸素の結びつきについて述べた文の（　あ　）および（　い　）にあてはまる言葉の組み合わせとして，最も適するものをあとの１～４の中から１つ選び，番号を書きなさい。

何％のヘモグロビンが酸素と結びついているかという割合について，動脈血と静脈血で比べると，（　あ　）の方がその割合〔%〕が高い。赤色の明るさについて動脈血と静脈血で比べると，（　い　）の方が明るい。

	（　あ　）	（　い　）
1	動脈血	動脈血
2	動脈血	静脈血
3	静脈血	動脈血
4	静脈血	静脈血

(キ)　パルスオキシメーターの利用に関する文の（　う　）～（　お　）にあてはまる言葉の組み合わせとして，最も適するものをあとの１～８の中から１つ選び，番号を書きなさい。

肺で酸素を血液中にうまくとりこめている状態を「状態A」とし，うまくとりこめていない状態を「状態B」とする。指を流れる動脈血にふくまれるすべてのヘモグロビンのうち何％のヘモグロビンが酸素と結びついているかという割合について，状態Aと状態Bを比べると，（　う　）の方がその割合〔%〕が高い。状態Aと状態Bでそれぞれパルスオキシメーターを使用したとき，動脈血中のヘモグロビンに吸収される赤色の光の量について，状態Aと状態Bを比べると，（　え　）の方が吸収される赤色の光の量が多い。また，パルスオキシメーターのセンサーに届く赤色の光の量について，状態Aと状態Bを比べると，（　お　）の方がセンサーに届く赤色の光の量が多い。

	（　う　）	（　え　）	（　お　）
1	状態A	状態A	状態A
2	状態A	状態A	状態B
3	状態A	状態B	状態A
4	状態A	状態B	状態B
5	状態B	状態A	状態A
6	状態B	状態A	状態B
7	状態B	状態B	状態A
8	状態B	状態B	状態B

4 次郎(じろう)さんとお父さんの会話文を読んで，あとの各問いに答えなさい。

次郎「お父さん，むし暑いね。」

父「乾(かん)しつ計で今のしつ度を調べてみようか。」

次郎「乾しつ計って何？」

父「温度計を２本ならべて，そのうちの１本の球部は水でぬらしたガーゼでつつむんだ。何もしていない方を乾球(かんきゅう)温度計，水でぬらした方をしっ球温度計というんだけど，水は蒸発するとき熱を（　1　）から，乾球温度計よりしっ球温度計の方が温度が（　2　）なる。これをもとにして，しつ度表からしつ度を読み取ることができるんだよ。**図１**は乾しつ計の目盛りで**図２**はしつ度表。今の気温は（　3　）℃だから，しつ度は何％になるかな？」

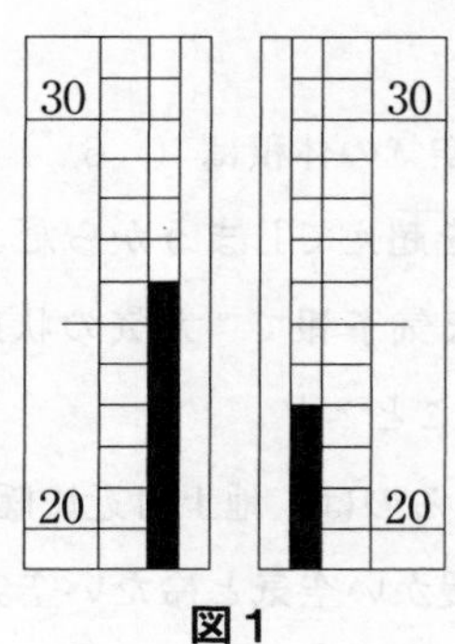

図１

乾球の温度〔℃〕	乾球としっ球の温度の差〔℃〕				
	0.0	1.0	2.0	3.0	4.0
27	100	92	84	77	70
26	100	92	84	76	69
25	100	92	84	76	68
24	100	91	83	75	67
23	100	91	83	75	67
22	100	91	82	74	66
21	100	91	82	73	65

図２

次郎「（　4　）％だね。」

父「その通り。しつ度とは，空気 $1m^3$ 中にふくまれている水蒸気の量が，その温度のほう和水蒸気量の何％になるかを表したもので，下の**表**は気温とほう和水蒸気量を示しているよ。」

表

気　温〔℃〕	8	10	12	14	16	18	20	22	24	26	28	30
ほう和水蒸気量〔g/m^3〕	8.3	9.4	10.7	12.1	13.6	15.4	17.3	19.4	21.8	24.4	27.2	30.4

次郎「あそこに雲が見えるね。」

父　「<雲をつくる実験>というのがあるんだ。下の**図３**がそうだよ。フラスコの中には，空気以外に，少量の水と線香(せんこう)の煙(けむり)が入れてあるんだ。」

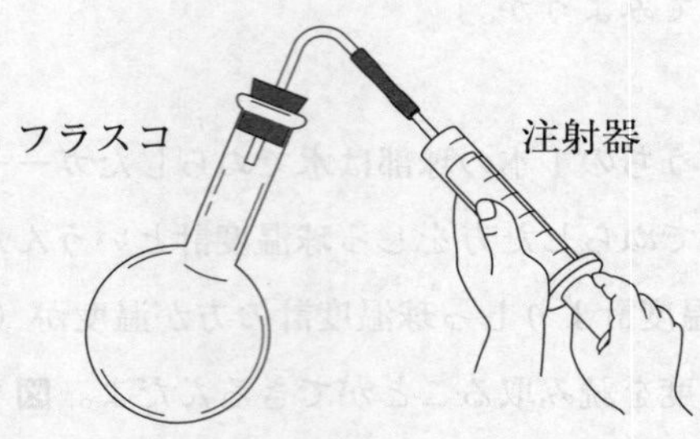

図３

次郎「雲がかんたんにつくれるんだね。雲は空気が上昇するときにできるんだよね。空気が上昇するとなんで雲ができるの？」

父　「上空にいくほど気圧は（　５　）なるから，上昇した空気の体積は（　６　）する。そのため温度は（　７　）なって，水蒸気量がほう和水蒸気量を超(こ)えてしまうからだよ。」

次郎「お父さん。この後，天気が悪くなるみたいだよ。天気予報で“大気の状態が不安定になる”って言ってた。大気の状態が不安定ってどういうこと？」

父　「いろいろあるみたいだけれど，一例として言われているのは，地上付近に暖かい空気があって，その上空に冷たい空気が流れ込んだ場合だよ。暖かい空気と冷たい空気では（　８　）空気の方が，密度が小さいよね。だから，暖かい空気と冷たい空気で（　９　）が起こり，（　10　）ができやすいんだそうだよ。」

(ア)（　１　）および（　２　）にあてはまる言葉の組み合わせとして最も適するものを，次の１～４の中から１つ選び，番号を書きなさい。

	（　１　）	（　２　）
1	放出する	高く
2	放出する	低く
3	うばう	高く
4	うばう	低く

(イ)（　３　）および（　４　）にあてはまる数字を整数で答えなさい。

(ウ) 下線部より，今の気温での水蒸気量を答えなさい。ただし，答えが小数になる場合は，小数第２位を四捨五入して小数第１位まで答えなさい。

㈣　<雲をつくる実験>で，雲ができるのはどの操作をしたときですか。最も適するものを次の１～４の中から１つ選び，番号を書きなさい。

1. ピストンをゆっくり押したとき　　2. ピストンをすばやく押したとき
3. ピストンをゆっくり引いたとき　　4. ピストンをすばやく引いたとき

㈤　（　5　）～（　7　）にあてはまる言葉の組み合わせとして，最も適するものを次の１～８の中から１つ選び，番号を書きなさい。

	（　5　）	（　6　）	（　7　）
1	高く	増加	高く
2	高く	増加	低く
3	高く	減少	高く
4	高く	減少	低く
5	低く	増加	高く
6	低く	増加	低く
7	低く	減少	高く
8	低く	減少	低く

㈥　下の図は，気温とほう和水蒸気量との関係を表したものです。また，図の点Ａ～点Ｄは，それぞれ別の日の13時におけるＹ市の気温と空気$1m^3$中の水蒸気量を表しています。点Ａ～点Ｄの中で，さらにふくむことができる水蒸気量が最も多いと考えられるものをＡ～Ｄの中から１つ選び，記号を書きなさい。

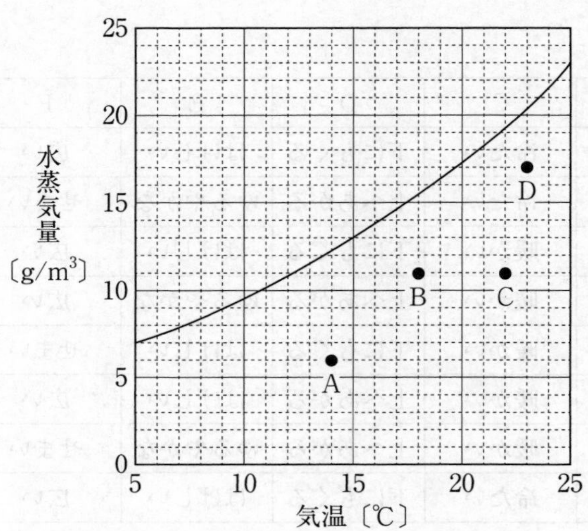

(キ)（　8　）および（　9　）にあてはまる言葉の組み合わせとして，最も適するものを次の１～６の中から１つ選び，番号を書きなさい。

	（　8　）	（　9　）
1	冷たい	放射(ほうしゃ)
2	冷たい	対流(たいりゅう)
3	冷たい	伝導(でんどう)
4	暖かい	放射
5	暖かい	対流
6	暖かい	伝導

(ク)（　10　）にあてはまる言葉として最も適するものを，次の１～４の中から１つ選び，番号を書きなさい。

1. 高層雲(こうそううん)（ひつじ雲）　2. 乱層雲(らんそううん)（あま雲）
3. 巻雲（すじ雲）　4. 積乱雲(せきらんうん)（かみなり雲）

(ケ) 次の文は，（　10　）にあてはまる雲のできかたについて書かれています。（　A　）～（　G　）にあてはまる言葉の組み合わせとして，最も適するものをあとの１～８の中から１つ選び，番号を書きなさい。ただし，同じ記号には同じ言葉があてはまるものとします。

「（　A　）前線によってできやすい雲である。（　B　）空気が（　C　）空気の（　D　）ため，（　E　）上昇気流となり，（　F　）範囲で雨がふる。（　A　）前線が通り過ぎると，気温は（　G　）。」

	A	B	C	D	E	F	G
1	寒冷(かんれい)	暖かい	冷たい	下にもぐる	はげしい	広い	下がる
2	温暖(おんだん)	暖かい	冷たい	上へあがる	ゆるやかな	せまい	上がる
3	寒冷	冷たい	暖かい	下にもぐる	はげしい	広い	上がる
4	温暖	冷たい	暖かい	上へあがる	ゆるやかな	広い	上がる
5	寒冷	冷たい	暖かい	下にもぐる	はげしい	せまい	下がる
6	温暖	冷たい	暖かい	上へあがる	はげしい	広い	上がる
7	寒冷	冷たい	暖かい	上へあがる	ゆるやかな	せまい	下がる
8	温暖	暖かい	冷たい	下にもぐる	はげしい	広い	上がる

問八　――6「歯切れの悪い答え方しかできなかった」という描写について説明したものとしてもっともふさわしいものを次の中から選び、番号で答えなさい。

1　何と答えてよいか分からず、消え入りそうな声しか出なかった。
2　熱い気持ちで応じられず、どこか沈んだような答え方になった。
3　すぐに「そうだね」と言えず、間の悪い返事になってしまった。
4「頑張ろう」とはっきり答えられず、あいまいに返事だけした。

問九　次の会話は、＊以降の、運動会当日の朝の場面について、生徒たちが話し合っているものです。本文の内容としてふさわしくないものを次の1～7の中から二つ選び、番号で答えなさい。

「家族皆が美代子を応援している様子が分かる。特にお父さんとお兄ちゃんの言葉が力強いね。」
「そうだね。二人とも美代子の背中を押しているけれど、内容は少し違う気がする。」

1「たしかに。お父さんは『恐れずに自分の力を出し切れ』と言っているんだよね。」
2「お父さんの言葉からは生き方や信念も伝わってくる。貧乏だからこそ慎ましく生きてきた自負を感じるよ。」
3「ゆっくりと、穏やかな笑顔で語りかけたところも、美代子に安心感を与えたんじゃないかな。」
4「一方でお兄ちゃんは、『負けるな』って言っている。少し踏み込んでみると、社会的強者の不当な圧力に打ち勝ってほしいという想いがあると思う。」
5「少し過激な言葉だけど、『兄の手は温かかった』という表現からは心のこもった励ましだということが分かるね。」
6「ちょっと前の場面に戻るけど、朝、枕元に運動着とハチマキがきちんと畳んでおいてあったのにも家族の心づかいと励ましを感じるな。」
7「弟がバタバタ走り回ったり、新しいズックをうらやましがったりするのも、幼いなりの励ましだと思う。」
「美代子は家族の励ましに感激しているね。皆の想いを受け止めて、運動会で頑張ってほしいな。」

問四　――3「迷惑な訪問者が現れた」とありますが、なぜ「迷惑」と感じたのですか。その説明としてもっともふさわしいものを次の中から選び、番号で答えなさい。

1　晶子が痛々しい様子をして美代子からの被害を訴えたので、両親に怒られてしまうと思ったから。
2　突然入ってきて美代子と家族にいわれのない罪を着せ、晶子に詫びるように高圧的に要求したから。
3　近所に聞こえるような大きな声で美代子に怒りをぶつけ、家族を侮辱するので、恥をかいたから。
4　怪我について言いがかりをつけられ、家の貸し借りのことまで持ち出して一方的に責められたから。

問五　――4「火に［　］を注ぐ」は、「勢いの盛んなものにさらに勢いを加えるようなことをする」という意味の慣用句です。［　］に当てはまる漢字を答えなさい。

問六　［A］に入る一節としてもっともふさわしいものを次の中から選び、番号で答えなさい。

1　戸惑いと、親は事態を軽く考え過ぎているという想い
2　悔しさと、親不孝を責められてしまったという想い
3　ほっとした気持ちと、親が信じてくれたという想い
4　情けない気持ちと、親が何とかしてくれるという想い

問七　――5「はぁ……。どうしよう？」について、このときの美代子の心情を説明した次の文の［①］・［②］に、それぞれ八字程度で適切な説明を入れ、文を完成させなさい。

［①］ために、［②］べきだとは思うものの、心を決められずにいる。

※２　卓袱台…和室などで用いる、短い脚のついた木製の食事用座卓。正方形・長方形・円形があり、折り畳み式のものが多い。
※３　裏山…町外れの雑木林の呼び名。ここのカラスウリの実は、最も効き目がある幻のカラスウリと言われ、子どもでは手の届かない高いところになっている。

問一　――ア～オについて、カタカナを漢字に直し、漢字は読みをひらがなで答えなさい。

問二　――１「精一杯の嘘をついたことを思い出した」について、次の問に答えなさい。

(1)　「精一杯の嘘」とはどのような嘘かを説明したものとしてもっともふさわしいものを次の中から選び、番号で答えなさい。

１　自慢の娘だと母に思ってもらえるように、「裸足の女王」だと言われるほど周囲に評価されていると強がってついた嘘。
２　本当は古くて薄汚れたズックを気にしているのに、母が気に病まないように、裸足で満足していると強がってついた嘘。
３　速く走れる新しい靴は欲しいが、それは叶わないので、新品は足にマメができるだけだと自分に言い聞かせるようについた嘘。
４　古いズックを笑われ嫌な思いをしているが、母を悲しませたくはないので、全く平気だと自分に言い聞かせるようについた嘘。

(2)　「精一杯の嘘」を思い出した後の美代子のリレーでの様子を説明したものとしてもっともふさわしいものを次の中から選び、番号で答えなさい。

１　靴を買ってもらえないみじめさに、なんで自分ばかりが辛い目に合うのかと怒りをぶつけるように駆け抜けた。
２　今回のことでも母に弱さを見せないようにするため、悲しみを感じながらも力いっぱい走らざるを得なかった。
３　これまでも裸足で頑張ってきたことを思い、靴を買ってもらえずとも速く走ってやろうと集中力を高めのぞんだ。
４　人の弱みをあざ笑う晶子への怒りをしずめて、自分を気づかってくれる母のために力を使おうと決意して走った。

問三　――２「はっきりとした優越感が生まれていた」とありますが、この時生まれた「はっきりとした優越感」について説明したものとしてもっともふさわしいものを次の中から選び、番号で答えなさい。

１　これまでとは違い、今回は走りで勝ったので、晶子の失敗を笑っても何もされないだろうという確かな自信。
２　自分に抜き去られた晶子が無様（ぶざま）に倒れている様子を見て心に湧き上がった、走りなら勝てるという明確な意識。
３　石灰の粉で顔が真っ白になって笑われている晶子を見て、皆の前で仕返しができたと胸のすくような気持ち。
４　常に優位に立っていた晶子も、失敗すれば笑われると分かり、それなら晶子に対抗できるはずだと自負する心。

父は卓袱台の下から紙袋を取り出すと私に渡した。

「うん？」

「開けてみろ」

私は急いで袋を開けた。そこには真っ白なズックがあった。

「安もんでごめんね」と、母がアヤマった。

私は大きく頭(かぶり)を振った。

横から覗(のぞ)く弟が「いいなぁ、僕のは？」と、訊(き)く。

「お前は、今日の一等賞になったら」姉がふざけてからかう。

「ちぇー」と、不満を漏らす弟を父は自分の膝の上に乗せた。

「美代子は、とにかく頑張れ」父はそう言って何度も頷(うなず)いた。

「ありがとう……」それ以上は言葉にならなかった。同時に、仮病まで使って逃げてしまおうと考えた自分が恥ずかしくなった。

と、キキキキッと音を立て玄関が開いた。兄が息を切らしながら勢いよく駆け込んできた。

「おお、間に合ったか。美代子、ほら、幻のカラスウリだ」

兄の手のひらには橙色の実がたくさん載っていた。〝裏山[※3]〟まで自転車を飛ばし、採りに行ってくれたのだった。

「兄ちゃん、僕には？」弟が兄に駆け寄る。

「ああ、お前の分もある」

「やったぁ」弟がはしゃぐ。

「美代子、いいか。これ塗って、絶対負けんなよ。負けたらぶっとばすからな」

荒っぽい言い方だが、触れた兄の手は温かかった。

「兄ちゃん、ありがとう」涙が止まらなくなった。

（森浩美「晴天の万国旗」　改変した部分があります。）

※１　カラスウリ…ウリ科の植物で橙色の実をつける。その実の中にある種をふくらはぎに塗ると足が速くなるという噂があった。前日の予行演習の後、美代子はリレーのメンバーに、カラスウリを採ってきてあげようかという話をしていた。

……もしかすると、私は仲間を裏切ってしまうかもしれない。そう思うと、まともに彼女たちの顔も見られなかった。

＊

楽しい時間はあっという間に過ぎるが、厭なものが待っているときも時間の進みは早い。

コケコッコー。

近所で飼っている鶏の鳴く声が聞こえた。

当日の朝、早くから目覚めていたのに、私は布団から出ようとはしなかった。耳を澄ましても雨粒の落ちている気配もない。運動会は予定通り始まる。気の早い大人たちは、場所取りをするためにゴザを抱え、校門の前に集まっているのかもしれない。当時、小学校の運動会は町の一大イベントでもあった。

初めての運動会を楽しみにしていた弟が、家の中をバタバタと走り回る足音がする。

「美代子、起きなさい」と、母が私を起こしにきた。

「母さん、私、おなか痛い」そんな嘘が咄嗟に口から出てしまった。

「いいから早く、支度しなさい」

母には、仮病だと分かっていたに違いない。

仕方なく布団から抜け出すと、枕元には真っ白な運動着と赤いハチマキがきちんと畳んで置いてあった。

着替えて、朝食の用意された※2卓袱台に着くと、両親と姉弟がみんな私を待っている様子だった。

私はひと言も喋らず俯いていた。

と、父がゆっくりとした口調で「美代子、この間のことなら気にすることはないぞ」と、話し掛けてきた。

「うん?」

私は目を擦りながら、父親の言う意味を理解しようとした。

「この家のことなら、何も心配することはない。父さんは、自分の子が侮辱されてまで他人に媚びへつらうのはイヤだ。父さんは無学だけど、そういうことは分かる。貧乏人だからって恥じる気もない。出て行けって言うなら出ればいい。それだけだ。だから、お前は何も気にせず思いっきり走れ」父は目を細めて穏やかな笑顔で言った。

「父さん……」

「それから、これ」

引き戸が閉まった後、しばらくの間、静寂に包まれた。家族みんな、唖然として声が出なかったのだろう。

最初に口を開いたのは兄で「何なんだ、あのおばさん」と、忌々しそうに言った。それに続くように姉が「ばっかじゃないの」と首を捻った。

「やめなさい」母がふたりを窘める。

父は「ふぅ」と気を鎮めるように大きく息を吐き、私に向かって「そんなことしたのか？」と、改めて聞き直した。

「ううん、してない。晶子ちゃんは自分で転んだ。ホントだよ、みんな知ってる、ホントだって」私はそう言いながら、溢れてくる涙を手の甲で拭った。

私はてっきり叱られるものだと覚悟していたが、父は「そうか、もう分かったから……。泣くな」と、私の頭を撫でた。私は［　A　］に、声をあげて泣いた。

その夜、兄弟と並んで入った布団の中で、私は寝付かれなかった。リレーで晶子を負かせば、きっとまた難癖をつけられる。そうしたらうちの家族はここから追い出されるに違いない。あの晩の私の頭の中には、路頭に迷う一家の図が渦巻いていた。

私のせいで……。

運動会前日は準備だけで授業はなかった。

私たちは体育館から障害物競走に使う平均台や跳び箱を運んだりした。

校門には六年生が作った巨大なカンバン（オ）が取り付けられ、校庭の空には万国旗が張り巡らされた。

テントの下の本部席では、放送委員が徒競走のときに使うレコードをポータブルプレイヤーに載せ、確認をしている。威勢のいい曲『カルメン』が大音響で響いた。

着々と運動会の準備は進み、その様子に私は追い込まれていく気分になっていた。

遠目に見た晶子の膝には、これ見よがしに包帯が巻かれていた。それは周囲の同情を得るためと、私への無言の圧力なのだと感じた。

5「はぁ……。どうしよう？」

見上げた空はどんよりと曇り、私の心を表しているようだった。このまま明日雨になり、運動会が中止になればいいのにと願った。

「美代ちゃん、明日頑張ろうね」

リレーのメンバーにそう声を掛けられても「あ、うん、そうだね」と、6歯切れの悪い答え方しかできなかった。

「あ、そうだ、美代ちゃん、カラスウリ※1は？」

「あ、そうだったね、ははは」私は笑って誤魔化した。カラスウリのことなどすっかり忘れていた。

「私、トイレに閉じ込められたことがある」よっちゃんが怒る。

晶子から受けた仕打ちを仲間が口々に言い出すと、ほっとする思いがした。

……私だけじゃなかったんだ。

「だから、一組だけには負けたくないよね」

「うんうん」

さながら、被害者の会だ。皮肉なものだが、妙なことで四人の中に連帯感が生まれ イ ケッソクした。

（中略）

その晩、3 迷惑な訪問者が現れた。

キキキキッ。

「ごめんください」のひと言もなく、玄関の引き戸は開けられた。

その音に家族全員が驚きながら玄関へと視線を送る。そこには、晶子と晶子の母親が、既に入り込んでいた。

両親が立ち上がり、すぐに対応する。

「あ、村上さんの奥さん。何か？」

「何かじゃないわよっ。うちの子、おたくの美代ちゃんにケガさせられたのっ」

その怒鳴り声にもびっくりしたが、私がケガをさせたという身に覚えのないことに身体が ウ 硬直した。両親は振り返り、私を見た。

「今日、運動会の練習で、うちの子にわざと足を掛けて転ばせたっていうじゃないのっ。一体、どんな教育してるの、おたくはっ」

晶子を見ると、その膝には大袈裟な包帯が エ 幾重にも巻かれていた。

「晶子の友達だと思ってたから、何かにつけ一緒に遊ばせてあげたのに、まぁこんなことされたんじゃたまんないわっ」

「美代子……」父が私を見つめた。

私はただ黙って身を縮めた。「違う」と反論すれば 4 火に□を注ぐようなものだと感じたからだ。

「原田さんの紹介だったから、他の借り手を断ってまで貸してあげたのに、ホント、恩を仇で返すってこういうことよ。今度こんなことしたら出てってもらわなくちゃねっ」

晶子の母親は踵を返しながら、捨て台詞のように吐いた。

キキキキッ、ピシャ。

「五年生女子のリレーに出場する選手の方は集合場所に集まってください」

放送委員がアナウンスする声が、ハウリングを起こすスピーカーから聞こえた。

集合場所で列に並んだとき、自分の薄汚れた見窄らしいズックが気になり、すぐに裸足になった。それを晶子は目敏く見つけ「ふん、靴も買ってもらえない子がいる」と、鼻で笑った。

北小に通っていた頃、「ごめんね、美代子」と、毎年、母がすまなそうに<u>アヤマる</u>（ア）言葉に「ううん、全然平気だよ。それに新しい靴なんて履いたら、足にマメができるだけだもん。私ね、裸足の女王って言われてるんだから」と、1<u>精一杯の嘘をついたことを思い出した</u>。

「位置について、よーい」

パンッ。ピストルの音でリレーは始まった。走る距離は一人一周だ。練習といえども、各、クラスの大声援が校庭を埋め尽くす。

予想通り、一組と三組のマッチレースになった。一組が先頭で、アンカーの晶子にバトンが渡った。私は二番手でバトンを受け取り、前を行く晶子の背中を追った。私の身体はバネになったように地面を蹴り、半周付近で晶子を捕らえ、並んだ。人の顔色を窺うほどの余裕はないのに、何故か、必死に顔を歪ませる晶子が分かった。と、晶子の身体が私の走路を邪魔するように入り込んできた。私は身体をひょいと捩じ曲げ、それを難なく躱すと、晶子を抜き去った。

「おお」という歓声とどよめきが聞こえた。

そのまま一気にテープを切った。

その瞬間、背後でどさっと崩れてゆく影を感じた。

私は膝に両手を当て「はぁはぁ」と荒い息をつきながら、その方向を見ると、晶子が前のめりに倒れていた。その脇を後続のランナーが次々に抜き去る。晶子は半べソをかきながら、よろよろと起き上がると、歩いたままゴールに入った。その顔を見ると、ラインを引いた石灰の粉が顔一面に付いていた。

「おい、見ろよ、あいつの顔。ありゃあ、おかめのお面だ」

ひとりの男子が、晶子を指差してそうからかうと、どっと笑いが起こった。子どもは残酷で思ったことを口にする。本来なら憐れに思う場面なのかもしれないが、私の心の中に2<u>はっきりとした優越感が生まれていた</u>。

その日、リレーのメンバー、朋ちゃん、日登美ちゃん、よっちゃんと一緒に帰った。

「晶子、ちょっといい気味だったと思わない？」日登美ちゃんが切り出す。

「あの顔、笑えた」朋ちゃんがすぐに反応した。

「私さぁ、幼稚園のとき、晶子にクレヨン全部折られてさぁ」日登美ちゃんが言う。

問十　次の１～５のうち、本文の内容としてふさわしくないものを二つ選び、それぞれ番号で答えなさい。

１　日本の伝統芸能である文楽を西洋の人形劇と比較した場合、その基本哲学における大きな違いは、日本人と西洋人の考え方に根本的な相違が存在することに起因している。

２　日本の舞台芸術に登場する黒子は、西洋の芸術的立場からすると極めて邪魔な存在であるため、西洋ではそれを消去するために様々な技巧を凝らした方法を採用してきた。

３　日本人がフスマや障子のような無防備な障壁によって閉ざされた空間を作ることができるのは、それらがあれば隣の物音が聞こえないとお互いに思うようにしているからである。

４　豊富な自然が存在する西洋における人々の生活は、常に自然とともに存在しており、ありのままの自然はあまりにもありふれているため、さして重要視はしていない。

５　西洋における「人間－人間」系コミュニケーションは、常にことばを通して行われるため、相手との相互理解において無言のまま交渉するということはあり得ない。

二　次の文章を読んで、後の問いに答えなさい。

> 関東平野の端にある田舎町で生まれ育ち、小学校四年生の暮れに、引っ越しのために同じ町の北小から南小へ転校した「私（美代子）」は、同級生の晶子（しょうこ）の家が所有する貸家に住むことになった。その晶子は意地が悪く、「私」は様々ないやがらせを受けた。五年生で別のクラスになっても、下駄箱に「くさいうわばき」と貼（は）り紙をされたり、男の子と表で遊んでいたために日焼けした顔を「真っ黒けのけ」とからかわれたりした。

南小へ転校して初めての運動会。運動会は毎年、私にとっての晴れ舞台だった。

私は三組のリレー選手に選ばれた。晶子も一組の選手になり、共にアンカーを務め、競うことになった。しかも、学年の五クラスの間では一組と三組が二強と見られていた。

運動会本番の前々日、全体の予行演習を行う。勿論（もちろん）、リレーの練習も本番さながらに行われた。

問六　――3「西洋人が一顧もあたえないような岩石」とありますが、「西洋人」が「岩石」に「一顧もあたえない」のはなぜですか。その理由を、本文中のことばを用いて五十字以内で答えなさい。なお、「一顧」とは「少し心にとめてみること」という意味です。

問七　――4「それらは、同時に『人間‐人間』系コミュニケーションの場における媒体として機能することもできた」とありますが、これはどういうことですか。その説明としてもっともふさわしいものを次の中から選び、番号で答えなさい。

1　人間と人間とが交渉を持つ場合、ありのままの自然は共通の話題として取り上げやすく、そこから相互理解が進む可能性が示されたということ。
2　自然の対象物は、機械などの人工物とは異なり、人間の手が及ばないものであるがゆえに、かえって人間と人間とを結びつけられたということ。
3　未知の人間と人間とを結びつけ、両者につながりを持たせることが、ありのままの自然の存在意義であることの確認ができたということ。
4　自然の対象物もふくめた象徴的意味を持つさまざまな事物が、人間と人間との間に無言の交渉を成立させることができたということ。

問八　――5「無言のままの交渉が、おどろくほど深い『理解』をうみ出すことができる」とありますが、これはどういうことですか。その説明としてもっともふさわしいものを次の中から選び、番号で答えなさい。

1　言語を用いない環境の中でのコミュニケーションは、相手の表情やしぐさなどをより注意深く観察しなければならないため、そのことによって相手への理解がより一層促されるということ。
2　日本人は自然物を含めたさまざまな事物に対して同じような感覚を持つ民族であるため、言語を用いなくても、それらを介して相手との間にコミュニケーションが成立するということ。
3　言語を用いずにコミュニケーションを図ることによって、相手とのよりよい関係が生まれ、相互の理解がさらに深まっていくことを、日本人は日常の経験によってわかっているということ。
4　言語は、人間と人間が意思を通わせるために欠かせないものだが、相手とコミュニケーションを図り、相互の理解を深めるための手段としては決して万能なものではないということ。

問九　本文中の［か］に当てはまるもっともふさわしいことばを本文中の漢字三字で答えなさい。

問一　――ア～オについて、カタカナを漢字に直しなさい。

問二　――１「重大なちがい」とありますが、それはどのようなことですか。その説明としてもっともふさわしいものを次の中から選び、番号で答えなさい。

１　西洋では人形を生き生きと動かすための技術革新を繰り返し、もはや人形は人間と見分けがつかなくなったのに対して、日本では人形や小道具は合理主義的な処理の結果として舞台上に残されたということ。

２　西洋では人形劇は究極的な発展を遂げ、「アニメラマ」のような洗練された芸術になったのに対して、そうした芸術としての人形芝居の発達は日本では否定され、民衆の娯楽にしかならなかったということ。

３　西洋では人形師を舞台裏に隠したり、人形を操る糸もなるべく観客に見えにくくするよう努めるのに対して、日本では人形師や舞台上の邪魔な存在を観客には見えていないものとしてとらえさせるということ。

４　西洋では人形劇の哲学として人形を本物のように動かそうとする人間的な発想があったのに対して、日本では竹の先に紙片を付けることで蝶を表そうとする日常生活的な発想が基本としてあったということ。

問三　――Ａ『『作品』』・Ｂ『『製品』』とありますが、次の１～５の語句はそのどちらに関係していると言えますか。「作品」ならば「Ａ」、「製品」ならば「Ｂ」でそれぞれ答えなさい。

１　機械的　　２　技術的　　３　伝統的　　４　人間的　　５　工業的

問四　本文中の［あ］～［お］に当てはまることばとして「物理」・「心理」のいずれが適切ですか。「物理」ならば「Ａ」、「心理」ならば「Ｂ」でそれぞれ答えなさい。

問五　――２「日本では、一枚の紙、一本のひもが、象徴的に閉ざされた空間をつくる」とありますが、同様のケースとしてふさわしくないものを次の中から二つ選び、それぞれ番号で答えなさい。

１　工事現場に置かれた立ち入り禁止のコーン　　２　レストランに設置された感染予防のためのアクリル板

３　自習室の机に設置された仕切り　　４　防音対策が施された応接室

５　病院の大部屋のベッドにつるされたカーテン

円の市場価値をもったりするのも、日本人の象徴能力のひとつのハンエイとみてよいだろう。日本人の知覚パターンをとおしてみるかぎり、あらゆるものが象徴なのである。

それらの象徴は、しばしば実存的な意味の世界を用意する。庭園に置かれた石にむかって日本人は対坐し、石と会話する。その会話が何を意味するかは、石を凝視するその特定個人にしかわからない。いや、その個人にとってもその意味はあいまいで、概念化・言語化にたえるものではない。しかし、かれは何かを実存的に感じる。つまり、日本人にとっては、石といったような自然物さえもが、コミュニケーションの相手方でありうるのだ。コンピュータの登場によって、われわれはあらたに「人間‐機械」系のコミュニケーションという観念をもつようになったが、日本人は、その文化的伝統のなかで、「人間‐物」系のコミュニケーションをすでにもっていたのである。

自然の対象物をもふくめてさまざまな事物は、たんに実存世界における象徴的契機を用意するだけではない。4それらは、同時に「人間‐人間」系コミュニケーションの場における媒体として機能することもできた。一本の草花、ひとつの小石、それらをともに凝視することによって、ふたりの人間は非言語的な経験をわかちあい、そのことによってなにごとかを互いにコミュニケートするのである。ことばをひとことも用いることなく、そこではコミュニケーションが成立した。日本人にとって、コミュニケーションとは、しばしば無言の交渉カテイでありうるのである。くどいほどの饒舌が「理解」にいたる道だ、というのは、かならずしも日本人にうけいれられやすい真理ではない。すでにみたように、日本人は、きわめて同質的な民族であるから、そのコミュニケーションはしばしば、饒舌はもとよりのこと、ことばさえをも必要としないのである。5無言のままの交渉が、おどろくほど深い「理解」をうみ出すことができるのだ。

日本で、しばしばおこなわれる「腹芸」※2のコミュニケーションなども、高度の象徴能力とかかわりあっているのだろう。そこではことばをかわすことなく、ふたりの人間の「腹」が交渉しあってある相互理解が達成されるのだ。歌舞伎のクライマックスの多くは、台詞によってつくられるのではない。クライマックスは、ほとんどのばあい、無言のゼスチュア※3による［か］的な交渉なのである。

（加藤秀俊『文化とコミュニケイション』改変した部分があります。）

※1　アニメラマ…「アニメーション」と「ドラマ」の意味を合わせ持たせた造語。

※2　腹芸…ことばや行動をおさえ、巧みなかけひきで、物事をうまく処理すること。

※3　ゼスチュア…「ジェスチャー」のこと。

消去されるのだ。つまり、物理的・視覚的に人形師が見えているにもかかわらず、日本の観客は、それを見えていないものだ、と心理的に約束するのである。見えない、と思うことが、すなわち見えないことなのである。西洋の物理的合理主義と対照的な心理的合理主義によってわれわれは事象を処理するのだ。

歌舞伎の黒子も、まったく同様のシンボリズムの産物である。西洋のリアリズムは、たとえば舞台上に蝶(ちょう)や鳥をとばせるために、さまざまな物理的くふうを凝らし、ほんとうに蝶や鳥がとんでいるかのような[イ]エンシュツをするだろう。だが、日本の劇場では、黒い布を頭からかぶった黒子が、長い割竹のさきに蝶のかたちをした紙片をつけ、それを舞台のうえで振るのである。観客の目には、黒子のすがたも、割竹もみえる。しかし、物理的にはみえていても、心理的にはみえない。そういうシンボル的な約束ごとによって日本の劇場芸術はできあがっているのである。

劇場芸術だけではない、日常生活のなかにもたくさんのシンボル的約束がある。たとえば日本家屋の空間をとりあげてみてもよい。日本の家は、フスマや障子といった軽い間仕切(まじきり)材料によっていくつかの空間に分割されている。しかしその分割された空間は、西洋人が「部屋」と呼ぶものとは、だいぶちがう。空間が「部屋」であるためには、隣接の空間とは厚い壁でへだてられていなければならず、その空間は、さらに内がわからカギで閉ざされうるものでなければならない。ここでも問題は基本的には［あ］学の問題である。しかし、日本の「部屋」は、［い］学上の空間だ。たとえ一枚の紙でつくられた、［う］的にまったく無防備な障壁であっても、それが存在する、という事実によって、日本人はきっちりと閉ざされた［え］空間をつくってしまうことができるのである。もちろん、障壁はしょせん紙なのであるから、隣の部屋の物音はすべてきこえてくる。しかし、障壁があるからきこえないのだ、という［お］的約束をすることによって、日本人にとって、それらの物音はきこえないのである。

日本文化のなかでの障壁は、さらに象徴的なものでもありうる。日本の料理屋などでは、ひとつのテーブルと他のテーブルとのあいだに、簡単なびょうぶを置くことによって、たちどころに心理的に閉ざされた空間がつくられる。西洋文化では、「閉ざされた空間」とは、鉄やセメントで物理的[ウ]コウチク物をつくることを意味するが、[2]日本では、一枚の紙、一本のひもが、象徴的に閉ざされた空間をつくるのだ。じっさい、西洋文化が金網だのコンクリートだので物理的にとりかこむ境界線を、日本人は一本の荒縄を張るだけで済ませることができる。その縄が張られていれば、誰もそれをこえようとはしない。

じっさい、日本人の生活のなかでは、あらゆるものが象徴的意味をになっているかのようである。海岸や河原で拾った一本の流木のかたちも日本人にとってはおもしろいし、また、荒野でみつけた一つの石にも意味がある。人間の目にふれるものすべてが、なにものかの象徴であり、有意味なのだ。意味がある、ということは価値がある、ということである。西洋の思想のなかでは、「価値」というのは、人工物にあたえられるものだ。人間が木材や岩を加工したとき、その加工の努力が「価値」を形成するのであって、加工されない、もとのままの木材や石は、西洋人にとって、無意味であり、したがって無価値である。しかし、日本人は、ありのままの自然物にも意味を賦与(ふよ)する。[3]西洋人が一顧(いっこ)もあたえないような岩石が、日本ではしばしば数百万

二〇二二年度　中央大学附属横浜中学校

【国　語】〈第一回試験〉（五〇分）〈満点：一五〇点〉

（注意事項　句読点や記号は一字あつかいとします。）

一　次の文章を読んで、後の問いに答えなさい。

閉ざされた空間のなかで、シンボル操作の能力を高度化させた日本人は、その生活ぜんたいをシンボル的経験として練りあげた。その結果、近代の西洋文化が、物理的方法によって挑むような問題も、日本ではシンボル的に処理されるようになった。

たとえば、日本の芸能の精粋（せいすい）のひとつである文楽をかんがえてみよう。古典的な操（あやつり）人形から発達したこの日本の人形劇は、十七世紀以来、民衆娯楽のひとつとして成立したが、西洋の人形芝居と比較してみると、その基本哲学において、［1］重大なちがいがあるようにみえる。すなわち、西洋の人形劇では、操作者は舞台に姿をみせず、黒い背景のうえで細い黒糸によって人形をうごかす。その結果、人形は、あたかも自ら独立の生命体であるかのような動きを舞台上でしめす。観客は、そうした人形のうごきが写実的であればあるほど喝采（かっさい）を送る。そして、人形をうごかす糸が視覚的にかすかであればあるほど、人形師の伎倆（ぎりょう）は高度なのだ、とかんがえる。要するに、西洋の人形劇は、物理的な技術革新をくりかえすことによって洗練されてきた。蠟（ろう）人形館の伝統と人形劇とをつなぎあわせてディズニーがつくりあげた「アニメラマ」[※1]などは、その極限の［ア］ケイタイであって、それはもはや人形師の［A］「作品」というよりは、プラスティック技術者と電子技術者の［B］「製品」というにちかい。西洋の人形は、物理的に人間と見わけのつかない存在になることを、その目標としているらしいのだ。

ところが、文楽の方法は、すくなくとも西洋の基準からすると、きわめて「非現実的」である。なぜなら、ここでは、人形を操作する人形師じたいが、堂々と舞台上にそのすがたをあらわしているからである。かれは、両手で人形をあやつる。人形劇の背景になっているのは、黒幕ではなく、人形師である。観客は、人形のうごきと同時に、その背景にいる人形師のうごきをも見るのである。人形が主役であるかぎりにおいて、その背景の人間は邪魔物である。西洋の人形劇は、その人間を舞台の裏に追いやることによって物理的に消去した。だが、日本の人形劇でも、人形師は消去されているのである。ただし、その消去の方法がちがう。日本では、人形師は、心理的、ないしシンボル的に

2022年度 中央大学附属横浜中学校 ▶解説と解答

算　数　＜第１回試験＞（50分）＜満点：150点＞

解　答

1 (1) 1130　(2) $1\frac{1}{4}$　(3) 363　(4) 150ページ　(5) 600 g　(6) 45km　(7) 96　(8) 20通り　(9) 1.14cm^2　(10) 15.7cm^2　**2** (1) パーツＡ…420個，パーツＢ…560個　(2) ４：５　(3) パーツＡが50個残る　**3** (1) 80　(2) 131個　(3) 69562　**4** (1) (ア) ②　(イ) ⑧　(2) ２回　(3) 1128cm^3

解　説

1 四則計算，計算のくふう，相当算，濃度（のうど），流水算，速さと比，整数の性質，場合の数，面積，表面積

(1) $9+8\times7\div(6\div5\div4)\times3\times2+1=9+56\div(1.2\div4)\times6+1=9+56\div0.3\times6+1=9+56\div\frac{3}{10}\times6+1=9+\frac{56}{1}\times\frac{10}{3}\times\frac{6}{1}+1=9+1120+1=1130$

(2) $\left(12.1\div3\frac{2}{3}+0.45\right)\times\frac{1}{2}-0.625=\left(\frac{121}{10}\div\frac{11}{3}+\frac{9}{20}\right)\times\frac{1}{2}-\frac{5}{8}=\left(\frac{121}{10}\times\frac{3}{11}+\frac{9}{20}\right)\times\frac{1}{2}-\frac{5}{8}=\left(\frac{33}{10}+\frac{9}{20}\right)\times\frac{1}{2}-\frac{5}{8}=\left(\frac{66}{20}+\frac{9}{20}\right)\times\frac{1}{2}-\frac{5}{8}=\frac{75}{20}\times\frac{1}{2}-\frac{5}{8}=\frac{15}{8}-\frac{5}{8}=\frac{10}{8}=\frac{5}{4}=1\frac{1}{4}$

(3) 与（あた）えられた式は，$□=\underline{22\times22}+\underline{55\times55}-11\times11-\underline{44\times44}-\underline{33\times33}$となる。ここで，＿の部分はそれぞれ右の図１のようになるから，$A\times B+A\times C=A\times(B+C)$となることを利用すると，$□=11\times11\times(4+25-1-16-9)=121\times3=363$と求められる。

図１

22×22＝11×２×11×２＝11×11×４
55×55＝11×５×11×５＝11×11×25
44×44＝11×４×11×４＝11×11×16
33×33＝11×３×11×３＝11×11×９

(4) 全体のページ数を１として図に表すと，右の図２のようになる。よって，$1-\left(\frac{2}{3}+\frac{1}{10}\right)=\frac{7}{30}$にあたるページ数が35ページとわかるので，(全体のページ数)$\times\frac{7}{30}=35$(ページ)と表すことができる。したがって，全体のページ数は，$35\div\frac{7}{30}=150$(ページ)と求められる。

図２

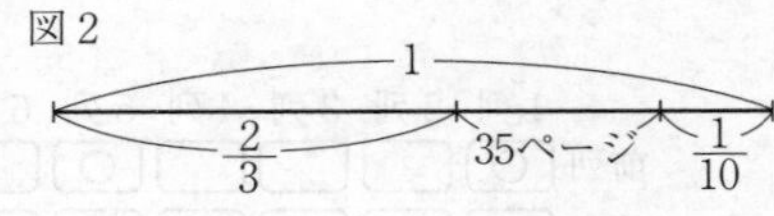

(5) 全体の重さに対する原液の重さの割合を濃度と考えると，はじめに作ろうとした飲み物の濃度は，$\frac{1}{1+4}=\frac{1}{5}$となる。また，間違（まちが）えて作った飲み物は，原液と水の重さの比が４：１だから，原液の重さは，$200\times\frac{4}{4+1}=160$(g)とわかる。この飲み物に水を加えても原液の重さは160gのまま変わらないので，水を加えて濃度が$\frac{1}{5}$になった後の飲み物の重さを□gとすると，$□\times\frac{1}{5}=160$(g)と表すことができる。よって，$□=160\div\frac{1}{5}=800$(g)と求められるから，加える水の重さは，$800-200=600$(g)とわかる。

図３

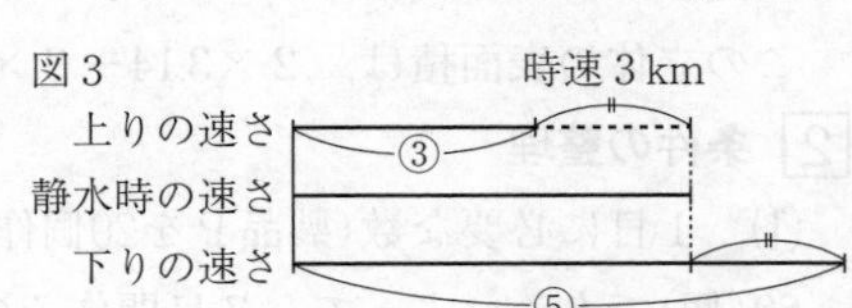

(6) 上りと下りにかかった時間の比が５：３なので，上

りと下りの速さの比は，$\frac{1}{5}:\frac{1}{3}=3:5$となり，上の図３のように表すことができる。図３で，⑤－③＝②にあたる速さが時速，３＋３＝６(km)だから，①にあたる速さは時速，６÷２＝３(km)となり，上りの速さは時速，３×３＝９(km)と求められる。よって，AB間の距離は，９×５＝45(km)である。

⑺　ある数をAとし，Aを３で割ったときの商をBとする。さらに，Bを３で割ったときの商をCとすると，$\underline{A\div3=B}$，$B\div3=C$余り２となる。ここで，$P\div Q=R$余りSのとき，$P=Q\times R+S$となるので，$B=3\times C+2$と表すことができる。さらに，これを＿の式にあてはめると，$A\div3=3\times C+2$となるから，$A=(3\times C+2)\times3=9\times C+6$と表すことができる。$A=100$となるときの$C$の値を求めると，(100－６)÷９＝10.4…となるので，Aが100に一番近くなるときのCの値は10か11であり，Aは，９×10＋６＝96か，９×11＋６＝105となる。よって，100に一番近いAは96とわかる。

⑻　下の図４のように座席に番号をつける。前後で隣り合うことはないから，１列〜６列に１人ずつ座り，その中の１つはだれも座ることがない。たとえば，図４のように３列にだれも座らない場合，１列と２列には前列と後列が交互になるように座る。また，４列〜６列にも前列と後列が交互になるように座るので，どちらも２通りの選び方がある。よって，３列にだれも座らない場合の選び方は，２×２＝４(通り)とわかる。同様に考えると，１列・６列にだれも座らない場合は２通りずつ，２列・３列・４列・５列にだれも座らない場合は４通りずつあるから，全部で，２×２＋４×４＝20(通り)と求められる。

⑼　下の図５のように，２つの円の中心をＰ，Ｑとし，２つの円が交わる点をＡ，Ｂとする。また，２つの円の半径を□cmとする。正方形の面積は，２×２＝４(cm^2)なので，三角形APBの面積は，４÷４＝１(cm^2)となる。よって，□×□÷２＝１(cm^2)と表すことができるから，□×□＝１×２＝２とわかる。すると，おうぎ形APBの面積は，$□\times□\times3.14\times\frac{90}{360}=2\times3.14\times\frac{1}{4}=1.57$(cm^2)なので，斜線部分の面積は，1.57－１＝0.57(cm^2)と求められる。したがって，かげの部分の面積は，0.57×２＝1.14(cm^2)である。

図４

	1列	2列	3列	4列	5列	6列
前列	○				○	
後列		○		○		○

図５

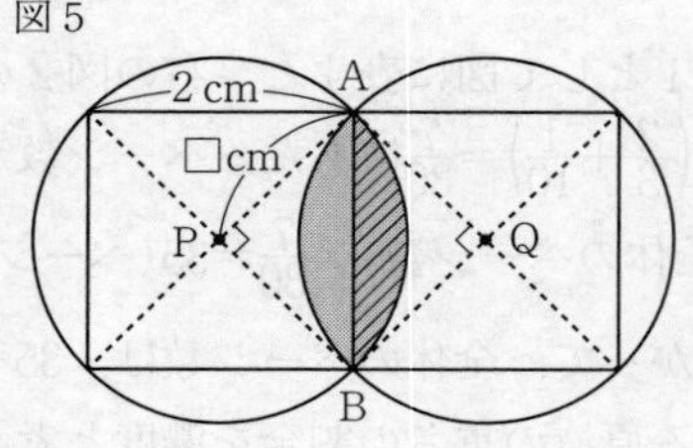

図６

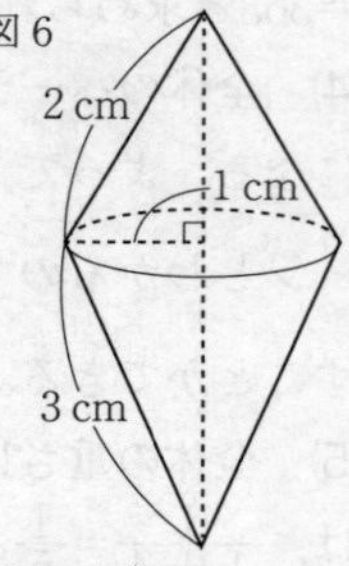

⑽　上の図６のように，２つの円すいを組み合わせた形の立体ができる。また，円すいの側面積は，(母線)×(底面の円の半径)×(円周率)で求めることができるから，上の円すいの側面積は，２×１×3.14＝２×3.14(cm^2)，下の円すいの側面積は，３×１×3.14＝３×3.14(cm^2)とわかる。よって，この立体の表面積は，２×3.14＋３×3.14＝(２＋３)×3.14＝５×3.14＝15.7(cm^2)と求められる。

2　条件の整理

⑴　１日に必要な数(製品Ｐを20個作るのに必要な数)は，Ａが，３×20＝60(個)，Ｂが，４×20＝80(個)である。よって，７日間作るのに必要な数は，Ａが，60×７＝420(個)，Ｂが，80×７＝560

(個)とわかる。

(2)　Ａは毎日20個届き，毎日60個使うから，１日に，60－20＝40(個)ずつ減っていく。同様に，Ｂは毎日30個届き，毎日80個使うので，１日に，80－30＝50(個)ずつ減っていく。よって，減る個数の比は，40：50＝４：５だから，ＡとＢが同時になくなったとき，もともと工場にあった個数の比も４：５とわかる。

(3)　もともと工場にあった個数は，ＢがＡの，６÷５＝1.2(倍)である。一方，１日に減っていく個数は，ＢがＡの，５÷４＝1.25(倍)である。このことから，なくなったのはＢであることがわかる。よって，もともと工場にあったＢの個数は，50×30＝1500(個)なので，もともと工場にあったＡの個数は，$1500\times\frac{5}{6}$＝1250(個)と求められる。したがって，30日後のＡの残りの個数は，1250－40×30＝50(個)である。

3　*N*進数，場合の数

(1)　{0，２，４，６，８}を{0，１，２，３，４}に対応させると，下の図１のように，並べた数の列は五進数を１から順に並べたものと同じになる。また，下の図２の計算から，十進数の20を五進数で表すと，イ＝40になることがわかり，これを上のように対応させると，ア＝80になる。よって，小さい方から数えて20番目の数は80である。

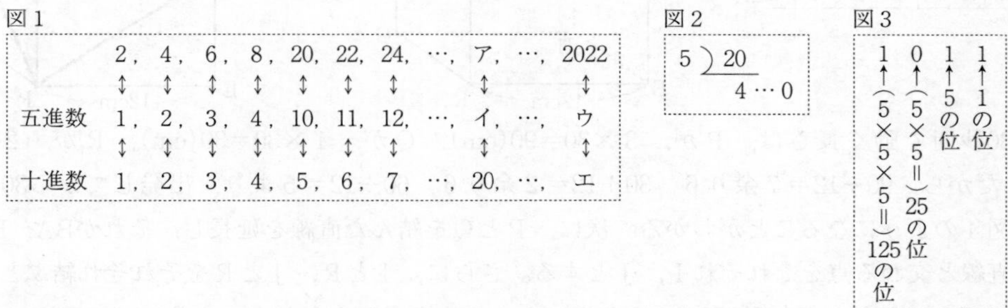

(2)　2022を図１のように対応させると，ウ＝1011になる。また，五進数の各位が表す数は上の図３のようになるから，五進数の1011を十進数に直すと，125×１＋５×１＋１×１＝131(…エ)になることがわかる。よって，全部で131個の数が並んでいる。

(3)　千の位，百の位，十の位に０を補って，0000から2022までの和を求める。また，はじめに0000から0888までの和を求めることにする。このとき，一の位，十の位，百の位にそれぞれ５個の数字を使うことができるので，このような数は全部で，５×５×５＝125(個)ある。また，各位に{0，２，４，６，８}が，５×５＝25(回)ずつあらわれるから，各位の数字の和は，(０＋２＋４＋６＋８)×25＝500となる。よって，0000から0888までの和は，500×100＋500×10＋500×１＝55500とわかる。次に，2000から2022までの和は，2000＋2002＋2004＋2006＋2008＋2020＋2022＝14062なので，全部の数の和は，55500＋14062＝69562となる。

4　立体図形―図形上の点の移動，分割，構成，体積，相似

(1)　(ア)　12秒間で動く長さは，Ｐが，３×12＝36(cm)，Ｑが，１×12＝12(cm)，Ｒが，２×12＝24(cm)だから，出発してから12秒後には下の図１のようになる。図１で，PQ，QR，RPはすべて立方体の面の対角線になっているので，同じ長さである。よって，切り口の形は正三角形(…②)である。　(イ)　17秒間で動く長さは，Ｐが，３×17＝51(cm)，Ｑが，１×17＝17(cm)，Ｒが，２

×17＝34(cm) だから，51÷12＝４余り３，17÷12＝１余り５，34÷12＝２余り10より，出発してから17秒後には右の図２のようになることがわかる。よって，切り口の形は六角形(…⑧)である。

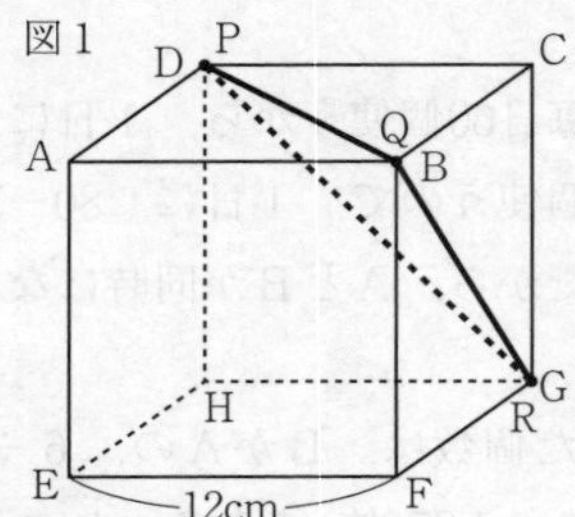

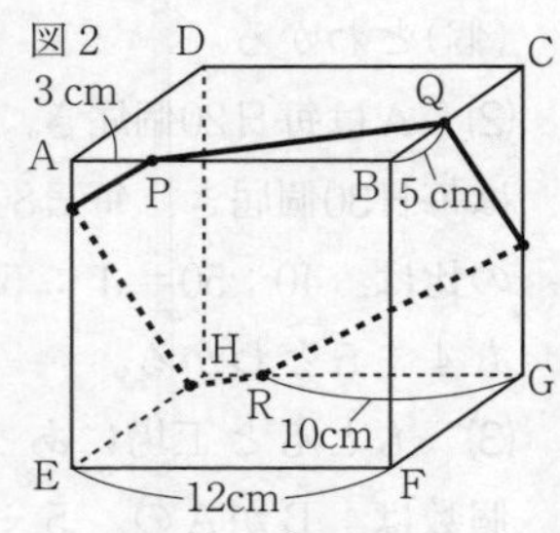

⑵　切り口の形が正三角形になるのは，たとえば図１のような場合であり，すべての点が立方体の頂点にいる必要がある。また，Ｐが頂点にいるのは，12÷３＝４(秒)ごと，Ｑが頂点にいるのは，12÷１＝12(秒)ごと，Ｒが頂点にいるのは，12÷２＝６(秒)ごとなので，12秒ごとにすべての点が頂点にくることになる。そこで，12秒ごとにそれぞれの点がいる頂点を調べると，下の図３のようになる。このうち切り口の形が正三角形になるのは，12秒後と36秒後の２回ある。

図３

時間(秒後)	12	24	36	48
点Ｐ	D	C	B	A
点Ｑ	B	C	D	A
点Ｒ	G	E	G	E

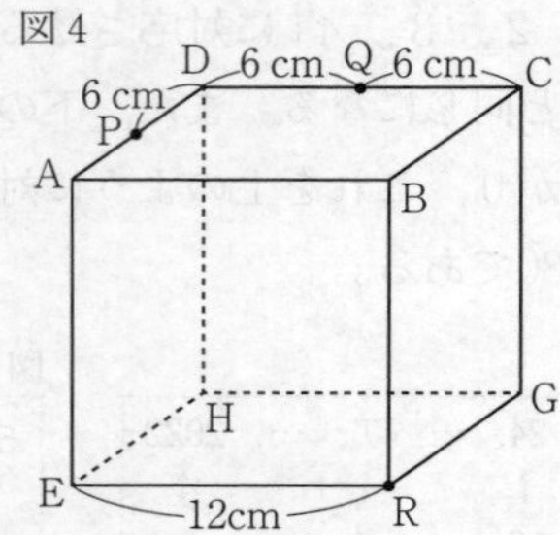

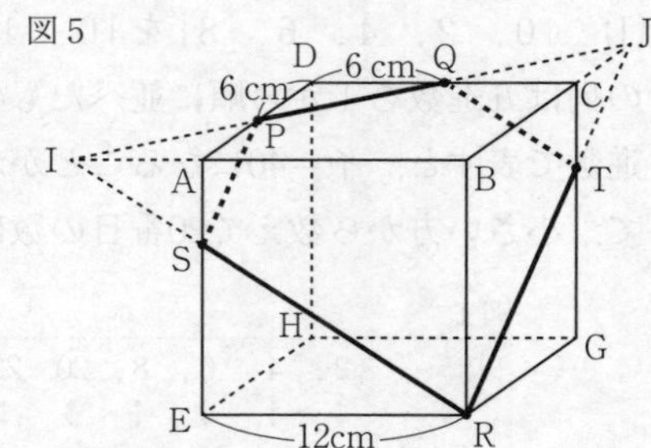

⑶　30秒間で動く長さは，Ｐが，３×30＝90(cm)，Ｑが，１×30＝30(cm)，Ｒが，２×30＝60(cm)だから，90÷12＝７余り６，30÷12＝２余り６，60÷12＝５より，出発してから30秒後には上の図４のようになることがわかる。次に，ＰとＱを結んだ直線を延長し，それがBA，BCを延長した直線と交わる点をそれぞれＩ，Ｊとする。さらに，ＩとＲ，ＪとＲをそれぞれ結ぶと，切り口は上の図５のような五角形PSRTQになる。よって，頂点Ｂを含(ふく)む方の立体は，三角すいＲ－BJIから，合同な２つの三角すいＳ－APIとＴ－CJQを取り除いた形の立体になる。図５で，三角形PIAと三角形PQDは合同なので，PA＝IA＝６cmである。また，三角形AISと三角形ERSは相似であり，相似比は，AI：ER＝６：12＝１：２だから，AS＝$12\times\frac{1}{1+2}$＝４(cm)とわかる。すると，BI＝BJ＝12＋６＝18(cm)となるので，三角すいＲ－BJIの体積は，18×18÷２×12÷３＝648(cm^3)と求められる。また，三角すいＳ－APIの体積は，６×６÷２×４÷３＝24(cm^3)だから，頂点Ｂを含む方の立体の体積は，648－24×２＝600(cm^3)とわかる。さらに，もとの立方体の体積は，12×12×12＝1728(cm^3)なので，頂点Ｈを含む方の立体の体積は，1728－600＝1128(cm^3)と求められる。したがって，体積が大きい方の立体の体積は1128cm^3である。

社　会　＜第１回試験＞（35分）＜満点：100点＞

解　答

1　**問１**　⑴　**消防署**…(ウ)　　**警察署**…(ク)　　⑵　(例)　通信指令　　⑶　(エ)　　**問２**　⑴　再生可能(エネルギー)　　⑵　(例)　火力発電の燃料となる化石燃料は，燃焼時に温室効果ガスである二酸化炭素が発生することから，地球温暖化を引き起こす原因となる。そのため近年は，発電のエネルギー源を火力から風力や太陽光などの再生可能エネルギーに切りかえる動きが進んでいる。また，東日本大震災以後，操業が停止されていた原子力発電所のうち，いくつかの発電所が再稼働され，原子力の割合が再び増加傾向にあることも，理由としてあげられる。　(3)　(ウ)

問３　(1)　(エ)　(2)　(オ)　(3)　(ウ)　(4)　(ウ)　**問４**　(1)　(イ)　(2)　(エ)　(3)　(カ)

2　**問１**　(ウ)　**問２**　(ア)，(エ)　**問３**　稲荷山(古墳)　**問４**　(ア)　**問５**　シルクロード(絹の道)　**問６**　(イ)→(エ)→(ア)→(オ)　**問７**　侍所　**問８**　(ウ)　**問９**　(イ)　**問10**　浮世絵

問11　(例)　東海道や美濃路，佐屋路の分岐点にあたる交通の要所であることから，参勤交代の大名や武士，商人，旅人など多くの人々が宿泊した。また，熱田神宮の門前町であることから，多くの参拝客も宿泊した。さらに，「七里の渡し」の渡船場であり，特に悪天候のときなどには多くの人々が足どめされてとどまらざるを得なかった。　**問12**　井伊直弼　**問13**　(ウ)　**問14**　(イ)　**3**　**問１**　基本的人権の尊重　**問２**　(ア)　**問３**　(1)　(イ)　(2)　(ア)　**問４**　(1)　(エ)　(2)　(エ)　**問５**　(1)　(ウ)　(2)　(エ)　**問６**　(ア)　**問７**　公布　**問８**　(ウ)

解説

1　夏休みの自由日記を題材とした地理の問題

問１　(1)　消防署の地図記号(Y)は，「さすまた」という，江戸時代に延焼を防いで消火するのに用いられた道具を図案化したものである。警察署の地図記号(⊗)は，警察官が持つ警棒を図案化した交番の地図記号(X)を丸で囲んだものである。　(2)　火事の通報や救急車をよぶために119番に電話をすると，電話は消防本部の通信指令室など(地方自治体によって名前が異なる)につながる。そして，そこで必要な情報を聞きとったあと，現場近くの消防署に連絡が行くしくみになっている。　(3)　毎日のように噴煙(ふんえん)を上げていることや，周辺の地域で茶の栽培や豚(ぶた)の飼育がさかんであることなどから，桜島のある鹿児島県と判断できる。

問２　(1)　石油・石炭・天然ガスなどの化石燃料は，近い将来に資源が枯渇(こかつ)することが予測されているのに対し，風力や地熱，太陽光などの自然エネルギーは枯渇する心配がなく，自然の力で再生されることから，「再生可能エネルギー」とよばれている。　(2)　資料２にある「対策」とは，地球温暖化対策のことを指す。火力発電に用いる化石燃料は燃焼時に大量の二酸化炭素を発生させることから，地球温暖化の原因となる。温暖化が進むと，南極大陸の氷が解けるなどして海水面の上昇を引き起こすほか，さまざまな異常気象が起きやすくなることが予測されている。そのため，世界的に火力発電の割合を減らし，再生可能エネルギーを用いた発電の割合を増やすための努力が行われている。日本で近年，火力発電の割合が減り，風力や太陽光などの割合が増えているのも，そうした流れに沿った動きである。なお，2012年度と比べて2019年度の原子力発電の割合が増えているのは，2011年に起きた東日本大震災と福島第一原子力発電所の事故を受け，いったん操業が停止された全国の原子力発電所のうち，いくつかの発電所が近年，再稼働(かどう)を認められたことによるものである。　(3)　Aは青森市の「ねぶた祭」，Bは秋田市の「竿燈(かんとう)まつり」，Cは山形市の「花笠(はながさ)まつり」について述べている。青森県では，陸奥(むつ)湾などでホタテ貝の養殖(ようしょく)がさかんに行われている。秋田県は「秋田杉」などの森林資源にめぐまれ，林業がさかんである。また，山形県は山形盆地などでさくらんぼ(おうとう)の生産がさかんで，全国生産量の７割以上を占(し)めている。したがっ

て，(ウ)が正しい組み合わせとなる。

問３　(1)　棚田は山地のゆるやかな斜面を利用してつくられた階段状の田で，広い水田に整備することが難しく，それが耕作放棄される大きな原因となっているから，(エ)が誤りである。　(2)　A　断層によってできたくぼ地に水がたまった湖を断層湖という。琵琶湖や諏訪湖は，代表的な断層湖である。　B　砂州がのびて，湾や入り江が外海から隔てられることで形成された湖を潟湖という。潟湖の多くは一部が海とつながっているため，海水と淡水が混じり合う汽水湖となっている。浜名湖は，もとは砂州によって仕切られた淡水湖であったが，1498年の明応地震と津波により砂州が決壊して外海と通じ，汽水湖となった。通常の潟湖とは形成の過程が異なるが，砂州の発達がかかわっているという点では共通している。　(3)　１・２月の気温が低く，年間降水量が少ない②は松本市(長野県)，６・７月の降水量が多い③は熊本市で，残る①が彦根市(滋賀県)である。(4)　果実の割合が高い①はB，米の割合が非常に高い②はA，野菜と花きの割合がほかよりも高い③はCである。

問４　(1)　中央部に標高850mや900mの等高線があることから，等高線(主曲線)は10mごとに引かれていることがわかる。そこから，X地点の標高が約1250mであること，その地点から東に下りが続き，河川の周辺の標高が800m前後であること，その東側は平らな地形となり，Y地点の標高が900m前後となることなどがわかる。よって，(イ)があてはまる。　(2)　(ア)　赤石山脈は，山梨・静岡・長野３県の県境付近を南北に走る山脈である。　(イ)　群馬県と首都圏を結ぶのは関越自動車道で，常磐自動車道は首都圏から茨城県や福島県方面に向かう高速道路である。　(ウ)　日本なしをはじめ，ほとんどの果物は，日照時間の長い気候が栽培に適している。　(エ)　輸入されるとうもろこしのほとんどは，家畜の飼料として利用される。おもに食用とされる国産のとうもろこしは，「スイートコーン」として分類されている。　(3)　東海地方と関東地方，特に愛知県の事業所数が多い①は輸送用機械器具製造業，東京・神奈川・長野の３都県の事業所数が多い②は電子部品・電子回路製造業，東京都と大阪府の事業所数が多い③は印刷および関連産業である。

２　各時代の集落や都市を題材とした問題

問１　(あ)の三内丸山遺跡は，青森市郊外で発掘された縄文時代の大規模集落跡，(い)の纒向遺跡は，奈良県桜井市の三輪山の近くにある弥生時代～古墳時代の集落跡である。(う)の奴国は，弥生時代に九州地方北部にあったとされる国で，正確な位置はわかっていないが，江戸時代に福岡県の志賀島で「漢委奴国王」と刻まれた金印が出土していることから，その近くにあったと考えられている。

問２　氷河期でもあった旧石器時代には，日本にもナウマンゾウやオオツノジカ，ヘラジカなどの大型動物が生息し，狩猟の対象となっていたが，それらの動物は気候の変動とともに絶滅した。温暖になった縄文時代には弓矢が発明され，シカ，イノシシ，ノウサギなどの中小動物が狩猟の対象となった。

問３　埼玉県行田市にある「さきたま古墳群」の中の稲荷山古墳から出土した鉄剣には，「ワカタケル大王」の名をふくむ115字の銘文が刻まれている。ワカタケルは５世紀に実在した雄略天皇のことと考えられているので，この鉄剣は大和王権の支配が関東地方にまでおよんでいたことを示す有力な証拠となっている。

問４　都まで運ばれた調や庸と異なり，租はその地域の国衙(国の役所)に米を納める税であったから，租として徴収された米が平城京の市で交換・売買されることはなかったと考えられる。

問５ 漢(中国)の時代に中国と中央アジア・西アジアの間で開かれた交易路は，中国産の生糸と絹がここを通って西方に運ばれたことから，のちにシルクロード(絹の道)とよばれるようになった。

問６ (ア)は1156年，(イ)は1016年，(エ)は1053年，(オ)は1180年のことであるから，いずれも平安時代の中期以降にあてはまる。(ウ)と(カ)はともに８世紀半ばの奈良時代のことである。なお，(ウ)について，阿倍仲麻呂は留学生として遣唐使船で唐(中国)に渡った人物であり，遣唐使ではない。

問７ 鎌倉幕府において，御家人の統率や軍事・警察の仕事を担当した機関は侍所で，政務一般を担当する政所，裁判を行う問注所とともに，幕府の主要機関であった。

問８ 鎌倉時代から室町時代にかけてつくられるようになった商工業者の同業組合は座であるから，(ウ)が誤っている。株仲間は，江戸時代につくられた商工業者の同業組合である。

問９ (ア) 幕府が長崎の出島に住まわせたのはオランダ人で，中国人は長崎郊外に設けられた唐人屋敷に住まわせた。 (イ) 出島のオランダ商館長(カピタン)は，来日すると江戸に向かい，幕府に海外情報についての報告書を提出した。幕府は「オランダ風説書」とよばれるこの報告書から，ヨーロッパやアジアなどの情報を得ていた。 (ウ) 日本の将軍の代がわりのたびに朝鮮から来日したのは朝鮮通信使で，慶賀使は琉球王国(沖縄県)から来日した使節である。 (エ) 朱印船は，江戸時代初期に東南アジアなどに向かった日本の貿易船である。江戸時代，琉球王国は薩摩藩(鹿児島県)の支配下におかれており，幕府が直接，交易を行うようなことはなかった。 (オ) アイヌとの交易を幕府から認められていたのは松前藩で，対馬藩(長崎県)は朝鮮に貿易船を出し，釜山におかれた倭館で朝鮮と交易を行っていた。

問10 江戸時代には，浮世絵が庶民の娯楽として広がった。初めは肉筆画で描かれ，のちには錦絵とよばれる多色刷りの版画が広く普及した。風景画のほか，若い町人の娘を描いた「美人画」や，歌舞伎役者の肖像を描いた「役者絵」などが人気を集めた。

問11 宮宿(熱田宿)が宿場町として栄えた理由としては，東海道や美濃路，佐屋路の分岐点にあたる交通の要所であり，参勤交代で通行する大名や武士のほか，商人や旅人など多くの人々が宿泊したこと，宮が熱田神宮の門前町であったため，多くの参拝客が宿泊したこと，「七里の渡し」とよばれる水上路の渡船場であったため，特に悪天候のさいなどには多くの人々が足どめされてとどまらざるを得なかったことなどがあげられる。

問12 1858年，幕府の大老井伊直弼はアメリカの総領事ハリスとの間で日米修好通商条約に調印した。この条約により幕府は神奈川など５港を開き，貿易を行うことを約束した。なお，条約では「神奈川」とされていたが，幕府は東海道の宿場町で人の行き来が多かった神奈川で外国人と日本人のトラブルが起きるのを避け，隣接する小さな漁村に過ぎなかった横浜を実際の開港地とした。

問13 (ア) 坂上田村麻呂は東北地方の蝦夷の征討を行ったが，北海道は訪れていない。 (イ) シャクシャインを指導者としたアイヌの反乱が起きたのは，1669年のことである。 (ウ) 19世紀後半，明治政府はアイヌを日本人に同化させる政策を進め，日本風の名前を名乗ることや日本語の使用を強制した。同時に，アイヌの人々の土地をとり上げ，開拓を推し進めていった。 (エ) 千島列島全島が日本領となったのは，1875年の樺太千島交換条約によってである。

問14 (ア) 1951年のサンフランシスコ講和会議で日本は48か国と平和条約を結び，独立を回復したが，ソ連・ポーランド・チェコスロバキアは条約に調印しなかった。また，インドなどは会議に出席せず，中華人民共和国や中華民国(台湾)は会議に招かれなかった。 (イ) 池田勇人は，1960年

７月から1964年11月まで首相を務めた。池田内閣は所得倍増計画をかかげるなど高度経済成長を推し進めた。また，在任期間末期の1964年10月には，東京オリンピックが開かれた。　(ウ)　1972年に沖縄の本土復帰を果たしたのは佐藤栄作首相である。　(エ)　1980年代，日米間で貿易摩擦の問題が過熱する中，アメリカは日本に対して，アメリカ産の農産物輸入の拡大や，日本からの自動車輸出の規制などを求めた。　(オ)　1991年の湾岸戦争をきっかけに日本の国際貢献のあり方が議論されるようになったことを背景として，翌92年，PKO(国連平和維持活動)協力法が成立し，同年，同法にもとづいてカンボジアに初めて自衛隊が派遣された。自衛隊がイラクの復興支援のために派遣されたのは，2003年のイラク戦争のときである。

３　日本国憲法を題材とした問題

問１　日本国憲法は国民主権，基本的人権の尊重，平和主義の３つを基本原則としている。

問２　日本国憲法はその第１条で「天皇は，日本国の象徴であり日本国民統合の象徴であつて，この地位は，主権の存する日本国民の総意に基く」と規定しているから，(ア)が正しい。(イ)と(エ)は大日本帝国憲法の内容，(ウ)は「国会」が「内閣」の誤りである。

問３　(1)　日本国憲法第20条３項には「国及びその機関は，宗教教育その他いかなる宗教活動もしてはならない」と定められているから，(イ)が誤っている。(ア)は第23条が保障する学問の自由，(ウ)は第19条が保障する思想・良心の自由にあてはまる。(エ)は第21条２項で禁止されている「検閲」に相当する。　(2)　(ア)　その商品の供給量が需要量を下回れば，一般的にその商品の価格は上昇するから，正しい。　(イ)　価格が下落すればその商品を買おうとする人が増え，企業は生産を増やそうとする。　(ウ)　その商品に対する需要量が供給量を下回れば，一般的にその商品の価格は下落する。　(エ)　その商品の需要量が増えると価格が上がり，その結果として供給量が増え，価格は次第に下落していくことになる。

問４　(1)　(ア)は日本国憲法の第49条，(イ)は第50条，(ウ)は第51条に規定されている内容であり，それぞれ正しい。国会議員の資格を失わせることは第55条の規定により可能であるから，(エ)が誤っている。　(2)　(ア)　採決は十分に議論を尽くしてから行うべきである。　(イ)　提案が１つしかない場合でも，その提案を承認するかどうかを採決して決めるべきである。　(ウ)　１人が１回挙手する場合は各人とも最善と考えるものに挙手するわけであるが，１人が２回挙手する場合は，各人が最善と考えるものと次によいと考えるものを選択することになる。その結果，多くの人が次によいと考えるものが選ばれる可能性があるから，１人が１回挙手する場合と同じ結果になるとは限らない。　(エ)　議論を十分尽くすことと，少数意見をできるだけ尊重することは，多数決制の原則といえる。

問５　(1)　(ア)　オンブズパーソン(オンブズマン)制度は，1990年に川崎市が国内で初めて導入し，以後，条例を制定してこの制度をとりいれる自治体が増えているが，すべての自治体がとりいれているわけではない。　(イ)　地域の重要な問題に対して賛成や反対の意思を表明する住民投票については，法律では規定されていないが，条例でその実施を義務づけ，行政がその結果を尊重することを定める自治体が増えている。　(ウ)　条例の制定や改廃，監査，議会の解散，首長や議員の解職などについて住民が直接請求権を持つことは，地方自治法などで保障されている。　(エ)　ほとんどの地方公共団体は自主財源だけでは歳入が不足するため，国から地方交付税交付金などの財政支援を受けている。　(2)　(ア)　市町村合併により近隣の行政の窓口や公共施設が減り，住民が不便を感じる例は少なくない。　(イ)　広域の市町村が合併することが，地域の連帯感を高めるとは限らない。　(ウ)　行政区域の拡大や議員数の減少によって，住民の意見が行政に反映されにくくなる可能性がある。　(エ)　財政規模が拡大することで大規模事業によるサービスの向上が可能になるという点は，市町村合併の目的の１つである。

問６　IR(カジノをふくむ統合型リゾート)の誘致(ゆうち)については，観光客が増加することで市の税収が増えるとしてこれに賛成する人もいるが，カジノが賭博(とばく)施設の一種であることから，ギャンブル依存症(いぞんしょう)の人の増加や治安の悪化，反社会的勢力の資金源になるといった点を心配して，これに反対する人も多い。

問７　日本国憲法は1946年11月３日に公布され，翌47年５月３日に施行された。

問８　国連難民高等弁務官事務所は，UNHCRと略される。(ア)は国際原子力機関，(イ)は国連貿易開発会議，(エ)は世界保健機関の略称である。

理　科　<第１回試験>（35分）<満点：100点>

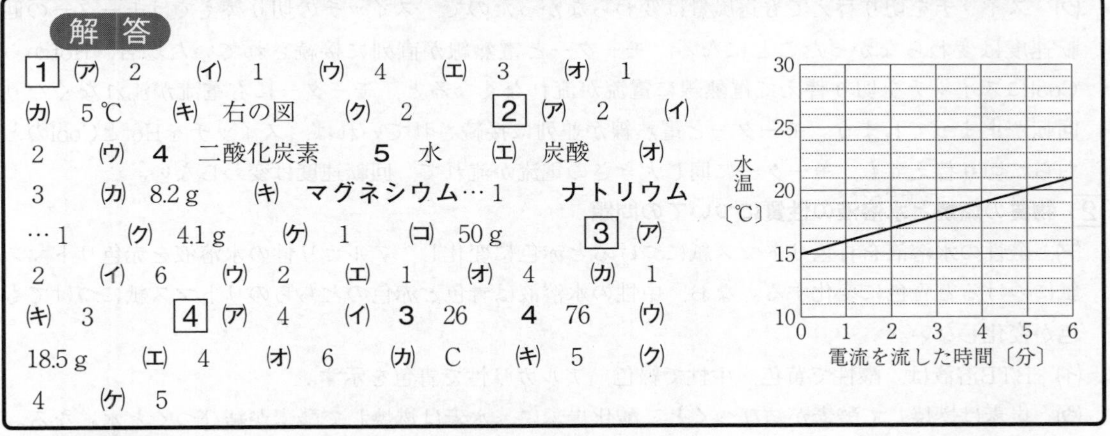

解　答

[1] (ア)　2　(イ)　1　(ウ)　4　(エ)　3　(オ)　1　(カ)　5℃　(キ)　右の図　(ク)　2　[2] (ア)　2　(イ)　2　(ウ)　**4**　二酸化炭素　**5**　水　(エ)　炭酸　(オ)　3　(カ)　8.2ｇ　(キ)　**マグネシウム…1　ナトリウム…1**　(ク)　4.1ｇ　(ケ)　1　(コ)　50ｇ　[3] (ア)　2　(イ)　6　(ウ)　2　(エ)　1　(オ)　4　(カ)　1　(キ)　3　[4] (ア)　4　(イ)　**3**　26　**4**　76　(ウ)　18.5ｇ　(エ)　4　(オ)　6　(カ)　C　(キ)　5　(ク)　4　(ケ)　5

解　説

[1] 豆電球の明るさと電熱線の発熱についての問題

(ア)　電流が流れるのをじゃまするはたらきを電気抵抗(ていこう)といい，直列につながる豆電球の個数が多くなるほど，回路全体の電気抵抗は大きくなる。また，豆電球は流れる電流が大きいほど明るくなる。図３は回路全体の電気抵抗が図２の２倍になるので，豆電球Ｂに流れる電流の大きさは豆電球Ａに流れる電流の$\frac{1}{2}$倍になる。したがって，豆電球Ｂは豆電球Ａより暗くなる。

(イ)　豆電球が２個並列つなぎになっている部分の電気抵抗は，豆電球１個の$\frac{1}{2}$倍になるため，図４は回路全体の電気抵抗が図３よりも小さくなり，豆電球Ｃに流れる電流の大きさは豆電球Ｂよりも大きくなる。よって，豆電球Ｃは豆電球Ｂより明るくなる。

(ウ)　図５では，乾(かん)電池の＋極から出た電流は，豆電球Ｄに対して並列につないだ導線と右側の豆電球を通って，乾電池の－極にもどり，豆電球Ｄには電流が流れない。そのため，豆電球Ｄは消える。

(エ)　図６では，同じ向きにつないだ２個の乾電池のうちの１個と，反対向きにつないだ乾電池１個が打ち消しあって，３個の乾電池をつないだ部分は乾電池１個と同じはたらきをすることになる。そのため，豆電球Ｅには豆電球Ａと同じ大きさの電流が流れて，同じ明るさとなる。

(オ) 電熱線にかかる電圧が等しいとき，電熱線から発生する熱の量は電熱線に流れる電流の大きさに比例する。図８を見ると，電熱線ａが最も水温の上がり方が大きいので，発生した熱の量が一番大きく，流れる電流の大きさが最も大きかったとわかる。

(カ) 表２の電熱線ａ～ｃより，断面積が同じ場合，長さが，0.2÷0.1＝２(倍)，0.4÷0.1＝４(倍)となると，上昇(じょうしょう)温度が，$1 \div 2 = \frac{1}{2}$(倍)，$1 \div 4 = \frac{1}{4}$(倍)になるとわかる。つまり，電熱線の長さと上昇温度は反比例の関係である。また，表２で電熱線ｂと電熱線ｄを比べると，長さが等しい場合，断面積が，0.1÷0.05＝２(倍)になると，上昇温度も，２÷１＝２(倍)になっていて，電熱線の断面積と上昇温度は比例の関係とわかる。これらの関係を用いて，電熱線ｄに５分間電流を流したときの上昇温度をもとに，長さ0.8m，断面積0.2mm^{2}の電熱線に５分間電流を流したときの上昇温度を求めると，$10 \times \frac{0.2}{0.8} \times \frac{0.2}{0.1} = 5$(℃)となる。

(キ) 電流を流した時間が０分では水温が15℃で，５分では(カ)より，水温が，15＋５＝20(℃)である。これをグラフに表すと，解答の図のようになる。

(ク) スイッチを切り替(か)えても送風量は変わらなかったので，スイッチの切り替えではモーターの回転速度は変わらなかったことになる。モーターと電熱線が直列に接続されていた場合，HotからCoolにスイッチを切り替えて電熱線に電流が流れなくなると，モーターにも電流が流れなくなり，回転が止まってしまう。モーターと電熱線が並列に接続されていれば，スイッチをHotとCoolのどちらに切り替えても，モーターに同じ大きさの電流が流れて，回転速度は変わらない。

２ 物質の燃焼と水溶液(すいようえき)の性質についての問題

(ア) 酸性の水溶液を青色リトマス紙につけると赤色に変化し，アルカリ性の水溶液を赤色リトマス紙につけると青色に変化する。なお，中性の水溶液は青色と赤色のどちらのリトマス紙につけても色が変化しない。

(イ) BTB溶液は，酸性で黄色，中性で緑色，アルカリ性で青色を示す。

(ウ) 炭素は燃焼して酸素が結びつくと二酸化炭素に，水素は燃焼して酸素が結びつくと水になる。

(エ) 二酸化炭素が水に溶(と)けた水溶液は炭酸水という。二酸化炭素が水に溶けると炭酸が生じる。

(オ) 硫黄(いおう)は黄色の固体で，硫黄が燃焼すると二酸化硫黄が発生する。

(カ) 200ｇのうち4.1％が亜硫酸(ありゅうさん)なので，亜硫酸の重さは，200×0.041＝8.2(ｇ)と求められる。

(キ) マグネシウムが燃えてできる酸化物を水に溶かすと水酸化マグネシウムを含(ふく)む溶液ができ，これと亜硫酸水溶液が中和することから，水酸化マグネシウム水溶液はアルカリ性とわかる。また，ナトリウムの酸化物を水に溶かすと水酸化ナトリウム水溶液ができ，これもアルカリ性である。マグネシウムとナトリウムは，どちらの酸化物も水に溶かすとアルカリ性の水溶液になることから，図２より，マグネシウムとナトリウムは金属の仲間と考えられる。

(ク) 水酸化マグネシウム116ｇは亜硫酸164ｇを中和するので，2.9ｇの水酸化マグネシウムが中和できる亜硫酸の重さは，$164 \times \frac{2.9}{116} = 4.1$(ｇ)となる。

(ケ) 溶液Ａに溶液Ｂを加えた溶液を，アルカリ性の水酸化ナトリウム水溶液で中和したので，溶液Ａに溶液Ｂを加えた溶液は酸性である。

(コ) (カ)と(ク)より，溶液Ａに含まれる8.2ｇの亜硫酸のうち4.1ｇは，溶液Ｂに含まれる水酸化マグネシウム2.9ｇによって中和されたので，溶液Ａに溶液Ｂを加えた溶液中には，8.2－4.1＝4.1（ｇ）の亜硫酸が含まれている。水酸化ナトリウム80ｇは亜硫酸82ｇを中和するため，4.1ｇの亜硫酸を中和するのに必要な水酸化ナトリウムの重さは，$80\times\frac{4.1}{82}$＝４（ｇ）である。この４ｇの水酸化ナトリウムが溶けている８％の水酸化ナトリウム水溶液の重さは，４÷0.08＝50（ｇ）になる。

３ 心臓や血液についての問題

(ア) ヒトの心臓は２心房（しんぼう）２心室で，その心臓をもつヒトにとっての右手側にある上の部屋が右心房，その下にある部屋が右心室，左手側にある上の部屋が左心房，下の部屋が左心室である。図１で，洞房（どうぼう）結節は右心房にある。

(イ) 肺循環（じゅんかん）とは，心臓と肺の間の血液の流れである。心臓の右心室から出た血液は血管(d)を通って肺に行き，血管(e)や血管(f)を通って心臓にもどる。

(ウ) 動脈血は，酸素を多く含み二酸化炭素が少ない。あざやかな赤色をしていて，大動脈や肺静脈などを流れている。一方，静脈血は動脈血と比べて酸素が少なく二酸化炭素が多い。黒っぽい赤色をしていて，大静脈や肺動脈などを流れている。

(エ) 全身をめぐってきた酸素が少なく二酸化炭素を多く含んだ静脈血は，大静脈を通って右心房に入り，その後右心室から肺動脈を通って肺に向かう。

(オ) 赤血球は，円ばん状の細胞（さいぼう）で，両面の中央がくぼんでいる。ヘモグロビンを含み，酸素を運ぶはたらきをしている。白血球は体内に入ってきた細菌（さいきん）やウイルスなどをとりこんで消化することで，からだを守っている。血小板は，出血したときに血液をかたまらせるはたらきがある。

(カ) 動脈血は酸素を多く含むので，ヘモグロビンが酸素と結びついている割合は静脈血より高い。そのため，赤色の光を少ししか吸収せず，動脈血の赤色の明るさは静脈血より明るい。

(キ) 「う」について，酸素を血液中にうまくとりこめている状態Ａの方が，酸素と結びついているヘモグロビンの割合が状態Ｂより高くなる。「え」について，状態Ｂはヘモグロビンが酸素と結びついている割合が少ないため，ヘモグロビンに吸収される赤色の光の量は状態Ａよりも多い。「お」について，センサーに届く赤色の光の量が多いのは，赤色の光を多く吸収するヘモグロビンの量が少ない状態Ａである。

４ 空気中の水蒸気と雲のでき方についての問題

(ア) 水が水蒸気になるときにまわりから熱をうばうため，球部を水でぬらしたしっ球温度計は，乾球温度計の示す温度以下となる。

(イ) 図１で，高い温度を示している左側が乾球温度計，右側がしっ球温度計である。乾球温度計が示した温度より，気温は26℃とわかる。また，乾球温度計としっ球温度計の温度の差は，26－23＝３（℃）なので，図２で乾球の温度が26℃，乾球としっ球の温度の差が3.0℃のところのしつ度を読みとると，しつ度は76％である。

(ウ) 表より，気温が26℃のときのほう和水蒸気量は24.4ｇ/m^3とわかる。しつ度が76％なので，この空気１m^3に含まれている水蒸気の量は，24.4×0.76＝18.544より，18.5ｇと求められる。

(エ) ピストンをすばやく引くと，空気の体積が急に大きくなり温度が下がる。温度が下がるとほう和水蒸気量が少なくなるため，空気中に含まれていた水蒸気が水のつぶになり，雲ができる。

(オ) 上空にいくほどそれより上にある空気の量が少なくなるので，気圧が低くなる。空気が上昇してまわりの気圧が低くなると，空気の体積は増加して，(エ)のときと同じように温度が低くなる。

(カ)　グラフの各点からその真上にある曲線のグラフ上の点までの長さを比べると，さらに含むことができる水蒸気の量が最も多いのは点Cとわかる。

(キ)　空気は温度が上がると体積が大きくなり密度が小さくなるので，暖かい空気の方が冷たい空気よりも密度が小さい。そのため，地上付近に暖かい空気，上空に冷たい空気がある場合，密度の小さい暖かい空気は下から上へ，密度が大きい冷たい空気は上から下へと移動し，対流が起きる。

(ク)　積乱雲は暖かい空気が急に上昇することででき，かみなり雲や入道雲ともよばれる。

(ケ)　寒冷前線が進むときに，冷たい空気が暖かい空気の下にもぐりこみ，暖かい空気を下からおしのけるようにもち上げるので，積乱雲が発生しやすい。この積乱雲は比かく的せまい範囲に強い雨を短時間ふらせることが多い。また，寒冷前線が通過すると冷たい空気がやってきて，気温が急に下がる。

国　語　＜第１回試験＞（50分）＜満点：150点＞

解　答

一　**問１**　下記を参照のこと。　**問２**　３　**問３**　**１**　B　**２**　B　**３**　A　**４**　A　**５**　B　**問４**　**あ**　A　**い**　B　**う**　A　**え**　B　**お**　B　**問５**　２，４　**問６**　（例）　西洋人にとって価値は人工物にあり，もとのままの加工されていない岩石は無意味で無価値と考えているから。　**問７**　４　**問８**　２　**問９**　非言語　**問10**　４，５　二　**問１**　ア，イ，オ　下記を参照のこと。　ウ　こうちょく　エ　いくえ　**問２**　⑴　２　⑵　３　**問３**　２　**問４**　４　**問５**　油　**問６**　３　**問７**　①　（例）　自分自身と仲間の　②　（例）　全力を出して走る　**問８**　４　**問９**　２，７

●漢字の書き取り

一　**問１**　ア　形態　イ　演出　ウ　構築　エ　反映　オ　過程　　二　**問１**　ア　謝(る)　イ　結束　オ　看板

解　説

一　**出典は加藤秀俊の「日本文化とコミュニケーション」による。**西洋の物理的合理主義とは対照的に，心理的合理主義によってものごとを処理する日本人の特徴について，筆者は劇場芸術や日常生活などを例にあげつつ説明している。

問１　**ア**　組織立ったものごとを外から見た形やようす。「形体」とも書く。　**イ**　演劇や舞踏などでシナリオや場面を解釈し，効果的に表現するために工夫をこらすこと。　**ウ**　基礎から全体をつくりあげること。　**エ**　あるものごとの影響がほかにおよんで現れること。　**オ**　ものごとが生じて変化していき，ある結果に達するまでの道筋。プロセス。

問２　西洋において，人形の「操作者」は舞台に現れず，人形を動かす「糸」も見えにくくする一方，日本では「人形師」が堂々と姿を現すものの，観客は「それを見えていないもの」としてとらえる。つまり，西洋は徹底して物理的な処理をほどこすのに対し，日本は心理的(シンボル的)な処理を行う点で，決定的なちがいがあるのだから，３が選べる。なお，二つ目の段落の最後で，人形は「物理的に人間と見わけのつかない存在になること」を「目標としている」と述べられているので，１の西洋では「人形は人間と見分けがつかなくなった」という説明が本文と合わない。

問３　「作品」は人が芸術活動によってつくったものであるのに対し，「製品」は販売を目的に原料を加工してつくったものをいう。ここでは，西洋の「アニメラマ」を例に，リアル(写実的)さを追求した結果，「プラスティック技術者と電子技術者」がつくり出したように思えるものが「製品」，対照的に「非現実的」ともいえる文楽のようなもの(どこかにつくり手の人間性が介在しているように思えるもの)が「作品」と位置づけられている。よって，１，２，５が「製品」，３，４が「作品」にあたる。

問４　西洋人は「物理的合理主義」によって，日本人は「心理的合理主義」によって事象を処理している，という点をおさえ，それぞれの「部屋」(空間)のとらえかたのちがいを考える。　**あ**　西洋人にとって，部屋は「厚い壁」でへだてられ，かつ「内がわからカギで閉ざされうるもの」でなければならないのだから，「物理」的な境界だといえる。　**い～お**　たった「一枚の紙」という，まるで「無防備な障壁」であっても，日本人はそれがあるから隣の部屋の物音など「きこえない」という思いこみによって，「きっちりと閉ざされた」空間を生み出している。つまり，日本の部屋は，「心理学上の空間」だといえるので，空欄い，え，おには「心理」，空欄うには「物理」があてはまる。

問５　「閉ざされた空間」とは，西洋文化では「鉄やセメント」などでつくられた「物理的構築物」を意味し，日本では「一枚の紙，一本のひも」によって生み出された「象徴的」なものを指す。よって，２の「感染予防のためのアクリル板」や，４の「防音対策が施された応接室」は，物理的にウイルスや音を防ぐものであり，「象徴的」なものとはいえない。

問６　同じ段落で説明されている。「木材や岩を加工した」ときの人間の「努力」が「価値」を形成するのであって，「もとのままの木材や石」は「無価値」だというのが，西洋の思想にあたる。これをもとに「加工された人工物にこそ価値があるというのが西洋の思想なので，もとのままの岩石には価値を認めないから」のようにまとめる。

問７　直後の一文で，草花や小石をともに凝視することによって「ふたりの人間は非言語的な経験をわかちあい」，互いにコミュニケーションをはかると述べられている。つまり，「自然の対象物」もふくむ「さまざまな事物」は，二者の間にことばを用いないコミュニケーションを成立させたのだから，「人間と人間との間に無言の交渉を成立」させたとある４が選べる。なお，１～３は，「自然の対象物」もふくめた「さまざまな事物」が「無言」のコミュニケーションを成立させることに一役買ったという要点を反映していない。

問８　直前の一文で，「日本人は，きわめて同質的な民族」だから，コミュニケーションに「ことばさえをも必要としない」場合が多いと述べられている。このことが，無言の交渉で深い理解を生み出す理由にあたるので，２がふさわしい。１，３，４は，日本人の「同質」性をおさえていない。

問９　「自然の対象物」もふくめた「さまざまな事物」が，日本人の間に「無言の交渉」を成立させる媒介として一役買ってきたことをおさえる。そのように，ことばを必要としないコミュニケーションの例としてあげられた「腹芸」や「歌舞伎」のうち，「歌舞伎のクライマックス」ではほとんどの場合，「無言のゼスチュア」による交渉が行われていたと述べられているので，「非言語的な交渉」とするのがよい。

問10　本文では，西洋に「豊富な自然が存在する」ことや，西洋人の生活が「自然とともに存在しており，ありのままの自然はあまりにもありふれている」ことは述べられていないので，４は正しくない。また，西洋のコミュニケーションについて，「常にことばを通して行われる」とは直接には述べられていないので，５もふさわしくない。

二　出典は森浩美の『こちらの事情』所収の「晴天の万国旗」による。同級生の晶子の家が所有する貸家に住んでいる「私」(美代子)は，晶子のいやがらせで運動会に出たくないと悩んだり，運動会の朝，家族みんなに励まされたりする。

問１　ア　音読みは「シャ」で，「感謝」などの熟語がある。　**イ**　目的を同じくする者たちが団結すること。　**ウ**　体がこわばって自由に動けなくなること。　**エ**　たくさん重なっていること。　**オ**　知らせたいことを書き，人目につくところにかかげておく板状のもの。

問２　運動会の予行演習の日，「薄汚れた見窄らしいズック」が気になりすぐに裸足になったのを晶子から目敏く見つけられ，「ふん，靴も買ってもらえない子がいる」と鼻で笑われた「私」は，北小に通っていたころのことを思い出している。　⑴　新しい靴が買えないことを謝る母を思いやった「私」は，「全然平気だよ」と伝えたうえで，新しい靴などを履いたら足にマメができるだけだし，周りから「裸足の女王って言われてる」ので要らないと「精一杯の嘘」をついたのだから，２が選べる。　⑵　晶子にばかにされたとき，母についた「裸足の女王って言われてるんだから」という嘘を思い出したこと，アンカーとして二番手でバトンを受け取った自分の身体が「バネになったように」なり，地面を蹴って走ったことから，裸足で走る自分を前向きにとらえ，集中力を高めてリレーに臨んだようすがうかがえるので，３が選べる。

問３　「優越感」は，自分が他人よりすぐれていると思い，得意になること。リレーのアンカーとして晶子をぬき去り，一着でテープを切った自分にひきかえ，彼女は転倒し，後続のランナーにまで追いぬかれて半ベソをかいたばかりか，ラインを引いた石灰の粉が顔一面につき，周囲から笑われている。明らかに勝敗がついた現状を見て，「私」は走りならば晶子に負けないと自信を持ったのだから，２がよい。

問４　「『ごめんください』のひと言もなく」家に入りこんできたのは，晶子とその母親である。晶子の母親は，晶子がリレーの練習で転んだのは「私」が「わざと足を掛けて転ばせた」からだと難くせをつけてきたばかりか，恩着せがましく家を「貸してあげたのに」と言い，「今度こんなことしたら」出てってもらうとまで言い放ち，脅してきている。突然やってきて理不尽な責め方をされた点で「迷惑」だといえるのだから，４がふさわしい。

問５　興奮して怒鳴り散らす晶子の母親に対し，その言い分が「違う」と少しでも反論しようものなら，さらに彼女の怒りを助長してしまうと思い，「私」は黙っていたのである。よって，「火に油を注ぐ」とするのがよい。

問６　「私」は，「てっきり叱られるものだと覚悟していた」が，意外にも父から頭を撫でられたことで，晶子の母親から突然怒鳴りこまれた動揺や緊張から解放されるとともに，自分の言い分を父が信じてくれたことに安心したのだから，３の「ほっとした気持ちと，親が信じてくれたという想い」がよい。

問７　①，②　リレーで晶子を負かしてしまったら，また難くせをつけられ，自分の家族もここから追い出されるに違いないと考えた「私」は，「どうしよう」と思っている。また，「明日頑張ろうね」と声を掛けてくれるリレーのメンバーを，場合によっては「裏切ってしまう」かもしれないことも，「私」を悩ませているのだろうと考えられる。これをもとに，「『リレーの仲間たちの』ために，『全力を出して走る』べきだとは思うものの，心を決められずにいる」，あるいは，「『家族の居場所を守る』ために，『晶子に勝ちをゆずる』べきだとは思うものの，心を決められずにいる」のようにまとめるとよい。

問８　「歯切れの(が)悪い」は，話しぶりがはっきりせずあいまいなようす。リレーのメンバーから「明日頑張ろうね」と声を掛けられても，すぐさま「頑張ろう」と応じることができず，「あ，うん，そうだね」とあいまいな返事をしているのだから，４が合う。１～３は，「歯切れの悪い」の意味を反映していない。

問９　２　父の言葉に対し，「貧乏だからこそ慎ましく生きてきた自負を感じる」という解釈はふさわしくない。晶子の家が所有する借家ではあっても，父は「自分の子が侮辱されてまで他人に媚びへつらうのはイヤだ～貧乏人だからって恥じる気もない。出て行けって言うなら出ればいい」と言っており，プライドが感じられる。　　７　弟はまだ幼く，「私」がどんな立場で悩んでいるのかを理解しているようすは見られない。無邪気に「初めての運動会を楽しみにして」はしゃいでいるのである。

Memo

2022年度　中央大学附属横浜中学校

〔電　話〕　(045)592－0801
〔所在地〕　〒224－8515　神奈川県横浜市都筑区牛久保東１－14－１
〔交　通〕　市営地下鉄 ―「センター北駅」より徒歩７分

【算　数】〈第２回試験〉（50分）〈満点：150点〉

（注意事項　計算機，定規，分度器，コンパス等は一切使用してはいけません。）

1　次の□にあてはまる数を求めなさい。解答用紙には答えだけを記入しなさい。ただし，円周率は3.14とします。

(1)　$60 \div 5 \times 2 - 6\frac{4}{7} \div 2 \times 7 = \square$

(2)　$8 + 98 + 998 + 9998 + 99998 = \square$

(3)　$12.3 \div \left\{\left(1\frac{1}{2} - 5 \div \square\right) \times 8.2\right\} = 9$

(4)　食塩水Ａと食塩水Ｂを３：２の割合で混ぜたところ，食塩水Ｂの半分の濃度の食塩水ができました。このとき，食塩水Ｂの濃度は食塩水Ａの濃度の□倍です。

(5)　上り電車と下り電車がすれ違うのに18秒かかりました。上り電車と下り電車の速さの比は４：３で，長さの比は３：４です。上り電車の長さが150 mであるとき，上り電車の速さは時速□kmです。

(6)　ある大きな正方形のたてを３cm長くし，横を３cm短くすると長方形ができます。その長方形の面積は，もとの正方形の面積より，□ cm^2 小さくなります。

(7)　12時の次に時計の長針と短針が重なるのは，１時□分です。

(8)　１から200までの整数をすべてかけあわせたときにできる数は，おわりに0が□個並びます。

(9)　右の図で，四角形ABCDは正方形です。
角EACの大きさが13°のとき，角BFCの大きさは□度です。

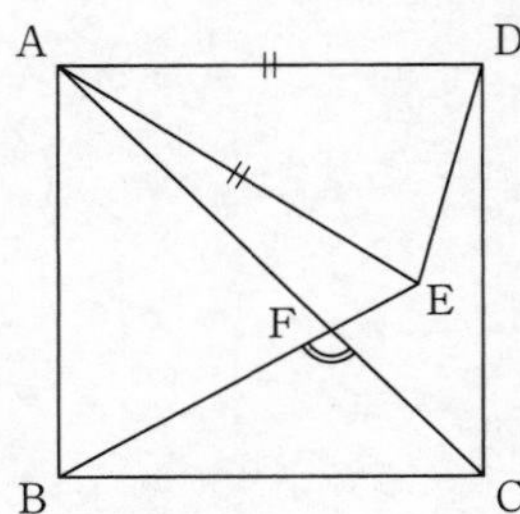

⑽　１辺の長さが３mの正三角形の土地の周りに柵(さく)があります。右の図のように，犬がPのところと長さ６mのひもで結ばれています。このとき，犬が柵の周りを移動できる範囲の面積は□m^2です。ただし，正三角形の土地の面積は3.9m^2とし，犬とひもは柵の内側には入れないものとします。

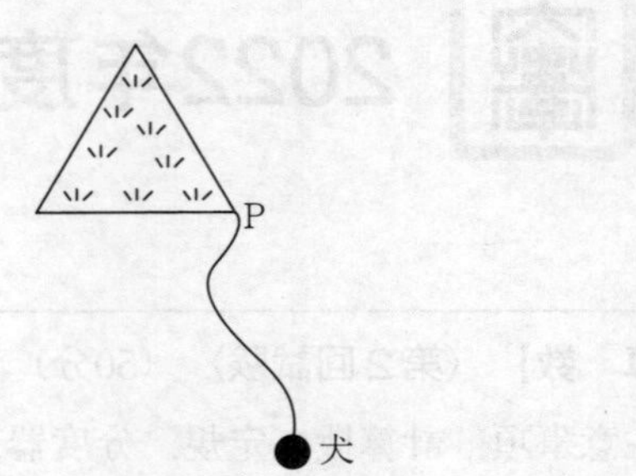

2　太郎さん，次郎さんはP地点から10km離(はな)れたQ地点まで進みます。太郎さんは，はじめ時速８kmの速さで進み，途中(とちゅう)から時速５kmの速さでQ地点に向かいました。次郎さんは，太郎さんが出発してから１時間６分後にP地点を出発し，時速20kmの速さで進みました。次郎さんは，途中で15分休み，また同じ速さでQ地点に向かったところ，太郎さんと同時にQ地点に到着しました。このとき，次の問いに答えなさい。

⑴　太郎さんがP地点からQ地点まで進むのにかかった時間は何時間何分ですか。

⑵　太郎さんが時速５kmの速さに変えたのは，P地点から何kmのところですか。

⑶　次郎さんはQ地点より手前で太郎さんに一度追いつきました。次郎さんが休んだ地点はQ地点から何km以内ですか。

3 図のように角Ｃの大きさが90°の直角三角形ABCがあります。辺AB，BC，AC上にある点D，E，Fを結んでできる三角形DEFは三角形ABCを縮小した三角形であり，DE＝5 cm，EF＝4 cm，DF＝3 cmです。

角DFEの大きさが90°で，角ABCと角DEFと角FECの大きさがすべて同じであるとき，次の問いに答えなさい。ただし，円周率は3.14とします。

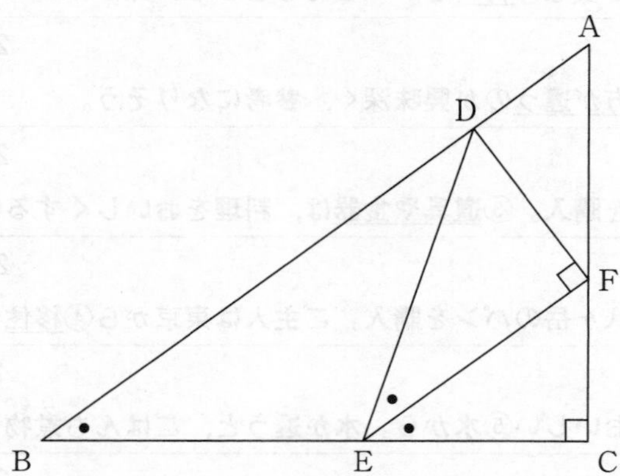

(1)　辺CFの長さは何cmですか。

(2)　辺ABを軸として，三角形DEFを一回転させたときにできる立体の体積は何cm^3ですか。

(3)　辺BCを軸として，三角形DEFを一回転させたときにできる立体は，三角形FECを一回転させたときにできる立体の体積の何倍ですか。

4 商品の本体価格に消費税を加えたものを税込(ぜいこみ)価格といいます。ここでは，税込価格は小数点以下を切り捨てて考えるものとします。たとえば，本体価格が70円の商品では，消費税率が８％のときの税込価格は75円になり，消費税率が10％のときの税込価格は77円になります。

このとき，次の問いに答えなさい。ただし，本体価格は整数とします。

(1)　消費税率が10％のとき，税込価格を計算したときに出てこない金額があります。そのうち，100円以下で，もっとも大きい金額は何円ですか。

(2)　消費税率が８％のときも10％のときも税込価格が同じになる本体価格の中で，もっとも大きいものは何円ですか。

(3)　消費税率が10％から８％に変わったとき，税込価格が22円安くなる本体価格の中で，もっとも大きいものは何円ですか。

【社　会】〈第２回試験〉（35分）〈満点：100点〉

1 料理研究家のこうじさんは，新しいメニューを考えるために，日本や世界の料理に関して，定期的にＳＮＳに書き込んでいます。こうじさんの書き込みを見て，以下の問いに答えなさい。

料理研究家こうじ	2021/02/01　8:50
新しいメニューに必要な①材料を，いろんなところに探しにいっています。	
料理研究家こうじ	2021/02/02　15:10
地域ごとに②作り方が違う（ちがう）のが興味深く，参考になりそう。	
料理研究家こうじ	2021/03/07　14:57
新しいまな板と皿を購入（こうにゅう）。③道具や食器は，料理をおいしくするのに大切！	
料理研究家こうじ	2021/05/12　18:24
インターネットで八ヶ岳のパンを購入。ご主人は東京から④移住して開業したそう。	
料理研究家こうじ	2021/06/22　9:36
おいしい料理は，おいしい⑤水から。水が違うと，ごはんも煮物（にもの）も全く味が違う。	
料理研究家こうじ	2021/07/20　18:03
近所の⑥スーパーで千葉県⑦九十九里産のねぎを購入。	
料理研究家こうじ	2021/07/27　14:00
知り合いの方から，⑧四万十川で育った最高級の極上のうなぎをいただきました！	
料理研究家こうじ	2021/08/08　19:10
隣町（となりまち）のイタリア料理のレストランへ。⑨他の国の料理も大変参考になります。	
料理研究家こうじ	2021/09/09　16:07
⑩輸入食材店で外国産の食材を物色。国内では手に入らない珍（めずら）しいものも多い。	

問１　下線部①に関して，次のＡ～Ｄは，さまざまな料理の材料となる農産物についての説明です。次のページの(ア)～(エ)は，Ａ～Ｄの農産物の都道府県別の収穫量（しゅうかくりょう）の割合を示したものです。このうち，ＢとＣの農産物の収穫量を示したものを，次のページの(ア)～(エ)から１つずつ選び，記号で答えなさい。

Ａ　いもの一種で，和食にも洋食にも幅（はば）広く使われる。

Ｂ　イネ科の植物で，みそやビールの原料になる。

Ｃ　ビニールハウスで栽培（さいばい）されるものもあり，店頭には一年中並ぶ。

Ｄ　冷涼（れいりょう）な気候で生産され，サラダなど生のまま食されることの多い野菜。

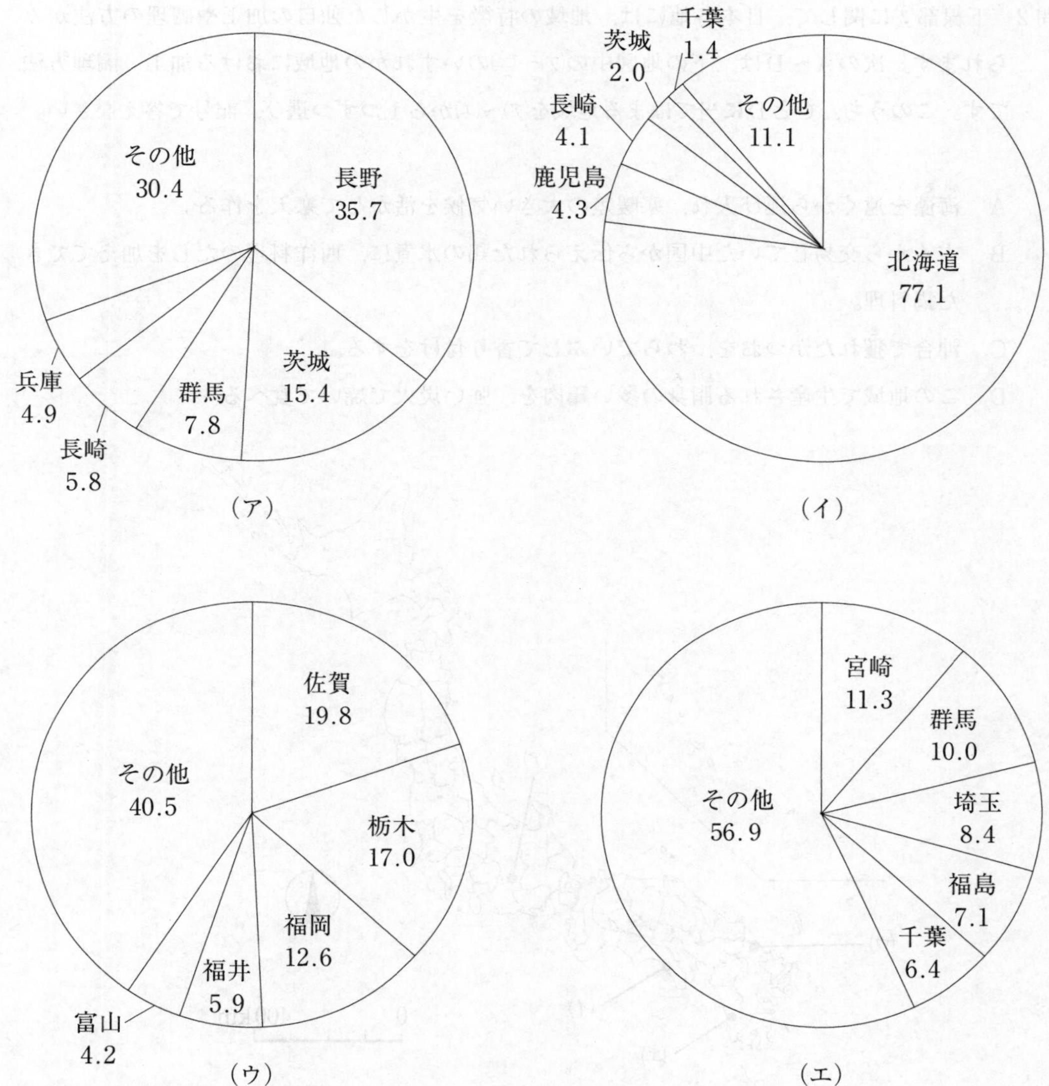

※年次は2018年，単位は％。

（『データブック オブ・ザ・ワールド』より作成）

問２　下線部②に関して，日本各地には，地域の特徴を生かした独自の加工や調理の方法がみられます。次のＡ～Ｄは，下の地図中の(ア)～(エ)のいずれかの地域における加工・調理方法です。このうち，ＣとＤに当てはまる地域を(ア)～(エ)から１つずつ選び，記号で答えなさい。

Ａ　海藻を遠くから運び入れ，寒暖差の大きい気候を活かして寒天を作る。

Ｂ　古くから交易していた中国から伝えられた鶏の水煮に，西洋料理のだしを加えてできた鍋料理。

Ｃ　沖合で獲れたかつおを，わらでいぶして香り付けをする。

Ｄ　この地域で生産される脂身の多い鶏肉を，強い炭火で焼いて食べる。

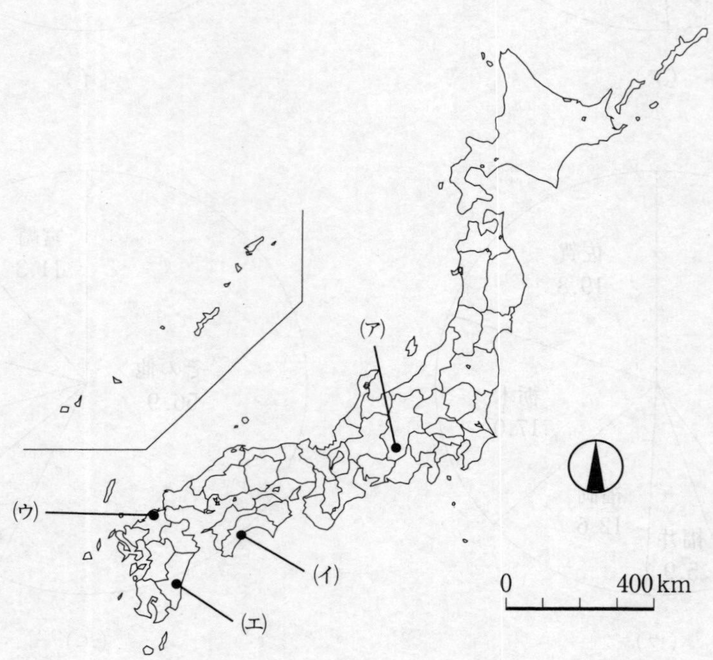

問３　下線部③に関して，次の問いに答えなさい。

(1)　料理を作るための道具や盛り付ける食器と，主な生産地の組み合わせとして正しいものを，次の(ア)～(オ)から２つ選び，記号で答えなさい。

(ア)　鉄瓶－北海道札幌　　(イ)　銅鍋－富山県高岡　　(ウ)　包丁－大阪府堺

(エ)　銀食器－石川県輪島　　(オ)　陶磁器－広島県熊野

⑵　道具や食器の中には，外国から輸入されるものがあります。ただし輸入する際には，国内の産業を保護するために，税金がかけられる場合があります。このような税金のことを何といいますか，漢字で答えなさい。

問４　下線部④に関して，ある地域に住んでいた人が他の地域に生活の拠点（きょてん）を移すことに関して述べた文章として，誤っているものを次の㋐～㋓から１つ選び，記号で答えなさい。

㋐　日本では，農村から都市に移住する人は高齢者（こうれいしゃ）よりも若者のほうが多い。
㋑　日本には多くの外国人が移り住んでおり，最も多い外国人の国籍（こくせき）は韓国である。
㋒　人口の多い大都市の中であっても，高齢化が深刻な地域が増えている。
㋓　戦争が起きている国では，生命を守るために外国に逃（に）げ出す人たちがいる。

問５　下線部⑤に関して，次の表は都道府県別のミネラルウォーターの生産量をまとめたものです。表の【　Ｂ　】に当てはまる都道府県として正しいものを，下の㋐～㋔から１つ選び，記号で答えなさい。なお，【　Ａ　】については解答しなくてよいものとします。

	都道府県	生産量
1	【　Ａ　】	1552
2	【　Ｂ　】	560
3	鳥取	352
4	岐阜	287
5	熊本	202
6	兵庫	133
	全国計	3843

※単位は千 kL，年次は2020年。

（日本ミネラルウォーター協会ホームページより作成）

㋐　北海道　　㋑　東京　　㋒　静岡　　㋓　大阪　　㋔　岡山

問６　下線部⑥に関して，次の図は商業施設の販売額を示したもので，図中のＡ～Ｃは，スーパーマーケット，コンビニエンスストア，デパート（百貨店）のいずれかです。Ａ～Ｃと商業施設の種類の組み合わせとして正しいものを，下の(ア)～(カ)から１つ選び，記号で答えなさい。

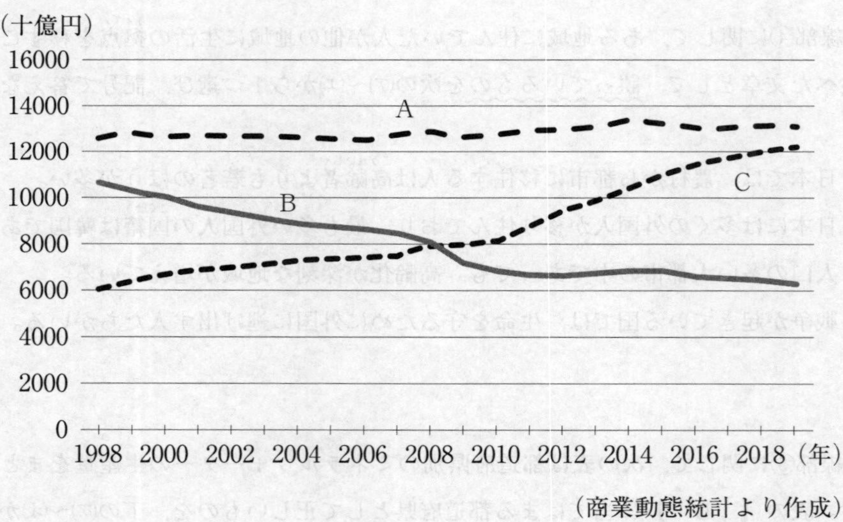

（商業動態統計より作成）

	(ア)	(イ)	(ウ)	(エ)	(オ)	(カ)
スーパーマーケット	A	A	B	B	C	C
コンビニエンスストア	B	C	A	C	A	B
デパート	C	B	C	A	B	A

問７　下線部⑦に関して，千葉県の九十九里平野は，砂地を利用したねぎの生産がみられます。砂地でさかんに生産されている作物として適当でないものを，次の(ア)～(エ)から１つ選び，記号で答えなさい。

(ア)　米　　(イ)　すいか　　(ウ)　メロン　　(エ)　らっきょう

問８　下線部⑧に関して，河川の自然環境を保全するさまざまな取り組みが各地で行われています。それらの中には，次の１～17の絵記号で示された17の持続可能な開発目標（SDGs）に基づいたものがあります。河川の自然環境を守る取り組みと，持続可能な開発目標について述べたものとして誤っているものを，下の(ア)～(エ)から１つ選び，記号で答えなさい。

(ア)　6に関して，河川に汚染物質を流したりせず，誰もが衛生的に水が利用できるようにすることをめざしている。

(イ)　9に関して，ダムや堤防を建設し，洪水などの水害の被害を最小限にとどめることをめざしている。

(ウ)　11に関して，さまざまな生物が暮らす河川の自然環境を守り回復させ，持続可能な形で利用することをめざしている。

(エ)　17に関して，国や自治体と企業が手を取り合い，お互いに協力しながら自然を守ることをめざしている。

問９　下線部⑨に関して，次の文は，下の(ア)〜(エ)のいずれかの国の料理や食文化について説明したものです。この説明に当てはまる国として正しいものを，下の(ア)〜(エ)から１つ選び，記号で答えなさい。

> デーツとよばれるヤシの実を日常的に食べる。ホブズとよばれる薄(うす)いパンや米を食べるが，米の形は日本と異なり細長い。国民のほとんどは宗教上の理由から豚肉(ぶたにく)を食べず，成人してもお酒を飲まない人が多い。

(ア)　中国　　(イ)　インド　　(ウ)　韓国　　(エ)　サウジアラビア

問10　下線部⑩に関して，次の図は，食材となる農産品の日本の自給率の変化を示したものです。日本の食料自給率は他の先進国に比べて低いと言われていますが，米と鶏卵(けいらん)においてはそれほど低くないことがわかります。ただし，米と鶏卵の自給率が低くない理由は異なります。米と鶏卵の自給率が低くない理由を，それぞれ説明しなさい。

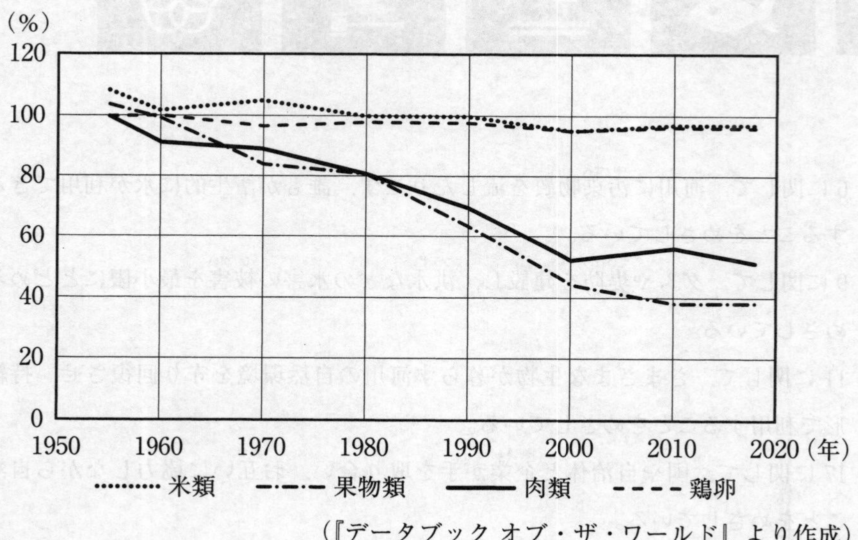

(『データブック オブ・ザ・ワールド』より作成)

2 次のＡ～Ｅの文を読んで，以下の問いに答えなさい。

Ａ　今からおよそ１万年余り前に，地球の環境は大きく変化しました。気候の温暖化により氷河がとけて海面が上昇すると，日本列島はユーラシア大陸から離れました。また，温帯の森林が広がり，植物や動物のようすも今日のような形となりました。このような環境の変化に合わせて，人々は土器などの道具を用いた新しい生活技術を生み出し，①縄文文化が成立しました。

これに続く弥生文化は，紀元前４世紀ごろに中国から朝鮮半島を経由して，稲作や金属器などが北九州に伝来してはじまりました。やがて日本列島の大部分で農耕・牧畜が開始され，収穫された稲をたくわえるための建造物である［　1　］も登場しました。稲作の広まりは，土地や水，たくわえた米などをめぐって村どうしの争いを増加させ，敵の侵入に備えて濠をめぐらせた②環濠集落がつくられました。

Ｂ　源頼朝は全国に守護と地頭をおくことを朝廷に認めさせ，さらに朝廷から征夷大将軍に任命されて鎌倉幕府が成立しました。その後，朝廷と幕府が争った［　2　］を境にして③幕府による支配は全国におよぶようになりました。

鎌倉時代の中ごろからは農業技術の進歩がめざましく，牛馬を利用した耕作や鉄製農具の普及に加えて，肥料も使われるようになるなど農業生産力は向上しました。さらに，手工業も発達したことにより経済活動は大きく進展しました。生産力が高まるにつれてさまざまな商品がうまれ，都市部には見世棚とよばれた常設の小売店も登場し，交通の要地や寺社の門前などには定期市が開かれました。このように商業が発達すると，商工業者により④座とよばれる同業者の組合がつくられるようになりました。商業取引は遠隔地を結ぶものもさかんに行われ，陸上交通の要地には宿が設けられ，各地の港湾には港町が発達し運送業も成長しました。

Ｃ　室町時代は戦乱があいつぎましたが，南北朝を統一した⑤室町幕府の３代将軍足利義満により，安定した時期をむかえることができました。

この時代は，それ以前にも増して農業生産力が上昇し，各地で商工業者が活発な経済活動を展開するようになりました。その結果，加賀の絹織物，美濃の［　3　］，尾張の陶器などの特産品がうまれました。都市部では見世棚が増加し，各地の定期市も月６回開かれるようになり，さらに連雀商人とよばれる行商人の活動が活発化するなど，商業が発展しました。また，対外貿易もさかんで明との勘合貿易がその中心となりましたが，朝鮮や⑥琉球王国とも活発な貿易が展開されました。

D　江戸時代は農業以外の諸産業もいちじるしく発達しました。経済活動の活性化とともに貨幣による売買が普及し，日常生活での現金による支払いが増えると，収入を米の支給にたよっていた武士の生活は苦しくなりました。また，江戸時代の中期以降，⑦３度にわたる大きな飢饉が農民の生活をより厳しいものにしただけでなく，幕府や諸藩は財政難に苦しむようになりました。

これに対して幕府は改革に取り組み，特に８代将軍徳川吉宗は先頭に立って幕政改革の中心となり，〔　4　〕を実施しました。その柱となったのは⑧財政の再建と江戸の都市政策で，吉宗政権の末期には裁判の基準となる⑨公事方御定書が制定され，法による合理的な政治が推進されました。また，大名の中にも支出をおさえるために家臣への米の支給を減らしたり，大阪や京都の大商人から借金をして財政難をしのごうとする動きもみられました。

E　第二次世界大戦後の日本経済は，朝鮮戦争による特殊需要をきっかけに戦前の水準を回復しました。さらに，⑩1950年代後半から高度経済成長を続け，日本の国民総生産（ＧＮＰ）は資本主義諸国の中でアメリカ合衆国についで第２位の規模へと拡大しました。高度経済成長期には国民生活も大きく変容し，都市部には超高層ビルが建設され，電気冷蔵庫・電気洗濯機・白黒テレビのいわゆる「三種の神器」を中心とした家電製品が爆発的に普及したようすは，まさに消費革命といえるものとなりました。1964年のオリンピック東京大会開催や，これに合わせた東海道新幹線開業は，戦後復興のシンボルといえるものとなりました。しかし，1973年におきた第四次中東戦争をきっかけに〔　5　〕危機がおこると，日本経済も打撃をうけ高度経済成長は終わりをつげました。

問１　〔　1　〕～〔　5　〕にあてはまる語句を，漢字で答えなさい。

なお，漢字の使用が適当でない箇所はひらがなを使用すること。（例：本能寺の変）

問２　下線部①について，縄文文化の説明として誤っているものを，次の(ア)～(エ)から１つ選び，記号で答えなさい。

(ア)　入り江で貝をとったり，動物の骨や角でつくった釣り針で魚をとって生活した。

(イ)　貝塚からは貝がら以外にも，土器のかけらなど生活ゴミのほか人骨も出土する。

(ウ)　高温で焼かれた土器は，薄くてかたく赤褐色で縄目文様をほどこしたものが多い。

(エ)　住居のつくりや大きさにあまり差がなく，貧富の差や身分のちがいがほとんどない社会である。

問３　下線部②について，この時代を代表する，佐賀県にある二重の濠をもつ大規模な遺跡(いせき)の名を答えなさい。

問４　下線部③について，朝廷の監視(かんし)や西国の統治のために，鎌倉幕府が京都に設置した機関の名を漢字で答えなさい。

問５　下線部④について，座に集まった商工業者たちは，特権を得ることで利益を上げました。その特権を答えなさい。

問６　下線部⑤について，この時期に室町幕府のしくみが整えられました。そのことを説明した次のＸとＹの文について，正誤の組み合わせとして正しいものを，下の(ア)〜(エ)から１つ選び，記号で答えなさい。

Ｘ　義満は太政大臣に就任し，朝廷のもっていた権限を吸収することで，強力な幕府をつくりあげた。

Ｙ　全国の守護大名を都に集め，幕府の政治には関わらせずにその力をおさえた。

(ア)　Ｘ　正　　Ｙ　正　　　(イ)　Ｘ　正　　Ｙ　誤

(ウ)　Ｘ　誤　　Ｙ　正　　　(エ)　Ｘ　誤　　Ｙ　誤

問７　下線部⑥について，琉球王国が栄えたのは，明・日本・東南アジアの国々との地理的関係を利用した貿易によります。この貿易は何とよばれますか，漢字で答えなさい。

問８ 下線部⑦について，下のグラフは総人口の変遷(へんせん)を示したものですが，これについて，(1)・(2)の問いに答えなさい。

(1) 折れ線グラフ内の太線部分は1780年～1792年にあたりますが，この急激な人口減少と関連のある，江戸時代最大といわれる飢饉の名を答えなさい。

(2) (1)の飢饉の説明文として正しいものを，次の(ア)～(エ)から１つ選び，記号で答えなさい。

(ア) 長雨と西日本一帯にいなごが大量発生し，その影響(えいきょう)から幕府は物価を下げるために大量に貨幣を発行した。

(イ) 洪水や冷害の被害が原因であったこの飢饉の影響は全国におよび，幕府は株仲間を解散して商人の利益をおさえた。

(ウ) 飢饉に対する幕府の処置を不満として，貧しい人びとを救うため大塩平八郎が反乱をおこした。

(エ) 浅間山大噴火(だいふんか)や冷害などによる被害が原因で，その影響は全国におよび，田沼意次の権力がおとろえる一因ともなった。

【総人口の変遷】

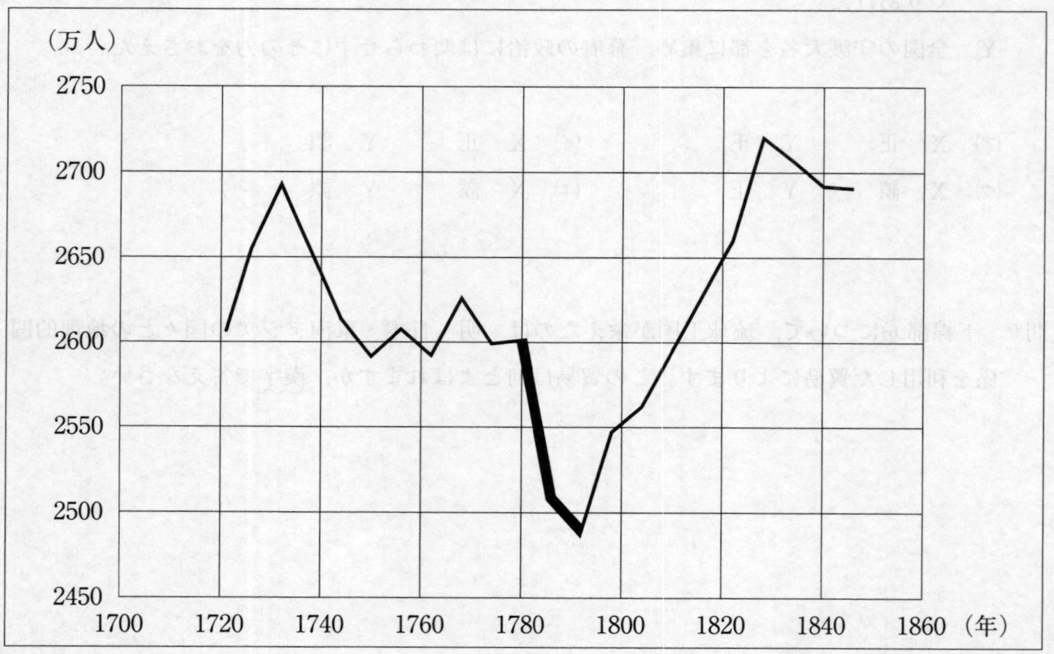

(関山直太郎『近世日本の人口構造』ほかによる)

問９　下線部⑧について，幕府は倹約令を出して支出をおさえるとともに，農民への年貢の増税や大名への負担を中心とした収入増加をめざしました。その一方で，農民の疲弊(ひへい)や飢饉への対応策や，大名の負担増に配慮する政策も実施しました。

上の二重下線部について，次の資料Ａ～Ｃを参考にして説明しなさい。

Ａ【甘藷(かんしょ)先生の墓】

Ｂ【徳川吉宗時代の江戸幕府の収入】

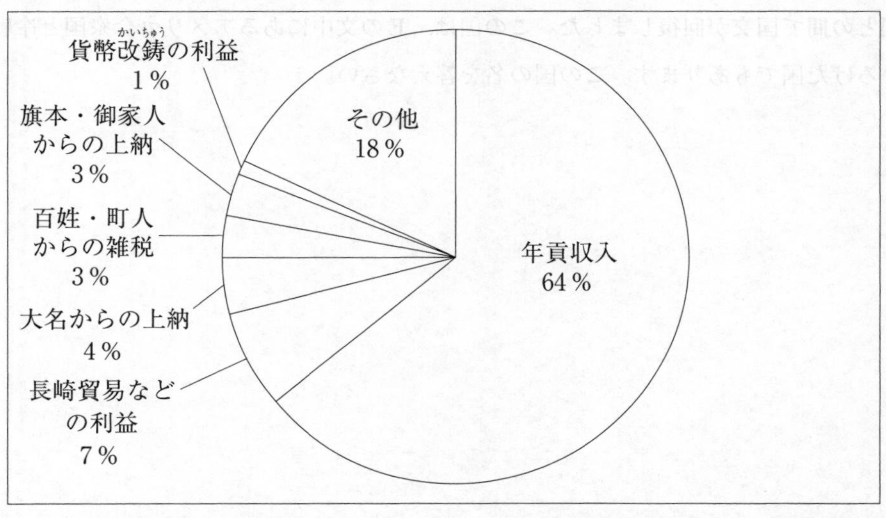

（『地図・グラフ・図解でみる一目でわかる江戸時代』（小学館）より作成）

C【大名の所在地（全264家）】

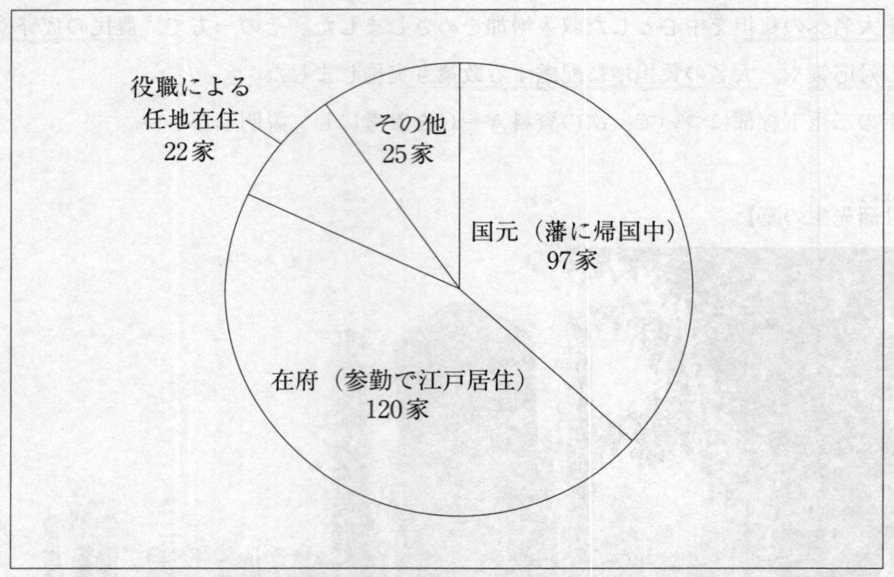

（『地図・グラフ・図解でみる一目でわかる江戸時代』（小学館）より作成）

問10　下線部⑨に関連して，徳川吉宗により江戸の町奉行にとり立てられ，この法典の編さんに関わった人物の名を答えなさい。

問11　下線部⑩について，この時期，第二次世界大戦後に日本との平和条約に調印しなかった国との間で国交が回復しました。この国は，Ｅの文中にあるアメリカ合衆国と冷戦をくりひろげた国でもあります。この国の名を答えなさい。

3 こうじさんは，地元の政治家にインタビューを行い，その結果をレポートにまとめました。次のレポートを読んで，以下の問いに答えなさい。

名　前：中大　太郎

年　齢：45歳（1976年７月８日生まれ）

所　属：Ａ党

経　歴：市議会議員　２期　　県議会議員　１期
　　　　①衆議院議員　１期

【掲げているおもな公約】
- 公正な選挙を実現すること
- 国家財政の健全化をはかること
- 開かれた②司法制度をめざした改革
- 環境問題への積極的な取り組み

【取材でうかがったこと】
- 国家財政の健全化をはかるために，中大太郎さんは，今年度の③国会における予算審議において［　1　］の発行削減を主張しました。
- 今年度の国会会期中に提出された④内閣に対する不信任決議案については，与党所属の議員として否決票を投じました。
- 環境問題については，特に地球温暖化問題に関心があるとのことでした。⑤国際連合の職員としても働いたことがある国際派の中大太郎さんは，日本が⑥地域連合で他国と協力していくことが大切だと述べられていました。

【取材後に調べてみたこと】
- 日本の国家財政について調べたところ，図１を見つけました。それを見ると，中大太郎さんが言われた通り，［　1　］費の返還のための支出が大きいことが分かりました。
- 日本の選挙制度について調べたところ，表１と表２を見つけました。その結果，⑦公正な選挙を行うためにはいろいろな問題があることが分かりました。
- 地球温暖化問題について調べたところ，図２を見つけました。その結果，⑧日本と関係の深い国々が二酸化炭素を多く排出していることが分かりました。

問１　下の図１も参照しながら，レポート中の［　１　］にあてはまる語句を漢字で答えなさい。

図１　日本国の一般会計の歳出（2021年度予算案）

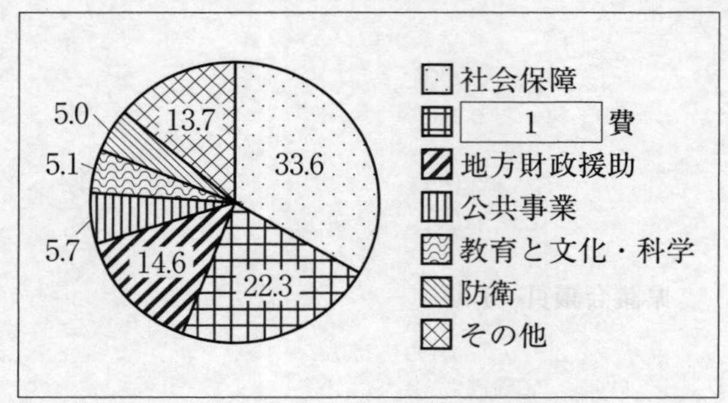

※いずれも単位は％。

（『日本国勢図会 2021/22』より作成）

問２　下線部①に関連して，衆議院の優越に関する説明として正しいものを，次の(ア)～(エ)から１つ選び，記号で答えなさい。

(ア)　法律案の議決について，両議院が異なる議決をしたとき，衆議院で出席議員の過半数で再び可決したとき，法律として成立する。

(イ)　予算の議決について，両院協議会でも意見が不一致，または衆議院が議決して30日以内に参議院が議決しないとき，衆議院の議決が国会の議決となる。

(ウ)　内閣不信任の決議について，衆議院で不信任案を可決または信任案を否決した場合，30日以内に衆議院を解散しないとき，内閣が総辞職をする。

(エ)　政治が正しく行われているかどうかを調査するために与えられている国政調査権は，衆議院にのみ認められている。

問３　下線部②に関連して，刑事裁判について説明した文として誤っているものを，次の(ア)～(エ)から１つ選び，記号で答えなさい。

(ア)　刑事裁判では，裁判員が参加することがある。

(イ)　刑事裁判では，罪を犯した疑いのある人が裁かれる。

(ウ)　刑事裁判では，被告人に対して弁護人をつけることができる。

(エ)　刑事裁判では，国や地方公共団体を訴えることができる。

問４　下線部③について，国会のおもな仕事として正しいものを，次の(ア)～(エ)から１つ選び，記号で答えなさい。

(ア)　憲法改正の発議を行って国民投票を実施し，成立後に公布する。
(イ)　予算案をつくって審議を行い，成立後に裁判所に提出する。
(ウ)　弾劾（だんがい）裁判所を設置し，裁判官を辞めさせるかどうかを決める。
(エ)　外国と条約を結び，内閣に提出して承認をしてもらう。

問５　下線部④に関連して，次の問いに答えなさい。

(1)　日本では，内閣総理大臣は議会の多数派を占（し）める勢力から選ばれ，国会に対して連帯して責任を負う制度を採用しています。この制度を何といいますか，漢字５字で答えなさい。

(2)　次の図は，日本における三権分立について，内閣を含（ふく）めて示した模式図です。図中の［　A　］・［　B　］に適する語句の組み合わせとして正しいものを，次の(ア)～(エ)から１つ選び，記号で答えなさい。

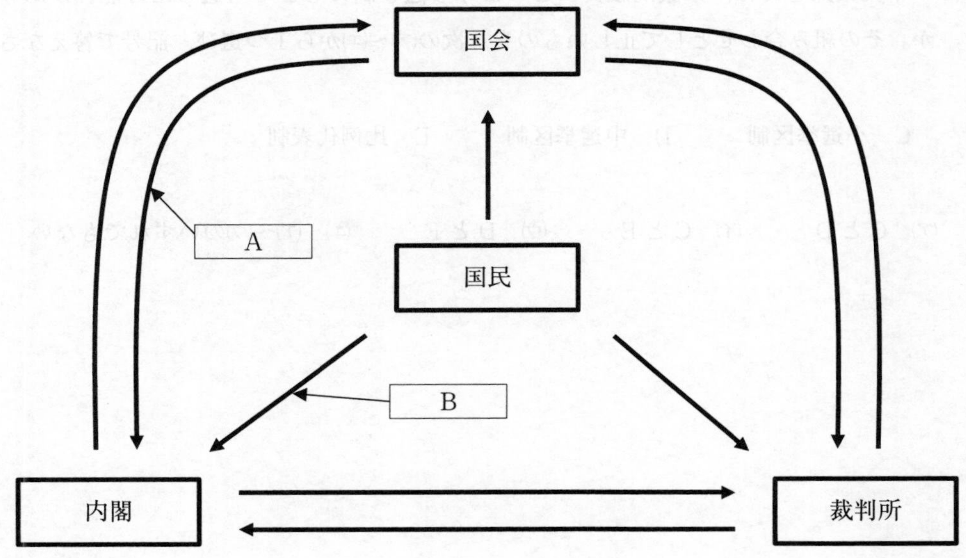

(ア)　A　内閣総理大臣の指名　　　B　世論
(イ)　A　内閣総理大臣の指名　　　B　選挙
(ウ)　A　内閣総理大臣の任命　　　B　世論
(エ)　A　内閣総理大臣の任命　　　B　選挙

問６　下線部⑤について，国際連合に関連する説明として誤っているものを，次の(ア)～(エ)から１つ選び，記号で答えなさい。

(ア)　安全保障理事会では，国どうしの争いなどを解決するための話し合いを行う。
(イ)　国際連合は，紛争がおこった地域にＷＴＯを派遣し，平和維持活動を行う。
(ウ)　ユネスコは，世界的な文化遺産や自然遺産を守るための活動を行っている。
(エ)　ユニセフは，「子どもの権利条約」に基づいたさまざまな支援活動を行っている。

問７　下線部⑥について，2021年４月の時点で日本が参加している地域連合として正しいものを，次の(ア)～(エ)から１つ選び，記号で答えなさい。

(ア)　ＥＵ　　(イ)　ＡＳＥＡＮ　　(ウ)　ＡＰＥＣ　　(エ)　ＮＡＦＴＡ

問８　下線部⑦に関連して，次の問いに答えなさい。

(1)　中大太郎さんは，衆議院議員にどのような選挙制のもとで当選した可能性がありますか。その組み合わせとして正しいものを，次の(ア)～(エ)から１つ選び，記号で答えなさい。

Ｃ　小選挙区制　　Ｄ　中選挙区制　　Ｅ　比例代表制

(ア)　ＣとＤ　　(イ)　ＣとＥ　　(ウ)　ＤとＥ　　(エ)　(ア)～(ウ)のいずれでもない

⑵　表１と表２を参照しながら，２つの表から読み取れることについて説明した次のＦとＧの文について，その正誤の組み合わせとして正しいものを，次の㈦～㈲から１つ選び，記号で答えなさい。

表１　衆議院における１票の格差

	選挙区	１票の格差
人口が多い区	東京９区（練馬区）	2.016倍
	東京22区（三鷹市など）	2.016倍
	兵庫６区（伊丹市など）	2.008倍
	神奈川15区（平塚市など）	2.007倍
	東京13区（足立区）	2.004倍
	東京16区（江戸川区）	2.003倍
人口が最も少ない区	鳥取１区（鳥取市など）	1.000倍

（※日本経済新聞2020年８月５日より作成）

表２　日本の年齢別人口（2020年10月１日現在）

年齢	総人口に対する割合	年齢	総人口に対する割合
0～9歳	7.7	50～59歳	13.2
10～19歳	8.7	60～69歳	12.5
20～29歳	10.1	70～79歳	13.0
30～39歳	11.1	80～89歳	7.3
40～49歳	14.5	90歳以上	1.9

※いずれも単位は％。

（『日本国勢図会2021/22』より作成）

Ｆ　人口が多い区に住む20代の有権者は，１票の格差が大きいことに加えて総人口に対する割合が他の世代よりも高いため，政治的な不利益が大きい。

Ｇ　人口が少ない区に住む60代の有権者は，１票の格差が小さいことに加えて総人口に対する割合が他の世代よりも高いため，政治的な不利益が大きい。

㈦　Ｆ　正　　Ｇ　正　　　㈧　Ｆ　正　　Ｇ　誤

㈨　Ｆ　誤　　Ｇ　正　　　㈲　Ｆ　誤　　Ｇ　誤

問９　下線部⑧に関連して，図２に見られる二酸化炭素の排出量第１位と第２位の国は，下の文の［　H　］・［　I　］に当てはまる国々です。［　H　］・［　I　］の組み合わせとして正しいものを，下の(ア)～(エ)から１つ選び，記号で答えなさい。

図２　世界の二酸化炭素排出量の割合（2018年）

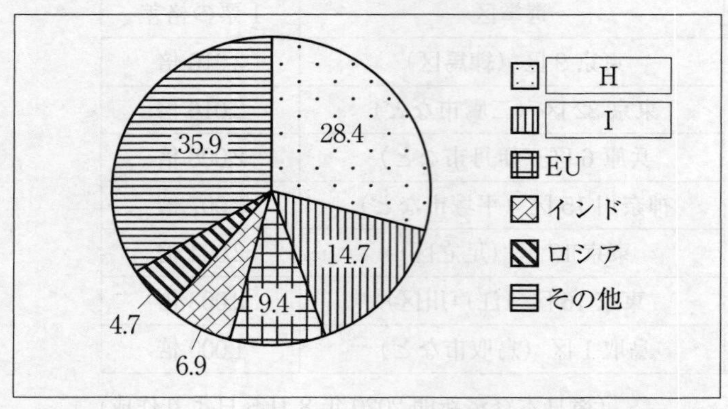

※いずれも単位は％。

（『日本国勢図会 2021/22』より作成）

2021年４月の時点で共産党が単独政権を維持する［　H　］は，近年，工業が目覚ましい発展をとげるとともに二酸化炭素の排出量を増やしてきました。また，大統領制を実施している［　I　］は世界最大の経済大国であり，経済活動が活発なため二酸化炭素の排出量が多くなっています。

(ア)　H　ブラジル　　　　I　オーストラリア

(イ)　H　ブラジル　　　　I　アメリカ合衆国

(ウ)　H　中国　　　　　　I　オーストラリア

(エ)　H　中国　　　　　　I　アメリカ合衆国

【理　科】〈第２回試験〉（35分）〈満点：100点〉
（注意事項　計算機，定規，分度器，コンパス等は一切使用してはいけません。）

1　太郎さんと次郎さんは，なめらかな斜面上を木片がすべりおりる運動について実験しました。これについて，あとの各問いに答えなさい。ただし，すべての実験で摩擦や空気の影響は考えないものとします。

＜実験１＞

100gの木片を**図１**のAに置いて静かに手をはなした。木片がすべり始めてから0.1秒ごとに写真を撮影し，すべりおりた距離を測ったところ，**表１**のような結果になった。

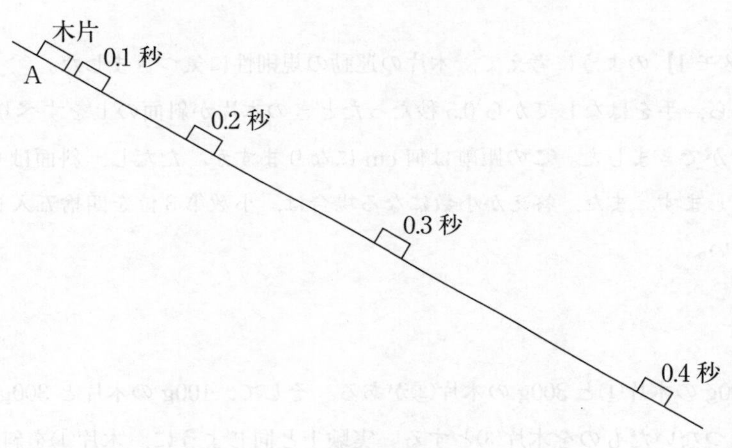

図１

表１

手をはなしてからの時間〔秒〕	0	0.1	0.2	0.3	0.4
すべりおりた距離〔cm〕	0	2.45	9.8	22.05	39.2
すべりおりた距離を2.45で割った値	0	1	4	（　あ　）	16

【太郎さんのメモ１】

手をはなしてからの時間と木片がすべりおりた距離の間には規則的な関係がある。**表１**のすべりおりた距離の値をすべて2.45で割ったら，規則性が見つかった。

(ア)　＜実験１＞の結果から，木片が斜面の上をすべりおりる速さとして，最も適するものを次の１～４の中から１つ選び，番号を書きなさい。

1. 木片は一定の速さで運動している。
2. 木片はだんだん速くなっている。
3. 木片はだんだん遅(おそ)くなっている。
4. 木片はだんだん速くなり，その後一定の速さになっている。

(イ)　**表１**の（　あ　）に当てはまる整数を答えなさい。

(ウ)　【太郎さんのメモ１】のように考えて，木片の運動の規則性に気づきました。
この規則性から，手をはなしてから0.5秒たったときの木片が斜面の上をすべりおりた距離を計算することができました。この距離は何cmになりますか。ただし，斜面は0.4秒後も続いているものとします。また，答えが小数になる場合は，小数第３位を四捨五入して小数第２位まで答えなさい。

＜実験２＞

図２のように，100gの木片①と300gの木片②がある。そして，100gの木片と300gの木片を重さの無視できる棒でつないだものを木片③とする。実験１と同じように，木片①を斜面のＡに置いて静かに手をはなした。木片①がすべりおりた距離が100cmになる点を通過する時間を測った。この実験を木片②と木片③について同じように行った。ただし，木片③は300gの木片が前で100gの木片が後ろになるように斜面の上をすべらせた。

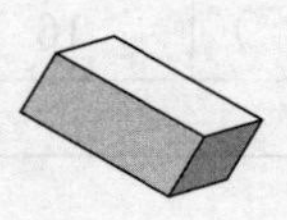

木片①
(100g)

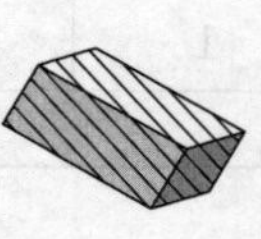

木片②
(300g)

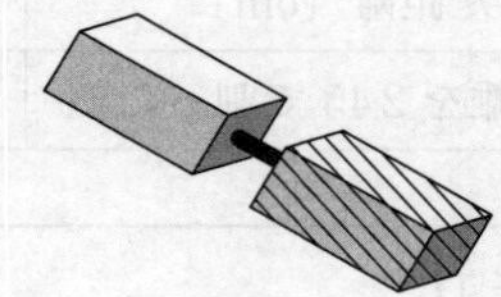

木片③
(２つの木片を棒でつないだもの)

図２

【太郎さんの予想】

木片①と木片②は同じ時間で100cmの点を通過する。

木片③は，前の300gの木片が後ろの100gの木片を引っ張ってすべりおりる。したがって，100cmの点を通過する時間は，木片③が木片①と木片②より長い。

【次郎さんの予想】

木片②の方が木片①よりも短い時間で100cmの点を通過する。

木片③は，合計400gの木片と考えることができる。したがって，100cmを通過する時間は，木片③が最も短い。

(エ) ＜実験２＞の結果として，最も適するものを次の１～３の中から１つ選び，番号を書きなさい。

1. 【太郎さんの予想】と同じ結果になる。
2. 【次郎さんの予想】と同じ結果になる。
3. 【太郎さんの予想】とも【次郎さんの予想】とも異なる結果になる。

(オ) 木片①は，斜面のＡから静かに手をはなして0.4秒後に，斜面をすべりおりた距離が39.2cmになりました。木片②と木片③の0.4秒後のすべりおりた距離をそれぞれ答えなさい。ただし，答えが小数になる場合は，小数第２位を四捨五入して小数第１位まで答えなさい。

<実験３>

<実験１>と同じ斜面が水平な面となめらかにつながっている。<実験２>で用いた木片①と木片②をそれぞれ２つずつ用意する。**図３**のように，斜面上のＸから木片を静かにはなして，水平な面のＹに置かれた木片と衝突(しょうとつ)させる。衝突する前と後で，２つの木片が水平な面上を運動する速さを測定した。

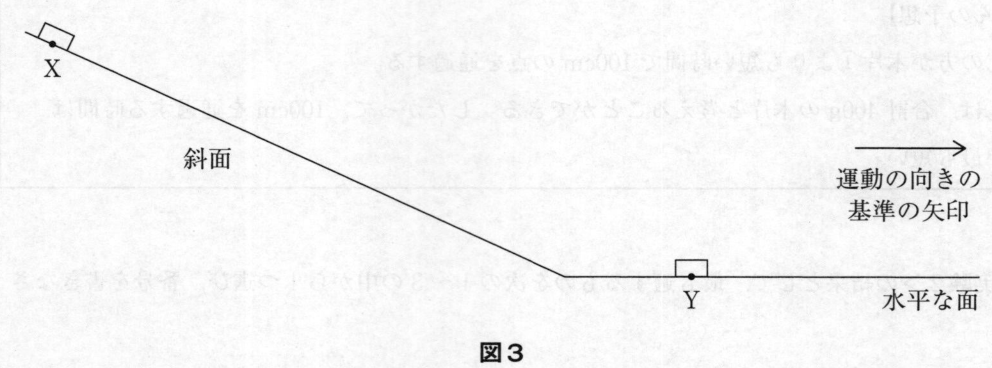

図３

【太郎さんのメモ２】

Ｘからすべりおりた木片①が水平な面に達したとき，木片①の速さは秒速 200cm だった。

水平な面上を運動する木片は速くなったり遅くなったりしなかった。

太郎さんは衝突させる２つの木片の種類の組合せを変えて実験をし，その結果を**表２**にまとめました。ただし，運動の向きは**図３**の矢印を基準とします。

表２　太郎さんの実験結果

Ｘに置いた木片の種類	Ｙに置いた木片の種類	Ｘに置いた木片の衝突後の運動	Ｙに置いた木片の衝突後の運動
木片① 100g	木片① 100g	止まった	矢印の向きに秒速 200cm で運動した
木片① 100g	木片② 300g	矢印と逆向きに秒速 100cm で運動した	矢印の向きに秒速 100cm で運動した
木片② 300g	木片① 100g	矢印の向きに秒速 100cm で運動した	矢印の向きに秒速 300cm で運動した
木片② 300g	木片② 300g	止まった	矢印の向きに秒速 200cm で運動した

(カ)　太郎さんがＸに木片①，Ｙに木片②を置いて実験をしたとき，衝突後に木片①はある高さまで斜面を上がりました。木片①が上がる高さとして，最も適するものを次の１～３の中から１つ選び，番号を書きなさい。

1. 木片①はＸより低い点まで上がる。
2. 木片①はＸまで上がる。
3. 木片①はＸより高い点まで上がる。

＜実験４＞

図４のように，水平な面上のＹから離れた位置に点Ｚがある。太郎さんはＸ，Ｙ，Ｚに木片を置いて，Ｘの木片を静かにはなして実験をした。

Ｘ，Ｙ，Ｚに木片①か木片②のどちらかを置いて実験をした。木片の衝突については，＜実験３＞の結果を用いて考えることができる。

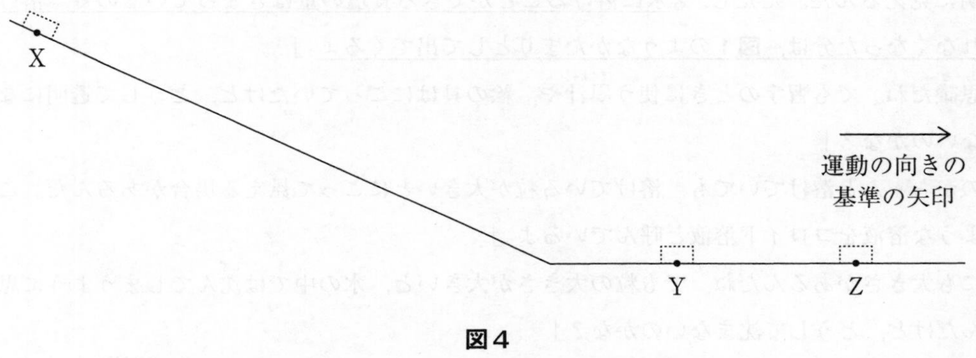

図４

(キ)　Ｘに木片①，Ｙに木片①，Ｚに木片①を置いて実験をしました。すべての衝突が起きて，その後木片の間で衝突が起きない状態になりました。このときの３つの木片の速さをそれぞれ整数で答えなさい。ただし，水平な面は十分に長いものとします。また，止まる場合は０と答えなさい。

(ク)　Ｘに木片①，Ｙに木片①，Ｚに木片②を置いて実験しました。すべての衝突が起きて，その後木片の間で衝突が起きない状態になりました。この実験で木片と木片が衝突する回数を求めなさい。ただし，水平な面は十分に長いものとします。

(ケ)　(ク)の実験ですべての衝突が起きて，その後木片の間で衝突が起きない状態になったとき，初めにＹに置いた木片は矢印の向きに秒速100cmで運動しました。このとき，Ｘ，Ｚに置いた木片の速さをそれぞれ整数で答えなさい。ただし，止まる場合は０と答えなさい。

2 次の会話文を読んで，あとの各問いに答えなさい。なお，すべての図において，○はプラス（＋）の電気をもった粒，●はマイナス（－）の電気をもった粒であることを表しています。

太郎「お父さん，今日学校で，ものは目に見えないくらい小さい粒からできていると聞いたけど，本当なの？」

父「その通りだよ。例えばここにある食塩だけど，食塩は①プラス（＋）の電気をもった小さな粒と，マイナス（－）の電気をもった小さな粒が，それぞれ同じ数だけ集まってできている結晶なんだ。また，プラスの粒とマイナスの粒は，お互いに引きつけ合い，それぞれが接するように交互にくっついてできているよ[注1]（**図１**）。」

太郎「そうなんだ。じゃあ食塩を水に溶かした食塩水では，このかたまりはどうなってしまうの？食塩水は透明だから，かたまりがなくなってしまうの？」

父「するどい質問だね。食塩を水に溶かすと，プラスの粒とマイナスの粒がバラバラになって水の中を自由に動けるようになるんだ（**図２**）。粒がバラバラになってしまうので，水溶液は透明に見えるんだ。ただし，②水に溶けることができる食塩の量はきまっているので，溶けきれなくなった分は，**図１**のようなかたまりとして出てくるよ。」

太郎「不思議だね。でも習字のときに使う墨汁や，絵の具はにごっていたけど，どうして透明にならないのかな？」

父「ものがちゃんと溶けていても，溶けている粒が大きいとにごって見える場合があるんだ。このような溶液をコロイド溶液と呼んでいるよ。」

太郎「粒にも大きさがあるんだね。でも粒の大きさが大きいと，水の中では沈んでしまうように思うんだけど，どうして沈まないのかな？」

父「少し難しいけど，溶けている粒がもっている電気によって，粒と粒がお互いに反発し合っているからなんだ。粒の種類によってプラスの電気をもっていたり，マイナスの電気をもっていたりと違うんだけど，この反発によって，それぞれが遠ざかるように散らばって沈まないんだ（**図３**）。」

太郎「そうなんだ。じゃあ例えば（　Ｘ　）もコロイド溶液なのかな？」

父「そうだね。（　Ｘ　）もコロイド溶液といえるね。」

注１；**図１**は，プラスの粒とマイナスの粒が交互に並んでいる一部分を表したものです。実際は，上下左右前後に，プラスの粒とマイナスの粒が数えきれないほど多く並んでいます。

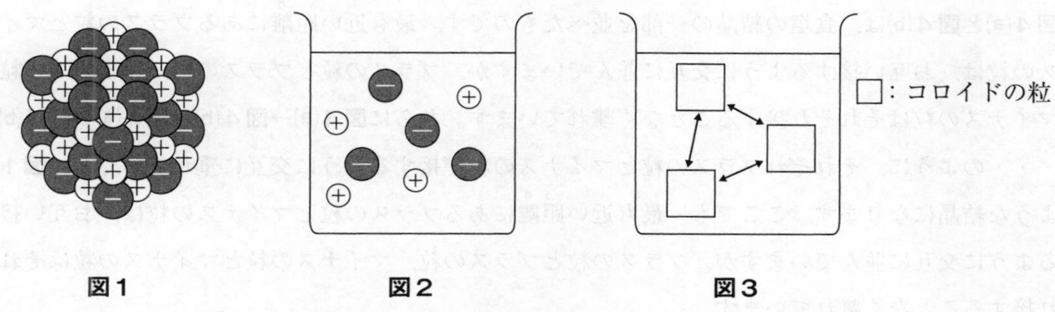

図１　　図２　　図３

下線部①について，食塩 58g にふくまれる粒のおよその数を調べたところ，プラスの粒とマイナスの粒が合計 1,200,000,000,000 兆個入っていることがわかりました。

(ア) 食塩 29g にふくまれるプラスの粒は何個ですか。最も適するものを次の１～４の中から１つ選び，番号を書きなさい。

1. 100,000,000,000 兆個
2. 200,000,000,000 兆個
3. 300,000,000,000 兆個
4. 600,000,000,000 兆個

(イ) プラスの粒とマイナスの粒が合計 6,000,000,000,000 兆個入っている食塩は何 g ですか。答えが小数になる場合は，小数第１位を四捨五入して整数で答えなさい。

(ウ) 下線部②について，濃度 25% の食塩水を 75g 用意して，水をすべて蒸発させました。食塩は何 g 残りますか。答えが小数になる場合は，小数第１位を四捨五入して整数で答えなさい。

(エ) （　X　）にあてはまる言葉として，最も適するものを次の１～４の中から１つ選び，番号を書きなさい。

1. 砂糖水
2. お酢
3. 炭酸水
4. 牛乳

図４(a)と**図４(b)**は，食塩の結晶の一部を並べたものです。最も近い距離(きょり)にあるプラスの粒とマイナスの粒は，お互い接するように交互に並んでいますが，プラスの粒とプラスの粒，マイナスの粒とマイナスの粒はそれぞれ接することなく離れています。さらに**図４(a)→図４(b)→図４(a)→図４(b)→・・・**のように，それぞれプラスの粒とマイナスの粒が接するように交互に重ねていくと，**図１**のような結晶になります。ここでも，最も近い距離(きょり)にあるプラスの粒とマイナスの粒は，お互い接するように交互に並んでいますが，プラスの粒とプラスの粒，マイナスの粒とマイナスの粒はそれぞれ接することなく離れています。

図１の結晶の一部を，それぞれの粒の中心を通る線で結んだ一辺が あ 〔nm〕注2) の立方体として取り出しました（**図５**）。**図５**の立方体の中心には，マイナスの粒が丸々１個分存在しています。**図１**と**図５**のA，B，Cはそれぞれ同じ位置にある粒で，Aはマイナスの粒，BとCはそれぞれプラスの粒です。また，もともとの**図１**の粒A，B，Cの中心は，**図５**ではそれぞれ立方体の辺の中心，面の中心，頂点に位置しています。さらに，食塩の結晶は，この切り取られた立方体が多く並んでいるものです。

注２；１ナノメートル〔nm〕＝ 0.000000001 メートル〔m〕です。

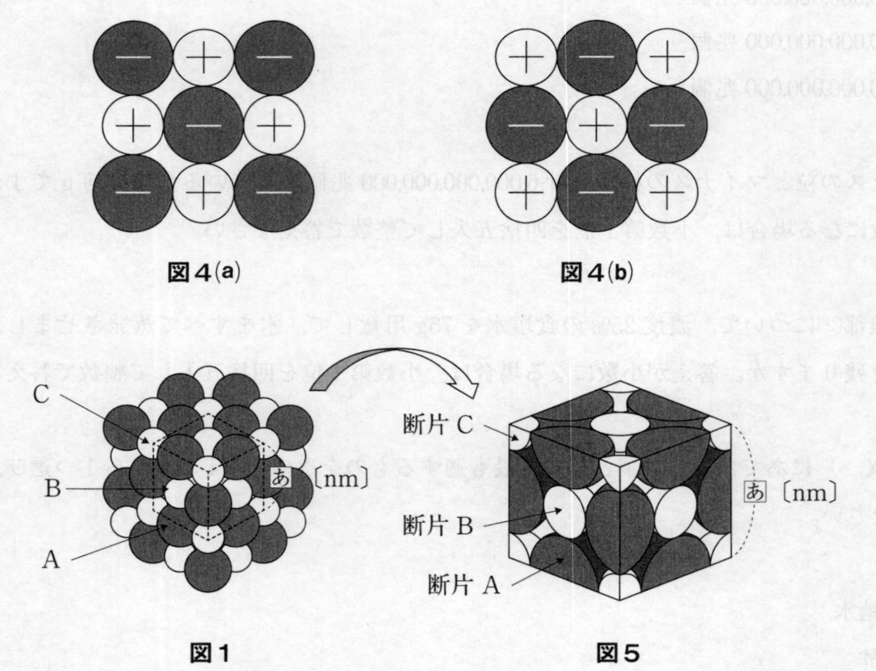

(オ) **図５**の断片Ａ～断片Ｃを取り出したものが**図６**です。立方体にふくまれる**図５**の断片Ｂは，もともとのＢの粒の２分の１の大きさです。**図５**の断片Ａ，断片Ｃは，それぞれもともと１粒だったときの何分の１の大きさですか。断片Ａ，断片Ｃの組み合わせとして，最も適するものをあとの１～６の中から１つ選び，番号を書きなさい。ただし，もともとの粒はすべて球体とします。

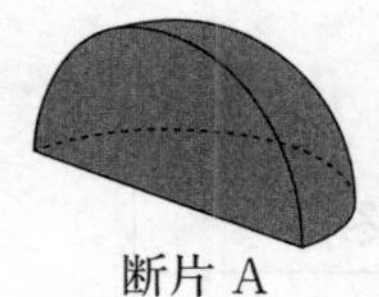
断片Ａ

断片Ｂ

断片Ｃ

図６

	断片Ａ	断片Ｃ
1	4分の1	6分の1
2	4分の1	8分の1
3	6分の1	4分の1
4	6分の1	8分の1
5	8分の1	4分の1
6	8分の1	6分の1

(カ) 食塩の結晶中のプラスの粒１個には，マイナスの粒が最大何個接していますか。整数で答えなさい。

(キ) **図５**の立方体の中には，プラスの粒とマイナスの粒がそれぞれ球体として何個分ふくまれていますか。最も適するものを次の１～６の中から１つ選び，番号を書きなさい。例えば，２個の断片Ｂで球体１個分です。

	プラスの粒	マイナスの粒
1	4	4
2	5	4
3	14	12
4	15	12
5	14	13
6	15	13

(ク) プラスの粒の半径は0.116〔nm〕，マイナスの粒の半径は0.167〔nm〕です。**図５**の立方体の一辺の長さ㋐は何〔nm〕ですか。答えが小数になる場合は，小数第４位を四捨五入して小数第３位まで答えなさい。

3 植物と季節について，あとの各問いに答えなさい。

(ア) 植物によって，花を咲かせる季節は違います。季節とその季節に花を咲かせる植物の組み合わせとして，最も適するものを次の１～６の中から１つ選び，番号を書きなさい。また，それらの植物に共通することがらとして，最も適するものを次の７～10の中から１つ選び，番号を書きなさい。

	春	夏	秋	冬
1	キク	ツバキ	シロツメクサ	ツユクサ
2	キク	アサガオ	チューリップ	シクラメン
3	キク	トウモロコシ	コスモス	サザンカ
4	タンポポ	ツバキ	シロツメクサ	ツユクサ
5	タンポポ	アサガオ	チューリップ	シクラメン
6	タンポポ	トウモロコシ	コスモス	サザンカ

7. 雄花と雌花がある。
8. 根は主根と側根でできている。
9. 受粉によってふえる。
10. 葉脈は網目状である。

三郎さんは朝，早起きして畑のアサガオの花が開くようすを見ようとしましたが，どんなに早く起きてみてもアサガオの花はすでに開いていました。すると，三郎さんと同じように，アサガオの開花のようすを見ようとした研究者Xがいたことを母親が教えてくれました。そこで三郎さんは，その研究者Xが行った実験について記された本を読むことにしました。

＜研究者Xが行った実験について記されていたこと＞

① 夕方，畑のアサガオのつぼみを切り取り，水にさした。

② 水にさしたアサガオのつぼみを，実験用の箱に入れた。この箱は，中の「温度」と「真っ暗にする時間の長さ」を調節できる。

③ 次のような「温度」と「真っ暗にする時間の長さ」の条件の組み合わせで，それぞれ，翌朝アサガオが開花していたかどうかについて観察した。

温度：20℃，23℃，25℃，30℃

真っ暗にする時間の長さ：0時間，4時間，8時間

④ 開花していたかどうかについて，**表**にまとめた。

表

		真っ暗にする時間の長さ		
		0時間	4時間	8時間
温度	20℃	開花していた	開花していた	開花していた
	23℃	開花していなかった	開花していた	開花していた
	25℃	開花していなかった	開花していなかった	開花していた
	30℃	開花していなかった	開花していなかった	開花していなかった

(イ) 次のⓐ～ⓓは，研究者Xが行った実験から考えられることについて述べています。ⓐ～ⓓの中で正しいものはどれですか。組み合わせとして最も適するものを，あとの１～４の中から１つ選び，番号を書きなさい。

ⓐ 20℃では，一晩中光を受けていても，次の日の朝に開花する。
ⓑ 30℃では，一晩中光を受けていても，次の日の朝に開花する。
ⓒ 開花に必要な夜の長さは，温度が低くなるほど長くなる。
ⓓ 開花に必要な夜の長さは，温度が低くなるほど短くなる。

1. ⓐ，ⓒ　　2. ⓐ，ⓓ　　3. ⓑ，ⓒ　　4. ⓑ，ⓓ

三郎さんは，アサガオの開花のしくみについて知りたいと思い，調べることにしました。家の本だなに，アサガオの花のつくりについて詳(くわ)しく書かれている本がありました。

<アサガオの花のつくりについて調べたこと>

花びらが根もとでくっついている花を合弁花という。アサガオの花も合弁花であり，５枚の花びらがくっついている。**図１**に示すように，それぞれの花びらの中央にある葉脈のような筋は曜(よう)とよばれる。アサガオのなかまには，曜の部分が白いものもある。

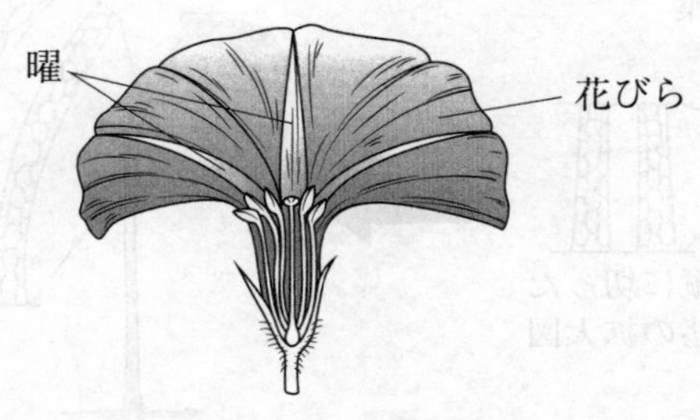

図１

三郎さんは，研究者Ｙによって制作された「アサガオの生理学」というホームページを見つけました。三郎さんは，初めて目にした「偏差成長」という言葉がとても気になりました。

＜アサガオの花びらの偏差成長について調べたこと＞

開花は，花びらの偏差成長によって起こる。開花前日の夜につぼみから曜だけを残して他の部分を切り取った場合，それぞれの曜は外側に反りかえり，翌朝には正常な開花と同じようなようすが見られる。

三郎さんは，偏差成長について学校の先生に聞いてみたところ，先生は「植物の茎が曲がって伸びるしくみについて調べると，ヒントが見つかるかもしれません。」とアドバイスしてくれました。高校生の姉から本を借りて，調べることにしました。

＜植物の茎が曲がって伸びるしくみについて調べたこと＞

植物の茎が伸びるとき，**図２**のように，茎の細胞が大きくなる。

図３に示すように，植物に真横から光を当てていると，茎は曲がって伸びる。このときの茎では，光の当たっている側の細胞とかげ側の細胞で，大きくなる速さに差がある。（　あ　）側の細胞の大きくなる速さが速いことで，茎は光の方へ曲がって伸びる。

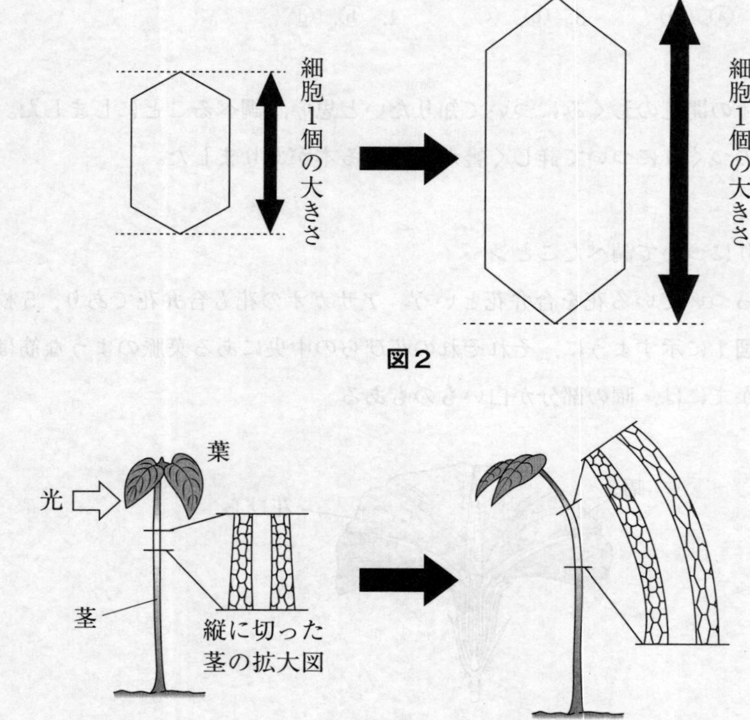

図２

図３

三郎さんは，畑のアサガオの花びらをさわってみたところ，曜の部分の厚みを感じることができました。**図４**では，花びらの外側から曜を指しています。**図５**では，花びらの内側から曜を指しています。

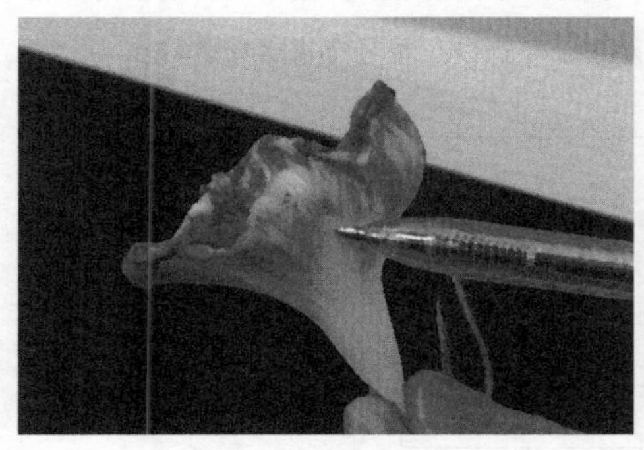

図４

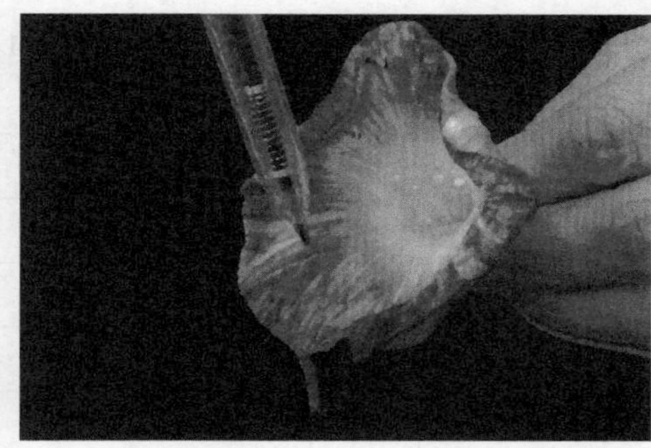

図５

三郎さんは，アサガオの開花のしくみは，茎が曲がって伸びるしくみと同じように，細胞の大きくなる速さの差で説明できるのではないかと考えました。

<アサガオの開花のしくみを説明する三郎さんの考え>

アサガオの曜の内側の細胞と外側の細胞で，大きくなる速さに差がある。（　い　）側の細胞の大きくなる速さが速いことで，曜が外側に反りかえる。曜には傘(かさ)の骨のような役割があり，曜にともなって花びら全体が外側に反りかえり，結果としてつぼみが開く。

(ウ) 文中の（　あ　）および（　い　）にあてはまる言葉の組み合わせとして，最も適するものを次の１～４の中から１つ選び，番号を書きなさい。

	（　あ　）	（　い　）
1	光の当たっている	内
2	光の当たっている	外
3	かげ	内
4	かげ	外

季節によって，身近に見られる鳥や虫などの活動が変わります。また，草や木にも様子が変わるものがあります。秋になると身の回りの樹木で，一年中緑色の葉をつけている（　う　）と葉を落とす時期をもつ（　え　）があることに気づきます。

（　う　）は，一年中湿(しっ)気が多い場所や冬でも暖かい場所，とても冬が長い場所や高地に生育します。（　え　）は，寒さが厳(きび)しい冬にそなえて葉を落とします。

(エ) （　う　）と（　え　）にあてはまる樹木を何といいますか。**漢字３字**でそれぞれ答えなさい。

(オ) （　う　）と（　え　）の例としてどのような樹木があげられますか。正しい樹木の例の組み合わせとして最も適するものを，次の１～４の中から１つ選び，番号を書きなさい。

	（　う　）	（　え　）
1	ツバキ	サクラ
2	サクラ	マツ
3	スギ	ツバキ
4	マツ	スギ

(カ) （　え　）が寒さの厳しい冬にそなえて葉を落とす理由として最も適するものを，次の１～４の中から１つ選び，番号を書きなさい。

1. 葉から多くの熱が失(うしな)われ，幹(みき)や根が凍(こお)ってしまうため。
2. 葉が行う蒸散作用により木の水分が失われるため。
3. 葉や枝に栄養が使われ，幹や枝の成長が止まるため。
4. 光が葉に当たり幹や枝には当たらず，幹や枝が枯(か)れてしまうため。

(キ) 寒い冬になると，すべての葉を落とした木や，茶色くなった草をよく見かけるようになり，植物は枯(か)れてしまったように見えます。しかし，よくさがしてみると，枝に冬芽(ふゆめ)をつけた木や，葉を地面に広げている草を見つけることができます。植物の冬の過ごし方として，**誤っている**ものを次の１～５の中から１つ選び，番号を書きなさい。

1. サクラの木の枝についている冬芽は，うろこに包まれ，翌年の春に花や葉になる。
2. コブシやモクレンの枝についている冬芽は，毛に包まれ，翌年の春に花になる。
3. タンポポの葉は地面に張りついたロゼットという形で冬をこし，翌年の春に花がつく。
4. アサガオは地上にある葉や茎は枯れるが，地中に球根を残す。
5. ススキの地上の葉や茎は枯れるが，地中にできた芽や根で冬をこす。

参考文献

瀧本　敦　(1986)「ヒマワリはなぜ東を向くか」　中公新書

和田　清俊 (2002)「アサガオの生理学」

https://www.sc.niigata-u.ac.jp/biologyindex/wada/p21/p21-1-1.html

4 地球から空を見上げると，太陽や月が運動していくように見えます。公転面と地軸の傾きについての説明を参考に３つの文Ａ，Ｂ，Ｃを読んで，あとの各問いに答えなさい。ただし，図の距離や大きさの比は正確ではありません。

説明
①公転面：星の運動の軌道（道すじ）をぬりつぶした面のこと。地球の公転面はほぼ円形だが，正確にはだ円である。
②地軸の傾き：地軸は，地球の公転面に垂直な方向から23.4度傾いているとする。

Ａ．太陽の動き

横浜から１日の太陽の動きを見ると，東の空から太陽が昇ってから南中し西の空に沈んでいくようすを観察できます。南中する時刻はほぼ変わらないと考えると，１日で太陽は360度まわると考えることができます。１年の太陽の動きの変化を見ると，太陽の動きは季節によって異なることがわかります。これを地球が運動をしているという視点で考えてみましょう。

図１のような透明半球を考えます。透明半球の真ん中に人形を置き，人形を北に向けたときの反対方向を南，北に向けたときの北から90度右の方向を東，東の反対を西とします。また，横浜は北緯35.5度であるとします。

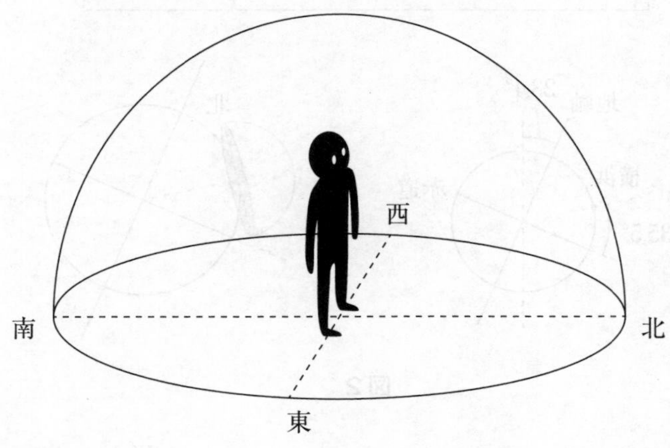

図１

(ア) 次の文の｛　｝内にあてはまる記号の組み合わせとして，最も適するものをあとの１～８の中から１つ選び，番号を書きなさい。

図２のように横浜の点に透明半球をおき，太陽の１日の動きを地球の自転によるものとして考えます。太陽は東から昇り西に沈むことから，地球は１日に360度自転し，地球の自転の向きは**図３**(a)の｛(1)　(あ)，(い)｝の向きとわかります。また，１年の太陽の動きの変化を地球の公転によるものと考えたとき，太陽が南中する高度が最も高くなるのは夏であることから，**図３**(b)の中で夏至の時期の地球の位置を表しているのは｛(2)　(W)，(X)，(Y)，(Z)｝であるとわかります。

	(1)	(2)
1	(あ)	(W)
2	(あ)	(X)
3	(あ)	(Y)
4	(あ)	(Z)
5	(い)	(W)
6	(い)	(X)
7	(い)	(Y)
8	(い)	(Z)

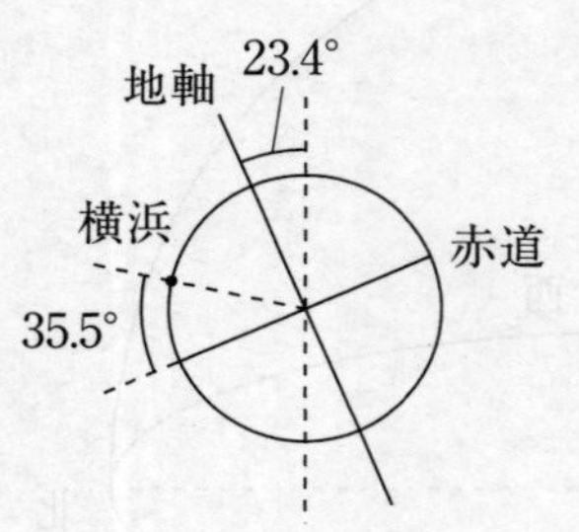

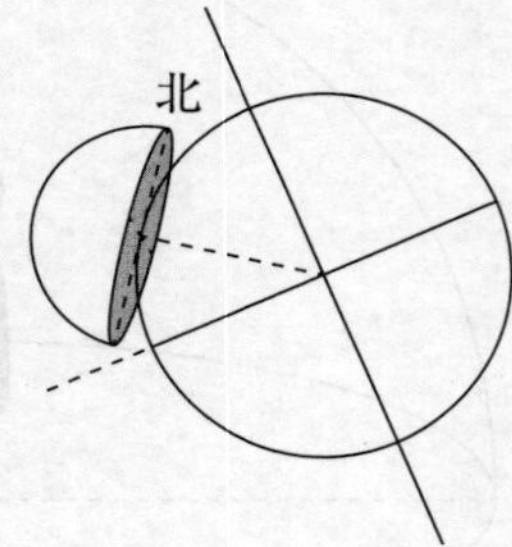

図２

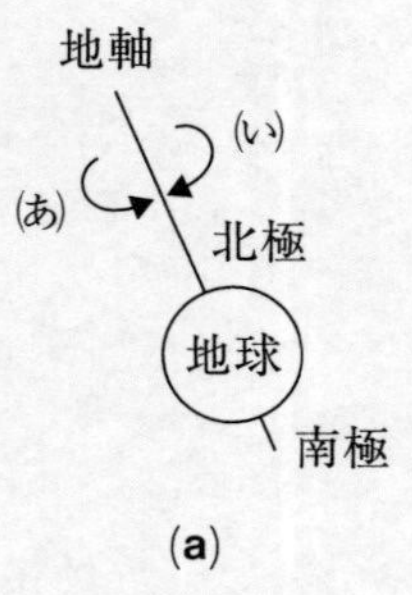

(a)

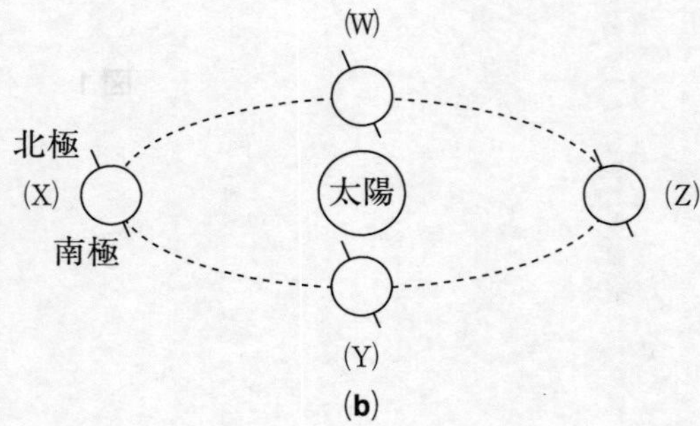

(b)

図３

(イ)　横浜で観測した夏至の日の太陽の動きを透明半球上に表したものとして，最も適するものを次の１～６の中から１つ選び，番号を書きなさい。

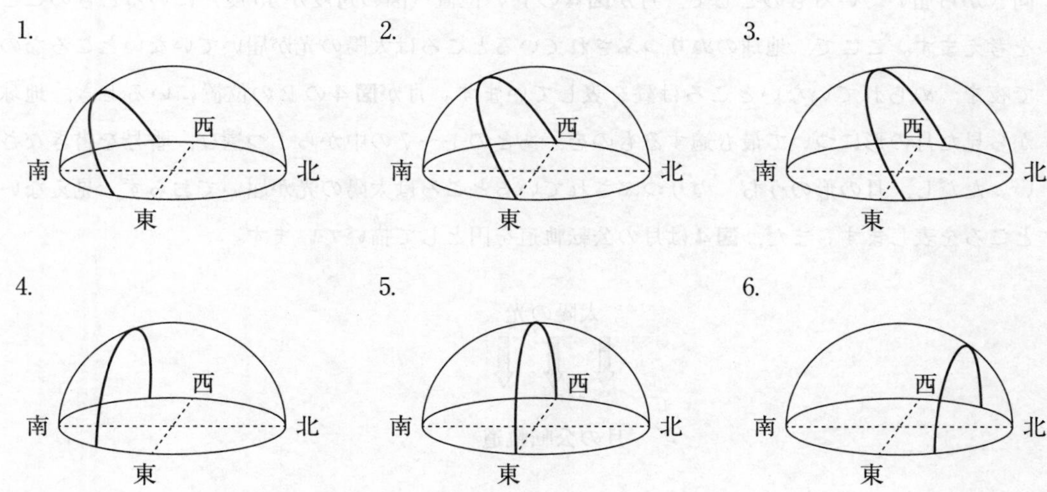

(ウ)　冬至の日に横浜で観測した太陽の南中高度は何度ですか。小数第１位まで答えなさい。

Ｂ．月の運動

月も地球の自転のため，東から西へ運動しているように見えます。月は地球の周りを 27.3 日かけて公転しています。月はみずから光を出さずに，太陽の光を反射して光っています。そのため，地球から見える月の形は異なります。

(エ)　地球のような太陽の周りを公転する天体を惑星(わくせい)とよびます。惑星の周りを公転する月のような天体のことを何といいますか。

(オ) 月の形が変わる理由について考えます。**図４**は，地球を真ん中において月の公転軌道（公転の道すじ）を北側から見たものです。ただし，地軸の傾きは考えていません。太陽の光は図の向きから届いているものとして，月が**図４**のＰの位置（図の角度が45度）にいるときのことを考えます。ここで，地球のぬりつぶされているところは太陽の光が届いていないところなので夜を，ぬられていないところは昼を表しています。月が**図４**のＰの位置にいるとき，地球から見た月の形について最も適するものを，あとの１～７の中から１つ選び，番号を書きなさい。ただし，月の形のうち，ぬりつぶされているところは太陽の光が届いておらず，見えないところを表します。また，**図４**は月の公転軌道を円として描(えが)いています。

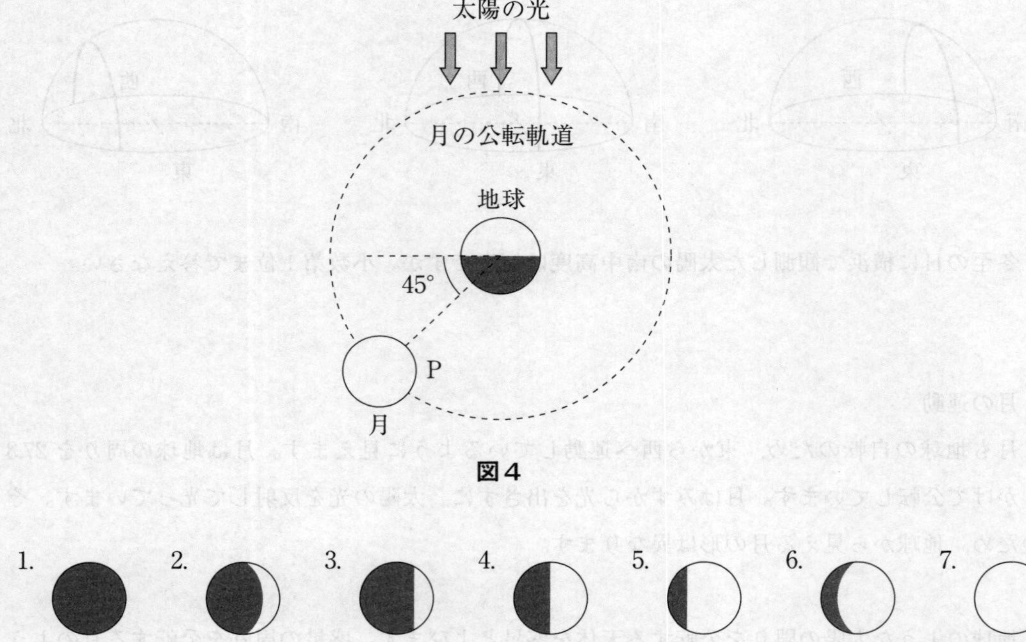

図４

(カ) (オ)のとき，月が南中するおおよその時刻として最も適するものを，あとの１～５の中から１つ選び，番号で書きなさい。

1. 18時ころ　　2. 21時ころ　　3. ０時ころ　　4. ３時ころ　　5. ６時ころ

C．日食について

日食とは太陽が欠けて見えることをいい，太陽と地球の間に月が入り込み，太陽をかくす条件がそろったときに日食が生じます。日食が観測されるときの月の形は（　a　）ですが，そのたびに日食が観測されるわけではありません。それは，（　b　）からです。また，日食には部分日食という部分的にかくされる現象のほかに，皆既日食と金環日食という２種類の現象があります。皆既日食は太陽が完全にかくされる現象で，金環日食は月のふちからはみ出して見える現象です。どちらも地球から見て太陽が月全体の背後に入る現象ですが，２つの違いが生ずるのは地球と月との距離が異なるためです。このとき，皆既日食と金環日食が見えるときの条件を図でまとめると，皆既日食が（　c　）で金環日食が（　d　）となります。

(キ)（　a　）にあてはまるものとして最も適するものを，次の１～４の中から１つ選び，番号を書きなさい。

1. 新月　　2. 上弦の月　　3. 満月　　4. 下弦の月

(ク)（　b　）にあてはまる理由と，（　c　），（　d　）にあてはまる図の組み合わせとして最も適するものを次の１～４の中から１つ選び，番号を書きなさい。ただし，（　c　），（　d　）にあてはまる図は**図５**の㋐，㋑から選ぶものとします。

	（　b　）	（　c　）	（　d　）
1	地球の公転軌道が円ではなくだ円である	㋐	㋑
2	地球の公転軌道が円ではなくだ円である	㋑	㋐
3	月の公転面が地球の公転面に対して傾いている	㋐	㋑
4	月の公転面が地球の公転面に対して傾いている	㋑	㋐

図の点線は太陽の光のうち，月のふちを通ったものを表す。
地球と太陽の距離は変わらないものとしている。

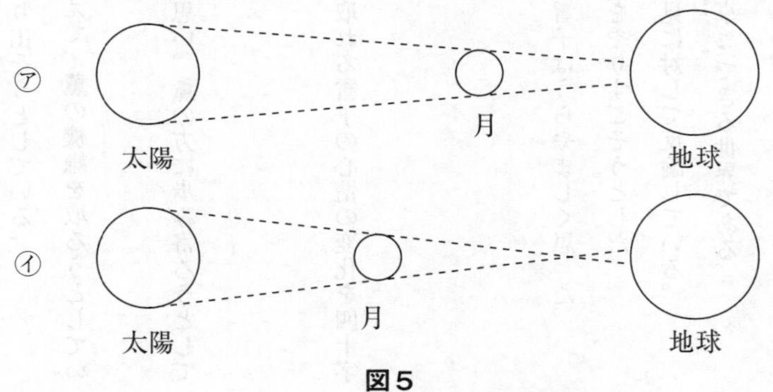

図５

問七　――5「私は、微笑みながら、薫ちゃんの顔を覗き込む」とありますが、ここでの雪子の様子を説明したものとしてもっともふさわしいものを次の中から選び、番号で答えなさい。
1　自分は薫の考えに賛同できないと思ったが、自分の考えを認めない薫にいら立ちを覚えつつも、頑なな薫の考え方も受け入れようとしている。
2　自分は薫の考えに納得できないと思ったが、薫にも共感してもらえるものはないかと考え、薫の表情から探り出そうとしている。
3　薫は自分の考えを受け入れないと感じたが、このまま話すと薫との友情が壊れてしまうと思い、話題を変えて、薫の機嫌を取ろうとしている。
4　薫は自分の考えを理解してくれないかもしれないと感じたが、なんとか薫との間に感じた距離を埋めたいと思い、薫の方に歩み寄ろうとしている。

問八　――6「風に散らされた髪の毛を、耳にかける。視界から邪魔なものが消えた」とありますが、ここから読み取れる雪子の心情の変化を四十字以内で説明しなさい。

問九　本文の内容について説明したものとしてもっともふさわしいものを次の中から選び、番号で答えなさい。
1　バンドメンバーの周りにアバター化した観客が映し出される演出を見て、自分のアバターが映された観客を雪子はうらやましく思った。
2　薫は最近の雪子の不可解な様子を心配しているが、雪子は薫にも自分の思いを秘密にしたいと思い、その場をやりすごそうとした。
3　雪子は薫の言葉に心を乱されたが、薫には無価値に見えるものも自分にとっては価値があると考え、薫の意見に対して反論している。
4　薫の考える「未来」とは、不便なものの価値も尊重しつつ、技術によってもたらされる便利さを多くの人が享受できる世界である。

問十　本文の表現について説明したものとしてもっともふさわしいものを次の中から選び、番号で答えなさい。
1　～～A「また、足が止まる」というような足の動きに注目した表現からは、雪子の気持ちを読み取ることができる。
2　～～B「私は、薫ちゃんの背中を追いかける」という雪子の描写から、優秀な薫に対する雪子の劣等感が示されている。
3　～～C「――私には、私にしか弾けない、私にしか作れない曲が必ずあります」という表現は、雪子の心の中の言葉である。
4　全体を通して雪子と薫の会話が多く描かれることで、雪子と薫のそれぞれが葛藤を抱えている様子が読者に伝わりやすくなっている。

問五　――3「私は、拳に力を込める」とありますが、ここでの雪子の心情を説明したものとしてもっともふさわしいものを次の中から選び、番号で答えなさい。

1　カバンのお守りは、渡邊くんとお揃いのお守りが欲しいから買ったので、隠していた渡邊くんへの恋心を薫に知られたくないと思っている。
2　カバンのお守りは、渡邊くんとお揃いのお守りを持つ人を一人だけにしないために買ったので、自分の本心を見透かされたくないと思っている。
3　カバンのお守りは、渡邊くんとお揃いのお守りを持つ人がいることに対する嫌悪から買ったので、自分の醜い嫉妬心を薫に見せたくないと思っている。
4　カバンのお守りは、渡邊くんとお揃いのお守りを持つ人がいる事実をなくすために買ったので、野暮ったいお守りを見られたくないと思っている。

問六　――4「自分の心がやっと、素直にその感情を認めた気がした」とありますが、この時の雪子の心情を説明したものとしてもっともふさわしいものを次の中から選び、番号で答えなさい。

1　薫に対してこれまでも考え方が違うと感じたことはあったが、体調が悪くなるなら誰かを好きになることはやめたほうがいいという薫の言葉を聞いたことから、自分の思いは薫に分かってもらえないかもしれないと思った。
2　薫に対してこれまでも否定的な意見を抱いていることを率直に述べてきたが、恋愛をするべきではないと考える薫と自分の考えが違うことから、自分と薫が分かり合うのはやはり不可能だということを改めて確信した。
3　薫に対してこれまでも理解しあえないと思うことはあったが、恋に振り回されてしまっている雪子は馬鹿らしいという自分への当てこすりのような薫の言葉を聞いたことから、もう薫と友達でいるのは難しいと思った。
4　薫に対してこれまでも違和感を覚えることはあったが、体調を崩すほど誰かを好きになることはおかしいという薫との意見の対立が初めて表面化したことから、二人の関係はもう修復できないものだと強く感じた。

問一 ——ア〜オについて、カタカナを漢字に直し、漢字は読みをひらがなで答えなさい。

問二 空欄 X には「興行の最後の日」という意味の語が入ります。もっともふさわしいものを次の中から選び、番号で答えなさい。

1 千秋楽　2 大入り　3 顔見世　4 こけら落とし

問三 ——１「隣で薫ちゃんがそう呟く中、私は、あんなにも楽しみにしていたライブが、自分からずっとずっと遠くへ離れていったような気がした」とありますが、この時の雪子の心情を説明したものとしてもっともふさわしいものを選び、番号で答えなさい。

1 大好きなバンドのライブに行くことを楽しみにしていたが、本物の光流ちゃんと演出の３Ｄ映像が見分けられなかったことにショックを受けている。

2 ライブで光流ちゃんに会えるのを心待ちにしていたが、本物の光流ちゃんを３Ｄ映像の演出だと思っていた自分の見る目のなさに呆然としている。

3 大好きなバンドのライブを楽しみにしていたが、光流ちゃんと３Ｄ映像が入れ替わるという自分の予想を超えた演出の凄さに唖然としている。

4 ライブの新しい演出を期待していたが、３Ｄ映像と本物の光流ちゃんが現れる演出が自分の期待したほどのものではないことにがっかりしている。

問四 ——２「たったひとつの、私の体の形に合わせて」とありますが、この表現について説明したものとしてもっともふさわしいものを次の中から選び、番号で答えなさい。

1 馴染んだ靴のような順応できるものにこだわりを持つ雪子の姿が描かれている。

2 自分の足のような自在に動かせるものにこだわりを持つ雪子の姿が描かれている。

3 二人といない自分という存在にこだわりを持つ雪子の姿が描かれている。

4 新品の靴のような新しいものにこだわりを持つ雪子の姿が描かれている。

「私ね」

薫ちゃんの声と同時に、電車が私の五感に入り込んできた。

「今日のいろんな演出見て、Overは、メンバーがそこにいなくても、お客さんがそこにいなくても、ライブっていうものが実現できる未来を目指してるのかなって思った」

電車が止まった。快速だ。たくさんの人が降りてくる。

「それってすごいことだなって。だって、遠くて行けないとか、お金がないとか関係なく、いつでもどこでもOverのライブが楽しめるってことだもん」

薫ちゃんが、電車へ乗りこんでいく。

一足先に、未来へ進むように。

電車のベルが鳴る。足が動かない。

「ユッコ？」

光の中から、薫ちゃんがこちらを見ている。

この未来に、乗り遅れてもいいかもしれない――そう思った途端、薫ちゃんが私の手を握った。

「何してんの、電車出ちゃうところだったじゃん」

いきなり動き止めないでよ、と笑いながら、薫ちゃんが私の手首からてのひらを離す。私は「ごめん」と呟きながら、突き進んでいく空間の中、揺らぐ足に力を込める。

(朝井リョウ『ままならないから私とあなた』改変した部分があります。)

※1　光流ちゃん…バンド『Over』のピアノ担当・作曲家であり、雪子があこがれている存在。

※2　Over ××…バンド『Over』のツアーライブのタイトル。『××』の部分は、ライブの最終日に発表される。

※3　セットリスト…コンサートで演奏される曲目。

※4　Human…人間。

室に行かないと練習できないピアノとか」

特急電車から振り落とされた風に、髪の毛を乱される。

「渡邊くんにしか消せない黒板とか」

薫ちゃんの声だけが、風に吹き飛ばされずに、その場に残る。

「その場所じゃなきゃ手に入らないとか、その人じゃなきゃできないとか、そういうのって意味あるのかな」

特急電車が見えなくなる。

「どこでも、誰でもできるようになったほうが、便利でいいのに」

本当に、独り言なのかもしれない。私の反応なんて、求めていないのかもしれない。だけど私は、自然に口を開いていた。

「違うと思う」

6 風に散らされた髪の毛を、耳にかける。視界から邪魔なものが消えた。

「特に今日みたいなライブって、その日その場所じゃなきゃ、その人の生演奏だからこそっていう感動があると思う。今日のセットリスト[※3]だって、家でひとりで曲聴いててもこんな気持ちにならなかっただろうし」

C ――私には、私にしか弾けない、私にしか作れない曲が必ずあります。

光流ちゃんの言葉が、突然、私の頭の中でだけ蘇った。私は、どんどん小さくなっていく自分の声を、街の雑音のような距離感で捉える。

「やっぱり、生演奏だからこそ、ライブだからこその楽しさってあるよ」

「気づいてなかったのに？」

薫ちゃんが、私の言葉を遮る（さえぎ）ように言う。

「一曲目、メインステージにいるメンバーが３Ｄ映像だって気づいてなかったのに？」

新しいパンにバターを塗るように、新しいノートの１ページ目に丁寧に文字を書くように、言う。

一曲目、３Ｄ映像で現れた『Over』のメンバーたち。私は見抜けなかった。

中盤の定番曲、モニター内のステージ上に現れた、会場の客たち。みんな、それだけで大喜びだった。

今日のライブは、ツアーの X だった。最後に発表された『Over ××』の××の部分。

Human[※4]

Over Humanが、今回のツアーのテーマだった。

この人混みの全員が駅を目指して歩いていると思っていたけれど、いつしか進路が二手に分かれていたらしい。私と薫ちゃんは気づかないうちに、駅へ向かう流れから外れていたようだ。

「あれ、ユッコが言ってた店じゃない？　なんだっけ有名なポップコーン屋とかそういう系」

「あっほんとだっ、ここだ！」

私たちはいつしか、駅の近くにある有名なポップコーン専門店に並ぶための行列に紛れ込んでいたらしい。ライブ帰りに寄る人と、夏休み最後の週末という条件が重なったからか、かなりの行列になっている。

「すごい人気」

ご迷惑になりますので道路を塞がないでください――あらゆる方向から飛んでくる店員の呼びかけを避けるように、私と薫ちゃんは方向転換をハカる。時間に余裕があったら買って帰りたいなんて思っていたけれど、こんなの絶対無理だ。

駅まで出てくると、もう、『Over』の全国ツアー［Ｘ］が開催された町は、ただの見慣れない町のひとつになった。さっきまでは、周りにいる人すべてが『Over』の余韻に浸(ひた)っていたけれど、日曜日なのにスーツ姿の大人たちや塾帰りの学生たちが、その空気をせっせと薄めてくれている。

「すごい行列になるってわかってるのに」

あっという間に、ポップコーン専門店は見えなくなる。薫ちゃんは歩くのが早い。

「なんでレシピ化してコンビニとかで売らないんだろ」

前を歩く薫ちゃんが、独り言のようにそう言った。

「そのほうが絶対儲かるのにね」

私は、薫ちゃんの背中を追いかける。聞こえていない振りをしながら、追いかける。

パスモでカイサツを通る。チャージの残額が少し不安だったけれど、大丈夫そうだ。電車を待つホームに隣同士並ぶと、薫ちゃんは、私の首からぶら下がっているタオルを見ながら、また、ひとりごとのように言った。

「このタオルも、会場限定のやつ買おうと思ったら、めちゃくちゃ並ぶんだよね」

薫ちゃんは、いつのまにか、首にかけていた自分のタオルをカバンの中に片付けている。

「私、たまに思うの」

電車を一本、やり過ごす。特急ではなく、快速に乗らなくてはならない。

「会場限定タオルとか、光流ちゃんじゃないと弾けない曲とか、超並ばないと買えないポップコーンとか、資料室でしか借りられない問題集とか、音楽

「学校の資料室に、いろんな高校の過去問とか全部揃ってるんだよ。自由に借りられるの」

「へえ」

「便利でしょ？」

私は、微笑（ほほえ）みながら、薫ちゃんの顔を覗き込む。心の重さに負けそうになっていた体が、やっと薫ちゃんと同じ速度で前に進もうとしたそのときだった。

「いや、不便じゃない？」

薫ちゃんは、いつもと同じ、少し早口で言った。

「私のタブレットだと、過去問は全部データでダウンロードできるからさ。それだと、誰かが借りてて使えない、なんてこともないし、いちいち学校まで行かなくてもいいし」

薫ちゃんは、まっすぐ前を見ている。どんな表情をしているのか、横顔だけではそのすべてを読み取ることができない。

「そう言われたら確かに不便かもしれないけど……」

――不便って、そんなに悪いことなのかな？

また、言いたいことが言葉にならない。薫ちゃんは親友なのに。これまでも、薫ちゃんになら何でも言えたのに。

私は足元を見つめる。

学校は、確かに不便なことが多い。

だけど、だからこそ、言葉を交わせた人がいる。だからこそ、出会えた人がいる。

「薫ちゃんは、好きな人いないの？」

今度は、逆だった。言おう、とは全く考えていなかった言葉が、口からこぼれ出た。

「好きな人」

薫ちゃんが、また、私の言葉を繰り返す。

「そう、好きな人」

私がもう一度繰り返したので、薫ちゃんはもう、繰り返すことができない。

ほんの少しの沈黙のあと、薫ちゃんが口を開いた。

「待って、何かいつの間にか違うとこ来てない？」

バカみたいだ、私。

ひとりでぐちゃぐちゃ考えて、ひとりで変な行動起こして、ひとりでこんな気持ちになって。カッコ悪いし、気持ち悪い。

「好きな人ができただけ」

資料室で渡邊くんに会った日から、渡邊君のことを考えるだけで、ご飯もろくに食べられなくなってしまった。勉強にだって、ピアノの練習にだって、集中できない。自分が自分ではなくなってしまったみたいだ。

光流ちゃんに、渡邊くん。焦がれるほど好きな人たちは、私の世界をいとも簡単に操ってしまう。

「好きな人」

薫ちゃんが、小さな声で、私の言葉を繰り返す。

「好きな人ができると、そんなふうに元気がなくなったり、痩せちゃったりするの？」

たどたどしく、薫ちゃんが言葉を繋ぐ。

「だったら、やめたほうがいいよ」

流れ始めた人混みの中で、薫ちゃんの歩幅は私のそれより大きい。

「やめたほうがいいって……」

「だって、体調悪くなるんでしょ？ そんなのおかしいじゃん。向いてないんじゃない？」

私は、薫ちゃんの背中を見つめる。

伝わらないかもしれない。

私は、昔からの親友に対して初めて、明確にそう思った。いや、本当はこれまでにも何度かそういうタイミングはあったかもしれないけれど、4自分の心がやっと、素直にその感情を認めた気がした。

ご飯が食べられなくなるくらい、いっそ嫌いになってしまいたいくらい誰かを好きになる気持ちを、この人にどう説明すれば伝わるのかが、わからない。

「そうかもね」

私は、薫ちゃんの隣に並ぶ。

「ねえ、薫ちゃんも、たまには学校で一緒に勉強しようよ」

楽しいよ、と、私は顔を上げる。さりげなく手の甲で涙を拭ったことは、薫ちゃんにはバレていない。

「えー、学校？」

「ねえ、ユッコ」

薫ちゃんに聞きたかったことを口に出す前に、薫ちゃんが私のことを見た。

「そのお守り、ダサくない？」

「えっ⁉」

大きな声が出てしまった。前を歩いている男の人が、ちらりと私のことを見る。

「いや、ずっと言おうと思ってたんだけど……あんま合ってないと思うんだよね、そのカバンにそのお守り」

「え、そ、そうかな？」

私は、愛用しているカバンに着けている赤いお守りを、隠すように握りしめる。

「これ、学問の神様がいるところのお守りなんだって。受験だし、ちょっと神頼みしとこっかなって」

「A判定なのに？」

薫ちゃんは、私の拳の中のお守りの中身まで透視してしまいそうな目つきをしている。

「お守りも変だし、ユッコ自身もちょっと変」

「そ、そう？　普通だよ」

二人とも、一歩、動く。3私は、拳に力を込める。

このお守りは、自分で買いに行った。

私もこれをカバンに着ければ、渡邊君となっちゃん、その二人だけのお揃いではなくなる。そう思ったから、ひとりで買いに行った。

「ユッコ、最近ぼーっとしてるときあるし」

薫ちゃんが、私の背中を押すように言う。

「ちょっとやつれた気もするし、変なお守り着けるし」

少しずつ、人の波が動いていく。

「なんかあったのかなって」

私は、靴ひもを踏んでしまわないように、下を見る。

涙ぐんだ目を、薫ちゃんに見られないように。

「なんかあったっていうか……」

「[※2]Over ××の××のところが発表されたときも震えたなー。いよいよ来るとこまで来たって感じだよね。観客のデータ化みたいなのもすごかったし」

私は興奮冷めやらぬ様子の薫ちゃんの声を浴びながら、進んだり、止まったりを繰り返している自分の足を見下ろす。ライブでいっぱい飛び跳ねるだろうと思って履いてきた、差し色の赤がかわいいお気に入りのスニーカー。買ったばかりのころは、横幅が少しきつかった。

ライブの中盤にも、新たな演出が取り入れられていた。みんなでタオルを振り回す、絶対に盛り上がる定番曲。センターステージで演奏をするメンバーがモニター上に映っていたのだが、そのモニターに、ひとり、またひとりと、メンバーを囲むような形で観客の姿が現れたのである。実際のセンターステージにはメンバーの六人しかいないのに、モニター上では、百人以上の観客がステージ上のメンバーを囲んでいるのだ。

その曲の後のMCによると、会場入口に設置していたセンサーで読み取った客をアバター化して、3D映像としてモニターに映し出していたらしい。アタイカクや服装などの基本情報さえ読み取ることができれば、あとはどうにでも動かせるという。すぐ近くにいた女性ファンは、実際に自分の姿がセンターステージに現れたらしく、「やばいっ！　あれ私っ、やばいっ！」と大喜びでファン仲間と手を取り合っていた。

ピアノから手を離した光流ちゃんは、「まるでファンの皆さんとすぐそばでライブを共有しているようで楽しかった」と言った。笑い交じりに「アバターを映し出すために自分たちが進入しちゃいけない範囲ってのが出てきて、そこ気にしつつやるのが大変だったけどね」とも話していた。

3D映像で登場した、光流ちゃん。モニター上に現れる、たくさんの観客たち。

「なかなか着かないね、駅」

薫ちゃんが、タオルで汗を拭く。

私は、目の前にいるたくさんの人の後ろ姿を見つめる。

「そうだね」

このうちの誰かが、3D映像として追加されたものだったとして、私は、きちんと、見分けることができるのだろうか。

Aまた、足が止まる。

スニーカーのつま先が揃う。

お気に入りのスニーカーは、買ったばかりのころは横幅が少しきつかったけれど、今では、たったひとつの私の体の形に合わせて、少しサイズが変化している。

2たったひとつの、私の体の形に合わせて。

「薫ちゃん」

――自分の3D映像がメンバーに近づいて、ライブを一緒に楽しめるって、それって、嬉しいのかな？

二 次の文章を読み、後の問いに答えなさい。

> 中学三年生の雪子と薫は親友で、ピアノが好きな雪子は音楽科のある高校への進学を目指し、理科系が得意な薫はプログラミングに興味を持っている。以下の文章は、二人がファンであるバンド『Over』のライブに出かけ、帰宅しながらライブを思い返している場面である。

背後から、間欠泉のように熱い歓声が沸き上がったのは、曲が間奏に差し掛かったころだった。

振り返ると、メインステージから花道で繋(つな)がっているアリーナ中央のセンターステージが、スポットライトに照らされていた。

その光の中に、『Over』のメンバー六人がいた。

何で、どうして、メンバーは今メインステージでパフォーマンスをしているはずなのに——混乱する私の隣で、薫ちゃんがぼそっと呟(つぶや)いた。

「３Ｄ映像だ」

私はもう一度、メインステージに視線を移した。メンバーが、スポットライトのもと、それぞれ担当の楽器を演奏している。

どっちが、３Ｄ映像なの。どっちの光流[※1]ちゃんが、本物なの。

私はそんなことも、わからないの。

両目を滲(にじ)ませていた涙は、いつの間にか乾いていた。

センターステージに現れたメンバー六人は、花道を進んでいく。やがてメインステージへと辿り着くと、メインステージで演奏をしていた〝メンバー〟に自分の身体を重ねた。すると、演奏が一瞬、途切れた。

３Ｄ映像から、実在の人間へ。スポットライトの中で、六つの身体が熱を持つ。

やがて会場全体が明るい照明に包まれ、生々しい動きをもって演奏が再開された。そのあたりではもう、会場にいるほぼ全員が、もともとメインステージにいたメンバーは３Ｄ映像で、あとからセンターステージに現れたメンバーが本物だったのだと理解していた。

「すごい」

[1] 隣で薫ちゃんがそう呟く中、私は、あんなにも楽しみにしていたライブが、自分からずっとずっと遠くへ離れていったような気がした。

私は、わからなかった。

こんなにも光流ちゃんが好きなのに、憧れているのに、本物と３Ｄ映像を見分けることができなかった。

それからどんな曲を演奏されても、その思いが胸から消えてくれなかった。

問八　A ～ C に入れるのにもっともふさわしい言葉を次の中から選び、番号で答えなさい。ただし、同じ番号を重複して使ってはいけません。

1　ところで　2　だが　3　やがて　4　しかも　5　つまり

問九　次の一文は、本文中に入るべきものである。もっともふさわしい箇所を❶～❹の中から選び、番号で答えなさい。

それでいて男は自分の魂は安らかであると言った。

問十　Ⅰ・Ⅱ に入る言葉の組み合わせとしてもっともふさわしいものを次の中から選び、番号で答えなさい。

1　Ⅰ　受ける　Ⅱ　与え　2　Ⅰ　守る　Ⅱ　攻め
3　Ⅰ　教える　Ⅱ　知り　4　Ⅰ　見る　Ⅱ　見られ

問十一　――7「善意と善行のパラドックス」とありますが、それはどのようなことですか。「ということ。」に続くように、本文中からその説明としてふさわしい部分を二十五字以内でぬき出しなさい。ここでのパラドックスとは、「一見矛盾(むじゅん)しているように見える説や表現」という意味です。

問十二　本文の内容としてふさわしいものには○、ふさわしくないものには×を書きなさい。

1　人々が文学の世界で善行を積むことを奨めるような話を多く描いてきたのは、現実世界で善行を積んでも良い結果が得られるとは限らないことを重々承知していて、それを補うためである。

2　男にとっては、辛い体験を乗り越えて真の言葉で人々の心を救い、悩み相談に乗るラジオ番組を持って賞を受けたことで、本来こうあるべきだと思っていた人生に行きついたということである。

3　男には不幸について考えを深められる宗教的な資質が備わっていたため、動けなくなった息子をじっと見ているしかない父親の不幸は、自分の不幸と同等に深いものだという思いに至った。

4　「大晦日のお地蔵様」では、おじいさんなりの善意の強さが善行へと結びついたが、実際の人生では、人の善意や悪意はそのまま意図した通りに世間に受け取られるというわけではない。

問四　――3「そこには何か別のものがある」とありますが、善行を奨めること以外にこの物語に存在する「何か別のもの」とは何ですか。もっともふさわしいものを次の中から選び、番号で答えなさい。

1　分かりやすい善行よりも、一見悪行に思えるような行為にこそ、実は道理が隠されているというメッセージ。
2　寒さを感じるはずのない石のお地蔵様の上に笠を載せることは愚行でしかないと言い切るような手厳しさ。
3　お地蔵様が雪の中でずらりと並び、地鳴りとともに近づいてくるという、ユニークでいきいきとした感興。
4　お地蔵様というありがたいものを前にへりくだり、疑いを持たず純粋にひたすら信じ続けることの尊さ。

問五　――4「こんなサマになっても生きていける」とありますが、何が分かったことで男はこのように言ったのですか。もっともふさわしいものを次の中から選び、番号で答えなさい。

1　集中治療室で首を固定され仰向けに寝ているだけでも、医者であるというだけで自分にすがって来る人がいるので稼いでいけるということ。
2　首の骨が折れてベッドに横たわっているだけになってしまっても、人々の心のより所となる理想の生き仏へと転身することができるということ。
3　交通事故で四肢麻痺になり一生歩けなくなっても、心理学の医者として心に傷を負った人の気持ちを受け止め、役に立つことができるということ。
4　毎日が死と隣り合わせで体は苦しくても、いつでもどこでも患者の求めに応じて寄り添えば、このまま仕事を続けていくことはできるということ。

問六　――5「それらの人たちは、彼をわずかでも救うことはできなかった」とありますが、それは「それらの人たち」が男をどのような存在としてとらえ、どのように接したからですか。三十字以内で答えなさい。

問七　――6「逆に、日一人の看護婦から救いを求められ、彼自身が救われたのである」とありますが、その理由としてもっともふさわしいものを次の中から選び、番号で答えなさい。

1　看護婦が、男に救いを求めることで相手の気持ちを奮い立たせ、事故の後忘れていた仕事における使命感を呼び覚ましてあげようとしたから。
2　看護婦が今男に相談を持ち掛けるのは身勝手だと思われるかもしれないと承知の上で、目の前の「心理学のお医者様」に心から助けを求めたから。
3　看護婦が今置かれている不幸な状況をできる限り詳細に伝えたことで、男が看護婦にどのような言葉をかけてやれば良いか明らかになったから。
4　看護婦が、体を動かすことが困難になった相手の不幸に心を砕くこともなく、自分が不幸から救われるために医者の力だけを一心に信じたから。

も平気で覆して、黙々と時を刻んでいく。

文学は善行を奨めるものである。

だが、厭わしくもまた廻りくるお正月を前に、ある物書きの女がこの話を聞き、このような善意と善行のパラドックスも承知した上で物を書かねばとしみじみと思った……とさ。

（水村美苗『日本語で読むということ』改変した部分があります。）

※１　範疇…似た特徴を持つものが属する範囲。

※２　衆生…生命のあるすべてのもの。

※３　殊勝…けなげで感心なこと。

※４　叡智…物事の本質を見通して考えることができる、優れた知恵。

※５　権威…他の者を従わせる力。または、ある分野で優れていると認められている専門家。

問一　――ア～オについて、カタカナを漢字に直し、漢字は読みをひらがなで答えなさい。

問二　――１「文学は善行を奨めるものである」とありますが、次の１～４は日本で古くから親しまれている物語の中の一場面です。これを読んで、「善行を奨めるもの」としてふさわしくないものを一つ選び、番号で答えなさい。

１「かぐや姫」の物語では、かぐや姫が多くの求婚者たちに難題を課すことで結婚をこばみ、最後は月へと帰っていった。

２「桃太郎」の物語では、桃太郎が悪事をはたらく鬼たちを、犬・猿・キジといった家来とともに勇ましく退治した。

３「舌切りすずめ」の物語では、おじいさんが舌を切られて姿を消したすずめを懸命に探し出したことで宝を授かった。

４「花咲かじいさん」の物語では、老夫婦が傷ついた子犬を大切に育て、その死後、供養で木にまいた灰が満開の花となった。

問三　――２「崇高さ」の本文中での意味としてもっともふさわしいものを次の中から選び、番号で答えなさい。

１　おだやかで人に逆らわず素直なこと。　２　生き方や考え方が尊くけだかいこと。

３　育った環境に恵まれ気品があること。　４　才能があり発想が自由で豊かなこと。

男はたんに心理学の医者として復帰しただけではない。男の口から出る言葉はさまざまな不幸を抱えた人々に救いを与え、評判は評判を呼び、やがて男は心理学者として電話で悩みの相談を受けるというラジオ番組をもつようになった。アメリカ中の不幸を抱えた人々がいつのまにか彼に救いを求めて電話をかけてくるようになり、そのラジオ番組は大人気で賞を受けるまでになった。

事故の前はふつうの出世欲があったという。事故に遭って初めて、それまでの自分は、自分が本来生きたかった人生、生きるべきであった人生を生きてこなかったのを、悟ったという。事故に遭って初めて、本来、自分はこうあるべきであったという人間に、知らず知らずになっていったという。❶もとから不幸について深く考えることができる、宗教的な資質をもっていた人間だったのであろう。男は、自分の父親の不幸を語った。動けない息子をじっと見ているしかない父親の不幸は、動けない息子自身の不幸よりもずっと深いと。また、心に傷を負った人間を癒そうとしてはならないとも語った。心に傷を負った人間として、そのまま受け入れなくてはならないと。しゃべりかたは終始ユーモラスで、冗談も言えば、冗談を言いつつ、こらえきれない笑い声さえ聞こえてきたが、口を出てくる言葉の一言一言、天から宝石がぱらぱらと降るように叡智[※4]に満ちたものであった。仏やキリストを含むさまざまな賢人の周りに自然に人が集まり大きな輪を作っていったのも、このような言葉に救いを求めてのことだというのがよくわかった。❷

医学的には脊髄のどこが折れたかによって、対麻痺（足だけが麻痺している状態）か四肢麻痺（手足が麻痺している状態）かに分かれるそうである。男は四肢麻痺の中ではずいぶんと恵まれたほうで、胸から上は動く。かなり両手が使えるらしい。だが、四肢麻痺の人間は腎臓障害をきたすのが宿命で、男の腎臓も年々機能が低下しているという。現代医学の進歩で奇跡的に三十年近くも生きたが、今や毎日が死と隣り合わせで、体は苦しい。また、歩けないことに対する悲しみからは、今も解き放たれておらず、折々抑制がきかないほど泣くことがあるという。だから心も苦しい。❸

こんな男なら、あの晩、看護婦に救いを求められなくとも、一ヵ月先、あるいは一年先、どこかで、何かをきっかけに、同じような方向へと自分を持って行くことができたかもしれない。衆生に救いを与えられるような人間へと転身していったかもしれない。だが、その前に自殺していた可能性もある。両手が利けば自殺は不可能ではない。❹

この話に考えさせられたのは、自分があの看護婦だったら、あんな状況で決して男に救いを求めはしなかっただろうと思うからである。そこまでの不幸を経験したことがないからかもしれない。だがそれよりも、「心理学のお医者様」などという権威[※5]を真に受けることがないからであろう。私は男を弱者としてしか見られず、自分の不幸をさておいて、善意の塊りになっていたにちがいない。その結果、男は自殺してしまっていたかもしれない。

私は、ここで、いわゆる、衆生の信心の尊さを謳いたい訳ではない。ひたすら信じるという美徳は、場合によっては、悪徳に転じうる。この話が記憶に残ったのは、［Ｉ］よりも［Ⅱ］たいという、人間を人間たらしめる精神の本質について考えさせられるからである。それと同時に、善意がないことのみが、結果として、善行につながるという不思議――人間の意図と結果の不思議について考えさせられるからである。「大晦日のお地蔵様」の話では、ひたすら善かれと思う善意の強さが、愚行でさえ善行に変える。ところが、実際の人生は、私たち人間の、善かれという思いも悪しかれという思い

もう死んだほうがました……。

ある日も、その思いだけがベッドに横たわった全身を駆けめぐっていた。

そのとき脇から女の声がした。

看護婦である。

——先生は心理学のお医者さまでしょう？

男がそうだと応えると女は続けた。

——死んだほうがましだって、そう思ったりすることって、よくあるんでしょうか。

そう、自分は心理学の医者だったんだと男は我に返った。そして、看護婦に向かい、勤務が終わったところで話をしに戻ってきたらどうかと応えた。

看護婦は夜中に戻ってきて長い間彼に話をした。

女の話がどういう内容のものであったかはわからない。

ただ、彼女が去ったあと彼は思ったという。

I can live with this.

4「こんなサマになっても生きていける。」

男の家族も友人もなんとか彼を励まそうとする善意に溢れる人たちであった。だが、5それらの人たちは、彼をわずかでも救うことはできなかった。6逆に、一人の看護婦から救いを求められ、彼自身が救われたのである。

その看護婦が優しくて聡明で想像力の豊かな女だったとは思えない。どこかで、身勝手な女だったように思う。少なくとも、その晩は、自分の不幸で頭がいっぱいで、身勝手になっていたのにちがいない。首を固定されてそこに寝転がっている男、これから一生歩くこともできないのを知ったばかりの男、どう考えても自分よりは不幸な男に向かって、自分の不幸をせっせと訴え続けたのであるから。

だが、その女の身勝手さが男を救ったのであった。自分が救いを求めれば男が救われるかもしれないと、そんな殊勝[※3]な思いが、もしほんの一分でも女にあったら、男は救われなかったであろう。女は、男の状況なんぞは顧みず、心理学のお医者様ならきっと自分を助けてくれるであろうと、ひたすら男に救いを求め、それが男を救ったのである。

その行為には善意のかけらすらない。［Ａ］、医者たるべき者のもつ力を疑わないという点において、どこか、衆生の信心とつながるものがある。

そして、女にひたすら救いを求められたその晩を境いに、男は、まさに女が男に求めたものへと転身し始めたのである。［Ｂ］、衆生を救う生き仏——［Ｃ］、まさにお地蔵様のように、動けない生き仏へと徐々に転身し始めたのである。

という物語で、善行を奨めているようだが、そこには何か別のものがある。[3]「浦島太郎」のように悪童らが虐めている亀を助けたり、「鶴の恩返し」のように罠にかかって苦しんでいる鶴を逃したりするのは、善行の※1範疇に入る。だが、雪が寒いだろうと、石で出来たお地蔵様の頭に編み笠を載せるというのは、善行というよりも、本来ならば、むしろ、愚行である。それでいて、お地蔵様が雪の中にずらりと並んでいる感じや、夜中に地鳴りをさせて動いてくる感じが面白いうえに、どこか深いところのある、優れた童話である。善行を奨める物語だというだけでなく、それと同時に、ありがたいものを、何の疑いもなく、ひたすら信じることの美徳を謳った物語だからではないだろうか。

亀を助けたり鶴を逃したりするのは強者が弱者に施す善行である。だが、おじいさんにとって、お地蔵様は弱者ではない。ありがたいものを前にへりくだった心で、あれまあ、お気の毒にと、編み笠を載せたのである。

そこにあるのは※2衆生の信心である。

まったく関係ないようだが、最近聞いた話がある。聞いたといってもアメリカのラジオ番組をiPodに入れてのことである。家の用をするときは、イヤフォンで何か英語のものを聞きながらするのだが、最近は小説を離れ、もっぱら「フレッシュ・エアー」というラジオのインタビュー番組を聞く。テリー・グロスという女の人が世にも稀な聞き手なのに加えて、[エ]ダイトウリョウ、ジャーナリスト、警察官、兵士、ミュージシャン、学者などさまざまな職種の人が登場し、アメリカ人は小さいころから自分の考えを言葉で明確にする[オ]クンレンを受けているので、受け答えが実におもしろい。

テリーが男を紹介するのに、「quadriplegic（全身麻痺、あるいは四肢麻痺）」という言葉を口にしたとたん、微かに体がこわばった。人間の恐怖はいくつかあるが、四肢麻痺になるというのは、その恐怖の中でも、もっとも強いものの一つであろう。四肢麻痺は、事故によって突然になる。一瞬にして、今まで歩いていたのが、一生車椅子の生活になる。歩くのはおろか、手洗いに一人で行くのもできなくなることがある。明日我が身に降りかかるかもしれない災難なのである。

インタビューされた男も、交通事故が原因であった。反対側を走っていた超大型トラックの車輪が軸ごと外れて飛んできたのを見たのが最後で、気がついたら救急車で運ばれている最中だったそうである。今から二十数年前のことで、男は三十半ばであった。

名はダン・ゴットリーブという。事故の前から心理学者だったというが、町角で小さな店でも経営しているような、気取りのないしゃべり方をした。ごくあたりまえの、ややしゃがれかかった、初老の男の声であった。

やがて自分の首が折れてしまっているのを知った。それがどういう意味を持つかも知った。集中治療室で首を固定され仰向けに寝ているうちに、自殺願望が男の心の中で膨れ上がっていったと言うのも、無理もない。夜、家族や友人が消え、一人残され、首を固定された男の目に入ってくるのは、集中治療室特有の煌々とした天井の光だけである。

一つの思いだけが募ってくる。

二〇二二年度　中央大学附属横浜中学校

【国　語】〈第二回試験〉（五〇分）〈満点：一五〇点〉

（注意事項　句読点や記号は一字あつかいとします。）

□一　次の文章を読んで、後の問いに答えなさい。

1文学は善行を奨（すす）めるものである。

笑う人もいるかもしれないが、私は、それが、文学の重要な役割の一つだと思っている。善行はこの世では必ずしもアムクわれない。人類はその事実を知りすぎるほど知っている。それで、現実世界でイ帳尻が合わない分、物語を語り、宗教を生み、文学を書き、言葉の力を頼んで、その帳尻が合わない分をなんとか埋め合わせようとしてきたのである。可哀相（かわいそう）にと助けた乞食（こじき）が本当は百万長者だったという話を作ったり、慈善（じぜん）とはあの世に宝を積むことだとウ説いたり、読者だけにはその2崇高（すうこう）さがわかる主人公を小説に描いたりしてきたのである。そして、ムクわれなくとも、善行を積むよう、互いに励まし合ってきた。

だが、善行にも微妙（びみょう）なものがある。

まずは、「大晦日のお地蔵様」の話。

新年号にふさわしい。

誰でも知っている日本の童話で、昔むかし大晦日の日、貧乏なおじいさんが、編んだばかりの笠を五つ抱えて町へと出かける。売って正月の餅（もち）米を少し買おうというのである。道中、雪がこんこんと降っている。ふと見ると道ばたに六つのお地蔵様が寒そうに立っている。おじいさんは、これは気の毒だというので、編み笠を一つづつお地蔵様の頭の上に載せ、さらに自分のも脱いで、六つ目のお地蔵様の上に載せ、手ぶらで家に戻ってしまう。それを聞いたおばあさんは、それはそれは善いことをしたと喜ぶ。夜中、ずしんずしんと大きな音がするので驚いて外を見ると、六つのお地蔵様が大きな袋を抱えてやってくる姿が月明かりにみえる。そして、家の前にその袋をどさりと置くと、また、ずしんずしんと帰っていく。袋にはなんと餅米がいっぱい入っていて、そのあと、おじいさんとおばあさんはたいそう金持になったとさ。

2022年度 中央大学附属横浜中学校 ▶解説と解答

算　数　＜第２回試験＞（50分）＜満点：150点＞

解　答

1 (1)　1　(2)　111100　(3)　$3\frac{3}{4}$　(4)　6倍　(5)　時速40km　(6)　9 cm^2　(7)　$5\frac{5}{11}$分　(8)　49個　(9)　106度　(10)　107.52m^2　2 (1)　1時間51分　(2)　2 km　(3)　$1\frac{2}{3}$km以内　3 (1)　2.4cm　(2)　75.36cm^3　(3)　$4\frac{11}{16}$倍　4 (1)　98円　(2)　39円　(3)　1139円

解　説

1　四則計算，計算のくふう，逆算，濃度，通過算，面積，時計算，素数の性質，角度，図形の移動

(1)　$60\div5\times2-6\frac{4}{7}\div2\times7=12\times2-\frac{46}{7}\times\frac{1}{2}\times\frac{7}{1}=24-23=1$

(2)　$8+98+998+9998+99998=(10-2)+(100-2)+(1000-2)+(10000-2)+(100000-2)=10+100+1000+10000+100000-(2+2+2+2+2)=111110-10=111100$

(3)　$12.3\div\left\{\left(1\frac{1}{2}-5\div\square\right)\times8.2\right\}=9$ より，$\left(1\frac{1}{2}-5\div\square\right)\times8.2=12.3\div9=\frac{12.3}{9}=\frac{123}{90}=\frac{41}{30}$，$1\frac{1}{2}-5\div\square=\frac{41}{30}\div8.2=\frac{41}{30}\div\frac{41}{5}=\frac{41}{30}\times\frac{5}{41}=\frac{1}{6}$，$5\div\square=1\frac{1}{2}-\frac{1}{6}=\frac{3}{2}-\frac{1}{6}=\frac{9}{6}-\frac{1}{6}=\frac{8}{6}=\frac{4}{3}$　よって，$\square=5\div\frac{4}{3}=5\times\frac{3}{4}=\frac{15}{4}=3\frac{3}{4}$

(4)　Bの濃度を[2]とすると，できた食塩水の濃度は[1]となる。また，Aの重さを③，Bの重さを②として図に表すと，下の図１のようになる。図１で，太線で囲んだ部分の面積とかげをつけた部分の面積は，どちらもできた食塩水に含(ふく)まれる食塩の重さを表す。よって，これらの面積は等しいから，アとイの長方形の面積も等しくなる。また，アとイの横の長さの比は２：３なので，たての長さの比は，$\frac{1}{2}:\frac{1}{3}=3:2$ とわかる。さらに，アのたての長さは，[2]－[1]＝[1]だから，イのたての長さは，$[1]\times\frac{2}{3}=\left[\frac{2}{3}\right]$となり，Aの濃度は，$[1]-\left[\frac{2}{3}\right]=\left[\frac{1}{3}\right]$と求められる。したがって，Bの濃度はAの濃度の，$2\div\frac{1}{3}=6$（倍）である。

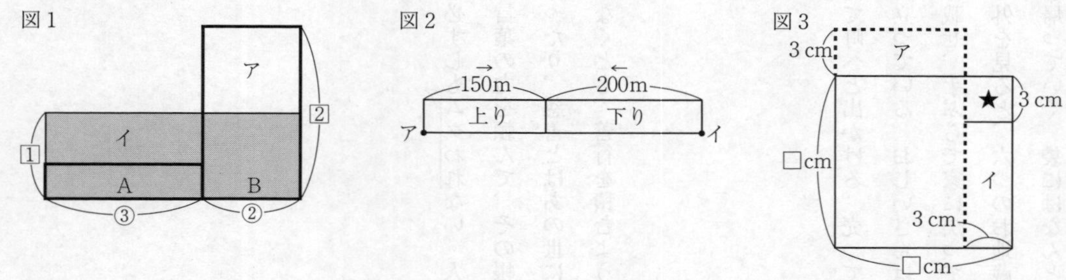

(5)　上り電車と下り電車の長さの比が３：４であり，上り電車の長さが150mなので，下り電車の長さは，$150\times\frac{4}{3}=200$（m）とわかる。また，上の図２の状態から，上り電車の最後尾(さいこうび)アと下り電

車の最後尾イが出会うまでにかかる時間が18秒だから，上り電車と下り電車の速さの和は秒速，$(150+200)\div18=\frac{175}{9}$(m)となる。さらに，上り電車と下り電車の速さの比が４：３なので，上り電車の速さは秒速，$\frac{175}{9}\times\frac{4}{4+3}=\frac{100}{9}$(m)と求められる。これを時速に直すと，$\frac{100}{9}\times60\times60=40000$(m)，$40000\div1000=40$(km)となる。

(6)　もとの正方形の１辺の長さを□cmとして図に表すと，上の図３のようになる。図３で，アとイの長方形のたてと横の長さは，どちらも３cmと(□－３)cmだから，アとイの部分の面積は等しい。よって，正方形と長方形の面積の差は，★印をつけた正方形の面積と等しいことがわかる。つまり，正方形と長方形の面積の差は，$3\times3=9$ (cm²)である。

(7)　長針は１分間に，$360\div60=6$(度)の割合で動き，短針は１時間に，$360\div12=30$(度)，１分間に，$30\div60=0.5$(度)の割合で動くので，長針は短針よりも１分間に，$6-0.5=5.5$(度)多く動く。12時の次に長針と短針が重なるのは，長針が短針よりも360度多く動いたときだから，$360\div5.5=65\frac{5}{11}$(分後)と求められる。これは１時間$5\frac{5}{11}$分後なので，その時刻は１時$5\frac{5}{11}$分となる。

(8)　１から200までの整数を素数の積で表したとき，２と５の組が１組できるごとに，おわりに０が１個増える。また，２よりも５の方が少ないので，おわりに並ぶ０の個数は，素数の積で表したときの５の個数と同じになる。下の図４の計算㋐から，１から200までに５の倍数は40個あることがわかる。また，計算㋑から，$5\times5=25$の倍数は８個あることがわかり，この中には５が２回ずつ現れるので，㋐でかぞえた以外に５は８個ある。同様に考えると計算㋒のようになるから，素数の積で表したときの５の個数は，$40+8+1=49$(個)と求められ，おわりに並ぶ０の個数も49個とわかる。

図４

・㋐　$200\div5=40$
　５は40個ある
・㋑　$200\div(5\times5)=8$
　㋐のほかに５は８個ある
・㋒　$200\div(5\times5\times5)=1$ 余り75
　㋐，㋑のほかに５は１個ある

図５

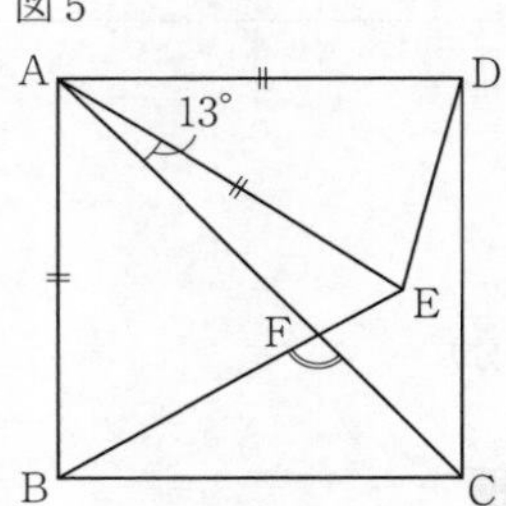

図６

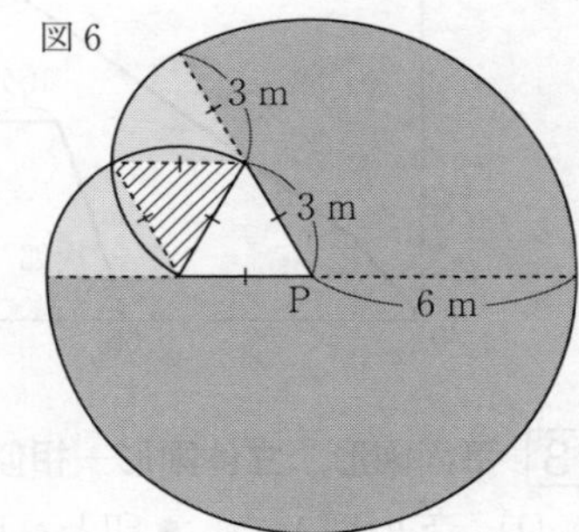

(9)　上の図５で，三角形ABCは直角二等辺三角形なので，角CABの大きさは45度である。また，三角形ABEは二等辺三角形であり，角EABの大きさは，$13+45=58$(度)だから，角ABEの大きさは，$(180-58)\div2=61$(度)とわかる。さらに，三角形ABFで，角FAB＋角ABF＝角BFCという関係があるので，角BFCの大きさは，$45+61=106$(度)と求められる。

(10)　犬が移動できるのは，上の図６のかげの部分と斜線(しゃせん)部分である。濃(こ)いかげの部分は，半径が６mで中心角が，$360-60=300$(度)のおうぎ形であり，うすいかげの部分は，半径が３mで中心角が，$180-60-60=60$(度)のおうぎ形だから，これらの面積の和は，$6\times6\times3.14\times\frac{300}{360}+3\times3\times3.14\times\frac{60}{360}\times2=30\times3.14+3\times3.14=(30+3)\times3.14=33\times3.14=103.62$(m²)となる。また，斜線部分の面積は3.9m²なので，合わせると，$103.62+3.9=107.52$(m²)と求められる。

2　旅人算，つるかめ算，速さと比

⑴　1時間6分は，60×1＋6＝66(分)だから，2人の進行のようすをグラフに表すと，下の図1のようになる。次郎さんがPQ間を進むのにかかった時間は，休みを除くと，10÷20×60＝30(分)なので，太郎さんがPQ間を進むのにかかった時間(図1のア)は，66＋30＋15＝111(分)とわかる。111÷60＝1余り51より，これは1時間51分となる。

⑵　太郎さんの進み方をまとめると，下の図2のようになる。時速5kmで111分進んだとすると，$5\times\frac{111}{60}=\frac{37}{4}$(km)進むから，実際に進んだ道のりよりも，$10-\frac{37}{4}=\frac{3}{4}$(km)短くなる。時速5kmのかわりに時速8kmで進むと，1時間あたり，8－5＝3(km)多く進むので，時速8kmで進んだ時間は，$\frac{3}{4}\div3=\frac{1}{4}$(時間)とわかる。よって，時速8kmで進んだ道のり(図1のイ)は，$8\times\frac{1}{4}=2$(km)と求められる。

⑶　はじめに，下の図3のように，次郎さんが太郎さんに追いついたときに，ちょうど次郎さんが休み始めるときについて考える。図3のかげをつけた部分で，太郎さんと次郎さんの速さの比は，5：20＝1：4だから，太郎さんと次郎さんが進んだ時間の比は，$\frac{1}{1}:\frac{1}{4}=4:1$となる。この差が15分なので，比の1にあたる時間は，15÷(4－1)＝5(分)となり，次郎さんが進んだ時間は，5×1＝5(分)とわかる。よって，図3のときに休んだのはQ地点の，$20\times\frac{5}{60}=\frac{5}{3}=1\frac{2}{3}$(km)手前だから，次郎さんが太郎さんに一度追いつくのは，休んだ地点がQ地点から$1\frac{2}{3}$km以内の場合である。

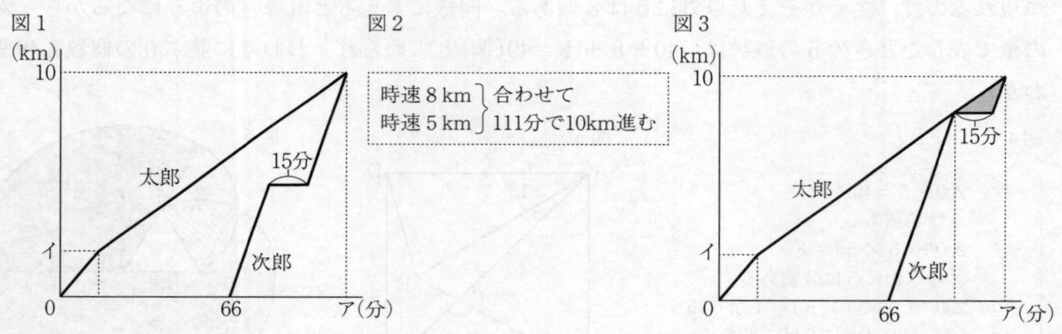

3　平面図形，立体図形―相似，体積

⑴　下の図1で，●印と○印をつけた角の大きさはそれぞれ等しいから，三角形DEFと三角形FECは相似である。よって，2つの三角形の3つの辺の長さの比は3：4：5なので，CF：FE＝

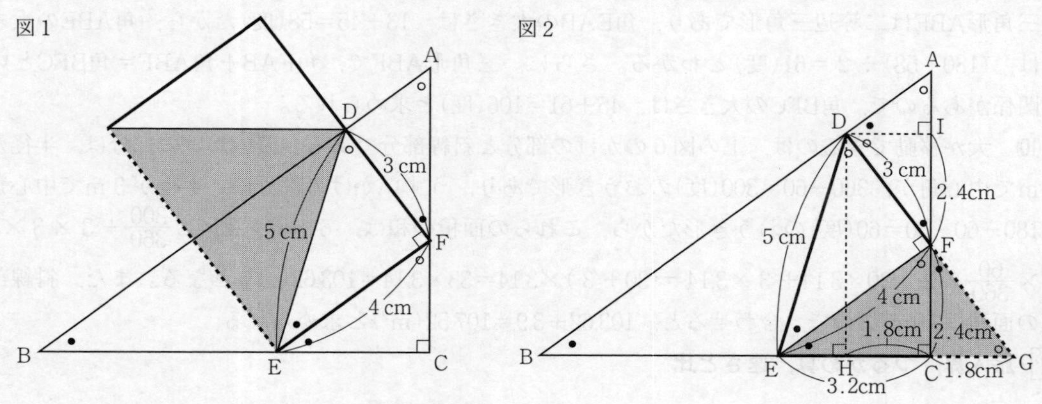

３：５より，CFの長さは，$4\times\frac{3}{5}=2.4$(cm)と求められる。

(2)　ABを軸として三角形DEFを一回転させてできる立体は，図１の太線部分を一回転させてできる円柱から，かげの部分を一回転させてできる円すいを除いたものである。円柱の体積は，$3\times3\times3.14\times4=36\times3.14$($cm^3$)，円すいの体積は，$3\times3\times3.14\times4\div3=12\times3.14$($cm^3$)だから，三角形DEFを一回転させてできる立体の体積は，$36\times3.14-12\times3.14=(36-12)\times3.14=24\times3.14=75.36$($cm^3$)と求められる。

(3)　上の図２のように，DFとBCを延長して交わる点をＧとすると，三角形DEFを一回転させてできる立体は，三角形DEGを一回転させてできる立体から，三角形FEGを一回転させてできる立体を除いたものになる。また，ＤからACに平行な直線DHを引くと，三角形DEGを一回転させてできる立体は，底面の円の半径がDHで，高さがEHとGHの２つの円すいを組み合わせた形の立体になる。つまり，底面の円の半径がDHであり，高さがEGの円すいの体積と等しくなる。同様に，三角形FEGを一回転させてできる立体は，底面の円の半径がFCで，高さがEGの円すいの体積と等しくなる。次に，ＤからBCに平行な直線DIを引き，三角形DEFと相似な三角形の３つの辺の長さの比はすべて３：４：５であることを利用すると，各辺の長さは図２のように求められる。すると，$DH=2.4+2.4=4.8$(cm)，$EG=3.2+1.8=5$(cm)なので，三角形DEGを一回転させてできる立体の体積は，$4.8\times4.8\times3.14\times5\div3=38.4\times3.14$($cm^3$)，三角形FEGを一回転させてできる立体の体積は，$2.4\times2.4\times3.14\times5\div3=9.6\times3.14$($cm^3$)となり，三角形DEFを一回転させてできる立体の体積は，$38.4\times3.14-9.6\times3.14=(38.4-9.6)\times3.14=28.8\times3.14$($cm^3$)と求められる。一方，三角形FECを一回転させてできる円すいの体積は，$2.4\times2.4\times3.14\times3.2\div3=6.144\times3.14$($cm^3$)だから，三角形DEFを一回転させてできる立体の体積は，三角形FECを一回転させてできる立体の体積の，$(28.8\times3.14)\div(6.144\times3.14)=28.8\div6.144=\frac{28.8}{6.144}=\frac{28800}{6144}=\frac{75}{16}=4\frac{11}{16}$(倍)である。

4　割合と比，調べ

(1)　消費税率が10％の場合，本体価格が，$1\div0.1=10$(円)増えるごとに１円の消費税が追加されるから，下の図１のようにまとめることができる。よって，10円，21円，32円，…のように，「11の倍数よりも１小さい」金額は税込価格に出てこないことがわかる。したがって，$100\div11=9$余り１より，100円以下でもっとも大きい金額は，$11\times9-1=98$(円)と求められる。

図１

本体価格	消費税	税込価格	
０円～９円	０円	０円～９円	＜10円
10円～19円	１円	11円～20円	＜21円
20円～29円	２円	22円～31円	＜32円
30円～39円	３円	33円～42円	＜43円
40円～49円	４円	44円～53円	＜54円
50円～59円	５円	55円～64円	

図２

本体価格	消費税	税込価格	
０円～12円	０円	０円～12円	＜13円
13円～24円	１円	14円～25円	＜26円
25円～37円	２円	27円～39円	＜40円
38円～49円	３円	41円～52円	＜53円
50円～62円	４円	54円～66円	＜67円
63円～74円	５円	68円～79円	

(2)　税込価格が同じになるのは，消費税が同じになるときである。消費税率が８％の場合，$1\div0.08=12.5$，$2\div0.08=25$より，本体価格が０円～12円のときの消費税は０円，本体価格が13円～24円のときの消費税は１円とわかる。その後は本体価格が25円増えるごとに２円の消費税が追加されるので，上の図２のようにまとめることができる。図１と図２を比べると，本体価格が38円と39円の場合の消費税はどちらも３円になるが，本体価格が40円になると消費税に差が出ることがわかる。また，本体価格が大きくなるのにともなって消費税の差も大きくなるから，消費税が同じにな

る本体価格の中で，もっとも大きいものは39円とわかる。

(3)　１÷(0.1−0.08)＝50より，本体価格が50円のときの消費税の差がちょうど１円になることがわかる。よって，本体価格が，50×22＝1100(円)のときの差がちょうど22円になるので，1100円以降について調べると右の図３のようになる。図３から，本体価格が1139円の場合の消費税の差は，113−91＝22(円)であるが，本体価格が1140円の場合の消費税の差は，114−91＝23(円)になることがわかる。したがって，税込価格が22円安くなる本体価格の中で，もっとも大きいものは1139円である。

図３

（10％）

本体価格	消費税
1100円～1109円	110円
1110円～1119円	111円
1120円～1129円	112円
1130円～1139円	113円
1140円～1149円	114円
1150円～1159円	115円

（８％）

本体価格	消費税
1100円～1112円	88円
1113円～1124円	89円
1125円～1137円	90円
1138円～1149円	91円
1150円～1162円	92円
1163円～1174円	93円

社　会　＜第２回試験＞（35分）＜満点：100点＞

解　答

1　問１　B　(ウ)　C　(エ)　問２　C　(イ)　D　(エ)　問３　(1)　(イ)，(ウ)　(2)　関税　問４　(イ)　問５　(ウ)　問６　(イ)　問７　(ア)　問８　(イ)　問９　(エ)　問10　(例)　米は国内で十分な生産量があるほか，輸入米に関税がかけられていることによる。また，鶏卵は新鮮さが求められることに加え，割れやすいことから，輸入に適していないことによる。

2　問１　１　高床倉庫　２　承久の乱　３　和紙　４　享保の改革　５　石油　問２　(ウ)　問３　吉野ヶ里(遺跡)　問４　六波羅探題　問５　(例)　商品販売の独占権(営業税や市場税などの免税権)　問６　(イ)　問７　中継貿易　問８　(1)　天明(の飢饉)　(2)　(エ)　問９　(例)　徳川吉宗は上米の制を定め，大名に対して石高１万石につき100石の米を幕府に献上させ，そのかわりに参勤交代における江戸の滞在期間を１年から半年に短縮した。また，飢饉への対策として青木昆陽に甘藷の栽培を研究させ，その栽培を奨励した。　問10　大岡忠相　問11　ソビエト連邦(ソ連)　3　問１　国債　問２　(イ)　問３　(エ)　問４　(ウ)　問５　(1)　議院内閣制　(2)　(ア)　問６　(イ)　問７　(ウ)　問８　(1)　(イ)　(2)　(エ)　問９　(エ)

解　説

1　日本と世界の料理を題材とした問題

問１　Aはじゃがいも，グラフは(イ)で，北海道が全国生産量の７割以上を占め，以下，鹿児島・長崎の両県が続く。Bは大麦，グラフは(ウ)で，全国各地で栽培されているが，近年は佐賀・栃木・福岡の３県が上位を占めている。Cはきゅうり，グラフは(エ)で，宮崎県ではハウス栽培により秋から春にかけて，関東地方などでは露地栽培により夏から秋にかけて出荷されることが多い。Dはレタス，グラフは(ア)で，長野県では高原のすずしい気候を生かして７・８月を中心に栽培・出荷され，関東地方ではそれ以外の時期に栽培・出荷されることが多い。統計資料は『日本国勢図会』2021／22年版などによる(以下同じ)。

問２　Aは寒天で，天草(てんぐさ)などの海藻(かいそう)を原料としてつくられる。長野県茅野(ちの)市を中心とする諏訪(すわ)地方では，冬の厳しい寒さと湿度が低く晴天の多い気候を利用して寒天づくりが行われている。諏訪地方は地図中の(ア)より少し北になる。Ｂは「水炊き」とよばれる鍋料理で，福岡市の博多地区が発祥の地とされる。Ｃは「かつおのたたき」で，高知県全域で食べられる郷土料理であったものが，全国に広まった。Ｄは「宮崎地鶏炭火焼き」の名で知られる鶏料理である。

問３　(1)　富山県高岡市は「高岡銅器」で知られる。ただし，近年は鍋などの日用品よりも仏具や工芸品の生産が中心となっている。また，大阪府堺市はさまざまな工業が発達しているが，「堺打刃物」とよばれる包丁などの生産がさかんなことでも知られる。したがって，(イ)と(ウ)が正しい。(ア)の鉄瓶の生産がさかんであるのは，南部鉄器の産地として知られる岩手県盛岡市や奥州市。(エ)の石川県輪島市は漆器の「輪島塗」の産地，(オ)の広島県熊野町は「熊野筆」の産地として知られる。

(2)　安い外国製品が輸入されると，国産の製品が売れなくなり，国内の産業が打撃を受けることがある。そうしたことがないよう，価格の調整を目的としておもに輸入品に課せられる税が関税である。

問４　近年，日本に在留している外国人のうち，国籍別で最も多いのは中国であるから，(イ)が誤っている。

問５【Ａ】は山梨県，【Ｂ】は静岡県で，山梨県は富士山や八ヶ岳，赤石山脈の山々の山ろく地帯に，静岡県は富士山の山ろく地帯に，それぞれ多くのミネラルウォーターの生産地がある。

問６　1998年以降，販売額があまり変わらないＡはスーパーマーケット，販売額が減少傾向にあるＢはデパート，販売額が大きく伸びているＣはコンビニエンスストアである。

問７　(イ)～(エ)はいずれも水はけのよい土地に適した農作物で，砂地でもさかんに栽培されている。米は生長期に多くの水を必要とするので，水持ちのよい土地で栽培される。

問８　SDGs(持続可能な開発目標)は，2015年に開かれた国連持続可能な開発サミットで採択されたもので，17の目標と163のターゲットからなる。目標の９は「産業と技術革新の基盤をつくろう」で，経済成長と，人々の健康で安全な暮らしの両方を実現するため，社会の基盤となるインフラ(道路や公園，学校，病院など日常生活を送るために必要な施設や設備のこと)を，災害に強く，環境破壊をもたらさないものにするための目標である。ダムはインフラの１つではあるが，森林伐採など環境破壊の可能性があり，SDGsの目標とは必ずしも一致しないから，(イ)が誤っている。

問９　宗教上の理由から豚肉を食べず，お酒を飲まない人が多いという点から，国民の大部分がイスラム教徒であるサウジアラビアと判断できる。

問10　日本で米の自給率が高いのは，国内で十分な量が生産されていることと，国内の稲作農家を保護するため輸入米に関税をかけていることによる。これに対して鶏卵の自給率が高いのは，鶏卵が新鮮さを求められる食品で，割れやすいこともあり，輸入には適さないためである。

２　各時代の社会のようすを題材とした問題

問１　**１**　弥生時代には，収穫した稲を貯蔵するために高床倉庫がつくられるようになった。米を湿気から守るため床を高くしてあり，「ねずみ返し」などのくふうもほどこされていた。　**２**　朝廷と幕府が争った鎌倉時代のできごととは，1221年に起こった承久の乱である。敗れた後鳥羽上皇は隠岐(島根県)に流され，北条氏による全国支配の体制が固まった。　**３**　室町時代には各地で特産物が生まれた。そのうち，美濃(岐阜県)は和紙の生産地として知られる。　**４**　18世紀前半，江戸幕府の第８代将軍徳川吉宗は，幕府の財政再建をおもな目的として享保の改革とよばれる幕政改革を進めた。　**5**　1973年に第四次中東戦争が起きると，サウジアラビアなどの産油国はイスラエルを支援する欧米諸国に対抗するため，原油の生産量制限と原油価格の大幅引き上げを行った。その結果として広がった世界経済の混乱は，石油危機(オイルショック)とよばれる。

問２　高温で焼かれた薄くてかたい土器は弥生土器であるから，(ウ)が誤っている。

問３　佐賀県にある弥生時代を代表する環濠集落は吉野ヶ里遺跡で，建物の跡や多くの遺物が発掘されている。

問４　承久の乱後，鎌倉幕府は朝廷の監視と西日本の御家人の統率を目的として，京都に六波羅探題を設置した。

問５　座に加わった商工業者は，貴族や寺社，領主に一定の奉仕をしたり金銭を支払ったりするかわりに，その保護のもとで商品販売の独占権や営業税・市場税などの免税権を得ていた。

問６　室町幕府の第３代将軍足利義満は，太政大臣となり，朝廷の権威も利用することで全国支配のしくみを固めた。また，幕府が全国の守護大名を都に集め，政治に関わらせずにその力をおさえるということはなかった。したがって，Ｘは正しく，Ｙは誤りである。

問７　ある地域で買いつけた品物を別の地域に運んで販売し，そこで得た資金をもとにまた別の商品を買いつける，といった形式の貿易を中継貿易という。15～16世紀，琉球王国(沖縄県)は日本・朝鮮・中国・東南アジアとの間で中継貿易をさかんに行っていた。

問８　(1)　1782～87年に起きた江戸時代最大の天明の飢饉により，東北地方を中心に多くの死者が出た。　(2)　天明の飢饉は，冷害や水害に加え，1783年に浅間山が大噴火を起こし，その火山灰が空をおおって日光をさえぎり，日照不足を引き起こしたことも被害を拡大させる一因となった。田沼意次が老中を辞めさせられる理由の１つともなったから，(エ)が正しい。

問９　徳川吉宗は幕府の財政難を改善するため上米の制を実施し，大名に対して石高１万石につき100石の米を献上させるかわりに，参勤交代における江戸の滞在期間を１年から半年に縮めた。また，飢饉対策として青木昆陽に甘藷(さつまいも)の栽培について研究させ，その栽培を奨励した。

問10　徳川吉宗により江戸の町奉行にとり立てられ，公事方御定書の編さんに関わった人物は大岡忠相である。

問11　ソビエト連邦(ソ連)は第二次世界大戦後，長くアメリカ合衆国との間で冷戦をくりひろげた。大戦末期に日ソ中立条約を一方的に破棄し，満州(中国東北部)や千島列島などに侵攻したことから，日本とは国交断絶状態が続いていたが，1956年に日ソ共同宣言を調印したことにより国交が回復した。

３　政治家へのインタビューを題材とした問題

問１　近年の日本の一般会計の歳出においては，国債費が社会保障関係費につぐ割合を占めている。これは，政府が過去に発行した国債の利子の支払いと，期限をむかえた国債の元金の返済のための費用である。

問２　(ア)　衆議院で可決した法律案を参議院が否決した場合，衆議院が出席議員の３分の２以上の賛成で再可決すれば，法律として成立する。　(イ)　予算の議決についての規定であり，内容も正しい。　(ウ)　衆議院で内閣不信任案が可決されるか，信任案が否決された場合，内閣は10日以内に衆議院を解散しない限り，総辞職しなければならない。　(エ)　国政調査権は両議院が等しく持つ権限である。

問３　個人や企業などが国や地方公共団体を相手どって起こす裁判を行政裁判(行政訴訟(そしょう))といい，民事裁判の一種としてあつかわれている。

問４　(ア)　憲法改正の発議は国会の仕事であるが，成立後に公布するのは天皇の国事行為である。(イ)　予算は内閣が作成し，国会に提出する。　(ウ)　裁判官としてふさわしくない行いのあった裁判官を辞めさせるかどうかを決める裁判は，国会に設置される弾劾(だんがい)裁判所で行われる。　(エ)　外国との条約は内閣が結び，事前または事後に国会が承認することで成立する。

問５　(1)　内閣が国会の信任の上に成立し，国会に対して連帯して責任を負うしくみは，議院内閣制とよばれる。　　(2)　A　国会の内閣に対する働きかけであるから，内閣総理大臣の指名である。なお，内閣総理大臣の任命は天皇の国事行為である。　B　国民の内閣に対する働きかけであるから，世論である。

問６　国際連合は，平和維持活動(PKO)の一環として平和維持軍(PKF)を派遣することができる。WTOは「世界貿易機関」の略称であるから，(イ)が誤っている。

問７　日本が参加しているAPEC(アジア太平洋経済協力会議)は，1989年に創設された環太平洋地域の国々による経済協力のしくみであり，2021年の時点で21か国が参加している。(ア)は「欧州連合」，(イ)は「東南アジア諸国連合」，(エ)は「北米自由貿易協定」の略称である。

問８　(1)　現行の衆議院の選挙制度は，小選挙区制で289名，比例代表制で176名を選ぶもので，小選挙区比例代表並立制とよばれる。中選挙区制は衆議院で1993年まで採用されていた制度で，各選挙区から２～６名ずつを選出するものである(2022年６月現在)。　(2)　F　20代の有権者の総人口に対する割合は，全体では低いほうに入る。　G　人口が少ない区に住む有権者は，一般に１票の格差が小さいから，政治的な不利益が大きいとはいえない。

問９　近年，二酸化炭素の排出量の割合では，中国が第１位，アメリカ合衆国が第２位を占めている。

理　科　＜第２回試験＞（35分）＜満点：100点＞

解　答

[1]　(ア)　2　　(イ)　9　　(ウ)　61.25cm　　(エ)　3　　(オ)　**木片②**…39.2cm　　**木片③**…39.2cm　(カ)　1　　(キ)　**Xに置いた木片**…秒速０cm　　**Yに置いた木片**…秒速０cm　　**Zに置いた木片**…秒速200cm　　(ク)　４回　　(ケ)　**Xに置いた木片**…秒速０cm　　**Zに置いた木片**…秒速100cm　　[2]　(ア)　3　　(イ)　290ｇ　　(ウ)　19ｇ　　(エ)　4　　(オ)　2　　(カ)　６個　　(キ)　1　(ク)　0.566nm　　[3]　(ア)　**植物の組み合わせ**…6　　**共通することがら**…9　　(イ)　2　　(ウ)　3　　(エ)　**う**　常緑樹　　**え**　落葉樹　　(オ)　1　　(カ)　2　　(キ)　4　　[4]　(ア)　4　　(イ)　3　　(ウ)　31.1度　　(エ)　衛星　　(オ)　6　　(カ)　2　　(キ)　1　　(ク)　3

解　説

[1]　物体の運動についての問題

(ア)　表１で，0.1秒間にすべりおりた距離(きょり)は，０～0.1秒が2.45cm，0.1～0.2秒が7.35cm，0.2～0.3秒が12.25cm，…と時間がたつにつれて長くなっている。よって，木片はだんだん速くなっているといえる。

(イ)　22.05÷2.45＝９と求められる。なお，すべりおりた距離を2.45で割った値の並びは，１（＝１×１），４（＝２×２），９（＝３×３），16（＝４×４）となり，規則性があることがわかる。

(ウ)　(イ)で述べた規則性に従うと，手をはなしてからの時間が0.5秒のとき，すべりおりた距離を2.45で割った値は，５×５＝25となる。したがって，すべりおりた距離は，2.45×25＝61.25(cm)とわかる。

(エ)　斜面をすべりおりる木片の速さは，木片の重さによらず同じように速くなっていく。したがって，３つの木片とも100cmの点を通過する時間は同じとなる。

(オ)　３つの木片とも同じ時間に同じ距離だけすべりおりるので，木片②と木片③の0.4秒後のすべりおりた距離は木片①と同様に39.2cmとなる。

(カ)　Ｘからすべりおりた木片①が水平な面に達したとき，木片①の速さは秒速200cmになったので，斜面を上がりはじめるときの速さが秒速200cmであれば，木片①はＸまで上がる。ここでは，表２より，衝突後に斜面を上がりはじめるときの木片①の速さが秒速100cmとなっているので，木片①が上がる高さはＸより低くなる。

(キ)　Ｘ，Ｙ，Ｚに置いた木片をそれぞれａ，ｂ，ｃとする。まず，Ｘからすべりおりたａが Ｙに置いたｂと衝突し，ａは止まり，ｂが矢印の向きに秒速200cmで運動する。次に，ｂがＺに置いたｃと衝突し，ｂは止まり，ｃが矢印の向きに秒速200cmで運動する。この後は衝突が起こらないので，それぞれの速さはａとｂが秒速０cm，ｃが秒速200cmとなる。

(ク)，(ケ)　Ｘ，Ｙ，Ｚに置いた木片をそれぞれｄ，ｅ，ｆとする。１回目は，Ｘからすべりおりたｄ がＹに置いたｅと衝突する。ｄは止まり，ｅは矢印の向きに秒速200cmで運動する。２回目は，ｅがＺに置いたｆと衝突する。ｅは矢印と逆向きに秒速100cmで運動し，ｆは矢印の向きに秒速100cmで運動する。３回目は，矢印と逆向きに秒速100cmで運動するｅがＹで止まったｄと衝突する。ｅは止まり，ｄは矢印と逆向きに秒速100cmで運動する。すると，ｄは斜面を上がりはじめるが，やがて一瞬静止して再びすべりおり，矢印の向きに秒速100cmでＹに止まっているｅと４回目の衝突を起こす。これによりｄは止まり，ｅは矢印の向きに秒速100cmで運動する。この時点でｅもｆも矢印の向きに秒速100cmで運動しているから，これ以上の衝突は起こらない。以上より，この実験で衝突するのは４回で，最終的にそれぞれの速さはｄが秒速０cm，ｅとｆが秒速100cmとなる。

2　食塩の結晶をつくる粒についての問題

(ア)　ここでは，食塩58ｇに含まれる粒の数「1,200,000,000,000兆個」を（1.2兆×１兆）個と表す（以下，同様に表す）。食塩29ｇに含まれる粒は，（1.2兆×１兆）$\times\frac{29}{58}$＝（0.6兆×１兆）（個）で，その半数がプラスの粒だから，（0.6兆×１兆）$\times\frac{1}{2}$＝（0.3兆×１兆）（個）と求められ，３が選べる。

(イ)　粒が全部で（６兆×１兆）個あるとき，これは食塩58ｇに含まれる粒の，（６兆×１兆）÷（1.2兆×１兆）＝５（倍）だから，58×５＝290（ｇ）となる。

(ウ)　濃度25％の食塩水75ｇに含まれる食塩の重さは，75×0.25＝18.75（ｇ）なので，水をすべて蒸発させたときに残る食塩は約19ｇになる。

(エ)　コロイド溶液はにごっているので，牛乳が選べる。砂糖水，お酢，炭酸水は透明である。

㈤　断片Ａは，４個合わせると球になるので，もともと１粒だったときの$\frac{1}{4}$の大きさである。また，断片Ｃは，８個合わせると球になるから，もともと１粒だったときの$\frac{1}{8}$の大きさにあたる。

㈥　プラスの粒から見て，マイナスの粒は上下，左右，前後の６方向にある。つまり，プラスの粒１個にはマイナスの粒が最大６個接している。

㈦　図５の中に断片Ａは12個，断片Ｂは６個，断片Ｃは８個ある。よって，プラスの粒は，断片Ｂとして，$\frac{1}{2}$×６＝３（個分），断片Ｃとして，$\frac{1}{8}$×８＝１（個分）あるから，全部で，３＋１＝４（個分）となる。一方，マイナスの粒は，断片Ａとして，$\frac{1}{4}$×12＝３（個分）あるので，中心にある１個を含め，全部で，３＋１＝４（個分）になる。

㈧　図５の立方体の一辺は，（断片Ｃの半径）×２＋（断片Ａの直径）にあたるので，0.116×２＋0.167×２＝0.566（nm）と求められる。

3　植物と季節についての問題

㈠　花を咲かせる季節として，春ではタンポポ，夏ではアサガオとトウモロコシ，秋ではコスモス，冬ではシクラメンとサザンカがあてはまる。よって，植物の組み合わせは６が適している。また，６にある４種類の植物のうち，７にはトウモロコシだけがあてはまり，８と10にはトウモロコシだけがあてはまらない。４種類の植物に共通するのは９である。

㈡　表より，20℃では真っ暗にする時間が０時間でも開花したので，ⓐが正しい。また，温度が低くなるほど，開花するために必要な真っ暗にする時間は短くなっているので，ⓓが正しい。

㈢　図３でもわかるように，茎が光の方へ曲がって伸びるには，光の方とは反対側，つまりかげ側の方が，細胞の大きくなる速さが速い必要がある。同様に，曜が外側に反りかえるためには，曜の内側の方が外側よりも，細胞の大きくなる速さが速い必要がある。

㈣　一年中緑色の葉をつけている樹木を常緑樹，葉を落とす時期をもつ樹木を落葉樹という。

㈤　ツバキ，スギ，マツは常緑樹，サクラは落葉樹である。

㈥　冬は，昼が短くて気温も低くなるため光合成をさかんに行えず，また，乾燥しやすい。そのため，冬に葉を残すのは，光合成ができるという得な部分よりも，呼吸や蒸散によって養分や水分が失われるという損な部分の方が大きくなり，全体が枯れてしまうおそれが生じてしまう。これをさけるために，落葉樹は葉を落として活動をほぼ休みながら冬を過ごす。

㈦　アサガオは一年草で，夏に花が咲いた後は実をつくり，その中の種子を残して全体が枯れる。そして，種子で冬をこし，春になると種子が発芽する。

4　太陽や月の動きと見え方についての問題

㈠　⑴　太陽が東から西に動くことから，地球は西から東に自転している。これを北極の上空から見ると，反時計まわりになる。　⑵　日本で太陽が南中する高度が最も高くなるのは，地軸の北極側が太陽の方向に傾いているときである。よって，夏至の時期の地球の位置は㈱とわかる。

㈡　日本では，太陽が東から昇ると，南の空へ向かって斜め上に進んでいく。また，夏至の日は，日の出の位置が１年で最も真東より北寄りになる。

㈢　太陽の南中高度は，春分の日や秋分の日には，90－（観測地点の緯度）となり，冬至の日にはそれからさらに23.4度低くなる。したがって，90－35.5－23.4＝31.1（度）と求められる。

㈣　惑星のまわりを公転する天体を衛星という。月は地球の衛星であり，火星や木星などにもそれらのまわりを公転する衛星がある。

㈹　図４で，Ｐの位置にある月にも，地球と同じように太陽の光によって明るい昼の部分と暗い夜の部分ができる。地球からＰの位置にある月を見ると，大部分が明るい昼の部分だが，左側に少しだけ暗い夜の部分が見えるので，６のように見える。

㈺　地球から見て，Ｐの位置の月は太陽の方向から東側(自転の向き)に135度はなれた方向にある。地球は１時間あたり15度自転するので，Ｐの位置の月が南中するのは，太陽が南中する正午(12時)ごろの，135÷15＝９(時間後)，つまり，12＋９＝21(時)ごろとなる。

㈻　日食は，太陽と地球の間に月が入り，太陽—月—地球の順で一直線に並んだときに起こる。このとき地球から見て太陽と月は同じ方向にあるため，月は新月となる。

㈷　b　もし月の公転面が地球の公転面と同じ平面上にあれば，新月のたびに日食が起こる。しかし，実際には月の公転面が地球の公転面に対して傾いているため，新月のたびに日食になるとは限らない。　c　㋐のように地球と月との距離が短いときは，地球から見て，見かけの月の大きさの方が太陽の大きさよりも大きくなるため，太陽が完全にかくされて皆既(かいき)日食となる。　d　㋑のように地球と月との距離が長いときは，地球から見て，見かけの月の大きさの方が太陽の大きさよりも小さくなるため，太陽は完全にかくされずに月のふちからはみ出て，リングのように見える。これを金環(きんかん)日食という。

国　語　＜第２回試験＞（50分）＜満点：150点＞

解　答

㊀　**問１**　ア，エ，オ　下記を参照のこと。　イ　ちょうじり　ウ　と(い)　**問２**　1　**問３**　2　**問４**　4　**問５**　3　**問６**　(例)　事故で歩けなくなった彼を不幸な者と見て，励まそうとしたから。　**問７**　4　**問８**　**Ａ**　2　**Ｂ**　5　**Ｃ**　4　**問９**　3　**問10**　1　**問11**　善意がないことのみが，結果として，善行につながる(ということ。)　**問12**　**1**　○　**2**　×　**3**　×　**4**　○　㊁　**問１**　ア，ウ，オ　下記を参照のこと。　**イ**　まぎ(れ)　**エ**　よいん　**問２**　1　**問３**　1　**問４**　3　**問５**　2　**問６**　1　**問７**　4　**問８**　(例)　自分の考えや気持ちを薫に話すことへの迷いが，「違うと思う」の一言を発して消えた。　**問９**　3　**問10**　1

●漢字の書き取り

㊀　**問１**　ア　報(われ)　**エ**　大統領　**オ**　訓練　㊁　**問１**　ア　体格　**ウ**　図(る)　**オ**　改札

解　説

㊀　**出典は水村美苗(みずむらみなえ)の『日本語で読むということ』による。**文学は善行をすすめるものだと考える筆者が，昔話とラジオのインタビュー番組で聞いた話を例に，善意と善行について考察していく。

問１　**ア**　音読みは「ホウ」で，「報告」などの熟語がある。　**イ**　ものごとの整合性。　**ウ**　音読みは「セツ」「ゼイ」で，「説明」「遊説」などの熟語がある。　**エ**　国民に主権がある国で，国民から直接または間接に選出された国家元首。　**オ**　能力の開発，習慣や技能の体得などをめざし，継続的に練習させるための組織的な教育活動。

問２　少し後に，悪童から虐められている亀を助ける「浦島太郎」や，罠にかかって苦しむ鶴を逃がす「鶴の恩返し」といった昔話の例があげられているとおり，「善行」とは，悪行を咎めたり，弱者を救済したりといった，よい行いを指す。よって，２～４はあてはまる。なお，１の「かぐや姫」は，月に帰らなければならない彼女が，さまざまな難題を課すことで人々からの求婚を拒んでいたという話であって，「善行」の話ではない。

問３　「崇高さ」とは，気高さや尊さをいう。よって，２が合う。

問４　同じ段落で，石でできたお地蔵様の頭におじいさんが編み笠を載せるという行為はむしろ「愚行」だとしつつも，この物語は「ありがたいものを，何の疑いもなく，ひたすら信じることの美徳を謳った物語」だと筆者は述べている。つまり，「大晦日のお地蔵様」の物語からは，尊い「衆生の信心」がうかがえるというのだから，４が選べる。

問５　三十半ばのころ，突然の交通事故で四肢麻痺となった「男」は，その絶望的な状況から「死んだほうがましだ」との思いを日々募らせていた。しかし，入院先の看護婦から，一方的に彼女が置かれた不幸な境遇をせつせつと訴え続けられたことで，「男」は「心理学の医者」としてその心に寄り添おうと，生きる希望を見出したのだから，３がよい。

問６　問５でみたように，「男」を心理学の医者と知った看護婦は，彼が四肢麻痺となったばかりであるにもかかわらず，身勝手にも自らの不幸を訴え続けている。一方，「男」の「家族や友人」たちは，弱者となった彼をあわれみ，あふれる善意のもと，なんとか励まそうとしている。結果として，皮肉にもそんな「善意」は「男」を救うことができず，看護婦の身勝手とも思える行為が「男」に「心理学の医者」として生きる希望を与えたのである。これをもとに，「それらの人たち」，つまり「男」の「家族や友人」が，彼をどのような存在として，どう接していたかをまとめる。よって，「一生歩けなくなった彼を不幸な弱者としていたわっていたから」などとするのがよい。

問７　問５，問６でも検討したとおり，看護婦が「男」の不幸など顧みず，「心理学のお医者様ならきっと自分を助けてくれるであろう」と，身勝手にもひたすら「救いを求め」たことによって，彼は「心理学の医者」としての意識が呼び起こされ，生きる希望を見出したのである。よって，４がふさわしい。このことは，「善意」にもとづく行為が必ずしも「善行」とはならず，一見「身勝手」とも思える「信心」がはからずも「善行」となりうることを示している。

問８　**A**　看護婦の行為には善意のかけらもないのに，それをきっかけに「男」は心理学者として人を救う者に転身していったという文脈なので，前の内容を受けて，それに反することがらを述べるときに用いる「だが」が入る。　　**B**　「女が男に求めたもの」を，「衆生を救う生き仏」と言いかえているので，前に述べた内容を，“要するに”とまとめて言いかえるときに用いる「つまり」が合う。　　**C**　単なる「生き仏」ではなく，「男」が四肢麻痺であることを重ね，「お地蔵様」のような「動けない生き仏」とつけ加えているので，前の内容に後のことがらをつけ加えるときに用いる「しかも」がよい。

問９　もどす文は，前の内容に反することがらが後に続くときに用いる「それでいて」で始まり，「男」の「魂は安らか」だと述べられているので，この前には，彼の苦しみが説明されているものと推測できる。❸に入れると，「男」の毎日は死と隣り合わせで体も心も苦しいが，「魂は安らか」だというつながりになり，文意が通る。

問10　四肢麻痺となって絶望していた「男」を「生きていける」と思わせたのが，「家族や友人」からの善意にあふれる励ましではなく，「自分の不幸をせつせつと訴え続け」て救いを求めた看護婦だったことから，「人間を人間たらしめる精神の本質」を読み取る。「男」は，弱者として扱われ，善意の励ましを「受ける」ことより，「心理学の医者」として他者に救いを「与え」たいと思ったのだから，１が選べる。

問11　家族や友人の善意のはげましより，身勝手に救いを求める看護師のほうが，四肢麻痺で絶望していた「男」を「生きていける」と思わせたことをおさえる。「男」を顧みることなど一切せず，「心理学の医者」ならば自分を救ってくれるはずだという身勝手ながらも絶対的な「信心」を見せた看護婦の行為が，かえって彼を救う善行となったのである。よって，前の段落にある「善意がないことのみが，結果として，善行につながる」という部分がぬき出せる。

問12　**１**　最初の二段落に，同じ内容が書かれている。　**２**　「男」の「本来生きたかった人生」は，「賞」を受けて世間の評判を得る人生ではなく，苦しむ人の役に立つ人生なので，合わない。**３**　動けない息子をじっと見ているしかない父の不幸を，「男」は「息子自身の不幸よりもずっと深い」と語っているので，正しくない。　**４**　空らんⅠ，Ⅱをふくむ段落で，「『大晦日のお地蔵様』の話では，ひたすら善かれと思う善意の強さが，愚行でさえ善行に変える」が，「実際の人生は，私たち人間の，善かれという思いも悪しかれという思いも平気で覆して，黙々と時を刻んでいく」と述べられているので，よい。

二　**出典は朝井リョウの『ままならないから私とあなた』による。**「私」（雪子）が薫とライブに出かけ，３Ｄ映像の演出に対する感じ方の違いから，薫との間のへだたりを意識するようすが描かれている。

問１　**ア**　身体の形態的な特性。具体的には，身長，体重，骨格，栄養状態などを総合したもの。**イ**　音読みは「フン」で，「紛失」などの熟語がある。　**ウ**　音読みは「ズ」「ト」で，「地図」「図書」などの熟語がある。　**エ**　後に残る味わい。　**オ**　駅の出入り口や列車内で，切符を調べたり取り集めたりすること。

問２　「千秋楽」は，何日かにわたる興行の最終日。なお，「大入り」は，大勢の客が入ること。「顔見世」は，江戸時代の歌舞伎の行事。当時，芝居小屋は役者と一年契約を結び，興行が始まる十一月，年間契約をした役者の顔を小屋ごとに客に披露した。「こけら落とし」は，新築または改築した劇場の初興行。

問３　メインステージでパフォーマンスをしているはずの『Over』のメンバーたちが，センターステージにも現れたことに，「私」は動揺している。「こんなにも光流ちゃんが好き」で「憧れている」のに「本物と３Ｄ映像」を見分けられなかったショックから，楽しみだったライブに距離を感じてしまったのだから，１が合う。

問４　本物の『Over』と３Ｄ映像を見分けられず，ショックを受けた後，「私」はさらにアバター化された観客たちがモニターに映し出されたようすを目の当たりにしている。そんななか，「私」は買ったばかりのころはきつかったスニーカーが，今では自分の体の形に合わせてちゃんとサイズが変化していたことに気づき，自分が自分であることを強く意識したのだから，３がふさわしい。

問５　恋敵であろう「なっちゃん」と渡邊くんだけが同じお守りを持っていることを避けようとした「私」は，自分も「お揃い」のお守りをカバンにつけるという，変な行動を取っていた。好きになった人から「世界をいとも簡単に操」られ，自分が自分でなくなってしまっているどうしようもない内心を薫に知られるのが嫌で，彼女から「お守りも変だし，ユッコ自身もちょっと変」だと指摘されても，「そう？　普通だよ」と平静を装おうとしたのだから，２が合う。

問６　「ご飯もろくに食べられなく」なるほど渡邊くんのことを好きになったという話をしても，薫から「体調悪くなる」くらいなら「やめたほうがいい」と言われた「私」は，彼女に自分の思いが「伝わらないかもしれない」と思っている。「自分が自分で」なくなるほどの状態に悶々としているなか，「やめたほうがいい」と言えてしまう薫に，「私」は自分との考え方，感じ方のへだたりを明確に感じ取ったのだから，１がよい。

問７　体調をくずすくらいなら，渡邊くんに好意を寄せるのは「やめたほうがいい」と合理的に判断する薫に「どう説明すれば伝わるのかが，わからない」と思った後，「私」が薫に「たまには学校で一緒に勉強しようよ」と誘った場面である。合理的な薫に，過去問を自由に借りられる「便利」さを伝えた「私」は，彼女とのへだたりという「心の重さに負け」まいとどうにか歩み寄ろうとしているので，４が合う。

問８　ここで，専門店のポップコーンや音楽室に行かないと練習できないピアノなどをあげつつ，「その場所じゃなきゃ手に入らないとか，その人じゃなきゃできない」ようなものには意味が感じられず，「どこでも，誰でもできるようになったほうが，便利でいい」という薫のつぶやきを聞いた「私」は，「違うと思う」と返し，さらに自分の考えを伝えている。乱れた髪を耳にかけ「視界から邪魔なものが消えた」ときの気分と，一言「違うと思う」と言ったときの気分が重ねられていることをふまえ，「薫に一言『違うと思う』と言えたことで，今までおさえていた本音を言う勢いがついた」のようにまとめる。

問９　１　バンドメンバーの周りに映し出された，アバター化した観客を「私」がうらやましく思うようすは描かれていない。「本物と３Ｄ映像を見分けること」のできなかったことにショックを受け，後で自分の体の形に合わせてサイズを変えるスニーカーを見ながら，自分が自分であることを強く意識したことから，「私」はむしろその演出に違和感を覚えたはずである。　２「好きな人ができただけ」と言っているので，完全に秘密にはしていない。　４　薫は，「不便」なものの価値を尊重していない。専門店のポップコーンや音楽室に行かないと練習できないピアノなどを例に，「その場所じゃなきゃ手に入らないとか，その人じゃなきゃできないとか，そういうのって意味あるのかな」と疑問を呈し，「どこでも，誰でもできるようになったほうが，便利でいい」と言っている。また「遠くて行けないとか，お金がないとか関係なく，いつでもどこでもOverのライブが楽しめる」未来を「すごいことだ」と語っている。

問10　２　薫は，専門店のポップコーンについて，いつもどおり合理的に「なんでレシピ化してコンビニとかで売らないんだろ」，「儲かるのに」と言っている。それに対し「私」が「聞こえていない振りをしながら」，「歩くのが早い」薫を追いかけたようすだから，「劣等感」は合わない。
３　波線部Ｃは「光流」の言葉なので，正しくない。　４　薫が「葛藤」を抱えているようすは描かれていないので，ふさわしくない。

Memo

Memo

Memo

2025年度用
中学スーパー過去問

■編集人 声の教育社・編集部
■発行所 株式会社 声の教育社

〒162-0814 東京都新宿区新小川町8-15
☎03-5261-5061(代) FAX03-5261-5062
https://www.koenokyoikusha.co.jp

※本書の内容についての一切の責任は当社にあります。内容・解説・解答・その他は当社ホームページよりお問い合わせ下さい。

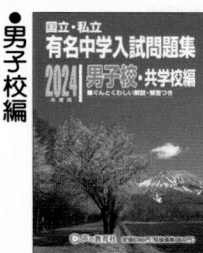

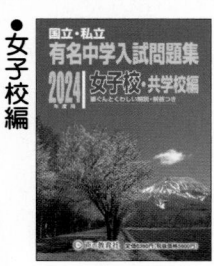

ストリーミング配信による入試問題の解説動画

2025年度用web過去問 ラインナップ

■ **男子・女子・共学(全動画) 見放題**
36,080円(税込)

■ **男子・共学 見放題**
29,480円(税込)

■ **女子・共学 見放題**
28,490円(税込)

● 中学受験「声教web過去問(過去問プラス・過去問ライブ)」(算数・社会・理科・国語)

3〜5年間 **24校**

過去問プラス

麻布中学校	桜蔭中学校	開成中学校	慶應義塾中等部	渋谷教育学園渋谷中学校
女子学院中学校	筑波大学附属駒場中学校	豊島岡女子学園中学校	広尾学園中学校	三田国際学園中学校
早稲田中学校	浅野中学校	慶應義塾普通部	聖光学院中学校	市川中学校
渋谷教育学園幕張中学校	栄東中学校			

過去問ライブ

栄光学園中学校	サレジオ学院中学校	中央大学附属横浜中学校	桐蔭学園中等教育学校	東京都市大学付属中学校
フェリス女学院中学校	法政大学第二中学校			

● 中学受験「オンライン過去問塾」(算数・社会・理科)

3〜5年間 **50校以上**

東京	青山学院中等部	東京	国学院大学久我山中学校	東京	明治大学付属明治中学校	千葉	芝浦工業大学柏中学校	埼玉	栄東中学校
	麻布中学校		渋谷教育学園渋谷中学校		早稲田中学校		渋谷教育学園幕張中学校		淑徳与野中学校
	跡見学園中学校		城北中学校		都立中高一貫校 共同作成問題		昭和学院秀英中学校		西武学園文理中学校
	江戸川女子中学校		女子学院中学校		都立大泉高校附属中学校		専修大学松戸中学校		獨協埼玉中学校
	桜蔭中学校		巣鴨中学校		都立白鷗高校附属中学校		東邦大学付属東邦中学校		立教新座中学校
	鷗友学園女子中学校		桐朋中学校		都立両国高校附属中学校		千葉日本大学第一中学校	茨城	江戸川学園取手中学校
	大妻中学校		豊島岡女子学園中学校	神奈川	神奈川大学附属中学校		東海大学付属浦安中等部		土浦日本大学中等教育学校
	海城中学校		日本大学第三中学校		桐光学園中学校		麗澤中学校		茗渓学園中学校
	開成中学校		雙葉中学校		県立相模原・平塚中等教育学校		県立千葉・東葛飾中学校		
	開智日本橋中学校		本郷中学校		市立南高校附属中学校		市立稲毛国際中等教育学校		
	吉祥女子中学校		三輪田学園中学校	千葉	市川中学校	埼玉	浦和明の星女子中学校		
	共立女子中学校		武蔵中学校		国府台女子学院中学部		開智中学校		

web過去問 Q&A

過去問が動画化!
声の教育社の編集者や中高受験のプロ講師など、
過去問を知りつくしたスタッフが動画で解説します。

Q どこで購入できますか?

A 声の教育社のHPでお買い求めいただけます。

Q 受講にあたり、テキストは必要ですか?

A 基本的には過去問題集がお手元にあることを前提としたコンテンツとなっております。

Q 全問解説ですか?

A 「オンライン過去問塾」シリーズは基本的に全問解説ですが、国語の解説はございません。「声教web過去問」シリーズは合格のカギとなる問題をピックアップして解説するもので、全問解説ではございません。なお、「声教web過去問」と「オンライン過去問塾」のいずれでも取り上げられている学校がありますが、授業は別の講師によるもので、同一のコンテンツではございません。

Q 動画はいつまで視聴できますか?

A ご購入年度2月末までご視聴いただけます。
複数年視聴するためには年度が変わるたびに購入が必要となります。

よくある解答用紙のご質問

01

実物のサイズにできない

拡大率にしたがってコピーすると，「解答欄」が実物大になります。配点などを含むため，用紙は実物よりも大きくなることがあります。

02

A3用紙に収まらない

拡大率164％以上の解答用紙は実物のサイズ（「出題傾向＆対策」をご覧ください）が大きいために，Ａ３に収まらない場合があります。

03

拡大率が書かれていない

複数ページにわたる解答用紙は，いずれかのページに拡大率を記載しています。どこにも表記がない場合は，正確な拡大率が不明です。

04

１ページに２つある

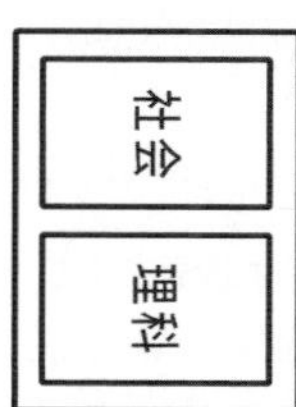

１ページに２つ解答用紙が掲載されている場合は，正確な拡大率が不明です。ほかの試験回の同じ教科をご参考になさってください。

中央大学附属横浜中学校

【別冊】入試問題解答用紙編

解答用紙は本体からていねいに抜きとり、別冊としてご使用ください。

※　実際の解答欄の大きさで練習するには、指定の倍率で拡大コピーしてください。なお、ページの上下に小社作成の見出しや配点を記載しているため、コピー後の用紙サイズが実物の解答用紙と異なる場合があります。

●入試結果表

— は非公表

年　度	回	項　目	国　語	算　数	社　会	理　科	４科合計	合格者
2024	第１回	配点(満点)	150	150	100	100	500	最高点
		合格者平均点	—	—	—	—	—	442
		受験者平均点	84.1	91.3	73.6	58.7	307.7	最低点
		キミの得点						324
	第２回	配点(満点)	150	150	100	100	500	最高点
		合格者平均点	—	—	—	—	—	470
		受験者平均点	102.3	97.0	56.5	58.5	314.3	最低点
		キミの得点						338
2023	第１回	配点(満点)	150	150	100	100	500	最高点
		合格者平均点	—	—	—	—	—	429
		受験者平均点	85.2	93.0	50.7	50.1	279.0	最低点
		キミの得点						297
	第２回	配点(満点)	150	150	100	100	500	最高点
		合格者平均点	—	—	—	—	—	454
		受験者平均点	88.3	95.1	57.0	62.8	303.2	最低点
		キミの得点						328
2022	第１回	配点(満点)	150	150	100	100	500	最高点
		合格者平均点	—	—	—	—	—	416
		受験者平均点	111.6	82.6	63.5	65.7	323.4	最低点
		キミの得点						351
	第２回	配点(満点)	150	150	100	100	500	最高点
		合格者平均点	—	—	—	—	—	437
		受験者平均点	105.9	81.0	62.9	62.5	312.3	最低点
		キミの得点						333

※　表中のデータは学校公表のものです。ただし、４科合計は各教科の平均点を合計したものなので、目安としてご覧ください。

声の教育社

２０２４年度　中央大学附属横浜中学校

算数解答用紙　第１回

番号		氏名		評点	／150

1

(1)	(2)	(3)	(4)	(5)
			個	枚

(6)	(7)	(8)	(9)	(10)
分	個		度	cm²

2

(1)	(2)	(3)
g	g	A ： B

3

(1)	(2) ①	(2) ②
cm²	cm²	cm³

4

(1)	(2)	(3)
		行　列目

(4)

〈考え方や式〉

〈答え〉　個

（注）この解答用紙は実物を縮小してあります。Ｂ５→Ａ３（163％）に拡大コピーすると、ほぼ実物大の解答欄になります。

〔算　数〕150点（推定配点）

1　各５点×10　2～4　各10点×10

２０２４年度　中央大学附属横浜中学校

社会解答用紙　第１回

番号		氏名		評点	／100

1

問1		問2		問3	→ → →	問4	
問5		問6		問7 (1)			
問7 (2)							
問8							
問9							
問10							
問11 A		B		C			

2

問1	1		2		3	
	4		5		6	
	7		問2		問3	
問4						
問5		問6				
問7						
問8	(1)					
	(2)					
問9						

3

問1		問2		問3		問4		問5		問6	
問7		問8		問9		問10		問11			

（注）この解答用紙は実物を縮小してあります。185％拡大コピーをすると、ほぼ実物大の解答欄になります。

〔社　会〕100点(推定配点)

1　問1～問6　各2点×6＜問3，問5は完答＞　問7，問8　各3点×3　問9　5点　問10　3点　問11　各2点×3　2　問1～問3　各2点×9　問4　3点　問5，問6　各2点×2　問7　4点　問8　(1)　2点　(2)　5点　問9　2点　3　問1～問6　各2点×6　問7～問11　各3点×5＜問8は完答＞

２０２４年度　中央大学附属横浜中学校

理科解答用紙　第１回

番号		氏名		評点	／100

1

(ア)

力の大きさ〔g〕: 0, 100, 200, 300, 400, 500, 600, 700, 800, 900, 1000, 1100, 1200, 1300, 1400, 1500, 1600, 1700, 1800

支点から力点までの距離〔cm〕: 0, 10, 20, 30, 40, 50, 60

(イ)	(ウ)
	g
(エ)	(オ)
(カ)	
g	

2

(ア)	(イ)	(ウ)	(エ)
(オ)	(カ)	(キ)	(ク)
	g	g	g

3

(ア)	(イ)	(ウ)	(エ)
(オ)	(カ)	(キ)	
		目盛り	

4

(ア)	(イ)	(ウ){ a }	(ウ){ b }
(エ)	(オ)	(カ)	(キ)
(ク)	(ケ)		

（注）この解答用紙は実物を縮小してあります。172％拡大コピーをすると、ほぼ実物大の解答欄になります。

〔理　科〕100点(推定配点)

1, 2　各４点×14＜2の(エ)，(カ)は完答＞　3　(ア)～(エ)　各３点×４　(オ)～(キ)　各４点×３

4　各２点×10＜(ア)は完答＞

２０２４年度　　中央大学附属横浜中学校

国語解答用紙　第一回

番号		氏名		評点	／150

一

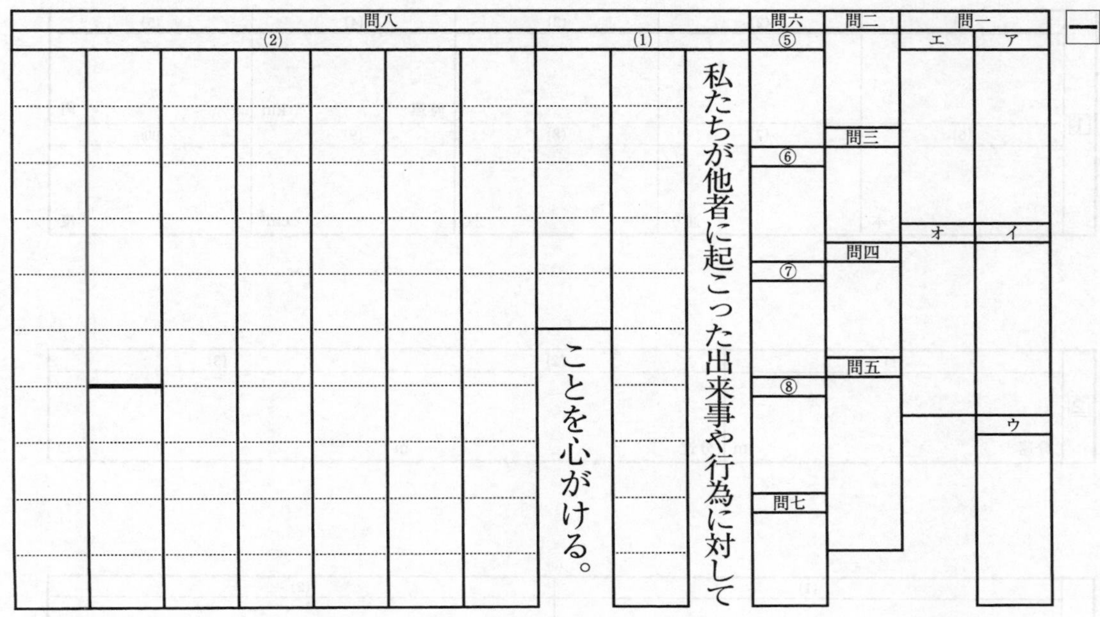

問一
ア
イ
ウ
エ
オ
問二
問三
問四
問五
問六
⑤
⑥
⑦
⑧
問七
問八
(1)
私たちが他者に起こった出来事や行為に対して
ことを心がける。
(2)

二

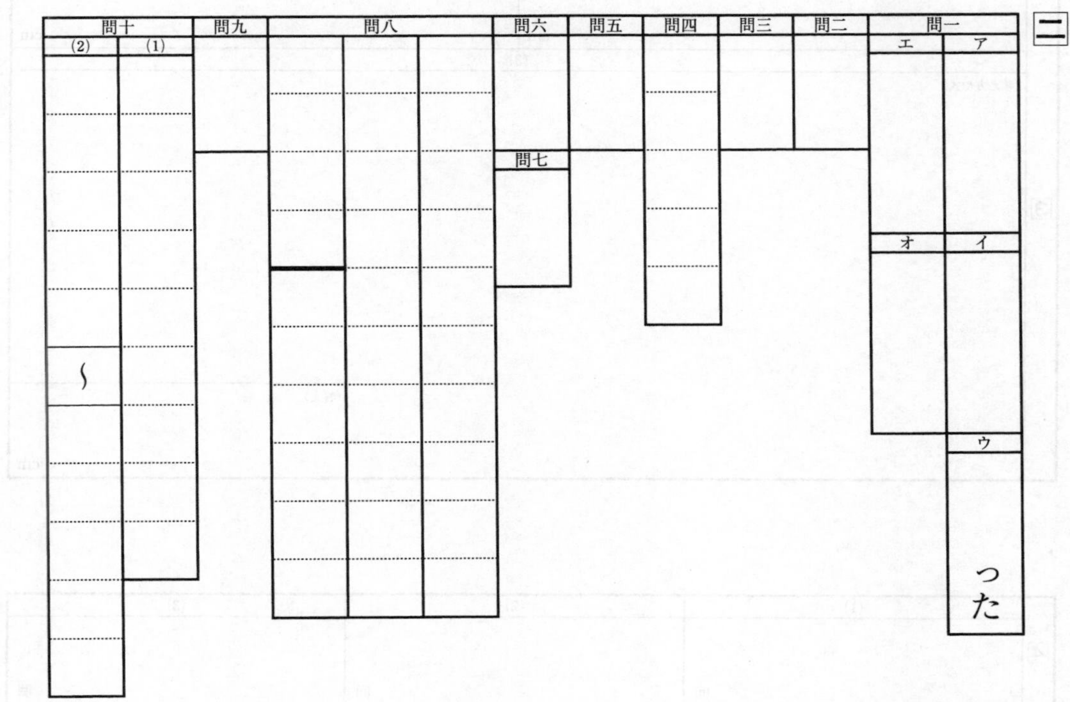

問一
ア
イ
ウ
った
エ
オ
問二
問三
問四
問五
問六
問七
問八
問九
問十
(1)
(2)
〜

（注）この解答用紙は実物を縮小してあります。Ｂ５→Ａ３（163％）に拡大コピーすると、ほぼ実物大の解答欄になります。

〔国　語〕150点（推定配点）

一　問１　各４点×５　問２〜問５　各６点×４<問５は完答>　問６　各２点×４　問７　６点　問８　(1)　７点　(2)　10点　二　問１　各４点×５　問２〜問７　各５点×６　問８　10点　問９，問10　各５点×３

２０２４年度　中央大学附属横浜中学校

算数解答用紙　第２回

番号		氏名		評点	／150

1

(1)	(2)	(3)	(4)	(5)
			時速　km	円
(6)	**(7)**	**(8)**	**(9)**	**(10)**
本	通り	枚	cm^2	度

2

(1)	(2)	(3)
分速　m	分速　m	m

3

(1)	(2)
cm	cm

(3)

〈考え方や式〉

〈答え〉　cm

4

(1)	(2)	(3)
回	回	個

（注）この解答用紙は実物を縮小してあります。Ｂ５→Ａ３（163%）に拡大コピーすると、ほぼ実物大の解答欄になります。

〔算　数〕150点（推定配点）

1 各６点×10　2〜4 各10点×9＜4の(3)は完答＞

２０２４年度　中央大学附属横浜中学校

社会解答用紙　第２回

番号		氏名		評点	／100

1

問１	(1)	1	2	3		
	(2)	問２	問３	問４	問５	問６
問７	(1)	(2)	問８			
問９						

2

問１	1	2	3
	4	5	6
問２			
問３			
問４			
問５			
問６	条約	問７	問８
問９			

3

問１		問２	(1)	(2) → →		
問３		問４	制度	問５	制度	
問６	(1)	(2)	問７	(1)	(2)	問８

（注）この解答用紙は実物を縮小してあります。185％拡大コピーをすると、ほぼ実物大の解答欄になります。

〔社　会〕100点(推定配点)

1 問１～問８　各２点×12　問９　６点　2 問１　各２点×６　問２　５点　問３　２点　問４，問５　各５点×２　問６～問８　各２点×３　問９　７点　3 問１～問５　各３点×６<問２の(2)は完答>　問６～問８　各２点×５

2024年度　中央大学附属横浜中学校

理科解答用紙　第２回

番号		氏名		評点	／100

1

(ア)	(イ)	(ウ)	(エ)
V	V	mA	
(オ)図７	(オ)図８	(カ)電熱線A	(カ)LED①
(カ)LED②	(カ)LED③	(キ)	
		V	

2

(ア)	(イ)	(キ)
(ウ)	(エ)	
	g	
(オ)	(カ)	
g	g	

(キ)
加熱後の固体の重さ〔g〕
生じた銅の重さ〔g〕
9.0
8.0
7.0
6.4
6.0
5.0
4.0
3.0
2.0
1.0
0
0.2
0.4
0.6
0.8
1.0
1.2
炭素の重さ〔g〕

3

(ア)	(イ)	(ウ)	(エ)
(オ)	(カ)	(キ)	

4

(ア)	(イ)	(ウ)	(エ)
(オ)	(カ)		
	g		

（注）この解答用紙は実物を縮小してあります。169％拡大コピーをすると、ほぼ実物大の解答欄になります。

〔理　科〕100点(推定配点)

1, 2　各４点×15＜1の(カ)は完答＞　3　各３点×７　4　(ア)～(オ)　各３点×５　(カ)　４点

２０２４年度　中央大学附属横浜中学校

国語解答用紙　第二回

番号		氏名		評点	／150

一

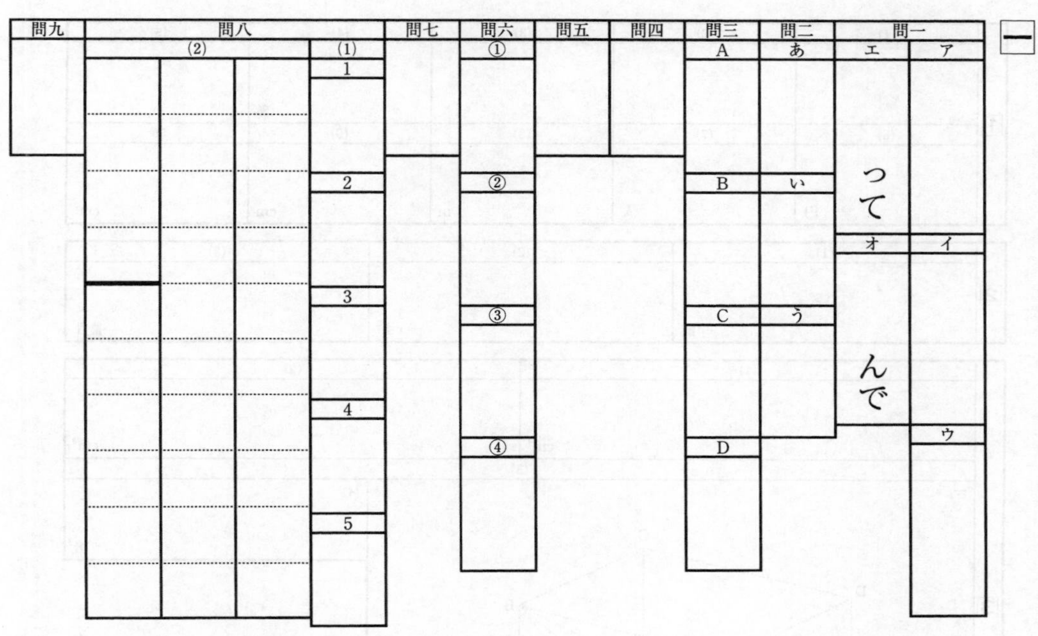

問九
問八
(2)
(1)
1
2
3
4
5
問七
問六
①
②
③
④
問五
問四
問三
A
B
C
D
問二
あ
い
う
問一
エ
ア
って
オ
イ
んで
ウ

二

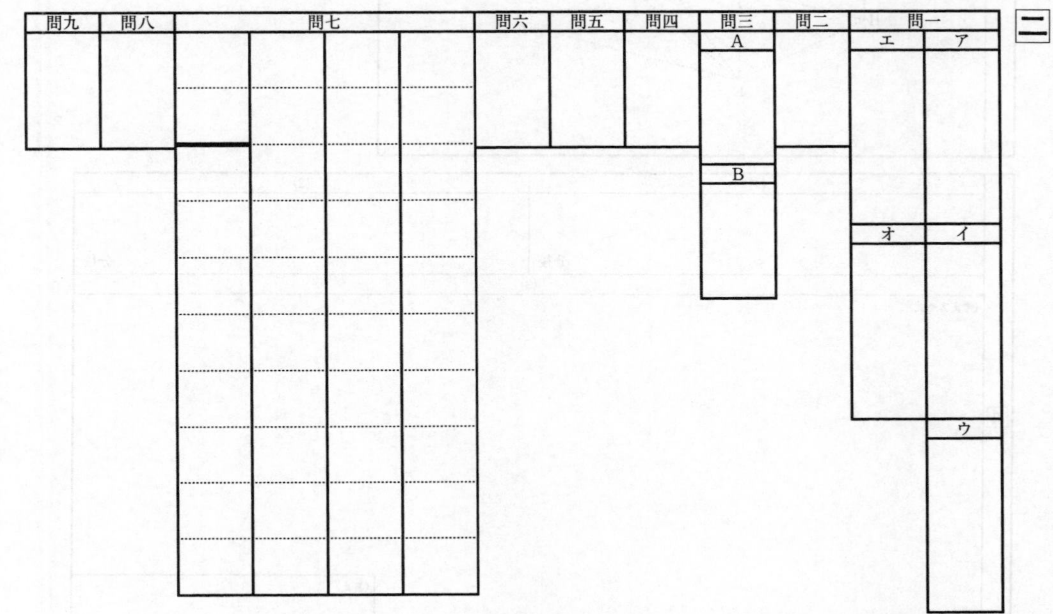

問九
問八
問七
問六
問五
問四
問三
A
B
問二
問一
エ
ア
オ
イ
ウ

（注）この解答用紙は実物を縮小してあります。Ｂ５→Ａ３（163%）に拡大コピーすると、ほぼ実物大の解答欄になります。

〔国　語〕150点（推定配点）

一　問１　各４点×５　問２，問３　各２点×７　問４，問５　各５点×２　問６　各２点×４　問７　５点　問８　(1)　各２点×５　(2)　８点　問９　５点　二　問１　各４点×５　問２～問６　各５点×６　問７　10点　問８，問９　各５点×２

２０２３年度　中央大学附属横浜中学校

算数解答用紙　第１回

番号		氏名		評点	／150

1

(1)	(2)	(3)	(4)	(5)
				%
(6)	(7)	(8)	(9)	(10)
円	人	m	cm	cm²

2

(1)	(2)	(3)
個	cm²	番目

3

(1)	(2)
cm³	cm³

(3)

(ア)

C D B A G H F E

(イ)　　倍

4

(1)	(2)
分後	分後

(3)

〈考え方や式〉

〈答え〉　分後

（注）この解答用紙は実物を縮小してあります。182％拡大コピーをすると、ほぼ実物大の解答欄になります。

〔算　数〕150点(推定配点)

1　各６点×10　2　(1)　５点　(2), (3)　各10点×2　3　(1)　５点　(2), (3)　各10点×3　4　各10点×3

２０２３年度　中央大学附属横浜中学校

社会解答用紙　第１回

番号		氏名		評点	／100

1

問１ (オ) (カ) (キ)　問２　問３ い に

問４　問５　問６　問７ (1) (2)

問７ (3)

問８　問９ X Y Z

2

問１ 1 2 3 4 5

問２　問３

問４

問５　問６（10・20）

問７

問８　問９　問10　問11

問12

3

問１　問２ (1) (2)　問３　問４　問５

問６　問７　問８　問９

問10

（注）この解答用紙は実物を縮小してあります。172%拡大コピーをすると、ほぼ実物大の解答欄になります。

〔社　会〕100点(推定配点)

1 問１～問６　各２点×９　問７　(1)，(2)　各２点×２　(3)　６点　問８，問９　各２点×２<問９は完答>　2 問１　各３点×５　問２，問３　各２点×２　問４　４点　問５　２点　問６　３点　問７～問11　各２点×５　問12　６点　3 問１～問５　各２点×６　問６　３点　問７～問９　各２点×３　問10　３点

2023年度　中央大学附属横浜中学校

理科解答用紙　第1回

番号		氏名		評点	／100

1

(ア)	(イ)	(ウ)	(エ)
	g	cm³	cm³
(オ)	(カ)		
(キ)	(ク)	(ケ)	
	cm³		

2

(ア)	(イ)	(ウ)	(エ)(く)
(エ)(け)	(エ)(こ)	(エ)(さ)	(エ)(し)
(エ)(す)	(エ)(せ)	(エ)(そ)	(エ)(た)
(オ) メタン分子の個数	(オ) 酸素分子の個数		

3

(ア)	(イ)	(ウ)	
(エ)	(オ)	(カ)	(キ)

4

(ア)	(イ)	(ウ)
(エ)	(オ)	(キ)
	度	南／東／西／北
	(カ)	

（注）この解答用紙は実物を縮小してあります。175％拡大コピーをすると、ほぼ実物大の解答欄になります。

〔理　科〕100点(推定配点)

1 各３点×9　2 （ア）～（ウ）各３点×3　（エ），（オ）各２点×11　3，4 各３点×14

二〇二三年度　中央大学附属横浜中学校

国語解答用紙　第一回

番号		氏名		評点	／150

一

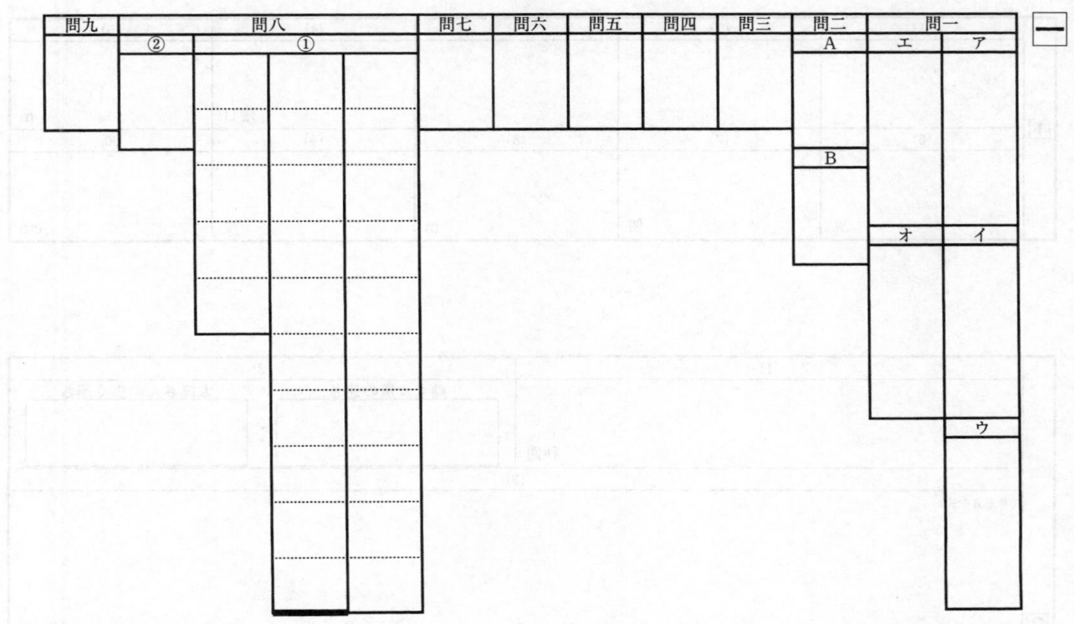

二

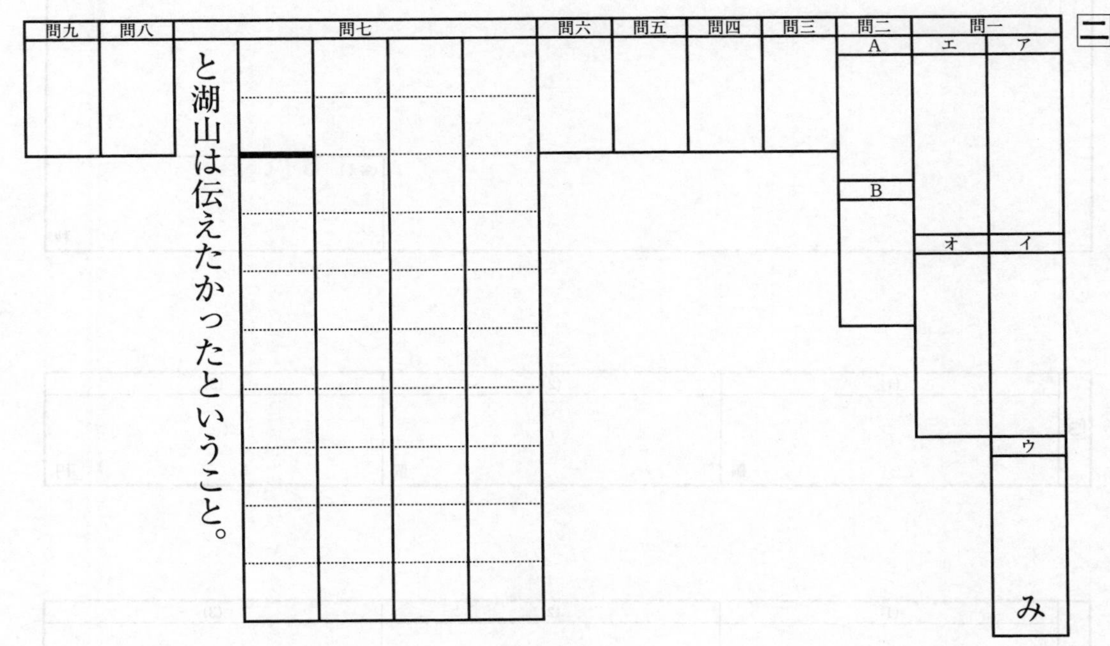

（注）この解答用紙は実物を縮小してあります。Ｂ５→Ａ３（163%）に拡大コピーすると、ほぼ実物大の解答欄になります。

〔国　語〕150点（推定配点）

一　問１　各４点×５　問２　各３点×２　問３～問７　各６点×５　問８　①　８点　②　６点　問９　６点

二　問１　各４点×５　問２　各３点×２　問３～問６　各６点×４　問７　12点　問８，問９　各６点×２

２０２３年度　中央大学附属横浜中学校

算数解答用紙　第２回

番号		氏名		評点	／150

1

(1)	(2)	(3)	(4)	(5)
			曜日	m
(6)	(7)	(8)	(9)	(10)
%	個	m	度	cm

2

(1)	(2)	
	動く歩道の速さ	太郎さんの歩く速さ
秒間	：	

(3)

〈考え方や式〉

〈答え〉　秒

3

(1)	(2)	(3)
個	個	円

4

(1)	(2)	(3)
cm^3	cm	cm^3

（注）この解答用紙は実物を縮小してあります。Ｂ５→Ａ３(163%)に拡大コピーすると、ほぼ実物大の解答欄になります。

〔算　数〕150点(推定配点)

1　各６点×10　2～4　各10点×9

２０２３年度　中央大学附属横浜中学校

社会解答用紙　第２回

番号		氏名		評点	／100

1

問1	(1)		(2)		(3)		問2	
問3								
問4		問5	(1)		(2)		(3)		問6	(1)	
問6	(2)		(3)	ある国		A		問7	

2

問1		問2		問3	
問4		問5		問6	
問7					
問8					
問9		問10		問11		問12	
問13		問14			
問15					
問16		問17		問18	

3

問1	(1)		(2)		問2		問3	
問4	E		F		問5			
問6		問7		問8		問9		問10	

（注）この解答用紙は実物を縮小してあります。175％拡大コピーをすると、ほぼ実物大の解答欄になります。

〔社　会〕100点(推定配点)

1 問1，問2　各2点×4　問3　6点　問4　2点　問5　(1)　3点　(2)，(3)　各2点×2　問6，問7　各2点×5　2 問1～問5　各2点×5　問6　3点＜完答＞　問7　2点　問8　3点　問9～問14　各2点×6＜問12は完答＞　問15　6点　問16～問18　各2点×3　3 問1～問4　各2点×6　問5　3点　問6～問10　各2点×5

２０２３年度　中央大学附属横浜中学校

理科解答用紙　第２回

番号		氏名		評点	／100

1

(ア)	(イ)	(ウ)	(エ)
(オ)	(カ)	(キ)	(ク)

2

(ア)	(イ)	(カ)
〔g/cm³〕	cm³	
(ウ)	(エ)	
倍	① ② ③	
(オ)	(キ)	
「上」　「下」	cm³	

(カ) グラフ: 縦軸「BとCの合計の重さ〔g〕」5〜9、横軸「BとCの合計の体積〔cm³〕」6〜8

3

(ア)	(イ)	(ウ)	(エ)
(オ)		(カ)	(キ)

4

(ア)	(イ)	(ウ)	
(エ)	(オ)	(カ)	(キ)
→ → →			
(ク)	(ケ)	(コ)	

（注）この解答用紙は実物を縮小してあります。167％拡大コピーをすると、ほぼ実物大の解答欄になります。

〔理　科〕100点(推定配点)

1　(ア)～(カ)　各３点×６　(キ)，(ク)　各４点×２　2　(ア)～(オ)　各３点×５<(エ)は完答>　(カ)，(キ)　各４点×２　3，4　各３点×17<4の(エ)，(オ)は完答>

二〇二三年度　中央大学附属横浜中学校

国語解答用紙　第二回

番号		氏名		評点	／150

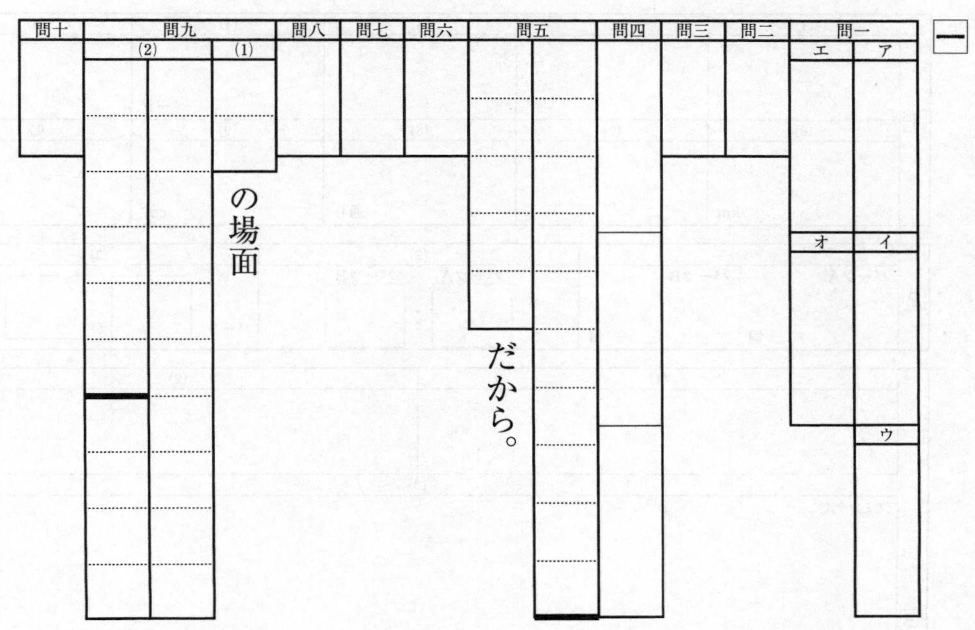

一
問一 ア イ ウ エ オ
問二
問三
問四
問五
だから。
問六
問七
問八
問九 (1) (2)
の場面
問十

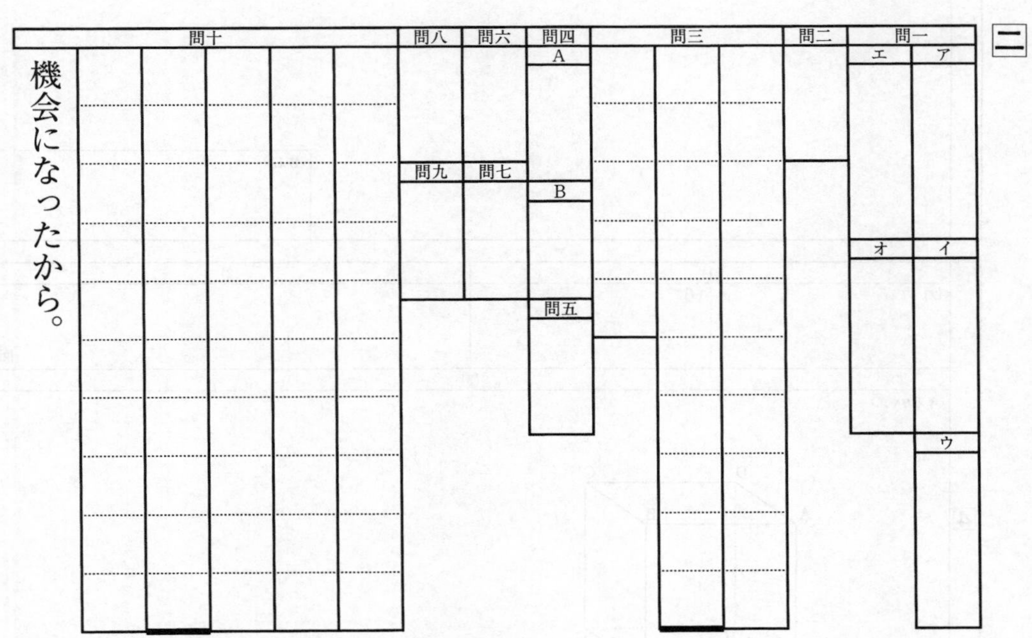

二
問一 ア イ ウ エ オ
問二
問三
問四 A B
問五
問六
問七
問八
問九
問十
機会になったから。

（注）この解答用紙は実物を縮小してあります。Ｂ５→Ａ３（163%）に拡大コピーすると、ほぼ実物大の解答欄になります。

〔国　語〕150点(推定配点)

一　問１　各４点×５　問２～問４　各５点×３<問４は完答>　問５　６点　問６～問８　各５点×３　問９(1)　５点　(2)　６点　問10　５点　二　問１　各４点×５　問２　５点　問３　10点　問４　各３点×２　問５～問９　各５点×５　問10　12点

２０２２年度　中央大学附属横浜中学校

算数解答用紙　第１回

番号		氏名	

評点	／150

1

(1)	(2)	(3)	(4)	(5)
			ページ	g
(6)	(7)	(8)	(9)	(10)
km		通り	cm²	cm²

2

(1)		(2)	(3)
パーツA　個	パーツB　個	パーツA　：　パーツB	パーツ　　が　　個残る

3

(1)	(2)
	個

(3)

〈考え方や式〉

〈答え〉

4

(1)		(2)
(ア)	(イ)	回

(3)

〈考え方や式〉

D　C
A　B
H　G
E　F

〈答え〉 cm³

（注）この解答用紙は実物を縮小してあります。172％拡大コピーをすると、ほぼ実物大の解答欄になります。

〔算　数〕150点(推定配点)

1　各６点×10　2，3　各10点×6<2の(1)は完答>　4　(1)　各５点×2　(2)，(3)　各10点×2

２０２２年度　中央大学附属横浜中学校

社会解答用紙　第１回

番号		氏名		評点	／100

1

問1	(1) 消防署	警察署	(2)	(3)
問2	(1) エネルギー			
	(2)			
	(3)			
問3	(1)	(2)	(3)	(4)
問4	(1)	(2)	(3)	

2

問1	問2	問3 古墳	問4
問5	問6 → → →	問7	
問8	問9	問10	
問11			
問12	問13	問14	

3

問1	問2				
問3 (1)	(2)	問4 (1)	(2)	問5 (1)	(2)
問6	問7	問8			

（注）この解答用紙は実物を縮小してあります。169％拡大コピーをすると、ほぼ実物大の解答欄になります。

〔社　会〕100点(推定配点)

1　問１　(1)　各２点×２　(2)　３点　(3)　２点　問２　(1)　３点　(2)　５点　(3)　３点　問３，問４　各２点×７　2　問１　２点　問２，問３　各３点×２<問２は完答>　問４　２点　問５～問10　各３点×６<問６は完答>　問11　６点　問12　３点　問13，問14　各２点×２　3　問１　３点　問２～問６　各２点×８　問７，問８　各３点×２

２０２２年度　中央大学附属横浜中学校

理科解答用紙　第１回

番号		氏名		評点	／100

1

(ア)	(イ)	(キ)
(ウ)	(エ)	
(オ)	(カ) ℃	
(ク)		

(キ) グラフ：縦軸 水温〔℃〕 10, 15, 20, 25, 30　横軸 電流を流した時間〔分〕 0, 1, 2, 3, 4, 5, 6

2

(ア)	(イ)	(ウ)(4)	(ウ)(5)
(エ)	(オ)	(カ) g	(キ) マグネシウム
(キ) ナトリウム	(ク) g	(ケ)	(コ) g

3

(ア)	(イ)	(ウ)	
(エ)	(オ)	(カ)	(キ)

4

(ア)	(イ)(3)	(イ)(4)	(ウ) g
(エ)	(オ)	(カ)	(キ)
(ク)	(ケ)		

（注）この解答用紙は実物を縮小してあります。185％拡大コピーをすると、ほぼ実物大の解答欄になります。

〔理　科〕100点(推定配点)

1　(ア)～(エ)　各２点×４　(オ)～(ク)　各３点×４　2　(ア)，(イ)　各３点×２　(ウ)　各２点×２　(エ)～(カ)　各３点×３　(キ)　各２点×２　(ク)～(コ)　各３点×３　3　各３点×７　4　(ア)，(イ)　各２点×３　(ウ)～(ケ)　各３点×７

二〇二二年度　中央大学附属横浜中学校

国語解答用紙　第一回

番号		氏名		評点	／150

一

問一		問二	問三	問四	問五	問六	問七	問八	問九	問十
ア	エ		1	あ						
イ	オ		2	い						
ウ			3	う						
			4	え						
			5	お						

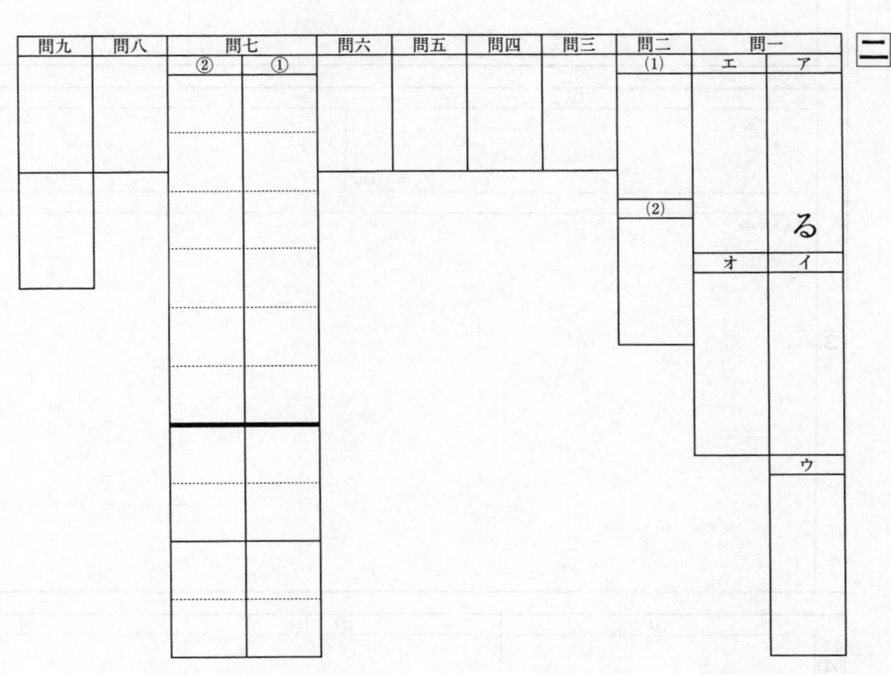

二

問一		問二	問三	問四	問五	問六	問七		問八	問九
ア る	エ	(1)					①	②		
イ	オ	(2)								
ウ										

（注）この解答用紙は実物を縮小してあります。B5→A3（163%）に拡大コピーすると、ほぼ実物大の解答欄になります。

〔国　語〕150点(推定配点)

□一 問1　各4点×5　問2　5点　問3，問4　各2点×10　問5　各3点×2　問6　7点　問7～問9　各5点×3　問10　各3点×2　□二 問1　各4点×5　問2～問8　各5点×9　問9　各3点×2

２０２２年度　中央大学附属横浜中学校

算数解答用紙　第２回

番号		氏名		評点	／150

1	(1)	(2)	(3)	(4)	(5)
				倍	時速　km
	(6)	(7)	(8)	(9)	(10)
	cm²	分	個	度	m²

2	(1)	(2)
	時間　分	km
	(3) 〈考え方や式〉 〈答え〉 km以内	

3	(1)	(2)
	cm	cm³
	(3) 〈考え方や式〉 〈答え〉 倍	

4	(1)	(2)	(3)
	円	円	円

（注）この解答用紙は実物を縮小してあります。175％拡大コピーをすると、ほぼ実物大の解答欄になります。

〔算　数〕150点（推定配点）

1　各６点×10　2～4　各10点×9

２０２２年度　中央大学附属横浜中学校

社会解答用紙　第２回

番号　氏名　評点　／100

1

問1	B	C	問2	C	D

問3	(1)	(2)

問4	問5	B	問6	問7	問8	問9

問10	

2

問1	1	2	3
	4	5	

問2	問3	遺跡	問4

問5	

問6	問7	問8	(1)	の飢饉	(2)

問9	

問10	問11

3

問1	問2	問3	問4

問5	(1)	(2)	問6	問7

問8	(1)	(2)	問9

〔社　会〕100点(推定配点)

1 問1，問2　各２点×4　問3　(1)　各２点×2　(2)　３点　問4～問9　各２点×6　問10　６点　2 問1～問5　各３点×9　問6～問8　各２点×4　問9　６点　問10，問11　各２点×2　3 各２点×11

２０２２年度　中央大学附属横浜中学校

理科解答用紙　第２回

番号　氏名　評点　／100

1

(ア)	(イ)	(ウ)	(エ)
		cm	

(オ) 木片②	(オ) 木片③	(カ)	(キ) Xに置いた木片	(キ) Yに置いた木片	(キ) Zに置いた木片
cm	cm		秒速　cm	秒速　cm	秒速　cm

(ク)	(ケ) Xに置いた木片	(ケ) Zに置いた木片
回	秒速　cm	秒速　cm

2

(ア)	(イ)	(ウ)	(エ)
	g	g	
(オ)	(カ)	(キ)	(ク)
	個		nm

3

(ア)植物の組み合わせ	(ア)共通することがら	(イ)

(ウ)	(エ)（う）	(エ)（え）
(オ)	(カ)	(キ)

4

(ア)	(イ)	(ウ)	(エ)
		度	
(オ)	(カ)	(キ)	(ク)

〔理　科〕100点(推定配点)

1 各３点×9＜(オ)，(キ)，(ケ)は完答＞　2 (ア)～(カ)　各３点×6　(キ)，(ク)　各４点×2　3 (ア)　各２点×2　(イ)，(ウ)　各３点×2　(エ)　各２点×2　(オ)～(キ)　各３点×3　4 各３点×8

二〇二二年度　中央大学附属横浜中学校

国語解答用紙　第二回

番号		氏名	

評点	／150

一

問一		問二	問三	問四	問六	問七	問八	問九	問十一	問十二
ア われ い	エ						A		ということ。	1
イ	オ			問五			B	問十		2
ウ							C			3
										4

二

問一		問二	問三	問四	問五	問六	問七	問八	問九	問十
ア	エ									
イ　れ	オ									
ウ　る										

（注）この解答用紙は実物を縮小してあります。B5→A3（163％）に拡大コピーすると、ほぼ実物大の解答欄になります。

〔国　語〕150点（推定配点）

一　問1　各4点×5　問2～問5　各5点×4　問6　8点　問7　5点　問8　各2点×3　問9～問11　各5点×3　問12　各2点×4　二　問1　各4点×5　問2～問7　各5点×6　問8　8点　問9，問10　各5点×2

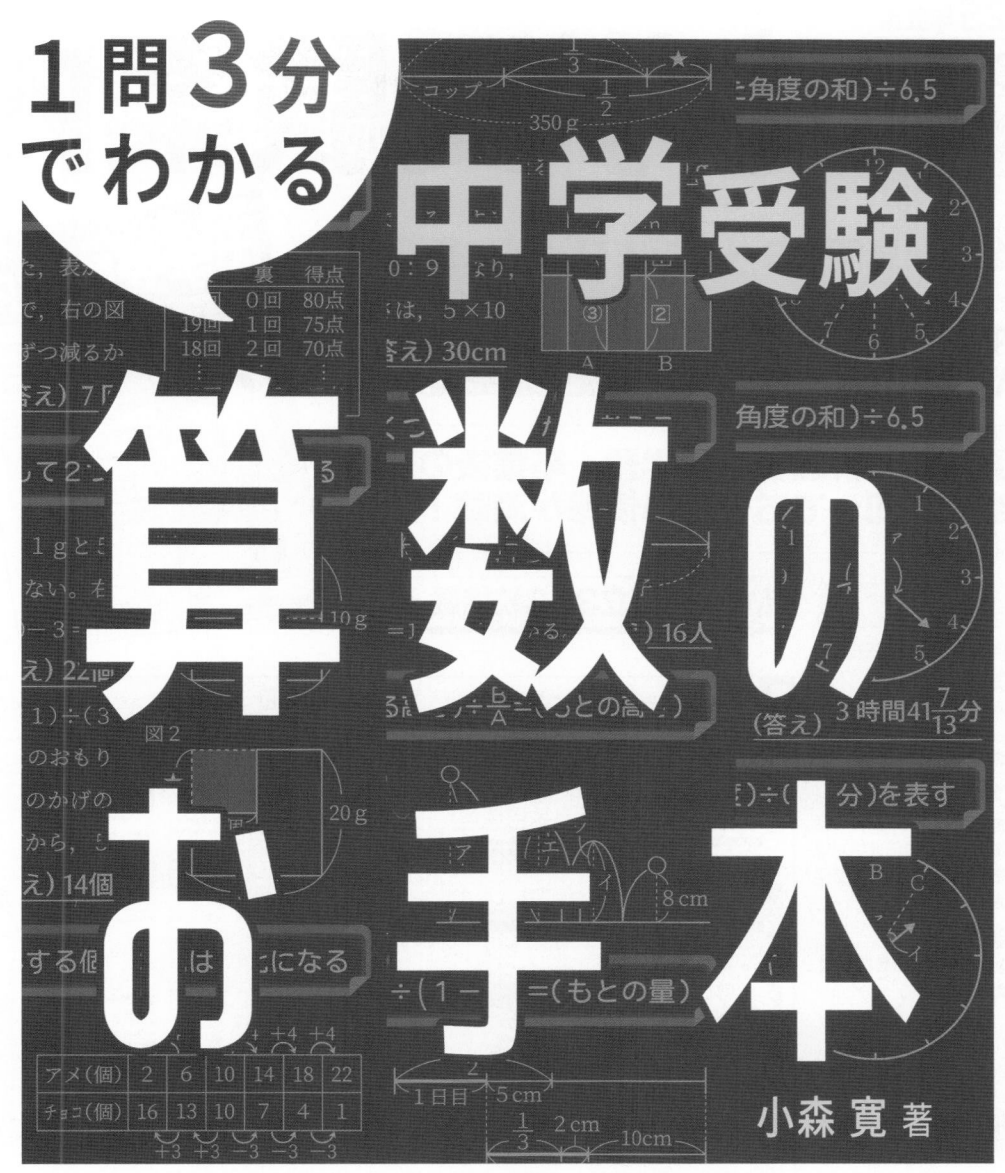

東京都／神奈川県／千葉県／埼玉県／茨城県／栃木県ほか

2025年度用
声の教育社版

中学受験案内

■全校を見開き2ページでワイドに紹介！

■中学～高校までの授業内容をはじめ部活や行事など、6年間の学校生活を凝縮！

■偏差値・併願校から学費・卒業後の進路まで、知っておきたい情報が満載！

首都圏版
東京・神奈川・千葉・埼玉・茨城・栃木ほか
2025年度用
中学受験案内
私立・国公立中学 353 校のスクール情報を徹底リサーチ！
声の教育社

私立・国公立353校掲載

Ⅰ 首都圏（東京・神奈川・千葉・埼玉・その他）の私立・国公立中学校の受験情報を掲載。

合格情報
近年の倍率推移・偏差値による合格分布予想グラフ・入試ホット情報ほか

学校情報
授業、施設、特色、ICT機器の活用、併設大学への内部進学状況と併設高校からの主な大学進学実績ほか

入試ガイド
募集人員、試験科目、試験日、願書受付期間、合格発表日、学費ほか

Ⅱ 資　料
(1)私立・国公立中学の合格基準一覧表（四谷大塚、首都圏模試、サピックス）
(2)主要中学早わかりマップ
(3)各校の制服カラー写真
(4)奨学金・特待生制度，帰国生受け入れ校，部活動一覧

Ⅲ 大学進学資料
(1)併設高校の主要大学合格状況一覧
(2)併設・系列大学への内部進学状況と条件

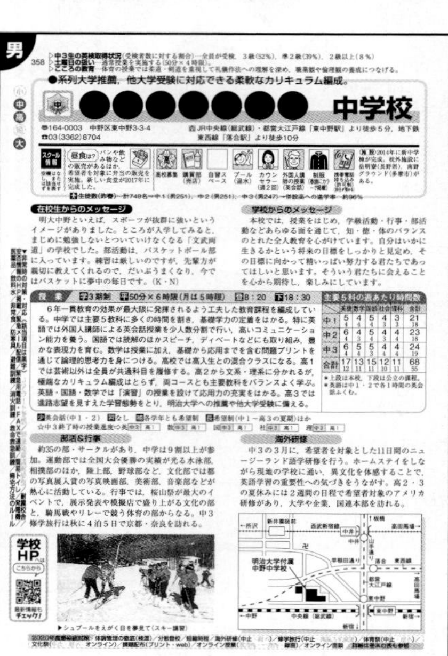

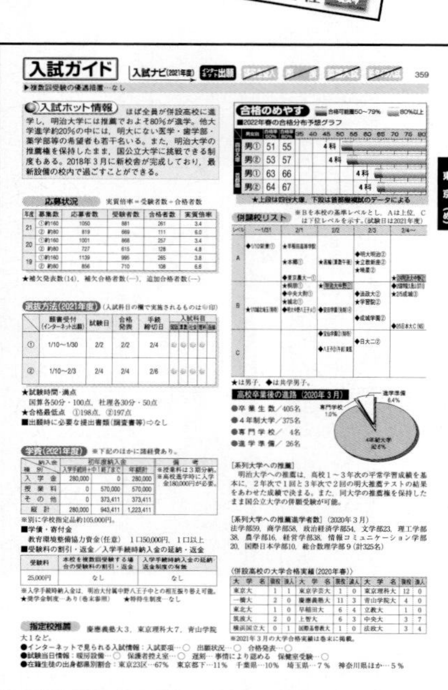

志望校・併願校を
この1冊で選ぶ！決める!!

過去問で君の夢を応援します

声の教育社

〒162-0814　東京都新宿区新小川町8-15
TEL.03-5261-5061　FAX.03-5261-5062
https://www.koenokyoikusha.co.jp